AF155481

Julius August Christoph Zech

Tafeln der Additions- und Subtractions-Logarithmen für sieben Stellen

Julius August Christoph Zech

Tafeln der Additions- und Subtractions-Logarithmen für sieben Stellen

ISBN/EAN: 9783743342361

Hergestellt in Europa, USA, Kanada, Australien, Japan

Cover: Foto ©ninafisch / pixelio.de

Manufactured and distributed by brebook publishing software (www.brebook.com)

Julius August Christoph Zech

Tafeln der Additions- und Subtractions-Logarithmen für sieben Stellen

TAFELN

DER

ADDITIONS- UND SUBTRACTIONS-
LOGARITHMEN

FÜR SIEBEN STELLEN

BERECHNET

VON

J. ZECH.

BESONDERER ABDRUCK
AUS DER VEGA-HÜLSS'SCHEN SAMMLUNG MATHEMATISCHER TAFELN.

ZWEITE AUFLAGE.

BERLIN.
WEIDMANNSCHE BUCHHANDLUNG
1863.

XII.

TAFELN

DER

ADDITIONS- UND SUBTRACTIONS-LOGARITHMEN

VON

J. ZECH.

0,00 — 0,05 — ADDITION.

	0	1	2	3	4	5	6	7	8	9
0,000	0,301 0300	'9800	'9300	'8800	'8300	'7801	'7301	'6801	'6302	'5802
0,001	0,300 5303	4803	4304	3805	3306	2806	2307	1808	1300	0810
0,002	0311	'9813	'9314	'8815	'8317	'7818	'7319	'6921	'6323	'5824
0,003	0,299 5326	4828	4329	3831	3333	2835	2337	1839	1342	0844
0,004	0346	'9848	'9351	'8853	'8356	'7858	'7361	'6864	'6366	'5869
0,005	0,298 5372	4875	4378	3881	3384	2887	2390	1893	1397	0900
0,006	0404	'9907	'9411	'8914	'8418	'7922	'7425	'6929	'6433	'5937
0,007	0,297 5441	4945	4449	3953	3458	2962	2466	1971	1475	0980
0,008	0484	'9989	'9493	'8998	'8503	'8008	'7513	'7018	'6523	'6028
0,009	0,296 5533	5038	4544	4049	3554	3060	2565	2071	1576	1082
0,010	0588	0094	'9599	'9105	'8611	'8117	'7623	'7129	'6636	'6142
0,011	0,295 5648	5155	4661	4167	3674	3181	2687	2194	1701	1208
0,012	0714	0221	'9728	'9235	'8742	'8250	'7757	'7264	'6772	'6279
0,013	0,294 5786	5294	4801	4309	3817	3324	2832	2340	1848	1356
0,014	0864	0372	'9880	'9388	'8897	'8405	'7913	'7422	'6930	'6439
0,015	0,293 5948	5456	4965	4474	3983	3491	3000	2509	2018	1528
0,016	1037	0546	0055	'9565	'9074	'8584	'8093	'7603	'7112	'6622
0,017	0,292 6132	5642	5151	4661	4171	3681	3191	2702	2212	1722
0,018	1232	0743	0253	'9764	'9274	'8785	'8296	'7806	'7317	'6828
0,019	0,291 6339	5850	5361	4872	4383	3894	3406	2917	2428	1940
0,020	1451	0963	0474	'9986	'9498	'9009	'8521	'8033	'7545	'7057
0,021	0,290 6569	6081	5593	5106	4618	4130	3643	3155	2668	2150
0,022	1693	1206	0718	0231	'9744	'9257	'8770	'8283	'7796	'7309
0,023	0,289 6822	6336	5849	5362	4876	4389	3903	3416	2930	2444
0,024	1958	1471	0985	0499	0013	'9527	'9042	'8556	'8070	'7584
0,025	0,288 7099	6613	6127	5642	5157	4671	4186	3701	3216	2730
0,026	2245	1760	1275	0790	0306	'9821	'9336	'8851	'8367	'7882
0,027	0,287 7398	6913	6429	5945	5460	4976	4492	4008	3524	3040
0,028	2556	2072	1588	1105	0621	0137	'9654	'9170	'8687	'8203
0,029	0,286 7720	7237	6754	6270	5787	5304	4821	4338	3855	3373
0,030	2890	2407	1924	1442	0059	0477	'9994	'9512	'9030	'8548
0,031	0,285 8065	7583	7101	6619	6137	5655	5173	4692	4210	3728
0,032	3247	2765	2284	1802	1321	0839	0358	'9877	'9396	'8915
0,033	0,284 8434	7953	7472	6991	6510	6029	5549	5068	4587	4107
0,034	3626	3146	2666	2185	1705	1225	0745	0265	'9785	'9305
0,035	0,283 8825	8345	7865	7386	6906	6426	5947	5467	4988	4508
0,036	4029	3550	3071	2591	2112	1633	1154	0675	0197	'9718
0,037	0,282 9239	8760	8282	7803	7325	6846	6368	5889	5411	4933
0,038	4455	3977	3499	3021	2543	2065	1587	1109	0632	0154
0,039	0,281 9676	9199	8721	8244	7766	7289	6812	6335	5858	5381
0,040	4904	4427	3950	3473	2996	2519	2043	1566	1089	0613
0,041	0136	'9660	'9184	'8707	'8231	'7755	'7279	'6803	'6327	'5851
0,042	0,280 5375	4899	4424	3948	3472	2997	2521	2046	1570	1095
0,043	0620	0144	'9669	'9194	'8719	'8244	'7769	'7294	'6819	'6345
0,044	0,279 5870	5395	4921	4446	3972	3497	3023	2548	2074	1600
0,045	1126	0652	0178	'9704	'9230	'8756	'8282	'7808	'7335	'6861
0,046	0,278 6387	5914	5440	4967	4494	4020	3547	3074	2601	2128
0,047	1655	1182	0709	0236	'9763	'9291	'8818	'8345	'7873	'7400
0,048	0,277 6928	6456	5983	5511	5039	4567	4095	3623	3151	2679
0,049	2207	1735	1263	0792	0320	'9849	'9377	'8906	'8434	'7963
	0	1	2	3	4	5	6	7	8	9

P. P.

	499	498	497	496
1	49,9	49,8	49,7	49,6
2	99,8	99,6	99,4	99,2
3	149,7	149,4	149,1	148,8
4	199,6	199,2	198,8	198,4
5	249,5	249,0	248,5	248,0
6	299,4	298,8	298,2	297,6
7	349,3	348,6	347,9	347,2
8	399,2	398,4	397,6	396,8
9	449,1	448,2	447,3	446,4

	495	494	493	492
1	49,5	49,4	49,3	49,2
2	99,0	98,8	98,6	98,4
3	148,5	148,2	147,9	147,6
4	198,0	197,6	197,2	196,8
5	247,5	247,0	246,5	246,0
6	297,0	296,4	295,8	295,2
7	346,5	345,8	345,1	344,4
8	396,0	395,2	394,4	393,6
9	445,5	444,6	443,7	442,8

	491	490	489	488
1	49,1	49,0	48,9	48,8
2	98,2	98,0	97,8	97,6
3	147,3	147,0	146,7	146,4
4	196,4	196,0	195,6	195,2
5	245,5	245,0	244,5	244,0
6	294,6	294,0	293,4	292,8
7	343,7	343,0	342,3	341,6
8	392,8	392,0	391,2	390,4
9	441,9	441,0	440,1	439,2

	487	486	485	484
1	48,7	48,6	48,5	48,4
2	97,4	97,2	97,0	96,8
3	146,1	145,8	145,5	145,2
4	194,8	194,4	194,0	193,6
5	243,5	243,0	242,5	242,0
6	292,2	291,6	291,0	290,4
7	340,9	340,2	339,5	338,8
8	389,6	388,8	388,0	387,2
9	438,3	437,4	436,5	435,6

	483	482	481	480
1	48,3	48,2	48,1	48,0
2	96,6	96,4	96,2	96,0
3	144,9	144,6	144,3	144,0
4	193,2	192,8	192,4	192,0
5	241,5	241,0	240,5	240,0
6	289,8	289,2	288,6	288,0
7	338,1	337,4	336,7	336,0
8	386,4	385,6	384,8	384,0
9	434,7	433,8	432,9	432,0

	479	478	477	476
1	47,9	47,8	47,7	47,6
2	95,8	95,6	95,4	95,2
3	143,7	143,4	143,1	142,8
4	191,6	191,2	190,8	190,4
5	239,5	239,0	238,5	238,0
6	287,4	286,8	286,2	285,6
7	335,3	334,6	333,9	333,2
8	383,2	382,4	381,6	380,8
9	431,1	430,2	429,3	428,4

	475	474	473	472
1	47,5	47,4	47,3	47,2
2	95,0	94,8	94,6	94,4
3	142,5	142,2	141,9	141,6
4	190,0	189,6	189,2	188,8
5	237,5	237,0	236,5	236,0
6	285,0	284,4	283,8	283,2
7	332,5	331,8	331,1	330,4
8	380,0	379,2	378,4	377,6
9	427,5	426,6	425,7	424,8

471

P. P.

ADDITION. 0,05—0,10

	0	1	2	3	4	5	6	7	8	9
0,050	0,276 7492	7020	6549	6078	5607	5136	4665	4194	3723	3253
0,051	2782	2311	1841	1370	0900	0429	'9959	'9489	'9018	'S548
0,052	0,275 8078	7608	7138	6668	6198	5728	5258	4789	4319	3849
0,053	3380	2910	2441	1972	1502	1033	0564	0095	'9626	'9156
0,054	0,274 8687	8219	7750	7281	6812	6343	5875	5406	4938	4469
0,055	4001	3532	3064	2596	2128	1660	1192	0724	0256	'9788
0,056	0,273 9320	8852	8384	7917	7449	6982	6514	6047	5579	5112
0,057	4645	4177	3710	3243	2776	2309	1842	1375	0909	0442
0,058	0,272 9975	9509	9042	8575	8109	7643	7176	6710	6244	5778
0,059	5311	4845	4379	3913	3447	2982	2516	2050	1585	1119
0,060	0653	0188	'9722	'9257	'S792	'S326	'7861	'7396	'6931	'6466
0,061	0,271 6001	5536	5071	4606	4142	3677	3212	2748	2283	1819
0,062	1354	0890	0426	'9962	'9497	9033	'S569	'S105	'7641	'7177
0,063	0,270 6714	6250	5786	5323	4859	4395	3932	3468	3005	2542
0,064	2079	1615	1152	0689	0226	'9763	'9300	'SS37	'S375	'7912
0,065	0,269 7449	6987	6524	6061	5599	5137	4674	4212	3750	3288
0,066	2825	2363	1901	1440	0978	0516	0054	'9592	'9131	'S669
0,067	0,268 8208	7746	7285	6823	6362	5901	5440	4978	4517	4056
0,068	3595	3134	2674	2213	1752	1291	0831	0370	'9910	'9449
0,069	0,267 8989	8528	8068	7608	7148	6688	6228	5768	5308	4848
0,070	4388	3928	3469	3009	2549	2090	1630	1171	0712	0252
0,071	0,266 9793	9334	8875	8416	7957	7498	7039	6580	6121	5662
0,072	5204	4745	4286	3828	3370	2911	2453	1995	1536	1078
0,073	0620	0162	'9704	'9246	'S788	'S330	'7873	'7415	'6957	'6500
0,074	0,265 6042	5585	5127	4670	4213	3755	3298	2841	2384	1927
0,075	1470	1013	0556	0099	'9643	'9186	'S729	'S273	'7816	'7360
0,076	0,264 6903	6447	5991	5535	5078	4622	4166	3710	3254	2799
0,077	2343	1887	1431	0976	0520	0064	'9609	'9154	'S698	'S243
0,078	0,263 7788	7332	6877	6422	5967	5512	5057	4602	4148	3693
0,079	3238	2784	2329	1875	1420	0966	0511	0057	'9603	'9149
0,080	0,262 8695	8241	7787	7333	6879	6425	5971	5518	5064	4610
0,081	4157	3703	3250	2796	2343	1890	1437	0984	0530	0077
0,082	0,261 9625	9172	8719	8266	7813	7361	6908	6455	6003	5550
0,083	5098	4646	4193	3741	3289	2837	2385	1933	1481	1029
0,084	0577	0125	'9674	'9222	'9770	'S319	'7867	'7416	'6965	'6513
0,085	0,260 6062	5611	5160	4709	4258	3807	3356	2905	2454	2003
0,086	1553	1102	0651	0201	'9750	'9300	'SS50	'S399	'7949	'7499
0,087	0,259 7049	6599	6149	5699	5249	4799	4349	3900	3450	3000
0,088	2551	2101	1652	1203	0753	0304	'9855	'9406	'S957	'S508
0,089	0,258 8059	7610	7161	6712	6263	5815	5366	4917	4469	4020
0,090	3572	3124	2675	2227	1779	1331	0883	0435	'9987	'9539
0,091	0,257 9091	8643	8196	7748	7300	6853	6405	5958	5510	5063
0,092	4616	4169	3722	3274	2827	2380	1933	1487	1040	0593
0,093	0146	'9700	'9253	'S807	'S360	'7914	'7467	'7021	'6575	'6129
0,094	0,256 5683	5236	4790	4344	3899	3453	3007	2561	2116	1670
0,095	1224	0779	0333	'9888	'9443	'S997	'S552	'S107	'7662	'7217
0,096	0,255 6772	6327	5882	5437	4993	4548	4103	3659	3214	2770
0,097	2325	1881	1436	0992	0548	0104	'9660	'9216	'S772	'S328
0,098	0,254 7884	7440	6997	6553	6109	5666	5222	4779	4335	3892
0,099	3449	3005	2562	2119	1676	1233	0790	0347	'9904	'9462
	0	1	2	3	4	5	6	7	8	9

P. P.

	470	469	468	467
1	47,0	46,9	46,8	46,7
2	94,0	93,8	93,6	93,4
3	141,0	140,7	140,4	140,1
4	188,0	187,6	187,2	186,8
5	235,0	234,5	234,0	233,5
6	282,0	281,4	240,8	280,2
7	329,0	328,3	327,6	326,9
8	376,0	375,2	374,4	373,6
9	423,0	422,1	421,2	420,3

	466	465	464	463
1	46,6	46,5	46,4	46,3
2	93,2	93,0	92,8	92,6
3	139,8	139,5	139,2	158,9
4	186,4	186,0	185,6	185,2
5	233,0	232,5	232,0	231,5
6	279,6	279,0	278,4	277,8
7	326,2	325,5	324,8	324,1
8	372,8	372,0	371,2	370,4
9	419,4	418,5	417,6	416,7

	462	461	460	459
1	46,2	46,1	46,0	45,9
2	92,4	92,2	92,0	91,8
3	138,6	138,3	138,0	137,7
4	184,8	184,4	184,0	183,6
5	231,0	230,5	230,0	229,5
6	277,2	276,6	276,0	275,4
7	323,4	322,7	322,0	321,3
8	369,6	368,8	368,0	367,2
9	415,8	414,9	414,0	413,1

	458	457	456	455
1	45,8	45,7	45,6	45,5
2	91,6	91,4	91,2	91,0
3	137,4	137,1	136,8	136,5
4	183,2	182,8	182,4	182,0
5	229,0	228,5	228,0	227,5
6	274,8	274,2	273,6	273,0
7	320,6	319,9	319,2	318,5
8	366,4	365,6	364,8	364,0
9	412,2	411,3	410,4	409,5

	454	453	452	451
1	45,4	45,3	45,2	45,1
2	90,8	90,6	90,4	90,2
3	136,2	135,9	135,6	135,3
4	181,6	181,2	180,8	180,4
5	227,0	226,5	226,0	225,5
6	272,4	271,8	271,2	270,6
7	317,8	317,1	316,4	315,7
8	363,2	362,4	361,6	360,8
9	408,6	407,7	406,8	405,9

	450	449	448	447
1	45,0	44,9	44,8	44,7
2	90,0	89,8	89,6	89,4
3	135,0	134,7	134,4	134,1
4	180,0	179,6	179,2	178,8
5	225,0	224,5	224,0	223,5
6	270,0	269,4	268,8	268,2
7	315,0	314,3	313,6	312,9
8	360,0	359,2	358,4	357,6
9	405,0	404,1	403,2	402,3

	446	445	444	443
1	44,6	44,5	44,4	44,3
2	89,2	89,0	88,8	88,6
3	133,8	133,5	133,2	132,9
4	178,4	178,0	177,6	177,2
5	223,0	222,5	222,0	221,5
6	267,6	267,0	266,4	265,8
7	312,2	311,5	310,8	310,1
8	356,8	356,0	355,2	354,4
9	401,4	400,5	399,6	398,7

443

P. P.

0,10—0,15   ADDITION.

--	0	1	2	3	4	5	6	7	8	9
0,100	0,253 9019	8576	8134	7691	7249	6806	6364	5921	5479	5037
0,101	4595	4153	3711	3269	2827	2385	1943	1501	1060	0618
0,102	0177	'9735	'9294	'S852	'S411	'7969	'7528	'7087	'6646	'6205
0,103	0,252 5764	5323	4882	4441	4000	3560	3119	2678	2238	1797
0,104	1357	0916	0476	0036	'9596	'9155	'S715	'S275	'7835	'7395
0,105	0,251 6955	6516	6076	5636	5197	4757	4317	3878	3438	2999
0,106	2560	2121	1681	1242	0803	0364	'9925	'9486	'9047	'S609
0,107	0,250 8170	7731	7293	6854	6415	5977	5539	5100	4662	4224
0,108	3785	3347	2909	2471	2033	1595	1158	0720	0282	'9844
0,109	0,249 9407	8969	8532	8094	7657	7220	6782	6345	5908	5471
0,110	5034	4597	4160	3723	3286	2849	2413	1976	1540	1103
0,111	0667	0230	'9794	'9357	'S921	'S485	'S049	'7613	'7177	'6741
0,112	0,248 6305	5869	5433	4997	4562	4126	3691	3255	2820	2384
0,113	1949	1514	1078	0643	0208	'9773	'9338	'S903	'S468	'S033
0,114	0,247 7599	7164	6729	6295	5860	5426	4991	4557	4122	3688
0,115	3254	2820	2386	1952	1518	1084	0650	0216	'9782	'9349
0,116	0,246 8915	8481	8048	7614	7181	6747	6314	5881	5448	5015
0,117	4581	4148	3715	3283	2850	2417	1984	1551	1119	0686
0,118	0254	'9821	'9389	'S957	'S524	'S092	'7660	'7228	'6796	'6364
0,119	0,245 5932	5500	5068	4636	4204	3773	3341	2910	2478	2047
0,120	1615	1184	0753	0321	'9890	'9459	'9028	'S597	'S166	'7735
0,121	0,244 7305	6874	6443	6012	5582	5151	4721	4290	3860	3430
0,122	2999	2569	2139	1709	1279	0849	0419	'9989	'9559	'9130
0,123	0,243 8700	8270	7841	7411	6982	6552	6123	5694	5264	4835
0,124	4406	3977	3548	3119	2690	2261	1833	1404	0975	0547
0,125	0118	'9689	'9261	'S833	'S404	'7976	'7548	'7120	'6691	'6263
0,126	0,242 5835	5407	4980	4552	4124	3696	3269	2841	2413	1986
0,127	1558	1131	0704	0277	'9849	'9422	'S995	'S568	'S141	'7714
0,128	0,241 7287	6860	6434	6007	5580	5154	4727	4301	3874	3448
0,129	3022	2595	2169	1743	1317	0891	0465	0039	'9613	'9187
0,130	0,240 8762	8336	7910	7485	7059	6634	6208	5783	5358	4932
0,131	4507	4082	3657	3232	2807	2382	1957	1532	1108	0683
0,132	0258	'9834	'9409	'S985	'S560	'S136	'7712	'7288	'6863	'6439
0,133	0,239 6015	5591	5167	4743	4320	3896	3472	3048	2625	2201
0,134	1778	1354	0931	0508	0084	'9661	'9238	'S815	'S392	'7969
0,135	0,238 7546	7123	6700	6277	5855	5432	5009	4587	4164	3742
0,136	3320	2897	2475	2053	1631	1209	0787	0365	'9943	'9521
0,137	0,237 9099	8677	8256	7834	7412	6991	6569	6148	5726	5305
0,138	4884	4463	4042	3621	3199	2779	2358	1937	1516	1095
0,139	0675	0254	'9833	'9413	'S992	'S572	'S152	'7731	'7311	'6891
0,140	0,236 6471	6051	5631	5211	4791	4371	3951	3531	3112	2692
0,141	2273	1853	1434	1014	0595	0176	'9756	'9337	'S918	'S499
0,142	0,235 8080	7661	7242	6823	6404	5986	5567	5148	4730	4311
0,143	3893	3475	3056	2638	2220	1802	1383	0965	0547	0129
0,144	0,234 9712	9294	8876	8458	8041	7623	7205	6788	6370	5953
0,145	5536	5119	4701	4284	3867	3450	3033	2616	2199	1782
0,146	1366	0949	0532	0116	'9699	'9283	'S866	'S450	'S033	'7617
0,147	0,233 7201	6785	6369	5953	5537	5121	4705	4289	3873	3458
0,148	3042	2626	2211	1795	1380	0965	0549	0134	'9719	'9304
0,149	0,232 8889	8474	8059	7644	7229	6814	6399	5985	5570	5155
	0	1	2	3	4	5	6	7	8	9

P. P.

	442	441	440	439
1	44,2	44,1	44,0	43,9
2	88,4	88,2	88,0	87,8
3	132,6	132,3	132,0	131,7
4	176,8	176,4	176,0	175,6
5	221,0	220,5	220,0	219,5
6	265,2	264,6	264,0	263,4
7	309,4	308,7	308,0	307,3
8	353,6	352,8	352,0	351,2
9	597,8	396,9	396,0	395,4

	438	437	436	435
1	43,8	43,7	43,6	43,5
2	87,6	87,4	87,2	87,0
3	131,4	131,1	130,8	130,5
4	175,2	174,8	174,4	174,0
5	219,0	218,5	218,0	217,5
6	262,8	262,2	261,6	261,0
7	306,6	305,9	305,2	304,5
8	350,4	349,6	348,8	348,0
9	394,2	393,3	392,4	391,5

	434	433	432	431
1	43,4	43,3	43,2	43,1
2	86,8	86,6	86,4	86,2
3	130,2	129,9	129,6	129,3
4	173,6	173,2	172,8	172,4
5	217	216,5	216,0	215,5
6	260,4	259,8	259,2	258,6
7	303,8	303,1	302,4	301,7
8	347,2	346,4	345,6	344,8
9	390,6	389,7	388,8	387,9

	430	429	428	427
1	43,0	42,9	42,8	42,7
2	86,0	85,8	85,6	85,4
3	129,0	128,7	128,4	128,1
4	172,0	171,6	171,2	170,8
5	215,0	214,5	214,0	213,5
6	258,0	257,4	256,8	256,2
7	301,0	300,3	299,6	298,9
8	344,0	343,2	342,4	341,6
9	387,0	386,1	385,2	384,3

	426	425	424	423
1	42,6	42,5	42,4	42,3
2	85,2	85,0	84,8	84,6
3	127,8	127,5	127,2	126,9
4	170,4	170,0	169,6	169,2
5	213,0	212,5	212,0	211,5
6	255,6	255,0	254,4	253,8
7	298,2	297,5	296,8	296,1
8	340,8	340,0	339,2	338,4
9	383,4	382,5	381,6	380,7

	422	421	420	419
1	42,2	42,1	42,0	41,9
2	84,4	84,2	84,0	83,8
3	126,6	126,3	126,0	125,7
4	168,8	168,4	168,0	167,6
5	211,0	210,5	210,0	209,5
6	253,2	252,6	252,0	251,4
7	295,4	294,7	294,0	293,3
8	337,6	336,8	336,0	335,2
9	379,8	378,9	378,0	377,1

	418	417	416	415
1	41,8	41,7	41,6	41,5
2	83,6	83,4	83,2	83,0
3	125,4	125,1	124,8	124,5
4	167,2	166,8	166,4	166,0
5	209,0	208,5	208,0	207,5
6	250,8	250,2	249,6	249,0
7	292,6	291,9	291,2	290,6
8	334,4	333,6	332,8	332,0
9	376,2	375,5	374,4	373,5

414

P. P.

ADDITION. 0,15 — 0,20

	0	1	2	3	4	5	6	7	8	9
0,150	0,232 4741	4326	3912	3498	3083	2669	2255	1841	1427	1013
0,151	0599	0185	·9771	·9357	·8943	·8530	·8116	·7702	·7289	·6875
0,152	0,231 6462	6049	5635	5222	4809	4396	3983	3570	3157	2744
0,153	2331	1918	1505	1093	0680	0267	·9855	·9442	·9030	·8618
0,154	0,230 8205	7793	7381	6969	6557	6145	5733	5321	4909	4497
0,155	4086	3674	3262	2851	2439	2028	1616	1205	0794	0382
0,156	0,229 9971	9560	9149	8738	8327	7916	7505	7095	6684	6273
0,157	5862	5452	5041	4631	4221	3810	3400	2990	2580	2169
0,158	1759	1349	0939	0529	0120	·9710	·9300	·8890	·8481	·8071
0,159	0,228 7662	7252	6843	6434	6024	5615	5206	4797	4388	3979
0,160	3570	3161	2752	2343	1934	1526	1117	0709	0300	·9892
0,161	0,227 9483	9075	8667	8258	7850	7442	7034	6626	6218	5810
0,162	5402	4995	4587	4179	3772	3364	2956	2549	2142	1734
0,163	1327	0920	0513	0105	·9698	·9291	·8884	·8478	·8071	·7664
0,164	0,226 7257	6851	6444	6037	5631	5224	4818	4412	4005	3599
0,165	3193	2787	2381	1975	1569	1163	0757	0351	·9946	·9540
0,166	0,225 9134	8729	8323	7918	7512	7107	6702	6297	5891	5486
0,167	5081	4676	4271	3866	3462	3057	2652	2247	1843	1438
0,168	1034	0629	0225	·9820	·9416	·9012	·8608	·8204	·7800	·7396
0,169	0,224 6992	6588	6184	5780	5376	4973	4569	4166	3762	3359
0,170	2955	2552	2149	1745	1342	0939	0536	0133	·9730	·9327
0,171	0,223 8924	8521	8119	7716	7313	6911	6508	6106	5703	5301
0,172	4899	4497	4094	3692	3290	2888	2486	2084	1682	1281
0,173	0879	0477	0076	·9674	·9273	·8871	·8470	·8068	·7667	·7266
0,174	0,222 6865	6463	6062	5661	5260	4860	4459	4058	3657	3256
0,175	2856	2455	2055	1654	1254	0853	0453	0053	·9653	·9253
0,176	0,221 8853	8453	8053	7653	7253	6853	6453	6054	5654	5254
0,177	4855	4455	4056	3657	3257	2858	2459	2060	1661	1262
0,178	0863	0464	0065	·9666	·9267	·8869	·8470	·8071	·7673	·7274
0,179	0,220 6876	6478	6079	5681	5283	4885	4487	4088	3691	3293
0,180	2895	2497	2099	1701	1304	0906	0509	0111	·9714	·9316
0,181	0,219 8919	8522	8125	7727	7330	6933	6536	6139	5743	5346
0,182	4949	4552	4156	3759	3362	2966	2569	2173	1777	1380
0,183	0984	0588	0192	·9796	·9400	·9004	·8608	·8212	·7817	·7421
0,184	0,218 7025	6630	6234	5838	5443	5048	4652	4257	3862	3467
0,185	3072	2676	2281	1887	1492	1097	0702	0307	·9913	·9518
0,186	0,217 9123	8729	8334	7940	7546	7151	6757	6363	5969	5575
0,187	5181	4787	4393	3999	3605	3212	2818	2424	2031	1637
0,188	1244	0850	0457	0064	·9670	·9277	·8884	·8491	·8098	·7705
0,189	0,216 7312	6919	6526	6134	5741	5348	4956	4563	4171	3778
0,190	3386	2994	2601	2209	1817	1425	1033	0641	0249	·9857
0,191	0,215 9465	9073	8682	8290	7899	7507	7116	6724	6333	5941
0,192	5550	5159	4768	4377	3986	3595	3204	2813	2422	2031
0,193	1640	1250	0859	0469	0078	·9688	·9297	·8907	·8517	·8126
0,194	0,214 7736	7346	6956	6566	6176	5786	5396	5007	4617	4227
0,195	3838	3448	3058	2669	2280	1890	1501	1112	0722	0333
0,196	0,213 9944	9555	9166	8777	8389	8000	7611	7222	6834	6445
0,197	6057	5668	5280	4891	4503	4115	3726	3338	2950	2562
0,198	2174	1786	1398	1011	0623	0235	·9847	·9460	·9072	·8685
0,199	0,212 8297	7910	7523	7135	6748	6361	5974	5587	5200	4813

P. P.

	414	413	412	411
1	41,4	41,3	41,2	41,1
2	82,8	82,6	82,4	82,2
3	124,2	123,9	123,6	123,3
4	165,6	165,2	164,8	164,4
5	207,0	206,5	206,0	205,5
6	248,4	247,8	247,2	246,6
7	289,8	289,1	288,4	287,7
8	331,2	330,4	329,6	328,8
9	372,6	371,7	370,8	369,9

	410	409	408	407
1	41,0	40,9	40,8	40,7
2	82,0	81,8	81,6	81,4
3	123,0	122,7	122,4	122,1
4	164,0	163,6	163,2	162,8
5	205,0	204,5	204,0	203,5
6	246,0	245,4	244,8	244,2
7	287,0	286,3	285,6	284,9
8	328,0	327,2	326,4	325,6
9	369,0	368,1	367,2	366,3

	406	405	404	403
1	40,6	40,5	40,4	40,3
2	81,2	81,0	80,8	80,6
3	121,8	121,5	121,2	120,9
4	162,4	162,0	161,6	161,2
5	203,0	202,5	202,0	201,5
6	243,6	243,0	242,4	241,8
7	284,2	283,5	282,8	282,1
8	324,8	324,0	323,2	322,4
9	365,4	364,5	363,6	362,7

	402	401	400	399
1	40,2	40,1	40,0	39,9
2	80,4	80,2	80,0	79,8
3	120,6	120,3	120,0	119,7
4	160,8	160,4	160,0	159,6
5	201,0	200,5	200,0	199,5
6	241,2	240,6	240,0	239,4
7	281,4	280,7	280,0	279,3
8	321,6	320,8	320,0	319,2
9	361,8	360,9	360,0	359,1

	398	397	396	395
1	39,8	39,7	39,6	39,5
2	79,6	79,4	79,2	79,0
3	119,4	119,1	118,8	118,5
4	159,2	158,8	158,4	158,0
5	199,0	198,5	198,0	197,5
6	238,8	238,2	237,6	237,0
7	278,6	277,9	277,2	276,5
8	318,4	317,6	316,8	316,0
9	358,2	357,3	356,4	355,5

	394	393	392	391
1	39,4	39,3	39,2	39,1
2	78,8	78,6	78,4	78,2
3	118,2	117,9	117,6	117,3
4	157,6	157,2	156,8	156,4
5	197,0	196,5	196,0	195,5
6	236,4	235,8	235,2	234,6
7	275,8	275,1	274,4	273,7
8	315,2	314,4	313,6	312,8
9	354,6	353,7	352,8	351,9

	390	389	388	387
1	39,0	38,9	38,8	38,7
2	78,0	77,8	77,6	77,4
3	117,0	116,7	116,4	116,1
4	156,0	155,6	155,2	154,8
5	195,0	194,5	194,0	193,5
6	234,0	233,4	232,8	232,2
7	273,0	272,3	271,6	270,9
8	312,0	311,2	310,4	309,6
9	351,0	350,1	349,2	348,3

387

	0	1	2	3	4	5	6	7	8	9	P. P.

0,20--0,25					ADDITION.				
	0	1	2	3	4	5	6	7	8	9

	0	1	2	3	4	5	6	7	8	9
0,200	0,212 4426	4039	3652	3266	2879	2492	2106	1719	1333	0946
0,201	0560	0174	'9788	'9401	'9015	'8629	'8243	'7857	'7471	'7085
0,202	0,211 6700	6314	5928	5543	5157	4772	4386	4001	3615	3230
0,203	2845	2459	2074	1689	1304	0919	0534	0149	'9765	'9380
0,204	0,210 8995	8611	8226	7841	7457	7072	6688	6304	5919	5535
0,205	5151	4767	4383	3999	3615	3231	2847	2463	2080	1696
0,206	1312	0929	0545	0162	'9779	'9395	'9012	'8629	'8245	'7862
0,207	0,209 7479	7096	6713	6330	5948	5565	5182	4799	4417	4034
0,208	3652	3269	2887	2504	2122	1740	1357	0975	0593	0211
0,209	0,208 9829	9447	9065	8684	8302	7920	7538	7157	6775	6394
0,210	6012	5631	5250	4868	4487	4106	3725	3344	2963	2582
0,211	2201	1820	1439	1059	0678	0297	'9917	'9536	'9156	'8775
0,212	0,207 8395	8015	7634	7254	6874	6494	6114	5734	5354	4974
0,213	4594	4215	3835	3455	3076	2696	2317	1937	1558	1178
0,214	0799	0420	0041	'9662	'9283	'8904	'8525	'8146	'7767	'7388
0,215	0,206 7009	6631	6252	5874	5495	5117	4738	4360	3981	3603
0,216	3225	2847	2469	2091	1713	1335	0957	0579	0201	'9824
0,217	0,205 9446	9069	8691	8314	7936	7559	7181	6804	6427	6050
0,218	5673	5296	4919	4542	4165	3788	3411	3034	2658	2281
0,219	1905	1528	1152	0775	0399	0023	'9646	'9270	'8894	'8518
0,220	0,204 8142	7766	7390	7014	6638	6263	5887	5511	5136	4760
0,221	4385	4009	3634	3258	2893	2508	2133	1758	1383	1008
0,222	0633	0258	'9883	'9508	'9133	'8759	'8384	'8010	'7635	'7261
0,223	0,203 6886	6512	6138	5763	5389	5015	4641	4267	3893	3519
0,224	3145	2771	2398	2024	1650	1277	0903	0530	0156	'9783
0,225	0,202 9409	9036	8663	8290	7917	7544	7171	6798	6425	6052
0,226	5679	5306	4934	4561	4188	3816	3443	3071	2699	2326
0,227	1954	1582	1210	0838	0466	0094	'9722	'9350	'8978	'8606
0,228	0,201 8235	7863	7491	7120	6748	6377	6005	5634	5263	4892
0,229	4520	4149	3778	3407	3036	2665	2295	1924	1553	1182
0,230	0812	0441	0071	'9700	'9330	'8959	'8589	'8219	'7848	'7478
0,231	0,200 7108	6738	6368	5998	5628	5259	4889	4519	4149	3780
0,232	3410	3041	2671	2302	1932	1563	1194	0825	0456	0086
0,233	0,199 9717	9348	8980	8611	8242	7873	7504	7136	6767	6399
0,234	6030	5662	5293	4925	4557	4188	3820	3452	3084	2716
0,235	2348	1980	1612	1245	0877	0509	0142	'9774	'9406	'9039
0,236	0,198 8672	8304	7937	7570	7202	6835	6468	6101	5734	5367
0,237	5000	4633	4267	3900	3533	3167	2800	2434	2067	1701
0,238	1334	0968	0602	0236	'9869	'9503	'9137	'8771	'8405	'8040
0,239	0,197 7674	7308	6942	6577	6211	5845	5480	5115	4749	4384
0,240	4019	3653	3288	2923	2558	2193	1828	1463	1098	0733
0,241	0369	0004	'9639	'9275	'8910	'8546	'8181	'7817	'7453	'7088
0,242	0,196 6724	6360	5996	5632	5268	4904	4540	4176	3812	3448
0,243	3085	2721	2358	1994	1631	1267	0904	0541	0177	'9814
0,244	0,195 9451	9088	8725	8362	7999	7636	7273	6910	6548	6185
0,245	5822	5460	5097	4735	4372	4010	3648	3285	2923	2561
0,246	2199	1837	1475	1113	0751	0389	0028	'9666	'9304	'8943
0,247	0,194 8581	8220	7858	7497	7135	6774	6413	6052	5691	5330
0,248	4969	4608	4247	3886	3525	3164	2803	2443	2082	1722
0,249	1361	1001	0640	0280	'9920	'9560	'9199	'8839	'8479	'8119

	0	1	2	3	4	5	6	7	8	9

P. P.

	387	386	385	384
1	38,7	38,6	38,5	38,4
2	77,4	77,2	77,0	76,8
3	116,1	115,8	115,5	115,2
4	154,8	154,4	154,0	153,6
5	193,5	193,0	192,5	192,0
6	232,2	231,6	231,0	230,4
7	270,9	270,2	269,5	268,8
8	309,6	308,8	308,0	307,2
9	348,3	347,4	346,5	345,6

	383	382	381	380
1	38,3	38,2	38,1	38,0
2	76,6	76,4	76,2	76,0
3	114,9	114,6	114,3	114,0
4	153,2	152,8	152,4	152,0
5	191,5	191,0	190,5	190,0
6	229,8	229,2	226,6	228,0
7	268,1	267,4	266,7	206,0
8	306,4	305,6	304,8	304,0
9	344,7	345,8	342,9	342,0

	379	378	377	376
1	37,9	37,8	37,7	37,6
2	75,·	75,6	75,4	75,2
3	113,7	113,4	113,1	112,8
4	151,6	151,2	150,8	150,4
5	189,5	189,0	188,5	188,0
6	227,4	226,8	226,2	225,6
7	265,3	264,6	263,9	263,2
8	303,2	302,4	301,6	300,8
9	341,1	340,2	339,3	338,4

	375	374	373	372
1	37,5	37,4	37,3	37,2
2	75,0	74,8	74,6	74,4
3	112,5	112,2	111,9	111,6
4	150,0	149,6	149,2	148,8
5	187,5	187,0	186,5	186,0
6	225,0	224,4	223,8	223,2
7	262,5	261,8	261,1	260,4
8	300,0	299,2	298,4	297,6
9	337,5	336,6	335,7	334,8

	371	370	369	368
1	37,1	37,0	36,9	36,8
2	74,2	74,0	73,8	73,6
3	111,3	111,0	110,7	110,4
4	148,4	148,0	147,6	147,2
5	185,5	185,0	184,5	184,0
6	222,6	222,0	221,4	220,8
7	259,7	259,0	258,3	257,6
8	296,8	296,0	295,2	294,4
9	333,9	333,0	332,1	331,2

	367	366	365	364
1	36,7	36,6	36,5	36,4
2	73,4	73,2	73,0	72,8
3	110,1	109,8	109,5	109,2
4	146,8	146,4	146,0	145,6
5	183,5	183,0	182,5	182,0
6	220,2	219,6	219,0	218,4
7	256,9	256,2	255,5	254,8
8	293,6	292,8	292,0	291,2
9	330,3	329,4	328,5	327,6

	363	362	361	360
1	36,3	36,2	36,1	36,0
2	72,6	72,4	72,2	72,0
3	108,9	108,6	108,3	108,0
4	145,2	144,8	144,4	144,0
5	181,5	181,0	180,5	180,0
6	217,8	217,2	216,6	216,0
7	254,1	253,4	252,7	252,0
8	290,4	289,6	288,8	288,0
9	326,7	325,8	324,9	324,0

360

P. P.

ADDITION.   0,25 — 0,30

	0	1	2	3	4	5	6	7	8	9
0,250	0,193 7759	7399	7039	6680	6320	5960	5601	5241	4881	4522
0,251	4163	3803	3444	3085	2725	2366	2007	1648	1289	0930
0,252	0571	0212	'9853	'9495	'9136	'8777	'8419	'8060	'7702	'7343
0,253	0,192 6985	6627	6268	5910	5552	5194	4836	4478	4120	3762
0,254	3404	3046	2689	2331	1973	1616	1258	0901	0543	0186
0,255	0,191 9829	9471	9114	8757	8400	8043	7686	7329	6972	6615
0,256	6258	5902	5545	5188	4832	4475	4119	3762	3406	3050
0,257	2694	2337	1981	1625	1269	0913	0557	0201	'9845	'9490
0,258	0,190 9134	8778	8423	8067	7711	7356	7001	6645	6290	5935
0,259	5579	5224	4869	4514	4159	3804	3449	3095	2740	2385
0,260	2030	1676	1321	0967	0612	0258	'9903	'9549	'9195	'8841
0,261	0,189 8487	8132	7778	7424	7070	6717	6363	6009	5655	5302
0,262	4948	4594	4241	3887	3534	3181	2827	2474	2121	1768
0,263	1415	1062	0709	0356	0003	'9650	'9297	'8944	'8592	'8239
0,264	0,188 7887	7534	7182	6829	6477	6125	5772	5420	5068	4716
0,265	4364	4012	3660	3308	2956	2604	2253	1901	1549	1198
0,266	0846	0495	0143	'9792	'9441	'9089	'8738	'8387	'8036	'7685
0,267	0,187 7334	6983	6632	6281	5930	5580	5229	4878	4528	4177
0,268	3827	3476	3126	2776	2426	2075	1725	1375	1025	0675
0,269	0325	'9975	'9625	'9276	'8926	'8576	'8227	'7877	'7527	'7178
0,270	0,186 6829	6479	6130	5781	5431	5082	4733	4384	4035	3686
0,271	3337	2988	2640	2291	1942	1593	1245	0896	0548	0199
0,272	0,185 9851	9503	9154	8806	8458	8110	7762	7414	7066	6718
0,273	6370	6022	5675	5327	4979	4632	4284	3937	3589	3242
0,274	2895	2547	2200	1853	1506	1159	0812	0465	0118	'9771
0,275	0,184 9424	9077	8731	8384	8037	7691	7344	6998	6652	6305
0,276	5959	5613	5266	4920	4574	4228	3882	3536	3190	2845
0,277	2499	2153	1807	1462	1116	0771	0425	0080	'9735	'9389
0,278	0,183 9044	8699	8354	8009	7664	7319	6974	6629	6284	5939
0,279	5594	5250	4905	4561	4216	3872	3527	3183	2839	2494
0,280	2150	1806	1462	1118	0774	0430	0086	'9742	'9398	'9055
0,281	0,182 8711	8367	8024	7680	7337	6993	6650	6307	5963	5620
0,282	5277	4934	4591	4248	3905	3562	3219	2876	2533	2191
0,283	1848	1505	1163	0820	0478	0136	'9793	'9451	'9109	'8767
0,284	0,181 8424	8082	7740	7398	7056	6715	6373	6031	5689	5348
0,285	5006	4664	4323	3981	3640	3299	2957	2616	2275	1934
0,286	1593	1252	0911	0570	0229	'9888	'9547	'9207	'8866	'8525
0,287	0,180 8185	7844	7504	7163	6823	6483	6142	5802	5462	5122
0,288	4782	4442	4102	3762	3422	3082	2742	2403	2063	1724
0,289	1384	1044	0705	0366	0026	'9687	'9348	'9009	'8669	'8330
0,290	0,179 7991	7652	7313	6975	6636	6297	5958	5620	5281	4942
0,291	4604	4265	3927	3589	3250	2912	2574	2236	1898	1560
0,292	1222	0884	0546	0208	'9870	'9532	'9195	'8857	'8520	'8182
0,293	0,178 7845	7507	7170	6832	6495	6158	5821	5484	5147	4810
0,294	4473	4136	3799	3462	3125	2789	2452	2115	1779	1442
0,295	1106	0769	0433	0097	'9760	'9424	'9088	'8752	'8416	'8080
0,296	0,177 7744	7408	7072	6737	6401	6065	5730	5394	5058	4723
0,297	4388	4052	3717	3382	3046	2711	2376	2041	1706	1371
0,298	1036	0701	0366	0032	'9697	'9362	'9028	'8693	'8359	'8024
0,299	0,176 7690	7355	7021	6687	6353	6019	5684	5350	5016	4683
	0	1	2	3	4	5	6	7	8	9

P. P.

	360	359	358	357
1	36,0	35,9	35,8	35,7
2	72,0	71,8	71,6	71,4
3	108,0	107,7	107,4	107,1
4	144,0	143,6	143,2	142,8
5	180,0	179,5	179,0	178,5
6	216,0	215,4	214,8	214,2
7	252,0	251,3	250,6	249,9
8	288,0	287,2	286,4	285,6
9	324,0	323,1	322,2	321,3

	356	355	354	353
1	35,6	35,5	35,4	35,3
2	71,2	71,0	70,8	70,6
3	106,8	106,5	106,2	105,9
4	142,4	142,0	141,6	141,2
5	178,0	177,5	177,0	176,5
6	213,6	213,0	212,4	211,8
7	249,2	248,5	247,8	247,1
8	284,8	284,0	283,2	282,4
9	320,4	319,5	318,6	317,7

	352	351	350	349
1	35,2	35,1	35,0	34,9
2	70,4	70,2	70,0	69,8
3	105,6	105,3	105,0	104,7
4	140,8	140,4	140,0	139,6
5	176,0	175,5	175,0	174,5
6	211,2	210,6	210,0	209,4
7	246,4	245,7	245,0	244,3
8	281,6	280,8	280,0	279,2
9	316,8	315,9	315,0	314,1

	348	347	346	345
1	34,8	34,7	34,6	34,5
2	69,6	69,4	69,2	69,0
3	104,4	104,1	103,8	103,5
4	139,2	138,8	138,4	138,0
5	174,0	173,5	173,0	172,5
6	208,8	208,2	207,6	207,0
7	243,6	242,9	242,2	241,5
8	278,4	277,6	276,8	276,0
9	313,2	312,3	311,4	310,5

	344	343	342	341
1	34,4	34,3	34,2	34,1
2	68,8	68,6	68,4	68,2
3	103,2	102,9	102,6	102,3
4	137,6	137,2	136,8	136,4
5	172,0	171,5	171,0	170,5
6	206,4	205,8	205,2	204,6
7	240,8	240,1	239,4	238,7
8	275,2	274,4	273,6	272,8
9	309,6	308,7	307,8	306,9

	340	339	338	337
1	34,0	33,9	33,8	33,7
2	68,0	67,8	67,6	67,4
3	102,0	101,7	101,4	101,1
4	136,0	135,6	135,2	134,8
5	170,0	169,5	169,0	168,5
6	204,0	203,4	202,8	202,2
7	238,0	237,3	236,6	235,9
8	272,0	271,2	270,4	269,6
9	306,0	305,1	304,2	303,3

	336	335	334	333
1	33,6	33,5	33,4	33,3
2	67,2	67,0	66,8	66,6
3	100,8	100,5	100,2	99,9
4	134,4	134,0	133,6	133,2
5	168,0	167,5	167,0	166,5
6	201,6	201,0	200,4	199,8
7	235,2	234,5	233,8	233,1
8	268,8	268,0	267,2	266,4
9	302,4	301,5	300,6	299,7

334

P. P.

0,30 -- 0,35   ADDITION.

	0	1	2	3	4	5	6	7	8	9
0,300	0,176 4349	4015	3681	3347	3014	2680	2346	2013	1679	1346
0,301	1013	0679	0346	0013	·9680	·9346	·9013	·8680	·8347	·8015
0,302	0,175 7682	7349	7016	6683	6351	6018	5686	5353	5021	4688
0,303	4356	4024	3691	3359	3027	2695	2363	2031	1699	1367
0,304	1035	0703	0372	0040	·9708	·9377	·9045	·8714	·8382	·8051
0,305	0,174 7720	7388	7057	6726	6395	6064	5733	5402	5071	4740
0,306	4409	4078	3748	3417	3086	2756	2425	2095	1764	1434
0,307	1104	0773	0443	0113	·9783	9453	·9123	·8793	·8463	·8133
0,308	0,173 7803	7474	7144	6814	6485	6155	5826	5496	5167	4837
0,309	4508	4179	3850	3521	3191	2862	2533	2204	1876	1547
0,310	1218	0889	0561	0232	·9903	·9575	·9246	·8918	·8590	·8261
0,311	0,172 7933	7605	7276	6948	6620	6292	5964	5636	5309	4981
0,312	4653	4325	3998	3670	3342	3015	2687	2360	2033	1705
0,313	1378	1051	0724	0397	0069	·9742	·9416	·9089	·8762	·8435
0,314	0,171 8108	7781	7455	7128	6802	6475	6149	5822	5496	5170
0,315	4843	4517	4191	3865	3539	3213	2887	2561	2235	1909
0,316	1584	1258	0932	0607	0281	·9956	·9630	·9305	·8980	·8654
0,317	0,170 8329	8004	7679	7354	7029	6704	6379	6054	5729	5404
0,318	5079	4755	4430	4106	3781	3457	3132	2808	2483	2159
0,319	1835	1511	1187	0863	0539	0215	·9891	·9567	·9243	·8919
0,320	0,169 8595	8272	7948	7625	7301	6978	6654	6331	6007	5684
0,321	5361	5038	4715	4392	4069	3746	3423	3100	2777	2454
0,322	2132	1809	1486	1164	0841	0519	0196	·9874	·9552	·9229
0,323	0,168 8907	8585	8263	7941	7619	7297	6975	6653	6331	6009
0,324	5688	5366	5044	4723	4401	4080	3759	3437	3116	2795
0,325	2473	2152	1831	1510	1189	0868	0547	0226	·9906	·9585
0,326	0,167 9264	8943	8623	8302	7982	7661	7341	7021	6700	6380
0,327	6060	5740	5420	5099	4779	4460	4140	3820	3500	3180
0,328	2860	2541	2221	1902	1582	1263	0943	0624	0305	·9985
0,329	0,166 9666	9347	9028	8709	8390	8071	7752	7433	7114	6796
0,330	6477	6158	5840	5521	5203	4884	4566	4247	3929	3611
0,331	3293	2974	2656	2338	2020	1702	1384	1067	0749	0431
0,332	0113	·9796	·9478	·9161	·8843	·8526	·8208	·7891	·7574	·7256
0,333	0,165 6939	6622	6305	5988	5671	5354	5037	4720	4403	4086
0,334	3770	3453	3136	2820	2503	2187	1871	1554	1238	0922
0,335	0605	0289	·9973	·9657	·9341	·9025	·8709	·8393	·8078	·7762
0,336	0,164 7446	7130	6815	6499	6184	5868	5553	5237	4922	4607
0,337	4292	3977	3661	3346	3031	2716	2401	2087	1772	1457
0,338	1142	0828	0513	0198	·9884	·9569	·9255	·8941	·8626	·8312
0,339	0,163 7998	7684	7370	7055	6741	6427	6114	5800	5486	5172
0,340	4858	4545	4231	3918	3604	3291	2977	2664	2350	2037
0,341	1724	1411	1098	0784	0471	0158	·9846	·9533	·9220	·8907
0,342	0,162 8594	8282	7969	7656	7344	7031	6719	6407	6094	5782
0,343	5470	5157	4845	4533	4221	3909	3597	3285	2974	2662
0,344	2350	2038	1727	1415	1104	0792	0481	0169	·9858	·9547
0,345	0,161 9235	8924	8613	8302	7991	7680	7369	7058	6747	6436
0,346	6125	5815	5504	5193	4883	4572	4262	3952	3641	3331
0,347	3021	2710	2400	2090	1780	1470	1160	0850	0540	0230
0,348	0,160 9921	9611	9301	8992	8682	8373	8063	7754	7444	7135
0,349	6826	6516	6207	5898	5589	5280	4971	4662	4353	4044

	0	1	2	3	4	5	6	7	8	9

P. P.

	334	333	332	331
1	33,4	33,3	33,2	33,1
2	66,6	66,6	66,4	66,2
3	100,2	99,9	99,6	99,3
4	133,6	133,2	132,8	132,4
5	167,0	166,5	166,0	165,5
6	200,4	199,8	199,2	198,6
7	233,8	233,1	232,4	231,7
8	267,2	266,4	265,6	264,8
9	300,6	299,7	298,8	297,9

	330	329	328	327
1	33,0	32,9	32,8	32,7
2	66,0	65,8	65,6	65,4
3	99,0	98,7	98,4	98,1
4	132,0	131,6	131,2	130,8
5	165,0	164,5	164,0	163,5
6	198,0	197,4	196,8	196,2
7	231,0	230,3	229,6	228,9
8	264,0	263,2	262,4	261,6
9	297,0	296,1	295,2	294,3

	326	325	324	323
1	32,6	32,5	32,4	32,3
2	65,2	65,0	64,8	64,6
3	97,8	97,5	97,2	96,9
4	130,4	130,0	129,6	129,2
5	163,0	162,5	162,0	161,5
6	195,6	195,0	194,4	193,8
7	228,2	227,5	226,8	226,1
8	260,8	260,0	259,2	258,4
9	293,4	292,5	291,6	290,7

	322	321	320	319
1	32,2	32,1	32,0	31,9
2	64,4	64,2	64,0	63,8
3	96,6	96,3	96,0	95,7
4	128,8	128,4	128,0	127,6
5	161,0	160,5	160,0	159,5
6	193,2	192,6	192,0	191,4
7	225,4	224,7	224,0	223,3
8	257,6	256,8	256,0	255,2
9	289,8	288,9	288,0	287,1

	318	317	316	315
1	31,8	31,7	31,6	31,5
2	63,6	63,4	63,2	63,0
3	95,4	95,1	94,8	94,5
4	127,2	126,8	126,4	126,0
5	159,0	158,5	158,0	157,5
6	190,8	190,2	189,6	189,0
7	222,6	221,9	221,2	220,5
8	254,4	253,6	252,8	252,0
9	286,2	285,3	284,4	283,5

	314	313	312	311
1	31,4	31,3	31,2	31,1
2	62,8	62,6	62,4	62,2
3	94,2	93,9	93,6	93,3
4	125,6	125,2	124,8	124,4
5	157,0	156,5	156,0	155,5
6	188,4	187,8	187,2	186,6
7	219,8	219,1	218,4	217,7
8	251,2	250,4	249,6	248,8
9	282,6	281,7	280,8	279,9

	310	309	308
1	31,0	30,9	30,8
2	62,0	61,8	61,6
3	93,0	92,7	92,4
4	124,0	123,6	123,2
5	155,0	154,5	154,0
6	186,0	185,4	184,8
7	217,0	216,3	215,6
8	248,0	247,2	246,4
9	279,0	278,1	277,2

308

P. P.

ADDITION.   0,35 — 0,40

	0	1	2	3	4	5	6	7	8	9
0,350	0,160 3736	3427	3118	2809	2501	2192	1884	1575	1267	0959
0,351	0650	0342	0034	·9726	·9418	·9110	·8802	·8494	·8186	·7878
0,352	0,159 7570	7262	6955	6647	6339	6032	5724	5417	5109	4802
0,353	4495	4187	3880	3573	3266	2959	2652	2345	2038	1731
0,354	1424	1117	0811	0504	0197	·9891	·9584	·9278	·8971	·8665
0,355	0,158 8359	8052	7746	7440	7134	6828	6522	6216	5910	5604
0,356	5298	4992	4686	4381	4075	3770	3464	3158	2853	2548
0,357	2242	1937	1632	1326	1021	0716	0411	0106	·9801	·9496
0,358	0,157 9191	8887	8582	8277	7972	7668	7363	7059	6754	6450
0,359	6145	5841	5537	5232	4928	4624	4320	4016	3712	3408
0,360	3104	2800	2497	2193	1889	1585	1282	0978	0675	0371
0,361	0068	·9765	·9461	·9158	·8855	·8552	·8248	·7945	·7642	·7339
0,362	0,156 7036	6734	6431	6128	5825	5523	5220	4917	4615	4312
0,363	4010	3708	3405	3103	2801	2498	2196	1894	1592	1290
0,364	0988	0686	0384	0083	·9781	·9479	·9178	·8876	·8574	·8273
0,365	0,155 7971	7670	7369	7067	6766	6465	6164	5862	5561	5260
0,366	4959	4658	4358	4057	3756	3455	3155	2854	2553	2253
0,367	1952	1652	1351	1051	0751	0451	0150	·9850	·9550	·9250
0,368	0,154 8950	8650	8350	8050	7750	7451	7151	6851	6552	6252
0,369	5952	5653	5354	5054	4755	4456	4156	3857	3558	3259
0,370	2960	2661	2362	2063	1764	1465	1167	0868	0569	0271
0,371	0,153 9972	9674	9375	9077	8778	8480	8182	7883	7585	7287
0,372	6989	6691	6393	6095	5797	5499	5202	4904	4606	4308
0,373	4011	3713	3416	3118	2821	2524	2226	1929	1632	1335
0,374	1038	0740	0443	0146	·9850	·9553	·9256	·8959	·8662	·8366
0,375	0,152 8069	7772	7476	7179	6883	6586	6290	5994	5698	5401
0,376	5105	4809	4513	4217	3921	3625	3329	3033	2738	2442
0,377	2146	1851	1555	1260	0964	0669	0373	0078	·9783	·9487
0,378	0,151 9192	8897	8602	8307	8012	7717	7422	7127	6832	6537
0,379	6243	5948	5653	5359	5064	4770	4475	4181	3887	3592
0,380	3298	3004	2710	2416	2122	1828	1534	1240	0946	0652
0,381	0358	0065	·9771	·9477	·9184	·8890	·8597	·8303	·8010	·7717
0,382	0,150 7423	7130	6837	6544	6251	5958	5665	5372	5079	4786
0,383	4493	4200	3908	3615	3322	3030	2737	2445	2152	1860
0,384	1568	1275	0983	0691	0399	0107	·9815	·9523	·9231	·8939
0,385	0,149 8647	8355	8063	7772	7480	7188	6897	6605	6314	6022
0,386	5731	5440	5148	4857	4566	4275	3984	3693	3402	3111
0,387	2820	2529	2238	1947	1657	1366	1075	0785	0494	0204
0,388	0,148 9913	9623	9333	9042	8752	8462	8172	7882	7592	7302
0,389	7012	6722	6432	6142	5852	5562	5273	4983	4694	4401
0,390	4115	3825	3536	3246	2957	2668	2379	2090	1800	1511
0,391	1222	0933	0644	0356	0067	·9778	·9489	·9201	·8912	·8623
0,392	0,147 8335	8046	7758	7470	7181	6893	6605	6316	6028	5740
0,393	5452	5164	4876	4588	4300	4012	3725	3437	3149	2862
0,394	2574	2286	1999	1712	1424	1137	0849	0562	0275	·9988
0,395	0,146 9701	9414	9127	8840	8553	8266	7979	7692	7405	7119
0,396	6832	6545	6259	5972	5686	5400	5113	4827	4541	4254
0,397	3968	3682	3396	3110	2824	2538	2252	1966	1680	1395
0,398	1109	0823	0538	0252	·9967	·9681	·9396	·9110	·8825	·8540
0,399	0,145 8254	7969	7684	7399	7114	6829	6544	6259	5974	5689

	0	1	2	3	4	5	6	7	8	9

P. P.

	309	308	307	306
1	30,9	30,8	30,7	30,6
2	61,8	61,6	61,4	61,2
3	92,7	92,4	92,1	91,8
4	123,6	123,2	122,8	122,4
5	154,5	154,0	153,5	153,0
6	185,4	184,8	184,2	183,6
7	216,3	215,6	214,9	214,2
8	247,2	246,4	245,6	244,8
9	278,1	277,2	276,3	275,4

	305	304	303	302
1	30,5	30,4	30,3	30,2
2	61,0	60,8	60,6	60,4
3	91,5	91,2	90,9	90,6
4	122,0	121,6	121,2	120,8
5	152,5	152,0	151,5	151,0
6	183,0	182,4	181,8	181,2
7	213,5	212,8	212,1	211,4
8	244,0	243,2	242,4	241,6
9	274,5	273,6	272,7	271,8

	301	300	299	298
1	30,1	30,0	29,9	29,8
2	60,2	60,0	59,8	59,6
3	90,5	90,0	89,7	89,4
4	120,4	120,0	119,6	119,2
5	150,5	150,0	149,5	149,0
6	180,6	180,0	179,4	178,8
7	210,7	210,0	209,3	208,6
8	240,8	240,0	239,2	238,4
9	270,9	270,0	269,1	268,2

	297	296	295	294
1	29,7	29,6	29,5	29,4
2	59,4	59,2	59,0	58,8
3	89,1	88,8	88,5	88,2
4	118,8	118,4	118,0	117,6
5	148,5	148,0	147,5	147,0
6	178,2	177,6	177,0	176,4
7	207,9	207,2	206,5	205,8
8	237,6	236,8	236,0	235,2
9	267,3	266,4	265,5	264,6

	293	292	291	290
1	29,3	29,2	29,1	29,0
2	58,6	58,4	58,2	58,0
3	87,9	87,6	87,3	87,0
4	117,2	116,8	116,4	116,0
5	146,5	146,0	145,5	145,0
6	175,8	175,2	174,6	174,0
7	205,1	204,4	203,7	203,0
8	234,4	233,6	232,8	232,0
9	263,7	262,8	261,9	261,0

	289	288	287	286
1	28,9	28,8	28,7	28,6
2	57,8	57,6	57,4	57,2
3	86,7	86,4	86,1	85,8
4	115,6	115,2	114,8	114,4
5	144,5	144,0	143,5	143,0
6	173,4	172,8	172,2	171,6
7	202,3	201,6	200,9	200,2
8	231,2	230,4	229,6	228,8
9	260,1	259,2	258,3	257,4

	285	284
1	28,5	28,4
2	57,0	56,8
3	85,5	85,2
4	114,0	113,6
5	142,5	142,0
6	171,0	170,4
7	199,5	198,8
8	228,0	227,2
9	256,5	255,6

284

P. P.

| 0,40—0,45 | | | | | ADDITION. | | | | | |

	0	1	2	3	4	5	6	.7	8	9
0,400	0,145 5405	5120	4835	4551	4266	3981	3697	3413	3128	2844
0,401	2560	2275	1991	1707	1423	1139	0855	0571	0287	0003
0,402	0,144 9719	9435	9152	8868	8584	8301	8017	7734	7450	7167
0,403	6883	6600	6317	6033	5750	5467	5184	4901	4618	4335
0,404	4052	3769	3487	3204	2921	2638	2356	2073	1791	1508
0,405	1226	0943	0661	0379	0097	·9814	·9532	·9250	·8968	·8686
0,406	0,143 8404	8122	7840	7558	7277	6995	6713	6432	6150	5868
0,407	5587	5305	5024	4743	4461	4180	3899	3618	3337	3056
0,408	2775	2494	2213	1932	1651	1370	1089	0809	0528	0247
0,409	0,142 9967	9686	9406	9125	8845	8565	8284	8004	7724	7444
0,410	7164	6884	6604	6324	6044	5764	5484	5204	4924	4645
0,411	4365	4086	3806	3526	3247	2968	2688	2409	2130	1850
0,412	1571	1292	1013	0734	0455	0176	·9897	·9618	·9340	·9061
0,413	0,141 8782	8503	8225	7946	7668	7389	7111	6832	6554	6276
0,414	5997	5719	5441	5163	4885	4607	4329	4051	3773	3495
0,415	3217	2940	2662	2384	2107	1829	1552	1274	0997	0719
0,416	0442	0165	·9888	·9610	·9333	·9056	·8779	·8502	·8225	·7948
0,417	0,140 7671	7395	7118	6841	6564	6288	6011	5735	5458	5182
0,418	4905	4629	4353	4076	3800	3524	3248	2972	2696	2420
0,419	2144	1868	1592	1316	1040	0765	0489	0213	·9938	·9662
0,420	0,139 9387	9111	8836	8561	8285	8010	7735	7460	7185	6910
0,421	6635	6360	6085	5810	5535	5260	4985	4711	4436	4161
0,422	3887	3612	3338	3063	2789	2515	2240	1966	1692	1418
0,423	1144	0870	0596	0322	0048	·9774	·9500	·9226	·8952	·8679
0,424	0,138 8405	8132	7858	7584	7311	7038	6764	6491	6218	5944
0,425	5671	5398	5125	4852	4579	4306	4033	3760	3487	3214
0,426	2942	2669	2396	2124	1851	1579	1306	1034	0761	0489
0,427	0217	·9945	·9672	·9400	·9128	·8856	·8584	·8312	·8040	·7768
0,428	0,137 7497	7225	6953	6681	6410	6138	5867	5595	5324	5052
0,429	4781	4510	4238	3967	3696	3425	3154	2883	2612	2341
0,430	2070	1799	1528	1257	0986	0716	0445	0175	·9904	·9634
0,431	0,136 9363	9093	8822	8552	8282	8011	7741	7471	7201	6931
0,432	6661	6391	6121	5851	5581	5312	5042	4772	4503	4233
0,433	3963	3694	3424	3155	2886	2616	2347	2078	1809	1540
0,434	1270	1001	0732	0463	0194	·9926	·9657	·9388	·9119	·8851
0,435	0,135 8582	8313	8045	7776	7508	7239	6971	6703	6434	6166
0,436	5898	5630	5362	5094	4826	4558	4290	4022	3754	3486
0,437	3219	2951	2683	2416	2148	1880	1613	1346	1078	0811
0,438	0544	0276	0009	·9742	·9475	·9208	·8941	·8674	·8407	·8140
0,439	0,134 7873	7606	7340	7073	6806	6540	6273	6007	5740	5474
0,440	5207	4941	4675	4408	4142	3876	3610	3344	3078	2812
0,441	2546	2280	2014	1748	1483	1217	0951	0686	0420	0154
0,442	0,133 9889	9623	9358	9093	8827	8562	8297	8032	7767	7502
0,443	7236	6971	6707	6442	6177	5912	5647	5382	5118	4853
0,444	4589	4324	4060	3795	3531	3266	3002	2738	2473	2209
0,445	1945	1681	1417	1153	0889	0625	0361	0097	·9834	·9570
0,446	0,132 9306	9042	8779	8515	8252	7988	7725	7461	7198	6935
0,447	6672	6408	6145	5882	5619	5356	5093	4830	4567	4304
0,448	4042	3779	3516	3253	2991	2728	2466	2203	1941	1678
0,449	1416	1154	0891	0629	0367	0105	·9843	·9581	·9319	·9057
	0	1	2	3	4	5	6	7	8	9

P. P.

	285	284	283	282
1	28.5	28.4	28.3	28.2
2	57.0	56.8	56.6	56.4
3	85.5	85.2	84.9	84.6
4	114.0	113.6	113.2	112.8
5	142.5	142.0	141.5	141.0
6	171.0	170.4	169.8	169.2
7	199.5	198.8	198.1	197.4
8	228.0	227.2	226.4	225.6
9	256.5	255.6	254.7	253.8

	281	280	279	278
1	28.1	28.0	27.9	27.8
2	56.2	56.0	55.8	55.6
3	84.3	84.0	83.7	83.4
4	112.4	112.0	111.6	111.2
5	140.5	140.0	139.5	139.0
6	168.6	168.0	167.4	166.8
7	196.7	196.0	195.5	194.6
8	224.8	224.0	223.2	222.4
9	252.9	252.0	251.1	250.2

	277	276	275	274
1	27.7	27.6	27.5	27.4
2	55.4	55.2	55.0	54.8
3	83.1	82.8	82.5	82.2
4	110.8	110.4	110.0	109.6
5	138.5	138.0	137.5	137.0
6	166.2	165.6	165.0	164.4
7	193.9	193.2	192.5	191.8
8	221.6	220.8	220.0	219.2
9	249.3	248.4	247.5	246.6

	273	272	271	270
1	27.3	27.2	27.1	27.0
2	54.6	54.4	54.2	54.0
3	81.9	81.6	81.3	81.0
4	109.2	108.8	108.4	108.0
5	136.5	136.0	135.5	135.0
6	163.8	163.2	162.6	162.0
7	191.1	190.4	189.7	189.0
8	218.4	217.6	216.8	216.0
9	245.7	244.8	243.9	243.0

	269	268	267	266
1	26.9	26.8	26.7	26.6
2	53.8	53.6	53.4	53.2
3	80.7	80.4	80.1	79.8
4	107.6	107.2	106.8	106.4
5	134.5	134.0	133.5	133.0
6	161.4	160.8	160.2	159.6
7	188.3	187.6	186.9	186.2
8	215.2	214.4	213.6	212.8
9	242.1	241.2	240.3	239.4

	265	264	263	262
1	26.5	26.4	26.3	26.2
2	53.0	52.8	52.6	52.4
3	79.5	79.2	78.9	78.6
4	106.0	105.6	105.2	104.8
5	132.5	132.0	131.5	131.0
6	159.0	158.4	157.8	157.2
7	185.5	184.8	184.1	183.4
8	212.0	211.2	210.3	209.6
9	238.5	237.6	236.7	235.8

262

P. P.

	0	1	2	3	4	5	6	7	8	9

ADDITION. 0,45—0,50

	0	1	2	3	4	5	6	7	8	9	P. P.
0,450	0,131 8795	8533	8271	8009	7748	7486	7224	6963	6701	6440	
0,451	6178	5917	5655	5394	5133	4871	4610	4349	4088	3827	262 261 260 259
0,452	3566	3305	3044	2783	2522	2261	2001	1740	1479	1219	1 26.2 26.1 26.0 25.9
0,453	0958	0698	0437	0177	·9916	·9656	·9396	·9135	·8875	·8615	2 52.4 52.2 52.0 51.8 3 78.6 78.3 78.0 77.7
0,454	0,130 8355	8095	7835	7575	7315	7055	6795	6535	6275	6015	4 104.8 104.4 104.0 103.6 5 131.0 130.5 130.0 129.5
0,455	5756	5496	5237	4977	4717	4458	4199	3939	3680	3421	6 157.2 156.6 156.0 155.4
0,456	3161	2902	2643	2384	2125	1866	1607	1348	1089	0830	7 183.4 182.7 182.0 181.3 8 209.6 208.8 208.0 207.2
0,457	0571	0312	0054	·9795	·9536	·9278	·9019	·8761	·8502	·8244	9 235.8 234.9 234.0 233.1
0,458	0,129 7986	7727	7469	7211	6953	6694	6436	6178	5920	5662	
0,459	5404	5146	4889	4631	4373	4115	3858	3600	3342	3085	258 257 256 255
0,460	2827	2570	2313	2055	1798	1541	1283	1026	0769	0512	1 25.8 25.7 25.6 25.5
0,461	0255	·9998	·9741	·9484	·9227	·8970	·8714	·8457	·8200	·7944	2 51.6 51.4 51.2 51.0 3 77.4 77.1 76.8 76.5
0,462	0,128 7687	7430	7174	6917	6661	6405	6148	5892	5636	5379	4 103.2 102.8 102.4 102.0 5 129.0 128.5 128.0 127.5
0,463	5123	4867	4611	4355	4099	3843	3587	3331	3076	2820	6 154.8 154.2 153.6 153.0
0,464	2564	2308	2053	1797	1542	1286	1031	0775	0520	0264	7 180.6 179.9 179.2 178.5 8 206.4 205.6 204.8 204.0
0,465	0009	·9754	·9499	·9244	·8988	·8733	·8478	·8223	·7968	·7713	9 232.2 231.3 230.4 229.5
0,466	0,127 7459	7204	6949	6694	6440	6185	5930	5676	5421	5167	
0,467	4912	4658	4404	4150	3895	3641	3387	3133	2879	2625	254 253 252 251
0,468	2371	2117	1863	1609	1355	1101	0848	0594	0340	0087	1 25.4 25.3 25.2 25.1
0,469	0,126 9833	9580	9326	9073	8820	8566	8313	8060	7807	7553	2 50.8 50.6 50.4 50.2 3 76.2 75.9 75.6 75.3
0,470	7300	7047	6794	6541	6288	6035	5783	5530	5277	5024	4 101.6 101.2 100.8 100.4 5 127.0 126.5 126.0 125.5
0,471	4772	4519	4266	4014	3761	3509	3256	3004	2752	2499	6 152.4 151.8 151.2 150.6
0,472	2247	1995	1743	1491	1239	0987	0735	0483	0231	·9979	7 177.8 177.1 176.4 175.7 8 203.2 202.4 201.6 200.8
0,473	0,125 9727	9475	9224	8972	8720	8469	8217	7966	7714	7463	9 228.6 227.7 226.8 225.9
0,474	7212	6960	6709	6458	6207	5955	5704	5453	5202	4951	
0,475	4700	4449	4198	3948	3697	3446	3196	2945	2694	2444	250 249 248 247
0,476	2193	1943	1692	1442	1192	0941	0691	0441	0191	·9941	1 25.0 24.9 24.8 24.7
0,477	0,124 9691	9441	9191	8941	8691	8441	8191	7941	7691	7442	2 50.0 49.8 49.6 49.4 3 75.0 74.7 74.4 74.1
0,478	7192	6943	6693	6444	6194	5945	5695	5446	5197	4947	4 100.0 99.6 99.2 98.8 5 125.0 124.5 124.0 123.5
0,479	4698	4449	4200	3951	3702	3453	3204	2955	2706	2457	6 150.0 149.4 148.8 118.2
0,480	2208	1960	1711	1462	1214	0965	0717	0468	0220	·9971	7 175.0 174.3 173.6 172.9 8 200.0 199.2 198.4 197.6
0,481	0,123 9723	9475	9226	8978	8730	8482	8234	7986	7738	7490	9 225.0 224.1 223.2 222.3
0,482	7242	6994	6746	6498	6251	6003	5755	5508	5260	5012	
0,483	4765	4517	4270	4023	3775	3528	3281	3034	2787	2539	246 245 244 243
0,484	2292	2045	1798	1551	1305	1058	0811	0564	0317	0071	1 24.6 24.5 24.4 24.3
0,485	0,122 9824	9578	9331	9084	8838	8592	8345	8099	7853	7606	2 49.2 49.0 48.8 48.6 3 73.8 73.5 73.2 72.9
0,486	7360	7114	6868	6622	6376	6130	5884	5638	5392	5146	4 98.4 98.0 97.6 97.2 5 123.0 122.5 122.0 121.5
0,487	4900	4655	4409	4163	3918	3672	3427	3181	2936	2690	6 147.6 147.0 146.4 145.8
0,488	2445	2200	1954	1709	1464	1219	0974	0729	0484	0239	7 172.2 171.5 170.8 170.1 8 196.8 196.0 195.2 194.4
0,489	0,121 9994	9749	9504	9259	9014	8770	8525	8280	8036	7791	9 221.4 220.5 219.6 218.7
0,490	7547	7302	7058	6814	6569	6325	6081	5836	5592	5348	
0,491	5104	4860	4616	4372	4128	3884	3641	3397	3153	2909	242 241 240
0,492	2666	2422	2178	1935	1691	1448	1205	0961	0718	0475	1 24.2 24.1 24.0
0,493	0231	·9988	·9745	·9502	·9259	·9016	·8773	·8530	·8287	·8044	2 48.4 48.2 48.0 3 72.6 72.3 72.0
0,494	0,120 7801	7559	7316	7073	6831	6588	6346	6103	5861	5618	4 96.8 96.4 96.0 5 121.0 120.5 120.0
0,495	5376	5133	4891	4649	4407	4165	3922	3680	3438	3196	6 145.2 144.6 144.0
0,496	2954	2712	2470	2229	1987	1745	1503	1262	1020	0779	7 169.4 168.7 168.0 8 193.6 192.8 192.0
0,497	0537	0296	0054	·9813	·9571	·9330	·9089	·8847	·8606	·8365	9 217.8 216.9 216.0
0,498	0,119 8124	7883	7642	7401	7160	6919	6678	6437	6197	5956	
0,499	5715	5474	5234	4993	4753	4512	4272	4031	3791	3551	241

	0	1	2	3	4	5	6	7	8	9	P. P.

	0	1	2	3	4	5	6	7	8	9	P. P.
	0,50—0,55					ADDITION.					
0,500	0,119 3310	3070	2830	2590	2350	2110	1870	1630	1390	1150	
0,501	0910	0670	0430	0191	·9951	·9711	·9472	·9232	·8993	·8753	241 240 239 238
0,502	0,118 8514	8274	8035	7796	7556	7317	7078	6839	6600	6361	
0,503	6122	5883	5644	5405	5166	4927	4689	4450	4211	3973	
0,504	3734	3495	3257	3018	2780	2542	2303	2065	1827	1588	
0,505	1350	1112	0874	0636	0395	0160	·9922	·9684	·9446	·9209	
0,506	0,117 8971	8733	8495	8258	8020	7783	7545	7308	7070	6833	
0,507	6595	6358	6121	5884	5646	5409	5172	4935	4698	4461	
0,508	4224	3987	3751	3514	3277	3040	2804	2567	2330	2094	
0,509	1857	1621	1384	1148	0912	0675	0439	0203	·9967	·9731	237 236 235 234
0,510	0,116 9494	9258	9022	8786	8551	8315	8079	7843	7607	7371	
0,511	7136	6900	6665	6429	6193	5958	5723	5487	5252	5017	
0,512	4781	4546	4311	4076	3841	3606	3371	3136	2901	2666	
0,513	2431	2196	1961	1727	1492	1257	1023	0788	0554	0319	
0,514	0085	·9850	·9616	·9382	·9147	·8913	·8679	·8445	·8211	·7977	
0,515	0,115 7743	7509	7275	7041	6807	6573	6339	6105	5872	5638	
0,516	5405	5171	4937	4704	4470	4237	4004	3770	3537	3304	
0,517	3071	2837	2604	2371	2138	1905	1672	1439	1207	0974	233 232 231 230
0,518	0741	0508	0275	0043	·9810	·9578	·9345	·9113	·8880	·8648	
0,519	0,114 8415	8183	7951	7718	7486	7254	7022	6790	6558	6326	
0,520	6094	5862	5630	5398	5166	4935	4703	4471	4239	4008	
0,521	3776	3545	3313	3082	2850	2619	2388	2157	1925	1694	
0,522	1463	1232	1001	0770	0539	0308	0077	·9846	·9615	·9384	
0,523	0,113 9154	8923	8692	8462	8231	8001	7770	7540	7309	7079	
0,524	6849	6618	6388	6155	5928	5698	5467	5237	5007	4777	
0,525	4548	4318	4088	3858	3628	3399	3169	2939	2710	2480	229 228 227 226
0,526	2251	2021	1792	1562	1333	1104	0874	0645	0416	0187	
0,527	0,112 9958	9729	9499	9271	9042	8813	8584	8355	8126	7897	
0,528	7669	7440	7211	6983	6754	6526	6297	6069	5841	5612	
0,529	5384	5156	4927	4699	4471	4243	4015	3787	3559	3331	
0,530	3103	2875	2648	2420	2192	1964	1737	1509	1282	1054	
0,531	0827	0599	0372	0144	·9917	·9690	·9462	·9235	·9008	·8781	
0,532	0,111 8554	8327	8100	7873	7646	7419	7192	6965	6739	6512	
0,533	6285	6059	5832	5605	5379	5152	4926	4700	4473	4247	
0,534	4021	3794	3568	3342	3116	2890	2664	2438	2212	1986	225 224 223 222
0,535	1760	1534	1309	1083	0857	0631	0406	0180	·9955	·9729	
0,536	0,110 9504	9278	9053	8827	8602	8377	8152	7926	7701	7476	
0,537	7251	7026	6801	6576	6351	6126	5902	5677	5452	5227	
0,538	5003	4778	4553	4329	4104	3880	3656	3431	3207	2983	
0,539	2758	2534	2310	2086	1862	1638	1413	1189	0966	0742	
0,540	0518	0294	0070	·9846	·9623	·9399	·9175	·8952	·8728	·8505	
0,541	0,109 8281	8058	7835	7611	7388	7165	6941	6718	6495	6272	221 220
0,542	6049	5826	5603	5380	5157	4934	4711	4489	4266	4043	
0,543	3820	3598	3375	3153	2930	2708	2455	2263	2040	1818	
0,544	1596	1374	1151	0929	0707	0485	0263	0041	·9819	·9597	
0,545	0,108 9375	9154	8932	8710	8488	8267	8045	7823	7602	7380	
0,546	7159	6937	6716	6495	6273	6052	5831	5610	5389	5167	
0,547	4946	4725	4504	4293	4062	3842	3621	3400	3179	2958	
0,548	2738	2517	2296	2076	1855	1635	1414	1194	0974	0753	
0,549	0533	0313	0093	·9872	·9652	·9432	·9212	·8992	·8772	·8552	220
	0	1	2	3	4	5	6	7	8	9	P. P.

P. P. columns:

241 240 239 238
1 24.1 24.0 23.9 23.8
2 48.2 48.0 47.8 47.6
3 72.3 72.0 71.7 71.4
4 96.4 96.0 95.6 95.2
5 120.5 120.0 119.5 119.0
6 144.6 144.0 143.4 142.8
7 168.7 168.0 167.3 166.6
8 192.8 192.0 191.2 190.4
9 216.9 216.0 215.1 214.2

237 236 235 234
1 23.7 23.6 23.5 23.4
2 47.4 47.2 47.0 46.8
3 71.1 70.8 70.5 70.2
4 94.8 94.4 94.0 93.6
5 118.5 118.0 117.5 117.0
6 142.2 141.6 141.0 140.4
7 165.9 165.2 164.5 163.8
8 189.6 188.8 188.0 187.2
9 213.3 212.4 211.5 210.6

233 232 231 230
1 23.3 23.2 23.1 23.0
2 46.6 46.4 46.2 46.0
3 69.9 69.6 69.3 69.0
4 93.2 92.8 92.4 92.0
5 116.5 116.0 115.5 115.0
6 139.8 139.2 138.6 138.0
7 163.1 162.4 161.7 161.0
8 186.4 185.6 184.8 184.0
9 209.7 208.8 207.9 207.0

229 228 227 226
1 22.9 22.8 22.7 22.6
2 45.8 45.6 45.4 45.2
3 68.7 68.4 68.1 67.8
4 91.6 91.2 90.8 90.4
5 114.5 114.0 113.5 113.0
6 137.4 136.8 136.2 135.6
7 160.3 159.6 158.9 158.2
8 183.2 182.4 181.6 180.8
9 206.1 205.2 204.3 203.4

225 224 223 222
1 22.5 22.4 22.3 22.2
2 45.0 44.8 44.6 44.4
3 67.5 67.2 66.9 66.6
4 90.0 89.6 89.2 88.8
5 112.5 112.0 111.5 111.0
6 135.0 134.4 133.8 133.2
7 157.5 156.8 156.1 155.4
8 180.0 179.2 178.4 177.6
9 202.5 201.6 200.7 199.8

221 220
1 22.1 22.0
2 44.2 44.0
3 66.3 66.0
4 88.4 88.0
5 110.5 110.0
6 132.6 132.0
7 154.7 154.0
8 176.8 176.0
9 198.9 198.0

220

ADDITION.   0,55—0,60

	0	1	2	3	4	5	6	7	8	9
0,550	0,107 8332	8113	7893	7673	7453	7234	7014	6794	6575	6355
0,551	6136	5916	5697	5477	5258	5039	4820	4600	4381	4162
0,552	3943	3724	3505	3286	3067	2848	2629	2410	2192	1973
0,553	1754	1535	1317	1098	0880	0661	0443	0224	0006	·9787
0,554	0,106 9569	9351	9133	8914	8696	8478	8260	8042	7824	7606
0,555	7388	7170	6952	6735	6517	6299	6081	5864	5646	5429
0,556	5211	4994	4776	4559	4341	4124	3907	3689	3472	3255
0,557	3038	2821	2604	2387	2170	1953	1736	1519	1302	1085
0,558	0869	0652	0435	0219	0002	·9786	·9569	·9353	·9136	·8920
0,559	0,105 8703	8487	8271	8055	7838	7622	7406	7190	6974	6758
0,560	6542	6326	6110	5894	5679	5463	5247	5031	4816	4600
0,561	4384	4169	3953	3738	3523	3307	3092	2877	2661	2446
0,562	2231	2016	1801	1586	1371	1156	0941	0726	0511	0296
0,563	0081	·9866	·9652	·9437	·9222	·9008	·8793	·8579	·8364	·8150
0,564	0,104 7935	7721	7507	7292	7078	6864	6650	6435	6221	6007
0,565	5793	5579	5365	5151	4938	4724	4510	4296	4083	3869
0,566	3655	3442	3228	3015	2801	2588	2374	2161	1948	1734
0,567	1521	1308	1095	0881	0668	0455	0242	0029	·9816	·9603
0,568	0,103 9391	9178	8965	8752	8540	8327	8114	7902	7689	7477
0,569	7264	7052	6839	6627	6415	6202	5990	5778	5566	5354
0,570	5141	4929	4717	4505	4293	4082	3870	3658	3446	3234
0,571	3023	2811	2599	2388	2176	1965	1753	1542	1330	1119
0,572	0908	0696	0485	0274	0063	·9852	·9641	·9429	·9218	·9007
0,573	0,102 8797	8586	8375	8164	7953	7742	7532	7321	7110	6900
0,574	6689	6479	6268	6058	5847	5637	5427	5216	5006	4796
0,575	4586	4376	4166	3955	3745	3535	3326	3116	2906	2696
0,576	2486	2276	2067	1857	1647	1438	1228	1019	0809	0600
0,577	0390	0181	·9972	·9762	·9553	·9344	·9135	·8925	·8716	·8507
0,578	0,101 8298	8089	7880	7671	7463	7254	7045	6836	6627	6419
0,579	6210	6001	5793	5584	5376	5167	4959	4751	4542	4334
0,580	4126	3917	3709	3501	3293	3085	2877	2669	2461	2253
0,581	2045	1837	1629	1422	1214	1006	0798	0591	0383	0176
0,582	0,100 9968	9761	9553	9346	9139	8931	8724	8517	8309	8102
0,583	7895	7688	7481	7274	7067	6860	6653	6446	6239	6033
0,584	5826	5619	5413	5206	4999	4793	4586	4380	4173	3967
0,585	3760	3554	3348	3142	2935	2729	2523	2317	2111	1905
0,586	1699	1493	1287	1081	0875	0669	0464	0258	0052	·9846
0,587	0,099 9641	9435	9230	9024	8819	8613	8408	8202	7997	7792
0,588	7587	7381	7176	6971	6766	6561	6356	6151	5946	5741
0,589	5536	5331	5127	4922	4717	4512	4308	4103	3899	3694
0,590	3490	3285	3081	2876	2672	2468	2263	2059	1855	1651
0,591	1447	1243	1038	0834	0630	0427	0223	0019	·9815	·9611
0,592	0,098 9407	9204	9000	8796	8593	8389	8186	7982	7779	7575
0,593	7372	7169	6965	6762	6559	6356	6152	5949	5746	5543
0,594	5340	5137	4934	4731	4529	4326	4123	3920	3718	3515
0,595	3312	3110	2907	2705	2502	2300	2097	1895	1693	1490
0,596	1288	1086	0884	0681	0479	0277	0075	·9873	·9671	·9469
0,597	0,097 9267	9066	8864	8662	8460	8258	8057	7855	7654	7452
0,598	7251	7049	6848	6646	6445	6243	6042	5841	5640	5439
0,599	5237	5036	4835	4634	4433	4232	4031	3830	3630	3429
	0	1	2	3	4	5	6	7	8	9

P. P.

	220	219	218
1	22,0	21,9	21,8
2	44,0	43,8	43,6
3	66,0	65,7	65,4
4	88,0	87,6	87,2
5	110,0	109,5	109,0
6	132,0	131,4	130,8
7	154,0	153,3	152,6
8	176,0	175,2	174,4
9	198,0	197,1	196,2

	217	216	215
1	21,7	21,6	21,5
2	43,4	43,2	43,0
3	65,1	64,8	64,5
4	86,8	86,4	86,0
5	108,5	108,0	107,5
6	130,2	129,6	129,0
7	151,9	151,2	150,5
8	173,6	172,8	172,0
9	195,3	194,4	193,5

	214	213	212
1	21,4	21,3	21,2
2	42,8	42,6	42,4
3	64,2	63,9	63,6
4	85,6	85,2	84,8
5	107,0	106,5	106,0
6	128,4	127,8	127,2
7	149,8	149,1	148,4
8	171,2	170,4	169,6
9	192,6	191,7	190,8

	211	210	209
1	21,1	21,0	20,9
2	42,2	42,0	41,8
3	63,3	63,0	62,7
4	84,4	84,0	83,6
5	105,5	105,0	104,5
6	126,6	126,0	125,4
7	147,7	147,0	146,3
8	168,8	168,0	167,2
9	189,9	189,0	188,1

	208	207	206
1	20,8	20,7	20,6
2	41,6	41,4	41,2
3	62,4	62,1	61,8
4	83,2	82,8	82,4
5	104,0	103,5	103,0
6	124,8	124,2	123,6
7	145,6	144,9	144,2
8	166,4	165,6	164,8
9	187,2	186,3	185,4

	205	204	203
1	20,5	20,4	20,3
2	41,0	40,8	40,6
3	61,5	61,2	60,9
4	82,0	81,6	81,2
5	102,5	102,0	101,5
6	123,0	122,4	121,8
7	143,5	142,8	142,1
8	164,0	163,2	162,4
9	184,5	183,6	182,7

	202	201	200
1	20,2	20,1	20,0
2	40,4	40,2	40,0
3	60,6	60,3	60,0
4	80,8	80,4	80,0
5	101,0	100,5	100,0
6	121,2	120,6	120,0
7	141,4	140,7	140,0
8	161,6	160,8	160,0
9	181,8	180,9	180,0

201

P. P.

0,60 — 0,65   ADDITION.

	0	1	2	3	4	5	6	7	8	9
0,600	0,097 3228	3027	2826	2626	2425	2225	2024	1824	1623	1423
0,601	1222	1022	0821	0621	0421	0221	0021	'9820	'9620	'9420
0,602	0,096 9220	9020	8820	8620	8420	8220	8021	7821	7621	7421
0,603	7222	7022	6823	6623	6423	6224	6024	5825	5626	5426
0,604	5227	5028	4829	4629	4430	4231	4032	3833	3634	3435
0,605	3236	3037	2838	2639	2441	2242	2043	1844	1646	1447
0,606	1249	1050	0852	0653	0455	0256	0058	'9860	'9661	'9463
0,607	0,095 9265	9067	8869	8671	8473	8274	8077	7879	7681	7483
0,608	7285	7087	6889	6692	6494	6296	6099	5901	5704	5506
0,609	5309	5111	4914	4716	4519	4322	4124	3927	3730	3533
0,610	3336	3139	2942	2745	2548	2351	2154	1957	1760	1563
0,611	1367	1170	0973	0777	0580	0384	0187	'9991	'9794	'9598
0,612	0,094 9401	9205	9009	8812	8616	8420	8224	8028	7832	7635
0,613	7439	7243	7048	6852	6656	6460	6264	6068	5873	5677
0,614	5481	5286	5090	4895	4699	4504	4308	4113	3917	3722
0,615	3527	3331	3136	2941	2746	2551	2356	2161	1966	1771
0,616	1576	1381	1186	0991	0796	0602	0407	0212	0018	'9823
0,617	0,093 9628	9434	9239	9045	8851	8656	8462	8267	8073	7879
0,618	7685	7491	7296	7102	6908	6714	6520	6326	6132	5938
0,619	5745	5551	5357	5163	4970	4776	4582	4389	4195	4002
0,620	3808	3615	3421	3228	3034	2841	2648	2455	2261	2068
0,621	1875	1682	1489	1296	1103	0910	0717	0524	0331	0139
0,622	0,092 9946	9753	9560	9368	9175	8982	8790	8597	8405	8212
0,623	8020	7828	7635	7443	7251	7059	6866	6674	6482	6290
0,624	6098	5906	5714	5522	5330	5138	4946	4754	4563	4371
0,625	4179	3988	3796	3604	3413	3221	3030	2838	2647	2456
0,626	2264	2073	1882	1690	1499	1308	1117	0926	0735	0544
0,627	0353	0162	'9971	'9780	'9589	'9398	'9208	'9017	'8826	'8635
0,628	0,091 8445	8254	8064	7873	7683	7492	7302	7111	6921	6731
0,629	6540	6350	6160	5970	5780	5590	5400	5210	5020	4830
0,630	4640	4450	4260	4070	3880	3691	3501	3311	3122	2932
0,631	2742	2553	2363	2174	1984	1795	1606	1416	1227	1038
0,632	0849	0659	0470	0281	0092	'9903	'9714	'9525	'9336	'9147
0,633	0,090 8958	8770	8581	8392	8203	8015	7826	7637	7449	7260
0,634	7072	6883	6695	6506	6318	6130	5941	5753	5565	5377
0,635	5189	5000	4812	4624	4436	4248	4060	3872	3685	3497
0,636	3309	3121	2933	2746	2558	2370	2183	1995	1808	1620
0,637	1433	1245	1058	0871	0683	0496	0309	0122	'9934	'9747
0,638	0,089 9560	9373	9186	8999	8812	8625	8438	8251	8065	7878
0,639	7691	7504	7318	7131	6944	6758	6571	6385	6198	6012
0,640	5825	5639	5453	5266	5080	4894	4708	4522	4335	4149
0,641	3963	3777	3591	3405	3219	3034	2848	2662	2476	2290
0,642	2105	1919	1733	1548	1362	1177	0991	0806	0620	0435
0,643	0249	0064	'9879	'9694	'9508	'9323	'9138	'8953	'8768	'8583
0,644	0,088 8398	8213	8028	7843	7658	7473	7288	7104	6910	6734
0,645	6550	6365	6180	5996	5811	5627	5442	5258	5073	4889
0,646	4705	4521	4336	4152	3968	3784	3600	3416	3232	3048
0,647	2864	2680	2496	2312	2128	1944	1760	1577	1393	1209
0,648	1026	0842	0659	0475	0292	0108	'9925	'9741	'9558	'9375
0,649	0,087 9191	9008	8825	8642	8459	8275	8092	7909	7726	7543
	0	1	2	3	4	5	6	7	8	9

P. P.

	201	200	199
1	20,1	20,0	19,9
2	40,2	40,0	39,8
3	60,3	60,0	59,7
4	80,4	80,0	79,6
5	100,5	100,0	99,5
6	120,6	120,0	119,4
7	140,7	140,0	139,3
8	160,8	160,0	159,2
9	180,9	180,0	179,1

	198	197	196
1	19,8	19,7	19,6
2	39,6	39,4	39,2
3	59,4	59,1	58,8
4	79,2	78,8	78,4
5	99,0	98,5	98,0
6	118,8	118,2	117,6
7	138,6	137,9	137,2
8	158,4	157,6	156,8
9	178,2	177,3	176,4

	195	194	193
1	19,5	19,4	19,3
2	39,0	38,8	38,6
3	58,5	58,2	57,9
4	78,0	77,6	77,2
5	97,5	97,0	96,5
6	117,0	116,4	115,8
7	136,5	135,8	135,1
8	156,0	155,2	154,4
9	175,5	174,6	173,7

	192	191	190
1	19,2	19,1	19,0
2	38,4	38,2	38,0
3	57,6	57,3	57,0
4	76,8	76,4	76,0
5	96,0	95,5	95,0
6	115,2	114,6	114,0
7	134,4	133,7	133,0
8	153,6	152,8	152,0
9	172,8	171,9	171,0

	189	188	187
1	18,9	18,8	18,7
2	37,8	37,6	37,4
3	56,7	56,4	56,1
4	75,6	75,2	74,8
5	94,5	94,0	93,5
6	113,4	112,8	112,2
7	132,3	131,6	130,9
8	151,2	150,4	149,6
9	170,1	169,2	168,3

	186	185	184
1	18,6	18,5	18,4
2	37,2	37,0	36,8
3	55,8	55,5	55,2
4	74,4	74,0	73,6
5	93,0	92,5	92,0
6	111,6	111,0	110,4
7	130,2	129,5	128,8
8	148,8	148,0	147,2
9	167,4	166,5	165,6

	183
1	18,3
2	36,6
3	54,9
4	73,2
5	91,5
6	109,8
7	128,1
8	146,4
9	164,7

183

P. P.

ADDITION. 0,65—0,70

	0	1	2	3	4	5	6	7	8	9
0,650	0,087 7360	7177	6995	6812	6629	6446	6263	6081	5898	5715
0,651	5533	5350	5168	4985	4803	4620	4438	4256	4073	3891
0,652	3709	3527	3344	3162	2980	2798	2616	2434	2252	2070
0,653	1888	1706	1525	1343	1161	0979	0797	0616	0434	0253
0,654	0071	˙9889	˙9708	˙9527	˙9345	˙9164	˙8982	˙8801	˙8620	˙8438
0,655	0,086 8257	8076	7895	7714	7533	7352	7171	6990	6809	6628
0,656	6447	6266	6085	5904	5724	5543	5362	5182	5001	4820
0,657	4640	4459	4279	4099	3918	3738	3557	3377	3197	3017
0,658	2836	2656	2476	2296	2116	1936	1756	1576	1396	1216
0,659	1036	0856	0677	0497	0317	0137	˙9958	˙9778	˙9599	˙9419
0,660	0,085 9240	9060	8881	8701	8522	8342	8163	7984	7805	7625
0,661	7446	7267	7088	6909	6730	6551	6372	6193	6014	5835
0,662	5656	5477	5299	5120	4941	4762	4584	4405	4227	4048
0,663	3870	3691	3513	3334	3156	2978	2799	2621	2443	2265
0,664	2086	1908	1730	1552	1374	1196	1018	0840	0662	0484
0,665	0307	0129	˙9951	˙9773	˙9596	˙9418	˙9240	˙9063	˙8885	˙8708
0,666	0,084 8530	8353	8175	7998	7820	7643	7466	7289	7111	6934
0,667	6757	6580	6403	6226	6049	5872	5695	5518	5341	5164
0,668	4987	4810	4634	4457	4280	4104	3927	3750	3574	3397
0,669	3221	3044	2868	2692	2515	2339	2163	1986	1810	1634
0,670	1458	1282	1106	0930	0753	0577	0402	0226	0050	˙9874
0,671	0,083 9698	9522	9347	9171	8995	8819	8644	8468	8293	8117
0,672	7942	7766	7591	7415	7240	7065	6889	6714	6539	6364
0,673	6189	6014	5838	5663	5488	5313	5138	4963	4789	4614
0,674	4439	4264	4089	3915	3740	3565	3391	3216	3042	2867
0,675	2693	2518	2344	2169	1995	1821	1646	1472	1298	1124
0,676	0949	0775	0601	0427	0253	0079	˙9905	˙9731	˙9557	˙9383
0,677	0,082 9210	9036	8862	8688	8515	8341	8167	7994	7820	7647
0,678	7473	7300	7126	6953	6780	6606	6433	6260	6086	5913
0,679	5740	5567	5394	5221	5048	4875	4702	4529	4356	4183
0,680	4010	3837	3665	3492	3319	3146	2974	2801	2629	2456
0,681	2284	2111	1939	1766	1594	1422	1249	1077	0905	0732
0,682	0560	0388	0216	0044	˙9872	˙9700	˙9528	˙9356	˙9184	˙9012
0,683	0,081 8840	8668	8497	8325	8153	7982	7810	7638	7467	7295
0,684	7124	6952	6781	6609	6438	6266	6095	5924	5753	5581
0,685	5410	5239	5068	4897	4726	4555	4384	4213	4042	3871
0,686	3700	3529	3358	3187	3017	2846	2675	2505	2334	2164
0,687	1993	1822	1652	1482	1311	1141	0970	0800	0630	0460
0,688	0289	0119	˙9949	˙9779	˙9609	˙9439	˙9269	˙9099	˙8929	˙8759
0,689	0,080 8589	8419	8249	8079	7910	7740	7570	7401	7231	7061
0,690	6892	6722	6553	6383	6214	6044	5875	5706	5536	5367
0,691	5198	5029	4859	4690	4521	4352	4183	4014	3845	3676
0,692	3507	3338	3169	3001	2832	2663	2494	2326	2157	1988
0,693	1820	1651	1483	1314	1146	0977	0809	0640	0472	0304
0,694	0135	˙9967	˙9799	˙9631	˙9463	˙9294	˙9126	˙8958	˙8790	˙8622
0,695	0,079 8454	8286	8119	7951	7783	7615	7447	7280	7112	6944
0,696	6777	6609	6441	6274	6106	5939	5771	5604	5437	5269
0,697	5102	4935	4767	4600	4433	4266	4099	3932	3765	3598
0,698	3431	3264	3097	2930	2763	2596	2429	2263	2096	1929
0,699	1762	1596	1429	1263	1096	0930	0763	0597	0430	0264
	0	1	2	3	4	5	6	7	8	9

P. P.

	183	182	181
1	18,3	18,2	18,1
2	36,6	36,4	36,2
3	54,9	54,6	54,3
4	73,2	72,8	72,4
5	91,5	91,0	90,5
6	109,8	109,2	108,6
7	128,1	127,4	126,7
8	146,4	145,6	144,8
9	164,7	163,8	162,9

	180	179	178
1	18,0	17,9	17,8
2	36,0	35,8	35,6
3	54,0	53,7	53,4
4	72,0	71,6	71,2
5	90,0	89,5	89,0
6	108,0	107,4	106,8
7	126,0	125,3	124,6
8	144,0	143,2	142,4
9	162,0	161,1	160,2

	177	176	175
1	17,7	17,6	17,5
2	35,4	35,2	35,0
3	53,1	52,8	52,5
4	70,8	70,4	70,0
5	88,5	88,0	87,5
6	106,2	105,6	105,0
7	123,9	123,2	122,5
8	141,6	140,8	140,0
9	159,3	158,4	157,5

	174	173	172
1	17,4	17,3	17,2
2	34,8	34,6	34,4
3	52,2	51,9	51,6
4	69,6	69,2	68,8
5	87,0	86,5	86,0
6	104,4	103,8	103,2
7	121,8	121,1	120,4
8	139,2	138,4	137,6
9	156,6	155,7	154,8

	171	170	169
1	17,1	17,0	16,9
2	34,2	34,0	33,8
3	51,3	51,0	50,7
4	68,4	68,0	67,6
5	85,5	85,0	84,5
6	102,6	102,0	101,4
7	119,7	119,0	118,3
8	136,8	136,0	135,2
9	153,9	153,0	152,1

	168	167	166
1	16,8	16,7	16,6
2	33,6	33,4	33,2
3	50,4	50,1	49,8
4	67,2	66,8	66,4
5	84,0	83,5	83,0
6	100,8	100,2	99,6
7	117,6	116,9	116,2
8	134,4	133,6	132,8
9	151,2	150,3	149,4

167

P. P.

2

0,70—0,75   ADDITION.

	0	1	2	3	4	5	6	7	8	9
0,700	0,079 0097	·9931	·9765	·9599	·9432	·9266	·9100	·8934	·8768	·8602
0,701	0,078 8436	8270	8104	7938	7772	7606	7440	7274	7109	6943
0,702	6777	6611	6446	6280	6115	5949	5783	5618	5453	5287
0,703	5122	4956	4791	4626	4460	4295	4130	3965	3800	3635
0,704	3469	3304	3139	2974	2809	2645	2480	2315	2150	1985
0,705	1820	1656	1491	1326	1162	0997	0833	0668	0503	0339
0,706	0175	0010	·9846	·9681	·9517	·9353	·9189	·9024	·8860	·8696
0,707	0,077 8532	8368	8204	8040	7876	7712	7548	7384	7220	7056
0,708	6892	6728	6565	6401	6237	6074	5910	5746	5583	5419
0,709	5256	5092	4929	4766	4602	4439	4276	4112	3949	3786
0,710	3623	3459	3296	3133	2970	2807	2644	2481	2318	2155
0,711	1992	1830	1667	1504	1341	1179	1016	0853	0691	0528
0,712	0365	0203	0040	·9878	·9716	·9553	·9391	·9228	·9066	·8904
0,713	0,076 8742	8579	8417	8255	8093	7931	7769	7607	7445	7283
0,714	7121	6959	6797	6635	6474	6312	6150	5988	5827	5665
0,715	5503	5342	5180	5019	4857	4696	4534	4373	4211	4050
0,716	3889	3728	3566	3405	3244	3083	2922	2761	2600	2438
0,717	2277	2117	1956	1795	1634	1473	1312	1151	0991	0830
0,718	0669	0509	0348	0187	0027	·9866	·9706	·9545	·9385	·9224
0,719	0,075 9064	8904	8743	8583	8423	8263	8103	7942	7782	7622
0,720	7462	7302	7142	6982	6822	6662	6502	6342	6183	6023
0,721	5863	5703	5544	5384	5224	5065	4905	4746	4586	4427
0,722	4267	4108	3948	3789	3630	3470	3311	3152	2993	2834
0,723	2674	2515	2356	2197	2038	1879	1720	1561	1402	1244
0,724	1085	0926	0767	0608	0450	0291	0132	·9974	·9815	·9657
0,725	0,074 9498	9340	9181	9023	8864	8706	8548	8389	8231	8073
0,726	7915	7756	7598	7440	7282	7124	6966	6808	6650	6492
0,727	6334	6176	6018	5861	5703	5545	5387	5230	5072	4914
0,728	4757	4599	4442	4284	4127	3969	3812	3654	3497	3340
0,729	3182	3025	2868	2711	2554	2396	2239	2082	1925	1768
0,730	1611	1454	1297	1140	0983	0827	0670	0513	0356	0200
0,731	0043	·9886	·9730	·9573	·9416	·9260	·9103	·8947	·8790	·8634
0,732	0,073 8478	8321	8165	8009	7852	7696	7540	7384	7228	7072
0,733	6915	6759	6603	6447	6291	6135	5980	5824	5668	5512
0,734	5356	5201	5045	4889	4733	4578	4422	4267	4111	3956
0,735	3800	3645	3489	3334	3179	3023	2868	2713	2557	2402
0,736	2247	2092	1937	1782	1627	1472	1317	1162	1007	0852
0,737	0697	0542	0387	0233	0078	·9923	·9768	·9614	·9459	·9305
0,738	0,072 9150	8995	8841	8686	8532	8378	8223	8069	7914	7760
0,739	7606	7452	7297	7143	6989	6835	6681	6527	6373	6219
0,740	6065	5911	5757	5603	5449	5295	5142	4988	4834	4680
0,741	4527	4373	4220	4066	3912	3759	3605	3452	3299	3145
0,742	2992	2838	2685	2532	2379	2225	2072	1919	1766	1613
0,743	1460	1307	1154	1001	0848	0695	0542	0389	0236	0083
0,744	0,071 9931	9778	9625	9472	9320	9167	9015	8862	8709	8557
0,745	8404	8252	8100	7947	7795	7643	7490	7338	7186	7034
0,746	6881	6729	6577	6425	6273	6121	5969	5817	5665	5513
0,747	5361	5209	5058	4906	4754	4602	4451	4299	4147	3996
0,748	3844	3692	3541	3389	3238	3087	2935	2784	2632	2481
0,749	2330	2179	2027	1876	1725	1574	1423	1272	1121	0970
	0	1	2	3	4	5	6	7	8	9

P. P.

	167	166	165
1	16,7	16,6	16,5
2	33,4	33,2	33,0
3	50,1	49,8	49,5
4	66,8	66,4	66,0
5	83,5	83,0	82,5
6	100,2	99,6	99,0
7	116,9	116,2	115,5
8	133,6	132,8	132,0
9	150,3	149,4	148,5

	164	163	162
1	16,4	16,3	16,2
2	32,8	32,6	32,4
3	49,2	48,9	48,6
4	65,6	65,2	64,8
5	82,0	81,5	81,0
6	98,4	97,8	97,2
7	114,8	114,1	113,4
8	131,2	130,4	129,6
9	147,6	146,7	145,8

	161	160	159
1	16,1	16,0	15,9
2	32,2	32,0	31,8
3	48,3	48,0	47,7
4	64,4	64,0	63,6
5	80,5	80,0	79,5
6	96,6	96,0	95,4
7	112,7	112,0	111,3
8	128,8	128,0	127,2
9	144,9	144,0	143,1

	158	157	156
1	15,8	15,7	15,6
2	31,6	31,4	31,2
3	47,4	47,1	46,8
4	63,2	62,8	62,4
5	79,0	78,5	78,0
6	94,8	94,2	93,6
7	110,6	109,9	109,2
8	126,4	125,6	124,8
9	142,2	141,3	140,4

	155	154	153
1	15,5	15,4	15,3
2	31,0	30,8	30,6
3	46,5	46,2	45,9
4	62,0	61,6	61,2
5	77,5	77,0	76,5
6	93,0	92,4	91,8
7	108,5	107,8	107,1
8	124,0	123,2	122,4
9	139,5	138,6	137,7

	152	151
1	15,2	15,1
2	30,4	30,2
3	45,6	45,3
4	60,8	60,4
5	76,0	75,5
6	91,2	90,6
7	106,4	105,7
8	121,6	120,8
9	136,8	135,9

151

P. P.

ADDITION.   0,75—0,80

	0	1	2	3	4	5	6	7	8	9
0,750 0,071	0819	0668	0517	0366	0215	0064	˙9913	˙9762	˙9612	˙9461
0,751 0,070	9310	9160	9009	8858	8708	8557	8407	8256	8106	7955
0,752	7805	7654	7504	7354	7204	7053	6903	6753	6603	6453
0,753	6302	6152	6002	5852	5702	5552	5402	5252	5103	4953
0,754	4803	4653	4503	4354	4204	4054	3905	3755	3605	3456
0,755	3306	3157	3007	2858	2709	2559	2410	2260	2111	1962
0,756	1813	1664	1514	1365	1216	1067	0918	0769	0620	0471
0,757	0322	0173	0024	˙9875	˙9727	˙9578	˙9429	˙9280	˙9132	˙8983
0,758 0,069	8834	8686	8537	8388	8240	8091	7943	7794	7646	7498
0,759	7349	7201	7053	6904	6756	6608	6460	6312	6164	6015
0,760	5867	5719	5571	5423	5275	5127	4980	4832	4684	4536
0,761	4388	4241	4093	3945	3797	3650	3502	3355	3207	3060
0,762	2912	2765	2617	2470	2322	2175	2028	1881	1733	1586
0,763	1439	1292	1145	0997	0850	0703	0556	0409	0262	0115
0,764 0,068	9968	9822	9675	9528	9381	9234	9088	8941	8794	8648
0,765	8501	8354	8208	8061	7915	7768	7622	7475	7329	7183
0,766	7036	6890	6744	6598	6451	6305	6159	6013	5867	5721
0,767	5575	5429	5283	5137	4991	4845	4699	4553	4407	4262
0,768	4116	3970	3824	3679	3533	3387	3242	3096	2951	2805
0,769	2660	2514	2369	2224	2078	1933	1788	1642	1497	1352
0,770	1207	1061	0916	0771	0626	0481	0336	0191	0046	˙9901
0,771 0,067	9756	9611	9467	9322	9177	9032	8888	8743	8598	8454
0,772	8309	8164	8020	7875	7731	7586	7442	7297	7153	7009
0,773	6864	6720	6576	6432	6287	6143	5999	5855	5711	5567
0,774	5423	5279	5135	4991	4847	4703	4559	4415	4271	4127
0,775	3984	3840	3696	3553	3409	3265	3122	2978	2835	2691
0,776	2548	2404	2261	2117	1974	1831	1687	1544	1401	1258
0,777	1114	0971	0828	0685	0542	0399	0256	0113	˙9970	˙9827
0,778 0,066	9684	9541	9398	9255	9113	8970	8827	8684	8542	8399
0,779	8256	8114	7971	7829	7686	7544	7401	7259	7116	6974
0,780	6832	6689	6547	6405	6263	6120	5978	5836	5694	5552
0,781	5410	5268	5126	4984	4842	4700	4558	4416	4274	4132
0,782	3991	3849	3707	3565	3424	3282	3140	2999	2857	2716
0,783	2574	2433	2291	2150	2008	1867	1726	1584	1443	1302
0,784	1161	1019	0878	0737	0596	0455	0314	0173	0032	˙9891
0,785 0,065	9750	9609	9468	9327	9186	9046	8905	8764	8623	8483
0,786	8342	8201	8061	7920	7779	7639	7498	7358	7217	7077
0,787	6937	6796	6656	6516	6375	6235	6095	5955	5815	5674
0,788	5534	5394	5254	5114	4974	4834	4694	4554	4414	4274
0,789	4135	3995	3855	3715	3576	3436	3296	3157	3017	2877
0,790	2738	2598	2459	2319	2180	2040	1901	1762	1622	1483
0,791	1344	1204	1065	0926	0787	0648	0509	0369	0230	0091
0,792 0,064	9952	9813	9674	9535	9397	9258	9119	8980	8841	8702
0,793	8564	8425	8286	8148	8009	7870	7732	7593	7455	7316
0,794	7178	7039	6901	6763	6624	6486	6348	6209	6071	5933
0,795	5795	5657	5518	5380	5242	5104	4966	4828	4690	4552
0,796	4414	4277	4139	4001	3863	3725	3588	3450	3312	3174
0,797	3037	2899	2762	2624	2487	2349	2212	2074	1937	1799
0,798	1662	1525	1387	1250	1113	0976	0838	0701	0564	0427
0,799	0290	0153	0016	˙9879	˙9742	˙9605	˙9468	˙9331	˙9194	˙9057

P. P.

	151	150	149
1	15,1	15,0	14,9
2	30,2	30,0	29,8
3	45,3	45,0	44,7
4	60,4	60,0	59,6
5	75,5	75,0	74,5
6	90,6	90,0	89,4
7	105,7	105,0	104,3
8	120,8	120,0	119,2
9	135,9	135,0	134,1

	148	147	146
1	14,8	14,7	14,6
2	29,6	29,4	29,2
3	44,4	44,1	43,8
4	59,2	58,8	58,4
5	74,0	73,5	73,0
6	88,8	88,2	87,6
7	103,6	102,9	102,2
8	118,4	117,6	116,8
9	133,2	132,3	131,4

	145	144	143
1	14,5	14,4	14,3
2	29,0	28,8	28,6
3	43,5	43,2	42,9
4	58,0	57,6	57,2
5	72,5	72,0	71,5
6	87,0	86,4	85,8
7	101,5	100,8	100,1
8	116,0	115,2	114,4
9	130,5	129,6	128,7

	142	141	140
1	14,2	14,1	14,0
2	28,4	28,2	28,0
3	42,6	42,3	42,0
4	56,8	56,4	56,0
5	71,0	70,5	70,0
6	85,2	84,6	84,0
7	99,4	98,7	98,0
8	113,6	112,8	112,0
9	127,8	126,9	126,0

	139	138	137
1	13,9	13,8	13,7
2	27,8	27,6	27,4
3	41,7	41,4	41,1
4	55,6	55,2	54,8
5	69,5	69,0	68,5
6	83,4	82,8	82,2
7	97,3	96,6	95,9
8	111,2	110,4	109,6
9	125,1	124,2	123,3

137

| | 0 | 1 | 2 | 3 | 4 | 5 | 6 | 7 | 8 | 9 | P. P. |

	0	1	2	3	4	5	6	7	8	9	P. P.

0,80—0,85　　　　　ADDITION.

	0	1	2	3	4	5	6	7	8	9
0,800	0,063 8920	8784	8647	8510	8373	8237	8100	7963	7827	7690
0,801	7554	7417	7281	7144	7008	6871	6735	6599	6462	6326
0,802	6190	6053	5917	5781	5645	5509	5373	5236	5100	4964
0,803	4828	4692	4556	4420	4285	4149	4013	3877	3741	3606
0,804	3470	3334	3198	3063	2927	2791	2656	2520	2385	2249
0,805	2114	1978	1843	1708	1572	1437	1302	1166	1031	0896
0,806	0761	0626	0490	0355	0220	0085	˙9950	˙9815	˙9680	˙9545
0,807	0,062 9410	9275	9140	9006	8871	8736	8601	8466	8332	8197
0,808	8062	7928	7793	7659	7524	7390	7255	7121	6986	6852
0,809	6717	6583	6449	6314	6180	6046	5912	5777	5643	5509
0,810	5375	5241	5107	4973	4839	4705	4571	4437	4303	4169
0,811	4035	3901	3767	3634	3500	3366	3233	3099	2965	2832
0,812	2698	2564	2431	2297	2164	2030	1897	1764	1630	1497
0,813	1364	1230	1097	0964	0831	0697	0564	0431	0298	0165
0,814	0032	˙9899	˙9766	˙9633	˙9500	˙9367	˙9234	˙9101	˙8968	˙8835
0,815	0,061 8703	8570	8437	8304	8172	8039	7906	7774	7641	7509
0,816	7376	7244	7111	6979	6846	6714	6582	6449	6317	6185
0,817	6052	5920	5788	5656	5524	5391	5259	5127	4995	4863
0,818	4731	4599	4467	4335	4203	4072	3940	3808	3676	3544
0,819	3413	3281	3149	3018	2886	2754	2623	2491	2360	2228
0,820	2097	1965	1834	1702	1571	1440	1308	1177	1046	0915
0,821	0783	0652	0521	0390	0259	0128	˙9997	˙9866	˙9735	˙9604
0,822	0,060 9473	9342	9211	9080	8949	8818	8688	8557	8426	8295
0,823	8165	8034	7904	7773	7642	7512	7381	7251	7120	6990
0,824	6859	6729	6599	6468	6338	6208	6077	5947	5817	5687
0,825	5557	5426	5296	5166	5036	4906	4776	4646	4516	4386
0,826	4256	4127	3997	3867	3737	3607	3478	3348	3218	3088
0,827	2959	2829	2700	2570	2440	2311	2181	2052	1923	1793
0,828	1664	1534	1405	1276	1147	1017	0888	0759	0630	0501
0,829	0371	0242	0113	˙9984	˙9855	˙9726	˙9597	˙9468	˙9339	˙9210
0,830	0,059 9082	8953	8824	8695	8566	8438	8309	8180	8052	7923
0,831	7794	7666	7537	7409	7280	7152	7023	6895	6766	6638
0,832	6510	6381	6253	6125	5997	5868	5740	5612	5484	5356
0,833	5228	5100	4972	4843	4716	4588	4460	4332	4204	4076
0,834	3948	3820	3693	3565	3437	3309	3182	3054	2926	2799
0,835	2671	2544	2416	2289	2161	2034	1906	1779	1651	1524
0,836	1397	1270	1142	1015	0888	0761	0633	0506	0379	0252
0,837	0125	˙9998	˙9871	˙9744	˙9617	˙9490	˙9363	˙9236	˙9109	˙8983
0,838	0,058 8856	8729	8602	8475	8349	8222	8095	7969	7842	7716
0,839	7589	7462	7336	7209	7083	6957	6830	6704	6577	6451
0,840	6325	6199	6072	5946	5820	5694	5568	5441	5315	5189
0,841	5063	4937	4811	4685	4559	4433	4307	4182	4056	3930
0,842	3804	3678	3553	3427	3301	3176	3050	2924	2799	2673
0,843	2548	2422	2297	2171	2046	1920	1795	1669	1544	1419
0,844	1294	1168	1043	0918	0793	0667	0542	0417	0292	0167
0,845	0042	˙9917	˙9792	˙9667	˙9542	˙9417	˙9292	˙9167	˙9043	˙8918
0,846	0,057 8793	8668	8544	8419	8294	8169	8045	7920	7796	7671
0,847	7547	7422	7298	7173	7049	6924	6800	6676	6551	6427
0,848	6303	6178	6054	5930	5806	5682	5557	5433	5309	5185
0,849	5061	4937	4813	4689	4565	4441	4317	4194	4070	3946

	0	1	2	3	4	5	6	7	8	9	P. P.

P. P.

	137	136	135
1	13,7	13,6	13,5
2	27,4	27,2	27,0
3	41,1	40,8	40,5
4	54,8	54,4	54,0
5	68,5	68,0	67,5
6	82,2	81,6	81,0
7	95,9	95,2	94,5
8	109,6	108,8	108,0
9	123,3	122,4	121,5

	134	133	132
1	13,4	13,3	13,2
2	26,8	26,6	26,4
3	40,2	39,9	39,6
4	53,6	53,2	52,8
5	67,0	66,5	66,0
6	80,4	79,8	79,2
7	93,8	93,1	92,4
8	107,2	106,4	105,6
9	120,6	119,7	118,8

	131	130	129
1	13,1	13,0	12,9
2	26,2	26,0	25,8
3	39,3	39,0	38,7
4	52,4	52,0	51,6
5	65,5	65,0	64,5
6	78,6	78,0	77,4
7	91,7	91,0	90,3
8	104,8	104,0	103,2
9	117,9	117,0	116,1

	128	127	126
1	12,8	12,7	12,6
2	25,6	25,4	25,2
3	38,4	38,1	37,8
4	51,2	50,8	50,4
5	64,0	63,5	63,0
6	76,8	76,2	75,6
7	89,6	88,9	88,2
8	102,4	101,6	100,8
9	115,2	114,3	113,4

	125	124	123
1	12,5	12,4	12,3
2	25,0	24,8	24,6
3	37,5	37,2	36,9
4	50,0	49,6	49,2
5	62,5	62,0	61,5
6	75,0	74,4	73,8
7	87,5	86,8	86,1
8	100,0	99,2	98,4
9	112,5	111,6	110,7

124

ADDITION.   0,85 — 0,90

	0	1	2.	3	4	5	6	7	8	9
0,850	0,057 3822	3698	3575	3451	3327	3204	3080	2956	2833	2709
0,851	2586	2462	2339	2215	2092	1968	1845	1722	1598	1475
0,852	1352	1229	1105	0982	0859	0736	0613	0489	0366	0243
0,853	0120	·9997	·9874	·9751	·9628	·9505	·9383	·9260	·9137	·9014
0,854	0,056 8891	8769	8646	8523	8400	8278	8155	8032	7910	7787
0,855	7665	7542	7420	7297	7175	7052	6930	6808	6685	6563
0,856	6441	6318	6196	6074	5952	5830	5708	5585	5463	5341
0,857	5219	5097	4975	4853	4731	4609	4487	4366	4244	4122
0,858	4000	3878	3757	3635	3513	3391	3270	3148	3027	2905
0,859	2783	2662	2540	2419	2297	2176	2055	1933	1812	1691
0,860	1569	1448	1327	1205	1084	0963	0842	0721	0600	0479
0,861	0358	0237	0115	·9995	·9874	·9753	·9632	·9511	·9390	·9269
0,862	0,055 9148	9027	8907	8786	8665	8545	8424	8303	8183	8062
0,863	7941	7821	7700	7580	7459	7339	7219	7098	6978	6857
0,864	6737	6617	6496	6376	6256	6136	6016	5895	5775	5655
0,865	5535	5415	5295	5175	5055	4935	4815	4695	4575	4455
0,866	4336	4216	4096	3976	3856	3737	3617	3497	3378	3258
0,867	3138	3019	2899	2780	2660	2541	2421	2302	2183	2063
0,868	1944	1824	1705	1586	1467	1347	1228	1109	0990	0871
0,869	0752	0632	0513	0394	0275	0156	0037	·9918	·9800	·9681
0,870	0,054 9562	9443	9324	9205	9087	8968	8849	8730	8612	8493
0,871	8374	8256	8137	8019	7900	7782	7663	7545	7426	7308
0,872	7189	7071	6953	6834	6716	6598	6479	6361	6243	6125
0,873	6007	5889	5770	5652	5534	5416	5298	5180	5062	4944
0,874	4827	4709	4591	4473	4355	4237	4120	4002	3884	3766
0,875	3649	3531	3413	3296	3178	3061	2943	2826	2708	2591
0,876	2473	2356	2238	2121	2004	1886	1769	1652	1535	1417
0,877	1300	1183	1066	0949	0832	0715	0598	0481	0364	0247
0,878	0130	0013	·9896	·9779	·9662	·9545	·9428	·9312	·9195	·9078
0,879	0,053 8961	8845	8728	8611	8495	8378	8261	8145	8028	7912
0,880	7795	7679	7563	7446	7330	7213	7097	6981	6864	6748
0,881	6632	6516	6399	6283	6167	6051	5935	5819	5703	5587
0,882	5471	5355	5239	5123	5007	4891	4775	4659	4543	4428
0,883	4312	4196	4080	3965	3849	3733	3618	3502	3387	3271
0,884	3155	3040	2924	2809	2694	2578	2463	2347	2232	2117
0,885	2001	1886	1771	1656	1540	1425	1310	1195	1080	0965
0,886	0850	0735	0620	0505	0390	0275	0160	0045	·9930	·9815
0,887	0,052 9700	9585	9471	9356	9241	9126	9012	8897	8782	8668
0,888	8553	8439	8324	8209	8095	7980	7866	7752	7637	7523
0,889	7408	7294	7180	7065	6951	6837	6723	6608	6494	6380
0,890	6266	6152	6038	5924	5810	5696	5582	5468	5354	5240
0,891	5126	5012	4898	4784	4671	4557	4443	4329	4216	4102
0,892	3988	3875	3761	3647	3534	3420	3307	3193	3080	2966
0,893	2853	2739	2626	2513	2399	2286	2173	2059	1946	1833
0,894	1720	1606	1493	1380	1267	1154	1041	0928	0815	0702
0,895	0589	0476	0363	0250	0137	0024	·9912	·9799	·9686	·9573
0,896	0,051 9460	9348	9235	9122	9010	8897	8784	8672	8559	8447
0,897	8334	8222	8109	7997	7884	7772	7660	7547	7435	7323
0,898	7210	7098	6986	6874	6761	6649	6537	6425	6313	6201
0,899	6089	5977	5865	5753	5641	5529	5417	5305	5193	5081

(Bottom column headers repeated:) 0 | 1 | 2 | 3 | 4 | 5 | 6 | 7 | 8 | 9 | P. P.

P. P.

	124	123		122	121		120	119
1	12,4	12,3		12,2	12,1		12,0	11,9
2	24,8	24,6		24,4	24,2		24,0	23,8
3	37,2	36,9		36,6	36,3		36,0	35,7
4	49,6	49,2		48,8	48,4		48,0	47,6
5	62,0	61,5		61,0	60,5		60,0	59,3
6	74,4	73,8		73,2	72,6		72,0	71,4
7	86,8	86,1		85,4	84,7		84,0	83,5
8	99,2	98,4		97,6	96,8		96,0	95,2
9	111,6	110,7		109,8	108,9		108,0	107,1

	118	117		116	115		114	113
1	11,8	11,7		11,6	11,5		11,4	11,3
2	23,6	23,4		23,2	23,0		22,8	22,6
3	35,4	35,1		34,8	34,5		34,2	33,9
4	47,2	46,8		46,4	46,0		45,6	45,2
5	59,0	58,5		58,0	57,5		57,0	56,5
6	70,8	70,2		69,6	69,0		68,4	67,8
7	82,6	81,9		81,2	80,5		79,8	79,1
8	94,4	93,6		92,8	92,0		91,2	90,4
9	106,2	105,3		104,4	103,5		102,6	101,7

	112
1	11,2
2	22,4
3	33,6
4	44,8
5	56,0
6	67,2
7	78,4
8	89,6
9	100,8

0,90 — 0,95					ADDITION.					P. P.
	0	1	2	3	4	5	6	7	8	9	

	0	1	2	3	4	5	6	7	8	9	P. P.
0,900	0,051 4969	4858	4746	4634	4522	4411	4299	4187	4076	3964	
0,901	3852	3741	3629	3518	3406	3295	3183	3072	2960	2849	**112 111**
0,902	2738	2626	2515	2404	2292	2181	2070	1959	1848	1736	1 11,2 11,1
0,903	1625	1514	1403	1292	1181	1070	0959	0848	0737	0626	2 22,4 22,2
0,904	0515	0404	0293	0182	0072	˙9961	˙9850	˙9739	˙9629	˙9518	3 33,6 33,3
											4 44,8 44,4
											5 56,0 55,5
0,905	0,050 9407	9296	9186	9075	8965	8854	8743	8633	8522	8412	6 67,2 66,6
0,906	8301	8191	8081	7970	7860	7750	7639	7529	7419	7308	7 78,4 77,7
0,907	7198	7088	6978	6868	6757	6647	6537	6427	6317	6207	8 89,6 88,8
0,908	6097	5987	5877	5767	5657	5547	5437	5328	5218	5108	9 100,8 99,9
0,909	4998	4888	4779	4669	4559	4450	4340	4230	4121	4011	
											110 109
0,910	3902	3792	3682	3573	3463	3354	3245	3135	3026	2916	1 11,0 10,9
0,911	2807	2698	2589	2479	2370	2261	2152	2042	1933	1824	2 22,0 21,8
0,912	1715	1606	1497	1388	1279	1170	1061	0952	0843	0734	3 33,0 32,7
0,913	0625	0516	0407	0299	0190	0081	˙9972	˙9864	˙9755	˙9646	4 44,0 43,6
0,914	0,049 9537	9429	9320	9212	9103	8994	8886	8777	8669	8560	5 55,0 54,5
											6 66,0 65,4
0,915	8452	8344	8235	8127	8018	7910	7802	7694	7585	7477	7 77,0 76,3
0,916	7369	7261	7152	7044	6936	6828	6720	6612	6504	6396	8 88,0 87,2
0,917	6288	6180	6072	5964	5856	5748	5640	5532	5425	5317	9 99,0 98,1
0,918	5209	5101	4994	4886	4778	4671	4563	4455	4348	4240	
0,919	4133	4025	3917	3810	3703	3595	3488	3380	3273	3166	**108 107**
											1 10,8 10,7
0,920	3058	2951	2844	2736	2629	2522	2415	2307	2200	2093	2 21,6 21,4
0,921	1986	1879	1772	1665	1558	1451	1344	1237	1130	1023	3 32,4 32,1
0,922	0916	0809	0702	0596	0489	0382	0275	0168	0062	˙9955	4 43,2 42,8
0,923	0,048 9848	9742	9635	9529	9422	9315	9209	9102	8996	8889	5 54,0 53,5
0,924	8783	8676	8570	8464	8357	8251	8145	8039	7932	7826	6 64,8 64,2
											7 75,6 74,9
0,925	7720	7613	7507	7401	7295	7189	7083	6976	6870	6764	8 86,4 85,6
0,926	6658	6552	6446	6340	6235	6129	6023	5917	5811	5705	9 97,2 96,3
0,927	5599	5494	5388	5282	5176	5071	4965	4859	4754	4648	
0,928	4543	4437	4331	4226	4120	4015	3910	3804	3699	3593	**106 105**
0,929	3488	3383	3277	3172	3067	2961	2856	2751	2646	2541	1 10,6 10,5
											2 21,2 21,0
0,930	2436	2330	2225	2120	2015	1910	1805	1700	1595	1490	3 31,8 31,5
0,931	1385	1280	1175	1071	0966	0861	0756	0651	0547	0442	4 42,4 42,0
0,932	0337	0232	0128	0023	˙9918	˙9814	˙9709	˙9605	˙9500	˙9396	5 53,0 52,5
0,933	0,047 9291	9187	9082	8978	8873	8769	8665	8560	8456	8352	6 63,6 63,0
0,934	8247	8143	8039	7935	7830	7726	7622	7518	7414	7310	7 74,2 73,5
											8 84,8 84,0
0,935	7206	7102	6998	6894	6790	6686	6582	6478	6374	6270	9 95,4 94,5
0,936	6166	6062	5958	5855	5751	5647	5543	5440	5336	5232	
0,937	5129	5025	4922	4818	4714	4611	4507	4404	4300	4197	**104 103**
0,938	4094	3990	3887	3783	3680	3577	3473	3370	3267	3164	1 10,4 10,3
0,939	3060	2957	2854	2751	2648	2545	2442	2339	2235	2132	2 20,8 20,6
											3 31,2 30,9
0,940	2029	1926	1824	1721	1618	1515	1412	1309	1206	1103	4 41,6 41,2
0,941	1001	0898	0795	0692	0590	0487	0384	0282	0179	0076	5 52,0 51,5
0,942	0,046 9974	9871	9769	9666	9564	9461	9359	9256	9154	9052	6 62,4 61,8
0,943	8949	8847	8745	8642	8540	8438	8336	8233	8131	8029	7 72,8 72,1
0,944	7927	7825	7723	7620	7518	7416	7314	7212	7110	7008	8 83,2 82,4
											9 93,6 92,7
0,945	6906	6805	6703	6601	6499	6397	6295	6193	6092	5990	
0,946	5888	5786	5685	5583	5481	5380	5278	5177	5075	4974	**102 101**
0,947	4872	4771	4669	4568	4466	4365	4263	4162	4061	3959	1 10,2 10,1
0,948	3858	3757	3655	3554	3453	3352	3251	3149	3048	2947	2 20,4 20,2
0,949	2846	2745	2644	2543	2442	2341	2240	2139	2038	1937	3 30,6 30,3
											4 40,8 40,4
											5 51,0 50,5
											6 61,2 60,6
											7 71,4 70,7
											8 81,6 80,8
											9 91,8 90,9
											101
	0	1	2	3	4	5	6	7	8	9	P. P.

ADDITION. 0,95—1,00

	0	1	2	3	4	5	6	7	8	9
0,950	0,046 1836	1735	1634	1534	1433	1332	1231	1130	1030	0929
0,951	0828	0728	0627	0526	0426	0325	0225	0124	0024	·9923
0,952	0,045 9823	9722	9622	9521	9421	9321	9220	9120	9020	8919
0,953	8819	8719	8619	8518	8418	8318	8218	8118	8018	7918
0,954	7817	7717	7617	7517	7417	7317	7218	7118	7018	6918
0,955	6818	6718	6618	6519	6419	6319	6219	6120	6020	5920
0,956	5821	5721	5621	5522	5422	5323	5223	5124	5024	4925
0,957	4825	4726	4626	4527	4428	4328	4229	4130	4030	3931
0,958	3832	3733	3634	3534	3435	3336	3237	3138	3039	2940
0,959	2841	2742	2643	2544	2445	2346	2247	2148	2049	1950
0,960	1852	1753	1654	1555	1457	1358	1259	1160	1062	0963
0,961	0865	0766	0667	0569	0470	0372	0273	0175	0076	·9978
0,962	0,044 9879	9781	9683	9584	9486	9388	9289	9191	9093	8995
0,963	8896	8798	8700	8602	8504	8406	8308	8210	8112	8013
0,964	7915	7817	7720	7622	7524	7426	7328	7230	7132	7034
0,965	6937	6839	6741	6643	6546	6448	6350	6252	6155	6057
0,966	5960	5862	5764	5667	5569	5472	5374	5277	5180	5082
0,967	4985	4887	4790	4693	4595	4498	4401	4304	4206	4109
0,968	4012	3915	3818	3720	3623	3526	3429	3332	3235	3138
0,969	3041	2944	2847	2750	2653	2556	2460	2363	2266	2169
0,970	2072	1975	1879	1782	1685	1589	1492	1395	1299	1202
0,971	1105	1009	0912	0816	0719	0623	0526	0430	0333	0237
0,972	0141	0044	·9948	·9852	·9755	·9659	·9563	·9466	·9370	·9274
0,973	0,043 9178	9082	8985	8889	8793	8697	8601	8505	8409	8313
0,974	8217	8121	8025	7929	7833	7737	7641	7546	7450	7354
0,975	7258	7162	7067	6971	6875	6780	6684	6588	6493	6397
0,976	6301	6206	6110	6015	5919	5824	5728	5633	5537	5442
0,977	5347	5251	5156	5061	4965	4870	4775	4679	4584	4489
0,978	4394	4299	4203	4108	4013	3918	3823	3728	3633	3538
0,979	3443	3348	3253	3158	3063	2968	2873	2779	2684	2589
0,980	2494	2399	2305	2210	2115	2020	1926	1831	1736	1642
0,981	1547	1453	1358	1264	1169	1074	0980	0886	0791	0697
0,982	0602	0508	0414	0319	0225	0131	0036	·9942	·9848	·9754
0,983	0,042 9659	9565	9471	9377	9283	9189	9095	9000	8906	8812
0,984	8718	8624	8530	8436	8343	8249	8155	8061	7967	7873
0,985	7779	7686	7592	7498	7404	7311	7217	7123	7030	6936
0,986	6842	6749	6655	6562	6468	6374	6281	6187	6094	6001
0,987	5907	5814	5720	5627	5534	5440	5347	5254	5160	5067
0,988	4974	4881	4788	4694	4601	4508	4415	4322	4229	4136
0,989	4043	3950	3857	3764	3671	3578	3485	3392	3299	3206
0,990	3114	3021	2928	2835	2742	2650	2557	2464	2371	2279
0,991	2186	2094	2001	1908	1816	1723	1631	1538	1446	1353
0,992	1261	1168	1076	0984	0891	0799	0706	0614	0522	0430
0,993	0337	0245	0153	0061	·9968	·9876	·9784	·9692	·9600	·9508
0,994	0,041 9416	9324	9232	9140	9048	8956	8864	8772	8680	8588
0,995	8496	8404	8312	8221	8129	8037	7945	7854	7762	7670
0,996	7578	7487	7395	7304	7212	7120	7029	6937	6846	6754
0,997	6663	6571	6480	6388	6297	6206	6114	6023	5931	5840
0,998	5749	5658	5566	5475	5384	5293	5201	5110	5019	4928
0,999	4837	4746	4655	4564	4473	4382	4291	4200	4109	4018
	0	1	2	3	4	5	6	7	8	9

P. P.

	101	100
1	10,1	10,0
2	20,2	20,0
3	30,3	30,0
4	40,4	40,0
5	50,5	50,0
6	60,6	60,0
7	70,7	70,0
8	80,8	80,0
9	90,9	90,0

	99	98
1	9,9	9,8
2	19,8	19,6
3	29,7	29,4
4	39,6	39,2
5	49,5	49,0
6	59,4	58,8
7	69,5	68,6
8	79,2	78,4
9	89,1	88,2

	97	96
1	9,7	9,6
2	19,4	19,2
3	29,1	28,8
4	38,8	38,4
5	48,5	48,0
6	58,2	57,6
7	67,9	67,2
8	77,6	76,8
9	87,3	86,4

	95	94
1	9,5	9,4
2	19,0	18,8
3	28,5	28,2
4	38,0	37,6
5	47,5	47,0
6	57,0	56,4
7	66,5	65,8
8	76,0	75,2
9	85,5	84,6

	93	92
1	9,3	9,2
2	18,6	18,4
3	27,9	27,6
4	37,2	36,8
5	46,5	46,0
6	55,8	55,2
7	65,1	64,4
8	74,4	73,6
9	83,7	82,8

	91
1	9,1
2	18,2
3	27,3
4	36,4
5	45,5
6	54,6
7	63,7
8	72,8
9	81,9

1,00 — 1,05   ADDITION.

	0	1	2	3	4	5	6	7	8	9
1,000	0,041 3927	3836	3745	3654	3563	3473	3382	3291	3200	3109
1,001	3019	2928	2837	2747	2656	2565	2475	2384	2294	2203
1,002	2112	2022	1931	1841	1751	1660	1570	1479	1389	1298
1,003	1208	1118	1027	0937	0847	0757	0666	0576	0486	0396
1,004	0306	0216	0125	0035	'9945	'9855	'9765	'9675	'9585	'9495
1,005	0,040 9405	9315	9225	9135	9045	8956	8866	8776	8686	8596
1,006	8506	8417	8327	8237	8147	8058	7968	7878	7789	7699
1,007	7610	7520	7430	7341	7251	7162	7072	6983	6894	6804
1,008	6715	6625	6536	6447	6357	6268	6179	6089	6000	5911
1,009	5822	5732	5643	5554	5465	5376	5287	5198	5109	5020
1,010	4930	4841	4752	4664	4575	4486	4397	4308	4219	4130
1,011	4041	3952	3864	3775	3686	3597	3508	3420	3331	3242
1,012	3154	3065	2976	2888	2799	2711	2622	2534	2445	2357
1,013	2268	2180	2091	2003	1914	1826	1738	1649	1561	1473
1,014	1384	1296	1208	1120	1031	0943	0855	0767	0679	0591
1,015	0503	0414	0326	0238	0150	0062	'9974	'9886	'9798	'9710
1,016	0,039 9623	9535	9447	9359	9271	9183	9095	9008	8920	8832
1,017	8744	8657	8569	8481	8394	8306	8218	8131	8043	7956
1,018	7868	7781	7693	7605	7518	7431	7343	7256	7168	7081
1,019	6994	6906	6819	6732	6644	6557	6470	6382	6295	6208
1,020	6121	6034	5947	5859	5772	5685	5598	5511	5424	5337
1,021	5250	5163	5076	4989	4902	4815	4728	4642	4555	4468
1,022	4381	4294	4207	4121	4034	3947	3861	3774	3687	3601
1,023	3514	3427	3341	3254	3168	3081	2994	2908	2821	2735
1,024	2649	2562	2476	2389	2303	2217	2130	2044	1958	1871
1,025	1785	1699	1613	1526	1440	1354	1268	1182	1095	1009
1,026	0923	0837	0751	0665	0579	0493	0407	0321	0235	0149
1,027	0063	'9977	'9892	'9806	'9720	'9634	'9548	'9463	'9377	'9291
1,028	0,038 9205	9120	9034	8948	8863	8777	8691	8606	8520	8435
1,029	8349	8263	8178	8092	8007	7922	7836	7751	7665	7580
1,030	7494	7409	7324	7238	7153	7068	6983	6897	6812	6727
1,031	6642	6557	6471	6386	6301	6216	6131	6046	5961	5876
1,032	5791	5706	5621	5536	5451	5366	5281	5196	5111	5027
1,033	4942	4857	4772	4687	4603	4518	4433	4348	4264	4179
1,034	4094	4010	3925	3841	3756	3671	3587	3502	3418	3333
1,035	3249	3164	3080	2996	2911	2827	2742	2658	2574	2489
1,036	2405	2321	2237	2152	2068	1984	1900	1816	1731	1647
1,037	1563	1479	1395	1311	1227	1143	1059	0975	0891	0807
1,038	0723	0639	0555	0471	0387	0304	0220	0136	0052	'9968
1,039	0,037 9885	9801	9717	9633	9550	9466	9382	9299	9215	9131
1,040	9048	8964	8881	8797	8714	8630	8547	8463	8380	8296
1,041	8213	8130	8046	7963	7880	7796	7713	7630	7546	7463
1,042	7380	7297	7213	7130	7047	6964	6881	6798	6715	6632
1,043	6548	6465	6382	6299	6216	6133	6050	5968	5885	5802
1,044	5719	5636	5553	5470	5387	5305	5222	5139	5056	4974
1,045	4891	4808	4726	4643	4560	4478	4395	4312	4230	4147
1,046	4065	3982	3900	3817	3735	3652	3570	3488	3405	3323
1,047	3240	3158	3076	2993	2911	2829	2747	2664	2582	2500
1,048	2418	2336	2253	2171	2089	2007	1925	1843	1761	1679
1,049	1597	1515	1433	1351	1269	1187	1105	1023	0941	0859
	0	1	2	3	4	5	6	7	8	9

P. P.

	91	90
1	9,1	9,0
2	18,2	18,0
3	27,3	27,0
4	36,4	36,0
5	45,5	45,0
6	54,6	54,0
7	63,7	63,0
8	72,8	72,0
9	81,9	81,0

	89	88
1	8,9	8,8
2	17,8	17,6
3	26,7	26,4
4	35,6	35,2
5	44,5	44,0
6	53,4	52,8
7	62,3	61,6
8	71,2	70,4
9	80,1	79,2

	87	86
1	8,7	8,6
2	17,4	17,2
3	26,1	25,8
4	34,8	34,4
5	43,5	43,0
6	52,2	51,6
7	60,9	60,2
8	69,6	68,8
9	78,3	77,4

	85	84
1	8,5	8,4
2	17,0	16,8
3	25,5	25,2
4	34,0	33,6
5	42,5	42,0
6	51,0	50,4
7	59,5	58,8
8	68,0	67,2
9	76,5	75,6

	83	82
1	8,3	8,2
2	16,6	16,4
3	24,9	24,6
4	33,2	32,8
5	41,5	41,0
6	49,8	49,2
7	58,1	57,4
8	66,4	65,6
9	74,7	73,8

	81
1	8,1
2	16,2
3	24,3
4	32,4
5	40,5
6	48,6
7	56,7
8	64,8
9	72,9

81

P. P.

ADDITION. 1,05 — 1,10

	0	1	2	3	4	5	6	7	8	9
1,050	0,037 077S	0696	0614	0532	0450	0369	02S7	0205	0124	0042
1,051	0,036 9960	9S79	9797	9715	9634	9552	9471	93S9	9307	9226
1,052	9144	9063	S9S2	S900	SS19	S737	S656	S574	S493	S412
1,053	S330	S249	S16S	S0S7	S005	7924	7S43	7762	76S0	7599
1,054	751S	7437	7356	7275	7194	7113	7032	6951	6S70	67S9
1,055	670S	6627	6546	6465	63S4	6303	6222	6141	6060	59S0
1,056	5S99	5S1S	5737	5656	5576	5495	5414	5334	5253	5172
1,057	5092	5011	4930	4S50	4769	46S9	460S	452S	4447	4367
1,05S	42S6	4206	4125	4045	3964	3SS4	3S04	3723	3643	3563
1,059	34S2	3402	3322	3242	3161	30S1	3001	2921	2S41	2761
1,060	26S0	2600	2520	2440	2360	22S0	2200	2120	2040	1960
1,061	1SS0	1S00	1720	1640	1500	14S1	1401	1321	1241	1161
1,062	10S1	1002	0922	0S42	0762	06S3	0603	0523	0444	0364
1,063	02S4	0205	0125	0046	·9966	·9SS7	·9S07	·972S	·964S	·9569
1,064	0,035 9SS9	9410	9330	9251	9172	9092	9013	S934	SS54	S775
1,065	S696	S616	S537	S45S	S379	S299	S220	S141	S062	79S3
1,066	7904	7S25	7746	7666	75S7	750S	7429	7350	7271	7192
1,067	7114	7035	6956	6S77	679S	6719	6640	6561	64S3	6404
1,06S	6325	6246	6167	60S9	6010	5931	5S53	5774	5695	5617
1,069	553S	5459	53S1	5302	5224	5145	5067	49SS	4910	4S31
1,070	4753	4674	4596	451S	4439	4361	42S3	4204	4126	404S
1,071	3969	3S91	3S13	3735	3656	357S	3500	3422	3344	3266
1,072	31S7	3109	3031	2953	2S75	2797	2719	2641	2563	24S5
1,073	2407	2329	2251	2173	2096	201S	1940	1S62	17S4	1706
1,074	1629	1551	1473	1395	131S	1240	1162	10S5	1007	0929
1,075	0S52	0774	0697	0619	0541	0464	03S6	0309	0231	0154
1,076	0076	·9999	·9922	·9S44	·9767	·96S9	·9612	·9535	·9457	·93S0
1,077	0,034 9303	9226	914S	9071	S994	S917	SS39	S762	S6S5	S60S
1,07S	S531	S454	S377	S300	S223	S145	S06S	7991	7914	7S37
1,079	7761	76S4	7607	7530	7453	7376	7299	7222	7145	7069
1,0S0	6992	6915	6S3S	6762	66S5	660S	6531	6455	637S	6301
1,0S1	6225	614S	6072	5995	591S	5S42	5765	56S9	5612	5536
1,0S2	5459	53S3	5306	5230	5153	5077	5001	4924	4S4S	4772
1,0S3	4695	4619	4543	4467	4390	4314	423S	4162	40S6	4009
1,0S4	3933	3S57	37S1	3705	3629	3553	3477	3401	3325	3249
1,0S5	3173	3097	3021	2945	2S69	2793	2717	2641	2565	2490
1,0S6	2414	233S	2262	21S6	2111	2035	1959	1SS3	1S0S	1732
1,0S7	1656	15S1	1505	1429	1354	127S	1203	1127	1052	0976
1,0SS	0901	0S25	0750	0674	0599	0523	044S	0373	0297	0222
1,0S9	0146	0071	·9996	·9921	·9S45	·9770	·9695	·9620	·9544	·9469
1,090	0,033 9394	9319	9244	9169	9093	901S	S943	SS6S	S793	S71S
1,091	S643	S56S	S493	S41S	S343	S26S	S193	S11S	S043	7969
1,092	7S94	7S19	7744	7669	7594	7520	7445	7370	7295	7221
1,093	7146	7071	6997	6922	6S47	6773	669S	6623	6549	6474
1,094	6400	6325	6251	6176	6102	6027	5953	5S7S	5S04	5730
1,095	5655	55S1	5507	5432	535S	52S4	5209	5135	5061	49S7
1,096	4912	4S3S	4764	4690	4616	4541	4467	4393	4319	4245
1,097	4171	4097	4023	3949	3S75	3S01	3727	3653	3579	3505
1,09S	3431	3357	32S3	3209	3136	3062	29SS	2914	2S40	2767
1,099	2693	2619	2545	2472	239S	2324	2251	2177	2103	2030
	0	1	2	3	4	5	6	7	8	9

P. P.

	82	81
1	S.2	S.1
2	16.4	16.2
3	24.6	24.3
4	32.S	32.4
5	41.0	40.5
6	49.2	4S.6
7	57.4	56.7
8	65.6	64.S
9	73.S	72.9

	80	79
1	8.0	7.9
2	16.0	15.8
3	24.0	23.7
4	32.0	31.6
5	40.0	39.5
6	48.0	47.4
7	56.0	55.3
8	64.0	63.2
9	72.0	71.1

	7S	77
1	7.S	7.7
2	15.6	15.4
3	23.4	23.1
4	31.2	30.8
5	39.0	38.5
6	46.S	46.2
7	54.6	53.9
8	62.4	61.6
9	70.2	69.3

	76	75
1	7.6	7.5
2	15.2	15.0
3	22.8	22.5
4	30.4	30.0
5	3S.0	37.5
6	45.6	45.0
7	53.2	52.5
8	60.8	60.0
9	68.4	67.5

	74	73
1	7.4	7.3
2	14.8	14.6
3	22.2	21.9
4	29.6	29.2
5	37.0	36.5
6	44.4	43.8
7	51.S	51.1
8	59.2	5S.4
9	66.6	65.7

71

P. P.

1,10—1,15						ADDITION.					P. P.
	0	1	2	3	4	5	6	7	8	9	
1,100	0,033 1956	1883	1809	1736	1662	1588	1515	1441	1368	1295	
1,101	1221	1148	1074	1001	0928	0854	0781	0707	0634	0561	
1,102	0488	0414	0341	0268	0195	0121	0048	'9975	'9902	'9829	**74 73**
1,103	0,032 9756	9683	9609	9536	9463	9390	9317	9244	9171	9098	1 7,4 7,3
1,104	9025	8952	8879	8806	8733	8661	8588	8515	8442	8369	2 14,8 14,6
1,105	8296	8224	8151	8078	8005	7933	7860	7787	7714	7642	3 22,2 21,9 4 29,6 29,2
1,106	7569	7496	7424	7351	7279	7206	7133	7061	6988	6916	5 37,0 36,5
1,107	6843	6771	6698	6626	6553	6481	6499	6336	6264	6192	6 44,4 43,8 7 51,8 51,1
1,108	6119	6047	5975	5902	5830	5758	5685	5613	5541	5469	8 59,2 58,4
1,109	5397	5324	5252	5180	5108	5036	4964	4892	4820	4747	9 66,6 65,7
1,110	4675	4603	4531	4459	4387	4315	4243	4172	4100	4028	
1,111	3956	3884	3812	3740	3668	3597	3525	3453	3381	3310	**72 71**
1,112	3238	3166	3094	3023	2951	2879	2808	2736	2665	2593	1 7,2 7,1
1,113	2521	2450	2378	2307	2235	2164	2092	2021	1949	1878	2 14,4 14,2 3 21,6 21,3
1,114	1806	1735	1664	1592	1521	1449	1378	1307	1236	1164	4 28,8 28,4
1,115	1093	1022	0950	0879	0808	0737	0666	0594	0523	0452	5 36,0 35,5 6 43,2 42,6
1,116	0381	0310	0239	0168	0097	0026	'9955	'9884	'9813	'9742	7 50,4 49,7
1,117	0,031 9671	9600	9529	9458	9387	9316	9245	9174	9103	9033	8 57,6 56,8 9 64,8 63,9
1.118	8962	8891	8820	8749	8679	8608	8537	8466	8396	8325	
1,119	8254	8184	8113	8042	7972	7901	7831	7760	7690	7619	
1,120	7549	7478	7408	7337	7267	7196	7126	7055	6985	6915	**70 69**
1,121	6844	6774	6704	6633	6563	6493	6422	6352	6282	6212	1 7,0 6,9
1,122	6141	6071	6001	5931	5861	5791	5720	5650	5580	5510	2 14,0 13,8 3 21,0 20,7
1,123	5440	5370	5300	5230	5160	5090	5020	4950	4880	4810	4 28,0 27,6
1,124	4740	4670	4600	4531	4461	4391	4321	4251	4181	4112	5 35,0 34,5 6 42,0 41,4
1,125	4042	3972	3902	3833	3763	3693	3624	3554	3484	3415	7 49,0 48,3
1,126	3345	3275	3206	3136	3067	2997	2928	2858	2789	2719	8 56,0 55,2 9 63,0 62,1
1,127	2650	2580	2511	2441	2372	2303	2233	2164	2095	2025	
1,128	1956	1887	1817	1748	1679	1609	1540	1471	1402	1333	
1,129	1263	1194	1125	1056	0987	0918	0849	0780	0711	0642	
1,130	0573	0504	0435	0366	0297	0228	0159	0090	0021	'9952	**68 67**
1,131	0,030 9883	9814	9745	9677	9608	9539	9470	9401	9333	9264	1 6,8 6,7
1,132	9195	9127	9058	8989	8921	8852	8783	8715	8646	8577	2 13,6 13,4 3 20,4 20,1
1,133	8509	8440	8372	8303	8235	8166	8098	8029	7961	7892	4 27,2 26,8
1,134	7824	7755	7687	7619	7550	7482	7414	7345	7277	7209	5 34,0 33,5 6 40,8 40,2
1,135	7140	7072	7004	6936	6867	6799	6731	6663	6595	6526	7 47,6 46,9
1,136	6458	6390	6322	6254	6186	6118	6050	5982	5914	5846	8 54,4 53,6 9 61,2 60,3
1,137	5778	5710	5642	5574	5506	5438	5370	5302	5234	5166	
1,138	5099	5031	4963	4895	4827	4759	4692	4624	4556	4489	
1,139	4421	4353	4285	4218	4150	4083	4015	3947	3880	3812	**66**
1,140	3745	3677	3610	3542	3475	3407	3340	3272	3205	3137	1 6,6
1,141	3070	3002	2935	2868	2800	2733	2666	2598	2531	2464	2 13,2 3 19,8
1,142	2396	2329	2262	2195	2128	2060	1993	1926	1859	1792	4 26,4
1,143	1725	1658	1590	1523	1456	1389	1322	1255	1188	1121	5 33,0 6 39,6
1,144	1054	0987	0920	0853	0786	0719	0653	0586	0519	0452	7 46,2
1,145	0385	0318	0252	0185	0118	0051	'9984	'9918	'9851	'9784	8 52,8 9 59,4
1,146	0,029 9718	9651	9584	9518	9451	9384	9318	9251	9185	9118	
1,147	9051	8985	8918	8852	8785	8719	8652	8586	8520	8453	
1,148	8387	8320	8254	8188	8121	8055	7989	7922	7856	7790	
1,149	7723	7657	7591	7525	7459	7392	7326	7260	7194	7128	66
	0	1	2	3	4	5	6	7	8	9	P. P.

ADDITION. 1,15 — 1,20

	0	1	2	3	4	5	6	7	8	9	P. P.
1,150	0,029 7062	6996	6929	6863	6797	6731	6665	6599	6533	6467	
1,151	6401	6335	6269	6203	6137	6072	6006	5940	5874	5808	
1,152	5742	5676	5611	5545	5479	5413	5347	5282	5216	5150	
1,153	5085	5019	4953	4888	4822	4756	4691	4625	4560	4494	
1,154	4428	4363	4297	4232	4166	4101	4035	3970	3904	3839	
1,155	3774	3708	3643	3577	3512	3447	3381	3316	3251	3186	
1,156	3120	3055	2990	2925	2859	2794	2729	2664	2599	2533	
1,157	2468	2403	2338	2273	2208	2143	2078	2013	1948	1883	
1,158	1818	1753	1688	1623	1558	1493	1428	1363	1298	1233	
1,159	1169	1104	1039	0974	0909	0845	0780	0715	0650	0586	
1,160	0521	0456	0391	0327	0262	0197	0133	0068	0004	·9939	
1,161	0,028 9874	9810	9745	9681	9616	9552	9487	9423	9358	9294	
1,162	9229	9165	9101	9036	8972	8908	8843	8779	8715	8650	
1,163	8586	8522	8457	8393	8329	8265	8200	8136	8072	8008	
1,164	7944	7880	7815	7751	7687	7623	7559	7495	7431	7367	
1,165	7303	7239	7175	7111	7047	6983	6919	6855	6791	6727	
1,166	6663	6600	6536	6472	6408	6344	6280	6217	6153	6089	
1,167	6025	5962	5898	5834	5771	5707	5643	5580	5516	5452	
1,168	5389	5325	5262	5198	5134	5071	5007	4944	4880	4817	
1,169	4753	4690	4626	4563	4500	4436	4373	4309	4246	4183	
1,170	4119	4056	3993	3929	3866	3803	3740	3676	3613	3550	
1,171	3487	3424	3360	3297	3234	3171	3108	3045	2982	2919	
1,172	2856	2793	2730	2666	2603	2540	2478	2415	2352	2289	
1,173	2226	2163	2100	2037	1974	1911	1848	1786	1723	1660	
1,174	1597	1534	1472	1409	1346	1283	1221	1158	1095	1033	
1,175	0970	0907	0845	0782	0720	0657	0594	0532	0469	0407	
1,176	0344	0282	0219	0157	0094	0032	·9969	·9907	·9845	·9782	
1,177	0,027 9720	9657	9595	9533	9470	9408	9346	9284	9221	9159	
1,178	9097	9034	8972	8910	8848	8786	8724	8661	8599	8537	
1,179	8475	8413	8351	8289	8227	8165	8103	8041	7979	7917	
1,180	7855	7793	7731	7669	7607	7545	7483	7421	7359	7297	
1,181	7235	7174	7112	7050	6988	6926	6865	6803	6741	6679	
1,182	6618	6556	6494	6433	6371	6309	6248	6186	6124	6063	
1,183	6001	5940	5878	5817	5755	5694	5632	5571	5509	5448	
1,184	5386	5325	5263	5202	5141	5079	5018	4956	4895	4834	
1,185	4772	4711	4650	4589	4527	4466	4405	4344	4282	4221	
1,186	4160	4099	4038	3977	3915	3854	3793	3732	3671	3610	
1,187	3549	3488	3427	3366	3305	3244	3183	3122	3061	3000	
1,188	2939	2878	2817	2757	2696	2635	2574	2513	2452	2392	
1,189	2331	2270	2209	2148	2088	2027	1966	1906	1845	1784	
1,190	1724	1663	1602	1542	1481	1420	1360	1299	1239	1178	
1,191	1118	1057	0997	0936	0876	0815	0755	0694	0634	0574	
1,192	0513	0453	0392	0332	0272	0211	0151	0091	0031	·9970	
1,193	0,026 9910	9850	9789	9729	9669	9609	9549	9488	9428	9368	
1,194	9308	9248	9188	9128	9068	9008	8948	8887	8827	8767	
1,195	8707	8647	8587	8527	8468	8408	8348	8288	8228	8168	
1,196	8108	8048	7988	7929	7869	7809	7749	7689	7630	7570	
1,197	7510	7450	7391	7331	7271	7212	7152	7092	7033	6973	
1,198	6913	6854	6794	6735	6675	6615	6556	6496	6437	6377	
1,199	6318	6258	6199	6140	6080	6021	5961	5902	5842	5783	59
	0	1	2	3	4	5	6	7	8	9	P. P.

P. P.

	67	66
1	6,7	6,6
2	13,4	13,2
3	20,1	19,8
4	26,8	26,4
5	33,5	33,0
6	40,2	39,6
7	46,9	46,2
8	53,6	52,8
9	60,3	59,4

	65	64
1	6,5	6,4
2	13,0	12,8
3	19,5	19,2
4	26,0	25,6
5	32,5	32,0
6	39,0	38,4
7	45,5	44,8
8	52,0	51,2
9	58,5	57,6

	63	62
1	6,3	6,2
2	12,6	12,4
3	18,9	18,6
4	25,2	24,8
5	31,5	31,0
6	37,8	37,2
7	44,1	43,4
8	50,4	49,6
9	56,7	55,8

	61	60
1	6,1	6,0
2	12,2	12,0
3	18,3	18,0
4	24,4	24,0
5	30,5	30,0
6	36,6	36,0
7	42,7	42,0
8	48,8	48,0
9	54,9	54,0

	59
1	5,9
2	11,8
3	17,7
4	23,6
5	29,5
6	35,4
7	41,3
8	47,2
9	53,1

1,20 — 1,25　　　　　　ADDITION.

	0	1	2	3	4	5	6	7	8	9	P. P.
1,200	0,026 5724	5664	5605	5546	5486	5427	5368	5309	5249	5190	
1,201	5131	5072	5012	4953	4894	4835	4776	4717	4658	4598	
1,202	4539	4480	4421	4362	4303	4244	4185	4126	4067	4008	
1,203	3949	3890	3831	3772	3713	3654	3595	3537	3478	3419	
1,204	3360	3301	3242	3184	3125	3066	3007	2948	2890	2831	
1,205	2772	2714	2655	2596	2537	2479	2420	2362	2303	2244	
1,206	2186	2127	2069	2010	1952	1893	1834	1776	1717	1659	
1,207	1601	1542	1484	1425	1367	1308	1250	1192	1133	1075	
1,208	1017	0958	0900	0842	0783	0725	0667	0609	0550	0492	
1,209	0434	0376	0318	0259	0201	0143	0085	0027	'9969	'9911	
1,210	0,025 9853	9794	9736	9678	9620	9562	9504	9446	9388	9330	
1,211	9272	9214	9156	9099	9041	8983	8925	8867	8809	8751	
1,212	8693	8636	8578	8520	8462	8404	8347	8289	8231	8174	
1,213	8116	8058	8000	7943	7885	7827	7770	7712	7655	7597	
1,214	7539	7482	7424	7367	7309	7252	7194	7137	7079	7022	
1,215	6964	6907	6849	6792	6735	6677	6620	6562	6505	6448	
1,216	6390	6333	6276	6218	6161	6104	6047	5989	5932	5875	
1,217	5818	5761	5703	5646	5589	5532	5475	5418	5361	5303	
1,218	5246	5189	5132	5075	5018	4961	4904	4847	4790	4733	
1,219	4676	4619	4562	4505	4448	4392	4335	4278	4221	4164	
1,220	4107	4050	3994	3937	3880	3823	3766	3710	3653	3596	
1,221	3540	3483	3426	3369	3313	3256	3199	3143	3086	3030	
1,222	2973	2916	2860	2803	2747	2690	2634	2577	2521	2464	
1,223	2408	2351	2295	2238	2182	2126	2069	2013	1957	1900	
1,224	1844	1787	1731	1675	1619	1562	1506	1450	1393	1337	
1,225	1281	1225	1169	1112	1056	1000	0944	0888	0832	0776	
1,226	0719	0663	0607	0551	0495	0439	0383	0327	0271	0215	
1,227	0159	0103	0047	'9991	'9935	'9879	'9823	'9768	'9712	'9656	
1,228	0,024 9600	9544	9488	9432	9377	9321	9265	9209	9154	9098	
1,229	9042	8986	8931	8875	8819	8764	8708	8652	8597	8541	
1,230	8485	8430	8374	8319	8263	8207	8152	8096	8041	7985	
1,231	7930	7874	7819	7763	7708	7653	7597	7542	7486	7431	
1,232	7376	7320	7265	7210	7154	7099	7044	6988	6933	6878	
1,233	6822	6767	6712	6657	6602	6546	6491	6436	6381	6326	
1,234	6271	6215	6160	6105	6050	5995	5940	5885	5830	5775	
1,235	5720	5665	5610	5555	5500	5445	5390	5335	5280	5225	
1,236	5170	5116	5061	5006	4951	4896	4841	4787	4732	4677	
1,237	4622	4567	4513	4458	4403	4348	4294	4239	4184	4130	
1,238	4075	4020	3966	3911	3857	3802	3747	3693	3638	3584	
1,239	3529	3475	3420	3366	3311	3257	3202	3148	3093	3039	
1,240	2984	2930	2876	2821	2767	2713	2658	2604	2550	2495	
1,241	2441	2387	2332	2278	2224	2170	2115	2061	2007	1953	
1,242	1899	1844	1790	1736	1682	1628	1574	1520	1466	1411	
1,243	1357	1303	1249	1195	1141	1087	1033	0979	0925	0871	
1,244	0817	0763	0710	0656	0602	0548	0494	0440	0386	0332	
1,245	0279	0225	0171	0117	0063	0010	'9956	'9902	'9848	'9795	
1,246	0,023 9741	9687	9634	9580	9526	9473	9419	9365	9312	9258	
1,247	9204	9151	9097	9044	8990	8937	8883	8830	8776	8723	
1,248	8669	8616	8562	8509	8455	8402	8348	8295	8242	8188	
1,249	8135	8082	8028	7975	7922	7868	7815	7762	7708	7655	53

| | 0 | 1 | 2 | 3 | 4 | 5 | 6 | 7 | 8 | 9 | P. P. |

P. P.

```
      60     59
1|   6,0    5,9
2|  12,0   11,8
3|  18,0   17,7
4|  24,0   23,6
5|  30,0   29,5
6|  36,0   35,4
7|  42,0   41,3
8|  48,0   47,2
9|  54,0   53,1

      58     57
1|   5,8    5,7
2|  11,6   11,4
3|  17,4   17,1
4|  23,2   22,8
5|  29,0   28,5
6|  34,8   34,2
7|  40,6   39,9
8|  46,4   45,6
9|  52,2   51,3

      56     55
1|   5,6    5,5
2|  11,2   11,0
3|  16,8   16,5
4|  22,4   22,0
5|  28,0   27,5
6|  33,6   33,0
7|  39,2   38,5
8|  44,8   44,0
9|  50,4   49,5

      54     53
1|   5,4    5,3
2|  10,8   10,6
3|  16,2   15,9
4|  21,6   21,2
5|  27,0   26,5
6|  32,4   31,8
7|  37,8   37,1
8|  43,2   42,4
9|  48,6   47,7
```

ADDITION. 1,25 — 1,30

	0	1	2	3	4	5	6	7	8	9	P. P.
1,250	0,023 7602	7549	7496	7442	7389	7336	7283	7230	7176	7123	
1,251	7070	7017	6964	6911	6858	6805	6752	6699	6646	6593	
1,252	6539	6486	6433	6381	6328	6275	6222	6169	6116	6063	
1,253	6010	5957	5904	5851	5799	5746	5693	5640	5587	5534	54 53
1,254	5482	5429	5376	5323	5271	5218	5165	5112	5060	5007	1 5.4 5.3
1,255	4954	4902	4849	4796	4744	4691	4639	4586	4533	4481	2 10,8 10,6 3 16,2 15,9
1,256	4428	4376	4323	4271	4218	4166	4113	4061	4008	3956	4 21,6 21,2 5 27,0 26,5
1,257	3903	3851	3799	3746	3694	3641	3589	3537	3484	3432	6 32,4 51,8 7 37,8 37,1
1,258	3380	3327	3275	3223	3171	3118	3066	3014	2962	2909	8 43,2 42,4 9 48,6 47,7
1,259	2857	2805	2753	2701	2648	2596	2544	2492	2440	2388	
1,260	2336	2284	2231	2179	2127	2075	2023	1971	1919	1867	
1,261	1815	1763	1711	1659	1607	1555	1504	1452	1400	1348	
1,262	1296	1244	1192	1140	1089	1037	0985	0933	0881	0830	
1,263	0778	0726	0674	0623	0571	0519	0468	0416	0364	0313	
1,264	0261	0209	0158	0106	0055	0003	'9951	'9900	'9848	'9797	52 51
1,265	0,022 9745	9694	9642	9591	9539	9488	9436	9385	9333	9282	1 5.2 5.1
1,266	9230	9179	9128	9076	9025	8974	8922	8871	8820	8768	2 10,4 10,2 3 15,6 15,3
1,267	8717	8666	8614	8563	8512	8461	8409	8358	8307	8256	4 20,8 20,4 5 26,0 25,5
1,268	8204	8153	8102	8051	8000	7949	7898	7846	7795	7744	6 31,2 30,6 7 36,4 35,7
1,269	7693	7642	7591	7540	7489	7438	7387	7336	7285	7234	8 41,6 40,8 9 46,8 45,9
1,270	7183	7132	7081	7030	6979	6928	6877	6826	6776	6725	
1,271	6674	6623	6572	6521	6470	6420	6369	6318	6267	6217	
1,272	6166	6115	6064	6014	5963	5912	5862	5811	5760	5710	
1,273	5659	5608	5558	5507	5456	5406	5355	5305	5254	5204	
1,274	5153	5103	5052	5002	4951	4901	4850	4800	4749	4699	
1,275	4648	4598	4548	4497	4447	4397	4346	4296	4246	4195	50 49
1,276	4145	4095	4044	3994	3944	3894	3843	3793	3743	3693	1 5,0 4,9
1,277	3642	3592	3542	3492	3442	3392	3341	3291	3241	3191	2 10,0 9,8 3 15,0 14,7
1,278	3141	3091	3041	2991	2941	2891	2841	2791	2741	2691	4 20,0 19,6 5 25,0 24,5
1,279	2641	2591	2541	2491	2441	2391	2341	2291	2241	2191	6 30,0 29,4 7 35,0 34,3
1,280	2142	2092	2042	1992	1942	1892	1843	1793	1743	1693	8 40,0 39,2 9 45,0 44,1
1,281	1644	1594	1544	1494	1445	1395	1345	1295	1246	1196	
1,282	1146	1097	1047	0998	0948	0898	0849	0799	0750	0700	
1,283	0651	0601	0552	0502	0453	0403	0354	0304	0255	0205	
,284	0156	0106	0057	0008	'9958	'9909	'9859	'9810	'9761	'9711	
,285	0,021 9662	9613	9563	9514	9465	9416	9366	9317	9268	9219	
1,286	9169	9120	9071	9022	8973	8923	8874	8825	8776	8727	48 47
1,287	8678	8629	8580	8530	8481	8432	8383	8334	8285	8236	1 4,8 4,7
1,288	8187	8138	8089	8040	7991	7942	7893	7844	7796	7747	2 9,6 9,4 3 14,4 14,1
1,289	7698	7649	7600	7551	7502	7453	7405	7356	7307	7258	4 19,2 18,8 5 24,0 23,5
1,290	7209	7161	7112	7063	7014	6966	6917	6868	6819	6771	6 28,8 28,2 7 33,6 32,9
1,291	6722	6673	6625	6576	6527	6479	6430	6382	6333	6284	8 38,4 37,6 9 43,2 42,3
1,292	6236	6187	6139	6090	6042	5993	5945	5896	5848	5799	
1,293	5751	5702	5654	5605	5557	5508	5460	5412	5363	5315	
1,294	5267	5218	5170	5122	5073	5025	4977	4928	4880	4832	
1,295	4783	4735	4687	4639	4591	4542	4494	4446	4398	4350	
1,296	4301	4253	4205	4157	4109	4061	4013	3965	3917	3869	
1,297	3821	3773	3724	3676	3628	3580	3532	3485	3437	3389	
1,298	3341	3293	3245	3197	3149	3101	3053	3005	2957	2910	
1,299	2862	2814	2766	2718	2671	2623	2575	2527	2479	2432	48
	0	1	2	3	4	5	6	7	8	9	P. P.

1,30--1,35					ADDITION.					
	0	1	2	3	4	5	6	7	8	9
1,300	0,021 2384	2336	2289	2241	2193	2146	2098	2050	2003	1955
1,301	1907	1860	1812	1764	1717	1669	1622	1574	1527	1479
1,302	1432	1384	1337	1289	1242	1194	1147	1099	1052	1004
1,303	0957	0910	0862	0815	0767	0720	0673	0625	0578	0531
1,304	0483	0436	0389	0341	0294	0247	0200	0152	0105	0058
1,305	0011	·9964	·9916	·9869	·9822	·9775	·9728	·9681	·9633	·9586
1,306	0,020 9539	9492	9445	9398	9351	9304	9257	9210	9163	9116
1,307	9069	9022	8975	8928	8881	8834	8787	8740	8693	8646
1,308	8599	8552	8505	8459	8412	8365	8318	8271	8224	8178
1,309	8131	8084	8037	7990	7944	7897	7850	7803	7757	7710
1,310	7663	7617	7570	7523	7477	7430	7383	7337	7290	7244
1,311	7197	7150	7104	7057	7011	6964	6918	6871	6825	6778
1,312	6732	6685	6639	6592	6546	6499	6453	6406	6360	6314
1,313	6267	6221	6174	6128	6082	6035	5989	5943	5896	5850
1,314	5804	5758	5711	5665	5619	5573	5526	5480	5434	5388
1,315	5342	5295	5249	5203	5157	5111	5065	5019	4972	4926
1,316	4880	4834	4788	4742	4696	4650	4604	4558	4512	4466
1,317	4420	4374	4328	4282	4236	4190	4144	4098	4052	4007
1,318	3961	3915	3869	3823	3777	3731	3686	3640	3594	3548
1,319	3502	3457	3411	3365	3319	3274	3228	3182	3136	3091
1,320	3045	2999	2954	2908	2862	2817	2771	2726	2680	2634
1,321	2589	2543	2498	2452	2407	2361	2316	2270	2225	2179
1,322	2134	2088	2043	1997	1952	1906	1861	1815	1770	1725
1,323	1679	1634	1589	1543	1498	1453	1407	1362	1317	1271
1,324	1226	1181	1135	1090	1045	1000	0955	0909	0864	0819
1,325	0774	0729	0683	0638	0593	0548	0503	0458	0413	0368
1,326	0322	0277	0232	0187	0142	0097	0052	0007	·9962	·9917
1,327	0,019 9872	9827	9782	9737	9692	9647	9602	9558	9513	9468
1,328	9423	9378	9333	9288	9243	9199	9154	9109	9064	9019
1,329	8975	8930	8885	8840	8796	8751	8706	8661	8617	8572
1,330	8527	8483	8438	8393	8349	8304	8259	8215	8170	8126
1,331	8081	8036	7992	7947	7903	7858	7814	7769	7725	7680
1,332	7636	7591	7547	7502	7458	7413	7369	7324	7280	7236
1,333	7191	7147	7102	7058	7014	6969	6925	6881	6836	6792
1,334	6748	6703	6659	6615	6571	6526	6482	6438	6394	6350
1,335	6305	6261	6217	6173	6129	6084	6040	5996	5952	5908
1,336	5864	5820	5776	5732	5688	5643	5599	5555	5511	5467
1,337	5423	5379	5335	5291	5247	5203	5160	5116	5072	5028
1,338	4984	4940	4896	4852	4808	4764	4721	4677	4633	4589
1,339	4545	4501	4458	4414	4370	4326	4283	4239	4195	4151
1,340	4108	4064	4020	3977	3933	3889	3846	3802	3758	3715
1,341	3671	3627	3584	3540	3497	3453	3410	3366	3322	3279
1,342	3235	3192	3148	3105	3061	3018	2974	2931	2888	2844
1,343	2801	2757	2714	2670	2627	2584	2540	2497	2454	2410
1,344	2367	2324	2280	2237	2194	2150	2107	2064	2021	1977
1,345	1934	1891	1848	1804	1761	1718	1675	1632	1589	1545
1,346	1502	1459	1416	1373	1330	1287	1244	1201	1158	1114
1,347	1071	1028	0985	0942	0899	0856	0813	0770	0727	0684
1,348	0641	0599	0556	0513	0470	0427	0384	0341	0298	0255
1,349	0212	0170	0127	0084	0041	·9998	·9956	·9913	·9870	·9827
	0	1	2	3	4	5	6	7	8	9

P. P.

	48	47
1	4,8	4,7
2	9,6	9,4
3	14,4	14,1
4	19,2	18,8
5	24,0	23,5
6	28,8	28,2
7	33,6	32,9
8	38,4	37,6
9	43,2	42,3

	46	45
1	4,6	4,5
2	9,2	9,0
3	13,8	13,5
4	18,4	18,0
5	23,0	22,5
6	27,6	27,0
7	32,2	31,5
8	36,8	36,0
9	41,4	40,5

	44	43
1	4,4	4,3
2	8,8	8,6
3	13,2	12,9
4	17,6	17,2
5	22,0	21,5
6	26,4	25,8
7	30,8	30,1
8	35,2	34,4
9	39,6	38,7

	42
1	4,2
2	8,4
3	12,6
4	16,8
5	21,0
6	25,2
7	29,4
8	33,6
9	37,8

43

P. P.

ADDITION.   1,35 -1,40

	0	1	2	3	4	5	6	7	8	9
1,350	0,018 9784	9742	9699	9656	9613	9571	9528	9485	9443	9400
1,351	9357	9315	9272	9229	9187	9144	9101	9059	9016	8974
1,352	8931	8889	8846	8803	8761	8718	8676	8633	8591	8548
1,353	8506	8463	8421	8379	8336	8294	8251	8209	8166	8124
1,354	8082	8039	7997	7954	7912	7870	7827	7785	7743	7701
1,355	7658	7616	7574	7531	7489	7447	7405	7362	7320	7278
1,356	7236	7194	7151	7109	7067	7025	6983	6941	6899	6856
1,357	6814	6772	6730	6688	6646	6604	6562	6520	6478	6436
1,358	6394	6352	6310	6268	6226	6184	6142	6100	6058	6016
1,359	5974	5932	5890	5848	5806	5765	5723	5681	5639	5597
1,360	5555	5514	5472	5430	5388	5346	5305	5263	5221	5179
1,361	5138	5096	5054	5012	4971	4929	4887	4846	4804	4762
1,362	4721	4679	4637	4596	4554	4513	4471	4429	4388	4346
1,363	4305	4263	4222	4180	4139	4097	4056	4014	3973	3931
1,364	3890	3848	3807	3765	3724	3683	3641	3600	3558	3517
1,365	3476	3434	3393	3352	3310	3269	3228	3186	3145	3104
1,366	3062	3021	2980	2939	2897	2856	2815	2774	2732	2691
1,367	2650	2609	2568	2527	2485	2444	2403	2362	2321	2280
1,368	2239	2198	2156	2115	2074	2033	1992	1951	1910	1869
1,369	1828	1787	1746	1705	1664	1623	1582	1541	1500	1460
1,370	1419	1378	1337	1296	1255	1214	1173	1132	1092	1051
1,371	1010	0969	0928	0887	0847	0806	0765	0724	0684	0643
1,372	0602	0561	0521	0480	0439	0399	0358	0317	0277	0236
1,373	0195	0155	0114	0073	0033	˙9992	˙9952	˙9911	˙9870	˙9830
1,374	0,017 9789	9749	9708	9668	9627	9587	9546	9506	9465	9425
1,375	9384	9344	9303	9263	9222	9182	9142	9101	9061	9020
1,376	8980	8940	8899	8859	8819	8778	8738	8698	8657	8617
1,377	8577	8536	8496	8456	8416	8375	8335	8295	8255	8215
1,378	8174	8134	8094	8054	8014	7973	7933	7893	7853	7813
1,379	7773	7733	7693	7653	7612	7572	7532	7492	7452	7412
1,380	7372	7332	7292	7252	7212	7172	7132	7092	7052	7012
1,381	6972	6933	6893	6853	6813	6773	6733	6693	6653	6613
1,382	6574	6534	6494	6454	6414	6374	6335	6295	6255	6215
1,383	6176	6136	6096	6056	6017	5977	5937	5898	5858	5818
1,384	5778	5739	5699	5660	5620	5580	5541	5501	5461	5422
1,385	5382	5343	5303	5264	5224	5184	5145	5105	5066	5026
1,386	4987	4947	4908	4868	4829	4790	4750	4711	4671	4632
1,387	4592	4553	4514	4474	4435	4396	4356	4317	4277	4238
1,388	4199	4160	4120	4081	4042	4002	3963	3924	3885	3845
1,389	3806	3767	3728	3688	3649	3610	3571	3532	3493	3453
1,390	3414	3375	3336	3297	3258	3219	3180	3140	3101	3062
1,391	3023	2984	2945	2906	2867	2828	2789	2750	2711	2672
1,392	2633	2594	2555	2516	2477	2438	2399	2361	2322	2283
1,393	2244	2205	2166	2127	2088	2050	2011	1972	1933	1894
1,394	1855	1817	1778	1739	1700	1662	1623	1584	1545	1507
1,395	1468	1429	1390	1352	1313	1274	1236	1197	1158	1120
1,396	1081	1043	1004	0965	0927	0888	0850	0811	0772	0734
1,397	0695	0657	0618	0580	0541	0503	0464	0426	0387	0349
1,398	0310	0272	0233	0195	0157	0118	0080	0041	0003	˙9965
1,399	0,016 9926	9888	9849	9811	9773	9734	9696	9658	9619	9581

| | 0 | 1 | 2 | 3 | 4 | 5 | 6 | 7 | 8 | 9 |

P. P.

43
1	4.3
2	8.6
3	12.9
4	17.2
5	21.5
6	25.8
7	30.1
8	34.4
9	38.7

42
1	4.2
2	8.4
3	12.6
4	16.8
5	21.0
6	25.2
7	29.4
8	33.6
9	37.8

41
1	4.1
2	8.2
3	12.3
4	16.4
5	20.5
6	24.6
7	28.7
8	32.8
9	36.9

40
1	4.0
2	8.0
3	12.0
4	16.0
5	20.0
6	24.0
7	28.0
8	32.0
9	36.0

39
1	3.9
2	7.8
3	11.7
4	15.6
5	19.5
6	23.4
7	27.3
8	31.2
9	35.1

38
1	3.8
2	7.6
3	11.4
4	15.2
5	19.0
6	22.8
7	26.6
8	30.4
9	34.2

38

P. P.

1,40—1,45   ADDITION.

	0	1	2	3	4	5	6	7	8	9
1,400	0,016 9543	9505	9466	9428	9390	9352	9313	9275	9237	9199
1,401	9160	9122	9084	9046	9008	8970	8931	8893	8855	8817
1,402	8779	8741	8703	8665	8626	8588	8550	8512	8474	8436
1,403	8398	8360	8322	8284	8246	8208	8170	8132	8094	8056
1,404	8018	7980	7942	7904	7866	7829	7791	7753	7715	7677
1,405	7639	7601	7563	7526	7488	7450	7412	7374	7336	7299
1,406	7261	7223	7185	7148	7110	7072	7034	6997	6959	6921
1,407	6884	6846	6808	6770	6733	6695	6657	6620	6582	6545
1,408	6507	6469	6432	6394	6357	6319	6281	6244	6206	6169
1,409	6131	6094	6056	6019	5981	5944	5906	5869	5831	5794
1,410	5756	5719	5681	5644	5607	5569	5532	5494	5457	5420
1,411	5382	5345	5308	5270	5233	5196	5158	5121	5084	5046
1,412	5009	4972	4934	4897	4860	4823	4785	4748	4711	4674
1,413	4637	4599	4562	4525	4488	4451	4414	4376	4339	4302
1,414	4265	4228	4191	4154	4117	4080	4042	4005	3968	3931
1,415	3894	3857	3820	3783	3746	3709	3672	3635	3598	3561
1,416	3524	3487	3450	3414	3377	3340	3303	3266	3229	3192
1,417	3155	3118	3082	3045	3008	2971	2934	2897	2861	2824
1,418	2787	2750	2713	2677	2640	2603	2566	2530	2493	2456
1,419	2419	2383	2346	2309	2273	2236	2199	2163	2126	2089
1,420	2053	2016	1980	1943	1906	1870	1833	1797	1760	1723
1,421	1687	1650	1614	1577	1541	1504	1468	1431	1395	1358
1,422	1322	1285	1249	1213	1176	1140	1103	1067	1030	0994
1,423	0958	0921	0885	0849	0812	0776	0739	0703	0667	0631
1,424	0594	0558	0522	0485	0449	0413	0377	0340	0304	0268
1,425	0232	0195	0159	0123	0087	0051	0014	'9978	'9942	'9906
1,426	0,015 9870	9834	9797	9761	9725	9689	9653	9617	9581	9545
1,427	9509	9473	9437	9401	9365	9329	9293	9256	9220	9184
1,428	9149	9113	9077	9041	9005	8969	8933	8897	8861	8825
1,429	8789	8753	8717	8681	8646	8610	8574	8538	8502	8466
1,430	8430	8395	8359	8323	8287	8251	8216	8180	8144	8108
1,431	8073	8037	8001	7965	7930	7894	7858	7823	7787	7751
1,432	7716	7680	7644	7609	7573	7537	7502	7466	7431	7395
1,433	7359	7324	7288	7253	7217	7182	7146	7110	7075	7039
1,434	7004	6968	6933	6897	6862	6826	6791	6756	6720	6685
1,435	6649	6614	6578	6543	6508	6472	6437	6401	6366	6331
1,436	6295	6260	6225	6189	6154	6119	6083	6048	6013	5978
1,437	5942	5907	5872	5837	5801	5766	5731	5696	5660	5625
1,438	5590	5555	5520	5484	5449	5414	5379	5344	5309	5274
1,439	5238	5203	5168	5133	5098	5063	5028	4993	4958	4923
1,440	4888	4853	4818	4783	4748	4713	4678	4643	4608	4573
1,441	4538	4503	4468	4433	4398	4363	4328	4293	4258	4223
1,442	4189	4154	4119	4084	4049	4014	3979	3945	3910	3875
1,443	3840	3805	3771	3736	3701	3666	3632	3597	3562	3527
1,444	3492	3458	3423	3388	3354	3319	3284	3250	3215	3180
1,445	3146	3111	3076	3042	3007	2972	2938	2903	2869	2834
1,446	2800	2765	2730	2696	2661	2627	2592	2558	2523	2489
1,447	2454	2420	2385	2351	2316	2282	2247	2213	2178	2144
1,448	2110	2075	2041	2006	1972	1938	1903	1869	1835	1800
1,449	1766	1731	1697	1663	1628	1594	1560	1526	1491	1457

| | 0 | 1 | 2 | 3 | 4 | 5 | 6 | 7 | 8 | 9 |

P. P.

39
1 3,9 / 2 7,8 / 3 11,7 / 4 15,6 / 5 19,5 / 6 23,4 / 7 27,3 / 8 31,2 / 9 35,1

38
1 3,8 / 2 7,6 / 3 11,4 / 4 15,2 / 5 19,0 / 6 22,8 / 7 26,6 / 8 30,4 / 9 34,2

37
1 3,7 / 2 7,4 / 3 11,1 / 4 14,8 / 5 18,5 / 6 22,2 / 7 25,9 / 8 29,6 / 9 33,3

36
1 3,6 / 2 7,2 / 3 10,8 / 4 14,4 / 5 18,0 / 6 21,6 / 7 25,2 / 8 28,8 / 9 32,4

35
1 3,5 / 2 7,0 / 3 10,5 / 4 14,0 / 5 17,5 / 6 21,0 / 7 24,5 / 8 28,0 / 9 31,5

34
1 3,4 / 2 6,8 / 3 10,2 / 4 13,6 / 5 17,0 / 6 20,4 / 7 23,8 / 8 27,2 / 9 30,6

	0	1	2	3	4	5	6	7	8	9	P. P.
				ADDITION.						1,45--1,50	
1,450	0,015 1423	1389	1354	1320	1286	1252	1217	1183	1149	1115	
1,451	1080	1046	1012	0978	0944	0910	0875	0841	0807	0773	
1,452	0739	0705	0671	0637	0603	0569	0534	0500	0466	0432	
1,453	0398	0364	0330	0296	0262	0228	0194	0160	0126	0092	
1,454	0058	0024	'9990	'9956	'9922	'9889	'9855	'9821	'9787	'9753	
1,455	0,014 9719	9685	9651	9617	9583	9550	9516	9482	9448	9414	
1,456	9380	9347	9313	9279	9245	9212	9178	9144	9110	9076	
1,457	9043	9009	8975	8942	8908	8874	8840	8807	8773	8739	
1,458	8706	8672	8638	8605	8571	8538	8504	8470	8437	8403	
1,459	8370	8336	8302	8269	8235	8202	8168	8135	8101	8068	
1,460	8034	8001	7967	7934	7900	7867	7833	7800	7766	7733	
1,461	7699	7666	7632	7599	7566	7532	7499	7465	7432	7399	
1,462	7365	7332	7299	7265	7232	7199	7165	7132	7099	7065	
1,463	7032	6999	6965	6932	6899	6866	6832	6799	6766	6733	
1,464	6700	6666	6633	6600	6567	6534	6500	6467	6434	6401	
1,465	6368	6335	6301	6268	6235	6202	6169	6136	6103	6070	
1,466	6037	6004	5971	5938	5904	5871	5838	5805	5772	5739	
1,467	5706	5673	5640	5607	5574	5542	5509	5476	5443	5410	
1,468	5377	5344	5311	5278	5245	5212	5179	5147	5114	5081	
1,469	5048	5015	4982	4949	4917	4884	4851	4818	4785	4753	
1,470	4720	4687	4654	4622	4589	4556	4523	4491	4458	4425	
1,471	4393	4360	4327	4294	4262	4229	4196	4164	4131	4099	
1,472	4066	4033	4001	3968	3935	3903	3870	3838	3805	3773	
1,473	3740	3707	3675	3642	3610	3577	3545	3512	3480	3447	
1,474	3415	3382	3350	3317	3285	3252	3220	3188	3155	3123	
1,475	3090	3058	3025	2993	2961	2928	2896	2864	2831	2799	
1,476	2767	2734	2702	2670	2637	2605	2573	2540	2508	2476	
1,477	2444	2411	2379	2347	2315	2282	2250	2218	2186	2153	
1,478	2121	2089	2057	2025	1992	1960	1928	1896	1864	1832	
1,479	1800	1767	1735	1703	1671	1639	1607	1575	1543	1511	
1,480	1479	1447	1415	1383	1351	1319	1287	1255	1223	1191	
1,481	1159	1127	1095	1063	1031	0999	0967	0935	0903	0871	
1,482	0839	0807	0775	0743	0712	0680	0648	0616	0584	0552	
1,483	0520	0489	0457	0425	0393	0361	0329	0298	0266	0234	
1,484	0202	0171	0139	0107	0075	0044	0012	'9980	'9948	'9917	
1,485	0,013 9885	9853	9822	9790	9758	9727	9695	9663	9632	9600	
1,486	9568	9537	9505	9474	9442	9410	9379	9347	9316	9284	
1,487	9253	9221	9189	9158	9126	9095	9063	9032	9000	8969	
1,488	8937	8906	8874	8843	8811	8780	8749	8717	8686	8654	
1,489	8623	8591	8560	8529	8497	8466	8434	8403	8372	8340	
1,490	8309	8278	8246	8215	8184	8152	8121	8090	8058	8027	
1,491	7996	7965	7933	7902	7871	7840	7808	7777	7746	7715	
1,492	7684	7652	7621	7590	7559	7528	7496	7465	7434	7403	
1,493	7372	7341	7310	7278	7247	7216	7185	7154	7123	7092	
1,494	7061	7030	6999	6968	6937	6906	6875	6843	6812	6781	
1,495	6750	6719	6688	6658	6627	6596	6565	6534	6503	6472	
1,496	6441	6410	6379	6348	6317	6286	6255	6225	6194	6163	
1,497	6132	6101	6070	6039	6009	5978	5947	5916	5885	5854	
1,498	5824	5793	5762	5731	5701	5670	5639	5608	5578	5547	
1,499	5516	5485	5455	5424	5393	5363	5332	5301	5271	5240	31
	0	1	2	3	4	5	6	7	8	9	P. P.

P. P.

35	34	35
45 / 1	15 / 1	16 / 1
45 / 2	45 / 2	46 / 2
72 / 5	74 / 5	76 / 5
100 / 4	105 / 4	107 / 4
129 / 5	153 / 5	137 / 5
158 / 6	162 / 6	167 / 6
186 / 7	192 / 7	197 / 7
215 / 8	221 / 8	228 / 8
243 / 9	250 / 9	258 / 9
272 / 10	280 / 10	288 / 10
300 / 11	309 / 11	319 / 11
329 / 12	339 / 12	349 / 12
358 / 13	368 / 13	379 / 13
386 / 14	398 / 14	410 / 14
415 / 15	427 / 15	440 / 15
443 / 16	456 / 16	470 / 16
472 / 17	486 / 17	500 / 17
500 / 18	515 / 18	531 / 18
529 / 19	545 / 19	561 / 19
558 / 20	574 / 20	591 / 20
586 / 21	605 / 21	622 / 21
615 / 22	635 / 22	652 / 22
643 / 23	662 / 23	682 / 23
672 / 24	693 / 24	713 / 24
700 / 25	721 / 25	743 / 25
729 / 26	750 / 26	773 / 26
758 / 27	780 / 27	804 / 27
786 / 28	809 / 28	853 / 28
815 / 29	839 / 29	864 / 29
843 / 30	868 / 30	894 / 30
872 / 31	898 / 31	925 / 31
900 / 32	927 / 32	955 / 32
929 / 33	956 / 33	985 / 33
958 / 34	986 / 34	
986 / 35		

32	31	30
16 / 1	17 / 1	17 / 1
47 / 2	49 / 2	50 / 2
79 / 3	81 / 3	83 / 3
110 / 4	115 / 4	117 / 4
141 / 5	145 / 5	150 / 5
172 / 6	178 / 6	184 / 6
204 / 7	210 / 7	217 / 7
235 / 8	242 / 8	250 / 8
266 / 9	275 / 9	284 / 9
297 / 10	307 / 10	317 / 10
329 / 11	339 / 11	350 / 11
360 / 12	371 / 12	383 / 12
391 / 13	403 / 13	417 / 13
422 / 14	436 / 14	450 / 14
453 / 15	468 / 15	483 / 15
485 / 16	500 / 16	517 / 16
516 / 17	533 / 17	550 / 17
547 / 18	565 / 18	583 / 18
579 / 19	597 / 19	617 / 19
610 / 20	630 / 20	650 / 20
641 / 21	662 / 21	683 / 21
672 / 22	694 / 22	717 / 22
704 / 23	726 / 23	750 / 23
735 / 24	758 / 24	783 / 24
766 / 25	791 / 25	817 / 25
797 / 26	823 / 26	850 / 26
829 / 27	855 / 27	883 / 27
860 / 28	887 / 28	917 / 28
891 / 29	920 / 29	950 / 29
922 / 30	952 / 30	983 / 30
953 / 31	984 / 31	
985 / 32		

| 1,50—1,55 | | | | | ADDITION. | | | | | | P. P. |

	0	1	2	3	4	5	6	7	8	9	
1,500	0,013 5209	5179	5148	5117	5087	5056	5025	4995	4964	4934	
1,501	4903	4872	4842	4811	4781	4750	4720	4689	4659	4628	
1,502	4598	4567	4536	4506	4476	4445	4415	4384	4354	4323	
1,503	4293	4262	4232	4201	4171	4141	4110	4080	4049	4019	
1,504	3989	3958	3928	3897	3867	3837	3806	3776	3746	3715	
1,505	3685	3655	3624	3594	3564	3534	3503	3473	3443	3413	
1,506	3382	3352	3322	3292	3261	3231	3201	3171	3141	3110	
1,507	3080	3050	3020	2990	2960	2929	2899	2869	2839	2809	
1,508	2779	2749	2719	2688	2658	2628	2598	2568	2538	2508	
1,509	2478	2448	2418	2388	2358	2328	2298	2268	2238	2208	
1,510	2178	2148	2118	2088	2058	2028	1998	1968	1938	1908	
1,511	1878	1849	1819	1789	1759	1729	1699	1669	1639	1609	
1,512	1580	1550	1520	1490	1460	1431	1401	1371	1341	1311	
1,513	1282	1252	1222	1192	1162	1133	1103	1073	1044	1014	
1,514	0984	0954	0925	0895	0865	0836	0806	0776	0747	0717	
1,515	0687	0658	0628	0598	0569	0539	0510	0480	0450	0421	
1,516	0391	0362	0332	0303	0273	0243	0214	0184	0155	0125	
1,517	0096	0066	0037	0007	·9978	·9948	·9919	·9889	·9860	·9830	
1,518	0,012 9801	9772	9742	9713	9683	9654	9624	9595	9566	9536	
1,519	9507	9478	9448	9419	9389	9360	9331	9301	9272	9243	
1,520	9213	9184	9155	9126	9096	9067	9038	9008	8979	8950	
1,521	8921	8891	8862	8833	8804	8774	8745	8716	8687	8658	
1,522	8628	8599	8570	8541	8512	8483	8453	8424	8395	8366	
1,523	8337	8308	8279	8250	8221	8191	8162	8133	8104	8075	
1,524	8046	8017	7988	7959	7930	7901	7872	7843	7814	7785	
1,525	7756	7727	7698	7669	7640	7611	7582	7553	7524	7495	
1,526	7466	7437	7408	7380	7351	7322	7293	7264	7235	7206	
1,527	7177	7149	7120	7091	7062	7033	7004	6976	6947	6918	
1,528	6889	6860	6832	6803	6774	6745	6716	6688	6659	6630	
1,529	6602	6573	6544	6515	6487	6458	6429	6401	6372	6343	
1,530	6315	6286	6257	6229	6200	6171	6143	6114	6085	6057	
1,531	6028	6000	5971	5942	5914	5885	5857	5828	5800	5771	
1,532	5742	5714	5685	5657	5628	5600	5571	5543	5514	5486	
1,533	5457	5429	5400	5372	5344	5315	5287	5258	5230	5201	
1,534	5173	5145	5116	5088	5059	5031	5003	4974	4946	4918	
1,535	4889	4861	4833	4804	4776	4748	4719	4691	4663	4634	
1,536	4606	4578	4549	4521	4493	4465	4436	4408	4380	4352	
1,537	4324	4295	4267	4239	4211	4182	4154	4126	4098	4070	
1,538	4042	4013	3985	3957	3929	3901	3873	3845	3817	3788	
1,539	3760	3732	3704	3676	3648	3620	3592	3564	3536	3508	
1,540	3480	3452	3424	3396	3368	3340	3312	3284	3256	3228	
1,541	3200	3172	3144	3116	3088	3060	3032	3004	2976	2948	
1,542	2920	2892	2865	2837	2809	2781	2753	2725	2697	2669	
1,543	2642	2614	2586	2558	2530	2502	2475	2447	2419	2391	
1,544	2363	2336	2308	2280	2252	2225	2197	2169	2141	2114	
1,545	2086	2058	2031	2003	1975	1947	1920	1892	1864	1837	
1,546	1809	1781	1754	1726	1698	1671	1643	1616	1588	1560	
1,547	1533	1505	1478	1450	1422	1395	1367	1340	1312	1285	
1,548	1257	1230	1202	1175	1147	1120	1092	1065	1037	1010	
1,549	0982	0955	0927	0900	0872	0845	0817	0790	0763	0735	27
	0	1	2	3	4	5	6	7	8	9	P. P.

P. P.

31		30		29	
17	1	17	1	18	1
49	2	50	2	52	2
81	3	83	3	87	3
113	4	117	4	121	4
146	5	150	5	156	5
178	6	183	6	190	6
210	7	217	7	225	7
242	8	250	8	259	8
275	9	283	9	293	9
307	10	317	10	328	10
339	11	350	11	365	11
371	12	383	12	397	12
404	13	417	13	432	13
436	14	450	14	466	14
468	15	483	15	500	15
500	16	517	16	535	16
533	17	550	17	569	17
565	18	583	18	604	18
597	19	617	19	638	19
630	20	650	20	673	20
662	21	683	21	707	21
694	22	717	22	742	22
726	23	750	23	776	23
759	24	783	24	811	24
791	25	817	25	845	25
823	26	850	26	880	26
855	27	883	27	914	27
888	28	917	28	949	28
920	29	950	29	983	29
952	30	983	30		
984	31				

28		27	
18	1	19	1
54	2	56	2
90	3	95	3
126	4	150	4
161	5	167	5
197	6	204	6
233	7	241	7
268	8	278	8
304	9	315	9
340	10	352	10
375	11	389	11
411	12	426	12
447	13	463	13
483	14	500	14
518	15	578	15
554	16	575	16
590	17	612	17
625	18	649	18
661	19	686	19
697	20	723	20
733	21	760	21
768	22	797	22
804	23	834	23
840	24	871	24
875	25	908	25
911	26	945	26
947	27	982	27
983	28		

ADDITION. 1,55 — 1,60

	0	1	2	3	4	5	6	7	8	9
1,550	0,012 0708	0680	0653	0625	0598	0571	0543	0516	0489	0464
1,551	0434	0407	0379	0352	0325	0297	0270	0243	0215	0188
1,552	0161	0133	0106	0079	0052	0024	·9997	·9970	·9943	·9915
1,553	0,011 9888	9861	9834	9806	9779	9752	9725	9698	9670	9643
1,554	9616	9589	9562	9535	9508	9480	9453	9426	9399	9372
1,555	9345	9318	9291	9263	9236	9209	9182	9155	9128	9101
1,556	9074	9047	9020	8993	8966	8939	8912	8885	8858	8831
1,557	8804	8777	8750	8723	8696	8669	8642	8615	8588	8561
1,558	8534	8507	8480	8454	8427	8400	8373	8346	8319	8292
1,559	8265	8239	8212	8185	8158	8131	8104	8077	8051	8024
1,560	7997	7970	7943	7917	7890	7863	7836	7810	7783	7756
1,561	7729	7703	7676	7649	7622	7596	7569	7542	7516	7489
1,562	7462	7435	7409	7382	7355	7329	7302	7276	7249	7222
1,563	7196	7169	7142	7116	7089	7063	7036	7009	6983	6956
1,564	6930	6903	6877	6850	6823	6797	6770	6744	6717	6691
1,565	6664	6638	6611	6585	6558	6532	6505	6479	6452	6426
1,566	6400	6373	6347	6320	6294	6267	6241	6215	6188	6162
1,567	6135	6109	6083	6056	6030	6004	5977	5951	5924	5898
1,568	5872	5845	5819	5793	5767	5740	5714	5688	5661	5635
1,569	5609	5583	5556	5530	5504	5478	5451	5425	5399	5373
1,570	5346	5320	5294	5268	5242	5215	5189	5163	5137	5111
1,571	5085	5058	5032	5006	4980	4954	4928	4902	4876	4850
1,572	4823	4797	4771	4745	4719	4693	4667	4641	4615	4589
1,573	4563	4537	4511	4485	4459	4433	4407	4381	4355	4329
1,574	4303	4277	4251	4225	4199	4173	4147	4121	4095	4069
1,575	4043	4017	3991	3966	3940	3914	3888	3862	3836	3810
1,576	3784	3759	3733	3707	3681	3655	3629	3604	3578	3552
1,577	3526	3500	3474	3449	3423	3397	3371	3346	3320	3294
1,578	3268	3243	3217	3191	3165	3140	3114	3088	3063	3037
1,579	3011	2986	2960	2934	2909	2883	2857	2832	2806	2780
1,580	2755	2729	2703	2678	2652	2627	2601	2575	2550	2524
1,581	2499	2473	2448	2422	2396	2371	2345	2320	2294	2269
1,582	2243	2218	2192	2167	2141	2116	2090	2065	2039	2014
1,583	1988	1963	1937	1912	1887	1861	1836	1810	1785	1759
1,584	1734	1709	1683	1658	1633	1607	1582	1556	1531	1506
1,585	1480	1455	1430	1404	1379	1354	1328	1303	1278	1253
1,586	1227	1202	1177	1151	1126	1101	1076	1050	1025	1000
1,587	0975	0949	0924	0899	0874	0849	0823	0798	0773	0748
1,588	0723	0697	0672	0647	0622	0597	0572	0547	0521	0496
1,589	0471	0446	0421	0396	0371	0346	0321	0296	0270	0245
1,590	0220	0195	0170	0145	0120	0095	0070	0045	0020	·9995
1,591	0,010 9970	9945	9920	9895	9870	9845	9820	9795	9770	9745
1,592	9720	9695	9670	9645	9620	9596	9571	9546	9521	9496
1,593	9471	9446	9421	9396	9372	9347	9322	9297	9272	9247
1,594	9222	9198	9173	9148	9123	9098	9073	9049	9024	8999
1,595	8974	8950	8925	8900	8875	8850	8826	8801	8776	8752
1,596	8727	8702	8677	8653	8628	8603	8579	8554	8529	8505
1,597	8480	8455	8431	8406	8381	8357	8332	8307	8283	8258
1,598	8233	8209	8184	8160	8135	8110	8086	8061	8037	8012
1,599	7988	7963	7938	7914	7889	7865	7840	7816	7791	7767

	0	1	2	3	4	5	6	7	8	9

P. P.

n	28	27	26
1	18	19	20
2	54	56	58
3	90	93	97
4	125	130	135
5	161	167	173
6	197	204	212
7	233	241	250
8	268	278	289
9	304	315	327
10	340	352	366
11	375	389	404
12	411	426	443
13	447	463	481
14	483	500	520
15	518	538	558
16	554	575	597
17	590	612	635
18	625	649	673
19	661	686	712
20	697	723	750
21	733	760	789
22	768	797	827
23	804	853	866
24	840	871	905
25	875	908	943
26	911	945	981
27	947	982	
28	985		

n	25	24
1	20	21
2	60	65
3	100	105
4	150	146
5	180	188
6	220	205
7	260	271
8	300	315
9	340	355
10	380	396
11	420	436
12	460	521
13	500	521
14	540	
15	580	605
16	620	646
17	660	688
18	700	756
19	740	771
20	780	815
21	820	855
22	860	896
23	900	953
24	940	980
25	980	

25

P. P.

1,60—1,65					ADDITION.					P. P.
	0	1	2	3	4	5	6	7	8	9	

	0	1	2	3	4	5	6	7	8	9
1,600	0,010 7742	7718	7693	7669	7644	7620	7595	7571	7546	7522
1,601	7497	7473	7449	7424	7400	7375	7351	7326	7302	7278
1,602	7253	7229	7205	7180	7156	7131	7107	7083	7058	7034
1,603	7010	6985	6961	6937	6912	6888	6864	6839	6815	6791
1,604	6767	6742	6718	6694	6669	6645	6621	6597	6572	6548
1,605	6524	6500	6475	6451	6427	6403	6379	6354	6330	6306
1,606	6282	6258	6234	6209	6185	6161	6137	6113	6089	6065
1,607	6040	6016	5992	5968	5944	5920	5896	5872	5848	5824
1,608	5799	5775	5751	5727	5703	5679	5655	5631	5607	5583
1,609	5559	5535	5511	5487	5463	5439	5415	5391	5367	5343
1,610	5319	5295	5271	5247	5223	5200	5176	5152	5128	5104
1,611	5080	5056	5032	5008	4984	4960	4937	4913	4889	4865
1,612	4841	4817	4793	4770	4746	4722	4698	4674	4650	4627
1,613	4603	4579	4555	4532	4508	4484	4460	4436	4413	4389
1,614	4365	4341	4318	4294	4270	4247	4223	4199	4175	4152
1,615	4128	4104	4081	4057	4033	4010	3986	3962	3939	3915
1,616	3891	3868	3844	3820	3797	3773	3750	3726	3702	3679
1,617	3655	3632	3608	3585	3561	3537	3514	3490	3467	3443
1,618	3420	3396	3373	3349	3326	3302	3279	3255	3232	3208
1,619	3185	3161	3138	3114	3091	3067	3044	3020	2997	2973
1,620	2950	2927	2903	2880	2856	2833	2810	2786	2763	2739
1,621	2716	2693	2669	2646	2623	2599	2576	2553	2529	2506
1,622	2483	2459	2436	2413	2389	2366	2343	2319	2296	2273
1,623	2250	2226	2203	2180	2157	2133	2110	2087	2064	2040
1,624	2017	1994	1971	1948	1924	1901	1878	1855	1832	1808
1,625	1785	1762	1739	1716	1693	1670	1646	1623	1600	1577
1,626	1554	1531	1508	1485	1462	1438	1415	1392	1369	1346
1,627	1323	1300	1277	1254	1231	1208	1185	1162	1139	1116
1,628	1093	1070	1047	1024	1001	0978	0955	0932	0909	0886
1,629	0863	0840	0817	0794	0771	0748	0725	0702	0679	0656
1,630	0634	0611	0588	0565	0542	0519	0496	0473	0451	0428
1,631	0405	0382	0359	0336	0313	0291	0268	0245	0222	0199
1,632	0177	0154	0131	0108	0085	0063	0040	0017	'9994	'9071
1,633	0,009 9949	9926	9903	9881	9858	9835	9812	9790	9767	9744
1,634	9721	9699	9676	9653	9631	9608	9585	9563	9540	9517
1,635	9495	9472	9449	9427	9404	9382	9359	9336	9314	9291
1,636	9268	9246	9223	9201	9178	9156	9133	9110	9088	9065
1,637	9043	9020	8998	8975	8953	8930	8908	8885	8863	8840
1,638	8818	8795	8773	8750	8728	8705	8683	8660	8638	8615
1,639	8593	8570	8548	8526	8503	8481	8458	8436	8413	8391
1,640	8369	8346	8324	8301	8279	8257	8234	8212	8190	8167
1,641	8145	8123	8100	8078	8056	8033	8011	7989	7966	7944
1,642	7922	7899	7877	7855	7833	7810	7788	7766	7744	7721
1,643	7699	7677	7655	7632	7610	7588	7566	7543	7521	7499
1,644	7477	7455	7432	7410	7388	7366	7344	7322	7299	7277
1,645	7255	7233	7211	7189	7167	7144	7122	7100	7078	7056
1,646	7034	7012	6990	6968	6946	6924	6901	6879	6857	6835
1,647	6813	6791	6769	6747	6725	6703	6681	6659	6637	6615
1,648	6593	6571	6549	6527	6505	6483	6461	6439	6417	6395
1,649	6373	6351	6329	6307	6286	6264	6242	6220	6198	6176

	0	1	2	3	4	5	6	7	8	9	P. P.

P. P.

25		24	
20	1	21	1
60	2	63	2
100	3	105	3
140	4	146	4
180	5	188	5
220	6	230	6
260	7	271	7
300	8	313	8
340	9	355	9
380	10	396	10
420	11	438	11
460	12	480	12
500	13	521	13
540	14	563	14
580	15	605	15
620	16	646	16
660	17	688	17
700	18	730	18
740	19	771	19
780	20	813	20
820	21	855	21
860	22	896	22
900	23	938	23
940	24	980	24
980	25		

23		22	
23	1	25	1
66	2	69	2
109	3	113	3
155	4	160	4
196	5	205	5
240	6	250	6
283	7	296	7
327	8	341	8
370	9	387	9
414	10	452	10
487	11	478	11
500	12	523	12
544	13	569	13
587	14	614	14
651	15	660	15
674	16	705	16
718	17	750	17
761	18	796	18
805	19	841	19
848	20	887	20
892	21	932	21
935	22	978	22
979	23		

21	
21	1
73	2
120	3
167	4
215	5
262	6
310	7
358	8
405	9
455	10
500	11
548	12
596	13
643	14
691	15
759	16
786	17
854	18
881	19
929	20
977	21
	22

ADDITION. 1,65—1,70

	0		1	2	3	4	5	6	7	8	9	P. P.
1,650	0,009	6154	6132	6110	6088	6067	6045	6023	6001	5979	5957	
1,651		5935	5914	5892	5870	5848	5826	5804	5783	5761	5739	
1,652		5717	5695	5674	5652	5630	5608	5586	5565	5543	5521	
1,653		5499	5478	5456	5434	5412	5391	5369	5347	5326	5304	
1,654		5282	5260	5239	5217	5195	5174	5152	5130	5109	5087	
1,655		5065	5044	5022	5000	4979	4957	4936	4914	4892	4871	
1,656		4849	4828	4806	4784	4763	4741	4720	4698	4676	4655	
1,657		4633	4612	4590	4569	4547	4526	4504	4483	4461	4440	
1,658		4418	4397	4375	4354	4332	4311	4289	4268	4246	4225	
1,659		4203	4182	4160	4139	4117	4096	4075	4053	4032	4010	
1,660		3989	3967	3946	3925	3903	3882	3860	3839	3818	3796	
1,661		3775	3754	3732	3711	3690	3668	3647	3626	3604	3583	
1,662		3562	3540	3519	3498	3476	3455	3434	3413	3391	3370	
1,663		3349	3327	3306	3285	3264	3242	3221	3200	3179	3158	
1,664		3136	3115	3094	3073	3052	3030	3009	2988	2967	2946	
1,665		2924	2903	2882	2861	2840	2819	2797	2776	2755	2734	
1,666		2713	2692	2671	2650	2629	2607	2586	2565	2544	2523	
1,667		2502	2481	2460	2439	2418	2397	2376	2355	2334	2312	
1,668		2291	2270	2249	2228	2207	2186	2165	2144	2123	2102	
1,669		2081	2060	2039	2019	1998	1977	1956	1935	1914	1893	
1,670		1872	1851	1830	1809	1788	1767	1746	1725	1705	1684	
1,671		1663	1642	1621	1600	1579	1558	1538	1517	1496	1475	
1,672		1454	1433	1413	1392	1371	1350	1329	1308	1288	1267	
1,673		1246	1225	1204	1184	1163	1142	1121	1101	1080	1059	
1,674		1038	1018	0997	0976	0955	0935	0914	0893	0873	0852	
1,675		0831	0810	0790	0769	0748	0728	0707	0686	0666	0645	
1,676		0624	0604	0583	0562	0542	0521	0501	0480	0459	0439	
1,677		0418	0398	0377	0356	0336	0315	0295	0274	0253	0233	
1,678		0212	0192	0171	0151	0130	0110	0089	0069	0048	0027	
1,679		0007	·9986	·9966	·9945	·9925	·9904	·9884	·9864	·9843	·9823	
1,680	0,008	9802	9782	9761	9741	9720	9700	9679	9659	9639	9618	
1,681		9598	9577	9557	9536	9516	9496	9475	9455	9434	9414	
1,682		9394	9373	9353	9333	9312	9292	9272	9251	9231	9211	
1,683		9190	9170	9150	9129	9109	9089	9068	9048	9028	9007	
1,684		8987	8967	8947	8926	8906	8886	8866	8845	8825	8805	
1,685		8785	8764	8744	8724	8704	8683	8663	8643	8623	8603	
1,686		8582	8562	8542	8522	8502	8482	8461	8441	8421	8401	
1,687		8381	8361	8340	8320	8300	8280	8260	8240	8220	8200	
1,688		8180	8159	8139	8119	8099	8079	8059	8039	8019	7999	
1,689		7979	7959	7939	7919	7899	7879	7859	7839	7818	7798	
1,690		7778	7758	7738	7718	7698	7678	7658	7639	7619	7599	
1,691		7579	7559	7539	7519	7499	7479	7459	7439	7419	7399	
1,692		7379	7359	7339	7319	7300	7280	7260	7240	7220	7200	
1,693		7180	7160	7140	7121	7101	7081	7061	7041	7021	7002	
1,694		6982	6962	6942	6922	6902	6883	6863	6843	6823	6803	
1,695		6784	6764	6744	6724	6705	6685	6665	6645	6626	6606	
1,696		6586	6566	6547	6527	6507	6487	6468	6448	6428	6409	
1,697		6389	6369	6349	6330	6310	6290	6271	6251	6231	6212	
1,698		6192	6172	6153	6133	6114	6094	6074	6055	6035	6015	
1,699		5996	5976	5957	5937	5917	5898	5878	5859	5839	5820	20
	0		1	2	3	4	5	6	7	8	9	P. P.

P. P.

22		21	
25	1	24	1
69	2	72	2
114	3	120	3
160	4	167	4
205	5	215	5
250	6	262	6
296	7	310	7
341	8	358	8
387	9	405	9
432	10	453	10
478	11	500	11
523	12	548	12
569	13	596	13
614	14	643	14
660	15	691	15
705	16	739	16
750	17	786	17
796	18	834	18
841	19	881	19
887	20	929	20
932	21	977	21
978	22		

20		19	
25	1	27	1
75	2	79	2
125	3	132	3
175	4	185	4
225	5	237	5
275	6	290	6
325	7	343	7
375	8	395	8
425	9	448	9
475	10	500	10
525	11	553	11
575	12	606	12
625	13	658	13
675	14	711	14
725	15	764	15
775	16	816	16
825	17	869	17
875	18	922	18
925	19	974	19
975	20		

1,70—1,75					ADDITION.					
	0	1	2	3	4	5	6	7	8	9
1,700	0,008 5800	5780	5761	5741	5722	5702	5683	5663	5644	5624
1,701	5605	5585	5566	5546	5527	5507	5488	5468	5449	5429
1,702	5410	5390	5371	5351	5332	5312	5293	5273	5254	5235
1,703	5215	5196	5176	5157	5137	5118	5099	5079	5060	5040
1,704	5021	5002	4982	4963	4944	4924	4905	4885	4866	4847
1,705	4827	4808	4789	4769	4750	4731	4711	4692	4673	4653
1,706	4634	4615	4596	4576	4557	4538	4518	4499	4480	4461
1,707	4441	4422	4403	4384	4364	4345	4326	4307	4287	4268
1,708	4249	4230	4211	4191	4172	4153	4134	4115	4095	4076
1,709	4057	4038	4019	4000	3981	3961	3942	3923	3904	3885
1,710	3866	3847	3827	3808	3789	3770	3751	3732	3713	3694
1,711	3675	3656	3636	3617	3598	3579	3560	3541	3522	3503
1,712	3484	3465	3446	3427	3408	3389	3370	3351	3332	3313
1,713	3294	3275	3256	3237	3218	3199	3180	3161	3142	3123
1,714	3104	3085	3066	3047	3028	3009	2990	2972	2953	2934
1,715	2915	2896	2877	2858	2839	2820	2801	2783	2764	2745
1,716	2726	2707	2688	2669	2650	2632	2613	2594	2575	2556
1,717	2537	2519	2500	2481	2462	2443	2425	2406	2387	2368
1,718	2349	2331	2312	2293	2274	2256	2237	2218	2199	2181
1,719	2162	2143	2124	2106	2087	2068	2049	2031	2012	1993
1,720	1975	1956	1937	1918	1900	1881	1862	1844	1825	1806
1,721	1788	1769	1750	1732	1713	1695	1676	1657	1639	1620
1,722	1601	1583	1564	1546	1527	1508	1490	1471	1453	1434
1,723	1416	1397	1378	1360	1341	1323	1304	1286	1267	1249
1,724	1230	1211	1193	1174	1156	1137	1119	1100	1082	1063
1,725	1045	1026	1008	0989	0971	0953	0934	0916	0897	0879
1,726	0860	0842	0823	0805	0786	0768	0750	0731	0713	0694
1,727	0676	0658	0639	0621	0602	0584	0566	0547	0529	0511
1,728	0492	0474	0455	0437	0419	0400	0382	0364	0345	0327
1,729	0309	0290	0272	0254	0235	0217	0199	0181	0162	0144
1,730	0126	0107	0089	0071	0053	0034	0016	'9998	'9980	'9961
1,731	0,007 9943	9925	9907	9888	9870	9852	9834	9816	9797	9779
1,732	9761	9743	9725	9706	9688	9670	9652	9634	9615	9597
1,733	9579	9561	9543	9525	9507	9488	9470	9452	9434	9416
1,734	9398	9380	9362	9343	9325	9307	9289	9271	9253	9235
1,735	9217	9199	9181	9163	9145	9127	9108	9090	9072	9054
1,736	9036	9018	9000	8982	8964	8946	8928	8910	8892	8874
1,737	8856	8838	8820	8802	8784	8766	8748	8730	8712	8694
1,738	8676	8658	8641	8623	8605	8587	8569	8551	8533	8515
1,739	8497	8479	8461	8443	8425	8408	8390	8372	8354	8336
1,740	8318	8300	8282	8265	8247	8229	8211	8193	8175	8157
1,741	8140	8122	8104	8086	8068	8051	8033	8015	7997	7979
1,742	7962	7944	7926	7908	7890	7873	7855	7837	7819	7802
1,743	7784	7766	7748	7731	7713	7695	7677	7660	7642	7624
1,744	7607	7589	7571	7553	7536	7518	7500	7483	7465	7447
1,745	7430	7412	7394	7377	7359	7341	7324	7306	7288	7271
1,746	7253	7235	7218	7200	7183	7165	7147	7130	7112	7095
1,747	7077	7059	7042	7024	7007	6989	6972	6954	6936	6919
1,748	6901	6884	6866	6849	6831	6814	6796	6779	6761	6743
1,749	6726	6708	6691	6673	6656	6638	6621	6603	6586	6569
	0	1	2	3	4	5	6	7	8	9

P. P.

20		19	
25	1	27	1
75	2	79	2
125	3	132	3
175	4	185	4
225	5	237	5
275	6	290	6
325	7	343	7
375	8	395	8
425	9	448	9
475	10	500	10
525	11	553	11
575	12	606	12
625	13	658	13
675	14	711	14
725	15	763	15
775	16	816	16
825	17	869	17
875	18	922	18
925	19	974	19
975	20		

18		17	
28	1	30	1
84	2	89	2
139	3	148	3
195	4	206	4
250	5	265	5
306	6	324	6
362	7	383	7
417	8	442	8
473	9	500	9
528	10	559	10
584	11	618	11
639	12	677	12
695	13	736	13
750	14	795	14
806	15	853	15
862	16	912	16
917	17	971	17
973	18		

18

P. P.

	0	1	2	3	4	5	6	7	8	9	P. P.
1,750	0,007 6551	6534	6516	6499	6481	6464	6446	6429	6411	6394	**18**
1,751	6377	6359	6342	6324	6307	6289	6272	6255	6237	6220	28 /
1,752	6202	6185	6168	6150	6133	6115	6098	6081	6063	6046	87 2
1,753	6029	6011	5994	5977	5959	5942	5925	5907	5890	5873	159 5 / 195 4
1,754	5855	5838	5821	5803	5786	5769	5751	5734	5717	5700	250 5 506 6
1,755	5682	5665	5648	5631	5613	5596	5579	5562	5544	5527	562 7
1,756	5510	5493	5475	5458	5441	5424	5406	5389	5372	5355	517 8 475 9
1,757	5338	5320	5303	5286	5269	5252	5235	5217	5200	5183	528 10 585 11
1,758	5166	5149	5132	5114	5097	5080	5063	5046	5029	5012	659 12 694 13
1,759	4994	4977	4960	4943	4926	4909	4892	4875	4858	4841	750 14
1,760	4823	4806	4789	4772	4755	4738	4721	4704	4687	4670	806 15 862 16
1,761	4653	4636	4619	4602	4585	4568	4551	4534	4517	4500	917 17 975 18
1,762	4483	4466	4449	4432	4415	4398	4381	4364	4347	4330	
1,763	4313	4296	4279	4262	4245	4228	4211	4194	4177	4160	
1,764	4143	4126	4109	4093	4076	4059	4042	4025	4008	3991	**17**
1,765	3974	3957	3940	3924	3907	3890	3873	3856	3839	3822	50 /
1,766	3806	3789	3772	3755	3738	3721	3704	3688	3671	3654	89 2 148 5
1,767	3637	3620	3604	3587	3570	3553	3536	3520	3503	3486	206 4 265 5
1,768	3469	3452	3436	3419	3402	3385	3369	3352	3335	3318	524 6 383 7
1,769	3302	3285	3268	3252	3235	3218	3201	3185	3168	3151	442 8
1,770	3135	3118	3101	3084	3068	3051	3034	3018	3001	2984	500 9 559 10
1,771	2968	2951	2934	2918	2901	2884	2868	2851	2835	2818	618 11 677 12
1,772	2801	2785	2768	2751	2735	2718	2702	2685	2668	2652	736 15
1,773	2635	2619	2602	2586	2569	2552	2536	2519	2503	2486	795 14 855 15
1,774	2470	2453	2436	2420	2403	2387	2370	2354	2337	2321	912 16 971 17
1,775	2304	2288	2271	2255	2238	2222	2205	2189	2172	2156	
1,776	2139	2123	2106	2090	2074	2057	2041	2024	2008	1991	
1,777	1975	1958	1942	1926	1909	1893	1876	1860	1843	1827	**16**
1,778	1811	1794	1778	1761	1745	1729	1712	1696	1680	1663	32 /
1,779	1647	1630	1614	1598	1581	1565	1549	1532	1516	1500	94 2 157 5
1,780	1483	1467	1451	1434	1418	1402	1386	1369	1353	1337	219 4 282 5
1,781	1320	1304	1288	1271	1255	1239	1223	1206	1190	1174	344 6 407 7
1,782	1158	1141	1125	1109	1093	1076	1060	1044	1028	1012	469 8
1,783	0995	0979	0963	0947	0930	0914	0898	0882	0866	0850	532 9 594 10
1,784	0833	0817	0801	0785	0769	0753	0736	0720	0704	0688	657 11 719 12
1,785	0672	0656	0639	0623	0607	0591	0575	0559	0543	0527	782 15
1,786	0511	0494	0478	0462	0446	0430	0414	0398	0382	0366	844 14 907 15
1,787	0350	0334	0318	0301	0285	0269	0253	0237	0221	0205	969 16
1,788	0189	0173	0157	0141	0125	0109	0093	0077	0061	0045	
1,789	0029	0013	˙9997	˙9981	˙9965	˙9949	˙9933	˙9917	˙9901	˙9885	**15**
1,790	0,006 9869	9853	9837	9821	9805	9790	9774	9758	9742	9726	55 / 100 2
1,791	9710	9694	9678	9662	9646	9630	9614	9598	9583	9567	167 5 255 4
1,792	9551	9535	9519	9503	9487	9471	9456	9440	9424	9408	500 5 567 6
1,793	9392	9376	9360	9345	9329	9313	9297	9281	9265	9250	455 7 500 8
1,794	9234	9218	9202	9186	9171	9155	9139	9123	9107	9092	567 9
1,795	9076	9060	9044	9028	9013	8997	8981	8965	8950	8934	654 10 700 11
1,796	8918	8902	8887	8871	8855	8840	8824	8808	8792	8777	767 12 835 15
1,797	8761	8745	8730	8714	8698	8682	8667	8651	8635	8620	900 14 967 15
1,798	8604	8588	8573	8557	8541	8526	8510	8494	8479	8463	
1,799	8447	8432	8416	8401	8385	8369	8354	8338	8322	8307	16

	0	1	2	3	4	5	6	7	8	9	P. P.

1,80 — 1,85   ADDITION.

	0	1	2	3	4	5	6	7	8	9
1,800	0,006 8291	8276	8260	8244	8229	8213	8198	8182	8167	8151
1,801	8135	8120	8104	8089	8073	8058	8042	8027	8011	7995
1,802	7980	7964	7949	7933	7918	7902	7887	7871	7856	7840
1,803	7825	7809	7794	7778	7763	7747	7732	7716	7701	7685
1,804	7670	7655	7639	7624	7608	7593	7577	7562	7546	7531
1,805	7516	7500	7485	7469	7454	7439	7423	7408	7392	7377
1,806	7362	7346	7331	7315	7300	7285	7269	7254	7239	7223
1,807	7208	7192	7177	7162	7146	7131	7116	7100	7085	7070
1,808	7054	7039	7024	7008	6993	6978	6963	6947	6932	6917
1,809	6901	6886	6871	6856	6840	6825	6810	6794	6779	6764
1,810	6749	6733	6718	6703	6688	6672	6657	6642	6627	6612
1,811	6596	6581	6566	6551	6535	6520	6505	6490	6475	6460
1,812	6444	6429	6414	6399	6384	6368	6353	6338	6323	6308
1,813	6293	6278	6262	6247	6232	6217	6202	6187	6172	6156
1,814	6141	6126	6111	6096	6081	6066	6051	6036	6021	6005
1,815	5990	5975	5960	5945	5930	5915	5900	5885	5870	5855
1,816	5840	5825	5810	5795	5780	5765	5750	5735	5719	5704
1,817	5689	5674	5659	5644	5629	5614	5599	5584	5569	5554
1,818	5540	5525	5510	5495	5480	5465	5450	5435	5420	5405
1,819	5390	5375	5360	5345	5330	5315	5300	5285	5270	5256
1,820	5241	5226	5211	5196	5181	5166	5151	5136	5121	5107
1,821	5092	5077	5062	5047	5032	5017	5003	4988	4973	4958
1,822	4943	4928	4913	4899	4884	4869	4854	4839	4824	4810
1,823	4795	4780	4765	4750	4736	4721	4706	4691	4676	4662
1,824	4647	4632	4617	4603	4588	4573	4558	4544	4529	4514
1,825	4499	4485	4470	4455	4440	4426	4411	4396	4382	4367
1,826	4352	4337	4323	4308	4293	4279	4264	4249	4235	4220
1,827	4205	4191	4176	4161	4147	4132	4117	4103	4088	4073
1,828	4059	4044	4029	4015	4000	3985	3971	3956	3942	3927
1,829	3912	3898	3883	3869	3854	3839	3825	3810	3796	3781
1,830	3766	3752	3737	3723	3708	3694	3679	3664	3650	3635
1,831	3621	3606	3592	3577	3563	3548	3534	3519	3505	3490
1,832	3476	3461	3447	3432	3418	3403	3389	3374	3360	3345
1,833	3331	3316	3302	3287	3273	3258	3244	3229	3215	3200
1,834	3186	3172	3157	3143	3128	3114	3099	3085	3071	3056
1,835	3042	3027	3013	2999	2984	2970	2955	2941	2927	2912
1,836	2898	2883	2869	2855	2840	2826	2812	2797	2783	2769
1,837	2754	2740	2726	2711	2697	2683	2668	2654	2640	2625
1,838	2611	2597	2582	2568	2554	2539	2525	2511	2497	2482
1,839	2468	2454	2439	2425	2411	2397	2382	2368	2354	2340
1,840	2325	2311	2297	2283	2268	2254	2240	2226	2211	2197
1,841	2183	2169	2155	2140	2126	2112	2098	2084	2069	2055
1,842	2041	2027	2013	1998	1984	1970	1956	1942	1928	1913
1,843	1899	1885	1871	1857	1843	1829	1814	·800	1786	1772
1,844	1758	1744	1730	1716	1701	1687	1673	16··	·545	1631
1,845	1617	1603	1589	1575	1561	1546	1532	1518	1504	1490
1,846	1476	1462	1448	1434	1420	1406	1392	1378	1364	1350
1,847	1336	1322	1308	1294	1280	1266	1252	1238	1224	1210
1,848	1196	1182	1168	1154	1140	1126	1112	1098	1084	1070
1,849	1056	1042	1028	1014	1000	0986	0972	0958	0944	0930 14
	0	1	2	3	4	5	6	7	8	9

P. P.

16

52	1
94	2
157	3
219	4
282	5
344	6
407	7
469	8
532	9
594	10
657	11
719	12
782	13
844	14
907	15
969	16

15

31	1
100	2
167	3
233	4
300	5
367	6
433	7
500	8
567	9
633	10
700	11
767	12
834	13
900	14
967	15

14

36	1
108	2
179	3
250	4
322	5
393	6
465	7
536	8
608	9
679	10
750	11
822	12
893	13
965	14

P. P.

ADDITION. 1,85—1,90

	0	1	2	3	4	5	6	7	8	9	P. P.
1,850	0,006 0916	0903	0889	0875	0861	0847	0833	0819	0805	0791	
1,851	0777	0763	0750	0736	0722	0708	0694	0680	0666	0652	**14**
1,852	0639	0625	0611	0597	0583	0569	0555	0542	0528	0514	36 *1*
1,853	0500	0486	0472	0459	0445	0431	0417	0403	0389	0376	108 *2*
1,854	0362	0348	0334	0320	0307	0293	0279	0265	0252	0238	179 *3*
1,855	0224	0210	0196	0183	0169	0155	0141	0128	0114	0100	250 *4*
											322 *5*
1,856	0086	0073	0059	0045	0032	0018	0004	·9990	·9977	·9963	595 *6*
1,857	0,005 9949	9935	9922	9908	9894	9881	9867	9853	9840	9826	465 *7*
1,858	9812	9799	9785	9771	9758	9744	9730	9717	9703	9689	556 *8*
1,859	9676	9662	9648	9635	9621	9607	9594	9580	9567	9553	608 *9*
											679 *10*
1,860	9539	9526	9512	9498	9485	9471	9458	9444	9431	9417	750 *11*
1,861	9403	9390	9376	9363	9349	9335	9322	9308	9295	9281	822 *12*
1,862	9268	9254	9241	9227	9213	9200	9186	9173	9159	9146	893 *13*
1,863	9132	9119	9105	9092	9078	9065	9051	9038	9024	9011	965 *14*
1,864	8997	8984	8970	8957	8943	8930	8916	8903	8889	8876	
1,865	8862	8849	8835	8822	8809	8795	8782	8768	8755	8741	
1,866	8728	8714	8701	8688	8674	8661	8647	8634	8621	8607	
1,867	8594	8580	8567	8554	8540	8527	8513	8500	8487	8473	
1,868	8460	8447	8433	8420	8406	8393	8380	8366	8353	8340	**13**
1,869	8326	8313	8300	8286	8273	8260	8246	8233	8220	8206	39 *1*
											110 *2*
1,870	8193	8180	8166	8153	8140	8127	8113	8100	8087	8073	195 *3*
1,871	8060	8047	8034	8020	8007	7994	7981	7967	7954	7941	270 *4*
1,872	7927	7914	7901	7888	7875	7861	7848	7835	7822	7808	547 *5*
1,873	7795	7782	7769	7755	7742	7729	7716	7703	7689	7676	423 *6*
1,874	7663	7650	7637	7624	7610	7597	7584	7571	7558	7545	500 *7*
											577 *8*
1,875	7531	7518	7505	7492	7479	7466	7452	7439	7426	7413	654 *9*
1,876	7400	7387	7374	7361	7347	7334	7321	7308	7295	7282	731 *10*
1,877	7269	7256	7243	7229	7216	7203	7190	7177	7164	7151	808 *11*
1,878	7138	7125	7112	7099	7086	7073	7060	7046	7033	7020	885 *12*
1,879	7007	6994	6981	6968	6955	6942	6929	6916	6903	6890	962 *13*
1,880	6877	6864	6851	6838	6825	6812	6799	6786	6773	6760	
1,881	6747	6734	6721	6708	6695	6682	6669	6656	6643	6630	
1,882	6617	6605	6592	6579	6566	6553	6540	6527	6514	6501	
1,883	6488	6475	6462	6449	6436	6424	6411	6398	6385	6372	**12**
1,884	6359	6346	6333	6320	6307	6295	6282	6269	6256	6243	42 *1*
											125 *2*
1,885	6230	6217	6204	6192	6179	6166	6153	6140	6127	6115	209 *3*
1,886	6102	6089	6076	6063	6050	6038	6025	6012	5999	5986	292 *4*
1,887	5974	5961	5948	5935	5922	5910	5897	5884	5871	5858	375 *5*
1,888	5846	5833	5820	5807	5795	5782	5769	5756	5743	5731	459 *6*
1,889	5718	5705	5692	5680	5667	5654	5642	5629	5616	5603	542 *7*
											625 *8*
1,890	5591	5578	5565	5553	5540	5527	5514	5502	5489	5476	709 *9*
1,891	5464	5451	5438	5426	5413	5400	5388	5375	5362	5350	792 *10*
1,892	5337	5324	5312	5299	5286	5274	5261	5248	5236	5223	875 *11*
1,893	5210	5198	5185	5173	5160	5147	5135	5122	5109	5097	959 *12*
1,894	5084	5072	5059	5046	5034	5021	5009	4996	4983	4971	
1,895	4958	4946	4933	4921	4908	4895	4883	4870	4858	4845	
1,896	4833	4820	4808	4795	4783	4770	4757	4745	4732	4720	
1,897	4707	4695	4682	4670	4657	4645	4632	4620	4607	4595	
1,898	4582	4570	4557	4545	4532	4520	4507	4495	4483	4470	
1,899	4458	4445	4433	4420	4408	4395	4383	4370	4358	4346	13

| | 0 | 1 | 2 | 3 | 4 | 5 | 6 | 7 | 8 | 9 | P. P. |

1,90 — 1,95					ADDITION.					
	0	1	2	3	4	5	6	7	8	9	P. P.

	0	1	2	3	4	5	6	7	8	9	P. P.
1,900	0,005 4333	4321	4308	4296	4283	4271	4259	4246	4234	4221	**13**
1,901	4209	4197	4184	4172	4159	4147	4135	4122	4110	4097	39 1
1,902	4085	4073	4060	4048	4036	4023	4011	3998	3986	3974	116 2
1,903	3961	3949	3937	3924	3912	3900	3887	3875	3863	3850	195 3
1,904	3838	3826	3813	3801	3789	3777	3764	3752	3740	3727	270 4 / 547 5 / 424 6
1,905	3715	3703	3690	3678	3666	3654	3641	3629	3617	3605	500 7
1,906	3592	3580	3568	3555	3543	3531	3519	3506	3494	3482	577 8 / 654 9
1,907	3470	3458	3445	3433	3421	3409	3396	3384	3372	3360	731 10 / 808 11
1,908	3348	3335	3323	3311	3299	3287	3274	3262	3250	3238	885 12
1,909	3226	3213	3201	3189	3177	3165	3153	3140	3128	3116	962 13
1,910	3104	3092	3080	3067	3055	3043	3031	3019	3007	2995	
1,911	2983	2970	2958	2946	2934	2922	2910	2898	2886	2873	
1,912	2861	2849	2837	2825	2813	2801	2789	2777	2765	2753	
1,913	2741	2728	2716	2704	2692	2680	2668	2656	2644	2632	
1,914	2620	2608	2596	2584	2572	2560	2548	2536	2524	2512	
1,915	2500	2488	2476	2464	2452	2440	2428	2416	2404	2392	
1,916	2380	2368	2356	2344	2332	2320	2308	2296	2284	2272	
1,917	2260	2248	2236	2224	2212	2200	2188	2176	2164	2152	**12**
1,918	2140	2129	2117	2105	2093	2081	2069	2057	2045	2033	42 1
1,919	2021	2009	1997	1986	1974	1962	1950	1938	1926	1914	125 2 / 200 3
1,920	1902	1890	1879	1867	1855	1843	1831	1819	1807	1795	292 4 / 375 5
1,921	1784	1772	1760	1748	1736	1724	1713	1701	1689	1677	459 6
1,922	1665	1653	1642	1630	1618	1606	1594	1583	1571	1559	542 7 / 625 8
1,923	1547	1535	1524	1512	1500	1488	1476	1465	1453	1441	709 9 / 792 10
1,924	1429	1417	1406	1394	1382	1370	1359	1347	1335	1323	875 11 / 959 12
1,925	1312	1300	1288	1276	1265	1253	1241	1230	1218	1206	
1,926	1194	1183	1171	1159	1148	1136	1124	1112	1101	1089	
1,927	1077	1066	1054	1042	1031	1019	1007	0996	0984	0972	
1,928	0961	0949	0937	0926	0914	0902	0891	0879	0867	0856	
1,929	0844	0832	0821	0809	0797	0786	0774	0763	0751	0739	
1,930	0728	0716	0705	0693	0681	0670	0658	0647	0635	0623	
1,931	0612	0600	0589	0577	0565	0554	0542	0531	0519	0508	
1,932	0496	0484	0473	0461	0450	0438	0427	0415	0404	0392	
1,933	0381	0369	0357	0346	0334	0323	0311	0300	0288	0277	
1,934	0265	0254	0242	0231	0219	0208	0196	0185	0173	0162	**11**
1,935	0150	0139	0127	0116	0104	0093	0082	0070	0059	0047	56 1
1,936	0036	0024	0013	0001	˙9990	˙9978	˙9967	˙9956	˙9944	˙9933	137 2 / 228 3
1,937	0,004 9921	9910	9898	9887	9876	9864	9853	9841	9830	9819	319 4 / 410 5
1,938	9807	9796	9784	9773	9762	9750	9739	9727	9716	9705	500 6 / 591 7
1,939	9693	9682	9670	9659	9648	9636	9625	9614	9602	9591	682 8 / 773 9
1,940	9580	9568	9557	9546	9534	9523	9512	9500	9489	9478	863 10 / 955 11
1,941	9466	9455	9444	9432	9421	9410	9398	9387	9376	9364	
1,942	9353	9342	9330	9319	9308	9297	9285	9274	9263	9251	
1,943	9240	9229	9218	9206	9195	9184	9173	9161	9150	9139	
1,944	9128	9116	9105	9094	9083	9071	9060	9049	9038	9026	
1,945	9015	9004	8993	8982	8970	8959	8948	8937	8926	8914	
1,946	8903	8892	8881	8870	8858	8847	8836	8825	8814	8802	
1,947	8791	8780	8769	8758	8747	8735	8724	8713	8702	8691	
1,948	8680	8669	8657	8646	8635	8624	8613	8602	8591	8580	
1,949	8568	8557	8546	8535	8524	8513	8502	8491	8479	8468	11

	0	1	2	3	4	5	6	7	8	9	P. P.

	ADDITION.									1,95 – 2,00
	0	1	2	3	4	5	6	7	8	9
1,950	0,004 8457	8446	8435	8424	8413	8402	8391	8380	8369	8358
1,951	8346	8335	8324	8313	8302	8291	8280	8269	8258	8247
1,952	8236	8225	8214	8203	8192	8181	8170	8159	8148	8137
1,953	8126	8115	8104	8093	8082	8070	8059	8048	8037	8026
1,954	8015	8004	7994	7983	7972	7961	7950	7939	7928	7917
1,955	7906	7895	7884	7873	7862	7851	7840	7829	7818	7807
1,956	7796	7785	7774	7763	7752	7741	7730	7720	7709	7698
1,957	7687	7676	7665	7654	7643	7632	7621	7610	7599	7589
1,958	7578	7567	7556	7545	7534	7523	7512	7501	7491	7480
1,959	7469	7458	7447	7436	7425	7415	7404	7393	7382	7371
1,960	7360	7349	7339	7328	7317	7306	7295	7284	7274	7263
1,961	7252	7241	7230	7219	7209	7198	7187	7176	7165	7155
1,962	7144	7133	7122	7111	7101	7090	7079	7068	7058	7047
1,963	7036	7025	7014	7004	6993	6982	6971	6961	6950	6939
1,964	6928	6918	6907	6896	6885	6875	6864	6853	6843	6832
1,965	6821	6810	6800	6789	6778	6767	6757	6746	6735	6725
1,966	6714	6703	6693	6682	6671	6660	6650	6639	6628	6618
1,967	6607	6596	6586	6575	6564	6554	6543	6532	6522	6511
1,968	6500	6490	6479	6469	6458	6447	6437	6426	6415	6405
1,969	6394	6383	6373	6362	6352	6341	6330	6320	6309	6299
1,970	6288	6277	6267	6256	6246	6235	6224	6214	6203	6193
1,971	6182	6171	6161	6150	6140	6129	6119	6108	6098	6087
1,972	6076	6066	6055	6045	6034	6024	6013	6003	5992	5982
1,973	5971	5960	5950	5939	5929	5918	5908	5897	5887	5876
1,974	5866	5855	5845	5834	5824	5813	5803	5792	5782	5771
1,975	5761	5750	5740	5729	5719	5708	5698	5688	5677	5667
1,976	5656	5646	5635	5625	5614	5604	5593	5583	5573	5562
1,977	5552	5541	5531	5520	5510	5500	5489	5479	5468	5458
1,978	5447	5437	5427	5416	5406	5395	5385	5375	5364	5354
1,979	5344	5333	5323	5312	5302	5292	5281	5271	5260	5250
1,980	5240	5229	5219	5209	5198	5188	5178	5167	5157	5147
1,981	5136	5126	5116	5105	5095	5085	5074	5064	5054	5043
1,982	5033	5023	5012	5002	4992	4981	4971	4961	4951	4940
1,983	4930	4920	4909	4899	4889	4879	4868	4858	4848	4837
1,984	4827	4817	4807	4796	4786	4776	4766	4755	4745	4735
1,985	4725	4714	4704	4694	4684	4673	4663	4653	4643	4632
1,986	4622	4612	4602	4592	4581	4571	4561	4551	4541	4530
1,987	4520	4510	4500	4490	4479	4469	4459	4449	4439	4428
1,988	4418	4408	4398	4388	4378	4367	4357	4347	4337	4327
1,989	4317	4306	4296	4286	4276	4266	4256	4246	4235	4225
1,990	4215	4205	4195	4185	4175	4165	4154	4144	4134	4124
1,991	4114	4104	4094	4084	4074	4064	4053	4043	4033	4023
1,992	4013	4003	3993	3983	3973	3963	3953	3943	3932	3922
1,993	3912	3902	3892	3882	3872	3862	3852	3842	3832	3822
1,994	3812	3802	3792	3782	3772	3762	3752	3742	3732	3722
1,995	3712	3702	3692	3682	3672	3662	3652	3642	3632	3622
1,996	3612	3602	3592	3582	3572	3562	3552	3542	3532	3522
1,997	3512	3502	3492	3482	3472	3462	3452	3442	3432	3422
1,998	3412	3402	3392	3382	3372	3363	3353	3343	3333	3323
1,999	3313	3303	3293	3283	3273	3263	3253	3243	3234	3224
	0	1	2	3	4	5	6	7	8	9

P. P.

12
42 / 1
125 / 2
209 / 3
292 / 4
375 / 5
459 / 6
542 / 7
625 / 8
709 / 9
792 / 10
875 / 11
959 / 12

11
56 / 1
157 / 2
228 / 3
319 / 4
440 / 5
500 / 6
591 / 7
682 / 8
775 / 9
867 / 10
955 / 11

10
50 / 1
150 / 2
250 / 3
350 / 4
450 / 5
550 / 6
650 / 7
750 / 8
850 / 9
950 / 10

9
56 / 1
167 / 2
278 / 3
389 / 4
500 / 5
612 / 6
725 / 7
854 / 8
945 / 9

(1,999 … 10)

2,0 – 2,5					ADDITION.				
	0	1	2	3	4	5	6	7	8	9
2,00	0,004 3214	3115	3016	2918	2819	2721	2624	2526	2429	2332
2,01	2235	2138	2042	1945	1849	1754	1658	1563	1468	1373
2,02	1278	1184	1089	0995	0901	0808	0714	0621	0528	0435
2,03	0343	0250	0158	0066	˙9975	˙9883	˙9792	˙9701	˙9610	˙9519
2,04	0,003 9429	9338	9248	9158	9069	8979	8890	8801	8712	8624
2,05	8535	8447	8359	8271	8183	8096	8009	7922	7835	7748
2,06	7662	7575	7489	7404	7318	7232	7147	7062	6977	6893
2,07	6898	6724	6640	6556	6472	6388	6305	6222	6139	6056
2,08	5974	5891	5809	5727	5645	5564	5482	5401	5320	5239
2,09	5158	5078	4997	4917	4837	4757	4678	4598	4519	4440
2,10	4361	4282	4204	4125	4047	3969	3891	3814	3736	3659
2,11	3582	3505	3428	3352	3275	3199	3123	3047	2971	2896
2,12	2820	2745	2670	2595	2521	2446	2372	2297	2223	2150
2,13	2076	2002	1929	1856	1783	1710	1637	1565	1493	1420
2,14	1348	1277	1205	1133	1062	0991	0920	0849	0778	0708
2,15	0637	0567	0497	0427	0357	0288	0218	0149	0080	0011
2,16	0,002 9942	9874	9805	9737	9669	9601	9533	9465	9398	9330
2,17	9263	9196	9129	9062	8996	8929	8863	8797	8731	8665
2,18	8599	8534	8468	8403	8338	8273	8208	8143	8079	8014
2,19	7950	7886	7822	7758	7695	7631	7568	7505	7442	7379
2,20	7316	7253	7191	7129	7066	7004	6942	6881	6819	6758
2,21	6696	6635	6574	6513	6452	6391	6331	6271	6210	6150
2,22	6090	6030	5971	5911	5852	5793	5733	5674	5616	5557
2,23	5498	5440	5381	5323	5265	5207	5149	5092	5034	4977
2,24	4919	4862	4805	4748	4692	4635	4578	4522	4466	4410
2,25	4354	4298	4242	4187	4131	4076	4021	3965	3910	3856
2,26	3801	3746	3692	3638	3583	3529	3475	3421	3368	3314
2,27	3261	3207	3154	3101	3048	2995	2942	2890	2837	2785
2,28	2732	2680	2628	2576	2525	2473	2421	2370	2319	2267
2,29	2216	2165	2115	2064	2013	1963	1912	1862	1812	1762
2,30	1712	1662	1612	1563	1513	1464	1415	1366	1317	1268
2,31	1219	1170	1122	1073	1025	0977	0928	0880	0833	0785
2,32	0737	0689	0642	0595	0547	0500	0453	0406	0359	0313
2,33	0266	0220	0173	0127	0081	0035	˙9989	˙9943	˙9897	˙9851
2,34	0,001 9806	9760	9715	9670	9625	9580	9535	9490	9445	9401
2,35	9356	9312	9267	9223	9179	9135	9091	9047	9004	8960
2,36	8916	8873	8830	8786	8743	8700	8657	8615	8572	8529
2,37	8487	8444	8402	8360	8318	8276	8234	8192	8150	8108
2,38	8067	8025	7984	7943	7901	7860	7819	7778	7738	7697
2,39	7656	7616	7575	7535	7495	7455	7415	7375	7335	7295
2,40	7255	7216	7176	7137	7097	7058	7019	6980	6941	6902
2,41	6863	6825	6786	6747	6709	6671	6632	6594	6556	6518
2,42	6480	6442	6405	6367	6329	6292	6254	6217	6180	6143
2,43	6106	6069	6032	5995	5958	5922	5885	5849	5812	5776
2,44	5740	5704	5668	5632	5596	5560	5524	5489	5453	5417
2,45	5382	5347	5312	5276	5241	5206	5171	5137	5102	5067
2,46	5033	4998	4964	4929	4895	4861	4827	4793	4759	4725
2,47	4691	4657	4624	4590	4556	4523	4490	4456	4423	4390
2,48	4357	4324	4291	4258	4226	4193	4160	4128	4095	4063
2,49	4031	3999	3966	3934	3902	3870	3839	3807	3775	3743
	0	1	2	3	4	5	6	7	8	9

P. P.

	99	96	93	90
1	9,9	9,6	9,3	9,0
2	19,8	19,2	18,6	18,0
3	29,7	28,8	27,9	27,0
4	39,6	38,4	37,2	36,0
5	49,5	48,0	46,5	45,0
6	59,4	57,6	55,8	54,0
7	69,3	67,2	65,1	63,0
8	79,2	76,8	74,4	72,0
9	89,1	86,4	83,7	81,0

	87	84	81	78
1	8,7	8,4	8,1	7,8
2	17,4	16,8	16,2	15,6
3	26,1	25,2	24,3	23,4
4	34,8	33,6	32,4	31,2
5	43,5	42,0	40,5	39,0
6	52,2	50,4	48,6	46,8
7	60,9	58,8	56,7	54,6
8	69,6	67,2	64,8	62,4
9	78,3	75,6	72,9	70,2

	75	72	69	66
1	7,5	7,2	6,9	6,6
2	15,0	14,4	13,8	13,2
3	22,5	21,6	20,7	19,8
4	30,0	28,8	27,6	26,4
5	37,5	36,0	34,5	33,0
6	45,0	43,2	41,4	39,6
7	52,5	50,4	48,3	46,2
8	60,0	57,6	55,2	52,8
9	67,5	64,8	62,1	59,4

	63	60	57	55
1	6,3	6,0	5,7	5,5
2	12,6	12,0	11,4	11,0
3	18,9	18,0	17,1	16,5
4	25,2	24,0	22,8	22,0
5	31,5	30,0	28,5	27,5
6	37,8	36,0	34,2	33,0
7	44,1	42,0	39,9	38,5
8	50,4	48,0	45,6	44,0
9	56,7	54,0	51,3	49,5

	53	51	49	47
1	5,3	5,1	4,9	4,7
2	10,6	10,2	9,8	9,4
3	15,9	15,3	14,7	14,1
4	21,2	20,4	19,6	18,8
5	26,5	25,5	24,5	23,5
6	31,8	30,6	29,4	28,2
7	37,1	35,7	34,3	32,9
8	42,4	40,8	39,2	37,6
9	47,7	45,9	44,1	42,3

	45	43	41	39
1	4,5	4,3	4,1	3,9
2	9,0	8,6	8,2	7,8
3	13,5	12,9	12,3	11,7
4	18,0	17,2	16,4	15,6
5	22,5	21,5	20,5	19,5
6	27,0	25,8	24,6	23,4
7	31,5	30,1	28,7	27,3
8	36,0	34,4	32,8	31,2
9	40,5	38,7	36,9	35,1

	37	35	33	31
1	3,7	3,5	3,3	3,1
2	7,4	7,0	6,6	6,2
3	11,1	10,5	9,9	9,3
4	14,8	14,0	13,2	12,4
5	18,5	17,5	16,5	15,5
6	22,2	21,0	19,8	18,6
7	25,9	24,5	23,1	21,7
8	29,6	28,0	26,4	24,8
9	33,3	31,5	29,7	27,9

31

	0	1	2	3	4	5	6	7	8	9
				ADDITION.						2,5—3,0

	0	1	2	3	4	5	6	7	8	9	P. P.
2,50	0,001 3712	3680	3649	3618	3586	3555	3524	3493	3462	3431	
2,51	3400	3370	3339	3308	3278	3247	3217	3186	3156	3126	32 31 30 29
2,52	3096	3066	3036	3006	2976	2946	2916	2887	2857	2828	
2,53	2798	2769	2739	2710	2681	2652	2623	2594	2565	2536	
2,54	2507	2478	2450	2421	2393	2364	2336	2307	2279	2251	
2,55	2223	2195	2167	2139	2111	2083	2055	2028	2000	1973	
2,56	1945	1918	1890	1863	1836	1808	1781	1754	1727	1700	
2,57	1673	1647	1620	1593	1567	1540	1514	1487	1461	1434	
2,58	¶ 408	1382	1356	1330	1304	1278	1252	1226	1200	1174	28 27 26 25
2,59	1149	1123	1098	1072	1047	1021	0996	0971	0946	0920	
2,60	0895	0870	0845	0820	0796	0771	0746	0721	0697	0672	
2,61	0648	0623	0599	0574	0550	0526	0502	0478	0453	0429	
2,62	0406	0382	0358	0334	0310	0287	0263	0239	0216	0192	
2,63	0169	0146	0122	0099	0076	0053	0030	0007	'9984	'9961	
2,64	0,000 9938	9915	9892	9869	9847	9824	9802	9779	9757	9734	
2,65	9712	9689	9667	9645	9623	9601	9579	9557	9535	9513	
2,66	9491	9469	9447	9426	9404	9382	9361	9339	9318	9296	24 23 22 21
2,67	9275	9254	9233	9211	9190	9169	9148	9127	9106	9085	
2,68	9064	9043	9023	9002	8981	8961	8940	8919	8899	8879	
2,69	8858	8838	8817	8797	8777	8757	8737	8717	8697	8677	
2,70	8657	8637	8617	8597	8577	8558	8538	8518	8499	8479	
2,71	8460	8440	8421	8402	8382	8363	8344	8325	8306	8286	
2,72	8267	8248	8229	8211	8192	8173	8154	8135	8117	8098	
2,73	8079	8061	8042	8024	8005	7987	7969	7950	7932	7914	
2,74	7896	7878	7859	7841	7823	7805	7787	7770	7752	7734	20 19 18 17
2,75	7716	7698	7681	7663	7645	7628	7610	7593	7575	7558	
2,76	7541	7523	7506	7489	7472	7454	7437	7420	7403	7386	
2,77	7369	7352	7335	7318	7302	7285	7268	7251	7235	7218	
2,78	7202	7185	7168	7152	7136	7119	7103	7086	7070	7054	
2,79	7038	7022	7005	6989	6973	6957	6941	6925	6909	6893	
2,80	6878	6862	6846	6830	6815	6799	6783	6768	6752	6737	
2,81	6721	6706	6690	6675	6660	6644	6629	6614	6599	6583	
2,82	6568	6553	6538	6523	6508	6493	6478	6463	6449	6434	16 15 14 13
2,83	6419	6404	6389	6375	6360	6346	6331	6316	6302	6287	
2,84	6273	6259	6244	6230	6215	6201	6187	6173	6159	6144	
2,85	6130	6116	6102	6088	6074	6060	6046	6032	6018	6005	
2,86	5991	5977	5963	5950	5936	5922	5909	5895	5882	5868	
2,87	5855	5841	5828	5814	5801	5788	5774	5761	5748	5735	
2,88	5721	5708	5695	5682	5669	5656	5643	5630	5617	5604	
2,89	5591	5578	5566	5553	5540	5527	5515	5502	5489	5477	
2,90	5464	5451	5439	5426	5414	5401	5389	5377	5364	5352	12 11 10
2,91	5340	5327	5315	5303	5291	5279	5266	5254	5242	5230	
2,92	5218	5206	5194	5182	5170	5159	5147	5135	5123	5111	
2,93	5100	5088	5076	5064	5053	5041	5030	5018	5006	4995	
2,94	4984	4972	4961	4949	4938	4926	4915	4904	4893	4881	
2,95	4870	4859	4848	4837	4826	4814	4803	4792	4781	4770	
2,96	4759	4748	4737	4727	4716	4705	4694	4683	4673	4662	
2,97	4651	4640	4630	4619	4608	4598	4587	4577	4566	4556	
2,98	4545	4535	4524	4514	4504	4493	4483	4473	4462	4452	
2,99	4442	4432	4421	4411	4401	4391	4381	4371	4361	4351	10

	0	1	2	3	4	5	6	7	8	9	P. P.

P. P.

32 31 30 29
1 | 3,2 | 3,1 | 5,0 | 2,9
2 | 6,4 | 6,2 | 6,0 | 5,8
3 | 9,6 | 9,3 | 9,0 | 8,7
4 | 12,8 | 12,4 | 12,0 | 11,6
5 | 16,0 | 15,5 | 15,0 | 14,5
6 | 19,2 | 18,6 | 18,0 | 17,4
7 | 22,4 | 21,7 | 21,0 | 20,3
8 | 25,6 | 24,8 | 24,0 | 23,2
9 | 28,8 | 27,9 | 27,0 | 26,1

28 27 26 25
1 | 2,8 | 2,7 | 2,6 | 2,5
2 | 5,6 | 5,4 | 5,2 | 5,0
3 | 8,4 | 8,1 | 7,8 | 7,5
4 | 11,2 | 10,8 | 10,4 | 10,0
5 | 14,0 | 13,5 | 13,0 | 12,5
6 | 16,8 | 16,2 | 15,6 | 15,0
7 | 19,6 | 18,9 | 18,2 | 17,5
8 | 22,4 | 21,6 | 20,8 | 20,0
9 | 25,2 | 24,3 | 23,4 | 22,5

24 23 22 21
1 | 2,4 | 2,5 | 2,2 | 2,1
2 | 4,8 | 4,6 | 4,4 | 4,2
3 | 7,2 | 6,9 | 6,6 | 6,3
4 | 9,6 | 9,2 | 8,8 | 8,4
5 | 12,0 | 11,5 | 11,0 | 10,5
6 | 14,4 | 13,8 | 13,2 | 12,6
7 | 16,8 | 16,1 | 15,4 | 14,7
8 | 19,2 | 18,4 | 17,6 | 16,8
9 | 21,6 | 20,7 | 19,8 | 18,9

20 19 18 17
1 | 2,0 | 1,9 | 1,8 | 1,7
2 | 4,0 | 3,8 | 3,6 | 3,4
3 | 6,0 | 5,7 | 5,4 | 5,1
4 | 8,0 | 7,6 | 7,2 | 6,8
5 | 10,0 | 9,5 | 9,0 | 8,5
6 | 12,0 | 11,4 | 10,8 | 10,2
7 | 14,0 | 13,3 | 12,6 | 11,9
8 | 16,0 | 15,2 | 14,4 | 13,6
9 | 18,0 | 17,1 | 16,2 | 15,3

16 15 14 13
1 | 1,6 | 1,5 | 1,4 | 1,3
2 | 3,2 | 3,0 | 2,8 | 2,6
3 | 4,8 | 4,5 | 4,2 | 3,9
4 | 6,4 | 6,0 | 5,6 | 5,2
5 | 8,0 | 7,5 | 7,0 | 6,5
6 | 9,6 | 9,0 | 8,4 | 7,8
7 | 11,2 | 10,5 | 9,8 | 9,1
8 | 12,8 | 12,0 | 11,2 | 10,4
9 | 14,4 | 13,5 | 12,6 | 11,7

12 11 10
1 | 1,2 | 1,1 | 1,0
2 | 2,4 | 2,2 | 2,0
3 | 3,6 | 3,3 | 3,0
4 | 4,8 | 4,4 | 4,0
5 | 6,0 | 5,5 | 5,0
6 | 7,2 | 6,6 | 6,0
7 | 8,4 | 7,7 | 7,0
8 | 9,6 | 8,8 | 8,0
9 | 10,8 | 9,9 | 9,0

3,0—3,5	0	1	2	3	4	5	6	7	8	9	P. P.
					ADDITION.						
3,00	0,000 4341	4331	4321	4311	4301	4291	4281	4271	4262	4252	**10**
3,01	4242	4232	4223	4213	4203	4193	4184	4174	4165	4155	500 1
3,02	4146	4136	4126	4117	4108	4098	4089	4079	4070	4061	1500 2
3,03	4051	4042	4033	4023	4014	4005	3996	3986	3977	3968	2500 3
3,04	3959	3950	3941	3932	3923	3914	3905	3896	3887	3878	3500 4 / 4500 5
3,05	3869	3860	3851	3842	3833	3825	3816	3807	3798	3790	5500 6 / 6500 7
3,06	3781	3772	3764	3755	3746	3738	3729	3720	3712	3703	7500 8 / 8500 9
3,07	3695	3686	3678	3669	3661	3653	3644	3636	3627	3619	9500 10
3,08	3611	3603	3594	3586	3578	3569	3561	3553	3545	3537	**9**
3,09	3529	3521	3512	3504	3496	3488	3480	3472	3464	3456	556 1
3,10	3448	3440	3433	3425	3417	3409	3401	3393	3385	3378	1667 2
3,11	3370	3362	3354	3347	3339	3331	3324	3316	3308	3301	2778 3
3,12	3293	3286	3278	3271	3263	3256	3248	3241	3233	3226	3889 4
3,13	3218	3211	3203	3196	3189	3181	3174	3167	3160	3152	5000 5 / 6112 6
3,14	3145	3138	3131	3123	3116	3109	3102	3095	3088	3081	7223 7 / 8334 8 / 9445 9
3,15	3073	3066	3059	3052	3045	3038	3031	3024	3017	3010	**8**
3,16	3004	2997	2990	2983	2976	2969	2962	2956	2949	2942	625 1
3,17	2935	2928	2922	2915	2908	2902	2895	2888	2882	2875	1875 2
3,18	2868	2862	2855	2849	2842	2836	2829	2823	2816	2810	3125 3
3,19	2803	2797	2790	2784	2777	2771	2765	2758	2752	2746	4375 4 / 5625 5
3,20	2739	2733	2727	2720	2714	2708	2702	2696	2689	2683	6875 6 / 8125 7 / 9375 8
3,21	2677	2671	2665	2659	2652	2646	2640	2634	2628	2622	
3,22	2616	2610	2604	2598	2592	2586	2580	2574	2568	2562	**7**
3,23	2557	2551	2545	2539	2533	2527	2521	2516	2510	2504	715 1
3,24	2498	2493	2487	2481	2475	2470	2464	2458	2453	2447	2145 2 / 3572 3
3,25	2442	2436	2430	2425	2419	2414	2408	2403	2397	2391	5000 4 / 6429 5
3,26	2386	2380	2375	2370	2364	2359	2353	2348	2342	2337	7858 6 / 9286 7
3,27	2332	2326	2321	2316	2310	2305	2300	2294	2289	2284	
3,28	2279	2273	2268	2263	2258	2253	2247	2242	2237	2232	**6**
3,29	2227	2222	2217	2211	2206	2201	2196	2191	2186	2181	833 1
3,30	2176	2171	2166	2161	2156	2151	2146	2141	2136	2131	2500 2
3,31	2127	2122	2117	2112	2107	2102	2097	2093	2088	2083	4167 3
3,32	2078	2073	2069	2064	2059	2054	2050	2045	2040	2036	5834 4
3,33	2031	2026	2022	2017	2012	2008	2003	1998	1994	1989	7500 5 / 9167 6
3,34	1985	1980	1976	1971	1966	1962	1957	1953	1948	1944	
3,35	1939	1935	1931	1926	1922	1917	1913	1908	1904	1900	**5**
3,36	1895	1891	1887	1882	1878	1874	1869	1865	1861	1856	1000 1
3,37	1852	1848	1844	1839	1835	1831	1827	1823	1818	1814	3000 2
3,38	1810	1806	1802	1798	1793	1789	1785	1781	1777	1773	5000 3
3,39	1769	1765	1761	1757	1753	1749	1745	1741	1737	1733	7000 4 / 9000 5
3,40	1729	1725	1721	1717	1713	1709	1705	1701	1697	1693	
3,41	1689	1685	1682	1678	1674	1670	1666	1662	1658	1655	**4**
3,42	1651	1647	1643	1639	1636	1632	1628	1624	1621	1617	1250 1
3,43	1613	1610	1606	1602	1598	1595	1591	1587	1584	1580	3750 2
3,44	1577	1573	1569	1566	1562	1558	1555	1551	1548	1544	6250 3 / 8750 4
3,45	1541	1537	1534	1530	1527	1523	1520	1516	1513	1509	
3,46	1506	1502	1499	1495	1492	1488	1485	1482	1478	1475	**3**
3,47	1471	1468	1465	1461	1458	1454	1451	1448	1444	1441	1667 1
3,48	1438	1435	1431	1428	1425	1421	1418	1415	1412	1408	5000 2
3,49	1405	1402	1399	1395	1392	1389	1386	1383	1379	1376 3	8334 3
	0	1	2	3	4	5	6	7	8	9	P. P.

ADDITION.   3,5 ··· 4,0

	0	1	2	3	4	5	6	7	8	9	P. P.
3,50	0,000 1373	1370	1367	1364	1361	1357	1354	1351	1348	1345	4
3,51	1342	1339	1336	1333	1330	1327	1323	1320	1317	1314	1250 1
3,52	1311	1308	1305	1302	1299	1296	1293	1290	1287	1284	3750 3
3,53	1282	1279	1276	1273	1270	1267	1264	1261	1258	1255	6250 5
3,54	1252	1249	1247	1244	1241	1238	1235	1232	1229	1227	8750 7
3,55	1224	1221	1218	1215	1213	1210	1207	1204	1202	1199	
3,56	1196	1193	1190	1188	1185	1182	1180	1177	1174	1171	
3,57	1169	1166	1163	1161	1158	1155	1153	1150	1147	1145	
3,58	1142	1140	1137	1134	1132	1129	1126	1124	1121	1119	
3,59	1116	1114	1111	1108	1106	1103	1101	1098	1096	1093	
3,60	1091	1088	1086	1083	1081	1078	1076	1073	1071	1068	
3,61	1066	1063	1061	1059	1056	1054	1051	1049	1046	1044	
3,62	1042	1039	1037	1035	1032	1030	1027	1025	1023	1020	
3,63	1018	1016	1013	1011	1009	1006	1004	1002	0999	0997	3
3,64	0995	0993	0990	0988	0986	0983	0981	0979	0977	0974	1667 1
3,65	0972	0970	0968	0965	0963	0961	0959	0957	0954	0952	5000 3
3,66	0950	0948	0946	0943	0941	0939	0937	0935	0933	0931	8333 5
3,67	0928	0926	0924	0922	0920	0918	0916	0914	0911	0909	
3,68	0907	0905	0903	0901	0899	0897	0895	0893	0891	0889	
3,69	0887	0885	0883	0881	0878	0876	0874	0872	0870	0868	
3,70	0866	0864	0862	0860	0859	0857	0855	0853	0851	0849	
3,71	0847	0845	0843	0841	0839	0837	0835	0833	0831	0829	
3,72	0827	0826	0824	0822	0820	0818	0816	0814	0812	0810	
3,73	0809	0807	0805	0803	0801	0799	0798	0796	0794	0792	
3,74	0790	0788	0787	0785	0783	0781	0779	0778	0776	0774	
3,75	0772	0770	0769	0767	0765	0763	0762	0760	0758	0756	2
3,76	0755	0753	0751	0749	0748	0746	0744	0743	0741	0739	2500 1
3,77	0737	0736	0734	0732	0731	0729	0727	0726	0724	0722	7500 2
3,78	0721	0719	0717	0716	0714	0712	0711	0709	0708	0706	
3,79	0704	0703	0701	0699	0698	0696	0695	0693	0691	0690	
3,80	0688	0687	0685	0684	0682	0680	0679	0677	0676	0674	
3,81	0673	0671	0669	0668	0666	0665	0663	0662	0660	0659	
3,82	0657	0656	0654	0653	0651	0650	0648	0647	0645	0644	
3,83	0642	0641	0639	0638	0636	0635	0634	0632	0631	0629	
3,84	0628	0626	0625	0623	0622	0621	0619	0618	0616	0615	
3,85	0613	0612	0611	0609	0608	0606	0605	0604	0602	0601	
3,86	0599	0598	0597	0595	0594	0593	0591	0590	0589	0587	1
3,87	0586	0584	0583	0582	0580	0579	0578	0576	0575	0574	5000 1
3,88	0572	0571	0570	0569	0567	0566	0565	0563	0562	0561	
3,89	0559	0558	0557	0556	0554	0553	0552	0550	0549	0548	
3,90	0547	0545	0544	0543	0542	0540	0539	0538	0537	0535	
3,91	0534	0533	0532	0531	0529	0528	0527	0526	0525	0523	
3,92	0522	0521	0520	0519	0517	0516	0515	0514	0513	0511	
3,93	0510	0509	0508	0507	0506	0504	0503	0502	0501	0500	
3,94	0499	0497	0496	0495	0494	0493	0492	0491	0490	0488	
3,95	0487	0486	0485	0484	0483	0482	0481	0479	0478	0477	
3,96	0476	0475	0474	0473	0472	0471	0470	0469	0467	0466	
3,97	0465	0464	0463	0462	0464	0460	0459	0458	0457	0456	
3,98	0455	0454	0453	0452	0451	0450	0448	0447	0446	0445	
3,99	0441	0443	0442	0441	0440	0439	0438	0437	0436	0435	1
	0	1	2	3	4	5	6	7	8	9	P. P.

4, — 7,   ADDITION.

	0	1	2	3	4	5	6	7	8	9	P. P.
4,0	0,000 0434	0424	0415	0405	0396	0387	037S	0370	0361	0353	
4,1	0345	0337	0329	0322	0315	0307	0300	0294	0287	02S0	
4,2	0274	026S	0262	0256	0250	0244	0239	0233	022S	0223	
4,3	021S	0213	020S	0203	0199	0194	0190	01S5	01S1	0177	
4,4	0173	0169	0165	0161	015S	0154	0151	0147	0144	0141	
4,5	0137	0134	0131	012S	0125	0122	0120	0117	0114	0112	
4,6	0109	0107	0104	0102	0099	0097	0095	0093	0091	00S9	
4,7	00S7	00S5	00S3	00S1	0079	0077	0075	0074	0072	0070	
4,S	0069	0067	006G	0064	0063	0061	0060	0059	0057	0056	
4,9	0055	0053	0052	0051	0050	0049	004S	0047	0045	0044	
5,0	0043	0042	0041	0041	0040	0039	003S	0037	0036	0035	
5,1	0034	0034	0033	0032	0031	0031	0030	0029	0029	002S	
5,2	0027	0027	0026	0026	0025	0024	0024	0023	0023	0022	
5,3	0022	0021	0021	0020	0020	0019	0019	0019	001S	001S	
5,4	0017	0017	0017	0016	0016	0015	0015	0015	0014	0014	
5,5	0014	0013	0013	0013	0013	0012	0012	0012	0011	0011	
5,6	0011	0011	0010	0010	0010	0010	0010	0009	0009	0009	
5,7	0009	000S	000S	000S	000S	000S	000S	0007	0007	0007	
5,S	0007	0007	0007	0006	0006	0006	0006	0006	0006	0006	
5,9	0005	0005	0005	0005	0005	0005	0005	0005	0005	0004	
6,	0001	0003	0003	0002	0002	0001	0001	0001	0001	0001	

	0	1	2	3	4	5	6	7	8	9	P. P.

P. P.

10		9		8	
5000	1	5556	1	6250	1
15000	3	16667	2	18750	2
25000	5	27778	3	31250	3
35000	7	38889	4	43750	4
45000	9	50000	5	56250	5
55000		61112	6	68750	6
65000	7	72223	7	81250	7
75000	8	83335	8	93750	8
85000	9	94445	9		
95000	10				

7		6		5	
7143	1	8334	1	10000	1
21429	3	25000	3	30000	2
35715	5	41667	5	50000	3
50000	7	58334	7	70000	4
64286	9	75000	9	90000	5
78572		91667	6		
92858	7				

4		3		2	
12500	1	16667	1	25000	1
37500	3	50000	2	75000	2
62500	5	83335	3		
87500	7				

1	
50000	1

4 Decim.				SUBTRACTION.						0,00000	
	0	1	2	3	4	5	6	7	8	9	Diff.
0,000 000	∞	6,6378	6,3368	6,1607	6,0357	5,9388	5,8596	5,7927	5,7347	5,6835	457
0,000 001	5,6378	5964	5586	5238	4917	4617	4337	4073	3825	3590	222
0,000 002	3368	3156	2954	2761	2576	2398	2228	2064	1906	1754	147
0,000 003	1607	1464	1326	1193	1063	0937	0815	0696	0580	0467	110
0,000 004	0357	0250	0145	0043	·9943	·9846	·9750	·9657	·9565	·9476	88
0,000 005	4,9388	9302	9218	9135	9054	8974	8896	8819	8744	8669	73
0,000 006	8596	8525	8454	8384	8316	8249	8182	8117	8053	7989	62
0,000 007	7927	7865	7805	7745	7686	7627	7570	7513	7457	7402	55
0,000 008	7347	7293	7240	7187	7135	7084	7033	6983	6933	6884	49
0,000 009	6835	6787	6740	6693	6647	6601	6555	6510	6466	6422	44
0,000 010	6378	6335	6292	6250	6208	6166	6125	6084	6044	6004	40
0,000 011	5964	5925	5886	5847	5809	5771	5733	5696	5659	5622	36
0,000 012	5586	5550	5514	5479	5444	5409	5374	5340	5306	5272	34
0,000 013	5238	5205	5172	5139	5107	5075	5043	5011	4979	4948	31
0,000 014	4917	4886	4855	4825	4794	4764	4734	4705	4675	4646	29
0,000 015	4617	4588	4559	4531	4503	4475	4447	4419	4391	4364	27
0,000 016	4337	4310	4283	4256	4229	4203	4177	4151	4125	4099	26
0,000 017	4073	4048	4023	3997	3972	3948	3923	3898	3874	3849	24
0,000 018	3825	3801	3777	3753	3730	3706	3683	3660	3636	3613	23
0,000 019	3590	3568	3545	3522	3500	3478	3455	3433	3411	3389	21
0,000 020	3368	3346	3324	3303	3282	3260	3239	3218	3197	3176	20
0,000 021	3156	3135	3115	3094	3074	3054	3033	3013	2993	2974	20
0,000 022	2954	2934	2914	2895	2875	2856	2837	2818	2799	2780	19
0,000 023	2761	2742	2723	2704	2686	2667	2649	2630	2612	2594	18
0,000 024	2576	2558	2540	2522	2504	2486	2469	2451	2433	2416	17
0,000 025	2399	2381	2364	2347	2330	2313	2296	2279	2262	2245	17
0,000 026	2228	2212	2195	2178	2162	2146	2129	2113	2097	2080	16
0,000 027	2064	2048	2032	2016	2000	1985	1969	1953	1938	1922	16
0,000 028	1906	1891	1875	1860	1845	1830	1814	1799	1784	1769	15
0,000 029	1754	1739	1724	1709	1695	1680	1665	1650	1636	1621	14
0,000 030	1607	1592	1578	1564	1549	1535	1521	1507	1492	1478	14
0,000 031	1464	1450	1436	1423	1409	1395	1381	1367	1354	1340	13
0,000 032	1327	1313	1299	1286	1273	1259	1246	1233	1219	1206	13
0,000 033	1193	1180	1167	1154	1141	1128	1115	1102	1089	1076	13
0,000 034	1063	1050	1038	1025	1012	1000	0987	0975	0962	0950	13
0,000 035	0937	0925	0913	0900	0888	0876	0864	0851	0839	0827	12
0,000 036	0815	0803	0791	0779	0767	0755	0743	0731	0720	0708	12
0,000 037	0696	0684	0673	0661	0649	0638	0626	0615	0603	0592	12
0,000 038	0580	0569	0557	0546	0535	0523	0512	0501	0490	0479	12
0,000 039	0467	0456	0445	0434	0423	0412	0401	0390	0379	0368	11
0,000 040	0357	0347	0336	0325	0314	0303	0293	0282	0271	0261	11
0,000 041	0250	0240	0229	0219	0208	0198	0187	0177	0166	0156	10
0,000 042	0146	0135	0125	0115	0104	0094	0084	0074	0064	0053	10
0,000 043	0043	0033	0023	0013	0003	·9993	·9983	·9973	·9963	·9953	9
0,000 044	3,9944	9934	9924	9914	9904	9894	9885	9875	9865	9856	10
0,000 045	9846	9836	9827	9817	9808	9798	9788	9779	9769	9760	10
0,000 046	9750	9741	9732	9722	9713	9704	9694	9685	9676	9666	9
0,000 047	9657	9648	9639	9629	9620	9611	9602	9593	9584	9575	9
0,000 048	9566	9557	9548	9539	9530	9521	9512	9503	9494	9485	9
0,000 049	9476	9467	9458	9450	9441	9432	9423	9415	9406	9397	9
	0	1	2	3	4	5	6	7	8	9	Diff.

0,00005	3,93					SUBTRACTION.					5 Decim.
		0	1	2	3	4	5	6	7	8	9	Diff.

		0	1	2	3	4	5	6	7	8	9	Diff.
0,000 050	3,9	3884	3797	3711	3624	3538	3452	3366	3280	3195	3109	85
0,000 051		3024	2939	2854	2769	2685	2600	2516	2432	2348	2264	83
0,000 052		2181	2097	2014	1931	1848	1765	1682	1600	1518	1436	83
0,000 053		1353	1272	1190	1108	1027	0946	0865	0784	0703	0622	80
0,000 054		0542	0461	0381	0301	0221	0142	0062	·9982	·9903	·9824	79
0,000 055	3,8	9745	9666	9587	9509	9430	9352	9274	9196	9118	9040	78
0,000 056		8962	8885	8808	8730	8653	8576	8500	8423	8346	8270	76
0,000 057		8194	8118	8042	7966	7890	7815	7739	7664	7589	7513	74
0,000 058		7439	7364	7289	7214	7140	7066	6992	6918	6844	6770	74
0,000 059		6696	6623	6549	6476	6403	6330	6257	6184	6111	6039	73
0,000 060		5966	5894	5822	5750	5678	5606	5534	5463	5391	5320	72
0,000 061		5248	5177	5106	5035	4965	4894	4823	4753	4683	4612	70
0,000 062		4542	4472	4403	4333	4263	4194	4124	4055	3986	3917	69
0,000 063		3848	3779	3710	3641	3573	3504	3436	3368	3300	3232	68
0,000 064		3164	3096	3028	2961	2893	2826	2758	2691	2624	2557	67
0,000 065		2490	2424	2357	2290	2224	2158	2091	2025	1959	1893	66
0,000 066		1827	1762	1696	1630	1565	1500	1434	1369	1304	1239	65
0,000 067		1174	1110	1045	0980	0916	0851	0787	0723	0659	0595	64
0,000 068		0531	0467	0403	0340	0276	0213	0149	0086	0023	·9960	63
0,000 069	3,7	9897	9834	9771	9709	9646	9583	9521	9459	9396	9334	62
0,000 070		9272	9210	9148	9086	9025	8963	8901	8840	8779	8717	61
0,000 071		8656	8595	8534	8473	8412	8351	8291	8230	8170	8109	60
0,000 072		8049	7989	7928	7868	7808	7748	7688	7629	7569	7509	59
0,000 073		7450	7390	7331	7272	7212	7153	7094	7035	6976	6918	59
0,000 074		6859	6800	6742	6683	6625	6567	6508	6450	6392	6334	58
0,000 075		6276	6218	6160	6103	6045	5988	5930	5873	5815	5758	57
0,000 076		5701	5644	5587	5530	5473	5416	5359	5303	5246	5190	57
0,000 077		5133	5077	5021	4964	4908	4852	4796	4740	4684	4629	56
0,000 078		4573	4517	4462	4406	4351	4295	4240	4185	4130	4075	55
0,000 079		4020	3965	3910	3855	3800	3746	3691	3637	3582	3528	55
0,000 080		3473	3419	3365	3311	3257	3203	3149	3095	3041	2988	54
0,000 081		2934	2880	2827	2773	2720	2667	2613	2560	2507	2454	53
0,000 082		2401	2348	2295	2243	2190	2137	2085	2032	1980	1927	52
0,000 083		1875	1822	1770	1718	1666	1614	1562	1510	1458	1406	51
0,000 084		1355	1303	1251	1200	1148	1097	1046	0994	0943	0892	51
0,000 085		0841	0790	0739	0688	0637	0586	0535	0485	0434	0383	50
0,000 086		0333	0282	0232	0182	0131	0081	0031	·9981	·9931	·9881	50
0,000 087	3,6	9831	9781	9731	9681	9632	9582	9532	9483	9433	9384	49
0,000 088		9335	9285	9236	9187	9138	9090	9039	8991	8942	8893	49
0,000 089		8844	8795	8746	8698	8649	8601	8552	8504	8455	8407	48
0,000 090		8359	8310	8262	8214	8166	8118	8070	8022	7974	7927	48
0,000 091		7879	7831	7784	7736	7688	7641	7593	7546	7499	7451	47
0,000 092		7404	7357	7310	7263	7216	7169	7122	7075	7028	6982	47
0,000 093		6935	6888	6841	6795	6748	6702	6656	6609	6563	6517	47
0,000 094		6470	6424	6378	6332	6286	6240	6194	6148	6102	6057	46
0,000 095		6011	5965	5919	5874	5828	5783	5737	5692	5647	5601	45
0,000 096		5556	5511	5466	5421	5376	5331	5286	5241	5196	5151	45
0,000 097		5106	5061	5017	4972	4927	4883	4838	4794	4749	4705	44
0,000 098		4661	4616	4572	4528	4484	4440	4396	4352	4308	4264	44
0,000 099		4220	4176	4132	4088	4045	4001	3957	3914	3870	3827	44
		0	1	2	3	4	5	6	7	8	9	Diff.

5 Decim.		SUBTRACTION.								3,63	0,00010
	0	1	2	3	4	5	6	7	8	9	Diff.
0,000 100	3,6 3783	3740	3697	3653	3610	3567	3524	3481	3437	3394	43
0,000 101	3351	3308	3265	3223	3180	3137	3094	3051	3009	2966	42
0,000 102	2924	2881	2838	2796	2754	2711	2669	2627	2584	2542	42
0,000 103	2500	2458	2416	2374	2332	2290	2248	2206	2164	2122	42
0,000 104	2080	2039	1997	1955	1914	1872	1830	1789	1748	1706	41
0,000 105	1665	1623	1582	1541	1500	1458	1417	1376	1335	1294	41
0,000 106	1253	1212	1171	1130	1090	1049	1008	0967	0927	0886	41
0,000 107	0845	0805	0764	0724	0683	0643	0603	0562	0522	0482	41
0,000 108	0441	0401	0361	0321	0281	0241	0201	0161	0121	0081	40
0,000 109	0041	0001	'9962	'9922	'9882	'9842	'9803	'9763	'9724	'9684	39
0,000 110	3,5 9645	9605	9566	9526	9487	9448	9408	9369	9330	9291	39
0,000 111	9252	9213	9174	9134	9095	9057	9018	8979	8940	8901	39
0,000 112	8862	8823	8785	8746	8707	8669	8630	8592	8553	8515	39
0,000 113	8476	8438	8399	8361	8323	8285	8246	8208	8170	8132	38
0,000 114	8094	8056	8018	7980	7942	7904	7866	7828	7790	7752	38
0,000 115	7714	7677	7639	7601	7564	7526	7488	7451	7413	7376	38
0,000 116	7338	7301	7264	7226	7189	7152	7114	7077	7040	7003	37
0,000 117	6966	6929	6892	6854	6817	6781	6744	6707	6670	6633	37
0,000 118	6596	6559	6523	6486	6449	6413	6376	6339	6303	6266	36
0,000 119	6230	6193	6157	6120	6084	6048	6011	5975	5939	5903	37
0,000 120	5866	5830	5794	5758	5722	5686	5650	5614	5578	5542	36
0,000 121	5506	5470	5434	5398	5363	5327	5291	5255	5220	5184	35
0,000 122	5149	5113	5077	5042	5006	4971	4936	4900	4865	4829	35
0,000 123	4794	4759	4724	4688	4653	4618	4583	4548	4513	4477	35
0,000 124	4442	4407	4372	4338	4303	4268	4233	4198	4163	4128	34
0,000 125	4094	4059	4024	3990	3955	3920	3886	3851	3817	3782	34
0,000 126	3748	3713	3679	3644	3610	3576	3541	3507	3473	3439	35
0,000 127	3404	3370	3336	3302	3268	3234	3200	3166	3132	3098	34
0,000 128	3064	3030	2996	2962	2928	2895	2861	2827	2793	2760	34
0,000 129	2726	2692	2659	2625	2591	2558	2524	2491	2457	2424	33
0,000 130	2391	2357	2324	2291	2257	2224	2191	2157	2124	2091	33
0,000 131	2058	2025	1992	1959	1925	1892	1859	1826	1793	1761	33
0,000 132	1728	1695	1662	1629	1596	1563	1531	1498	1465	1433	33
0,000 133	1400	1367	1335	1302	1270	1237	1204	1172	1140	1107	32
0,000 134	1075	1042	1010	0978	0945	0913	0881	0848	0816	0784	32
0,000 135	0752	0720	0688	0655	0623	0591	0559	0527	0495	0463	32
0,000 136	0431	0399	0368	0336	0304	0272	0240	0208	0177	0145	32
0,000 137	0113	0082	0050	0018	'9987	'9955	'9923	'9892	'9860	'9829	32
0,000 138	3,4 9797	9766	9735	9703	9672	9640	9609	9578	9546	9515	31
0,000 139	9484	9453	9421	9390	9359	9328	9297	9266	9235	9204	31
0,000 140	9173	9142	9111	9080	9049	9018	8987	8956	8925	8894	30
0,000 141	8864	8833	8802	8771	8741	8710	8679	8649	8618	8587	30
0,000 142	8557	8526	8496	8465	8435	8404	8374	8343	8313	8282	30
0,000 143	8252	8222	8191	8161	8131	8100	8070	8040	8010	7980	31
0,000 144	7949	7919	7889	7859	7829	7799	7769	7739	7709	7679	30
0,000 145	7649	7619	7589	7559	7529	7499	7470	7440	7410	7380	30
0,000 146	7350	7321	7291	7261	7232	7202	7172	7143	7113	7084	30
0,000 147	7054	7025	6995	6966	6936	6907	6877	6848	6818	6789	29
0,000 148	6760	6730	6701	6672	6642	6613	6584	6555	6526	6496	29
0,000 149	6467	6438	6409	6380	6351	6322	6293	6264	6235	6206	29
	0	1	2	3	4	5	6	7	8	9	Diff.

0,00015   3,46   SUBTRACTION.   5 Decim.

		0	1	2	3	4	5	6	7	8	9	Diff.
0,000 150	3,4	6177	6148	6119	6090	6061	6032	6003	5975	5946	5917	29
0,000 151		5888	5860	5831	5802	5773	5745	5716	5687	5659	5630	28
0,000 152		.5602	5573	5545	5516	5488	5459	5431	5402	5374	5345	28
0,000 153		5317	5289	5260	5232	5204	5175	5147	5119	5090	5062	28
0,000 154		5034	5006	4978	4950	4921	4893	4865	4837	4809	4781	28
0,000 155		4753	4725	4697	4669	4641	4613	4585	4557	4529	4502	28
0,000 156		4474	4446	4418	4390	4363	4335	4307	4279	4252	4224	28
0,000 157		4196	4169	4141	4113	4085	4058	4031	4003	3976	3948	27
0,000 158		3921	3893	3866	3838	3811	3783	3756	3729	3701	3674	27
0,000 159		3647	3619	3592	3565	3538	3510	3483	3456	3429	3402	28
0,000 160		3374	3347	3320	3293	3266	3239	3212	3185	3158	3131	27
0,000 161		3104	3077	3050	3023	2996	2969	2942	2916	2889	2862	27
0,000 162		2835	2808	2781	2755	2728	2701	2675	2648	2621	2594	26
0,000 163		2568	2541	2515	2488	2461	2435	2408	2382	2355	2329	27
0,000 164		2302	2276	2249	2223	2196	2170	2144	2117	2091	2065	27
0,000 165		2038	2012	1986	1959	1933	1907	1881	1854	1828	1802	26
0,000 166		1776	1750	1724	1698	1671	1645	1619	1593	1567	1541	26
0,000 167		1515	1489	1463	1437	1411	1385	1359	1334	1308	1282	26
0,000 168		1256	1230	1204	1178	1153	1127	1101	1075	1050	1024	26
0,000 169		0998	0973	0947	0921	0896	0870	0844	0819	0793	0768	26
0,000 170		0742	0717	0691	0665	0640	0615	0589	0564	0538	0513	26
0,000 171		0487	0462	0437	0411	0386	0361	0335	0310	0285	0259	25
0,000 172		0234	0209	0184	0159	0133	0108	0083	0058	0033	0008	26
0,000 173	3,3	9982	9957	9932	9907	9882	9857	9832	9807	9782	9757	25
0,000 174		9732	9707	9682	9657	9633	9608	9583	9558	9533	9508	25
0,000 175		9483	9459	9434	9409	9384	9359	9335	9310	9285	9261	25
0,000 176		9236	9211	9187	9162	9137	9113	9088	9064	9039	9014	24
0,000 177		8990	8965	8941	8916	8892	8867	8843	8819	8794	8770	25
0,000 178		8745	8721	8697	8672	8648	8624	8599	8575	8551	8526	24
0,000 179		8502	8478	8454	8429	8405	8381	8357	8333	8308	8284	24
0,000 180		8260	8236	8212	8188	8164	8140	8116	8092	8068	8044	24
0,000 181		8020	7996	7972	7948	7924	7900	7876	7852	7828	7804	24
0,000 182		7780	7757	7733	7709	7685	7661	7637	7614	7590	7566	24
0,000 183		7542	7519	7495	7471	7448	7424	7400	7377	7353	7329	23
0,000 184		7306	7282	7259	7235	7212	7188	7164	7141	7117	7094	23
0,000 185		7071	7047	7024	7000	6977	6953	6930	6907	6883	6860	24
0,000 186		6836	6813	6790	6766	6743	6720	6697	6673	6650	6627	23
0,000 187		6604	6580	6557	6534	6511	6488	6465	6441	6418	6395	23
0,000 188		6372	6349	6326	6303	6280	6257	6234	6211	6188	6165	23
0,000 189		6142	6119	6096	6073	6050	6027	6004	5981	5958	5935	22
0,000 190		5913	5890	5867	5844	5821	5798	5776	5753	5730	5707	22
0,000 191		5685	5662	5639	5616	5594	5571	5548	5526	5503	5481	23
0,000 192		5458	5435	5413	5390	5368	5345	5322	5300	5277	5255	23
0,000 193		5232	5210	5187	5165	5142	5120	5098	5075	5053	5030	22
0,000 194		5008	4986	4963	4941	4919	4896	4874	4852	4829	4807	22
0,000 195		4785	4762	4740	4718	4696	4674	4651	4629	4607	4585	22
0,000 196		4563	4540	4518	4496	4474	4452	4430	4408	4386	4364	22
0,000 197		4342	4320	4298	4276	4254	4232	4210	4188	4166	4144	22
0,000 198		4122	4100	4078	4056	4034	4012	3990	3969	3947	3925	22
0,000 199		3903	3881	3859	3838	3816	3794	3772	3751	3729	3707	22
		0	1	2	3	4	5	6	7	8	9	Diff.

| 5 Decim. | | SUBTRACTION. | | | | | | | | 3,33 | 0,00020 |

		0	1	2	3	4	5	6	7	8	9	Diff.
0,000 200	3,3	3685	3664	3642	3620	3599	3577	3555	3534	3512	3490	21
0,000 201		3469	3447	3426	3404	3383	3361	3339	3318	3296	3275	22
0,000 202		3253	3232	3210	3189	3167	3146	3125	3103	3082	3060	21
0,000 203		3039	3018	2996	2975	2954	2932	2911	2890	2868	2847	21
0,000 204		2826	2804	2783	2762	2741	2719	2698	2677	2656	2634	21
0,000 205		2613	2592	2571	2550	2529	2508	2486	2465	2444	2423	21
0,000 206		2402	2381	2360	2339	2318	2297	2276	2255	2234	2213	21
0,000 207		2192	2171	2150	2129	2108	2087	2066	2045	2024	2003	21
0,000 208		1982	1962	1941	1920	1899	1878	1857	1837	1816	1795	21
0,000 209		1774	1753	1733	1712	1691	1671	1650	1629	1608	1588	21
0,000 210		1567	1546	1526	1505	1484	1464	1443	1423	1402	1381	20
0,000 211		1361	1340	1320	1299	1279	1258	1237	1217	1196	1176	21
0,000 212		1155	1135	1115	1094	1074	1053	1033	1012	0992	0972	21
0,000 213		0951	0931	0910	0890	0870	0849	0829	0809	0788	0768	20
0,000 214		0748	0727	0707	0687	0667	0646	0626	0606	0586	0566	21
0,000 215		0545	0525	0505	0485	0465	0444	0424	0404	0384	0364	20
0,000 216		0344	0324	0304	0284	0264	0243	0223	0203	0183	0163	20
0,000 217		0143	0123	0103	0083	0063	0043	0023	0003	·9984	·9964	20
0,000 218	3,2	9944	9924	9904	9884	9864	9844	9824	9804	9785	9765	20
0,000 219		9745	9725	9705	9686	9666	9646	9626	9606	9587	9567	20
0,000 220		9547	9527	9508	9488	9468	9449	9429	9409	9390	9370	20
0,000 221		9350	9331	9311	9291	9272	9252	9233	9213	9193	9174	20
0,000 222		9154	9135	9115	9096	9076	9057	9037	9018	8998	8979	20
0,000 223		8959	8940	8920	8901	8881	8862	8842	8823	8804	8784	19
0,000 224		8765	8745	8726	8707	8687	8668	8649	8629	8610	8591	20
0,000 225		8571	8552	8533	8514	8494	8475	8456	8437	8417	8398	19
0,000 226		8379	8360	8340	8321	8302	8283	8264	8245	8225	8206	19
0,000 227		8187	8168	8149	8130	8111	8092	8073	8054	8034	8015	19
0,000 228		7996	7977	7958	7939	7920	7901	7882	7863	7844	7825	19
0,000 229		7806	7787	7768	7749	7731	7712	7693	7674	7655	7636	19
0,000 230		7617	7598	7579	7561	7542	7523	7504	7485	7466	7448	19
0,000 231		7429	7410	7391	7372	7354	7335	7316	7297	7279	7260	19
0,000 232		7241	7223	7204	7185	7166	7148	7129	7110	7092	7073	19
0,000 233		7054	7036	7017	6999	6980	6961	6943	6924	6906	6887	18
0,000 234		6869	6850	6831	6813	6794	6776	6757	6739	6720	6702	19
0,000 235		6683	6665	6646	6628	6610	6591	6573	6554	6536	6517	18
0,000 236		6499	6481	6462	6444	6426	6407	6389	6370	6352	6334	19
0,000 237		6315	6297	6279	6261	6242	6224	6206	6187	6169	6151	18
0,000 238		6133	6114	6096	6078	6060	6042	6023	6005	5987	5969	18
0,000 239		5951	5932	5914	5896	5878	5860	5842	5824	5806	5787	18
0,000 240		5769	5751	5733	5715	5697	5679	5661	5643	5625	5607	18
0,000 241		5589	5571	5553	5535	5517	5499	5481	5463	5445	5427	18
0,000 242		5409	5391	5373	5355	5337	5319	5301	5284	5266	5248	18
0,000 243		5230	5212	5194	5176	5159	5141	5123	5105	5087	5069	17
0,000 244		5052	5034	5016	4998	4981	4963	4945	4927	4910	4892	18
0,000 245		4874	4856	4839	4821	4803	4786	4768	4750	4733	4715	18
0,000 246		4697	4680	4662	4644	4627	4609	4591	4574	4556	4539	18
0,000 247		4521	4504	4486	4468	4451	4433	4416	4398	4381	4363	17
0,000 248		4346	4328	4311	4293	4276	4258	4241	4223	4206	4188	17
0,000 249		4171	4154	4136	4119	4101	4084	4066	4049	4032	4014	17
		0	1	2	3	4	5	6	7	8	9	Diff.

0,00025	3,23				SUBTRACTION.					5 Decim.
	0	1	2	3	4	5	6	7	8	9	Diff.

		0	1	2	3	4	5	6	7	8	9	Diff.
0,000 250	3,2	3997	3980	3962	3945	3928	3910	3893	3876	3858	3841	17
0,000 251		3824	3806	3789	3772	3754	3737	3720	3703	3685	3668	17
0,000 252		3651	3634	3617	3599	3582	3565	3548	3531	3513	3496	17
0,000 253		3479	3462	3445	3428	3410	3393	3376	3359	3342	3325	17
0,000 254		3308	3291	3274	3257	3239	3222	3205	3188	3171	3154	17
0,000 255		3137	3120	3103	3086	3069	3052	3035	3018	3001	2984	17
0,000 256		2967	2950	2933	2916	2899	2883	2866	2849	2832	2815	17
0,000 257		2798	2781	2764	2747	2730	2714	2697	2680	2663	2646	17
0,000 258		2629	2613	2596	2579	2562	2545	2529	2512	2495	2478	17
0,000 259		2461	2445	2428	2411	2394	2378	2361	2344	2328	2311	17
0,000 260		2294	2277	2261	2244	2227	2211	2194	2177	2161	2144	17
0,000 261		2127	2111	2094	2078	2061	2044	2028	2011	1995	1978	17
0,000 262		1961	1945	1928	1912	1895	1879	1862	1846	1829	1813	17
0,000 263		1796	1780	1763	1747	1730	1714	1697	1681	1664	1648	17
0,000 264		1631	1615	1598	1582	1566	1549	1533	1516	1500	1483	16
0,000 265		1467	1451	1434	1418	1402	1385	1369	1353	1336	1320	16
0,000 266		1304	1287	1271	1255	1238	1222	1206	1189	1173	1157	16
0,000 267		1141	1124	1108	1092	1076	1059	1043	1027	1011	0995	17
0,000 268		0978	0962	0946	0930	0914	0897	0881	0865	0849	0833	16
0,000 269		0817	0801	0784	0768	0752	0736	0720	0704	0688	0672	16
0,000 270		0656	0639	0623	0607	0591	0575	0559	0543	0527	0511	16
0,000 271		0495	0479	0463	0447	0431	0415	0399	0383	0367	0351	16
0,000 272		0335	0319	0303	0287	0271	0255	0239	0224	0208	0192	16
0,000 273		0176	0160	0144	0128	0112	0096	0081	0065	0049	0033	16
0,000 274		0017	0001	˙9985	˙9970	˙9954	˙9938	˙9922	˙9906	˙9890	˙9875	16
0,000 275	3,1	9859	9843	9827	9812	9796	9780	9764	9749	9733	9717	16
0,000 276		9701	9686	9670	9654	9638	9623	9607	9591	9576	9560	16
0,000 277		9544	9529	9513	9497	9482	9466	9450	9435	9419	9403	15
0,000 278		9388	9372	9357	9341	9325	9310	9294	9279	9263	9248	16
0,000 279		9232	9216	9201	9185	9170	9154	9139	9123	9108	9092	15
0,000 280		9077	9061	9046	9030	9015	8999	8984	8968	8953	8937	15
0,000 281		8922	8906	8891	8876	8860	8845	8829	8814	8798	8783	15
0,000 282		8768	8752	8737	8721	8706	8691	8675	8660	8645	8629	15
0,000 283		8614	8599	8583	8568	8553	8537	8522	8507	8491	8476	15
0,000 284		8461	8446	8430	8415	8400	8384	8369	8354	8339	8323	15
0,000 285		8308	8293	8278	8263	8247	8232	8217	8202	8186	˙8171	15
0,000 286		8156	8141	8126	8111	8095	8080	8065	8050	8035	8020	15
0,000 287		8005	7989	7974	7959	7944	7929	7914	7899	7884	7869	15
0,000 288		7854	7839	7823	7808	7793	7778	7763	7748	7733	7718	15
0,000 289		7703	7688	7673	7658	7643	7628	7613	7598	7583	7568	15
0,000 290		7553	7538	7523	7508	7493	7478	7463	7448	7434	7419	15
0,000 291		7404	7389	7374	7359	7344	7329	7314	7299	7284	7270	15
0,000 292		7255	7240	7225	7210	7195	7180	7166	7151	7136	7121	15
0,000 293		7106	7092	7077	7062	7047	7032	7018	7003	6988	6973	15
0,000 294		6958	6944	6929	6914	6899	6885	6870	6855	6840	6826	15
0,000 295		6811	6796	6782	6767	6752	6737	6723	6708	6693	6679	15
0,000 296		6664	6649	6635	6620	6605	6591	6576	6562	6547	6532	14
0,000 297		6518	6503	6488	6474	6459	6445	6430	6415	6401	6386	14
0,000 298		6372	6357	6343	6328	6313	6299	6284	6270	6255	6241	15
0,000 299		6226	6212	6197	6183	6168	6154	6139	6125	6110	6096	15

	0	1	2	3	4	5	6	7	8	9	Diff.

| 5 Decim. | | SUBTRACTION. | | | | | | | | | 3,16 0,0003 |

		0	1	2	3	4	5	6	7	8	9
0,000 30	3,1	6081	5937	5793	5649	5506	5364	5222	5080	4939	4798
0,000 31		4658	4518	4379	4240	4101	3963	3826	3688	3552	3415
0,000 32		3279	3144	3009	2874	2740	2606	2473	2340	2207	2075
0,000 33		1944	1812	1681	1551	1420	1291	1161	1032	0904	0775
0,000 34		0648	0520	0393	0266	0140	0014	·9888	·9763	·9638	·9513
0,000 35	3,0	9389	9265	9142	9019	8896	8773	8651	8529	8408	8287
0,000 36		8166	8046	7926	7806	7686	7567	7449	7330	7212	7094
0,000 37		6977	6860	6743	6626	6510	6394	6278	6163	6048	5933
0,000 38		5819	5705	5591	5478	5365	5252	5139	5027	4915	4803
0,000 39		4691	4580	4469	4359	4249	4138	4029	3919	3810	3701
0,000 40		3592	3484	3376	3268	3160	3053	2946	2839	2733	2627
0,000 41		2521	2415	2309	2204	2099	1994	1890	1786	1682	1578
0,000 42		1475	1371	1268	1166	1063	0961	0859	0757	0655	0554
0,000 43		0453	0352	0252	0151	0051	·9951	·9852	·9752	·9653	·9554
0,000 44	2,9	9455	9357	9258	9160	9062	8965	8867	8770	8673	8576
0,000 45		8480	8383	8287	8191	8096	8000	7905	7810	7715	7620
0,000 46		7526	7431	7337	7243	7150	7056	6963	6870	6777	6685
0,000 47		6592	6500	6408	6316	6224	6133	6042	5950	5860	5769
0,000 48		5678	5588	5498	5408	5318	5229	5139	5050	4961	4872
0,000 49		4783	4695	4607	4518	4430	4343	4255	4168	4080	3993
0,000 50		3906	3820	3733	3647	3561	3475	3389	3303	3217	3132
0,000 51		3047	2962	2877	2792	2708	2623	2539	2455	2371	2288
0,000 52		2204	2121	2037	1954	1871	1789	1706	1624	1541	1459
0,000 53		1377	1296	1214	1132	1051	0970	0889	0808	0727	0647
0,000 54		0566	0486	0406	0326	0246	0166	0086	0007	·9928	·9849
0,000 55	2,8	9770	9691	9612	9534	9455	9377	9299	9221	9143	9065
0,000 56		8988	8910	8833	8756	8679	8602	8525	8448	8372	8296
0,000 57		8219	8143	8067	7992	7916	7840	7765	7690	7615	7540
0,000 58		7465	7390	7315	7241	7166	7092	7018	6944	6870	6796
0,000 59		6723	6649	6576	6503	6429	6356	6284	6211	6138	6066
0,000 60		5993	5921	5849	5777	5705	5633	5561	5490	5418	5347
0,000 61		5276	5205	5134	5063	4992	4922	4851	4781	4710	4640
0,000 62		4570	4500	4430	4361	4291	4222	4152	4083	4014	3945
0,000 63		3876	3807	3738	3670	3601	3533	3465	3396	3328	3260
0,000 64		3192	3125	3057	2989	2922	2855	2787	2720	2653	2586
0,000 65		2520	2453	2386	2320	2253	2187	2121	2055	1989	1923
0,000 66		1857	1791	1726	1660	1595	1530	1464	1399	1334	1269
0,000 67		1204	1140	1075	1011	0946	0882	0818	0753	0689	0625
0,000 68		0562	0498	0434	0371	0307	0244	0180	0117	0054	·9991
0,000 69	2,7	9928	9865	9802	9740	9677	9615	9552	9490	9428	9366
0,000 70		9304	9242	9180	9118	9056	8995	8933	8872	8811	8749
0,000 71		8688	8627	8566	8505	8444	8384	8323	8262	8202	8141
0,000 72		8081	8021	7961	7901	7841	7781	7721	7661	7602	7542
0,000 73		7483	7423	7364	7305	7246	7186	7127	7069	7010	6951
0,000 74		6892	6834	6775	6717	6658	6600	6542	6484	6426	6368
0,000 75		6310	6252	6194	6137	6079	6021	5964	5907	5849	5792
0,000 76		5735	5678	5621	5564	5507	5451	5394	5337	5281	5224
0,000 77		5168	5112	5055	4999	4943	4887	4831	4775	4719	4664
0,000 78		4608	4552	4497	4441	4386	4331	4275	4220	4165	4110
0,000 79		4055	4000	3946	3891	3836	3781	3727	3672	3618	3564

| | 0 | 1 | 2 | 3 | 4 | 5 | 6 | 7 | 8 | 9 |

P. P.

	144	140	136	132
1	14,4	14,0	13,6	13,2
2	28,8	28,0	27,2	26,4
3	43,2	42,0	40,8	39,6
4	57,6	56,0	54,4	52,8
5	72,0	70,0	68,0	66,0
6	86,4	84,0	81,6	79,2
7	100,8	98,0	95,2	92,4
8	115,2	112,0	108,8	105,6
9	129,6	126,0	122,4	118,8

	128	124	120	116
1	12,8	12,4	12,0	11,6
2	25,6	24,8	24,0	23,2
3	38,4	37,2	36,0	34,8
4	51,2	49,6	48,0	46,4
5	64,0	62,0	60,0	58,0
6	76,8	74,4	72,0	69,6
7	89,6	86,8	84,0	81,2
8	102,4	99,2	96,0	92,8
9	115,2	111,6	108,0	104,4

	112	108	105	102
1	11,2	10,8	10,5	10,2
2	22,4	21,6	21,0	20,4
3	33,6	32,4	31,5	30,6
4	44,8	43,2	42,0	40,8
5	56,0	54,0	52,5	51,0
6	67,2	64,8	63,0	61,2
7	78,4	75,6	73,5	71,4
8	89,6	86,4	84,0	81,6
9	100,8	97,2	94,5	91,8

	99	96	93	90
1	9,9	9,6	9,3	9,0
2	19,8	19,2	18,6	18,0
3	29,7	28,8	27,9	27,0
4	39,6	38,4	37,2	36,0
5	49,5	48,0	46,5	45,0
6	59,4	57,6	55,8	54,0
7	69,3	67,2	65,1	63,0
8	79,2	76,8	74,4	72,0
9	89,1	86,4	83,7	81,0

	87	84	81	78
1	8,7	8,4	8,1	7,8
2	17,4	16,8	16,2	15,6
3	26,1	25,2	24,3	23,4
4	34,8	33,6	32,4	31,2
5	43,5	42,0	40,5	39,0
6	52,2	50,4	48,6	46,8
7	60,9	58,8	56,7	54,6
8	69,6	67,2	64,8	62,4
9	78,3	75,6	72,9	70,2

	75	72	69	66
1	7,5	7,2	6,9	6,6
2	15,0	14,4	13,8	13,2
3	22,5	21,6	20,7	19,8
4	30,0	28,8	27,6	26,4
5	37,5	36,0	34,5	33,0
6	45,0	43,2	41,4	39,6
7	52,5	50,4	48,3	46,2
8	60,0	57,6	55,2	52,8
9	67,5	64,8	62,1	59,4

	63	60	57	54
1	6,3	6,0	5,7	5,4
2	12,6	12,0	11,4	10,8
3	18,9	18,0	17,1	16,2
4	25,2	24,0	22,8	21,6
5	31,5	30,0	28,5	27,0
6	37,8	36,0	34,2	32,4
7	44,1	42,0	39,9	37,8
8	50,4	48,0	45,6	43,2
9	56,7	54,0	51,3	48,6

55

P. P.

0,000S	2,73				SUBTRACTION.					5 Decim.

		0	1	2	3	4	5	6	7	8	9	P. P.

0,000 80	2,7	3509	3455	3401	3347	3293	3239	3185	3131	3078	3024
0,000 81		2970	2917	2863	2810	2757	2703	2650	2597	2544	2491
0,000 82		2438	2385	2332	2280	2227	2174	2122	2069	2017	1964
0,000 83		1912	1860	1808	1756	1704	1652	1600	1548	1496	1444
0,000 84		1392	1341	1289	1238	1186	1135	1084	1032	0981	0930
0,000 85		0879	0828	0777	0726	0675	0625	0574	0523	0473	0422
0,000 86		0372	0321	0271	0220	0170	0120	0070	0020	·9970	·9920
0,000 87	2,6	9870	9820	9770	9721	9671	9621	9572	9522	9473	9423
0,000 88		9374	9325	9276	9227	9177	9128	9079	9030	8982	8933
0,000 89		8884	8835	8787	8738	8689	8641	8592	8544	8496	8447
0,000 90		8399	8351	8303	8255	8207	8159	8111	8063	8015	7967
0,000 91		7920	7872	7825	7777	7730	7682	7635	7587	7540	7493
0,000 92		7446	7399	7351	7304	7257	7210	7164	7117	7070	7023
0,000 93		6977	6930	6883	6837	6790	6744	6698	6651	6605	6559
0,000 94		6513	6467	6420	6374	6328	6282	6237	6191	6145	6099
0,000 95		6054	6008	5962	5917	5871	5826	5780	5735	5690	5645
0,000 96		5599	5554	5509	5464	5419	5374	5329	5284	5239	5194
0,000 97		5150	5105	5060	5016	4971	4927	4882	4838	4793	4749
0,000 98		4705	4661	4616	4572	4528	4484	4440	4396	4352	4308
0,000 99		4264	4221	4177	4133	4089	4046	4002	3959	3915	3872
0,001 00	2,63	8284	7851	7417	6985	6553	6121	5689	5258	4828	4398
0,001 01		3968	3539	3110	2681	2253	1826	1399	0972	0545	0120
0,001 02	2,62	9694	9269	8844	8420	7996	7573	7150	6727	6305	5883
0,001 03		5462	5041	4621	4200	3781	3361	2942	2524	2106	1688
0,001 04		1271	0854	0437	0021	·9606	·9190	·8776	·8361	·7947	·7533
0,001 05	2,61	7120	6707	6294	5882	5471	5059	4648	4238	3828	3418
0,001 06		3008	2599	2191	1782	1375	0967	0560	0153	·9747	·9341
0,001 07	2,60	8935	8530	8125	7721	7317	6913	6510	6107	5704	5302
0,001 08		4900	4499	4098	3697	3297	2897	2497	2098	1699	1301
0,001 09		0903	0505	0108	·9711	·9314	·8918	·8522	·8126	·7731	·7336
0,001 10	2,59	6942	6547	6154	5760	5367	4974	4582	4190	3798	3407
0,001 11		3016	2626	2235	1846	1456	1067	0678	0290	·9901	·9514
0,001 12	2,58	9126	8739	8352	7966	7580	7194	6809	6424	6039	5655
0,001 13		5271	4887	4504	4121	3738	3356	2974	2592	2211	1830
0,001 14		1449	1069	0689	0309	·9930	·9551	·9173	·8794	·8416	·8039
0,001 15	2,57	7661	7284	6908	6531	6155	5780	5404	5029	4655	4280
0,001 16		3906	3532	3159	2786	2413	2041	1669	1297	0925	0554
0,001 17		0183	·9813	·9443	·9073	·8703	·8334	·7965	·7596	·7228	·6860
0,001 18	2,56	6492	6125	5758	5391	5024	4658	4292	3927	3562	3197
0,001 19		2832	2468	2104	1740	1377	1014	0651	0289	·9926	·9564
0,001 20	2,55	9203	8842	8481	8120	7760	7400	7040	6680	6321	5962
0,001 21		5604	5246	4888	4530	4172	3815	3459	3102	2746	2390
0,001 22		2034	1679	1324	0969	0615	0261	·9907	·9553	·9200	·8847
0,001 23	2,54	8494	8142	7789	7438	7086	6735	6384	6033	5683	5332
0,001 24		4982	4633	4284	3935	3586	3237	2889	2541	2194	1846
0,001 25		1499	1152	0806	0460	0114	·9768	·9423	·9077	·8733	·8388
0,001 26	2,53	8044	7700	7356	7012	6669	6326	5983	5641	5299	4957
0,001 27		4615	4274	3933	3592	3252	2911	2571	2232	1892	1553
0,001 28		1214	0876	0537	0199	·9861	·9524	·9186	·8849	·8512	·8176
0,001 29	2,52	7839	7503	7168	6832	6497	6162	5827	5493	5158	4824

		0	1	2	3	4	5	6	7	8	9	P. P.

P. P.

	54	52	50	48
1	5,4	5,2	5,0	4,8
2	10,8	10,4	10,0	9,6
3	16,2	15,6	15,0	14,4
4	21,6	20,8	20,0	19,2
5	27,0	26,0	25,0	24,0
6	32,4	31,2	30,0	28,8
7	37,8	36,4	35,0	33,6
8	43,2	41,6	40,0	38,4
9	48,6	46,8	45,0	43,2

	46	45	44	43
1	4,6	4,5	4,4	4,3
2	9,2	9,0	8,8	8,6
3	13,8	13,5	13,2	12,9
4	18,4	18,0	17,6	17,2
5	23,0	22,5	22,0	21,5
6	27,6	27,0	26,4	25,8
7	32,2	31,5	30,8	30,1
8	36,8	36,0	35,2	34,4
9	41,4	40,5	39,6	38,7

	430	425	420	415
1	43,0	42,5	42,0	41,5
2	86,0	85,0	84,0	83,0
3	129,0	127,5	126,0	124,5
4	172,0	170,0	168,0	166,0
5	215,0	212,5	210,0	207,5
6	258,0	255,0	252,0	249,0
7	301,0	297,5	294,0	290,5
8	344,0	340,0	336,0	332,0
9	387,0	382,5	378,0	373,5

	410	405	400	395
1	41,0	40,5	40,0	39,5
2	82,0	81,0	80,0	79,0
3	123,0	121,5	120,0	118,5
4	164,0	162,0	160,0	158,0
5	205,0	202,5	200,0	197,5
6	246,0	243,0	240,0	237,0
7	287,0	283,5	280,0	276,5
8	328,0	324,0	320,0	316,0
9	369,0	364,5	360,0	355,5

	390	385	380	375
1	39,0	38,5	38,0	37,5
2	78,0	77,0	76,0	75,0
3	117,0	115,5	114,0	112,5
4	156,0	154,0	152,0	150,0
5	195,0	192,5	190,0	187,5
6	234,0	231,0	228,0	225,0
7	273,0	269,5	266,0	262,5
8	312,0	308,0	304,0	300,0
9	351,0	346,5	342,0	337,5

	370	365	360	355
1	37,0	36,5	36,0	35,5
2	74,0	73,0	72,0	71,0
3	111,0	109,5	108,0	106,5
4	148,0	146,0	144,0	142,0
5	185,0	182,5	180,0	177,5
6	222,0	219,0	216,0	213,0
7	259,0	255,5	252,0	248,5
8	296,0	292,0	288,0	284,0
9	333,0	328,5	324,0	319,5

	350	345	340	335
1	35,0	34,5	34,0	33,5
2	70,0	69,0	68,0	67,0
3	105,0	103,5	102,0	100,5
4	140,0	138,0	136,0	134,0
5	175,0	172,5	170,0	167,5
6	210,0	207,0	204,0	201,0
7	245,0	241,5	238,0	234,5
8	280,0	276,0	272,0	268,0
9	315,0	310,5	306,0	301,5

333

| 6 Decin. | | | | | SUBTRACTION. | | | | | 2,52 0,0013 |

	0	1	2	3	4	5	6	7	8	9
0,001 30	2,52 4491	4157	3824	3491	3159	2826	2494	2162	1830	1499
0,001 31	1168	0837	0506	0176	·9846	·9516	·9186	·8857	·8528	·8199
0,001 32	2,51 7870	7542	7214	6886	6558	6231	5904	5577	5250	4924
0,001 33	4598	4272	3946	3620	3295	2970	2646	2321	1997	1673
0,001 34	1349	1026	0703	0380	0057	·9734	·9412	·9090	·8768	·8447
0,001 35	2,50 8125	7804	7483	7163	6842	6522	6202	5883	5563	5244
0,001 36	4925	4607	4288	3970	3652	3334	3016	2699	2382	2065
0,001 37	1749	1432	1116	0800	0484	0169	·9854	·9539	·9224	·8909
0,001 38	2,49 8595	8281	7967	7653	7340	7027	6714	6401	6089	5776
0,001 39	5464	5152	4841	4530	4218	3907	3597	3286	2976	2666
0,001 40	2356	2046	1737	1428	1119	0810	0502	0194	·9885	·9578
0,001 41	2,48 9270	8963	8655	8348	8042	7735	7429	7123	6817	6511
0,001 42	6206	5901	5596	5291	4986	4682	4378	4074	3770	3466
0,001 43	3163	2860	2557	2254	1952	1650	1348	1046	0744	0443
0,001 44	0142	·9841	·9540	·9239	·8939	·8639	·8339	·8039	·7740	·7440
0,001 45	2,47 7141	6842	6543	6245	5947	5649	5351	5053	4756	4458
0,001 46	4161	3864	3568	3271	2975	2679	2383	2087	1792	1497
0,001 47	1202	0907	0612	0318	0024	·9730	·9436	·9142	·8849	·8555
0,001 48	2,46 8262	7970	7677	7384	7092	6800	6508	6217	5925	5634
0,001 49	5343	5052	4761	4471	4180	3890	3601	3311	3021	2732
0,001 50	2443	2154	1865	1577	1288	1000	0712	0424	0137	·9849
0,001 51	2,45 9562	9275	8988	8702	8415	8129	7843	7557	7271	6986
0,001 52	6701	6415	6130	5846	5561	5277	4993	4709	4425	4141
0,001 53	3858	3574	3291	3008	2726	2443	2161	1879	1597	1315
0,001 54	1033	0752	0471	0190	·9909	·9628	·9348	·9067	·8787	·8507
0,001 55	2,44 8227	7948	7668	7389	7110	6831	6552	6274	5996	5717
0,001 56	5439	5162	4884	4607	4329	4052	3775	3499	3222	2946
0,001 57	2669	2393	2118	1842	1566	1291	1016	0741	0466	0191
0,001 58	2,43 9917	9643	9369	9095	8821	8547	8274	8001	7728	7455
0,001 59	7182	6909	6637	6365	6093	5821	5549	5278	5006	4735
0,001 60	4464	4193	3923	3652	3382	3112	2842	2572	2302	2033
0,001 61	1763	1494	1225	0956	0688	0419	0151	·9883	·9615	·9347
0,001 62	2,42 9079	8812	8544	8277	8010	7743	7477	7210	6944	6677
0,001 63	6411	6146	5880	5614	5349	5084	4819	4554	4289	4025
0,001 64	3760	3496	3232	2968	2704	2441	2177	1914	1651	1388
0,001 65	1125	0862	0600	0338	0076	·9814	·9552	·9290	·9029	·8767
0,001 66	2,41 8506	8245	7984	7723	7463	7202	6942	6682	6422	6162
0,001 67	5903	5643	5384	5125	4866	4607	4348	4089	3831	3573
0,001 68	3315	3057	2799	2541	2284	2027	1769	1512	1256	0999
0,001 69	0742	0486	0230	·9974	·9718	·9462	·9206	·8951	·8695	·8440
0,001 70	2,40 8185	7930	7675	7421	7166	6912	6658	6404	6150	5896
0,001 71	5643	5390	5136	4883	4630	4377	4125	3872	3620	3368
0,001 72	3116	2864	2612	2360	2109	1857	1606	1355	1104	0854
0,001 73	0603	0352	0102	·9852	·9602	·9352	·9102	·8853	·8603	·8354
0,001 74	2,39 8105	7856	7607	7358	7110	6861	6613	6365	6117	5869
0,001 75	5621	5373	5126	4879	4631	4384	4138	3891	3644	3398
0,001 76	3151	2905	2659	2413	2167	1922	1676	1431	1186	0941
0,001 77	0696	0451	0206	·9962	·9717	·9473	·9229	·8985	·8741	·8498
0,001 78	2,38 8254	8011	7767	7524	7281	7038	6796	6553	6310	6068
0,001 79	5826	5584	5342	5100	4859	4617	4376	4134	3893	3652

P. P.

	334	330	326	322
1	33,4	33,0	32,6	32,2
2	66,8	66,0	65,2	64,4
3	100,2	99,0	97,8	96,6
4	133,6	132,0	130,4	128,8
5	167,0	165,0	163,0	161,0
6	200,4	198,0	195,6	193,2
7	233,8	231,0	228,2	225,4
8	267,2	264,0	260,8	257,6
9	300,6	297,0	295,4	289,8

	318	314	310	306
1	31,8	31,4	31,0	30,6
2	63,6	62,8	62,0	61,2
3	95,4	94,2	93,0	91,8
4	127,2	125,6	124,0	122,4
5	159,0	157,0	155,0	153,0
6	190,8	188,4	186,0	183,6
7	222,6	219,8	217,0	214,2
8	254,4	251,2	248,0	244,8
9	286,2	282,6	279,0	275,4

	302	298	294	290
1	30,2	29,8	29,4	29,0
2	60,4	59,6	58,8	58,0
3	90,6	89,4	88,2	87,0
4	120,8	119,2	117,6	116,0
5	151,0	149,0	147,0	145,0
6	181,2	178,8	176,4	174,0
7	211,4	208,6	205,8	203,0
8	241,6	238,4	235,2	232,0
9	271,8	268,2	264,6	261,0

	287	284	281	278
1	28,7	28,4	28,1	27,8
2	57,4	56,8	56,2	55,6
3	86,1	85,2	84,3	83,4
4	114,8	113,6	112,4	111,2
5	143,5	142,0	140,5	139,0
6	172,2	170,4	168,6	166,8
7	200,9	198,8	196,7	194,6
8	229,6	227,2	224,8	222,4
9	258,3	255,6	252,9	250,2

	275	272	269	266
1	27,5	27,2	26,9	26,6
2	55,0	54,4	53,8	53,2
3	82,5	81,6	80,7	79,8
4	110,0	108,8	107,6	106,4
5	137,5	136,0	134,5	133,0
6	165,0	163,2	161,4	159,6
7	192,5	190,4	188,3	186,2
8	220,0	217,6	215,2	212,8
9	247,5	244,8	242,1	239,4

	263	260	257	254
1	26,3	26,0	25,7	25,4
2	52,6	52,0	51,4	50,8
3	78,9	78,0	77,1	76,2
4	105,2	104,0	102,8	101,6
5	131,5	130,0	128,5	127,0
6	157,8	156,0	154,2	152,4
7	184,1	182,0	179,9	177,8
8	210,4	208,0	205,6	203,2
9	236,7	234,0	231,3	228,6

	251	248	245	242
1	25,1	24,8	24,5	24,2
2	50,2	49,6	49,0	48,4
3	75,3	74,4	73,5	72,6
4	100,4	99,2	98,0	96,8
5	125,5	124,0	122,5	121,0
6	150,6	148,8	147,0	145,2
7	175,7	173,6	171,5	169,4
8	200,8	198,4	196,0	193,6
9	225,9	223,2	220,5	217,8

241

| | 0 | 1 | 2 | 3 | 4 | 5 | 6 | 7 | 8 | 9 |

P. P.

0,0018 2,38				SUBTRACTION.					6 Decim.

	0	1	2	3	4	5	6	7	8	9
0,001 80	2,38 3411	3171	2930	2690	2449	2209	1969	1729	1490	1250
0,001 81	1010	0771	0532	0293	0054	·9815	·9576	·9338	·9099	·8861
0,001 82	2,37 8623	8385	8147	7909	7671	7434	7196	6959	6722	6485
0,001 83	6248	6011	5775	5538	5302	5065	4829	4593	4357	4122
0,001 84	3886	3651	3415	3180	2945	2710	2475	2241	2006	1772
0,001 85	1537	1303	1069	0835	0601	0368	0134	·9901	·9667	·9434
0,001 86	2,36 9201	8968	8735	8503	8270	8038	7805	7573	7341	7109
0,001 87	6877	6646	6414	6183	5951	5720	5489	5258	5027	4797
0,001 88	4566	4336	4105	3875	3645	3415	3185	2956	2726	2497
0,001 89	2267	2038	1809	1580	1351	1122	0894	0665	0437	0209
0,001 90	2,35 9980	9752	9524	9297	9069	8841	8614	8387	8160	7933
0,001 91	7706	7479	7252	7025	6799	6573	6346	6120	5894	5668
0,001 92	5443	5217	4992	4766	4541	4316	4091	3866	3641	3416
0,001 93	3192	2967	2743	2519	2294	2070	1847	1623	1399	1176
0,001 94	0952	0729	0506	0283	0060	·9837	·9614	·9391	·9169	·8947
0,001 95	2,34 8724	8502	8280	8058	7836	7615	7393	7172	6950	6729
0,001 96	6508	6287	6066	5845	5624	5404	5183	4963	4743	4523
0,001 97	4303	4083	3863	3643	3424	3204	2985	2766	2547	2328
0,001 98	2109	1890	1671	1453	1234	1016	0798	0580	0362	0144
0,001 99	2,33 9926	9708	9491	9273	9056	8839	8621	8404	8187	7971
0,002 00	7754	7537	7321	7104	6888	6672	6456	6240	6024	5808
0,002 01	5593	5377	5162	4947	4731	4516	4301	4087	3872	3657
0,002 02	3443	3228	3014	2800	2585	2371	2157	1944	1730	1516
0,002 03	1303	1089	0876	0663	0450	0237	0024	·9811	·9599	·9386
0,002 04	2,32 9174	8961	8749	8537	8325	8113	7901	7690	7478	7266
0,002 05	7055	6844	6633	6421	6210	6000	5789	5578	5368	5157
0,002 06	4947	4736	4526	4316	4106	3896	3687	3477	3267	3058
0,002 07	2849	2639	2430	2221	2012	1803	1595	1386	1177	0969
0,002 08	0761	0552	0344	0136	·9928	·9720	·9513	·9305	·9097	·8890
0,002 09	2,31 8683	8475	8268	8061	7854	7647	7441	7234	7027	6821
0,002 10	6615	6408	6202	5996	5790	5584	5379	5173	4967	4762
0,002 11	4556	4351	4146	3941	3736	3531	3326	3122	2917	2712
0,002 12	2508	2304	2099	1895	1691	1487	1284	1080	0876	0673
0,002 13	0469	0266	0063	·9860	·9656	·9453	·9251	·9048	·8845	·8643
0,002 14	2,30 8440	8238	8035	7833	7631	7429	7227	7025	6824	6622
0,002 15	6420	6219	6018	5816	5615	5414	5213	5012	4811	4611
0,002 16	4410	4210	4009	3809	3609	3408	3208	3008	2809	2609
0,002 17	2409	2210	2010	1811	1611	1412	1213	1014	0815	0616
0,002 18	0417	0219	0020	·9822	·9623	·9425	·9227	·9029	·8831	·8633
0,002 19	2,29 8435	8237	8039	7842	7644	7447	7250	7052	6855	6658
0,002 20	6461	6264	6068	5871	5674	5478	5281	5085	4889	4693
0,002 21	4497	4301	4105	3909	3713	3518	3322	3127	2931	2736
0,002 22	2541	2346	2151	1956	1761	1566	1372	1177	0983	0788
0,002 23	0594	0400	0206	0012	·9818	·9624	·9430	·9236	·9043	·8849
0,002 24	2,28 8656	8462	8269	8076	7883	7690	7497	7304	7112	6919
0,002 25	6726	6534	6341	6149	5957	5765	5573	5381	5189	4997
0,002 26	4805	4614	4422	4231	4039	3848	3657	3466	3275	3084
0,002 27	2893	2702	2511	2321	2130	1940	1750	1559	1369	1179
0,002 28	0989	0799	0609	0419	0230	0040	·9851	·9661	·9472	·9283
0,002 29	2,27 9093	8904	8715	8526	8337	8149	7960	7771	7583	7394

	0	1	2	3	4	5	6	7	8	9

P. P.

	242	240	238	236
1	24,2	24,0	23,8	23,6
2	48,4	48,0	47,6	47,2
3	72,6	72,0	71,4	70,8
4	96,8	96,0	95,2	94,4
5	121,0	120,0	119,0	118,0
6	145,2	144,0	142,8	141,6
7	169,4	168,0	166,6	165,2
8	193,6	192,0	190,4	188,8
9	217,8	216,0	214,2	212,4

	234	232	230	228
1	23,4	23,2	23,0	22,8
2	46,8	46,4	46,0	45,6
3	70,2	69,6	69,0	68,4
4	93,6	92,8	92,0	91,2
5	117,0	116,0	115,0	114,0
6	140,4	139,2	138,0	136,8
7	163,8	162,4	161,0	159,6
8	187,2	185,6	184,0	182,4
9	210,6	208,8	207,0	205,2

	226	224	222	220
1	22,6	22,4	22,2	22,0
2	45,2	44,8	44,4	44,0
3	67,8	67,2	66,6	66,0
4	90,4	89,6	88,8	88,0
5	113,0	112,0	111,0	110,0
6	135,6	134,4	133,2	132,0
7	158,2	156,8	155,4	154,0
8	180,8	179,2	177,6	176,0
9	203,4	201,6	199,8	198,0

	218	216	214	212
1	21,8	21,6	21,4	21,2
2	43,6	43,2	42,8	42,4
3	65,4	64,8	64,2	63,6
4	87,2	86,4	85,6	84,8
5	109,0	108,0	107,0	106,0
6	130,8	129,6	128,4	127,2
7	152,6	151,2	149,8	148,4
8	174,4	172,8	171,2	169,6
9	196,2	194,4	193,6	190,8

	210	208	206	204
1	21,0	20,8	20,6	20,4
2	42,0	41,6	41,2	40,8
3	63,0	62,4	61,8	61,2
4	84,0	83,2	82,4	81,6
5	105,0	104,0	103,0	102,0
6	126,0	124,8	123,6	122,4
7	147,0	145,6	144,2	142,8
8	168,0	166,4	164,8	163,2
9	189,0	187,2	185,4	183,6

	202	200	198	196
1	20,2	20,0	19,8	19,6
2	40,4	40,0	39,6	39,2
3	60,6	60,0	59,4	58,8
4	80,8	80,0	79,2	78,4
5	101,0	100,0	99,0	98,0
6	121,2	120,0	118,8	117,6
7	141,4	140,0	138,6	137,2
8	161,6	160,0	158,4	156,8
9	181,8	180,0	178,2	176,4

	194	192	190	188
1	19,4	19,2	19,0	18,8
2	38,8	38,4	38,0	37,6
3	58,2	57,6	57,0	56,4
4	77,6	76,8	76,0	75,2
5	97,0	96,0	95,0	94,0
6	116,4	115,2	114,0	112,8
7	135,8	134,4	133,0	131,6
8	155,2	153,6	152,0	150,4
9	174,6	172,8	171,0	169,2

188

P. P.

| 6 Decim. | SUBTRACTION. | | | | | | | | | 2,27 0,0023 |

	0	1	2	3	4	5	6	7	8	9	P. P.
0,002 30	2,27 7206	7018	6829	6641	6453	6265	6077	5890	5702	5514	188 186 184 182
0,002 31	5327	5139	4952	4765	4577	4390	4203	4016	3829	3643	1 *18,8* *18,6* *18,4* *18,2*
0,002 32	3456	3269	3083	2896	2710	2523	2337	2151	1965	1779	2 *57,6* *57,2* *56,8* *56,4*
0,002 33	1593	1407	1221	1036	0850	0664	0479	0294	0108	·9923	3 *56,4* *55,8* *55,2* *54,6*
0,002 34	2,26 9738	9553	9368	9183	8998	8813	8629	8444	8260	8075	4 *75,2* *74,4* *75,6* *72,8* 5 *94,0* *95,0* *92,0* *91,0* 6 *112,8* *111,6* *110,4* *109,2*
0,002 35	7891	7707	7522	7338	7154	6970	6786	6603	6419	6235	7 *131,6* *130,2* *128,8* *127,4* 8 *150,4* *148,8* *147,2* *145,6*
0,002 36	6052	5868	5685	5502	5318	5135	4952	4769	4586	4403	9 *169,2* *167,4* *165,6* *163,8*
0,002 37	4220	4038	3855	3673	3490	3308	3125	2943	2761	2579	180 178 176 174
0,002 38	2397	2215	2033	1851	1670	1488	1306	1125	0943	0762	1 *18,0* *17,8* *17,6* *17,4*
0,002 39	0581	0400	0219	0038	·9857	·9676	·9495	·9314	·9134	·8953	2 *56,0* *35,6* *55,2* *54,8* 3 *54,0* *55,4* *52,8* *52,2*
0,002 40	2,25 8773	8592	8412	8231	8051	7871	7691	7511	7331	7151	4 *72,0* *71,2* *70,4* *69,6* 5 *90,0* *89,0* *88,0* *87,0*
0,002 41	6972	6792	6612	6433	6253	6074	5895	5716	5536	5357	6 *108,0* *106,8* *105,6* *104,4*
0,002 42	5178	4999	4821	4642	4463	4285	4106	3927	3749	3571	7 *126,0* *124,6* *125,2* *121,8* 8 *144,0* *142,4* *140,8* *139,2*
0,002 43	3392	3214	3036	2858	2680	2502	2324	2147	1969	1791	9 *162,0* *160,2* *158,4* *156,6*
0,002 44	1614	1436	1259	1082	0905	0727	0550	0373	0196	0019	173 172 171 170
0,002 45	2,24 9843	9666	9489	9313	9136	8960	8783	8607	8431	8255	1 *17,3* *17,2* *17,1* *17,0*
0,002 46	8079	7903	7727	7551	7375	7199	7024	6848	6673	6497	2 *54,6* *54,4* *54,2* *54,0* 3 *51,9* *51,6* *51,3* *51,0*
0,002 47	6322	6146	5971	5796	5621	5446	5271	5096	4921	4747	4 *69,2* *68,8* *68,4* *68,0* 5 *86,5* *86,0* *85,5* *85,0*
0,002 48	4572	4397	4223	4049	3874	3700	3526	3351	3177	3003	6 *103,8* *103,2* *102,6* *102,0*
0,002 49	2829	2655	2482	2308	2134	1961	1787	1614	1440	1267	7 *121,4* *120,4* *119,7* *119,0* 8 *138,4* *157,6* *156,8* *156,0*
0,002 50	1094	0921	0747	0574	0401	0228	0056	·9883	·9710	·9538	9 *155,7* *154,8* *155,9* *153,0*
0,002 51	2,23 9365	9192	9020	8848	8675	8503	8331	8159	7987	7815	169 168 167 166
0,002 52	7643	7471	7300	7128	6956	6785	6613	6442	6271	6099	1 *16,9* *16,8* *16,7* *16,6*
0,002 53	5928	5757	5586	5415	5244	5073	4902	4732	4561	4390	2 *53,8* *55,6* *55,4* *33,2* 3 *50,7* *50,4* *50,1* *49,8*
0,002 54	4220	4050	3879	3709	3539	3368	3198	3028	2858	2688	4 *67,6* *67,2* *66,8* *66,4* 5 *84,5* *84,0* *85,5* *85,0*
0,002 55	2519	2349	2179	2009	1840	1670	1501	1331	1162	0993	6 *101,4* *100,8* *100,2* *99,6*
0,002 56	0824	0655	0486	0317	0148	·9979	·9810	·9641	·9473	·9304	7 *118,3* *117,6* *116,9* *116,2* 8 *135,2* *154,4* *155,6* *132,8*
0,002 57	2,22 9136	8967	8799	8630	8462	8294	8126	7958	7790	7622	9 *152,1* *151,2* *150,5* *149,4*
0,002 58	7454	7286	7118	6951	6783	6616	6448	6281	6113	5946	165 164 163 162
0,002 59	5779	5612	5445	5278	5111	4944	4777	4610	4444	4277	1 *16,5* *16,4* *16,5* *16,2*
0,002 60	4110	3944	3777	3611	3445	3278	3112	2946	2780	2614	2 *35,0* *32,8* *52,6* *52,4* 3 *49,5* *49,2* *48,9* *48,6*
0,002 61	2448	2282	2116	1951	1785	1619	1454	1288	1123	0958	4 *66,0* *65,6* *65,2* *64,8* 5 *82,5* *82,0* *81,5* *81,0*
0,002 62	0792	0627	0462	0297	0132	·9967	·9802	·9637	·9472	·9308	6 *99,0* *98,4* *97,8* *97,2*
0,002 63	2,21 9143	8978	8814	8649	8485	8321	8156	7992	7828	7664	7 *115,5* *114,8* *114,1* *113,4* 8 *132,0* *151,2* *150,4* *129,6*
0,002 64	7500	7336	7172	7008	6844	6680	6517	6353	6190	6026	9 *148,5* *147,6* *146,7* *145,8*
0,002 65	5863	5699	5536	5373	5210	5047	4884	4721	4558	4395	161 160 159 158
0,002 66	4232	4069	3907	3744	3581	3419	3256	3094	2932	2770	1 *16,1* *16,0* *15,9* *15,8*
0,002 67	2607	2445	2283	2121	1959	1797	1636	1474	1312	1150	2 *32,2* *32,0* *51,8* *51,6* 3 *48,3* *48,0* *47,7* *47,4*
0,002 68	0989	0827	0666	0504	0343	0182	0021	·9859	·9698	·9537	4 *64,4* *64,0* *65,6* *65,2* 5 *80,5* *80,0* *79,5* *79,0*
0,002 69	2,20 9376	9215	9055	8894	8733	8572	8412	8251	8091	7930	6 *96,6* *96,0* *95,3* *94,8*
0,002 70	7770	7610	7449	7289	7129	6969	6809	6649	6489	6329	7 *112,7* *112,0* *111,5* *110,6* 8 *128,8* *128,0* *127,2* *126,4*
0,002 71	6169	6010	5850	5690	5531	5371	5212	5052	4893	4734	9 *144,9* *144,0* *143,1* *142,2*
0,002 72	4575	4416	4256	4097	3938	3780	3621	3462	3303	3145	157 156 155 154
0,002 73	2986	2827	2669	2510	2352	2194	2036	1877	1719	1561	1 *15,7* *15,6* *15,5* *15,4*
0,002 74	1403	1245	1087	0929	0771	0614	0456	0298	0141	·9983	2 *51,4* *51,2* *51,0* *50,8* 3 *47,1* *46,8* *46,5* *46,2*
0,002 75	2,19 9826	9668	9511	9354	9197	9039	8882	8725	8568	8411	4 *62,8* *62,4* *62,0* *61,6* 5 *78,5* *78,0* *77,5* *77,0*
0,002 76	8254	8098	7941	7784	7628	7471	7314	7158	7001	6845	6 *94,2* *95,6* *95,0* *92,4*
0,002 77	6689	6533	6376	6220	6064	5908	5752	5596	5440	5285	7 *109,9* *109,2* *108,5* *107,8* 8 *125,6* *124,8* *124,0* *123,2*
0,002 78	5129	4973	4817	4662	4506	4351	4195	4040	3885	3730	9 *141,3* *140,4* *159,5* *158,6*
0,002 79	3574	3419	3264	3109	2954	2799	2644	2490	2335	2180	154

| | 0 | 1 | 2 | 3 | 4 | 5 | 6 | 7 | 8 | 9 | P. P. |

| 0,0028 | 2,19 | | | | SUBTRACTION. | | | | | 6 Decim. |

	0	1	2	3	4	5	6	7	8	9	P. P.
0,002 80	2,19 2026	1871	1716	1562	1408	1253	1099	0945	0790	0636	
0,002 81	0482	0328	0174	0020	·9866	·9713	·9559	·9405	·9252	·9098	
0,002 82	2,18 8944	8791	8638	8484	8331	8178	8024	7871	7718	7565	
0,002 83	7412	7259	7106	6953	6801	6648	6495	6343	6190	6038	
0,002 84	5885	5733	5580	5428	5276	5124	4972	4820	4668	4516	
0,002 85	4364	4212	4060	3908	3757	3605	3453	3302	3150	2999	
0,002 86	2847	2696	2545	2394	2243	2091	1940	1789	1638	1487	
0,002 87	1337	1186	1035	0884	0734	0583	0433	0282	0132	·9981	
0,002 88	2,17 9831	9681	9531	9380	9230	9080	8930	8780	8630	8480	
0,002 89	8331	8181	8031	7882	7732	7582	7433	7284	7134	6985	
0,002 90	6836	6686	6537	6388	6239	6090	5941	5792	5643	5494	
0,002 91	5346	5197	5048	4900	4751	4602	4454	4306	4157	4009	
0,002 92	3861	3712	3564	3416	3268	3120	2972	2824	2676	2529	
0,002 93	2381	2233	2086	1938	1790	1643	1495	1348	1201	1053	
0,002 94	0906	0759	0612	0465	0318	0171	0024	·9877	·9730	·9583	
0,002 95	2,16 9436	9290	9143	8997	8850	8703	8557	8411	8264	8118	
0,002 96	7972	7826	7679	7533	7387	7241	7095	6949	6804	6658	
0,002 97	6512	6366	6221	6075	5929	5784	5639	5493	5348	5202	
0,002 98	5057	4912	4767	4622	4477	4332	4187	4042	3897	3752	
0,002 99	3607	3463	3318	3173	3029	2884	2740	2595	2451	2306	
0,003 00	2162	2018	1874	1730	1586	1441	1297	1154	1010	0866	
0,003 01	0722	0578	0434	0291	0147	0004	·9860	·9717	·9573	·9430	
0,003 02	2,15 9286	9143	9000	8857	8714	8571	8428	8285	8142	7999	
0,003 03	7856	7713	7570	7428	7285	7142	7000	6857	6715	6572	
0,003 04	6430	6288	6145	6003	5861	5719	5577	5434	5292	5150	
0,003 05	5009	4867	4725	4583	4441	4300	4158	4016	3875	3733	
0,003 06	3592	3451	3309	3168	3027	2885	2744	2603	2462	2321	
0,003 07	2180	2039	1898	1757	1617	1476	1335	1194	1054	0913	
0,003 08	0773	0632	0492	0351	0211	0071	·9930	·9790	·9650	·9510	
0,003 09	2,14 9370	9230	9090	8950	8810	8670	8530	8391	8251	8111	
0,003 10	7972	7832	7693	7553	7414	7274	7135	6996	6856	6717	
0,003 11	6578	6439	6300	6161	6022	5883	5744	5605	5466	5328	
0,003 12	5189	5050	4911	4773	4634	4496	4357	4219	4081	3942	
0,003 13	3804	3666	3528	3389	3251	3113	2975	2837	2699	2562	
0,003 14	2424	2286	2148	2010	1873	1735	1598	1460	1323	1185	
0,003 15	1048	0910	0773	0636	0499	0361	0224	0087	·9950	·9813	
0,003 16	2,13 9676	9539	9402	9266	9129	8992	8855	8719	8582	8446	
0,003 17	8309	8173	8036	7900	7763	7627	7491	7355	7218	7082	
0,003 18	6946	6810	6674	6538	6402	6266	6131	5995	5859	5723	
0,003 19	5588	5452	5316	5181	5045	4910	4775	4639	4504	4369	
0,003 20	4233	4098	3963	3828	3693	3558	3423	3288	3153	3018	
0,003 21	2883	2749	2614	2479	2344	2210	2075	1941	1806	1672	
0,003 22	1537	1403	1269	1135	1000	0866	0732	0598	0464	0330	
0,003 23	0196	0062	·9928	·9794	·9660	·9527	·9393	·9250	·9125	·8992	
0,003 24	2,12 8858	8725	8591	8458	8324	8191	8058	7925	7791	7658	
0,003 25	7525	7392	7259	7126	6993	6860	6727	6594	6461	6328	
0,003 26	6196	6063	5930	5798	5665	5533	5400	5268	5135	5003	
0,003 27	4871	4738	4606	4474	4342	4209	4077	3945	3813	3681	
0,003 28	3549	3418	3286	3154	3022	2890	2759	2627	2495	2364	
0,003 29	2232	2101	1969	1838	1707	1575	1444	1313	1182	1050	

| | 0 | 1 | 2 | 3 | 4 | 5 | 6 | 7 | 8 | 9 | P. P. |

P. P.

	155	154	153	152
1	15,5	15,4	15,3	15,2
2	31,0	30,8	30,6	30,4
3	46,5	46,2	45,9	45,6
4	62,0	61,6	61,2	60,8
5	77,5	77,0	76,5	76,0
6	93,0	92,4	91,8	91,2
7	108,5	107,8	107,1	106,4
8	124,0	123,2	122,4	121,6
9	139,5	138,6	137,7	136,8

	151	150	149	148
1	15,1	15,0	14,9	14,8
2	30,2	30,0	29,8	29,6
3	45,3	45,0	44,7	44,4
4	60,4	60,0	59,6	59,2
5	75,5	75,0	74,5	74,0
6	90,6	90,0	89,4	88,8
7	105,7	105,0	104,3	103,6
8	120,8	120,0	119,2	118,4
9	135,9	135,0	134,1	133,2

	147	146	145	144
1	14,7	14,6	14,5	14,4
2	29,4	29,2	29,0	28,8
3	44,1	43,8	43,5	43,2
4	58,8	58,4	58,0	57,6
5	73,5	73,0	72,5	72,0
6	88,2	87,6	87,0	86,4
7	102,9	102,2	101,5	100,8
8	117,6	116,8	116,0	115,2
9	132,3	131,4	130,5	129,6

	143	142	141	140
1	14,3	14,2	14,1	14,0
2	28,6	28,4	28,2	28,0
3	42,9	42,6	42,3	42,0
4	57,2	56,8	56,4	56,0
5	71,5	71,0	70,5	70,0
6	85,8	85,2	84,6	84,0
7	100,1	99,4	98,7	98,0
8	114,4	113,6	112,8	112,0
9	128,7	127,8	126,9	126,0

	139	138	137
1	13,9	13,8	13,7
2	27,8	27,6	27,4
3	41,7	41,4	41,1
4	55,6	55,2	54,8
5	69,5	69,0	68,5
6	83,4	82,8	82,2
7	97,3	96,6	95,9
8	111,2	110,4	109,6
9	125,1	124,2	123,3

	136	135	134
1	13,6	13,5	13,4
2	27,2	27,0	26,8
3	40,8	40,5	40,2
4	54,4	54,0	53,6
5	68,0	67,5	67,0
6	81,6	81,0	80,4
7	95,2	94,5	93,8
8	108,8	108,0	107,2
9	122,4	121,5	120,6

	133	132	131
1	13,3	13,2	13,1
2	26,6	26,4	26,2
3	39,9	39,6	39,3
4	53,2	52,8	52,4
5	66,5	66,0	65,5
6	79,8	79,2	78,6
7	93,1	92,4	91,7
8	106,4	105,6	104,8
9	119,7	118,8	117,9

	131

| 6 Decim. | SUBTRACTION. | | | | | | | | | 2,12 0,0033 |

	0	1	2	3	4	5	6	7	8	9
0,003 30	2,12 0910	0788	0657	0526	0395	0264	0133	0003	'9872	'9741
0,003 31	2,11 9610	9480	9349	9218	9088	8957	8827	8696	8566	8436
0,003 32	8305	8175	8045	7914	7784	7654	7524	7394	7264	7134
0,003 33	7004	6874	6744	6614	6485	6355	6225	6096	5966	5836
0,003 34	5707	5577	5448	5318	5189	5060	4930	4801	4672	4543
0,003 35	4413	4284	4155	4026	3897	3768	3639	3510	3382	3253
0,003 36	3124	2995	2867	2738	2609	2481	2352	2224	2095	1967
0,003 37	1838	1710	1582	1453	1325	1197	1069	0941	0813	0685
0,003 38	0557	0429	0301	0173	0045	'9917	'9789	'9662	'9534	'9406
0,003 39	2,10 9279	9151	9023	8896	8768	8641	8514	8386	8259	8132
0,003 40	8004	7877	7750	7623	7496	7369	7242	7115	6988	6861
0,003 41	6734	6607	6480	6353	6227	6100	5973	5847	5720	5594
0,003 42	5467	5341	5214	5088	4961	4835	4709	4583	4456	4330
0,003 43	4204	4078	3952	3826	3700	3574	3448	3322	3196	3071
0,003 44	2945	2819	2693	2568	2442	2316	2191	2065	1940	1814
0,003 45	1689	1564	1438	1313	1188	1063	0937	0812	0687	0562
0,003 46	0437	0312	0187	0062	'9937	'9812	'9688	'9563	'9438	'9313
0,003 47	2,09 9189	9064	8939	8815	8690	8566	8441	8317	8193	8068
0,003 48	7944	7820	7695	7571	7447	7323	7199	7075	6951	6827
0,003 49	6703	6579	6455	6331	6207	6083	5960	5836	5712	5589
0,003 50	5465	5342	5218	5094	4971	4848	4724	4601	4478	4354
0,003 51	4231	4108	3985	3861	3738	3615	3492	3369	3246	3123
0,003 52	3000	2878	2755	2632	2509	2386	2264	2141	2019	1896
0,003 53	1773	1651	1528	1406	1284	1161	1039	0917	0794	0672
0,003 54	0550	0428	0306	0183	0061	'9939	'9817	'9695	'9573	'9452
0,003 55	2,08 9330	9208	9086	8964	8843	8721	8599	8478	8356	8235
0,003 56	8113	7992	7870	7749	7627	7506	7385	7263	7142	7021
0,003 57	6900	6779	6658	6537	6416	6295	6174	6053	5932	5811
0,003 58	5690	5569	5448	5328	5207	5086	4966	4845	4725	4604
0,003 59	4484	4363	4243	4122	4002	3882	3761	3641	3521	3401
0,003 60	3281	3160	3040	2920	2800	2680	2560	2440	2321	2201
0,003 61	2081	1961	1841	1722	1602	1482	1363	1243	1123	1004
0,003 62	0884	0765	0646	0526	0407	0288	0168	0049	'9930	'9811
0,003 63	2,07 9691	9572	9453	9334	9215	9096	8977	8858	8739	8620
0,003 64	8502	8383	8264	8145	8027	7908	7789	7671	7552	7434
0,003 65	7315	7197	7078	6960	6841	6723	6605	6487	6368	6250
0,003 66	6132	6014	5896	5778	5660	5542	5424	5306	5188	5070
0,003 67	4952	4834	4716	4599	4481	4363	4246	4128	4010	3893
0,003 68	3775	3658	3540	3423	3305	3188	3071	2953	2836	2719
0,003 69	2602	2484	2367	2250	2133	2016	1899	1782	1665	1548
0,003 70	1431	1314	1198	1081	0964	0847	0731	0614	0497	0381
0,003 71	0264	0148	0031	'9915	'9798	'9682	'9565	'9449	'9333	'9216
0,003 72	2,06 9100	8984	8868	8751	8635	8519	8403	8287	8171	8055
0,003 73	7939	7823	7707	7591	7476	7360	7244	7128	7013	6897
0,003 74	6781	6666	6550	6435	6319	6204	6088	5973	5857	5742
0,003 75	5627	5511	5396	5281	5166	5051	4935	4820	4705	4590
0,003 76	4475	4360	4245	4130	4015	3900	3786	3671	3556	3441
0,003 77	3327	3212	3097	2983	2868	2753	2639	2524	2410	2296
0,003 78	2181	2067	1952	1838	1724	1610	1495	1381	1267	1153
0,003 79	1039	0925	0811	0697	0583	0469	0355	0241	0127	0013

| | 0 | 1 | 2 | 3 | 4 | 5 | 6 | 7 | 8 | 9 |

P. P.

	131	130	129
1	13,1	13,0	12,9
2	26,2	26,0	25,8
3	39,3	39,0	38,7
4	52,4	52,0	51,6
5	65,5	65,0	64,5
6	78,6	78,0	77,4
7	91,7	91,0	90,3
8	104,8	104,0	103,2
9	117,9	117,0	116,1

	128	127	126
1	12,8	12,7	12,6
2	25,6	25,4	25,2
3	38,4	38,1	37,8
4	51,2	50,8	50,4
5	64,0	63,5	63,0
6	76,8	76,2	75,6
7	89,6	88,9	88,2
8	102,4	101,6	100,8
9	115,2	114,3	113,4

	125	124	123
1	12,5	12,4	12,3
2	25,0	24,8	24,6
3	37,5	37,2	36,9
4	50,0	49,6	49,2
5	62,5	62,0	61,5
6	75,0	74,4	73,8
7	87,5	86,8	86,1
8	100,0	99,2	98,4
9	112,5	111,6	110,7

	122	121	120
1	12,2	12,1	12,0
2	24,4	24,2	24,0
3	36,6	36,3	36,0
4	48,8	48,4	48,0
5	61,0	60,5	60,0
6	73,2	72,6	72,0
7	85,4	84,7	84,0
8	97,6	96,8	96,0
9	109,8	108,9	108,0

	119	118	117
1	11,9	11,8	11,7
2	23,8	23,6	23,4
3	35,7	35,4	35,1
4	47,6	47,2	46,8
5	59,5	59,0	58,5
6	71,4	70,8	70,2
7	83,3	82,6	81,9
8	95,2	94,4	93,6
9	107,1	106,2	105,3

	116	115	114
1	11,6	11,5	11,4
2	23,2	23,0	22,8
3	34,8	34,5	34,2
4	46,4	46,0	45,6
5	58,0	57,5	57,0
6	69,6	69,0	68,4
7	81,2	80,5	79,8
8	92,8	92,0	91,2
9	104,4	103,5	102,6

114

P. P.

0,0038	2,05			SUBTRACTION.						6 Decim.
	0	1	2	3	4	5	6	7	8	9

		0	1	2	3	4	5	6	7	8	9	P. P.
0,003 80	2,05	9899	9786	9672	9558	9444	9331	9217	9104	8990	8876	
0,003 81		8763	8649	8536	8423	8309	8196	8083	7969	7856	7743	111 112 112
0,003 82		7630	7516	7403	7290	7177	7064	6951	6838	6725	6612	1 11.1 11.5 11,2
0,003 83		6499	6386	6273	6161	6048	5935	5822	5710	5597	5484	2 22.2 22.6 22,4
0,003 84		5372	5259	5147	5034	4922	4809	4697	4584	4472	4359	3 33.2 33.9 33,6
												4 45.6 45.2 44,8
0,003 85		4247	4135	4023	3910	3798	3686	3574	3462	3350	3238	5 57.0 56.5 56,0
0,003 86		3126	3014	2902	2790	2678	2566	2454	2342	2230	2119	6 68.3 67.8 67,2
0,003 87		2007	1895	1784	1672	1560	1449	1337	1226	1114	1003	7 79.8 79 1 78.4
0,003 88		0891	0780	0668	0557	0446	0334	0223	0112	0001	˙9889	8 91.2 90 4 89,6
0,003 89	2,04	9778	9667	9556	9445	9334	9223	9112	9001	8890	8779	9 102,6 101.7 100,8
0,003 90		8668	8557	8447	8336	8225	8114	8004	7893	7782	7672	
0,003 91		7561	7451	7340	7229	7119	7009	6898	6788	6677	6567	111 110 109
0,003 92		6457	6346	6236	6126	6016	5906	5796	5685	5575	5465	1 11.1 11.0 10.9
0,003 93		5355	5245	5135	5025	4915	4806	4696	4586	4476	4366	2 22.2 22.0 21.8
0,003 94		4257	4147	4037	3928	3818	3708	3599	3489	3380	3270	3 33.3 33.0 32.7
												4 44.4 44.0 43.6
0,003 95		3161	3051	2942	2832	2723	2614	2505	2395	2286	2177	5 55.5 55.0 54.5
0,003 96		2068	1958	1849	1740	1631	1522	1413	1304	1195	1086	6 66.6 66.0 65.4
0,003 97		0977	0868	0760	0651	0542	0433	0324	0216	0107	˙9998	7 77.7 77.0 76.3
0,003 98	2,03	9890	9781	9673	9564	9455	9347	9238	9130	9022	8913	8 88.8 88.0 87.2
0,003 99		8805	8697	8588	8480	8372	8263	8155	8047	7939	7831	9 99.9 99.0 98,1
0,004 00		7723	7615	7507	7399	7291	7183	7075	6967	6859	6751	
0,004 01		6643	6536	6428	6320	6212	6105	5997	5889	5782	5674	108 107 106
0,004 02		5567	5459	5352	5244	5137	5029	4922	4815	4707	4600	1 10.8 10.7 10.6
0,004 03		4493	4385	4278	4171	4064	3957	3850	3742	3635	3528	2 21.6 21.4 21.2
0,004 04		3421	3314	3207	3101	2994	2887	2780	2673	2566	2459	3 32.4 32.1 31.8
												4 43.2 42.8 42.4
0,004 05		2353	2246	2139	2033	1926	1819	1713	1606	1500	1393	5 54.0 53.5 53.0
0,004 06		1287	1180	1074	0967	0861	0755	0648	0542	0436	0330	6 64.8 64.2 63.6
0,004 07		0223	0117	0011	˙9905	˙9799	˙9693	˙9587	˙9481	˙9374	˙9269	7 75.6 74.9 74.2
0,004 08	2,02	9163	9057	8951	8845	8739	8633	8527	8422	8316	8210	8 86.4 85.6 84.8
0,004 09		8104	7999	7893	7787	7682	7576	7471	7365	7260	7154	9 97.2 96.3 95.4
0,004 10		7049	6943	6838	6733	6627	6522	6417	6311	6206	6101	
0,004 11		5996	5891	5786	5680	5575	5470	5365	5260	5155	5050	105 104 103
0,004 12		4945	4841	4736	4631	4526	4421	4316	4212	4107	4002	1 10.5 10.4 10.3
0,004 13		3898	3793	3688	3584	3479	3375	3270	3166	3061	2957	2 21.0 20.8 20.6
0,004 14		2852	2748	2644	2539	2435	2331	2226	2122	2018	1914	3 31.5 31.2 30.9
												4 42.0 41.6 41.2
0,004 15		1810	1705	1601	1497	1393	1289	1185	1081	0977	0873	5 52.5 52.0 51.5
0,004 16		0769	0665	0562	0458	0354	0250	0146	0043	˙9939	˙9835	6 63.0 62.4 61.8
0,004 17	2,01	9732	9628	9524	9421	9317	9214	9110	9007	8903	8800	7 73.5 72.8 72.1
0,004 18		8696	8593	8490	8386	8283	8180	8076	7973	7870	7767	8 84.0 83.2 82.4
0,004 19		7664	7560	7457	7354	7251	7148	7045	6942	6839	6736	9 94.5 93.6 92.7
0,004 20		6633	6530	6428	6325	6222	6119	6016	5914	5811	5708	
0,004 21		5606	5503	5400	5298	5195	5093	4990	4888	4785	4683	102 101 100
0,004 22		4580	4478	4375	4273	4171	4068	3966	3864	3762	3659	1 10.2 10.1 10.0
0,004 23		3557	3455	3353	3251	3149	3047	2945	2843	2741	2639	2 20.4 20.2 20.0
0,004 24		2537	2435	2333	2231	2129	2027	1926	1824	1722	1620	3 30.6 30.3 30.0
												4 40.8 40.4 40.0
0,004 25		1519	1417	1315	1214	1112	1011	0909	0807	0706	0604	5 51.0 50.5 50.0
0,004 26		0503	0402	0300	0199	0097	˙9996	˙9895	˙9793	˙9692	˙9591	6 61.2 60.6 60.0
0,004 27	2,00	9490	9388	9287	9186	9085	8984	8882	8782	8681	8580	7 71.4 70.7 70.0
0,004 28		8479	8378	8277	8176	8075	7974	7873	7773	7672	7571	8 81.6 80.8 80.0
0,004 29		7470	7370	7269	7168	7068	6967	6866	6766	6665	6565	9 91.8 90.9 90.0
												101

	0	1	2	3	4	5	6	7	8	9	P. P.

| 6 Decim. | SUBTRACTION. | | | | | | | | | | 2,00 0,0043 |

	0	1	2	3	4	5	6	7	S	9	P. P.
0,004 30	2,00 6464	6364	6263	6163	6062	5962	5862	5761	5661	5561	
0,004 31	5460	5360	5260	5160	5059	4959	4859	4759	4659	4559	101 100
0,004 32	4459	4359	4259	4159	4059	3959	3859	3759	3659	3559	1 10,1 10,0
0,004 33	3460	3360	3260	3160	3061	2961	2861	2762	2662	2562	2 20,2 20,0 · 3 30,3 30,0
0,004 34	2463	2363	2264	2164	2065	1965	1866	1766	1667	1568	4 40,4 40,0 · 5 50,5 50,0
0,004 35	1468	1369	1270	1170	1071	0972	0873	0773	0674	0575	6 60,6 60,0 · 7 70,7 70,0
0,004 36	0476	0377	0278	0179	0080	'9981	'9882	'9783	'9684	'9585	8 80,8 80,0 · 9 90,9 90,0
0,004 37	1,99 9486	9387	9288	9189	9091	8992	8893	8794	8696	8597	
0,004 38	8498	8400	8301	8202	8104	8005	7907	7808	7710	7611	
0,004 39	7513	7415	7316	7218	7119	7021	6923	6824	6726	6628	99 98
0,004 40	6530	6432	6333	6235	6137	6039	5941	5843	5745	5647	1 9,9 9,8
0,004 41	5549	5451	5353	5255	5157	5059	4961	4864	4766	4668	2 19,8 19,6 · 3 29,7 29,4
0,004 42	4570	4472	4375	4277	4179	4082	3984	3886	3789	3691	4 39,6 39,2 · 5 49,5 49,0
0,004 43	3594	3496	3399	3301	3204	3106	3009	2911	2814	2717	6 59,4 58,8 · 7 69,3 68,6
0,004 44	2619	2522	2425	2328	2230	2133	2036	1939	1842	1745	8 79,2 78,4 · 9 89,1 88,2
0,004 45	1647	1550	1453	1356	1259	1162	1065	0968	0871	0774	
0,004 46	0678	0581	0484	0387	0290	0193	0097	0000	'9903	'9807	
0,004 47	1,98 9710	9613	9517	9420	9323	9227	9130	9034	8937	8841	97 96
0,004 48	8744	8648	8552	8455	8359	8262	8166	8070	7974	7877	1 9,7 9,6
0,004 49	7781	7685	7589	7492	7396	7300	7204	7108	7012	6916	2 19,4 19,2 · 3 29,1 28,8
0,004 50	6820	6724	6628	6532	6436	6340	6244	6148	6052	5957	4 38,8 38,4 · 5 48,5 48,0
0,004 51	5861	5765	5669	5574	5478	5382	5286	5191	5095	5000	6 58,2 57,6 · 7 67,9 67,2
0,004 52	4904	4808	4713	4617	4522	4426	4331	4235	4140	4045	8 77,6 76,8 · 9 87,3 86,4
0,004 53	3949	3854	3758	3663	3568	3473	3377	3282	3187	3092	
0,004 54	2996	2901	2806	2711	2616	2521	2426	2331	2236	2141	
0,004 55	2046	1951	1856	1761	1666	1571	1477	1382	1287	1192	95 94
0,004 56	1097	1003	0908	0813	0719	0624	0529	0435	0340	0246	1' 9,5 9,4
0,004 57	0151	0057	'9962	'9868	'9773	'9679	'9584	'9490	'9396	'9301	2 19,0 18,8 · 3 28,5 28,2
0,004 58	1,97 9207	9113	9018	8924	8830	8735	8641	8547	8453	8359	4 38,0 37,6 · 5 47,5 47,0
0,004 59	8265	8170	8076	7982	7888	7794	7700	7606	7512	7418	6 57,0 56,4 · 7 66,5 65,8
0,004 60	7324	7231	7137	7043	6949	6855	6761	6668	6574	6480	8 76,0 75,2 · 9 85,5 84,6
0,004 61	6386	6293	6199	6105	6012	5918	5824	5731	5637	5544	
0,004 62	5450	5357	5263	5170	5076	4983	4890	4796	4703	4610	
0,004 63	4516	4423	4330	4236	4143	4050	3957	3864	3771	3677	93 92
0,004 64	3584	3491	3398	3305	3212	3119	3026	2933	2840	2747	1 9,3 9,2
0,004 65	2654	2561	2469	2376	2283	2190	2097	2004	1912	1819	2 18,6 18,4 · 3 27,9 27,6
0,004 66	1726	1634	1541	1448	1356	1263	1170	1078	0985	0893	4 37,2 36,8 · 5 46,5 46,0
0,004 67	0800	0708	0615	0523	0431	0338	0246	0153	0061	'9969	6 55,8 55,2 · 7 65,1 64,4
0,004 68	1,96 9876	9784	9692	9600	9507	9415	9323	9231	9139	9046	8 74,4 73,6 · 9 83,7 82,8
0,004 69	8954	8862	8770	8678	8586	8494	8402	8310	8218	8126	
0,004 70	8034	7942	7851	7759	7667	7575	7483	7391	7300	7208	
0,004 71	7116	7025	6933	6841	6750	6658	6566	6475	6383	6292	91 90
0,004 72	6200	6109	6017	5926	5834	5743	5651	5560	5469	5377	1 9,1 9,0
0,004 73	5286	5195	5103	5012	4921	4830	4738	4647	4556	4465	2 18,2 18,0 · 3 27,3 27,0
0,004 74	4374	4283	4192	4101	4009	3918	3827	3736	3645	3554	4 36,4 36,0 · 5 45,5 45,0
0,004 75	3464	3373	3282	3191	3100	3009	2918	2827	2737	2646	6 54,6 54,0 · 7 63,7 63,0
0,004 76	2555	2464	2374	2283	2192	2102	2011	1920	1830	1739	8 72,8 72,0 · 9 81,9 81,0
0,004 77	1649	1558	1468	1377	1287	1196	1106	1015	0925	0835	
0,004 78	0744	0654	0564	0473	0383	0293	0202	0112	0022	'9932	
0,004 79	1,05 9842	9751	9661	9571	9481	9391	9301	9211	9121	9031	90
	0	1	2	3	4	5	6	7	S	9	P. P.

0,0048　1,958				SUBTRACTION.						6 Decim.
	0	1	2	3	4	5	6	7	8	9	P. P.

	0	1	2	3	4	5	6	7	8	9
0,004 80	1,95 8941	8851	8761	8671	8581	8491	8401	8311	8222	8132
0,004 81	8042	7952	7862	7773	7683	7593	7504	7414	7324	7235
0,004 82	7145	7055	6966	6876	6787	6697	6608	6518	6429	6339
0,004 83	6250	6161	6071	5982	5892	5803	5714	5624	5535	5446
0,004 84	5357	5267	5178	5089	5000	4911	4822	4733	4643	4554
0,004 85	4465	4376	4287	4198	4109	4020	3931	3842	3754	3665
0,004 86	3576	3487	3398	3309	3220	3132	3043	2954	2865	2777
0,004 87	2688	2599	2511	2422	2334	2245	2156	2068	1979	1891
0,004 88	1802	1714	1625	1537	1448	1360	1272	1183	1095	1006
0,004 89	0918	0830	0742	0653	0565	0477	0389	0300	0212	0124
0,004 90	0036	·9948	·9860	·9772	·9684	·9595	·9507	·9419	·9331	·9243
0,004 91	1,94 9156	9068	8980	8892	8804	8716	8628	8540	8452	8365
0,004 92	8277	8189	8101	8014	7926	7838	7751	7663	7575	7488
0,004 93	7400	7312	7225	7137	7050	6962	6875	6787	6700	6612
0,004 94	6525	6438	6350	6263	6176	6088	6001	5914	5826	5739
0,004 95	5652	5565	5477	5390	5303	5216	5129	5042	4954	4867
0,004 96	4780	4693	4606	4519	4432	4345	4258	4171	4084	3997
0,004 97	3911	3824	3737	3650	3563	3476	3390	3303	3216	3129
0,004 98	3043	2956	2869	2783	2696	2609	2523	2436	2349	2263
0,004 99	2176	2090	2003	1917	1830	1744	1657	1571	1485	1398
0,005 00	1312	1226	1139	1053	0967	0880	0794	0708	0622	0535
0,005 01	0449	0363	0277	0191	0105	0018	·9932	·9846	·9760	·9674
0,005 02	1,93 9588	9502	9416	9330	9244	9158	9072	8987	8901	8815
0,005 03	8729	8643	8557	8471	8386	8300	8214	8128	8043	7957
0,005 04	7871	7786	7700	7614	7529	7443	7358	7272	7187	7101
0,005 05	7015	6930	6845	6759	6674	6588	6503	6417	6332	6247
0,005 06	6161	6076	5991	5905	5820	5735	5650	5564	5479	5394
0,005 07	5309	5224	5139	5053	4968	4883	4798	4713	4628	4543
0,005 08	4458	4373	4288	4203	4118	4033	3948	3864	3779	3694
0,005 09	3609	3524	3439	3355	3270	3185	3100	3016	2931	2846
0,005 10	2762	2677	2592	2508	2423	2339	2254	2169	2085	2000
0,005 11	1916	1831	1747	1663	1578	1494	1409	1325	1241	1156
0,005 12	1072	0988	0903	0819	0735	0650	0566	0482	0398	0314
0,005 13	0229	0145	0061	·9977	·9893	·9809	·9725	·9641	·9557	·9473
0,005 14	1,92 9389	9305	9221	9137	9053	8969	8885	8801	8717	8633
0,005 15	8550	8466	8382	8298	8214	8131	8047	7963	7879	7796
0,005 16	7712	7628	7545	7461	7378	7294	7210	7127	7043	6960
0,005 17	6876	6793	6709	6626	6542	6459	6375	6292	6209	6125
0,005 18	6042	5959	5875	5792	5709	5625	5542	5459	5376	5293
0,005 19	5209	5126	5043	4960	4877	4794	4711	4628	4544	4461
0,005 20	4378	4295	4212	4129	4046	3963	3881	3798	3715	3632
0,005 21	3549	3466	3383	3300	3218	3135	3052	2969	2887	2804
0,005 22	2721	2639	2556	2473	2391	2308	2225	2143	2060	1978
0,005 23	1895	1812	1730	1647	1565	1482	1400	1318	1235	1153
0,005 24	1070	0988	0906	0823	0741	0659	0576	0494	0412	0330
0,005 25	0247	0165	0083	0001	·9919	·9836	·9754	·9672	·9590	·9508
0,005 26	1,91 9426	9344	9262	9180	9098	9016	8934	8852	8770	8688
0,005 27	8606	8524	8442	8360	8279	8197	8115	8033	7951	7869
0,005 28	7788	7706	7624	7543	7461	7379	7297	7216	7134	7053
0,005 29	6971	6889	6808	6726	6645	6563	6482	6400	6319	6237

	0	1	2	3	4	5	6	7	8	9	P. P.

P. P.

	90	89			88	87			86	85
1	9,0	8,9		1	8,8	8,7		1	8,6	8,5
2	18,0	17,8		2	17,6	17,4		2	17,2	17,0
3	27,0	26,7		3	26,4	26,1		3	25,8	25,5
4	36,0	35,6		4	35,2	34,8		4	34,4	34,0
5	45,0	44,5		5	44,0	43,5		5	43,0	42,5
6	54,0	53,4		6	52,8	52,2		6	51,6	51,0
7	63,0	62,3		7	61,6	60,9		7	60,2	59,5
8	72,0	71,2		8	70,4	69,6		8	68,8	68,0
9	81,0	80,1		9	79,2	78,3		9	77,4	76,5

	84	83			82	81
1	8,4	8,3		1	8,2	8,1
2	16,8	16,6		2	16,4	16,2
3	25,2	24,9		3	24,6	24,3
4	33,6	33,2		4	32,8	32,4
5	42,0	41,5		5	41,0	40,5
6	50,4	49,8		6	49,2	48,6
7	58,8	58,1		7	57,4	56,7
8	67,2	66,4		8	65,6	64,8
9	75,6	74,7		9	73,8	72,9

6 Decim.				SUBTRACTION.					1,916 0,0053

	0	1	2	3	4	5	6	7	8	9
0,005 30	1,91 6156	6074	5993	5911	5830	5749	5667	5586	5505	5423
0,005 31	5342	5261	5180	5098	5017	4936	4855	4773	4692	4611
0,005 32	4530	4449	4368	4287	4206	4124	4043	3962	3881	3800
0,005 33	3719	3638	3557	3476	3396	3315	3234	3153	3072	2991
0,005 34	2910	2829	2749	2668	2587	2506	2426	2345	2264	2183
0,005 35	2103	2022	1941	1861	1780	1700	1619	1538	1458	1377
0,005 36	1297	1216	1136	1055	0975	0894	0814	0733	0653	0573
0,005 37	0492	0412	0332	0251	0171	0091	0010	·9930	·9850	·9769
0,005 38	1,90 9689	9609	9529	9449	9368	9288	9208	9128	9048	8968
0,005 39	8888	8808	8728	8648	8568	8488	8408	8328	8248	8168
0,005 40	8088	8008	7928	7848	7768	7688	7608	7529	7449	7369
0,005 41	7289	7209	7130	7050	6970	6891	6811	6731	6651	6572
0,005 42	6492	6413	6333	6253	6174	6094	6015	5935	5856	5776
0,005 43	5697	5617	5538	5458	5379	5299	5220	5141	5061	4982
0,005 44	4903	4823	4744	4665	4585	4506	4427	4348	4268	4189
0,005 45	4110	4031	3952	3872	3793	3714	3635	3556	3477	3398
0,005 46	3319	3240	3161	3082	3003	2924	2845	2766	2687	2608
0,005 47	2529	2450	2371	2292	2214	2135	2056	1977	1898	1820
0,005 48	1741	1662	1583	1505	1426	1347	1269	1190	1111	1033
0,005 49	0954	0875	0797	0718	0640	0561	0483	0404	0326	0247
0,005 50	0169	0090	0012	·9933	·9855	·9777	·9698	·9620	·9541	·9463
0,005 51	1,89 9385	9306	9228	9150	9072	8993	8915	8837	8759	8680
0,005 52	8602	8524	8446	8368	8290	8212	8134	8055	7977	7899
0,005 53	7821	7743	7665	7587	7509	7431	7353	7275	7197	7120
0,005 54	7042	6964	6886	6808	6730	6652	6574	6497	6419	6341
0,005 55	6263	6186	6108	6030	5952	5875	5797	5719	5642	5564
0,005 56	5487	5409	5331	5254	5176	5099	5021	4944	4866	4789
0,005 57	4711	4634	4556	4479	4401	4324	4247	4169	4092	4014
0,005 58	3937	3860	3782	3705	3628	3551	3473	3396	3319	3242
0,005 59	3165	3087	3010	2933	2856	2779	2702	2624	2547	2470
0,005 60	2393	2316	2239	2162	2085	2008	1931	1854	1777	1700
0,005 61	1623	1547	1470	1393	1316	1239	1162	1085	1009	0932
0,005 62	0855	0778	0701	0625	0548	0471	0395	0318	0241	0165
0,005 63	0088	0011	·9935	·9858	·9781	·9705	·9628	·9552	·9475	·9399
0,005 64	1,88 9322	9246	9169	9093	9016	8940	8863	8787	8711	8634
0,005 65	8558	8481	8405	8329	8252	8176	8100	8024	7947	7871
0,005 66	7795	7719	7642	7566	7490	7414	7338	7262	7185	7109
0,005 67	7033	6957	6881	6805	6729	6653	6577	6501	6425	6349
0,005 68	6273	6197	6121	6045	5969	5893	5817	5741	5666	5590
0,005 69	5514	5438	5362	5287	5211	5135	5059	4983	4908	4832
0,005 70	4756	4681	4605	4529	4454	4378	4302	4227	4151	4076
0,005 71	4000	3925	3849	3773	3698	3622	3547	3471	3396	3321
0,005 72	3245	3170	3094	3019	2944	2868	2793	2717	2642	2567
0,005 73	2492	2416	2341	2266	2190	2115	2040	1965	1890	1814
0,005 74	1739	1664	1589	1514	1439	1364	1289	1213	1138	1063
0,005 75	0988	0913	0838	0763	0688	0613	0538	0463	0388	0314
0,005 76	0239	0164	0089	0014	·9939	·9864	·9789	·9715	·9640	·9565
0,005 77	1,87 9490	9416	9341	9266	9191	9117	9042	8967	8893	8818
0,005 78	8743	8669	8594	8519	8445	8370	8296	8221	8147	8072
0,005 79	7998	7923	7849	7774	7700	7625	7551	7476	7402	7327

	0	1	2	3	4	5	6	7	8	9

P. P.

	82	81
1	8.2	8.1
2	16.4	16.2
3	24.6	24.3
4	32.8	32.4
5	41.0	40.5
6	49.2	48.6
7	57.4	56.7
8	65.6	64.8
9	73.8	72.9

	80	79
1	8.0	7.9
2	16.0	15.8
3	24.0	23.7
4	32.0	31.6
5	40.0	39.5
6	48.0	47.4
7	56.0	55.3
8	64.0	63.2
9	72.0	71.1

	78	77
1	7.8	7.7
2	15.6	15.4
3	23.4	23.1
4	31.2	30.8
5	39.0	38.5
6	46.8	46.2
7	54.6	53.9
8	62.4	61.6
9	70.2	69.3

	76	75
1	7.6	7.5
2	15.2	15.0
3	22.8	22.5
4	30.4	30.0
5	38.0	37.5
6	45.6	45.0
7	53.2	52.5
8	60.8	60.0
9	68.4	67.5

	74
1	7.4
2	14.8
3	22.2
4	29.6
5	37.0
6	44.4
7	51.8
8	59.2
9	66.6

0,0058 1,877				SUBTRACTION.						6 Decim.

	0	1	2	3	4	5	6	7	8	9	P. P.
0,005 80	1,87 7253	7179	7104	7030	6956	6881	6807	6733	6658	6584	
0,005 81	6510	6436	6361	6287	6213	6139	6065	5991	5916	5842	
0,005 82	5768	5694	5620	5546	5472	5398	5324	5250	5176	5101	75 74
0,005 83	5027	4954	4880	4806	4732	4658	4584	4510	4436	4362	1 7.5 7.4
0,005 84	4288	4214	4140	4067	3993	3919	3845	3771	3698	3624	2 15.0 14.8 3 22.5 22.2 4 30.0 29.6
0,005 85	3550	3476	3403	3329	3255	3182	3108	3034	2961	2887	5 37.5 37.0 6 45.0 44.4
0,005 86	2813	2740	2666	2593	2519	2445	2372	2298	2225	2151	7 52.5 51.8
0,005 87	2078	2004	1931	1858	1784	1711	1637	1564	1490	1417	8 60.0 59.2 9 67.5 66.6
0,005 88	1344	1270	1197	1124	1050	0977	0904	0830	0757	0684	
0,005 89	0611	0537	0464	0391	0318	0245	0172	0098	0025	˙9952	
0,005 90	1,86 9879	9806	9733	9660	9587	9514	9441	9367	9294	9221	
0,005 91	9148	9075	9003	8930	8857	8784	8711	8638	8565	8492	
0,005 92	8419	8346	8274	8201	8128	8055	7982	7910	7837	7764	73 72
0,005 93	7691	7619	7546	7473	7400	7328	7255	7182	7110	7037	1 7.3 7.2
0,005 94	6964	6892	6819	6747	6674	6602	6529	6456	6384	6311	2 14.6 14.4 3 21.9 21.6
0,005 95	6239	6166	6094	6022	5949	5877	5804	5732	5659	5587	4 29.2 28.8 5 36.5 36.0
0,005 96	5515	5442	5370	5298	5225	5153	5081	5008	4936	4864	6 43.8 43.2
0,005 97	4792	4719	4647	4575	4503	4430	4358	4286	4214	4142	7 51.1 50.4
0,005 98	4070	3998	3925	3853	3781	3709	3637	3565	3493	3421	8 58.4 57.6 9 65.7 64.8
0,005 99	3349	3277	3205	3133	3061	2989	2917	2845	2773	2701	
0,006 00	2630	2558	2486	2414	2342	2270	2199	2127	2055	1983	
0,006 01	1911	1840	1768	1696	1624	1553	1481	1409	1338	1266	
0,006 02	1194	1123	1051	0979	0908	0836	0765	0693	0622	0550	
0,006 03	0479	0407	0335	0264	0193	0121	0050	˙9978	˙9907	˙9835	
0,006 04	1,85 9764	9692	9621	9550	9478	9407	9336	9264	9193	9122	
0,006 05	9050	8979	8908	8837	8765	8694	8623	8552	8481	8409	71 70
0,006 06	8338	8267	8196	8125	8054	7982	7911	7840	7769	7698	1 7.1 7.0
0,006 07	7627	7556	7485	7414	7343	7272	7201	7130	7059	6988	2 14.2 14.0 3 21.3 21.0
0,006 08	6917	6846	6775	6704	6634	6563	6492	6421	6350	6279	4 28.4 28.0 5 35.5 35.0
0,006 09	6208	6138	6067	5996	5925	5855	5784	5713	5642	5572	6 42.6 42.0
0,006 10	5501	5430	5360	5289	5218	5148	5077	5006	4936	4865	7 49.7 49.0
0,006 11	4795	4724	4653	4583	4512	4442	4371	4301	4230	4160	8 56.8 56.0 9 63.9 63.0
0,006 12	4089	4019	3948	3878	3808	3737	3667	3596	3526	3456	
0,006 13	3385	3315	3245	3174	3104	3034	2963	2893	2823	2753	
0,006 14	2682	2612	2542	2472	2401	2331	2261	2191	2121	2051	
0,006 15	1981	1910	1840	1770	1700	1630	1560	1490	1420	1350	
0,006 16	1280	1210	1140	1070	1000	0930	0860	0790	0720	0650	
0,006 17	0580	0511	0441	0371	0301	0231	0161	0092	0022	˙9952	69 68
0,006 18	1,84 9882	9812	9743	9673	9603	9533	9464	9394	9324	9255	1 6.9 6.8
0,006 19	9185	9115	9046	8976	8906	8837	8767	8698	8628	8558	2 13.8 13.6 3 20.7 20.4
0,006 20	8489	8419	8350	8280	8211	8141	8072	8002	7933	7863	4 27.6 27.2 5 34.5 34.0
0,006 21	7794	7725	7655	7586	7516	7447	7378	7308	7239	7170	6 41.4 40.8
0,006 22	7100	7031	6962	6892	6823	6754	6684	6615	6546	6477	7 48.3 47.6
0,006 23	6408	6338	6269	6200	6131	6062	5992	5923	5854	5785	8 55.2 54.4 9 62.1 61.2
0,006 24	5716	5647	5578	5509	5440	5371	5302	5233	5164	5095	
0,006 25	5026	4957	4888	4819	4750	4681	4612	4543	4474	4405	
0,006 26	4336	4267	4198	4130	4061	3992	3923	3854	3786	3717	
0,006 27	3648	3579	3510	3442	3373	3304	3236	3167	3098	3030	
0,006 28	2961	2892	2824	2755	2686	2618	2549	2481	2412	2343	
0,006 29	2275	2206	2138	2069	2001	1932	1864	1795	1727	1658	68

	0	1	2	3	4	5	6	7	8	9	P. P.

6 Decim.				SUBTRACTION.					1,841 0,0063	
	0	1	2	3	4	5	6	7	8	9
0,006 30	1,84 1590	1522	1453	1385	1316	1248	1180	1111	1043	0974
0,006 31	0906	0838	0769	0701	0633	0565	0496	0428	0360	0292
0,006 32	0223	0155	0087	0019	'9951	'9882	'9814	'9746	'9678	'9610
0,006 33	1,83 9542	9474	9406	9337	9269	9201	9133	9065	8997	8929
0,006 34	8861	8793	8725	8657	8589	8521	8453	8385	8318	8250
0,006 35	8182	8114	8046	7978	7910	7842	7775	7707	7639	7571
0,006 36	7503	7436	7368	7300	7232	7165	7097	7029	6961	6894
0,006 37	6826	6758	6691	6623	6555	6488	6420	6352	6285	6217
0,006 38	6150	6082	6015	5947	5880	5812	5744	5677	5609	5542
0,006 39	5475	5407	5340	5272	5205	5137	5070	5003	4935	4868
0,006 40	4800	4733	4666	4598	4531	4464	4396	4329	4262	4195
0,006 41	4127	4060	3993	3926	3858	3791	3724	3657	3590	3522
0,006 42	3455	3388	3321	3254	3187	3120	3053	2986	2918	2851
0,006 43	2784	2717	2650	2583	2516	2449	2382	2315	2248	2181
0,006 44	2114	2048	1981	1914	1847	1780	1713	1646	1579	1512
0,006 45	1446	1379	1312	1245	1178	1112	1045	0978	0911	0845
0,006 46	0778	0711	0644	0578	0511	0444	0378	0311	0244	0178
0,006 47	0111	0044	'9978	'9911	'9845	'9778	'9711	'9645	'9578	'9512
0,006 48	1,82 9445	9379	9312	9246	9179	9113	9046	8980	8913	8847
0,006 49	8781	8714	8648	8581	8515	8449	8382	8316	8250	8183
0,006 50	8117	8051	7984	7918	7852	7785	7719	7653	7587	7520
0,006 51	7454	7388	7322	7256	7189	7123	7057	6991	6925	6859
0,006 52	6793	6727	6660	6594	6528	6462	6396	6330	6264	6198
0,006 53	6132	6066	6000	5934	5868	5802	5736	5670	5604	5538
0,006 54	5472	5407	5341	5275	5209	5143	5077	5011	4946	4880
0,006 55	4814	4748	4682	4617	4551	4485	4419	4354	4288	4222
0,006 56	4156	4091	4025	3959	3894	3828	3762	3697	3631	3565
0,006 57	3500	3434	3369	3303	3237	3172	3106	3041	2975	2910
0,006 58	2844	2779	2713	2648	2582	2517	2451	2386	2321	2255
0,006 59	2190	2124	2059	1994	1928	1863	1797	1732	1667	1602
0,006 60	1536	1471	1406	1340	1275	1210	1145	1079	1014	0949
0,006 61	0884	0818	0753	0688	0623	0558	0493	0427	0362	0297
0,006 62	0232	0167	0102	0037	'9972	'9907	'9842	'9777	'9712	'9647
0,006 63	1,81 9582	9517	9452	9387	9322	9257	9192	9127	9062	8997
0,006 64	8932	8867	8802	8737	8672	8608	8543	8478	8413	8348
0,006 65	8283	8219	8154	8089	8024	7960	7895	7830	7765	7701
0,006 66	7636	7571	7506	7442	7377	7312	7248	7183	7118	7054
0,006 67	6989	6925	6860	6795	6731	6666	6602	6537	6473	6408
0,006 68	6344	6279	6215	6150	6086	6021	5957	5892	5828	5763
0,006 69	5699	5634	5570	5506	5441	5377	5313	5248	5184	5120
0,006 70	5055	4991	4927	4862	4798	4734	4669	4605	4541	4477
0,006 71	4412	4348	4284	4220	4156	4091	4027	3963	3899	3835
0,006 72	3771	3707	3642	3578	3514	3450	3386	3322	3258	3194
0,006 73	3130	3066	3002	2938	2874	2810	2746	2682	2618	2554
0,006 74	2490	2426	2362	2298	2234	2170	2107	2043	1979	1915
0,006 75	1851	1787	1724	1660	1596	1532	1468	1405	1341	1277
0,006 76	1213	1149	1086	1022	0958	0895	0831	0767	0704	0640
0,006 77	0576	0513	0449	0385	0322	0258	0195	0131	0067	0004
0,006 78	1,80 9940	9877	9813	9750	9686	9623	9559	9496	9432	9369
0,006 79	9305	9242	9178	9115	9051	8988	8925	8861	8798	8734
	0	1	2	3	4	5	6	7	8	9

P. P.

	69	68
1	6,9	6,8
2	13,8	13,6
3	20,7	20,4
4	27,6	27,2
5	34,5	34,0
6	41,4	40,8
7	48,3	47,6
8	55,2	54,4
9	62,1	61,2

	67	66
1	6,7	6,6
2	13,4	13,2
3	20,1	19,8
4	26,8	26,4
5	33,5	33,0
6	40,2	39,6
7	46,9	46,2
8	53,6	52,8
9	60,3	59,4

	65	64
1	6,5	6,4
2	13,0	12,8
3	19,5	19,2
4	26,0	25,6
5	32,5	32,0
6	39,0	38,4
7	45,5	44,8
8	52,0	51,2
9	58,5	57,6

	63
1	6,3
2	12,6
3	18,9
4	25,2
5	31,5
6	37,8
7	44,1
8	50,4
9	56,7

P. P.

0,0068 1,808	0	1	2	3	4	5	6	7	8	9
				SUBTRACTION.						6 Decim.
0,006 80	1,80 8671	8608	8544	8481	8418	8354	8291	8228	8164	8101
0,006 81	8038	7974	7911	7848	7785	7721	7658	7595	7532	7469
0,006 82	7405	7342	7279	7216	7153	7090	7027	6963	6900	6837
0,006 83	6774	6711	6648	6585	6522	6459	6396	6333	6270	6207
0,006 84	6144	6081	6018	5955	5892	5829	5766	5703	5640	5577
0,006 85	5514	5451	5388	5326	5263	5200	5137	5074	5011	4948
0,006 86	4886	4823	4760	4697	4635	4572	4509	4446	4383	4321
0,006 87	4258	4195	4133	4070	4007	3945	3882	3819	3757	3694
0,006 88	3631	3569	3506	3443	3381	3318	3256	3193	3131	3068
0,006 89	3006	2943	2880	2818	2755	2693	2630	2568	2506	2443
0,006 90	2381	2318	2256	2193	2131	2069	2006	1944	1881	1819
0,006 91	1757	1694	1632	1570	1507	1445	1383	1320	1258	1196
0,006 92	1134	1071	1009	0947	0885	0822	0760	0698	0636	0574
0,006 93	0511	0449	0387	0325	0263	0201	0139	0076	0014	'9952
0,006 94	1,79 9890	9828	9766	9704	9642	9580	9518	9456	9394	9332
0,006 95	9270	9208	9146	9084	9022	8960	8898	8836	8774	8712
0,006 96	8650	8589	8527	8465	8403	8341	8279	8217	8156	8094
0,006 97	8032	7970	7908	7846	7785	7723	7661	7599	7538	7476
0,006 98	7414	7352	7291	7229	7167	7106	7044	6982	6921	6859
0,006 99	6797	6736	6674	6613	6551	6489	6428	6366	6305	6243
0,007 00	6182	6120	6059	5997	5935	5874	5812	5751	5690	5628
0,007 01	5567	5505	5444	5382	5321	5259	5198	5137	5075	5014
0,007 02	4952	4891	4830	4768	4707	4646	4584	4523	4462	4401
0,007 03	4339	4278	4217	4155	4094	4033	3972	3911	3849	3788
0,007 04	3727	3666	3605	3543	3482	3421	3360	3299	3238	3177
0,007 05	3115	3054	2993	2932	2871	2810	2749	2688	2627	2566
0,007 06	2505	2444	2383	2322	2261	2200	2139	2078	2017	1956
0,007 07	1895	1834	1773	1712	1651	1591	1530	1469	1408	1347
0,007 08	1286	1225	1165	1104	1043	0982	0921	0861	0800	0739
0,007 09	0678	0618	0557	0496	0435	0375	0314	0253	0192	0132
0,007 10	0071	0010	'9950	'9889	'9829	'9768	'9707	'9647	'9586	'9525
0,007 11	1,78 9465	9404	9344	9283	9223	9162	9102	9041	8980	8920
0,007 12	8859	8799	8738	8678	8618	8557	8497	8436	8376	8315
0,007 13	8255	8194	8134	8074	8013	7953	7893	7832	7772	7712
0,007 14	7651	7591	7531	7470	7410	7350	7289	7229	7169	7109
0,007 15	7048	6988	6928	6868	6807	6747	6687	6627	6567	6507
0,007 16	6446	6386	6326	6266	6206	6146	6086	6025	5965	5905
0,007 17	5845	5785	5725	5665	5605	5545	5485	5425	5365	5305
0,007 18	5245	5185	5125	5065	5005	4945	4885	4825	4765	4705
0,007 19	4645	4586	4526	4466	4406	4346	4286	4226	4166	4107
0,007 20	4047	3987	3927	3867	3808	3748	3688	3628	3569	3509
0,007 21	3449	3389	3330	3270	3210	3150	3091	3031	2971	2912
0,007 22	2852	2792	2733	2673	2614	2554	2494	2435	2375	2316
0,007 23	2256	2196	2137	2077	2018	1958	1899	1839	1780	1720
0,007 24	1661	1601	1542	1482	1423	1363	1304	1245	1185	1126
0,007 25	1066	1007	0947	0888	0829	0769	0710	0651	0591	0532
0,007 26	0473	0413	0354	0295	0235	0176	0117	0058	'9998	'9939
0,007 27	1,77 9880	9821	9761	9702	9643	9584	9525	9465	9406	9347
0,007 28	9288	9229	9170	9110	9051	8992	8933	8874	8815	8756
0,007 29	8697	8638	8579	8519	8460	8401	8342	8283	8224	8165
	0	1	2	3	4	5	6	7	8	9

P. P.

64
1| 6,4
2|12,8
3|19,2
4|25,6
5|32,0
6|38,4
7|44,8
8|51,2
9|57,6

63
1| 6,3
2|12,6
3|18,9
4|25,2
5|31,5
6|37,8
7|44,1
8|50,4
9|56,7

62
1| 6,2
2|12,4
3|18,6
4|24,8
5|31,0
6|37,2
7|43,4
8|49,6
9|55,8

61
1| 6,1
2|12,2
3|18,3
4|24,4
5|30,5
6|36,6
7|42,7
8|48,8
9|54,9

60
1| 6,0
2|12,0
3|18,0
4|24,0
5|30,0
6|36,0
7|42,0
8|48,0
9|54,0

59
1| 5,9
2|11,8
3|17,7
4|23,6
5|29,5
6|35,4
7|41,3
8|47,2
9|53,1

P. P.

| 6 Decim. | SUBTRACTION. | | | | | | | | | 1,778 0,0073 |

	0	1	2	3	4	5	6	7	8	9	P. P.
0,007 30	1,77 8106	8047	7988	7929	7870	7811	7753	7694	7635	7576	
0,007 31	7517	7458	7399	7340	7281	7222	7163	7105	7046	6987	**59**
0,007 32	6928	6869	6810	6752	6693	6634	6575	6516	6458	6399	1 5,9
0,007 33	6340	6281	6223	6164	6105	6047	5988	5929	5870	5812	2 11,8
0,007 34	5753	5694	5636	5577	5518	5460	5401	5343	5284	5225	3 17,7
											4 23,6
0,007 35	5167	5108	5050	4991	4932	4874	4815	4757	4698	4640	5 29,5
0,007 36	4581	4523	4464	4406	4347	4289	4230	4172	4113	4055	6 35,4
0,007 37	3997	3938	3880	3821	3763	3705	3646	3588	3529	3471	7 41,3
0,007 38	3413	3354	3296	3238	3179	3121	3063	3004	2946	2888	8 47,2
0,007 39	2830	2771	2713	2655	2597	2538	2480	2422	2364	2306	9 53,1
0,007 40	2247	2189	2131	2073	2015	1956	1898	1840	1782	1724	
0,007 41	1666	1608	1550	1492	1433	1375	1317	1259	1201	1143	**58**
0,007 42	1085	1027	0969	0911	0853	0795	0737	0679	0621	0563	1 5,8
0,007 43	0505	0447	0389	0331	0273	0216	0158	0100	0042	'9984	2 11,6
0,007 44	1,76 9926	9868	9810	9752	9695	9637	9579	9521	9463	9406	3 17,4
											4 23,2
0,007 45	9348	9290	9232	9174	9117	9059	9001	8943	8886	8828	5 29,0
0,007 46	8770	8712	8655	8597	8539	8482	8424	8366	8309	8251	6 34,8
0,007 47	8193	8136	8078	8020	7963	7905	7848	7790	7732	7675	7 40,6
0,007 48	7617	7560	7502	7445	7387	7330	7272	7215	7157	7100	8 46,4
0,007 49	7042	6985	6927	6870	6812	6755	6697	6640	6582	6525	9 52,2
0,007 50	6468	6410	6353	6295	6238	6181	6123	6066	6009	5951	
0,007 51	5894	5837	5779	5722	5665	5607	5550	5493	5436	5378	**57**
0,007 52	5321	5264	5207	5149	5092	5035	4978	4920	4863	4806	1 5,7
0,007 53	4749	4692	4635	4577	4520	4463	4406	4349	4292	4235	2 11,4
0,007 54	4178	4120	4063	4006	3949	3892	3835	3778	3721	3664	3 17,1
											4 22,8
0,007 55	3607	3550	3493	3436	3379	3322	3265	3208	3151	3094	5 28,5
0,007 56	3037	2980	2923	2866	2809	2752	2695	2639	2582	2525	6 34,2
0,007 57	2468	2411	2354	2297	2241	2184	2127	2070	2013	1956	7 39,9
0,007 58	1900	1843	1786	1729	1672	1616	1559	1502	1445	1389	8 45,6
0,007 59	1332	1275	1219	1162	1105	1048	0992	0935	0878	0822	9 51,3
0,007 60	0765	0709	0652	0595	0539	0482	0425	0369	0312	0256	
0,007 61	0199	0143	0086	0029	'9973	'9916	'9860	'9803	'9747	'9690	**56**
0,007 62	1,75 9634	9577	9521	9464	9408	9351	9295	9238	9182	9126	1 5,6
0,007 63	9069	9013	8956	8900	8844	8787	8731	8674	8618	8562	2 11,2
0,007 64	8505	8449	8393	8336	8280	8224	8167	8111	8055	7999	3 16,8
											4 22,4
0,007 65	7942	7886	7830	7773	7717	7661	7605	7549	7492	7436	5 28,0
0,007 66	7380	7324	7268	7211	7155	7099	7043	6987	6931	6874	6 33,6
0,007 67	6818	6762	6706	6650	6594	6538	6482	6426	6370	6313	7 39,2
0,007 68	6257	6201	6145	6089	6033	5977	5921	5865	5809	5753	8 44,8
0,007 69	5697	5641	5585	5529	5473	5418	5362	5306	5250	5194	9 50,4
0,007 70	5138	5082	5026	4970	4914	4858	4803	4747	4691	4635	
0,007 71	4579	4523	4468	4412	4356	4300	4244	4189	4133	4077	**55**
0,007 72	4021	3966	3910	3854	3798	3743	3687	3631	3575	3520	1 5,5
0,007 73	3464	3408	3353	3297	3241	3186	3130	3074	3019	2963	2 11,0
0,007 74	2908	2852	2796	2741	2685	2630	2574	2518	2463	2407	3 16,5
											4 22,0
0,007 75	2352	2296	2241	2185	2130	2074	2019	1963	1908	1852	5 27,5
0,007 76	1797	1741	1686	1630	1575	1520	1464	1409	1353	1298	6 33,0
0,007 77	1243	1187	1132	1076	1021	0966	0910	0855	0800	0744	7 38,5
0,007 78	0689	0634	0578	0523	0468	0412	0357	0302	0247	0191	8 44,0
0,007 79	0136	0081	0026	'9970	'9915	'9860	'9805	'9749	'9694	'9639	9 49,5
											55

| | 0 | 1 | 2 | 3 | 4 | 5 | 6 | 7 | 8 | 9 | P. P. |

0,0078   1,749   SUBTRACTION.   6 Decim.

	0	1	2	3	4	5	6	7	8	9	P. P.
0,007 80	1,74 9584	9529	9474	9418	9363	9308	9253	9198	9143	9088	
0,007 81	9032	8977	8922	8867	8812	8757	8702	8647	8592	8537	56
0,007 82	8482	8427	8372	8317	8262	8207	8152	8097	8042	7987	1| 5,6
0,007 83	7932	7877	7822	7767	7712	7657	7602	7547	7492	7437	2|11,2 3|16,8
0,007 84	7382	7327	7273	7218	7163	7108	7053	6998	6943	6889	4|22,4 5|28,0
0,007 85	6834	6779	6724	6669	6614	6560	6505	6450	6395	6341	6|33,6
0,007 86	6286	6231	6176	6122	6067	6012	5957	5903	5848	5793	7|39,2 8|44,8
0,007 87	5739	5684	5629	5575	5520	5465	5411	5356	5301	5247	9|50,4
0,007 88	5192	5138	5083	5028	4974	4919	4865	4810	4755	4701	
0,007 89	4646	4592	4537	4483	4428	4374	4319	4265	4210	4156	55
0,007 90	4101	4047	3992	3938	3883	3829	3775	3720	3666	3611	1| 5,5
0,007 91	3557	3502	3448	3394	3339	3285	3231	3176	3122	3067	2|11,0 3|16,5
0,007 92	3013	2959	2904	2850	2796	2742	2687	2633	2579	2524	4|22,0 5|27,5
0,007 93	2470	2416	2362	2307	2253	2199	2145	2090	2036	1982	6|33,0 7|38,5
0,007 94	1928	1874	1819	1765	1711	1657	1603	1549	1494	1440	8|44,0 9|49,5
0,007 95	1386	1332	1278	1224	1170	1116	1061	1007	0953	0899	
0,007 96	0845	0791	0737	0683	0629	0575	0521	0467	0413	0359	
0,007 97	0305	0251	0197	0143	0089	0035	˙9981	˙9927	˙9873	˙9819	54
0,007 98	1,73 9765	9711	9657	9604	9550	9496	9442	9388	9334	9280	1| 5,4
0,007 99	9226	9173	9119	9065	9011	8957	8903	8850	8796	8742	2|10,8 3|16,2
0,008 00	8688	8634	8581	8527	8473	8419	8366	8312	8258	8204	4|21,6 5|27,0
0,008 01	8151	8097	8043	7990	7936	7882	7828	7775	7721	7667	6|32,4 7|37,8
0,008 02	7614	7560	7506	7453	7399	7346	7292	7238	7185	7131	8|43,2 9|48,6
0,008 03	7078	7024	6970	6917	6863	6810	6756	6703	6649	6596	
0,008 04	6542	6489	6435	6382	6328	6275	6221	6168	6114	6061	
0,008 05	6007	5954	5900	5847	5793	5740	5687	5633	5580	5526	53
0,008 06	5473	5420	5366	5313	5260	5206	5153	5100	5046	4993	1| 5,3
0,008 07	4940	4886	4833	4780	4726	4673	4620	4566	4513	4460	2|10,6 3|15,9
0,008 08	4407	4353	4300	4247	4194	4141	4087	4034	3981	3928	4|21,2 5|26,5
0,008 09	3875	3821	3768	3715	3662	3609	3556	3502	3449	3396	6|31,8 7|37,1
0,008 10	3343	3290	3237	3184	3131	3077	3024	2971	2918	2865	8|42,4 9|47,7
0,008 11	2812	2759	2706	2653	2600	2547	2494	2441	2388	2335	
0,008 12	2282	2229	2176	2123	2070	2017	1964	1911	1858	1805	
0,008 13	1752	1700	1647	1594	1541	1488	1435	1382	1329	1276	52
0,008 14	1224	1171	1118	1065	1012	0959	0907	0854	0801	0748	1| 5,2
0,008 15	0695	0643	0590	0537	0484	0431	0379	0326	0273	0220	2|10,4 3|15,6
0,008 16	0168	0115	0062	0010	˙9957	˙9904	˙9852	˙9799	˙9746	˙9694	4|20,8 5|26,0
0,008 17	1,72 9641	9588	9536	9483	9430	9378	9325	9272	9220	9167	6|31,2 7|36,4
0,008 18	9115	9062	9009	8957	8904	8852	8799	8747	8694	8642	8|41,6 9|46,8
0,008 19	8589	8536	8484	8431	8379	8326	8274	8221	8169	8116	
0,008 20	8064	8012	7959	7907	7854	7802	7749	7697	7644	7592	
0,008 21	7540	7487	7435	7383	7330	7278	7225	7173	7121	7068	51
0,008 22	7016	6964	6911	6859	6807	6754	6702	6650	6598	6545	1| 5,1
0,008 23	6493	6441	6388	6336	6284	6232	6179	6127	6075	6023	2|10,2 3|15,3
0,008 24	5971	5918	5866	5814	5762	5710	5657	5605	5553	5501	4|20,4 5|25,5
0,008 25	5449	5397	5345	5292	5240	5188	5136	5084	5032	4980	6|30,6 7|35,7
0,008 26	4928	4876	4824	4772	4719	4667	4615	4563	4511	4459	8|40,8 9|45,9
0,008 27	4407	4355	4303	4251	4199	4147	4095	4043	3991	3939	
0,008 28	3887	3835	3784	3732	3680	3628	3576	3524	3472	3420	
0,008 29	3368	3316	3264	3213	3161	3109	3057	3005	2953	2901	51
	0	1	2	3	4	5	6	7	8	9	P. P.

6 Decim.	SUBTRACTION.									1,722 0,0083	
	0	1	2	3	4	5	6	7	8	9	P. P.
0,008 30	1,72 2850	2798	2746	2694	2642	2591	2539	2487	2435	2383	52
0,008 31	2332	2280	2228	2176	2125	2073	2021	1969	1918	1866	
0,008 32	1814	1763	1711	1659	1608	1556	1504	1453	1401	1349	1 5.2
0,008 33	1298	1246	1194	1143	1091	1040	0988	0936	0885	0833	2 10.4
0,008 34	0782	0730	0678	0627	0575	0524	0472	0421	0369	0318	3 15.6 / 4 20.8
0,008 35	0266	0215	0163	0112	0060	0009	'9957	'9906	'9854	'9803	5 26.0 / 6 31.2
0,008 36	1,71 9751	9700	9648	9597	9546	9494	9443	9391	9340	9289	7 36.4
0,008 37	9237	9186	9134	9083	9032	8980	8929	8878	8826	8775	8 41.6
0,008 38	8724	8672	8621	8570	8518	8467	8416	8364	8313	8262	9 46.8
0,008 39	8211	8159	8108	8057	8006	7954	7903	7852	7801	7749	
0,008 40	7698	7647	7596	7545	7493	7442	7391	7340	7289	7238	
0,008 41	7187	7135	7084	7033	6982	6931	6880	6829	6778	6727	51
0,008 42	6675	6624	6573	6522	6471	6420	6369	6318	6267	6216	1 5.1
0,008 43	6165	6114	6063	6012	5961	5910	5859	5808	5757	5706	2 10.2 / 3 15.3
0,008 44	5655	5604	5553	5502	5451	5400	5349	5298	5248	5197	4 20.4 / 5 25.5
0,008 45	5146	5095	5044	4993	4942	4891	4840	4790	4739	4688	6 30.6
0,008 46	4637	4586	4535	4485	4434	4383	4332	4281	4231	4180	7 35.7
0,008 47	4129	4078	4027	3977	3926	3875	3824	3774	3723	3672	8 40.8
0,008 48	3622	3571	3520	3469	3419	3368	3317	3267	3216	3165	9 45.9
0,008 49	3115	3064	3013	2963	2912	2862	2811	2760	2710	2659	
0,008 50	2608	2558	2507	2457	2406	2356	2305	2254	2204	2153	
0,008 51	2103	2052	2002	1951	1901	1850	1800	1749	1699	1648	50
0,008 52	1598	1547	1497	1446	1396	1345	1295	1245	1194	1144	1 5.0
0,008 53	1093	1043	0992	0942	0892	0841	0791	0741	0690	0640	2 10.0 / 3 15.0
0,008 54	0589	0539	0489	0438	0388	0338	0287	0237	0187	0136	4 20.0 / 5 25.0
0,008 55	0086	0036	'9986	'9935	'9885	'9835	'9785	'9734	'9684	'9634	6 30.0
0,008 56	1,70 9584	9533	9483	9433	9383	9332	9282	9232	9182	9132	7 35.0
0,008 57	9081	9031	8981	8931	8881	8831	8780	8730	8680	8630	8 40.0
0,008 58	8580	8530	8480	8430	8380	8329	8279	8229	8179	8129	9 45.0
0,008 59	8079	8029	7979	7929	7879	7829	7779	7729	7679	7629	
0,008 60	7579	7529	7479	7429	7379	7329	7279	7229	7179	7129	
0,008 61	7079	7029	6979	6929	6879	6829	6779	6730	6680	6630	49
0,008 62	6580	6530	6480	6430	6380	6331	6281	6231	6181	6131	1 4.9
0,008 63	6081	6032	5982	5932	5882	5832	5783	5733	5683	5633	2 9.8 / 3 14.7
0,008 64	5583	5534	5484	5434	5384	5335	5285	5235	5185	5136	4 19.6 / 5 24.5
0,008 65	5086	5036	4987	4937	4887	4838	4788	4738	4689	4639	6 29.4
0,008 66	4589	4540	4490	4440	4391	4341	4291	4242	4192	4143	7 34.3
0,008 67	4093	4043	3994	3944	3895	3845	3796	3746	3696	3647	8 39.2
0,008 68	3597	3548	3498	3449	3399	3350	3300	3251	3201	3152	9 44.1
0,008 69	3102	3053	3003	2954	2904	2855	2806	2756	2707	2657	
0,008 70	2608	2558	2509	2460	2410	2361	2311	2262	2213	2163	
0,008 71	2114	2065	2015	1966	1916	1867	1818	1768	1719	1670	48
0,008 72	1621	1571	1522	1473	1423	1374	1325	1276	1226	1177	1 4.8
0,008 73	1128	1079	1029	0980	0931	0882	0832	0783	0734	0685	2 9.6 / 3 14.4
0,008 74	0636	0586	0537	0488	0439	0390	0340	0291	0242	0193	4 19.2 / 5 24.0
0,008 75	0144	0095	0046	'9997	'9947	'9898	'9849	'9800	'9751	'9702	6 28.8
0,008 76	1,69 9653	9604	9555	9506	9457	9408	9358	9309	9260	9211	7 33.6
0,008 77	9162	9113	9064	9015	8966	8917	8868	8819	8770	8721	8 38.4
0,008 78	8672	8623	8574	8526	8477	8428	8379	8330	8281	8232	9 43.2
0,008 79	8183	8134	8085	8036	7987	7939	7890	7841	7792	7743	49
	0	1	2	3	4	5	6	7	8	9	P. P.

0,0088 1,697				SUBTRACTION.					6 Decim.	
	0	1	2	3	4	5	6	7	8	9	P. P.

	0	1	2	3	4	5	6	7	8	9	P. P.
0,008 80	1,69 7694	7645	7597	7548	7499	7450	7401	7352	7304	7255	
0,008 81	7206	7157	7108	7060	7011	6962	6913	6865	6816	6767	49
0,008 82	.6718	6670	6621	6572	6523	6475	6426	6377	6329	6280	1 4.9
0,008 83	6231	6182	6134	6085	6036	5988	5939	5890	5842	5793	2 9.8
0,008 84	5745	5696	5647	5599	5550	5501	5453	5404	5356	5307	3 14.7 4 19.6 5 24.5
0,008 85	5259	5210	5161	5113	5064	5016	4967	4919	4870	4822	6 29.4
0,008 86	4773	4725	4676	4628	4579	4531	4482	4434	4385	4337	7 34.3
0,008 87	4288	4240	4191	4143	4094	4046	3997	3949	3901	3852	8 39.2
0,008 88	3804	3755	3707	3659	3610	3562	3513	3465	3417	3368	9 44.1
0,008 89	3320	3272	3223	3175	3127	3078	3030	2982	2933	2885	
0,008 90	2837	2788	2740	2692	2644	2595	2547	2499	2450	2402	
0,008 91	2354	2306	2258	2209	2161	2113	2065	2016	1968	1920	
0,008 92	1872	1824	1775	1727	1679	1631	1583	1535	1486	1438	
0,008 93	1390	1342	1294	1246	1198	1150	1101	1053	1005	0957	
0,008 94	0909	0861	0813	0765	0717	0669	0621	0573	0525	0477	48
0,008 95	0429	0381	0333	0285	0237	0189	0141	0093	0045	'9997	1 4.8
0,008 96	1,68 9949	9901	9853	9805	9757	9709	9661	9613	9565	9517	2 9,6 3 14,4
0,008 97	9469	9421	9373	9325	9278	9230	9182	9134	9086	9038	4 19,2
0,008 98	8990	8942	8895	8847	8799	8751	8703	8655	8607	8560	5 24,0 6 28,8
0,008 99	8512	8464	8416	8368	8321	8273	8225	8177	8130	8082	7 33,6 8 38,4
0,009 00	8034	7986	7939	7891	7843	7795	7748	7700	7652	7604	9 43,2
0,009 01	7557	7509	7461	7414	7366	7318	7271	7223	7175	7128	
0,009 02	7080	7032	6985	6937	6889	6842	6794	6747	6699	6651	
0,009 03	6604	6556	6509	6461	6413	6366	6318	6271	6223	6176	
0,009 04	6128	6080	6033	5985	5938	5890	5843	5795	5748	5700	
0,009 05	5653	5605	5558	5510	5463	5415	5368	5321	5273	5226	
0,009 06	5178	5131	5083	5036	4989	4941	4894	4846	4799	4752	
0,009 07	4704	4657	4609	4562	4515	4467	4420	4373	4325	4278	47
0,009 08	4231	4183	4136	4089	4041	3994	3947	3899	3852	3805	1 4,7
0,009 09	3758	3710	3663	3616	3568	3521	3474	3427	3379	3332	2 9,4 3 14,1
0,009 10	3285	3238	3191	3143	3096	3049	3002	2955	2907	2860	4 18,8
0,009 11	2813	2766	2719	2671	2624	2577	2530	2483	2436	2389	5 23,5 6 28,2
0,009 12	2341	2294	2247	2200	2153	2106	2059	2012	1965	1918	7 32,9
0,009 13	1871	1823	1776	1729	1682	1635	1588	1541	1494	1447	8 37,6
0,009 14	1400	1353	1306	1259	1212	1165	1118	1071	1024	0977	9 42,3
0,009 15	0930	0883	0836	0789	0742	0695	0648	0602	0555	0508	
0,009 16	0461	0414	0367	0320	0273	0226	0179	0133	0086	0039	
0,009 17	1,67 9992	9945	9898	9851	9805	9758	9711	9664	9617	9570	
0,009 18	9524	9477	9430	9383	9336	9290	9243	9196	9149	9102	
0,009 19	9056	9009	8962	8915	8869	8822	8775	8729	8682	8635	
0,009 20	8588	8542	8495	8448	8402	8355	8308	8262	8215	8168	46
0,009 21	8122	8075	8028	7982	7935	7888	7842	7795	7748	7702	1 4.6
0,009 22	7655	7609	7562	7515	7469	7422	7376	7329	7283	7236	2 9,2 3 13,8
0,009 23	7189	7143	7096	7050	7003	6957	6910	6864	6817	6771	4 18,4
0,009 24	6724	6678	6631	6585	6538	6492	6445	6399	6352	6306	5 23,0 6 27,6
0,009 25	6259	6213	6166	6120	6074	6027	5981	5934	5888	5842	7 32,2 8 36,8
0,009 26	5795	5749	5702	5656	5610	5563	5517	5470	5424	5378	9 41,4
0,009 27	5331	5285	5239	5192	5146	5100	5053	5007	4961	4914	
0,009 28	4868	4822	4775	4729	4683	4637	4590	4544	4498	4452	
0,009 29	4405	4359	4313	4267	4220	4174	4128	4082	4035	3989	46

| | 0 | 1 | 2 | 3 | 4 | 5 | 6 | 7 | 8 | 9 | P. P. |

| 6 Decim. | | | | | SUBTRACTION. | | | | 1,673 | 0,00 93 |

	0	1	2	3	4	5	6	7	8	9
0,009 30	1,67 3943	3897	3851	3804	3758	3712	3666	3620	3574	3527
0,009 31	3481	3435	3389	3343	3297	3251	3205	3158	3112	3066
0,009 32	3020	2974	2928	2882	2836	2790	2744	2697	2651	2605
0,009 33	2559	2513	2467	2421	2375	2329	2283	2237	2191	2145
0,009 34	2099	2053	2007	1961	1915	1869	1823	1777	1731	1685
0,009 35	1639	1593	1547	1501	1456	1410	1364	1318	1272	1226
0,009 36	1180	1134	1088	1042	0996	0951	0905	0859	0813	0767
0,009 37	0721	0675	0630	0584	0538	0492	0446	0400	0355	0309
0,009 38	0263	0217	0171	0126	0080	0034	'9988	'9943	'9897	'9851
0,009 39	1,66 9805	9760	9714	9668	9622	9577	9531	9485	9439	9394
0,009 40	9348	9302	9257	9211	9165	9120	9074	9028	8983	8937
0,009 41	8891	8846	8800	8754	8709	8663	8617	8572	8526	8481
0,009 42	8435	8389	8344	8298	8253	8207	8161	8116	8070	8025
0,009 43	7979	7934	7888	7842	7797	7751	7706	7660	7615	7569
0,009 44	7524	7478	7433	7387	7342	7296	7251	7205	7160	7114
0,009 45	7069	7023	6978	6933	6887	6842	6796	6751	6705	6660
0,009 46	6615	6569	6524	6478	6433	6388	6342	6297	6251	6206
0,009 47	6161	6115	6070	6025	5979	5934	5889	5843	5798	5753
0,009 48	5707	5662	5617	5571	5526	5481	5436	5390	5345	5300
0,009 49	5254	5209	5164	5119	5073	5028	4983	4938	4892	4847
0,009 50	4802	4757	4712	4666	4621	4576	4531	4486	4440	4395
0,009 51	4350	4305	4260	4215	4169	4124	4079	4034	3989	3944
0,009 52	3899	3854	3808	3763	3718	3673	3628	3583	3538	3493
0,009 53	3448	3403	3358	3312	3267	3222	3177	3132	3087	3042
0,009 54	2997	2952	2907	2862	2817	2772	2727	2682	2637	2592
0,009 55	2547	2502	2457	2412	2367	2322	2277	2232	2188	2143
0,009 56	2098	2053	2008	1963	1918	1873	1828	1783	1738	1693
0,009 57	1649	1604	1559	1514	1469	1424	1379	1335	1290	1245
0,009 58	1200	1155	1110	1066	1021	0976	0931	0886	0841	0797
0,009 59	0752	0707	0662	0618	0573	0528	0483	0438	0394	0349
0,009 60	0304	0259	0215	0170	0125	0081	0036	'9991	'9946	'9902
0,009 61	1,65 9857	9812	9768	9723	9678	9634	9589	9544	9500	9455
0,009 62	9410	9366	9321	9276	9232	9187	9143	9098	9053	9009
0,009 63	8964	8920	8875	8830	8786	8741	8697	8652	8607	8563
0,009 64	8518	8474	8429	8385	8340	8296	8251	8207	8162	8118
0,009 65	8073	8029	7984	7940	7895	7851	7806	7762	7717	7673
0,009 66	7628	7584	7539	7495	7450	7406	7362	7317	7273	7228
0,009 67	7184	7139	7095	7051	7006	6962	6917	6873	6829	6784
0,009 68	6740	6696	6651	6607	6563	6518	6474	6430	6385	6341
0,009 69	6297	6252	6208	6164	6119	6075	6031	5986	5942	5898
0,009 70	5854	5809	5765	5721	5676	5632	5588	5544	5500	5455
0,009 71	5411	5367	5323	5278	5234	5190	5146	5102	5057	5013
0,009 72	4969	4925	4881	4836	4792	4748	4704	4660	4616	4572
0,009 73	4527	4483	4439	4395	4351	4307	4263	4219	4174	4130
0,009 74	4086	4042	3998	3954	3910	3866	3822	3778	3734	3690
0,009 75	3646	3602	3557	3513	3469	3425	3381	3337	3293	3249
0,009 76	3205	3161	3117	3073	3029	2985	2941	2897	2854	2810
0,009 77	2766	2722	2678	2634	2590	2546	2502	2458	2414	2370
0,009 78	2326	2282	2238	2195	2151	2107	2063	2019	1975	1931
0,009 79	1887	1844	1800	1756	1712	1668	1624	1580	1537	1493

| | 0 | 1 | 2 | 3 | 4 | 5 | 6 | 7 | 8 | 9 |

P. P.

47
1 4,7
2 9,4
3 14,1
4 18,8
5 23,5
6 28,2
7 32,9
8 37,6
9 42,3

46
1 4,6
2 9,2
3 13,8
4 18,4
5 23,0
6 27,6
7 32,2
8 36,8
9 41,3

45
1 4,5
2 9,0
3 13,5
4 18,0
5 22,5
6 27,0
7 31,5
8 36,0
9 40,5

44
1 4,4
2 8,8
3 13,2
4 17,6
5 22,0
6 26,4
7 30,8
8 35,2
9 39,6

43
1 4,3
2 8,6
3 12,9
4 17,2
5 21,5
6 25,8
7 30,1
8 34,4
9 38,7

44

0,0098 1,651				SUBTRACTION.						6 Decim.	
	0	1	2	3	4	5	6	7	8	9	P. P.
0,009 80	1,65 1449	1405	1361	1318	1274	1230	1186	1142	1099	1055	
0,009 81	1011	0967	0924	0880	0836	0792	0749	0705	0661	0617	44
0,009 82	0574	0530	0486	0442	0399	0355	0311	0268	0224	0180	1 4,4
0,009 83	0137	0093	0049	0005	˙9962	˙9918	˙9875	˙9831	˙9787	˙9744	2 8,8 / 3 13,2
0,009 84	1,64 9700	9656	9613	9569	9525	9482	9438	9395	9351	9307	4 17,6 / 5 22,0
0,009 85	9264	9220	9177	9133	9089	9046	9002	8959	8915	8872	6 26,4 / 7 30,8
0,009 86	8828	8785	8741	8697	8654	8610	8567	8523	8480	8436	8 35,2
0,009 87	8393	8349	8306	8262	8219	8175	8132	8088	8045	8001	9 39,6
0,009 88	7958	7915	7871	7828	7784	7741	7697	7654	7610	7567	
0,009 89	7524	7480	7437	7393	7350	7307	7263	7220	7176	7133	
0,009 90	7090	7046	7003	6960	6916	6873	6830	6786	6743	6700	
0,009 91	6656	6613	6570	6526	6483	6440	6396	6353	6310	6266	
0,009 92	6223	6180	6137	6093	6050	6007	5964	5920	5877	5834	43 42
0,009 93	5791	5747	5704	5661	5618	5574	5531	5488	5445	5402	1 4,3 4,2 / 2 8,6 8,4
0,009 94	5358	5315	5272	5229	5186	5143	5099	5056	5013	4970	3 12,9 12,6 / 4 17,2 16,8
0,009 95	4927	4884	4840	4797	4754	4711	4668	4625	4582	4539	5 21,5 21,0 / 6 25,8 25,2
0,009 96	4495	4452	4409	4366	4323	4280	4237	4194	4151	4108	7 30,1 29,4 / 8 34,4 33,6
0,00 997	4065	4022	3979	3935	3892	3849	3806	3763	3720	3677	9 38,7 37,8
0,009 98	3634	3591	3548	3505	3462	3419	3376	3333	3290	3247	
0,009 99	3204	3161	3118	3075	3032	2989	2946	2904	2861	2818	
0,010 00	1,642 7747	7318	6889	6459	6030	5601	5172	4743	4314	3885	430 429 428 427
0,010 01	3456	3027	2599	2170	1741	1312	0884	0455	0027	˙9598	1 43,0 42,9 42,8 42,7 / 2 86,0 85,8 85,6 85,4
0,010 02	1,641 9170	8741	8313	7884	7456	7028	6600	6172	5743	5315	3 129,0 128,7 128,4 128,1 / 4 172,0 171,6 171,2 170,8
0,010 03	4887	4459	4031	3603	3176	2748	2320	1892	1465	1037	5 215,0 214,5 214,0 213,5
0,010 04	0609	0182	˙9754	˙9327	˙8899	˙8472	˙8045	˙7617	˙7190	˙6763	6 258,0 257,4 256,8 256,2 / 7 301,0 300,3 299,6 298,9
0,010 05	1,640 6336	5908	5481	5054	4627	4200	3773	3347	2920	2493	8 344,0 343,2 342,4 341,6 / 9 387,0 386,1 385,2 384,3
0,010 06	2066	1640	1213	0786	0360	˙9933	˙9507	˙9080	˙8654	˙8227	
0,010 07	1,639 7801	7375	6949	6522	6096	5670	5244	4818	4392	3966	426 425 424 423
0,010 08	3540	3114	2689	2263	1837	1412	0986	0560	0135	˙9709	1 42,6 42,5 42,4 42,3 / 2 85,2 85,0 84,8 84,6
0,010 09	1,638 9284	8858	8433	8008	7582	7157	6732	6307	5882	5457	3 127,8 127,5 127,2 126,9 / 4 170,4 170,0 169,6 169,2
0,010 10	5032	4607	4182	3757	3332	2907	2482	2057	1633	1208	5 213,0 212,5 212,0 211,5 / 6 255,6 255,0 254,4 253,8
0,010 11	0783	0359	˙9934	˙9510	˙9085	˙8661	˙8237	˙7812	˙7388	˙6964	7 298,2 297,5 296,8 296,1 / 8 340,8 340,0 339,2 338,4
0,010 12	1,637 6540	6116	5691	5267	4843	4419	3996	3572	3148	2724	9 383,4 382,5 381,6 380,7
0,010 13	2300	1876	1453	1029	0606	0182	˙9759	˙9335	˙8912	˙8488	
0,010 14	1,636 8065	7642	7218	6795	6372	5949	5526	5103	4680	4257	
0,010 15	3834	3411	2988	2565	2143	1720	1297	0875	0452	0029	422 421 420 419
0,010 16	1,635 9607	9185	8762	8340	7917	7495	7073	6651	6229	5806	1 42,2 42,1 42,0 41,9 / 2 84,4 84,2 84,0 83,8
0,010 17	5384	4962	4540	4118	3696	3275	2853	2431	2009	1588	3 126,6 126,3 126,0 125,7 / 4 168,8 168,4 168,0 167,6
0,010 18	1166	0744	0323	˙9901	˙9480	˙9058	˙9637	˙8215	˙7794	˙7373	5 211,0 210,5 210,0 209,5 / 6 253,2 252,6 252,0 251,4
0,010 19	1,634 6952	6530	6109	5688	5267	4846	4425	4004	3583	3162	7 295,4 294,7 294,0 293,3 / 8 337,6 336,8 336,0 335,2
0,010 20	2742	2321	1900	1479	1059	0638	0218	˙9797	˙9377	˙8956	9 379,8 378,9 378,0 377,1
0,010 21	1,633 8536	8115	7695	7275	6854	6434	6014	5594	5174	4754	
0,010 22	4334	3914	3494	3074	2654	2235	1815	1395	0976	0556	418 417 416
0,010 23	0136	˙9717	˙9297	˙8878	˙8459	˙8039	˙7620	˙7201	˙6781	˙6364	1 41,8 41,7 41,6 / 2 83,6 83,4 83,2
0,010 24	1,632 5943	5524	5105	4686	4267	3848	3429	3010	2591	2172	3 125,4 125,1 124,8 / 4 167,2 166,8 166,4
0,010 25	1754	1335	0916	0498	0079	˙9661	˙9242	˙8824	˙8405	˙7987	5 209,0 208,5 208,0 / 6 250,8 250,2 249,6
0,010 26	1,631 7569	7150	6732	6314	5896	5477	5059	4641	4223	3805	7 292,6 291,9 291,2 / 8 334,4 333,6 332,8
0,010 27	3387	2970	2552	2134	1716	1299	0881	0463	0046	˙9628	9 376,2 375,3 374,4
0,010 28	1,630 9211	8793	8376	7958	7541	7124	6706	6289	5872	5455	
0,010 29	5038	4621	4204	3787	3370	2953	2536	2119	1702	1286	417
	0	1	2	3	4	5	6	7	8	9	P. P.

7 Decim.				SUBTRACTION.					1,630	0,0103

	0	1	2	3	4	5	6	7	8	9
0,010 30	1,630 0869	0452	0036	˙9619	˙9203	˙8786	˙8370	˙7953	˙7537	˙7121
0,010 31	1,629 6704	6288	5872	5456	5040	4624	4208	3792	3376	2960
0,010 32	2544	2128	1712	1297	0881	0465	0050	˙9634	˙9218	˙8803
0,010 33	1,628 8388	7972	7557	7141	6726	6311	5896	5480	5065	4650
0,010 34	4235	3820	3405	2990	2575	2160	1746	1331	0916	0501
0,010 35	0087	˙9672	˙9258	˙8843	˙8429	˙8014	˙7600	˙7185	˙6771	˙6357
0,010 36	1,627 5943	5528	5114	4700	4286	3872	3458	3044	2630	2216
0,010 37	1802	1389	0975	0561	0147	˙9734	˙9320	˙8907	˙8493	˙8080
0,010 38	1,626 7666	7253	6839	6426	6013	5600	5186	4773	4360	3947
0,010 39	3534	3121	2708	2295	1882	1470	1057	0644	0231	˙9819
0,010 40	1,625 9406	8993	8581	8168	7756	7343	6931	6519	6106	5694
0,010 41	5282	4870	4458	4045	3633	3221	2809	2397	1985	1574
0,010 42	1162	0750	0338	˙9927	˙9515	˙9103	˙8692	˙8280	˙7869	˙7457
0,010 43	1,624 7046	6634	6223	5812	5400	4989	4578	4167	3756	3345
0,010 44	2934	2523	2112	1701	1290	0879	0468	0057	˙9647	˙9236
0,010 45	1,623 8825	8415	8004	7594	7183	6773	6362	5952	5542	5132
0,010 46	4721	4311	3901	3491	3081	2671	2261	1851	1441	1031
0,010 47	0621	0211	˙9802	˙9392	˙8982	˙8573	˙8163	˙7753	˙7344	˙6934
0,010 48	1,622 6525	6116	5706	5297	4888	4478	4069	3660	3251	2842
0,010 49	2433	2024	1615	1206	0797	0388	˙9979	˙9570	˙9162	˙8753
0,010 50	1,621 8344	7936	7527	7119	6710	6302	5893	5485	5077	4668
0,010 51	4260	3852	3444	3035	2627	2219	1811	1403	0995	0587
0,010 52	0180	˙9772	˙9364	˙8956	˙8548	˙8141	˙7733	˙7326	˙6918	˙6510
0,010 53	1,620 6103	5696	5288	4881	4474	4066	3659	3252	2845	2438
0,010 54	2030	1623	1216	0809	0402	˙9996	˙9589	˙9182	˙8775	˙8368
0,010 55	1,619 7962	7555	7148	6742	6335	5929	5522	5116	4710	4303
0,010 56	3897	3491	3084	2678	2272	1866	1460	1054	0648	0242
0,010 57	1,618 9836	9430	9024	8619	8213	7807	7401	6996	6590	6185
0,010 58	5779	5374	4968	4563	4157	3752	3347	2941	2536	2131
0,010 59	1726	1321	0916	0511	0106	˙9701	˙9296	˙8891	˙8486	˙8081
0,010 60	1,617 7677	7272	6867	6463	6058	5653	5249	4844	4440	4036
0,010 61	3631	3227	2823	2418	2014	1610	1206	0802	0398	˙9994
0,010 62	1,616 9590	9186	8782	8378	7974	7570	7167	6763	6359	5956
0,010 63	5552	5149	4745	4342	3938	3535	3131	2728	2325	1921
0,010 64	1518	1115	0712	0309	˙9906	˙9503	˙9100	˙8697	˙8294	˙7891
0,010 65	1,615 7488	7085	6683	6280	5877	5475	5072	4669	4267	3864
0,010 66	3462	3060	2657	2255	1853	1450	1048	0646	0244	˙9842
0,010 67	1,614 9440	9038	8636	8234	7832	7430	7028	6626	6225	5823
0,010 68	5421	5020	4618	4216	3815	3413	3012	2610	2209	1808
0,010 69	1406	1005	0604	0203	˙9802	˙9400	˙8999	˙8598	˙8197	˙7796
0,010 70	1,613 7395	6995	6594	6193	5792	5391	4991	4590	4189	3789
0,010 71	3388	2988	2587	2187	1787	1386	0986	0586	0185	˙9785
0,010 72	1,612 9385	8985	8585	8185	7785	7385	6985	6585	6185	5785
0,010 73	5385	4986	4586	4186	3787	3387	2988	2588	2188	1789
0,010 74	1390	0990	0591	0192	˙9792	˙9393	˙8994	˙8595	˙8196	˙7797
0,010 75	1,611 7398	6999	6600	6201	5802	5403	5004	4605	4207	3808
0,010 76	3409	3011	2612	2214	1815	1417	1018	0620	0221	˙9823
0,010 77	1,610 9425	9027	8628	8230	7832	7434	7036	6638	6240	5842
0,010 78	5444	5046	4648	4251	3853	3455	3057	2660	2262	1865
0,010 79	1467	1069	0672	0275	˙9877	˙9480	˙9083	˙8685	˙8288	˙7891

	0	1	2	3	4	5	6	7	8	9

P. P.

	417	416	415	414
1	41.7	41.6	41.5	41.4
2	83.4	83.2	83.0	82.8
3	125.1	124.8	124.5	124.2
4	166.8	166.4	166.0	165.6
5	208.5	208.0	207.5	207.0
6	250.2	249.6	249.0	248.4
7	291.9	291.2	290.5	289.8
8	333.6	332.8	332.0	331.2
9	375.3	374.4	373.5	372.6

	413	412	411	410
1	41.3	41.2	41.1	41.0
2	82.6	82.4	82.2	82.0
3	123.9	123.6	123.3	123.0
4	165.2	164.8	164.4	164.0
5	206.5	206.0	205.5	205.0
6	247.8	247.2	246.6	246.0
7	289.1	288.4	287.7	287.0
8	330.4	329.6	328.8	328.0
9	371.7	370.8	369.9	369.0

	409	408	407	406
1	40.9	40.8	40.7	40.6
2	81.8	81.6	81.4	81.2
3	122.7	122.4	122.1	121.8
4	163.6	163.2	162.8	162.4
5	204.5	204.0	203.5	203.0
6	245.4	244.8	244.2	243.6
7	286.3	285.6	284.9	284.2
8	327.2	326.4	325.6	324.8
9	368.1	367.2	366.3	365.4

	405	404	403
1	40.5	40.4	40.3
2	81.0	80.8	80.6
3	121.5	121.2	120.9
4	162.0	161.6	161.2
5	202.5	202.0	201.5
6	243.0	242.4	241.8
7	283.5	282.8	282.1
8	324.0	323.2	322.4
9	364.5	363.6	362.7

	402	401	400
1	40.2	40.1	40.0
2	80.4	80.2	80.0
3	120.6	120.3	120.0
4	160.8	160.4	160.0
5	201.0	200.5	200.0
6	241.2	240.6	240.0
7	281.4	280.7	280.0
8	321.6	320.8	320.0
9	361.8	360.9	360.0

	399	398	397
1	39.9	39.8	39.7
2	79.8	79.6	79.4
3	119.7	119.4	119.1
4	159.6	159.2	158.8
5	199.5	199.0	198.5
6	239.4	238.8	238.2
7	279.3	278.6	277.9
8	319.2	318.4	317.6
9	359.1	358.2	357.3

397

| 0,0108 1,609 | SUBTRACTION. | | | | | | | | | 7 Decim. |

	0	1	2	3	4	5	6	7	8	9
0,010 80	1,609 7494	7097	6699	6302	5905	5508	5111	4715	4318	3921
0,010 81	3524	3127	2731	2334	1937	1541	1144	0748	0351	·9955
0,010 82	1,608 9558	9162	8765	8369	7973	7577	7180	6784	6388	5992
0,010 83	5596	5200	4804	4408	4012	3616	3220	2825	2429	2033
0,010 84	1638	1242	0846	0451	0055	·9600	·9264	·8869	·8473	·8078
0,010 85	1,607 7683	7288	6892	6497	6102	5707	5312	4917	4522	4127
0,010 86	3732	3337	2942	2547	2152	1758	1363	0968	0573	0179
0,010 87	1,606 9784	9390	8995	8601	8206	7812	7418	7023	6629	6235
0,010 88	5841	5446	5052	4658	4264	3870	3476	3082	2688	2294
0,010 89	1901	1507	1113	0719	0326	·9932	·9538	·9145	·8751	·8358
0,010 90	1,605 7964	7571	7177	6784	6391	5997	5604	5211	4818	4425
0,010 91	4031	3638	3245	2852	2459	2066	1674	1281	0888	0495
0,010 92	0102	·9710	·9317	·8924	·8532	·8139	·7747	·7354	·6962	·6569
0,010 93	1,604 6177	5785	5392	5000	4608	4216	3823	3431	3039	2647
0,010 94	2255	1863	1471	1079	0687	0296	·9904	·9512	·9120	·8729
0,010 95	1,603 8337	7945	7554	7162	6771	6379	5988	5596	5205	4814
0,010 96	4422	4031	3640	3249	2858	2466	2075	1684	1293	0902
0,010 97	0511	0120	·9730	·9339	·8948	·8557	·8167	·7776	·7385	·6995
0,010 98	1,602 6604	6214	5823	5433	5042	4652	4261	3871	3481	3091
0,010 99	2700	2310	1920	1530	1140	0750	0360	·9970	·9580	·9190
0,011 00	1,601 8800	8410	8021	7631	7241	6851	6462	6072	5693	5203
0,011 01	4904	4514	4125	3735	3346	2957	2567	2178	1789	1400
0,011 02	1011	0622	0232	·9843	·9454	·9066	·8677	·8288	·7899	·7510
0,011 03	1,600 7121	6733	6344	5955	5567	5178	4789	4401	4012	3624
0,011 04	3235	2847	2459	2070	1682	1294	0906	0517	0129	·9741
0,011 05	1,599 9353	8965	8577	8189	7801	7413	7026	6638	6250	5862
0,011 06	5474	5087	4699	4312	3924	3536	3149	2762	2374	1987
0,011 07	1599	1212	0825	0437	0050	·9663	·9276	·8889	·8502	·8115
0,011 08	1,598 7728	7341	6954	6567	6180	5793	5406	5020	4633	4246
0,011 09	3860	3473	3086	2700	2313	1927	1541	1154	0768	0381
0,011 10	1,597 9995	9609	9223	8836	8450	8064	7678	7292	6906	6520
0,011 11	6134	5748	5362	4976	4591	4205	3819	3433	3048	2662
0,011 12	2277	1891	1506	1120	0735	0349	·9964	·9578	·9193	·8808
0,011 13	1,596 8423	8037	7652	7267	6882	6497	6112	5727	5342	4957
0,011 14	4572	4187	3802	3418	3033	2648	2264	1879	1494	1110
0,011 15	0725	0341	·9956	·9572	·9187	·8803	·8419	·8034	·7650	·7266
0,011 16	1,595 6882	6498	6113	5729	5345	4961	4577	4193	3809	3426
0,011 17	3042	2658	2274	1890	1507	1123	0739	0356	·9972	·9589
0,011 18	1,594 9205	8822	8438	8055	7672	7288	6905	6522	6138	5755
0,011 19	5372	4989	4606	4223	3840	3457	3074	2691	2308	1925
0,011 20	1543	1160	0777	0394	0012	·9629	·9246	·8864	·8481	·8099
0,011 21	1,593 7716	7334	6952	6569	6187	5805	5422	5040	4658	4276
0,011 22	3894	3512	3130	2748	2366	1984	1602	1220	0838	0456
0,011 23	0075	·9693	·9311	·8929	·8548	·8166	·7785	·7403	·7022	·6640
0,011 24	1,592 6259	5877	5496	5115	4733	4352	3971	3590	3209	2828
0,011 25	2446	2065	1684	1303	0922	0542	0161	·9780	·9399	·9018
0,011 26	1,591 8638	8257	7876	7496	7115	6734	6354	5973	5593	5212
0,011 27	4832	4452	4071	3691	3311	2931	2550	2170	1790	1410
0,011 28	1030	0650	0270	·9890	·9510	·9130	·8750	·8371	·7991	·7611
0,011 29	1,590 7231	6852	6472	6092	5713	5333	4954	4574	4195	3816

| | 0 | 1 | 2 | 3 | 4 | 5 | 6 | 7 | 8 | 9 |

P. P.

	398	397	396	395
1	39.8	39.7	39.6	39.5
2	79.6	79.4	79.2	79.0
3	119.4	119.1	118.8	118.5
4	159.2	158.8	158.4	158.0
5	199.0	198.5	198.0	197.5
6	238.8	238.2	237.6	237.0
7	278.6	277.9	277.2	276.5
8	318.4	317.6	316.8	316.0
9	358.2	357.3	356.4	355.5

	394	393	392	391
1	39.4	39.3	39.2	39.1
2	78.8	78.6	78.4	78.2
3	118.2	117.9	117.6	117.3
4	157.6	157.2	156.8	156.4
5	197.0	196.5	196.0	195.5
6	236.4	235.8	235.2	234.6
7	275.8	275.1	274.4	273.7
8	315.2	314.4	313.6	312.8
9	354.6	353.7	352.8	351.9

	390	389	388	387
1	39.0	38.9	38.8	38.7
2	78.0	77.8	77.6	77.4
3	117.0	116.7	116.4	116.1
4	156.0	155.6	155.2	154.8
5	195.0	194.5	194.0	193.5
6	234.0	233.4	232.8	232.2
7	273.0	272.3	271.6	270.9
8	312.0	311.2	310.4	309.6
9	351.0	350.1	349.2	348.3

	386	385	384	383
1	38.6	38.5	38.4	38.3
2	77.2	77.0	76.8	76.6
3	115.8	115.5	115.2	114.9
4	154.4	154.0	153.6	153.2
5	193.0	192.5	192.0	191.5
6	231.6	231.0	230.4	229.8
7	270.2	269.5	268.8	268.1
8	308.8	308.0	307.2	306.4
9	347.4	346.5	345.6	344.7

	382	381	380	379
1	38.2	38.1	38.0	37.9
2	76.4	76.2	76.0	75.8
3	114.6	114.3	114.0	113.7
4	152.8	152.4	152.0	151.6
5	191.0	190.5	190.0	189.5
6	229.2	228.6	228.0	227.4
7	267.4	266.7	266.0	265.3
8	305.6	304.8	304.0	303.2
9	343.8	342.9	342.0	341.1

380

P. P.

| 7 Decim. | SUBTRACTION. | | | | | | | | | 1,590 0,0113 |

	0	1	2	3	4	5	6	7	8	9
0,011 30	1,590 3436	3057	2678	2298	1919	1540	1161	0782	0402	0023
0,011 31	1,589 9644	9265	8886	8507	8129	7750	7371	6992	6613	6235
0,011 32	5856	5477	5099	4720	4341	3963	3584	3206	2828	2449
0,011 33	2071	1693	1314	0936	0558	0180	·9801	·9423	·9045	·8667
0,011 34	1,588 8289	7911	7533	7155	6777	6400	6022	5644	5266	4889
0,011 35	4511	4133	3756	3378	3001	2623	2246	1868	1491	1113
0,011 36	0736	0359	·9981	·9604	·9227	·8850	·8473	·8096	·7718	·7341
0,011 37	1,587 6964	6587	6211	5834	5457	5080	4703	4326	3950	3573
0,011 38	3196	2820	2443	2066	1690	1313	0937	0561	0184	·9808
0,011 39	1,586 9431	9055	8679	8303	7926	7550	7174	6798	6422	6046
0,011 40	5670	5294	4918	4542	4166	3790	3415	3039	2663	2287
0,011 41	1912	1536	1161	0785	0409	0034	·9658	·9283	·8908	·8532
0,011 42	1,585 8157	7782	7406	7031	6656	6281	5906	5531	5155	4780
0,011 43	4405	4031	3656	3281	2906	2531	2156	1781	1407	1032
0,011 44	0657	0283	·9908	·9534	·9159	·8784	·8410	·8036	·7661	·7287
0,011 45	1,584 6912	6538	6164	5790	5415	5041	4667	4293	3919	3545
0,011 46	3171	2797	2423	2049	1675	1301	0928	0554	0180	·9806
0,011 47	1,583 9433	9059	8685	8312	7938	7565	7191	6818	6445	6071
0,011 48	5698	5324	4951	4578	4205	3832	3458	3085	2712	2339
0,011 49	1966	1593	1220	0847	0474	0102	·9729	·9356	·8983	·8611
0,011 50	1,582 8238	7865	7493	7120	6747	6375	6002	5630	5258	4885
0,011 51	4513	4140	3768	3396	3024	2651	2279	1907	1535	1163
0,011 52	0791	0419	0047	·9675	·9303	·8931	·8560	·8188	·7816	·7444
0,011 53	1,581 7072	6701	6329	5958	5586	5214	4843	4471	4100	3729
0,011 54	3357	2986	2615	2243	1872	1501	1130	0759	0387	0016
0,011 55	1,580 9645	9274	8903	8532	8161	7791	7420	7049	6678	6307
0,011 56	5937	5566	5195	4825	4454	4083	3713	3342	2972	2601
0,011 57	2231	1861	1490	1120	0750	0380	0009	·9639	·9269	·8899
0,011 58	1,579 8529	8159	7789	7419	7049	6679	6309	5939	5569	5200
0,011 59	4830	4460	4090	3721	3351	2982	2612	2243	1873	1504
0,011 60	1134	0765	0395	0026	·9657	·9287	·8918	·8549	·8180	7811
0,011 61	1,578 7442	7073	6703	6334	5965	5597	5228	4859	4490	4121
0,011 62	3752	3384	3015	2646	2277	1909	1540	1172	0803	0435
0,011 63	0066	·9698	·9329	·8961	·8593	·8224	·7856	·7488	·7120	·6751
0,011 64	1,577 6383	6015	5647	5279	4911	4543	4175	3807	3439	3071
0,011 65	2704	2336	1968	1600	1233	0865	0497	0130	·9762	·9395
0,011 66	1,576 9027	8660	8292	7925	7557	7190	6823	6456	6088	5721
0,011 67	5354	4987	4620	4253	3885	3518	3151	2784	2418	2051
0,011 68	1684	1317	0950	0583	0217	·9850	·9483	·9117	·8750	·8383
0,011 69	1,575 8017	7650	7284	6917	6551	6185	5818	5452	5086	4719
0,011 70	4353	3987	3621	3255	2889	2522	2156	1790	1424	1059
0,011 71	0693	0327	·9961	·9595	·9229	·8864	·8498	·8132	·7766	·7401
0,011 72	1,574 7035	6670	6304	5939	5573	5208	4842	4477	4112	3746
0,011 73	3381	3016	2651	2285	1920	1555	1190	0825	0460	0095
0,011 74	1,573 9730	9365	9000	8635	8270	7906	7541	7176	6811	6447
0,011 75	6082	5717	5353	4988	4624	4259	3895	3530	3166	2802
0,011 76	2437	2073	1709	1344	0980	0616	0252	·9888	·9524	·9160
0,011 77	1,572 8796	8432	8068	7704	7340	6976	6612	6248	5885	5521
0,011 78	5157	4793	4430	4066	3703	3339	2975	2612	2249	1885
0,011 79	1522	1158	0795	0432	0068	·9705	·9342	·8979	·8616	·8253

| | 0 | 1 | 2 | 3 | 4 | 5 | 6 | 7 | 8 | 9 |

P. P.

	380	379	378
1	38,0	37,9	37,8
2	76,0	75,8	75,6
3	114,0	113,7	113,4
4	152,0	151,6	151,2
5	190,0	189,5	189,0
6	228,0	227,4	226,8
7	266,0	265,3	264,6
8	304,0	303,2	302,4
9	342,0	341,1	340,2

	377	376	375
1	37,7	37,6	37,5
2	75,4	75,2	75,0
3	113,1	112,8	112,5
4	150,8	150,4	150,0
5	188,5	188,0	187,5
6	226,2	225,6	225,0
7	263,9	263,2	262,5
8	301,6	300,8	300,0
9	339,3	338,4	337,5

	374	373	372
1	37,4	37,3	37,2
2	74,8	74,6	74,4
3	112,2	111,9	111,6
4	149,6	149,2	148,8
5	187,0	186,5	186,0
6	224,4	223,8	223,2
7	261,8	261,1	260,4
8	299,2	298,4	297,6
9	336,6	335,7	334,8

	371	370	369
1	37,1	37,0	36,9
2	74,2	74,0	73,8
3	111,3	111,0	110,7
4	148,4	148,0	147,6
5	185,5	185,0	184,5
6	222,6	222,0	221,4
7	259,7	259,0	258,3
8	296,8	296,0	295,2
9	333,9	333,0	332,1

	368	367	366
1	36,8	36,7	36,6
2	73,6	73,4	73,2
3	110,4	110,1	109,8
4	147,2	146,8	146,4
5	184,0	183,5	183,0
6	220,8	220,2	219,6
7	257,6	256,9	256,2
8	294,4	293,6	292,8
9	331,2	330,3	329,4

	365	364	363
1	36,5	36,4	36,3
2	73,0	72,8	72,6
3	109,5	109,2	108,9
4	146,0	145,6	145,2
5	182,5	182,0	181,5
6	219,0	218,4	217,8
7	255,5	254,8	254,1
8	292,0	291,2	290,4
9	328,5	327,6	326,7

364

P. P.

| 0,0118 1,571 | | | | SUBTRACTION. | | | | | | 7 Decim. |

	0	1	2	3	4	5	6	7	8	9
0,011 80	1,571 7889	7526	7163	6800	6437	6074	5712	5349	4986	4623
0,011 81	4260	3898	3535	3172	2810	2447	2084	1722	1359	0997
0,011 82	0634	0272	'9909	'9547	'9185	'8822	'8460	'8098	'7736	'7374
0,011 83	1,570 7011	6649	6287	5925	5563	5201	4839	4477	4115	3753
0,011 84	3392	3030	2668	2306	1945	1583	1221	0860	0498	0136
0,011 85	1,569 9775	9413	9052	8690	8329	7968	7606	7245	6884	6522
0,011 86	6161	5800	5439	5078	4717	4356	3995	3634	3273	2912
0,011 87	2551	2190	1829	1468	1107	0747	0386	0025	'9665	'9304
0,011 88	1,568 8943	8583	8222	7862	7501	7141	6780	6420	6060	5699
0,011 89	5339	4979	4618	4258	3898	3538	3178	2818	2458	2098
0,011 90	1738	1378	1018	0658	0298	'9938	'9578	'9219	'8859	'8499
0,011 91	1,567 8139	7780	7420	7061	6701	6341	5982	5622	5263	4904
0,011 92	4544	4185	3826	3466	3107	2748	2389	2029	1670	1311
0,011 93	0952	0593	0234	'9875	'9516	'9157	'8798	'8439	'8081	'7722
0,011 94	1,566 7363	7004	6646	6287	5928	5570	5211	4853	4494	4136
0,011 95	3777	3419	3060	2702	2344	1985	1627	1269	0910	0552
0,011 96	0194	'9836	'9478	'9120	'8762	'8404	'8046	'7688	'7330	'6972
0,011 97	1,565 6614	6256	5899	5541	5183	4825	4468	4110	3752	3395
0,011 98	3037	2680	2322	1965	1607	1250	0893	0535	0178	'9821
0,011 99	1,564 9463	9106	8749	8392	8035	7678	7320	6963	6606	6249
0,012 00	5892	5536	5179	4822	4465	4108	3751	3395	3038	2681
0,012 01	2325	1968	1611	1255	0898	0542	0185	'9829	'9473	'9116
0,012 02	1,563 8760	8404	8047	7691	7335	6979	6622	6266	5910	5554
0,012 03	5198	4842	4486	4130	3774	3418	3062	2707	2351	1995
0,012 04	1639	1283	0928	0572	0216	'9861	'9505	'9150	'8794	'8439
0,012 05	1,562 8083	7728	7373	7017	6662	6307	5951	5596	5241	4886
0,012 06	4530	4175	3820	3465	3110	2755	2400	2045	1690	1335
0,012 07	0981	0626	0271	'9916	'9562	'9207	'8852	'8498	'8143	'7788
0,012 08	1,561 7434	7079	6725	6370	6016	5661	5307	4953	4598	4244
0,012 09	3890	3536	3181	2827	2473	2119	1765	1411	1057	0703
0,012 10	0349	'9995	'9641	'9287	'8933	'8580	'8226	'7872	'7518	'7165
0,012 11	1,560 6811	6457	6104	5750	5397	5043	4690	4336	3983	3629
0,012 12	3276	2923	2569	2216	1863	1510	1156	0803	0450	0097
0,012 13	1,559 9744	9391	9038	8685	8332	7979	7626	7273	6920	6568
0,012 14	6215	5862	5509	5157	4804	4451	4099	3746	3394	3041
0,012 15	2689	2336	1984	1631	1279	0927	0574	0222	'9870	'9518
0,012 16	1,558 9166	8813	8461	8109	7757	7405	7053	6701	6349	5997
0,012 17	5645	5293	4942	4590	4238	3886	3534	3183	2831	2480
0,012 18	2128	1776	1425	1073	0722	0370	0019	'9668	'9316	'8965
0,012 19	1,557 8613	8262	7911	7560	7209	6857	6506	6155	5804	5453
0,012 20	5102	4751	4400	4049	3698	3347	2997	2646	2295	1944
0,012 21	1593	1243	0892	0541	0191	'9840	'9490	'9139	'8789	'8438
0,012 22	1,556 8088	7737	7387	7037	6686	6336	5986	5636	5285	4935
0,012 23	4585	4235	3885	3535	3185	2835	2485	2135	1785	1435
0,012 24	1085	0735	0386	0036	'9686	'9336	'8987	'8637	'8287	'7938
0,012 25	1,555 7588	7239	6889	6540	6190	5841	5491	5142	4793	4443
0,012 26	4094	3745	3396	3047	2697	2348	1999	1650	1301	0952
0,012 27	0603	0254	'9905	'9556	'9207	'8859	'8510	'8161	'7812	'7463
0,012 28	1,554 7115	6766	6417	6069	5720	5372	5023	4675	4326	3978
0,012 29	3629	3281	2933	2584	2236	1888	1540	1191	0843	0495

| | 0 | 1 | 2 | 3 | 4 | 5 | 6 | 7 | 8 | 9 |

P. P.

	364	363	362
1	36.4	36.3	36.2
2	72.8	72.6	72.4
3	109.2	108.9	108.6
4	145.6	145.2	144.8
5	182.0	181.5	181.0
6	218.4	217.8	217.2
7	254.8	254.1	253.4
8	291.2	290.4	289.6
9	327.6	326.7	325.8

	361	360	359
1	36.1	36.0	35.9
2	72.2	72.0	71.8
3	108.3	108.0	107.7
4	144.4	144.0	143.6
5	180.5	180.0	179.5
6	216.6	216.0	215.4
7	252.7	252.0	251.3
8	288.8	288.0	287.2
9	324.9	324.0	323.1

	358	357	356
1	35.8	35.7	35.6
2	71.6	71.4	71.2
3	107.4	107.1	106.8
4	143.2	142.8	142.4
5	179.0	178.5	178.0
6	214.8	214.2	213.6
7	250.6	249.9	249.2
8	286.4	285.6	284.8
9	322.2	321.3	320.4

	355	354	353
1	35.5	35.4	35.3
2	71.0	70.8	70.6
3	106.5	106.2	105.9
4	142.0	141.6	141.2
5	177.5	177.0	176.5
6	213.0	212.4	211.8
7	248.5	247.8	247.1
8	284.0	283.2	282.4
9	319.5	318.6	317.7

	352	351	350
1	35.2	35.1	35.0
2	70.4	70.2	70.0
3	105.6	105.3	105.0
4	140.8	140.4	140.0
5	176.0	175.5	175.0
6	211.2	210.6	210.0
7	246.4	245.7	245.0
8	281.6	280.8	280.0
9	316.8	315.9	315.0

	349	348
1	34.9	34.8
2	69.8	69.6
3	104.7	104.4
4	139.6	139.2
5	174.5	174.0
6	209.4	208.8
7	244.3	243.6
8	279.2	278.4
9	314.1	313.2

348

P. P.

| 7 Decim. | | | | SUBTRACTION. | | | | | | 1,554 0,0123 |

0,012	0	1	2	3	4	5	6	7	8	9	P. P.
30	1,554 0147	'9799	'9451	'9103	'8755	'8407	'8059	'7711	'7363	'7015	
31	1,553 6667	6319	5972	5624	5276	4928	4581	4233	3886	3538	348 347 346
32	3190	2843	2495	2148	1801	1453	1106	0758	0411	0064	1 34,8 34,7 34,6
33	1,552 9716	9369	9022	8675	8328	7981	7634	7286	6939	6592	2 69,6 69,4 69,2
34	6245	5898	5552	5205	4858	4511	4164	3817	3471	3124	3 104,4 104,1 103,8
35	2777	2431	2084	1737	1391	1044	0698	0351	0005	'9658	4 139,2 138,8 138,4
36	1,551 9312	8965	8619	8273	7926	7580	7234	6888	6542	6195	5 174,0 175,5 175,0
37	5849	5503	5157	4811	4465	4119	3773	3427	3081	2735	6 208,8 208,2 207,6
38	2390	2044	1698	1352	1007	0661	0315	'9970	'9624	'9278	7 243,6 242,9 242,2
39	1,550 8933	8587	8242	7896	7551	7205	6860	6515	6169	5824	8 278,4 277,6 276,8
											9 313,2 312,3 311,4
40	5479	5133	4788	4443	4098	3753	3408	3063	2718	2373	
41	2028	1683	1338	0993	0648	0303	'9958	'9613	'9269	'8924	345 344 343
42	1,549 8579	8234	7890	7545	7201	6856	6511	6167	5822	5478	1 34,5 34,4 34,3
43	5134	4789	4445	4100	3756	3412	3068	2723	2379	2035	2 69,0 68,8 68,6
44	1691	1347	1003	0659	0315	'9971	'9627	'9283	'8939	'8595	3 103,5 103,2 102,9
45	1,548 8251	7907	7563	7219	6876	6532	6188	5845	5501	5157	4 138,0 137,6 137,2
46	4814	4470	4127	3783	3440	3096	2753	2409	2066	1723	5 172,5 172,0 171,5
47	1379	1036	0693	0350	0006	'9663	'9320	'8977	'8634	'8291	6 207,0 206,4 205,8
48	1,547 7948	7605	7262	6919	6576	6233	5890	5547	5205	4862	7 241,5 240,8 240,1
49	4519	4176	3834	3491	3148	2806	2463	2121	1778	1436	8 276,0 275,2 274,4
											9 310,5 309,6 308,7
50	1093	0751	0408	0066	'9723	'9381	'9039	'8697	'8354	'8012	
51	1,546 7670	7328	6986	6643	6301	5959	5617	5275	4933	4591	342 341 340
52	4249	3908	3566	3224	2882	2540	2199	1857	1515	1173	1 34,2 34,1 34,0
53	0832	0490	0149	'9807	'9465	'9124	'8783	'8441	'8100	'7758	2 68,4 68,2 68,0
54	1,545 7417	7076	6734	6393	6052	5710	5369	5028	4687	4346	3 102,6 102,3 102,0
55	4005	3664	3323	2982	2641	2300	1959	1618	1277	0936	4 136,8 136,4 136,0
56	0595	0255	'9914	'9573	'9232	'8892	'8551	'8210	'7870	'7529	5 171,0 170,5 170,0
57	1,544 7189	6848	6508	6167	5827	5486	5146	4806	4465	4125	6 205,2 204,6 204,0
58	3785	3445	3104	2764	2424	2084	1744	1404	1064	0724	7 239,4 238,7 238,0
59	0384	0044	'9704	'9364	'9024	'8684	'8344	'8005	'7665	'7325	8 273,6 272,8 272,0
											9 307,8 306,9 306,0
60	1,543 6985	6646	6306	5966	5627	5287	4948	4608	4269	3929	
61	3590	3250	2911	2572	2232	1893	1554	1214	0875	0536	339 338 337
62	0197	'9858	'9519	'9179	'8840	'8501	'8162	'7823	'7484	'7145	1 33,9 33,8 33,7
63	1,542 6807	6468	6129	5790	5451	5112	4774	4435	4096	3758	2 67,8 67,6 67,4
64	3419	3080	2742	2403	2065	1726	1388	1049	0711	0373	3 101,7 101,4 101,1
65	0034	'9696	'9358	'9019	'8681	'8343	'8005	'7667	'7328	'6990	4 135,6 135,2 134,8
66	1,541 6652	6314	5976	5638	5300	4962	4624	4286	3949	3611	5 169,5 169,0 168,5
67	3273	2935	2597	2260	1922	1584	1247	0909	0571	0234	6 203,4 202,8 202,2
68	1,540 9896	9559	9221	8884	8546	8209	7872	7534	7197	6860	7 237,3 236,6 235,9
69	6522	6185	5848	5511	5174	4836	4499	4162	3825	3488	8 271,2 270,4 269,6
											9 305,1 304,2 303,3
70	3151	2814	2477	2140	1803	1467	1130	0793	0456	0119	
71	1,539 9783	9446	9109	8773	8436	8099	7763	7426	7090	6753	336 335 334
72	6417	6080	5744	5408	5071	4735	4399	4062	3726	3390	1 33,6 33,5 33,4
73	3054	2717	2381	2045	1709	1373	1037	0701	0365	0029	2 67,2 67,0 66,8
74	1,538 9693	9357	9021	8685	8350	8014	7678	7342	7007	6671	3 100,8 100,5 100,2
75	6335	6000	5664	5328	4993	4657	4322	3986	3651	3316	4 134,4 134,0 133,6
76	2980	2645	2309	1974	1639	1304	0968	0633	0298	'9963	5 168,0 167,5 167,0
77	1,537 9628	9293	8958	8622	8287	7952	7617	7283	6948	6613	6 201,6 201,0 200,4
78	6278	5943	5608	5273	4939	4604	4269	3935	3600	3265	7 235,2 234,5 233,8
79	2931	2596	2262	1927	1593	1258	0924	0589	0255	'9921	8 268,8 268,0 267,2
											9 302,4 301,5 300,6
											335
	0	1	2	3	4	5	6	7	8	9	P. P.

0,0128 1,536					SUBTRACTION.					7 Decim.
	0	1	2	3	4	5	6	7	8	9

P. P.

	0	1	2	3	4	5	6	7	8	9
0,012 80	1,536 9586	9252	8918	8583	8249	7915	7581	7247	6913	6578
0,012 81	6244	5910	5576	5242	4908	4574	4241	3907	3573	3239
0,012 82	2905	2571	2238	1904	1570	1237	0903	0569	0236	·9902
0,012 83	1,535 9569	9235	8902	8568	8235	7901	7568	7235	6901	6568
0,012 84	6235	5901	5568	5235	4902	4569	4236	3903	3569	3236
0,012 85	2903	2570	2237	1905	1572	1239	0906	0573	0240	·9908
0,012 86	1,534 9575	9242	8909	8577	8244	7911	7579	7246	6914	6581
0,012 87	6249	5916	5584	5251	4919	4587	4254	3922	3590	3258
0,012 88	2925	2593	2261	1929	1597	1265	0933	0600	0268	·9936
0,012 89	1,533 9605	9273	8941	8609	8277	7945	7613	7282	6950	6618
0,012 90	6286	5955	5623	5291	4960	4628	4297	3965	3634	3302
0,012 91	2971	2639	2308	1977	1645	1314	0983	0651	0320	·9989
0,012 92	1,532 9658	9327	8996	8664	8333	8002	7671	7340	7009	6678
0,012 93	6347	6017	5686	5355	5024	4693	4362	4032	3701	3370
0,012 94	3040	2709	2378	2048	1717	1387	1056	0726	0395	0065
0,012 95	1,531 9735	9404	9074	8743	8413	8083	7753	7422	7092	6762
0,012 96	6432	6102	5772	5442	5112	4782	4452	4122	3792	3462
0,012 97	3132	2802	2472	2142	1813	1483	1153	0824	0494	0164
0,012 98	1,530 9835	9505	9175	8846	8516	8187	7857	7528	7198	6869
0,012 99	6540	6210	5881	5552	5222	4893	4564	4235	3906	3577
0,013 00	3247	2918	2589	2260	1931	1602	1273	0944	0615	0287
0,013 01	1,529 9958	9629	9300	8971	8643	8314	7985	7657	7328	6999
0,013 02	6671	6342	6014	5685	5356	5028	4700	4371	4043	3714
0,013 03	3386	3058	2729	2401	2073	1745	1417	1088	0760	0432
0,013 04	0104	·9776	·9448	·9120	·8792	·8464	·8136	·7808	·7480	·7152
0,013 05	1,528 6825	6497	6169	5841	5514	5186	4858	4531	4203	3875
0,013 06	3548	3220	2893	2565	2238	1910	1583	1255	0928	0601
0,013 07	0273	·9946	·9619	·9292	·8964	·8637	·8310	·7983	·7656	·7329
0,013 08	1,527 7002	6674	6347	6020	5694	5367	5040	4713	4386	4059
0,013 09	3732	3405	3079	2752	2425	2099	1772	1445	1119	0792
0,013 10	0466	0139	·9812	·9486	·9160	·8833	·8507	·8180	·7854	·7528
0,013 11	1,526 7201	6875	6549	6223	5896	5570	5244	4918	4592	4266
0,013 12	3940	3614	3288	2962	2636	2310	1984	1658	1332	1006
0,013 13	0680	0355	0029	·9703	·9377	·9052	·8726	·8401	·8075	·7749
0,013 14	1,525 7424	7098	6773	6447	6122	5796	5471	5146	4820	4495
0,013 15	4170	3844	3519	3194	2869	2544	2218	1893	1568	1243
0,013 16	0918	0593	0268	·9943	·9618	·9293	·8968	·8643	·8319	·7994
0,013 17	1,524 7669	7344	7019	6695	6370	6045	5721	5396	5071	4747
0,013 18	4422	4098	3773	3449	3124	2800	2476	2151	1827	1503
0,013 19	1178	0854	0530	0205	·9881	·9557	·9233	·8909	·8585	·8261
0,013 20	1,523 7937	7613	7289	6965	6641	6317	5993	5669	5345	5021
0,013 21	4698	4374	4050	3726	3403	3079	2755	2432	2108	1784
0,013 22	1461	1137	0814	0490	0167	·9844	·9520	·9197	·8873	·8550
0,013 23	1,522 8227	7903	7580	7257	6934	6611	6287	5964	5641	5318
0,013 24	4995	4672	4349	4026	3703	3380	3057	2734	2412	2089
0,013 25	1766	1443	1120	0798	0475	0152	·9830	·9507	·9184	·8862
0,013 26	1,521 8539	8217	7894	7572	7249	6927	6604	6282	5960	5637
0,013 27	5315	4993	4670	4348	4026	3704	3382	3059	2737	2415
0,013 28	2093	1771	1449	1127	0805	0483	0161	·9839	·9518	·9196
0,013 29	1,520 8874	8552	8230	7909	7587	7265	6943	6622	6300	5979

P. P.

	335	334	333
1	35,5	33,4	33,3
2	67,0	66,8	66,6
3	100,5	100,2	99,9
4	134,0	133,6	133,2
5	167,5	167,0	166,5
6	201,0	200,4	199,8
7	234,5	233,8	233,1
8	268,0	267,2	266,4
9	301,5	300,6	299,7

	332	331	330
1	33,2	33,1	33,0
2	66,4	66,2	66,0
3	99,6	99,3	99,0
4	132,8	132,4	132,0
5	166,0	165,5	165,0
6	199,2	198,6	198,0
7	232,4	231,7	231,0
8	265,6	264,8	264,0
9	298,8	297,9	297,0

	329	328	327
1	32,9	32,8	32,7
2	65,8	65,6	65,4
3	98,7	98,4	98,1
4	131,6	131,2	130,8
5	164,5	164,0	163,5
6	197,4	196,8	196,2
7	230,3	229,6	228,9
8	263,2	262,4	261,6
9	296,1	295,2	294,3

	326	325	324
1	32,6	32,5	32,4
2	65,2	65,0	64,8
3	97,8	97,5	97,2
4	130,4	130,0	129,6
5	163,0	162,5	162,0
6	195,6	195,0	194,4
7	228,2	227,5	226,8
8	260,8	260,0	259,2
9	293,4	292,5	291,6

	323	322	321
1	32,3	32,2	32,1
2	64,6	64,4	64,2
3	96,9	96,6	96,3
4	129,2	128,8	128,4
5	161,5	161,0	160,5
6	193,8	193,2	192,6
7	226,1	225,4	224,7
8	258,4	257,6	256,8
9	290,7	289,8	288,9

322

0	1	2	3	4	5	6	7	8	9	P. P.

7 Decim.				SUBTRACTION.						1,520 0,0133	
	0	1	2	3	4	5	6	7	8	9	P. P.
0,013 30	1,520 5657	5335	5014	4692	4371	4049	3728	3407	3085	2764	
0,013 31	2443	2121	1800	1479	1158	0836	0515	0194	˙9873	˙9552	322 321 320
0,013 32	1,519 9231	8910	8589	8268	7947	7626	7305	6984	6663	6342	1 32,2 32,1 32,0
0,013 33	6021	5700	5380	5059	4738	4417	4097	3776	3455	3135	2 64,4 64,2 64,0
0,013 34	2814	2494	2173	1852	1532	1211	0891	0571	0250	˙9930	3 96,6 96,3 96,0
											4 128,8 128,4 128,0
0,013 35	1,518 9609	9289	8969	8649	8328	8008	7688	7368	7048	6727	5 161,0 160,5 160,0
0,013 36	6407	6087	5767	5447	5127	4807	4487	4167	3847	3527	6 193,2 192,6 192,0
0,013 37	3208	2888	2568	2248	1928	1609	1289	0969	0649	0330	7 225,4 224,7 224,0
0,013 38	0010	˙9691	˙9371	˙9051	˙8732	˙8412	˙8093	˙7774	˙7454	˙7135	8 257,6 256,8 256,0
0,013 39	1,517 6815	6496	6177	5857	5538	5219	4900	4580	4261	3942	9 289,8 288,9 288,0
0,013 40	3623	3304	2985	2666	2347	2028	1709	1390	1071	0752	
0,013 41	0433	0114	˙9795	˙9476	˙9157	˙8839	˙8520	˙8201	˙7883	˙7564	319 318 317
0,013 42	1,516 7245	6927	6608	6289	5971	5652	5334	5015	4697	4378	1 31,9 31,8 31,7
0,013 43	4060	3742	3423	3105	2787	2468	2150	1832	1513	1195	2 63,8 63,6 63,4
0,013 44	0877	0559	0241	˙9923	˙9605	˙9287	˙8969	˙8651	˙8333	˙8015	3 95,7 95,4 95,1
											4 127,6 127,2 126,8
0,013 45	1,515 7697	7379	7061	6743	6425	6107	5790	5472	5154	4836	5 159,5 159,0 158,5
0,013 46	4519	4201	3883	3566	3248	2931	2613	2296	1978	1661	6 191,4 190,8 190,2
0,013 47	1343	1026	0708	0391	0074	˙9756	˙9439	˙9122	˙8804	˙8487	7 223,3 222,6 221,9
0,013 48	1,514 8170	7853	7535	7218	6901	6584	6267	5950	5633	5316	8 255,2 254,4 253,6
0,013 49	4999	4682	4365	4048	3731	3415	3098	2781	2464	2147	9 287,1 286,2 285,3
0,013 50	1831	1514	1197	0881	0564	0247	˙9931	˙9614	˙9298	˙8981	
0,013 51	1,513 8665	8348	8032	7715	7399	7082	6766	6450	6133	5817	316 315 314
0,013 52	5501	5185	4868	4552	4236	3920	3604	3288	2972	2656	1 31,6 31,5 31,4
0,013 53	2340	2024	1708	1392	1076	0760	0444	0128	˙9812	˙9496	2 63,2 63,0 62,8
0,013 54	1,512 9181	8865	8549	8233	7918	7602	7286	6971	6655	6340	3 94,8 94,5 94,2
											4 126,4 126,0 125,6
0,013 55	6024	5708	5393	5078	4762	4447	4131	3816	3500	3185	5 158,0 157,5 157,0
0,013 56	2870	2555	2239	1924	1609	1294	0978	0663	0348	0033	6 189,6 189,0 188,4
0,013 57	1,511 9718	9403	9088	8773	8458	8143	7828	7513	7198	6883	7 221,2 220,5 219,8
0,013 58	6568	6254	5939	5624	5309	4995	4680	4365	4051	3736	8 252,8 252,0 251,2
0,013 59	3421	3107	2792	2478	2163	1849	1534	1220	0905	0591	9 284,4 283,5 282,6
0,013 60	0277	˙9962	˙9648	˙9334	˙9019	˙8705	˙8391	˙8077	˙7762	˙7448	
0,013 61	1,510 7134	6820	6506	6192	5878	5564	5250	4936	4622	4308	313 312 311
0,013 62	3994	3680	3366	3052	2739	2425	2111	1797	1484	1170	1 31,3 31,2 31,1
0,013 63	0856	0543	0229	˙9915	˙9602	˙9288	˙8975	˙8661	˙8348	˙8034	2 62,6 62,4 62,2
0,013 64	1,509 7721	7408	7094	6781	6467	6154	5841	5528	5214	4901	3 93,9 93,6 93,3
											4 125,2 124,8 124,4
0,013 65	4588	4275	3962	3648	3335	3022	2709	2396	2083	1770	5 156,5 156,0 155,5
0,013 66	1457	1144	0831	0518	0205	˙9893	˙9580	˙9267	˙8954	˙8641	6 187,8 187,2 186,6
0,013 67	1,508 8329	8016	7703	7391	7078	6765	6453	6140	5828	5515	7 219,1 218,4 217,7
0,013 68	5203	4890	4578	4265	3953	3640	3328	3016	2703	2391	8 250,4 249,6 248,8
0,013 69	2079	1767	1454	1142	0830	0518	0206	˙9894	˙9581	˙9269	9 281,7 280,8 279,9
0,013 70	1,507 8957	8645	8333	8021	7709	7398	7086	6774	6462	6150	
0,013 71	5838	5526	5215	4903	4591	4280	3968	3656	3345	3033	310 309
0,013 72	2721	2410	2098	1787	1475	1164	0852	0541	0230	˙9918	1 31,0 30,9
0,013 73	1,506 9607	9296	8984	8673	8362	8050	7739	7428	7117	6806	2 62,0 61,8
0,013 74	6495	6184	5873	5561	5250	4939	4628	4317	4007	3696	3 93,0 92,7
											4 124,0 123,6
0,013 75	3385	3074	2763	2452	2141	1831	1520	1209	0898	0588	5 155,0 154,5
0,013 76	0277	˙9966	˙9656	˙9345	˙9035	˙8724	˙8414	˙8103	˙7793	˙7482	6 186,0 185,4
0,013 77	1,505 7172	6861	6551	6241	5930	5620	5310	4999	4689	4379	7 217,0 216,3
0,013 78	4069	3759	3448	3138	2828	2518	2208	1898	1588	1278	8 248,0 247,2
0,013 79	0968	0658	0348	0038	˙9728	˙9418	˙9109	˙8799	˙8489	˙8179	9 279,0 278,1
											309
	0	1	2	3	4	5	6	7	8	9	P. P.

| 0,0138 1,504 | | | | SUBTRACTION. | | | | | 7 Decim. |

	0	1	2	3	4	5	6	7	8	9
0,013 80	1,504 7870	7560	7250	6940	6631	6321	6012	5702	5392	5083
0,013 81	4773	4464	4154	3945	3536	3226	2917	2607	2298	1989
0,013 82	1679	1370	1061	0752	0443	0133	˙9824	˙9515	˙9206	˙8897
0,013 83	1,503 8588	8279	7970	7661	7352	7043	6734	6425	6116	5807
0,013 84	5498	5190	4881	4572	4263	3955	3646	3337	3029	2720
0,013 85	2411	2103	1794	1486	1177	0869	0560	0252	˙9943	˙9635
0,013 86	1,502 9327	9018	8710	8401	8093	7785	7477	7168	6860	6552
0,013 87	6244	5936	5628	5320	5012	4703	4395	4087	3780	3472
0,013 88	3164	2856	2548	2240	1932	1624	1317	1009	0701	0393
0,013 89	0086	˙9778	˙9470	˙9163	˙8855	˙8547	˙8240	˙7932	˙7625	˙7317
0,013 90	1,501 7010	6702	6395	6087	5780	5473	5165	4858	4551	4243
0,013 91	3936	3629	3322	3015	2707	2400	2093	1786	1479	1172
0,013 92	0865	0558	0251	˙9944	˙9637	˙9330	˙9023	˙8716	˙8409	˙8103
0,013 93	1,500 7796	7489	7182	6875	6569	6262	5955	5649	5342	5036
0,013 94	4729	4422	4116	3809	3503	3196	2890	2583	2277	1971
0,013 95	1664	1358	1052	0745	0439	0133	˙9827	˙9520	˙9214	˙8908
0,013 96	1,499 8602	8296	7990	7684	7378	7072	6766	6460	6154	5848
0,013 97	5542	5236	4930	4624	4318	4013	3707	3401	3095	2790
0,013 98	2484	2178	1873	1567	1261	0956	0650	0345	0039	˙9734
0,013 99	1,498 9428	9123	8817	8512	8207	7901	7596	7291	6985	6680
0,014 00	6375	6069	5764	5459	5154	4849	4544	4239	3934	3629
0,014 01	3323	3018	2713	2409	2104	1799	1494	1189	0884	0579
0,014 02	0274	˙9970	˙9665	˙9360	˙9055	˙8751	˙8446	˙8141	˙7837	˙7532
0,014 03	1,497 7228	6923	6618	6314	6009	5705	5401	5096	4792	4487
0,014 04	4183	3879	3574	3270	2966	2661	2357	2053	1749	1445
0,014 05	1140	0836	0532	0228	˙9924	˙9620	˙9316	˙9012	˙8708	˙8404
0,014 06	1,496 8100	7796	7492	7189	6885	6581	6277	5973	5670	5366
0,014 07	5062	4759	4455	4151	3848	3544	3240	2937	2633	2330
0,014 08	2026	1723	1419	1116	0813	0509	0206	˙9903	˙9599	˙9296
0,014 09	1,495 8993	8689	8386	8083	7780	7477	7174	6870	6567	6264
0,014 10	5961	5658	5355	5052	4749	4446	4143	3841	3538	3235
0,014 11	2932	2629	2326	2024	1721	1418	1115	0813	0510	0207
0,014 12	1,494 9905	9602	9300	8997	8695	8392	8090	7787	7485	7182
0,014 13	6880	6578	6275	5973	5671	5368	5066	4764	4462	4159
0,014 14	3857	3555	3253	2951	2649	2347	2045	1743	1441	1139
0,014 15	0837	0535	0233	˙9931	˙9629	˙9327	˙9025	˙8724	˙8422	˙8120
0,014 16	1,493 7818	7516	7215	6913	6611	6310	6008	5707	5405	5103
0,014 17	4802	4500	4199	3898	3596	3295	2993	2692	2391	2089
0,014 18	1788	1487	1185	0884	0583	0282	˙9980	˙9679	˙9378	˙9077
0,014 19	1,492 8776	8475	8174	7873	7572	7271	6970	6669	6368	6067
0,014 20	5766	5465	5165	4864	4563	4262	3961	3661	3360	3059
0,014 21	2759	2458	2157	1857	1556	1256	0955	0655	0354	0054
0,014 22	1,491 9753	9453	9152	8852	8552	8251	7951	7651	7350	7050
0,014 23	6750	6450	6149	5849	5549	5249	4949	4649	4349	4049
0,014 24	3749	3449	3149	2849	2549	2249	1949	1649	1349	1049
0,014 25	0750	0450	0150	˙9850	˙9551	˙9251	˙8951	˙8652	˙8352	˙8052
0,014 26	1,490 7753	7453	7154	6854	6555	6255	5956	5656	5357	5057
0,014 27	4758	4459	4159	3860	3561	3261	2962	2663	2364	2065
0,014 28	1765	1466	1167	0868	0569	0270	˙9971	˙9672	˙9373	˙9074
0,014 29	1,489 8775	8476	8177	7878	7579	7280	6982	6683	6384	6085

| | 0 | 1 | 2 | 3 | 4 | 5 | 6 | 7 | 8 | 9 |

P. P.

	310	309	308
1	31,0	30,9	30,8
2	62,0	61,8	61,6
3	93,0	92,7	92,4
4	124,0	123,6	123,2
5	155,0	154,5	154,0
6	186,0	185,4	184,8
7	217,0	216,3	215,6
8	248,0	247,2	246,4
9	279,0	278,1	277,2

	307	306	305
1	30,7	30,6	30,5
2	61,4	61,2	61,0
3	92,1	91,8	91,5
4	122,8	122,4	122,0
5	153,5	153,0	152,5
6	184,2	183,6	183,0
7	214,9	214,2	213,5
8	245,6	244,8	244,0
9	276,3	275,4	274,5

	304	303	302
1	30,4	30,3	30,2
2	60,8	60,6	60,4
3	91,2	90,9	90,6
4	121,6	121,2	120,8
5	152,0	151,5	151,0
6	182,4	181,8	181,2
7	212,8	212,1	211,4
8	243,2	242,4	241,6
9	273,6	272,7	271,8

	301	300
1	30,1	30,0
2	60,2	60,0
3	90,3	90,0
4	120,4	120,0
5	150,5	150,0
6	180,6	180,0
7	210,7	210,0
8	240,8	240,0
9	270,9	270,0

	299	298
1	29,9	29,8
2	59,8	59,6
3	89,7	89,4
4	119,6	119,2
5	149,5	149,0
6	179,4	178,8
7	209,3	208,6
8	239,2	238,4
9	269,1	268,2

298

| 7 Decim. | SUBTRACTION. | 1,489 0,0143 |

	0	1	2	3	4	5	6	7	8	9
0,014 30	1,489 5787	5488	5189	4890	4592	4293	3995	3696	3397	3099
0,014 31	2800	2502	2203	1905	1606	1308	1010	0711	0413	0115
0,014 32	1,488 9816	9518	9220	8921	8623	8325	8027	7729	7430	7132
0,014 33	6834	6536	6238	5940	5642	5344	5046	4748	4450	4152
0,014 34	3854	3556	3259	2961	2663	2365	2067	1770	1472	1174
0,014 35	0877	0579	0281	·9984	·9686	·9388	·9091	·8793	·8496	·8198
0,014 36	1,487 7901	7603	7306	7009	6711	6414	6116	5819	5522	5225
0,014 37	4927	4630	4333	4036	3738	3441	3144	2847	2550	2253
0,014 38	1956	1659	1362	1065	0768	0471	0174	·9877	·9580	·9283
0,014 39	1,486 8987	8690	8393	8096	7799	7503	7206	6909	6613	6316
0,014 40	6019	5723	5426	5129	4833	4536	4240	3943	3647	3351
0,014 41	3054	2758	2461	2165	1869	1572	1276	0980	0683	0387
0,014 42	0091	·9795	·9499	·9203	·8906	·8610	·8314	·8018	·7722	·7426
0,014 43	1,485 7130	6834	6538	6242	5946	5650	5354	5059	4763	4467
0,014 44	4171	3875	3580	3284	2988	2692	2397	2101	1806	1510
0,014 45	1214	0919	0623	0328	0032	·9737	·9441	·9146	·8850	·8555
0,014 46	1,484 8260	7964	7669	7374	7078	6783	6488	6193	5897	5602
0,014 47	5307	5012	4717	4422	4126	3831	3536	3241	2946	2651
0,014 48	2356	2061	1766	1472	1177	0882	0587	0292	·9997	·9703
0,014 49	1,483 9408	9113	8818	8524	8229	7934	7640	7345	7051	6756
0,014 50	6461	6167	5872	5578	5283	4989	4695	4400	4106	3811
0,014 51	3517	3223	2928	2634	2340	2046	1751	1457	1163	0869
0,014 52	0575	0281	·9986	·9692	·9398	·9104	·8810	·8516	·8222	·7928
0,014 53	1,482 7634	7341	7047	6753	6459	6165	5871	5577	5284	4990
0,014 54	4696	4403	4109	3815	3522	3228	2934	2641	2347	2054
0,014 55	1760	1467	1173	0880	0586	0293	·9999	·9706	·9413	·9119
0,014 56	1,481 8826	8533	8239	7946	7653	7360	7067	6773	6480	6187
0,014 57	5894	5601	5308	5015	4722	4429	4136	3843	3550	3257
0,014 58	2964	2671	2378	2085	1792	1500	1207	0914	0621	0329
0,014 59	0036	·9743	·9451	·9158	·8865	·8573	·8280	·7988	·7695	·7403
0,014 60	1,480 7110	6818	6525	6233	5940	5648	5355	5063	4771	4478
0,014 61	4186	3894	3602	3309	3017	2725	2433	2141	1849	1556
0,014 62	1264	0972	0680	0388	0096	·9804	·9512	·9220	·8928	·8636
0,014 63	1,479 8345	8053	7761	7469	7177	6885	6594	6302	6010	5718
0,014 64	5427	5135	4843	4552	4260	3969	3677	3385	3094	2802
0,014 65	2511	2219	1928	1637	1345	1054	0762	0471	0180	·9889
0,014 66	1,478 9597	9306	9015	8723	8432	8141	7850	7559	7268	6977
0,014 67	6686	6394	6103	5812	5521	5230	4939	4649	4358	4067
0,014 68	3776	3485	3194	2903	2612	2322	2031	1740	1449	1159
0,014 69	0868	0577	0287	·9996	·9706	·9415	·9124	·8834	·8543	·8253
0,014 70	1,477 7962	7672	7382	7091	6801	6510	6220	5930	5639	5349
0,014 71	5059	4769	4478	4188	3898	3608	3318	3027	2737	2447
0,014 72	2157	1867	1577	1287	0997	0707	0417	0127	·9837	·9547
0,014 73	1,476 9257	8968	8678	8388	8098	7808	7519	7229	6939	6650
0,014 74	6360	6070	5781	5491	5201	4912	4622	4333	4043	3754
0,014 75	3464	3175	2885	2596	2306	2017	1728	1438	1149	0860
0,014 76	0571	0281	·9992	·9703	·9414	·9124	·8835	·8546	·8257	·7968
0,014 77	1,475 7679	7390	7101	6812	6523	6234	5945	5656	5367	5078
0,014 78	4789	4500	4211	3923	3634	3345	3056	2768	2479	2190
0,014 79	1902	1613	1324	1036	0747	0458	0170	·9881	·9593	·9304

| | 0 | 1 | 2 | 3 | 4 | 5 | 6 | 7 | 8 | 9 |

P. P.

	299	298
1	29.9	29.8
2	59.8	59.6
3	89.7	89.4
4	119.6	119.2
5	139.5	139.0
6	179.4	178.8
7	209.3	208.6
8	239.2	238.4
9	269.1	268.2

	297	296
1	29.7	29.6
2	59.4	59.2
3	89.1	88.8
4	118.8	118.4
5	148.5	148.0
6	178.2	177.6
7	207.9	207.2
8	237.6	236.8
9	267.3	266.4

	295	294
1	29.5	29.4
2	59.0	58.8
3	88.5	88.2
4	118.0	117.6
5	147.5	147.0
6	177.0	176.4
7	206.5	205.8
8	236.0	235.2
9	265.5	264.6

	293	292
1	29.3	29.2
2	58.6	58.4
3	87.9	87.6
4	117.2	116.8
5	146.5	146.0
6	175.8	175.2
7	205.1	204.4
8	234.4	233.6
9	263.7	262.8

	291	290
1	29.1	29.0
2	58.2	58.0
3	87.3	87.0
4	116.4	116.0
5	145.5	145.0
6	174.6	174.0
7	203.7	203.0
8	232.8	232.0
9	261.9	261.0

	289	288
1	28.9	28.8
2	57.8	57.6
3	86.7	86.4
4	115.6	115.2
5	144.5	144.0
6	173.4	172.8
7	202.3	201.6
8	231.2	230.4
9	260.1	259.2

288

P. P.

0,0148 1,474				SUBTRACTION.					7 Decim.

	0	1	2	3	4	5	6	7	8	9	P. P.
0,014 80	1,474 9016	8727	8439	8150	7862	7574	7285	6997	6709	6420	
0,014 81	6132	5844	5556	5267	4979	4691	4403	4115	3827	3538	
0,014 82	3250	2962	2674	2386	2098	1810	1522	1234	0946	0658	289 288
0,014 83	0371	0083	·9795	·9507	·9219	·8931	·8644	·8356	·8068	·7781	1 28,9 28,8
0,014 84	1,473 7493	7205	6917	6630	6342	6055	5767	5480	5192	4904	2 57,8 57,6 / 3 86,7 86,4
0,014 85	4617	4330	4042	3755	3467	3180	2892	2605	2318	2030	4 115,6 115,2 / 5 144,5 144,0
0,014 86	1743	1456	1169	0881	0594	0307	0020	·9733	·9446	·9158	6 173,4 172,8 / 7 202,3 201,6
0,014 87	1,472 8871	8584	8297	8010	7723	7436	7149	6862	6575	6288	8 231,2 230,4 / 9 260,1 259,2
0,014 88	6001	5714	5428	5141	4854	4567	4280	3994	3707	3420	
0,014 89	3133	2847	2560	2273	1987	1700	1414	1127	0840	0554	
0,014 90	0267	·9981	·9694	·9408	·9122	·8835	·8549	·8262	·7976	·7690	287 286
0,014 91	1,471 7403	7117	6831	6545	6258	5972	5686	5400	5114	4827	1 28,7 28,6
0,014 92	4541	4255	3969	3683	3397	3111	2825	2539	2253	1967	2 57,4 57,2 / 5 86,1 85,8
0,014 93	1681	1395	1109	0824	0538	0252	·9966	·9680	·9394	·9109	4 114,8 114,4 / 5 143,5 143,0
0,014 94	1,470 8823	8537	8252	7966	7680	7395	7109	6823	6538	6252	6 172,2 171,6 / 7 200,9 200,2 / 8 229,6 228,8
0,014 95	5967	5681	5396	5110	4825	4539	4254	3969	3683	3398	9 258,3 257,4
0,014 96	3112	2827	2542	2257	1971	1686	1401	1116	0830	0545	
0,014 97	0260	·9975	·9690	·9405	·9120	·8835	·8550	·8265	·7980	·7695	285 284
0,014 98	1,469 7410	7125	6840	6555	6270	5985	5700	5416	5131	4846	1 28,5 28,4
0,014 99	4561	4276	3992	3707	3422	3138	2853	2568	2284	1999	2 57,0 56,8 / 5 85,5 85,2
0,015 00	1715	1430	1146	0861	0577	0292	0008	·9723	·9439	·9154	4 114,0 113,6 / 5 142,5 142,0
0,015 01	1,468 8870	8586	8301	8017	7733	7448	7164	6880	6596	6312	6 171,0 170,4 / 7 199,5 198,8
0,015 02	6027	5743	5459	5175	4891	4607	4323	4039	3755	3471	8 228,0 227,2 / 9 256,5 255,6
0,015 03	3187	2903	2619	2335	2051	1767	1483	1199	0915	0632	
0,015 04	0348	0064	·9780	·9496	·9213	·8929	·8645	·8362	·8078	·7794	
0,015 05	1,467 7511	7227	6944	6660	6377	6093	5810	5526	5243	4959	283 282
0,015 06	4676	4392	4109	3826	3542	3259	2976	2692	2409	2126	1 28,5 28,2
0,015 07	1843	1560	1276	0993	0710	0427	0144	·9861	·9578	·9295	2 56,6 56,4 / 5 84,9 84,6
0,015 08	1,466 9012	8729	8446	8163	7880	7597	7314	7031	6748	6465	4 113,2 112,8 / 5 141,5 141,0
0,015 09	6182	5899	5617	5334	5051	4768	4486	4203	3920	3638	6 169,8 169,2 / 7 198,1 197,4 / 8 226,4 225,6
0,015 10	3355	3072	2790	2507	2224	1942	1659	1377	1094	0812	9 254,7 253,8
0,015 11	0529	0247	·9965	·9682	·9400	·9117	·8835	·8553	·8270	·7988	
0,015 12	1,465 7706	7424	7141	6859	6577	6295	6013	5731	5448	5166	
0,015 13	4884	4602	4320	4038	3756	3474	3192	2910	2628	2346	281 280
0,015 14	2064	1783	1501	1219	0937	0655	0374	0092	·9810	·9528	1 28,1 28,0
0,015 15	1,464 9247	8965	8683	8402	8120	7838	7557	7275	6994	6712	2 56,2 56,0 / 5 84,3 84,0
0,015 16	6431	6149	5868	5586	5305	5023	4742	4461	4179	3898	4 112,4 112,0 / 5 140,5 140,0
0,015 17	3617	3335	3054	2773	2491	2210	1929	1648	1367	1085	6 168,6 168,0 / 7 196,7 196,0
0,015 18	0804	0523	0242	·9961	·9680	·9399	·9118	·8837	·8556	·8275	8 224,8 224,0 / 9 252,9 252,0
0,015 19	1,463 7994	7713	7432	7151	6870	6590	6309	6028	5747	5466	
0,015 20	5186	4905	4624	4343	4063	3782	3501	3221	2940	2660	
0,015 21	2379	2098	1818	1537	1257	0976	0696	0416	0135	·9855	279
0,015 22	1,462 9574	9294	9014	8733	8453	8173	7892	7612	7332	7052	1 27,9
0,015 23	6772	6491	6211	5931	5651	5371	5091	4811	4531	4251	2 55,8 / 5 83,7
0,015 24	3971	3691	3411	3131	2851	2571	2291	2011	1731	1451	4 111,6 / 5 139,5
0,015 25	1172	0892	0612	0332	0052	·9773	·9493	·9213	·8934	·8654	6 167,4 / 7 195,3
0,015 26	1,461 8374	8095	7815	7536	7256	6976	6697	6417	6138	5858	8 223,2 / 9 251,1
0,015 27	5579	5300	5020	4741	4461	4182	3903	3623	3344	3065	
0,015 28	2786	2506	2227	1948	1669	1390	1110	0831	0552	0273	
0,015 29	1,460 9994	9715	9436	9157	8878	8599	8320	8041	7762	7483	279

	0	1	2	3	4	5	6	7	8	9	P. P.

| 7 Decim. | SUBTRACTION. | | | | | | | | | 1,460 0,0153 |

0,0153	0	1	2	3	4	5	6	7	8	9
0,015 30	1,460 7204	6925	6646	6368	6089	5810	5531	5252	4974	4695
0,015 31	4416	4138	3859	3580	3302	3023	2744	2466	2187	1909
0,015 32	1630	1352	1073	0795	0516	0238	'9960	'9681	'9403	'9124
0,015 33	1,459 8846	8568	8289	8011	7733	7455	7176	6898	6620	6342
0,015 34	6064	5786	5508	5229	4951	4673	4395	4117	3839	3561
0,015 35	3283	3005	2727	2449	2172	1894	1616	1338	1060	0782
0,015 36	0505	0227	'9949	'9671	'9394	'9116	'8838	'8561	'8283	'8005
0,015 37	1,458 7728	7450	7173	6895	6618	6340	6063	5785	5508	5230
0,015 38	4953	4675	4398	4121	3843	3566	3289	3011	2734	2457
0,015 39	2180	1902	1625	1348	1071	0794	0517	0240	'9962	'9685
0,015 40	1,457 9408	9131	8854	8577	8300	8023	7746	7470	7193	6916
0,015 41	6639	6362	6085	5808	5532	5255	4978	4701	4425	4148
0,015 42	3871	3595	3318	3041	2765	2488	2212	1935	1658	1382
0,015 43	1105	0829	0552	0276	0000	'9723	'9447	'9170	'8894	'8618
0,015 44	1,456 8341	8065	7789	7513	7236	6960	6684	6408	6132	5855
0,015 45	5579	5303	5027	4751	4475	4199	3923	3647	3371	3095
0,015 46	2819	2543	2267	1991	1715	1439	1164	0888	0612	0336
0,015 47	0060	'9785	'9509	'9233	'8957	'8682	'8406	'8130	'7855	'7579
0,015 48	1,455 7304	7028	6753	6477	6201	5926	5650	5375	5100	4824
0,015 49	4549	4273	3998	3723	3447	3172	2897	2621	2346	2071
0,015 50	1796	1520	1245	0970	0695	0420	0145	'9870	'9594	'9319
0,015 51	1,454 9044	8769	8494	8219	7944	7669	7394	7120	6845	6570
0,015 52	6295	6020	5745	5470	5196	4921	4646	4371	4097	3822
0,015 53	3547	3272	2998	2723	2449	2174	1899	1625	1350	1076
0,015 54	0801	0527	0252	'9978	'9703	'9429	'9155	'8880	'8606	'8332
0,015 55	1,453 8057	7783	7509	7234	6960	6686	6412	6137	5863	5589
0,015 56	5315	5041	4767	4493	4218	3944	3670	3396	3122	2848
0,015 57	2574	2300	2027	1753	1479	1205	0931	0657	0383	0109
0,015 58	1,452 9836	9562	9288	9014	8741	8467	8193	7920	7646	7372
0,015 59	7099	6825	6552	6278	6005	5731	5457	5184	4911	4637
0,015 60	4364	4090	3817	3543	3270	2997	2723	2450	2177	1904
0,015 61	1630	1357	1084	0811	0537	0264	'9991	'9718	'9445	'9172
0,015 62	1,451 8899	8626	8353	8080	7807	7534	7261	6988	6715	6442
0,015 63	6169	5896	5623	5350	5078	4805	4532	4259	3986	3714
0,015 64	3441	3168	2896	2623	2350	2078	1805	1532	1260	0987
0,015 65	0715	0442	0170	'9897	'9625	'9352	'9080	'8807	'8535	'8263
0,015 66	1,450 7990	7718	7446	7173	6901	6629	6356	6084	5812	5540
0,015 67	5268	4995	4723	4451	4179	3907	3635	3363	3091	2819
0,015 68	2547	2275	2003	1731	1459	1187	0915	0643	0371	0099
0,015 69	1,449 9827	9556	9284	9012	8740	8469	8197	7925	7653	7382
0,015 70	7110	6838	6567	6295	6024	5752	5481	5209	4937	4666
0,015 71	4394	4123	3852	3580	3309	3037	2766	2495	2223	1952
0,015 72	1681	1409	1138	0867	0596	0324	0053	'9782	'9511	'9240
0,015 73	1,448 8968	8697	8426	8155	7884	7613	7342	7071	6800	6529
0,015 74	6258	5987	5716	5445	5174	4904	4633	4362	4091	3820
0,015 75	3550	3279	3008	2737	2467	2196	1925	1655	1384	1113
0,015 76	0843	0572	0302	0031	'9760	'9490	'9219	'8949	'8678	'8408
0,015 77	1,447 8138	7867	7597	7326	7056	6786	6515	6245	5975	5704
0,015 78	5434	5164	4894	4624	4353	4083	3813	3543	3273	3003
0,015 79	2733	2463	2192	1922	1652	1382	1112	0843	0573	0303
	0	1	2	3	4	5	6	7	8	9

P. P.

	279	278
1	27,9	27,8
2	55,8	55,6
3	83,7	83,4
4	111,6	111,2
5	139,5	139,0
6	167,4	166,8
7	195,3	194,6
8	223,2	222,4
9	251,1	250,2

	277	276
1	27,7	27,6
2	55,4	55,2
3	83,1	82,8
4	110,8	110,4
5	138,5	138,0
6	166,2	165,6
7	193,9	193,2
8	221,6	220,8
9	249,3	248,4

	275	274
1	27,5	27,4
2	55,0	54,8
3	82,5	82,2
4	110,0	109,6
5	137,5	137,0
6	165,0	164,4
7	192,5	191,8
8	220,0	219,2
9	247,5	246,6

	273	272
1	27,3	27,2
2	54,6	54,4
3	81,9	81,6
4	109,2	108,8
5	136,5	136,0
6	163,8	163,2
7	191,1	190,4
8	218,4	217,6
9	245,7	244,8

	271	270
1	27,1	27,0
2	54,2	54,0
3	81,3	81,0
4	108,4	108,0
5	135,5	135,0
6	162,6	162,0
7	189,7	189,0
8	216,8	216,0
9	243,9	243,0

	269
1	26,9
2	53,8
3	80,7
4	107,6
5	134,5
6	161,4
7	188,3
8	215,2
9	242,1

270

P. P.

0,0158 1,447	0	1	2	3	4	5	6	7	8	9	P. P.
				SUBTRACTION.							7 Decim.
0,015 80	1,447 0033	˙9763	˙9493	˙9223	˙8953	˙8683	˙8414	˙8144	˙7874	˙7604	
0,015 81	1,446 7335	7065	6795	6526	6256	5986	5717	5447	5177	4908	270 269
0,015 82	4638	4369	4099	3830	3560	3291	3021	2752	2482	2213	1 27,0 26,9
0,015 83	1944	1674	1405	1135	0866	0597	0328	0058	˙9789	˙9520	2 54,0 53,8
0,015 84	1,445 9251	8981	8712	8443	8174	7905	7636	7367	7098	6828	3 81,0 80,7
											4 108,0 107,6
											5 135,0 134,5
0,015 85	6559	6290	6021	5752	5483	5214	4946	4677	4408	4139	6 162,0 161,4
0,015 86	3870	3601	3332	3063	2795	2526	2257	1988	1720	1451	7 189,0 188,3
0,015 87	1182	0914	0645	0376	0108	˙9839	˙9570	˙9302	˙9033	˙8765	8 216,0 215,2
0,015 88	1,444 8496	8228	7959	7691	7422	7154	6885	6617	6349	6080	9 243,0 242,1
0,015 89	5812	5544	5275	5007	4739	4470	4202	3934	3666	3398	
0,015 90	3129	2861	2593	2325	2057	1789	1521	1253	0984	0716	
0,015 91	0448	0180	˙9912	˙9645	˙9377	˙9109	˙8841	˙8573	˙8305	˙8037	268 267
0,015 92	1,443 7769	7502	7234	6966	6698	6430	6163	5895	5627	5360	1 26,8 26,7
0,015 93	5092	4824	4557	4289	4021	3754	3486	3219	2951	2684	2 53,6 53,4
0,015 94	2416	2149	1881	1614	1346	1079	0812	0544	0277	0009	3 80,4 80,1
											4 107,2 106,8
											5 134,0 133,5
0,015 95	1,442 9742	9475	9208	8940	8673	8406	8139	7871	7604	7337	6 160,8 160,2
0,015 96	7070	6803	6536	6269	6001	5734	5467	5200	4933	4666	7 187,6 186,9
0,015 97	4399	4132	3865	3598	3332	3065	2798	2531	2264	1997	8 214,4 213,6
0,015 98	1730	1464	1197	0930	0663	0397	0130	˙9863	˙9596	˙9330	9 241,2 240,3
0,015 99	1,441 9063	8797	8530	8263	7997	7730	7464	7197	6931	6664	
0,016 00	6398	6131	5865	5598	5332	5066	4799	4533	4267	4000	
0,016 01	3734	3468	3201	2935	2669	2403	2136	1870	1604	1338	266 265
0,016 02	1072	0806	0540	0273	0007	˙9741	˙9475	˙9209	˙8943	˙8677	1 26,6 26,5
0,016 03	1,440 8411	8145	7879	7614	7348	7082	6816	6550	6284	6018	2 53,2 53,0
0,016 04	5753	5487	5221	4955	4690	4424	4158	3893	3627	3361	3 79,8 79,5
											4 106,4 106,0
											5 133,0 132,5
0,016 05	3096	2830	2564	2299	2033	1768	1502	1237	0971	0706	6 159,6 159,0
0,016 06	0440	0175	˙9909	˙9644	˙9379	˙9113	˙8848	˙8583	˙8317	˙8052	7 186,2 185,5
0,016 07	1,439 7787	7521	7256	6991	6726	6460	6195	5930	5665	5400	8 212,8 212,0
0,016 08	5135	4869	4604	4339	4074	3809	3544	3279	3014	2749	9 239,4 238,5
0,016 09	2484	2219	1954	1690	1425	1160	0895	0630	0365	0100	
0,016 10	1,438 9836	9571	9306	9041	8777	8512	8247	7983	7718	7453	
0,016 11	7189	6924	6660	6395	6130	5866	5601	5337	5072	4808	264 263
0,016 12	4543	4279	4015	3750	3486	3221	2957	2693	2428	2164	1 26,4 26,3
0,016 13	1900	1636	1371	1107	0843	0579	0314	0050	˙9786	˙9522	2 52,8 52,6
0,016 14	1,437 9258	8994	8730	8466	8202	7938	7674	7410	7146	6882	3 79,2 78,9
											4 105,6 105,2
											5 132,0 131,5
0,016 15	6618	6354	6090	5826	5562	5298	5034	4770	4507	4243	6 158,4 157,8
0,016 16	3979	3715	3451	3188	2924	2660	2397	2133	1869	1606	7 185,8 184,1
0,016 17	1342	1078	0815	0551	0288	0024	˙9761	˙9497	˙9234	˙8970	8 211,2 210,4
0,016 18	1,436 8707	8443	8180	7917	7653	7390	7126	6863	6600	6336	9 237,6 236,7
0,016 19	6073	5810	5547	5283	5020	4757	4494	4231	3967	3704	
0,016 20	3441	3178	2915	2652	2389	2126	1863	1600	1337	1074	
0,016 21	0811	0548	0285	0022	˙9759	˙9496	˙9233	˙8971	˙8708	˙8445	262 261
0,016 22	1,435 8182	7919	7657	7394	7131	6868	6606	6343	6080	5818	1 26,2 26,1
0,016 23	5555	5293	5030	4767	4505	4242	3980	3717	3455	3192	2 52,4 52,2
0,016 24	2930	2667	2405	2143	1880	1618	1355	1093	0831	0568	3 78,6 78,3
											4 104,8 104,4
											5 131,0 130,5
0,016 25	0306	0044	˙9782	˙9519	˙9257	˙8995	˙8733	˙8470	˙8208	˙7946	6 157,2 156,6
0,016 26	1,434 7684	7422	7160	6898	6636	6374	6112	5850	5588	5326	7 183,4 182,7
0,016 27	5064	4802	4540	4278	4016	3754	3492	3230	2968	2707	8 209,6 208,8
0,016 28	2445	2183	1921	1660	1398	1136	0874	0613	0351	0089	9 235,8 234,9
0,016 29	1,433 9828	9566	9304	9043	8781	8520	8258	7997	7735	7474	262

| | 0 | 1 | 2 | 3 | 4 | 5 | 6 | 7 | 8 | 9 | P. P. |

| 7 Decim. | | | | SUBTRACTION. | | | | | 1,433 | 0,0163 |

	0	1	2	3	4	5	6	7	8	9
0,016 30	1,433 7212	6951	6689	6428	6166	5905	5644	5382	5121	4860
0,016 31	4598	4337	4076	3814	3553	3292	3031	2770	2508	2247
0,016 32	1986	1725	1464	1203	0942	0681	0419	0158	'9897	'9636
0,016 33	1,432 9375	9114	8853	8593	8332	8071	7810	7549	7288	7027
0,016 34	6766	6506	6245	5984	5723	5463	5202	4941	4680	4420
0,016 35	4159	3898	3638	3377	3117	2856	2595	2335	2074	1814
0,016 36	1553	1293	1032	0772	0511	0251	'9991	'9730	'9470	'9210
0,016 37	1,431 8949	8689	8429	8168	7908	7648	7388	7127	6867	6607
0,016 38	6347	6087	5826	5566	5306	5046	4786	4526	4266	4006
0,016 39	3746	3486	3226	2966	2706	2446	2186	1926	1666	1406
0,016 40	1147	0887	0627	0367	0107	'9848	'9588	'9328	'9068	'8809
0,016 41	1,430 8549	8289	8030	7770	7510	7251	6991	6732	6472	6212
0,016 42	5953	5693	5434	5174	4915	4656	4396	4137	3877	3618
0,016 43	3358	3099	2840	2580	2321	2062	1803	1543	1284	1025
0,016 44	0766	0506	0247	'9988	'9729	'9470	'9211	'8952	'8693	'8434
0,016 45	1,429 8174	7915	7656	7397	7138	6879	6621	6362	6103	5844
0,016 46	5585	5326	5067	4808	4549	4291	4032	3773	3514	3256
0,016 47	2997	2738	2479	2221	1962	1703	1445	1186	0928	0669
0,016 48	0410	0152	'9893	'9635	'9376	'9118	'8859	'8601	'8343	'8084
0,016 49	1,428 7826	7567	7309	7051	6792	6534	6276	6017	5759	5501
0,016 50	5242	4984	4726	4468	4210	3951	3693	3435	3177	2919
0,016 51	2661	2403	2145	1887	1629	1371	1113	0855	0597	0339
0,016 52	0081	'9823	'9565	'9307	'9049	'8791	'8534	'8276	'8018	'7760
0,016 53	1,427 7502	7245	6987	6729	6472	6214	5956	5698	5441	5183
0,016 54	4926	4668	4410	4153	3895	3638	3380	3123	2865	2608
0,016 55	2350	2093	1835	1578	1321	1063	0806	0549	0291	0034
0,016 56	1,426 9777	9519	9262	9005	8748	8490	8233	7976	7719	7462
0,016 57	7205	6947	6690	6433	6176	5919	5662	5405	5148	4891
0,016 58	4634	4377	4120	3863	3606	3349	3093	2836	2579	2322
0,016 59	2065	1808	1552	1295	1038	0781	0525	0268	0011	'9755
0,016 60	1,425 9498	9241	8985	8728	8471	8215	7958	7702	7445	7189
0,016 61	6932	6676	6419	6163	5906	5650	5393	5137	4881	4624
0,016 62	4368	4112	3855	3599	3343	3086	2830	2574	2318	2061
0,016 63	1805	1549	1293	1037	0781	0525	0268	0012	'9756	'9500
0,016 64	1,424 9244	8988	8732	8476	8220	7964	7708	7452	7197	6941
0,016 65	6685	6429	6173	5917	5661	5406	5150	4894	4638	4383
0,016 66	4127	3871	3615	3360	3104	2848	2593	2337	2082	1826
0,016 67	1571	1315	1059	0804	0548	0293	0037	'9782	'9527	'9271
0,016 68	1,423 9016	8760	8505	8250	7994	7739	7484	7228	6973	6718
0,016 69	6462	6207	5952	5697	5442	5186	4931	4676	4421	4166
0,016 70	3911	3656	3401	3146	2891	2636	2381	2126	1871	1616
0,016 71	1361	1106	0851	0596	0341	0086	'9831	'9577	'9322	'9067
0,016 72	1,422 8812	8557	8303	8048	7793	7538	7284	7029	6774	6520
0,016 73	6265	6011	5756	5501	5247	4992	4738	4483	4229	3974
0,016 74	3720	3465	3211	2956	2702	2448	2193	1939	1684	1430
0,016 75	1176	0922	0667	0413	0159	'9904	'9650	'9396	'9142	'8888
0,016 76	1,421 8633	8379	8125	7871	7617	7363	7109	6855	6601	6347
0,016 77	6093	5839	5585	5331	5077	4823	4569	4315	4061	3807
0,016 78	3553	3300	3046	2792	2538	2284	2031	1777	1523	1269
0,016 79	1016	0762	0508	0255	0001	'9747	'9494	'9240	'8987	'8733

P. P.

	262	261
1	26,2	26,1
2	52,4	52,2
3	78,6	78,3
4	104,8	104,4
5	131,0	130,5
6	157,2	156,6
7	183,4	182,7
8	209,6	208,8
9	235,8	234,9

	260	259
1	26,0	25,9
2	52,0	51,8
3	78,0	77,7
4	104,0	103,6
5	130,0	129,5
6	156,0	155,4
7	182,0	181,3
8	208,0	207,2
9	234,0	233,1

	258	257
1	25,8	25,7
2	51,6	51,4
3	77,4	77,1
4	103,2	102,8
5	129,0	128,5
6	154,8	154,2
7	180,6	179,9
8	206,4	205,6
9	232,2	231,3

	256	255
1	25,6	25,5
2	51,2	51,0
3	76,8	76,5
4	102,4	102,0
5	128,0	127,5
6	153,6	153,0
7	179,2	178,5
8	204,8	204,0
9	230,4	229,5

	254	253
1	25,4	25,3
2	50,8	50,6
3	76,2	75,9
4	101,6	101,2
5	127,0	126,5
6	152,4	151,8
7	177,8	177,1
8	203,2	202,4
9	228,6	227,7

253

| | 0 | 1 | 2 | 3 | 4 | 5 | 6 | 7 | 8 | 9 | P. P. |

| 0,0168 1,420 | | | | SUBTRACTION. | | | | | | 7 Decim. |

	0	1	2	3	4	5	6	7	8	9	P. P.
0,016 80	1,420 8480	8226	7972	7719	7465	7212	6959	6705	6452	6198	
0,016 81	5945	5691	5438	5185	4931	4678	4425	4172	3918	3665	254 253
0,016 82	3412	3159	2905	2652	2399	2146	1893	1640	1386	1133	1 25,4 25.3
0,016 83	0880	0627	0374	0121	˙9868	˙9615	˙9362	˙9109	˙8856	˙8603	2 50,8 50.6
0,016 84	1,419 8350	8097	7844	7591	7339	7086	6833	6580	6327	6074	3 76.2 75,9 4 101.6 101.2
0,016 85	5822	5569	5316	5063	4811	4558	4305	4053	3800	3547	5 127.0 126,5 6 152.4 151,8
0,016 86	3295	3042	2789	2537	2284	2032	1779	1527	1274	1022	. 7 177.8 177.4 8 203.2 202.4
0,016 87	0769	0517	0264	0012	˙9759	˙9507	˙9255	˙9002	˙8750	˙8498	9 228.6 227.7
0,016 88	1,418 8245	7993	7741	7488	7236	6984	6732	6479	6227	5975	
0,016 89	5723	5471	5219	4967	4714	4462	4210	3958	3706	3454	
0,016 90	3202	2950	2698	2446	2194	1942	1690	1438	1186	0935	
0,016 91	0683	0431	0179	˙9927	˙9675	˙9424	˙9172	˙8920	˙8668	˙8417	252 251
0,016 92	1,417 8165	7913	7661	7410	7158	6907	6655	6403	6152	5900	1 25,2 25.1
0,016 93	5649	5397	5145	4894	4642	4391	4139	3888	3637	3385	2 50,4 50.2 3 75,6 75.3
0,016 94	3134	2882	2631	2380	2128	1877	1626	1374	1123	0872	4 100.8 100.4 5 126.0 125.5
0,016 95	0620	0369	0118	˙9867	˙9616	˙9364	˙9113	˙8862	˙8611	˙8360	6 151.2 150.6 7 176.4 175.7
0,016 96	1,416 8109	7858	7606	7355	7104	6853	6602	6351	6100	5849	8 201.6 200,8 9 226.8 225.9
0,016 97	5598	5347	5097	4846	4595	4344	4093	3842	3591	3340	
0,016 98	3090	2839	2588	2337	2087	1836	1585	1334	1084	0833	
0,016 99	0582	0332	0081	˙9831	˙9580	˙9329	˙9079	˙8828	˙8578	˙8327	
0,017 00	1,415 8077	7826	7576	7325	7075	6824	6574	6324	6073	5823	
0,017 01	5572	5322	5072	4821	4571	4321	4071	3820	3570	3320	250 249
0,017 02	3070	2819	2569	2319	2069	1819	1569	1319	1069	0818	1 25,0 24,9
0,017 03	0568	0318	0068	˙9818	˙9568	˙9318	˙9068	˙8818	˙8568	˙8319	2 50.0 49.8 3 75.0 74.7
0,017 04	1,414 8069	7819	7569	7319	7069	6819	6570	6320	6070	5820	4 100.0 99,6 5 125.0 124,5
0,017 05	5570	5321	5071	4821	4571	4322	4072	3822	3573	3323	6 150.0 119.4 7 175.0 174.3
0,017 06	3074	2824	2574	2325	2075	1826	1576	1327	1077	0828	8 200,0 199.2 9 225.0 224.1
0,017 07	0578	0329	0079	˙9830	˙9581	˙9331	˙9082	˙8833	˙8583	˙8334	
0,017 08	1,413 8085	7835	7586	7337	7087	6838	6589	6340	6091	5841	
0,017 09	5592	5343	5094	4845	4596	4347	4098	3849	3600	3350	
0,017 10	3101	2852	2603	2355	2106	1857	1608	1359	1110	0861	
0,017 11	0612	0363	0114	˙9866	˙9617	˙9368	˙9119	˙8871	˙8622	˙8373	248 247
0,017 12	1,412 8124	7876	7627	7378	7130	6881	6632	6384	6135	5887	1 24,8 24.7
0,017 13	5638	5389	5141	4892	4644	4395	4147	3898	3650	3402	2 49,6 49.4 3 74.4 74.1
0,017 14	3153	2905	2656	2408	2160	1911	1663	1415	1166	0918	4 99.2 98.8 5 124.0 123,5
0,017 15	0670	0421	0173	˙9925	˙9677	˙9429	˙9180	˙8932	˙8684	˙8436	6 148,8 148.2 7 173.6 172.9
0,017 16	1,411 8188	7940	7692	7443	7195	6947	6699	6451	6203	5955	8 198.4 197.6 9 223,2 222.3
0,017 17	5707	5459	5211	4963	4716	4468	4220	3972	3724	3476	
0,017 18	3228	2981	2733	2485	2237	1989	1742	1494	1246	0999	
0,017 19	0751	0503	0256	0008	˙9760	˙9513	˙9265	˙9017	˙8770	˙8522	
0,017 20	1,410 8275	8027	7780	7532	7285	7037	6790	6542	6295	6048	
0,017 21	5800	5553	5306	5058	4811	4564	4316	4069	3822	3574	246
0,017 22	3327	3080	2833	2586	2338	2091	1844	1597	1350	1103	1 24,6
0,017 23	0856	0608	0361	0114	˙9867	˙9620	˙9373	˙9126	˙8879	˙8632	2 49.2 3 73,8
0,017 24	1,409 8385	8138	7891	7645	7398	7151	6904	6657	6410	6163	4 98,4 5 123,0
0,017 25	5917	5670	5423	5176	4930	4683	4436	4189	3943	3696	6 147,6 7 172.2
0,017 26	3449	3203	2956	2709	2463	2216	1970	1723	1477	1230	8 196,8 9 221,4
0,017 27	0984	0737	0491	0244	˙9998	˙9751	˙9505	˙9258	˙9012	˙8766	
0,017 28	1,408 8519	8273	8027	7780	7534	7288	7041	6795	6549	6303	
0,017 29	6056	5810	5564	5318	5072	4825	4579	4333	4087	3841	246

| | 0 | 1 | 2 | 3 | 4 | 5 | 6 | 7 | 8 | 9 | P. P. |

| 7 Decim. | SUBTRACTION. | | | | | | | | | 1,408 0,0173 |

	0	1	2	3	4	5	6	7	8	9	P. P.
0,017 30	1,408 3595	3349	3103	2857	2611	2365	2119	1873	1627	1381	
0,017 31	1135	0889	0643	0397	0151	˙9906	˙9660	˙9414	˙9168	˙8922	2 16 2 15
0,017 32	1,407 8676	8431	8185	7939	7693	7448	7202	6956	6711	6465	1/ 21.6 21.5
0,017 33	· 6219	5974	5728	5483	5237	4991	4746	4500	4255	4009	2/ 49.2 49.0
0,017 34	3764	3518	3273	3027	2782	2536	2291	2046	1800	1555	3/ 75.8 75.5
0,017 35	1310	1064	0819	0574	0328	0083	˙9838	˙9592	˙9347	˙9102	4/ 98.4 98.0
0,017 36	1,406 8857	8612	8366	8121	7876	7631	7386	7141	6896	6651	5/ 125.0 122.5
0,017 37	6405	6160	5915	5670	5425	5180	4935	4690	4445	4201	6/ 147.6 147.0
0,017 38	3956	3711	3466	3221	2976	2731	2486	2242	1997	1752	7/ 172.2 171.5
0,017 39	1507	1262	1018	0773	0528	0283	0039	˙9794	˙9549	˙9305	8/ 196.8 196.0
0,017 40	1,405 9060	8816	8571	8326	8082	7837	7593	7348	7104	6859	9/ 221.4 220.5
0,017 41	6615	6370	6126	5881	5637	5392	5148	4904	4659	4415	
0,017 42	4170	3926	3682	3438	3193	2949	2705	2460	2216	1972	
0,017 43	1728	1484	1239	0995	0751	0507	0263	0019	˙9775	˙9531	
0,017 44	1,404 9287	9042	8798	8554	8310	8066	7822	7578	7335	7091	2 14 2 13
0,017 45	6847	6603	6359	6115	5871	5627	5383	5140	4896	4652	1/ 21.4 21.3
0,017 46	4408	4164	3921	3677	3433	3190	2946	2702	2459	2215	2/ 48.8 48.6
0,017 47	1971	1728	1484	1240	0997	0753	0510	0266	0023	˙9779	3/ 75.3 72.9
0,017 48	1,403 9536	9292	9049	8805	8562	8318	8075	7832	7588	7345	4/ 97.6 97.2
0,017 49	7102	6858	6615	6372	6128	5885	5642	5398	5155	4912	5/ 122.0 121.5
0,017 50	4669	4426	4182	3939	3696	3453	3210	2967	2724	2481	6/ 146.4 145.8
0,017 51	2238	1994	1751	1508	1265	1022	0779	0536	0293	0051	7/ 170.8 191.4
0,017 52	1,402 9808	9565	9322	9079	8836	8593	8350	8108	7865	7622	8/ 195.2 194.4
0,017 53	7379	7136	6894	6651	6408	6165	5923	5680	5437	5195	9/ 219.6 218.7
0,017 54	4952	4709	4467	4224	3982	3739	3497	3254	3011	2769	
0,017 55	2526	2284	2041	1799	1557	1314	1072	0829	0587	0345	
0,017 56	0102	˙9860	˙9617	˙9375	˙9133	˙8891	˙8648	˙8406	˙8164	˙7922	
0,017 57	1,401 7679	7437	7195	6953	6711	6468	6226	5984	5742	5500	2 12 2 11
0,017 58	5258	5016	4774	4532	4290	4048	3806	3564	3322	3080	1/ 21.2 21.1
0,017 59	2838	2596	2354	2112	1870	1628	1387	1145	0903	0661	2/ 48.3 48.2
0,017 60	0419	0177	˙9936	˙9694	˙9452	˙9210	˙8969	˙8727	˙8485	˙8244	3/ 72.6 72.5
0,017 61	1,400 8002	7760	7519	7277	7036	6794	6552	6311	6069	5828	4/ 96.8 96.4
0,017 62	5586	5345	5103	4862	4620	4379	4137	3896	3655	3413	5/ 121.0 120.5
0,017 63	3172	2930	2689	2448	2206	1965	1724	1483	1241	1000	6/ 145.2 144.6
0,017 64	0759	0518	0276	0035	˙9794	˙9553	˙9312	˙9070	˙8829	˙8588	7/ 169.3 168.7
0,017 65	1,399 8347	8106	7865	7624	7383	7142	6901	6660	6419	6178	8/ 193.6 192.8
0,017 66	5937	5696	5455	5214	4973	4732	4491	4251	4010	3769	9/ 217.8 216.9
0,017 67	3528	3287	3046	2806	2565	2324	2083	1843	1602	1361	
0,017 68	1121	0880	0639	0399	0158	˙9917	˙9677	˙9436	˙9196	˙8955	
0,017 69	1,398 8715	8474	8234	7993	7753	7512	7272	7031	6791	6550	
0,017 70	6310	6069	5829	5589	5348	5108	4868	4627	4387	4147	2 10 2 39
0,017 71	3907	3666	3426	3186	2946	2705	2465	2225	1985	1745	1/ 21.0 20.9
0,017 72	1505	1265	1024	0784	0544	0304	0064	˙9824	˙9584	˙9344	2/ 48.0 47.8
0,017 73	1,397 9104	8864	8624	8384	8144	7904	7665	7425	7185	6945	3/ 72.6 71.7
0,017 74	6705	6465	6225	5986	5746	5506	5266	5026	4787	4547	4/ 96.0 95.6
0,017 75	4307	4068	3828	3588	3349	3109	2869	2630	2390	2150	5/ 120.0 119.5
0,017 76	1911	1671	1432	1192	0953	0713	0474	0234	˙9995	˙9755	6/ 144.0 143.4
0,017 77	1,396 9516	9276	9037	8798	8558	8319	8080	7840	7601	7362	7/ 168.0 167.3
0,017 78	7122	6883	6644	6404	6165	5926	5687	5448	5208	4969	8/ 192.0 191.2
0,017 79	4730	4491	4252	4013	3773	3534	3295	3056	2817	2578	9/ 216.0 215.1
										239	239

| | 0 | 1 | 2 | 3 | 4 | 5 | 6 | 7 | 8 | 9 | P. P. |

0,0178 1,396					SUBTRACTION.				7 Decim.

	0	1	2	3	4	5	6	7	8	9
0,017 80	1,396 2339	2100	1S61	1622	13S3	1144	0905	0666	0427	01SS
0,017 81	1,395 9950	9711	9472	9233	S994	S755	S517	S27S	S039	7S00
0,017 82	7561	7323	70S4	6S45	6607	636S	6129	5S91	5652	5413
0,017 83	5175	4936	4697	4459	4220	39S2	3743	3505	3266	302S
0,017 84	2S89	2551	2312	2074	1S35	1597	1359	1120	0SS2	0644
0,017 85	0405	0167	'9929	'9690	'9452	'9214	'S975	'S737	'S499	'S261
0,017 86	1,394 S023	77S4	7546	730S	7070	6S32	6594	6355	6117	5S79
0,017 87	5611	5403	5165	4927	46S9	4451	4213	3975	3737	3499
0,017 88	3261	3023	27S5	254S	2310	2072	1S34	1596	135S	1120
0,017 89	0SS3	0645	0407	0169	'9932	'9694	'9456	'921S	'S9S1	'S743
0,017 90	1,393 S505	S26S	S030	7792	7555	7317	70S0	6S42	6605	6367
0,017 91	6130	5S92	5654	5417	51S0	4942	4705	4467	4230	3992
0,017 92	3755	351S	32S0	3043	2S06	256S	2331	2094	1S56	1619
0,017 93	13S2	1145	0907	0670	0433	0196	'9959	'9721	'94S4	'9247
0,017 94	1,392 9010	S773	S536	8299	S062	7S25	7587	7350	7113	6S76
0,017 95	6639	6402	6166	5929	5692	5455	521S	49S1	4744	4507
0,017 96	4270	4033	3797	3560	3323	30S6	2S49	2613	2376	2139
0,017 97	1903	1666	1429	1192	0956	0719	04S3	0246	0009	'9773
0,017 98	1,391 9536	9300	9063	8826	8590	S353	S117	7SS0	7644	7407
0,017 99	7171	6935	669S	6462	6225	59S9	5753	5516	52S0	5044
0,018 00	4S07	4571	4335	409S	3S62	3626	3390	3153	2917	26S1
0,018 01	2445	2209	1972	1736	1500	1264	102S	0792	0556	0320
0,018 02	00S4	'984S	'9612	'9376	'9140	'S904	'S66S	'S432	'S196	'7960
0,018 03	1,390 7724	74SS	7252	7016	67S0	6545	6309	6073	5S37	5601
0,018 04	5366	5130	4S94	465S	4423	41S7	3951	3715	34S0	3244
0,018 05	300S	2773	2537	2302	2066	1S30	1595	1359	1124	0SSS
0,018 06	0653	0417	01S2	'9946	'9711	'9475	'9240	'9005	'S769	'S534
0,018 07	1,3S9 S29S	S063	7S2S	7592	7357	7122	6SS6	6651	6416	61S0
0,018 08	5945	5710	5475	5240	5004	4769	4534	4299	4064	3S29
0,018 09	3593	335S	3123	2SSS	2653	241S	21S3	194S	1713	147S
0,018 10	1243	100S	0773	053S	0303	006S	'9S33	'9599	'9364	'9129
0,018 11	1,3S8 S894	S659	S424	S1S9	7955	7720	74S5	7250	7016	67S1
0,018 12	6546	6311	6077	5S42	5607	5373	513S	4904	4669	4434
0,018 13	4200	3965	3731	3496	3262	3027	2792	255S	2324	20S9
0,018 14	1855	1620	13S6	1151	0917	06S3	044S	0214	'9979	'9745
0,018 15	1,3S7 9511	9276	9042	SS0S	S574	S339	S105	7S71	7637	7402
0,018 16	716S	6934	6700	6466	6232	599S	5763	5529	5295	5061
0,018 17	4S27	4593	4359	4125	3S91	3657	3423	31S9	2955	2721
0,018 18	2487	2253	2019	17S6	1552	131S	10S4	0S50	0616	03S2
0,018 19	0149	'9915	'96S1	'9447	'9214	'S9S0	'S746	'S512	'S279	'S045
0,018 20	1,3S6 7S11	757S	7344	7111	6S77	6643	6410	6176	5943	5709
0,018 21	5476	5242	500S	4775	4542	430S	4075	3S41	360S	3374
0,018 22	3141	290S	2674	2441	2207	1974	1741	1507	1274	1041
0,018 23	0S08	0574	0341	010S	'9S75	'9641	'940S	'9175	'S942	'S709
0,018 24	1,385 S476	S242	S009	7776	7543	7310	7077	6S44	6611	637S
0,018 25	6145	5912	5679	5446	5213	49S0	4747	4514	42S1	404S
0,018 26	3S15	35S3	3350	3117	2SS4	2651	241S	2196	1953	1720
0,018 27	14S7	1255	1022	07S9	0557	0324	0091	'9S59	'9626	'9393
0,018 28	1,3S4 9161	S92S	S695	S463	S230	799S	7765	7533	7300	706S
0,018 29	6S35	6603	6370	613S	5905	5673	5440	520S	4976	4743

	0	1	2	3	4	5	6	7	8	9

P. P.

	239	238
1	23.9	23.8
2	47.8	47.6
3	71.7	71.4
4	95.6	95.2
5	119.5	119.0
6	143.4	142.8
7	167.3	166.6
8	191.2	190.4
9	215.1	214.2

	237	236
1	23.7	23.6
2	47.4	47.2
3	71.1	70.8
4	94.8	94.4
5	118.5	118.0
6	142.2	141.6
7	165.9	165.2
8	189.6	188.8
9	213.3	212.4

	235	234
1	23.5	23.4
2	47.0	46.8
3	70.5	70.2
4	94.0	93.6
5	117.5	117.0
6	141.0	140.4
7	164.5	163.8
8	188.0	187.2
9	211.5	210.6

	233	232
1	23.3	23.2
2	46.6	46.4
3	69.9	69.6
4	93.2	92.8
5	116.5	116.0
6	139.8	139.2
7	163.1	162.4
8	186.4	185.6
9	209.7	208.8

232

| 7 Decim. | SUBTRACTION. | | | | | | | | | 1,384 0,0183 |

	0	1	2	3	4	5	6	7	8	9
0,018 30	1,384 4511	4279	4046	3814	3582	3349	3117	2885	2653	2420
0,018 31	2188	1956	1724	1491	1259	1027	0795	0563	0331	0099
0,018 32	1,383 9866	9634	9402	9170	8938	8706	8474	8242	8010	7778
0,018 33	7546	7314	7082	6850	6618	6386	6155	5923	5691	5459
0,018 34	5227	4995	4763	4532	4300	4068	3836	3605	3373	3141
0,018 35	2909	2678	2446	2214	1983	1751	1519	1288	1056	0825
0,018 36	0593	0361	0130	˙9898	˙9667	˙9435	˙9204	˙8972	˙8741	˙8509
0,018 37	1,382 8278	8046	7815	7584	7352	7121	6889	6658	6427	6195
0,018 38	5964	5733	5501	5270	5039	4807	4576	4345	4114	3883
0,018 39	3651	3420	3189	2958	2727	2496	2264	2033	1802	1571
0,018 40	1340	1109	0878	0647	0416	0185	˙9954	˙9723	˙9492	˙9261
0,018 41	1,381 9030	8799	8568	8337	8106	7876	7645	7414	7183	6952
0,018 42	6721	6491	6260	6029	5798	5567	5337	5106	4875	4645
0,018 43	4414	4183	3953	3722	3491	3261	3030	2799	2569	2338
0,018 44	2108	1877	1647	1416	1186	0955	0725	0494	0264	0033
0,018 45	1,380 9803	9572	9342	9112	8881	8651	8421	8190	7960	7730
0,018 46	7499	7269	7039	6808	6578	6348	6118	5887	5657	5427
0,018 47	5197	4967	4737	4506	4276	4046	3816	3586	3356	3126
0,018 48	2896	2666	2436	2206	1976	1746	1516	1286	1056	0826
0,018 49	0596	0366	0136	˙9906	˙9676	˙9447	˙9217	˙8987	˙8757	˙8527
0,018 50	1,379 8297	8068	7838	7608	7378	7149	6919	6689	6460	6230
0,018 51	6000	5771	5541	5311	5082	4852	4622	4393	4163	3934
0,018 52	3704	3475	3245	3016	2786	2557	2327	2098	1868	1639
0,018 53	1410	1180	0951	0721	0492	0263	0033	˙9804	˙9575	˙9345
0,018 54	1,378 9116	8887	8657	8428	8199	7970	7741	7511	7282	7053
0,018 55	6824	6595	6366	6136	5907	5678	5449	5220	4991	4762
0,018 56	4533	4304	4075	3846	3617	3388	3159	2930	2701	2472
0,018 57	2243	2014	1785	1557	1328	1099	0870	0641	0412	0184
0,018 58	1,377 9955	9726	9497	9269	9040	8811	8582	8354	8125	7896
0,018 59	7668	7439	7210	6982	6753	6525	6296	6067	5839	5610
0,018 60	5382	5153	4925	4696	4468	4239	4011	3782	3554	3326
0,018 61	3097	2869	2640	2412	2184	1955	1727	1499	1270	1042
0,018 62	0814	0585	0357	0129	˙9901	˙9672	˙9444	˙9216	˙8988	˙8760
0,018 63	1,376 8532	8303	8075	7847	7619	7391	7163	6935	6707	6479
0,018 64	6251	6023	5975	5567	5339	5111	4883	4655	4427	4199
0,018 65	3971	3743	3515	3287	3060	2832	2604	2376	2148	1920
0,018 66	1693	1465	1237	1009	0782	0554	0326	0099	˙9871	˙9643
0,018 67	1,375 9416	9188	8960	8733	8505	8277	8050	7822	7595	7367
0,018 68	7140	6912	6685	6457	6230	6002	5775	5547	5320	5092
0,018 69	4865	4638	4410	4183	3955	3728	3501	3273	3046	2819
0,018 70	2592	2364	2137	1910	1683	1455	1228	1001	0774	0547
0,018 71	0319	0092	˙9865	˙9638	˙9411	˙9184	˙8957	˙8730	˙8503	˙8275
0,018 72	1,374 8048	7821	7594	7367	7140	6913	6686	6460	6233	6006
0,018 73	5779	5552	5325	5098	4871	4644	4418	4191	3964	3737
0,018 74	3510	3284	3057	2830	2603	2377	2150	1923	1696	1470
0,018 75	1243	1016	0790	0563	0337	0110	˙9883	˙9657	˙9430	˙9204
0,018 76	1,373 8977	8751	8524	8298	8071	7845	7618	7392	7165	6939
0,018 77	6712	6486	6260	6033	5807	5580	5354	5128	4901	4675
0,018 78	4449	4223	3996	3770	3544	3318	3091	2865	2639	2413
0,018 79	2187	1960	1734	1508	1282	1056	0830	0604	0378	0152

| | 0 | 1 | 2 | 3 | 4 | 5 | 6 | 7 | 8 | 9 |

P. P.

	233	232
1	25,3	25,2
2	46,6	46,4
3	69,9	69,6
4	93,2	92,8
5	116,5	116,0
6	139,8	139,2
7	163,1	162,4
8	186,4	185,6
9	209,7	208,8

	231	230
1	25,1	25,0
2	46,2	46,0
3	69,3	69,0
4	92,4	92,0
5	115,5	115,0
6	138,6	138,0
7	161,7	161,0
8	184,8	184,0
9	207,9	207,0

	229	228
1	22,9	22,8
2	45,8	45,6
3	68,7	68,4
4	91,6	91,2
5	114,5	114,0
6	137,4	136,8
7	160,3	159,6
8	183,2	182,4
9	206,1	205,2

	227	226
1	22,7	22,6
2	45,4	45,2
3	68,1	67,8
4	90,8	90,4
5	113,5	113,0
6	136,2	135,6
7	158,9	158,2
8	181,6	180,8
9	204,3	203,4

226

| 0,0188 | 1,372 | | SUBTRACTION. | | | | | | | | 7 Decim. |

	0	1	2	3	4	5	6	7	8	9	P. P.
0,018 80	1,372 9926	9699	9473	9247	9021	8795	8569	8344	8118	7892	
0,018 81	7666	7440	7214	098S	6762	6536	6310	6085	5859	5633	
0,018 82	5407	5181	4956	4730	4504	4278	4053	3827	3601	3375	
0,018 83	3150	2924	2698	2473	2247	2022	1796	1570	1345	1119	
0,018 84	0894	0668	0443	0217	'9991	'9766	'9540	'9315	'9090	'S864	
0,018 85	1,371 8639	8413	818S	7962	7737	7512	7286	7061	6836	6610	
0,018 86	6385	6160	5934	5709	5484	5259	5033	480S	4583	435S	
0,018 87	4132	3907	3682	3457	3232	3007	2782	2556	2331	2106	
0,018 88	1881	1656	1431	1206	0981	0756	0531	0306	0081	'9856	
0,018 89	1,370 9631	9406	9181	8956	8732	8507	8282	8057	7832	7607	
0,018 90	7382	7158	6933	6708	6483	6258	6034	5809	5584	5359	
0,018 91	5135	4910	4685	4461	4236	4011	3787	3562	3338	3113	
0,018 92	2888	2664	2439	2215	1990	1766	1541	1317	1092	086S	
0,018 93	0643	0419	0194	'9970	'9745	'9521	'9297	'9072	'S848	'S624	
0,018 94	1,369 8399	8175	7951	7726	7502	7278	7053	6829	6605	6381	
0,018 95	6156	5932	570S	5484	5260	5036	4811	4587	4363	4139	
0,018 96	3915	3691	3467	3243	3019	2795	2571	2347	2123	1899	
0,018 97	1675	1451	1227	1003	0779	0555	0331	0107	'9883	'9659	
0,018 98	1,368 9435	9212	898S	8764	8540	8316	8093	7869	7645	7421	
0,018 99	7197	6974	6750	6526	6303	6079	5855	5632	5408	5184	
0,019 00	4961	4737	4514	4290	4066	3843	3619	3396	3172	2949	
0,019 01	2725	2502	2278	2055	1831	1608	1385	1161	0938	0714	
0,019 02	0491	026S	0044	'9821	'9598	'9374	'9151	'S928	'S704	'S481	
0,019 03	1,367 825S	8035	7811	758S	7365	7142	6918	6695	6472	6249	
0,019 04	6026	5S03	5580	5357	5133	4910	4687	4464	4241	4018	
0,019 05	3795	3572	3349	3126	2903	2680	2457	2234	2011	1789	
0,019 06	1566	1343	1120	0897	0674	0451	022S	0006	'9783	'9560	
0,019 07	1,366 9337	9115	SS92	8669	S446	8224	S001	7778	7555	7333	
0,019 0S	7110	6SS7	6665	6442	6220	5997	5774	5552	5329	5107	
0,019 09	4SS4	4662	4439	4217	3994	3772	3549	3327	3104	2SS2	
0,019 10	2659	2437	2215	1992	1770	154S	1325	1103	0S80	065S	
0,019 11	0436	0214	'9991	'9769	'9547	'9325	'9102	'SSS0	'S65S	'S436	
0,019 12	1,365 S214	7991	7769	7547	7325	7103	6SS1	6659	6436	6214	
0,019 13	5992	5770	554S	5326	5104	4SS2	4660	443S	4216	3994	
0,019 14	3772	3550	332S	3107	2SS5	2663	2441	2219	1997	1775	
0,019 15	1553	1332	1110	0SSS	0666	0445	0223	0001	'9779	'955S	
0,019 16	1,364 9336	9114	SS92	S671	S449	8227	8006	77S4	7563	7341	
0,019 17	7119	689S	6676	6455	6233	6012	5790	5569	5347	5126	
0,019 1S	4904	46S3	4461	4240	401S	3797	3576	3354	3133	2911	
0,019 19	2690	2469	2247	2026	1805	1583	1362	1141	0920	069S	
0,019 20	0477	0256	0035	'9814	'9592	'9371	'9150	'S929	'S70S	'S4S7	
0,019 21	1,363 S265	S044	7823	7602	73S1	7160	6939	671S	6497	6276	
0,019 22	6055	5S34	5613	5392	5171	4950	4729	450S	4287	4066	
0,019 23	3845	3625	3404	31S3	2962	2741	2520	2300	2079	18SS	
0,019 24	1637	1417	1196	0975	0754	0534	0313	0092	'9S72	'9651	
0,019 25	1,362 9430	9210	S9S9	876S	S54S	8327	8107	78S6	7665	7445	
0,019 26	7224	7004	6783	6563	6342	6122	5901	56S1	5461	5240	
0,019 27	5020	4799	4579	4359	413S	391S	3697	3477	3257	3036	
0,019 2S	2816	2596	2376	2155	1935	1715	1495	1274	1054	0S34	
0,019 29	0614	0394	0174	'9953	'9733	'9513	'9293	'9073	'SS53	'S633	220

| | 0 | 1 | 2 | 3 | 4 | 5 | 6 | 7 | 8 | 9 | P. P. |

P. P.

	227	226
1	22.7	22.6
2	45.4	45.2
3	68.1	67.8
4	90.8	90.4
5	113.5	113.0
6	136.2	135.6
7	158.9	158.2
8	181.6	180.8
9	204.3	203.4

	225	224
1	22.5	22.4
2	45.0	44.8
3	67.5	67.2
4	90.6	89.6
5	112.5	112.0
6	135.0	134.4
7	157.5	156.8
8	180.0	179.2
9	202.5	201.6

	223	222
1	22.3	22.2
2	44.6	44.4
3	66.9	66.6
4	89.2	88.8
5	111.5	111.0
6	133.8	133.2
7	156.1	155.4
8	178.4	177.6
9	200.7	199.8

	221	220
1	22.1	22.0
2	44.2	44.0
3	66.3	66.0
4	88.4	88.0
5	110.5	110.0
6	132.6	132.0
7	154.7	154.0
8	176.8	176.0
9	198.9	198.0

| 7 Decim. | SUBTRACTION. | | | | | | | | | 1,361 0,0193 |

	0	1	2	3	4	5	6	7	8	9	P. P.
0,019 30	1,361 8413	8193	7973	7753	7533	7313	7093	6873	6653	6433	
0,019 31	6213	5993	5773	5553	5333	5113	4893	4673	4453	4234	
0,019 32	4014	3794	3574	3354	3135	2915	2695	2475	2256	2036	
0,019 33	1816	1596	1377	1157	0937	0718	0498	0278	0059	'9839	
0,019 34	1,360 0620	9400	9180	8961	8741	8522	8302	8083	7863	7644	
0,019 35	7424	7205	6985	6766	6546	6327	6108	5888	5669	5449	
0,019 36	5230	5011	4791	4572	4353	4133	3914	3695	3475	3256	
0,019 37	3037	2818	2598	2379	2160	1941	1722	1502	1283	1064	
0,019 38	0845	0626	0407	0188	'9969	'9750	'9530	'9311	'9092	'8873	
0,019 39	1,359 8654	8435	8216	7997	7778	7559	7340	7121	6903	6684	
0,019 40	6465	6246	6027	5808	5589	5370	5152	4933	4714	4495	
0,019 41	4276	4058	3839	3620	3401	3183	2964	2745	2526	2308	
0,019 42	2089	1870	1652	1433	1214	0996	0777	0559	0340	0121	
0,019 43	1,358 9903	9684	9466	9247	9029	8810	8592	8373	8155	7936	
0,019 44	7718	7500	7281	7063	6844	6626	6408	6189	5971	5752	
0,019 45	5534	5316	5097	4879	4661	4443	4224	4006	3788	3570	
0,019 46	3351	3133	2915	2697	2479	2261	2042	1824	1606	1388	
0,019 47	1170	0952	0734	0516	0298	0080	'9862	'9644	'9426	'9208	
0,019 48	1,357 8990	8772	8554	8336	8118	7900	7682	7464	7246	7028	
0,019 49	6810	6592	6375	6157	5939	5721	5503	5285	5068	4850	
0,019 50	4632	4414	4197	3979	3761	3544	3326	3108	2891	2673	
0,019 51	2455	2238	2020	1802	1585	1367	1150	0932	0714	0497	
0,019 52	0279	0062	'9844	'9627	'9409	'9192	'8974	'8757	'8540	'8322	
0,019 53	1,356 8105	7887	7670	7453	7235	7018	6800	6583	6366	6149	
0,019 54	5931	5714	5497	5279	5062	4845	4628	4410	4193	3976	
0,019 55	3759	3542	3324	3107	2890	2673	2456	2239	2022	1805	
0,019 56	1588	1370	1153	0936	0719	0502	0285	0068	'9851	'9634	
0,019 57	1,355 9417	9200	8984	8767	8550	8333	8116	7899	7682	7465	
0,019 58	7248	7032	6815	6598	6381	6164	5948	5731	5514	5297	
0,019 59	5081	4864	4647	4430	4214	3997	3780	3564	3347	3130	
0,019 60	2914	2697	2481	2264	2047	1831	1614	1398	1181	0965	
0,019 61	0748	0532	0315	0099	'9882	'9666	'9449	'9233	'9017	'8800	
0,019 62	1,354 8584	8367	8151	7935	7718	7502	7286	7069	6853	6637	
0,019 63	6420	6204	5988	5772	5555	5339	5123	4907	4691	4474	
0,019 64	4258	4042	3826	3610	3394	3178	2961	2745	2529	2313	
0,019 65	2097	1881	1665	1449	1233	1017	0801	0585	0369	0153	
0,019 66	1,353 9937	9721	9505	9289	9073	8858	8642	8426	8210	7994	
0,019 67	7778	7562	7347	7131	6915	6699	6484	6268	6052	5836	
0,019 68	5621	5405	5189	4973	4758	4542	4327	4111	3895	3680	
0,019 69	3464	3248	3033	2817	2602	2386	2171	1955	1740	1524	
0,019 70	1309	1093	0878	0662	0447	0231	0016	'9800	'9585	'9370	
0,019 71	1,352 9154	8939	8723	8508	8293	8077	7862	7647	7431	7216	
0,019 72	7001	6786	6570	6355	6140	5925	5710	5494	5279	5064	
0,019 73	4849	4634	4419	4203	3988	3773	3558	3343	3128	2913	
0,019 74	2698	2483	2268	2053	1838	1623	1408	1193	0978	0763	
0,019 75	0548	0333	0118	'9903	'9688	'9473	'9258	'9044	'8829	'8614	
0,019 76	1,351 8399	8184	7969	7755	7540	7325	7110	6896	6681	6466	
0,019 77	6251	6037	5822	5607	5393	5178	4963	4749	4534	4319	
0,019 78	4105	3890	3676	3461	3247	3032	2817	2603	2388	2174	
0,019 79	1959	1745	1530	1316	1102	0887	0673	0458	0244	0029	214
	0	1	2	3	4	5	6	7	8	9	P. P.

P. P.

	220	219
1	22,0	21,9
2	44,0	43,8
3	66,0	65,7
4	88,0	87,6
5	110,0	109,5
6	132,0	131,4
7	154,0	153,3
8	176,0	175,2
9	198,0	197,1

	218	217
1	21,8	21,7
2	43,6	43,4
3	65,4	65,1
4	87,2	86,8
5	109,0	108,5
6	130,8	130,2
7	152,6	151,9
8	174,4	173,6
9	196,2	195,3

	216	215
1	21,6	21,5
2	43,2	43,0
3	64,8	64,5
4	86,4	86,0
5	108,0	107,5
6	129,6	129,0
7	151,2	150,5
8	172,8	172,0
9	194,4	193,5

	214
1	21,4
2	42,8
3	64,2
4	85,6
5	107,0
6	128,4
7	149,8
8	171,2
9	192,6

0,0198 1,350				SUBTRACTION.					7 Decim.		P. P.
	0	1	2	3	4	5	6	7	8	9	
0,019 80	1,350 9815	9601	9386	9172	8958	8743	8529	8315	8100	7886	
0,019 81	7672	7458	7243	7029	6815	6601	6386	6172	5958	5744	
0,019 82	5530	5316	5101	4887	4673	4459	4245	4031	3817	3603	
0,019 83	3389	3175	2961	2747	2533	2319	2105	1891	1677	1463	
0,019 84	1249	1035	0821	0607	0393	0179	'9965	'9752	'9538	'9324	
0,019 85	1,349 9110	8896	8682	8469	8255	8041	7827	7613	7400	7186	
0,019 86	6972	6759	6545	6331	6117	5904	5690	5477	5263	5049	
0,019 87	4836	4622	4408	4195	3981	3768	3554	3341	3127	2914	
0,019 88	2700	2487	2273	2060	1846	1633	1419	1206	0993	0779	
0,019 89	0566	0352	0139	'9926	'9712	'9499	'9286	'9072	'8859	'8646	
0,019 90	1,348 8432	8219	8006	7793	7579	7366	7153	6940	6727	6513	
0,019 91	6300	6087	5874	5661	5448	5235	5021	4808	4595	4382	
0,019 92	4169	3956	3743	3530	3317	3104	2891	2678	2465	2252	
0,019 93	2039	1826	1613	1400	1187	0974	0762	0549	0336	0123	
0,019 94	1,347 9910	9697	9484	9272	9059	8846	8633	8421	8208	7995	
0,019 95	7782	7570	7357	7144	6931	6719	6506	6293	6081	5868	
0,019 96	5656	5443	5230	5018	4805	4593	4380	4167	3955	3742	
0,019 97	3530	3317	3105	2892	2680	2467	2255	2043	1830	1618	
0,019 98	1405	1193	0980	0768	0556	0343	0131	'9919	'9706	'9494	
0,019 99	1,346 9282	9070	8857	8645	8433	8220	8008	7796	7584	7372	
0,020 00	7159	6947	6735	6523	6311	6099	5886	5674	5462	5250	
0,020 01	5038	4826	4614	4402	4190	3978	3766	3554	3342	3130	
0,020 02	2918	2706	2494	2282	2070	1858	1646	1434	1222	1011	
0,020 03	0799	0587	0375	0163	'9951	'9740	'9528	'9316	'9104	'8892	
0,020 04	1,345 8681	8469	8257	8045	7834	7622	7410	7199	6987	6775	
0,020 05	6564	6352	6140	5929	5717	5506	5294	5082	4871	4659	
0,020 06	4448	4236	4025	3813	3602	3390	3179	2967	2756	2544	
0,020 07	2333	2122	1910	1699	1487	1276	1065	0853	0642	0431	
0,020 08	0219	0008	'9797	'9585	'9374	'9163	'8951	'8740	'8529	'8318	
0,020 09	1,344 8107	7895	7684	7473	7262	7051	6839	6628	6417	6206	
0,020 10	5995	5784	5573	5362	5151	4940	4728	4517	4306	4095	
0,020 11	3884	3673	3462	3251	3041	2830	2619	2408	2197	1986	
0,020 12	1775	1564	1353	1142	0931	0721	0510	0299	0088	'9877	
0,020 13	1,343 9667	9456	9245	9034	8824	8613	8402	8191	7981	7770	
0,020 14	7559	7349	7138	6927	6717	6506	6295	6085	5874	5664	
0,020 15	5453	5243	5032	4821	4611	4400	4190	3979	3769	3558	
0,020 16	3348	3137	2927	2717	2506	2296	2085	1875	1665	1454	
0,020 17	1244	1033	0823	0613	0402	0192	'9982	'9772	'9561	'9351	
0,020 18	1,342 9141	8931	8720	8510	8300	8090	7879	7669	7459	7249	
0,020 19	7039	6829	6619	6408	6198	5988	5778	5568	5358	5148	
0,020 20	4938	4728	4518	4308	4098	3888	3678	3468	3258	3048	
0,020 21	2838	2628	2418	2208	1998	1789	1579	1369	1159	0949	
0,020 22	0739	0530	0320	0110	'9900	'9690	'9481	'9271	'9061	'8851	
0,020 23	1,341 8642	8432	8222	8013	7803	7593	7384	7174	6964	6755	
0,020 24	6545	6335	6126	5916	5707	5497	5288	5078	4868	4659	
0,020 25	4449	4240	4030	3821	3611	3402	3193	2983	2774	2564	
0,020 26	2355	2146	1936	1727	1517	1308	1099	0889	0680	0471	
0,020 27	0261	0052	'9843	'9634	'9424	'9215	'9006	'8797	'8587	'8378	
0,020 28	1,340 8169	7960	7751	7542	7332	7123	6914	6705	6496	6287	
0,020 29	6078	5869	5660	5450	5241	5032	4823	4614	4405	4196	209
	0	1	2	3	4	5	6	7	8	9	P. P.

P. P.

	215	214
1	21,5	21,4
2	43,0	42,8
3	64,5	64,2
4	86,0	85,6
5	107,5	107,0
6	129,0	128,4
7	150,5	149,8
8	172,0	171,2
9	193,5	192,6

	213	212
1	21,3	21,2
2	42,6	42,4
3	63,9	63,6
4	85,2	84,8
5	106,5	106,0
6	127,8	127,2
7	149,1	148,4
8	170,4	169,6
9	191,7	190,8

	211	210
1	21,1	21,0
2	42,2	42,0
3	63,3	63,0
4	84,4	84,0
5	105,5	105,0
6	126,6	126,0
7	147,7	147,0
8	168,8	168,0
9	189,9	189,0

	209
1	20,9
2	41,8
3	62,7
4	83,6
5	104,5
6	125,4
7	146,3
8	167,2
9	188,1

| 7 Decim. | SUBTRACTION. | | | | | | | | | 1,340 0,0203 |

	0	1	2	3	4	5	6	7	8	9
0,020 30	1,340 3987	3778	3569	3360	3152	2943	2734	2525	2316	2107
0,020 31	1898	1689	1480	1272	1063	0854	0645	0436	0227	0019
0,020 32	1,339 9810	9601	9392	9184	8975	8766	8558	8349	8140	7931
0,020 33	7723	7514	7305	7097	6888	6680	6471	6262	6054	5845
0,020 34	5637	5428	5220	5011	4803	4594	4386	4177	3969	3760
0,020 35	3552	3343	3135	2926	2718	2510	2301	2093	1884	1676
0,020 36	1468	1259	1051	0843	0634	0426	0218	0010	·9801	·9593
0,020 37	1,338 9385	9176	8968	8760	8552	8344	8135	7927	7779	7511
0,020 38	7303	7095	6887	6678	6470	6262	6054	5846	5638	5430
0,020 39	5222	5014	4806	4598	4390	4182	3974	3766	3558	3350
0,020 40	3142	2934	2726	2518	2311	2103	1895	1687	1479	1271
0,020 41	1063	0856	0648	0440	0232	0024	·9817	·9609	·9401	·9193
0,020 42	1,337 8986	8778	8570	8363	8155	7947	7740	7532	7324	7117
0,020 43	6909	6701	6494	6286	6079	5871	5664	5456	5248	5041
0,020 44	4833	4626	4418	4211	4003	3796	3588	3381	3174	2966
0,020 45	2759	2551	2344	2137	1929	1722	1515	1307	1100	0893
0,020 46	0685	0478	0271	0063	·9856	·9649	·9442	·9234	·9027	·8820
0,020 47	1,336 8613	8405	8198	7991	7784	7577	7370	7183	6955	6748
0,020 48	6541	6334	6127	5920	5713	5506	5299	5092	4885	4678
0,020 49	4471	4264	4057	3850	3643	3436	3229	3022	2815	2608
0,020 50	2401	2194	1988	1781	1574	1367	1160	0953	0747	0540
0,020 51	0333	0126	·9919	·9713	·9506	·9299	·9092	·8886	·8679	·8472
0,020 52	1,335 8266	8059	7852	7646	7439	7232	7026	6819	6612	6406
0,020 53	6199	5993	5786	5580	5373	5166	4960	4753	4547	4340
0,020 54	4134	3927	3721	3515	3308	3102	2895	2689	2482	2276
0,020 55	2070	1863	1657	1451	1244	1038	0832	0625	0419	0213
0,020 56	0006	·9800	·9594	·9388	·9181	·8975	·8769	·8563	·8357	·8150
0,020 57	1,334 7944	7738	7532	7326	7120	6914	6707	6501	6295	6089
0,020 58	5883	5677	5471	5265	5059	4853	4647	4441	4235	4029
0,020 59	3823	3617	3411	3205	2999	2793	2587	2381	2176	1970
0,020 60	1761	1558	1352	1146	0940	0735	0529	0323	0117	·9911
0,020 61	1,333 9706	9500	9294	9088	8883	8677	8471	8266	8060	7854
0,020 62	7649	7443	7237	7032	6826	6620	6415	6209	6004	5798
0,020 63	5593	5387	5181	4976	4770	4565	4359	4154	3948	3743
0,020 64	3537	3332	3127	2921	2716	2510	2305	2100	1894	1689
0,020 65	1483	1278	1073	0867	0662	0457	0252	0046	·9841	·9636
0,020 66	1,332 9430	9225	9020	8815	8610	8404	8199	7994	7789	7584
0,020 67	7378	7173	6968	6763	6558	6353	6148	5943	5738	5533
0,020 68	5327	5122	4917	4712	4507	4302	4097	3892	3687	3482
0,020 69	3277	3073	2868	2663	2458	2253	2048	1843	1638	1433
0,020 70	1229	1024	0819	0614	0409	0204	0000	·9795	·9590	·9385
0,020 71	1,331 9181	8976	8771	8566	8362	8157	7952	7748	7543	7338
0,020 72	7134	6929	6724	6520	6315	6111	5906	5701	5497	5292
0,020 73	5088	4883	4679	4474	4270	4065	3861	3656	3452	3247
0,020 74	3043	2838	2634	2430	2225	2021	1816	1612	1408	1203
0,020 75	0999	0795	0590	0386	0182	·9977	·9773	·9569	·9365	·9160
0,020 76	1,330 8956	8752	8548	8343	8139	7935	7731	7527	7323	7118
0,020 77	6914	6710	6506	6302	6098	5894	5690	5486	5281	5077
0,020 78	4873	4669	4465	4261	4057	3853	3649	3445	3241	3037
0,020 79	2834	2630	2426	2222	2018	1814	1610	1406	1202	0999

| | 0 | 1 | 2 | 3 | 4 | 5 | 6 | 7 | 8 | 9 | P. P. |

P. P.

209 208
1 | 20,9 | 20,8
2 | 41,8 | 41,6
3 | 62,7 | 62,4
4 | 83,6 | 83,2
5 | 104,5 | 104,0
6 | 125,4 | 124,8
7 | 146,3 | 145,6
8 | 167,2 | 166,4
9 | 188,1 | 187,2

207 206
1 | 20,7 | 20,6
2 | 41,4 | 41,2
3 | 62,1 | 61,8
4 | 82,8 | 82,4
5 | 103,5 | 103,0
6 | 124,2 | 123,6
7 | 144,9 | 144,2
8 | 165,6 | 164,8
9 | 186,3 | 185,4

205 204
1 | 20,5 | 20,4
2 | 41,0 | 40,8
3 | 61,5 | 61,2
4 | 82,0 | 81,6
5 | 102,5 | 102,0
6 | 123,0 | 122,4
7 | 143,5 | 142,8
8 | 164,0 | 163,2
9 | 184,5 | 183,6

203
1 | 20,3
2 | 40,6
3 | 60,9
4 | 81,2
5 | 101,5
6 | 121,8
7 | 142,1
8 | 162,4
9 | 182,7

204

0,0208 1,330				SUBTRACTION.						7 Decim.
	0	1	2	3	4	5	6	7	8	9
0,020 80	1,330 0795	0591	0387	0183	˙9979	˙9776	˙9572	˙9368	˙9164	˙8961
0,020 81	1,329 8757	8553	8349	8146	7942	7738	7535	7331	7127	6924
0,020 82	6720	6516	6313	6109	5906	5702	5498	5295	5091	4888
0,020 83	4684	4481	4277	4074	3870	3667	3463	3260	3056	2853
0,020 84	2649	2446	2242	2039	1836	1632	1429	1225	1022	0819
0,020 85	0615	0412	0209	0005	˙9802	˙9599	˙9396	˙9192	˙8989	˙8786
0,020 86	1,328 8583	8379	8176	7973	7770	7567	7363	7160	6957	6754
0,020 87	6551	6348	6145	5941	5738	5535	5332	5129	4926	4723
0,020 88	4520	4317	4114	3911	3708	3505	3302	3099	2896	2693
0,020 89	2490	2287	2084	1881	1678	1475	1273	1070	0867	0664
0,020 90	0461	0258	0056	˙9853	˙9650	˙9447	˙9244	˙9042	˙8839	˙8636
0,020 91	1,327 8433	8231	8028	7825	7622	7420	7217	7014	6812	6609
0,020 92	6406	6204	6001	5799	5596	5393	5191	4988	4786	4583
0,020 93	4381	4178	3975	3773	3570	3368	3165	2963	2761	2558
0,020 94	2356	2153	1951	1748	1546	1344	1141	0939	0736	0534
0,020 95	0332	0129	˙9927	˙9725	˙9522	˙9320	˙9118	˙8916	˙8713	˙8511
0,020 96	1,326 8309	8107	7904	7702	7500	7298	7096	6893	6691	6489
0,020 97	6287	6085	5883	5681	5478	5276	5074	4872	4670	4468
0,020 98	4266	4064	3862	3660	3458	3256	3054	2852	2650	2448
0,020 99	2246	2044	1842	1640	1438	1236	1035	0833	0631	0429
0,021 00	0227	0025	˙9823	˙9622	˙9420	˙9218	˙9016	˙8814	˙8613	˙8411
0,021 01	1,325 8209	8007	7806	7604	7402	7200	6999	6797	6595	6394
0,021 02	6192	5990	5789	5587	5386	5184	4982	4781	4579	4378
0,021 03	4176	3975	3773	3571	3370	3168	2967	2765	2564	2363
0,021 04	2161	1960	1758	1557	1355	1154	0953	0751	0550	0348
0,021 05	0147	˙9946	˙9744	˙9543	˙9342	˙9140	˙8939	˙8738	˙8536	˙8335
0,021 06	1,324 8134	7933	7731	7530	7329	7128	6927	6725	6524	6323
0,021 07	6122	5921	5720	5518	5317	5116	4915	4714	4513	4312
0,021 08	4111	3910	3709	3508	3307	3106	2905	2704	2503	2302
0,021 09	2101	1900	1699	1498	1297	1096	0895	0694	0493	0292
0,021 10	0091	˙9891	˙9690	˙9489	˙9288	˙9087	˙8886	˙8686	˙8485	˙8284
0,021 11	1,323 8083	7882	7682	7481	7280	7080	6879	6678	6477	6277
0,021 12	6076	5875	5675	5474	5273	5073	4872	4672	4471	4270
0,021 13	4070	3869	3669	3468	3268	3067	2867	2666	2466	2265
0,021 14	2065	1864	1664	1463	1263	1062	0862	0661	0461	0261
0,021 15	0060	˙9860	˙9659	˙9459	˙9259	˙9058	˙8858	˙8658	˙8458	˙8257
0,021 16	1,322 8057	7857	7656	7456	7256	7056	6855	6655	6455	6255
0,021 17	6055	5854	5654	5454	5254	5054	4854	4653	4453	4253
0,021 18	4053	3853	3653	3453	3253	3053	2853	2653	2453	2253
0,021 19	2053	1853	1653	1453	1253	1053	0853	0653	0453	0253
0,021 20	0053	˙9853	˙9654	˙9454	˙9254	˙9054	˙8854	˙8654	˙8454	˙8255
0,021 21	1,321 8055	7855	7655	7455	7256	7056	6856	6656	6457	6257
0,021 22	6057	5858	5658	5458	5259	5059	4859	4660	4460	4260
0,021 23	4061	3861	3662	3462	3262	3063	2863	2664	2464	2265
0,021 24	2065	1866	1666	1467	1267	1068	0868	0669	0469	0270
0,021 25	0071	˙9871	˙9672	˙9472	˙9273	˙9074	˙8874	˙8675	˙8476	˙8276
0,021 26	1,320 8077	7878	7678	7479	7280	7080	6881	6682	6483	6283
0,021 27	6084	5885	5686	5487	5287	5088	4889	4690	4491	4292
0,021 28	4092	3893	3694	3495	3296	3097	2898	2699	2500	2301
0,021 29	2102	1903	1704	1505	1306	1107	0908	0709	0510	0311
	0	1	2	3	4	5	6	7	8	9

P. P.

204

1	20,4
2	40,8
3	61,2
4	81,6
5	102,0
6	122,4
7	142,8
8	163,2
9	183,6

203

1	20,3
2	40,6
3	60,9
4	81,2
5	101,5
6	121,8
7	142,1
8	162,4
9	182,7

202

1	20,2
2	40,4
3	60,6
4	80,8
5	101,0
6	121,2
7	141,4
8	161,6
9	181,8

201

1	20,1
2	40,2
3	60,3
4	80,4
5	100,5
6	120,6
7	140,7
8	160,8
9	180,9

200

1	20,0
2	40,0
3	60,0
4	80,0
5	100,0
6	120,0
7	140,0
8	160,0
9	180,0

199

1	19,9
2	39,8
3	59,7
4	79,6
5	99,5
6	119,4
7	139,3
8	159,2
9	179,1

P. P.

7 Decim.				SUBTRACTION.				1,320 0,0213		
	0	1	2	3	4	5	6	7	8	9	P. P.

	0	1	2	3	4	5	6	7	8	9	P. P.
0,021 30	1,320 0112	˙9913	˙9714	˙9515	˙9316	˙9117	˙8918	˙8720	˙8521	˙8322	
0,021 31	1,319 8123	7924	7725	7526	7328	7129	6930	6731	6533	6334	**199**
0,021 32	6135	5936	5738	5539	5340	5141	4943	4744	4545	4347	1 19,9
0,021 33	4148	3949	3751	3552	3354	3155	2956	2758	2559	2361	2 39,8
0,021 34	2162	1964	1765	1566	1368	1169	0971	0772	0574	0375	3 59,7
											4 79,6
0,021 35	0177	˙9979	˙9780	˙9582	˙9383	˙9185	˙8986	˙8788	˙8590	˙8391	5 99,5
0,021 36	1,318 8193	7995	7796	7598	7400	7201	7003	6805	6606	6408	6 119,4
0,021 37	6210	6011	5813	5615	5417	5219	5020	4822	4624	4426	7 139,3
0,021 38	4228	4029	3831	3633	3435	3237	3039	2841	2642	2444	8 159,2
0,021 39	2246	2048	1850	1652	1454	1256	1058	0860	0662	0464	9 179,1
0,021 40	0266	0068	˙9870	˙9672	˙9474	˙9276	˙9078	˙8880	˙8682	˙8485	**198**
0,021 41	1,317 8287	8089	7891	7693	7495	7297	7100	6902	6704	6506	1 19,8
0,021 42	6308	6110	5913	5715	5517	5319	5122	4924	4726	4529	2 39,6
0,021 43	4331	4133	3935	3738	3540	3342	3145	2947	2750	2552	3 59,4
0,021 44	2354	2157	1959	1762	1564	1366	1169	0971	0774	0576	4 79,2
											5 99,0
0,021 45	0379	0181	˙9984	˙9786	˙9589	˙9391	˙9194	˙8996	˙8799	˙8602	6 118,8
0,021 46	1,316 8404	8207	8009	7812	7615	7417	7220	7022	6825	6628	7 138,6
0,021 47	6430	6233	6036	5839	5641	5444	5247	5049	4852	4655	8 158,4
0,021 48	4458	4260	4063	3866	3669	3472	3274	3077	2880	2683	9 178,2
0,021 49	2486	2289	2092	1895	1697	1500	1303	1106	0909	0712	
											197
0,021 50	0515	0318	0121	˙9924	˙9727	˙9530	˙9333	˙9136	˙8939	˙8742	1 19,7
0,021 51	1,315 8545	8348	8151	7954	7757	7561	7364	7167	6970	6773	2 39,4
0,021 52	6576	6379	6182	5986	5789	5592	5395	5198	5002	4805	3 59,1
0,021 53	4608	4411	4215	4018	3821	3624	3428	3231	3034	2838	4 78,8
0,021 54	2641	2444	2248	2051	1854	1658	1461	1265	1068	0871	5 98,5
											6 118,2
0,021 55	0675	0478	0282	0085	˙9889	˙9692	˙9496	˙9299	˙9103	˙8906	7 137,9
0,021 56	1,314 8710	8513	8317	8120	7924	7727	7531	7334	7138	6942	8 157,6
0,021 57	6745	6549	6353	6156	5960	5763	5567	5371	5175	4978	9 177,3
0,021 58	4782	4586	4389	4193	3997	3801	3604	3408	3212	3016	
0,021 59	2819	2623	2427	2231	2035	1839	1642	1446	1250	1054	**196**
											1 19,6
0,021 60	0858	0662	0466	0270	0074	˙9878	˙9682	˙9485	˙9289	˙9093	2 39,2
0,021 61	1,313 8897	8701	8505	8309	8113	7917	7722	7526	7330	7134	3 58,8
0,021 62	6938	6742	6546	6350	6154	5958	5762	5567	5371	5175	4 78,4
0,021 63	4979	4783	4587	4392	4196	4000	3804	3609	3413	3217	5 98,0
0,021 64	3021	2826	2630	2434	2238	2043	1847	1651	1456	1260	6 117,6
											7 137,2
0,021 65	1064	0869	0673	0478	0282	0086	˙9891	˙9695	˙9500	˙9304	8 156,8
0,021 66	1,312 9108	8913	8717	8522	8326	8131	7935	7740	7544	7349	9 176,4
0,021 67	7153	6958	6763	6567	6372	6176	5981	5786	5590	5395	
0,021 68	5199	5004	4809	4613	4418	4223	4027	3832	3637	3442	**195**
0,021 69	3246	3051	2856	2660	2465	2270	2075	1880	1684	1489	1 19,5
											2 39,0
0,021 70	1294	1099	0904	0709	0513	0318	0123	˙9928	˙9733	˙9538	3 58,5
0,021 71	1,311 9343	9148	8953	8757	8562	8367	8172	7977	7782	7587	4 78,0
0,021 72	7392	7197	7002	6807	6612	6417	6223	6028	5833	5638	5 97,5
0,021 73	5443	5248	5053	4858	4663	4468	4274	4079	3884	3689	6 117,0
0,021 74	3494	3299	3105	2910	2715	2520	2326	2131	1936	1741	7 136,5
											8 156,0
0,021 75	1547	1352	1157	0963	0768	0573	0379	0184	˙9989	˙9795	9 175,5
0,021 76	1,310 9600	9405	9211	9016	8822	8627	8432	8238	8043	7849	
0,021 77	7654	7460	7265	7071	6876	6682	6487	6293	6098	5904	
0,021 78	5709	5515	5320	5126	4932	4737	4543	4348	4154	3960	
0,021 79	3765	3571	3377	3182	2988	2794	2599	2405	2211	2017	195

	0	1	2	3	4	5	6	7	8	9	P. P.

0,0218 1,310				SUBTRACTION.						7 Decim.
	0	1	2	3	4	5	6	7	8	9
0,021 80	1,310 1822	1628	1434	1239	1045	0851	0657	0463	0268	0074
0,021 81	1,309 9880	9686	9492	9298	9103	8909	8715	8521	8327	8133
0,021 82	7939	7745	7551	7357	7163	6969	6775	6581	6387	6193
0,021 83	5999	5805	5611	5417	5223	5029	4835	4641	4447	4253
0,021 84	4059	3865	3671	3478	3284	3090	2896	2702	2508	2314
0,021 85	2121	1927	1733	1539	1346	1152	0958	0764	0571	0377
0,021 86	0183	·9989	·9796	·9602	·9408	·9215	·9021	·8827	·8634	·8440
0,021 87	1,308 8246	8053	7859	7666	7472	7278	7085	6891	6698	6504
0,021 88	6311	6117	5924	5730	5537	5343	5150	4956	4763	4569
0,021 89	4376	4182	3989	3796	3602	3409	3215	3022	2829	2635
0,021 90	2442	2248	2055	1862	1669	1475	1282	1089	0895	0702
0,021 91	0509	0316	0122	·9929	·9736	·9543	·9349	·9156	·8963	·8770
0,021 92	1,307 8577	8383	8190	7997	7804	7611	7418	7225	7032	6838
0,021 93	6645	6452	6259	6066	5873	5680	5487	5294	5101	4908
0,021 94	4715	4522	4329	4136	3943	3750	3557	3364	3171	2979
0,021 95	2786	2593	2400	2207	2014	1821	1628	1436	1243	1050
0,021 96	0857	0664	0471	0279	0096	·9893	·9700	·9508	·9315	·9122
0,021 97	1,306 8929	8737	8544	8351	8159	7966	7773	7581	7388	7195
0,021 98	7003	6810	6617	6425	6232	6040	5847	5655	5462	5269
0,021 99	5077	4884	4692	4499	4307	4114	3922	3729	3537	3344
0,022 00	3152	2960	2767	2575	2382	2190	1997	1805	1613	1420
0,022 01	1228	1036	0843	0651	0459	0266	0074	·9882	·9689	·9497
0,022 02	1,305 9305	9113	8920	8728	8536	8344	8151	7959	7767	7575
0,022 03	7383	7190	6998	6806	6614	6422	6230	6037	5845	5653
0,022 04	5461	5269	5077	4885	4693	4501	4309	4117	3925	3733
0,022 05	3541	3349	3157	2965	2773	2581	2389	2197	2005	1813
0,022 06	1621	1429	1237	1045	0854	0662	0470	0278	0086	·9894
0,022 07	1,304 9702	9511	9319	9127	8935	8743	8552	8360	8168	7976
0,022 08	7785	7593	7401	7210	7018	6826	6634	6443	6251	6059
0,022 09	5868	5676	5485	5293	5101	4910	4718	4527	4335	4143
0,022 10	3952	3760	3569	3377	3186	2994	2803	2611	2420	2228
0,022 11	2037	1845	1654	1462	1271	1079	0888	0697	0505	0314
0,022 12	0122	·9931	·9740	·9548	·9357	·9166	·8974	·8783	·8592	·8400
0,022 13	1,303 8209	8018	7827	7635	7444	7253	7062	6870	6679	6488
0,022 14	6297	6105	5914	5723	5532	5341	5150	4958	4767	4576
0,022 15	4385	4194	4003	3812	3621	3430	3239	3048	2856	2665
0,022 16	2474	2283	2092	1901	1710	1519	1328	1137	0947	0756
0,022 17	0565	0374	0183	·9992	·9801	·9610	·9419	·9228	·9037	·8847
0,022 18	1,302 8656	8465	8274	8083	7892	7702	7511	7320	7129	6938
0,022 19	6748	6557	6366	6175	5985	5794	5603	5413	5222	5031
0,022 20	4841	4650	4459	4269	4078	3887	3697	3506	3315	3125
0,022 21	2934	2744	2553	2363	2172	1981	1791	1600	1410	1219
0,022 22	1029	0838	0648	0457	0267	0077	·9886	·9696	·9505	·9315
0,022 23	1,301 9124	8934	8744	8553	8363	8172	7982	7792	7601	7411
0,022 24	7221	7030	6840	6650	6460	6269	6079	5889	5698	5508
0,022 25	5318	5128	4938	4747	4557	4367	4177	3987	3796	3606
0,022 26	3416	3226	3036	2846	2656	2466	2275	2085	1895	1705
0,022 27	1515	1325	1135	0945	0755	0565	0375	0185	·9995	·9805
0,022 28	1,300 9615	9425	9235	9045	8855	8665	8475	8285	8096	7906
0,022 29	7716	7526	7336	7146	6956	6766	6577	6387	6197	6007
	0	1	2	3	4	'5	6	7	8	9

P. P.

195
1	19,5
2	39,0
3	58,5
4	78,0
5	97,5
6	117,0
7	136,5
8	156,0
9	175,5

194
1	19,4
2	38,8
3	58,2
4	77,6
5	97,0
6	116,4
7	135,8
8	155,2
9	174,6

193
1	19,3
2	38,6
3	57,9
4	77,2
5	96,5
6	115,8
7	135,1
8	154,4
9	173,7

192
1	19,2
2	38,4
3	57,6
4	76,8
5	96,0
6	115,2
7	134,4
8	153,6
9	172,8

191
1	19,1
2	38,2
3	57,3
4	76,4
5	95,5
6	114,6
7	133,7
8	152,8
9	171,9

190
1	19,0
2	38,0
3	57,0
4	76,0
5	95,0
6	114,0
7	133,0
8	152,0
9	171,0

189
1	18,9
2	37,8
3	56,7
4	75,6
5	94,5
6	113,4
7	132,3
8	151,2
9	170,1

190

P. P.

7 Decim.				SUBTRACTION.					1,300	0,0223

	0	1	2	3	4	5	6	7	8	9
0,022 30	1,300 5817	5628	5438	5248	5058	4869	4679	4489	4299	4110
0,022 31	3920	3730	3540	3351	3161	2971	2782	2592	2403	2213
0,022 32	2023	1834	1644	1454	1265	1075	0886	0696	0507	0317
0,022 33	0128	˙9938	˙9748	˙9559	˙9369	˙9180	˙8990	˙8801	˙8612	˙8422
0,022 34	1,299 8233	8043	7854	7664	7475	7286	7096	6907	6717	6528
0,022 35	6339	6149	5960	5771	5581	5392	5203	5013	4824	4635
0,022 36	4445	4256	4067	3878	3688	3499	3310	3121	2932	2742
0,022 37	2553	2364	2175	1986	1797	1607	1418	1229	1040	0851
0,022 38	0662	0473	0284	0095	˙9905	˙9716	˙9527	˙9338	˙9149	˙8960
0,022 39	1,298 8771	8582	8393	8204	8015	7826	7637	7448	7259	7070
0,022 40	6882	6693	6504	6315	6126	5937	5748	5559	5370	5182
0,022 41	4993	4804	4615	4426	4237	4049	3860	3671	3482	3294
0,022 42	3105	2916	2727	2539	2350	2161	1972	1784	1595	1406
0,022 43	1218	1029	0840	0652	0463	0274	0086	˙9897	˙9709	˙9520
0,022 44	1,297 9331	9143	8954	8766	8577	8389	8200	8012	7823	7635
0,022 45	7446	7258	7069	6881	6692	6504	6315	6127	5938	5750
0,022 46	5562	5373	5185	4996	4808	4620	4431	4243	4055	3866
0,022 47	3678	3490	3301	3113	2925	2736	2548	2360	2172	1983
0,022 48	1795	1607	1419	1231	1042	0854	0666	0478	0290	0101
0,022 49	1,296 9913	9725	9537	9349	9161	8973	8785	8596	8408	8220
0,022 50	8032	7844	7656	7468	7280	7092	6904	6716	6528	6340
0,022 51	6152	5964	5776	5588	5400	5212	5024	4836	4648	4461
0,022 52	4273	4085	3897	3709	3521	3333	3146	2958	2770	2582
0,022 53	2394	2206	2019	1831	1643	1455	1268	1080	0892	0704
0,022 54	0517	0329	0141	˙9953	˙9766	˙9578	˙9390	˙9203	˙9015	˙8827
0,022 55	1,295 8640	8452	8265	8077	7889	7702	7514	7327	7139	6951
0,022 56	6764	6576	6389	6201	6014	5826	5639	5451	5264	5076
0,022 57	4889	4701	4514	4326	4139	3952	3764	3577	3389	3202
0,022 58	3015	2827	2640	2452	2265	2078	1890	1703	1516	1329
0,022 59	1141	0954	0767	0579	0392	0205	0018	˙9830	˙9643	˙9456
0,022 60	1,294 9269	9081	8894	8707	8520	8333	8146	7958	7771	7584
0,022 61	7397	7210	7023	6836	6649	6462	6274	6087	5900	5713
0,022 62	5526	5339	5152	4965	4778	4591	4404	4217	4030	3843
0,022 63	3656	3469	3282	3095	2909	2722	2535	2348	2161	1974
0,022 64	1787	1600	1413	1227	1040	0853	0666	0479	0292	0106
0,022 65	1,293 9919	9732	9545	9359	9172	8985	8798	8612	8425	8238
0,022 66	8051	7865	7678	7491	7305	7118	6931	6745	6558	6371
0,022 67	6185	5998	5812	5625	5438	5252	5065	4879	4692	4506
0,022 68	4319	4133	3946	3760	3573	3387	3200	3014	2827	2641
0,022 69	2454	2268	2081	1895	1709	1522	1336	1149	0963	0777
0,022 70	0590	0404	0217	0031	˙9845	˙9658	˙9472	˙9286	˙9100	˙8913
0,022 71	1,292 8727	8541	8354	8168	7982	7796	7609	7423	7237	7051
0,022 72	6865	6678	6492	6306	6120	5934	5748	5561	5375	5189
0,022 73	5003	4817	4631	4445	4259	4073	3887	3701	3514	3328
0,022 74	3142	2956	2770	2584	2398	2212	2026	1840	1654	1469
0,022 75	1283	1097	0911	0725	0539	0353	0167	˙9981	˙9795	˙9609
0,022 76	1,291 9424	9238	9052	8866	8680	8494	8309	8123	7937	7751
0,022 77	7565	7380	7194	7008	6822	6637	6451	6265	6079	5894
0,022 78	5708	5522	5337	5151	4965	4780	4594	4408	4223	4037
0,022 79	3852	3666	3480	3295	3109	2924	2738	2553	2367	2181
	0	1	2	3	4	5	6	7	8	9

P. P.

	190	189	188	187	186	185
1	19,0	18,9	18,8	18,7	18,6	18,5
2	38,0	37,8	37,6	37,4	37,2	37,0
3	57,0	56,7	56,4	56,1	55,8	55,5
4	76,0	75,6	75,2	74,8	74,4	74,0
5	95,0	94,5	94,0	93,5	93,0	92,5
6	114,0	113,4	112,8	112,2	111,6	111,0
7	133,0	132,3	131,6	130,9	130,2	129,5
8	152,0	151,2	150,4	149,6	148,8	148,0
9	171,0	170,1	169,2	168,3	167,4	166,5

| 0,0228 1,291 | \| | SUBTRACTION. | | | | | | | | 7 Decim. |

	0	1	2	3	4	5	6	7	8	9	P. P.
0,022 80	1,291 1996	1810	1625	1439	1254	1068	0883	0697	0512	0327	
0,022 81	0141	·9956	·9770	·9585	·9399	·9214	·9029	·8843	·8658	·8472	**186**
0,022 82	1,290 8287	8102	7916	7731	7546	7360	7175	6990	6805	6619	1 | 18,6
0,022 83	6434	6249	6063	5878	5693	5508	5322	5137	4952	4767	2 | 37,2
0,022 84	4582	4396	4211	4026	3841	3656	3471	3286	3100	2915	3 | 55,8 4 | 74,4
0,022 85	2730	2545	2360	2175	1990	1805	1620	1435	1250	1065	5 | 93,0
0,022 86	0879	0694	0509	0324	0139	·9954	·9770	·9585	·9400	·9215	6 | 111,6
0,022 87	1,289 9030	8845	8660	8475	8290	8105	7920	7735	7550	7366	7 | 130,2
0,022 88	7181	6996	6811	6626	6441	6256	6072	5887	5702	5517	8 | 148,8
0,022 89	5333	5148	4963	4778	4593	4409	4224	4039	3855	3670	9 | 167,4
0,022 90	3485	3300	3116	2931	2746	2562	2377	2193	2008	1823	**185**
0,022 91	1639	1454	1269	1085	0900	0716	0531	0347	0162	·9978	1 | 18,5
0,022 92	1,288 9793	9608	9424	9239	9055	8870	8686	8502	8317	8133	2 | 37,0
0,022 93	7948	7764	7579	7395	7210	7026	6842	6657	6473	6288	3 | 55,5 4 | 74,0
0,022 94	6104	5920	5735	5551	5367	5182	4998	4814	4629	4445	5 | 92,5
0,022 95	4261	4077	3892	3708	3524	3340	3155	2971	2787	2603	6 | 111,0
0,022 96	2419	2234	2050	1866	1682	1498	1313	1129	0945	0761	7 | 129,5
0,022 97	0577	0393	0209	0025	·9841	·9656	·9472	·9288	·9104	·8920	8 | 148,0
0,022 98	1,287 8736	8552	8368	8184	8000	7816	7632	7448	7264	7080	9 | 166,5
0,022 99	6896	6712	6528	6345	6161	5977	5793	5609	5425	5241	**184**
0,023 00	5057	4873	4690	4506	4322	4138	3954	3770	3587	3403	1 | 18,4
0,023 01	3219	3035	2851	2668	2484	2300	2116	1933	1749	1565	2 | 36,8
0,023 02	1382	1198	1014	0830	0647	0463	0279	0096	·9912	·9729	3 | 55,2 4 | 73,6
0,023 03	1,286 9545	9361	9178	8994	8810	8627	8443	8260	8076	7893	5 | 92,0
0,023 04	7709	7526	7342	7158	6975	6791	6608	6425	6241	6058	6 | 110,4
0,023 05	5874	5691	5507	5324	5140	4957	4773	4590	4407	4223	7 | 128,8
0,023 06	4040	3857	3673	3490	3306	3123	2940	2756	2573	2390	8 | 147,2
0,023 07	2207	2023	1840	1657	1473	1290	1107	0924	0740	0557	9 | 165,6
0,023 08	0374	0191	0008	·9824	·9641	·9458	·9275	·9092	·8909	·8725	**183**
0,023 09	1,285 8542	8359	8176	7993	7810	7627	7444	7261	7077	6894	1 | 18,3
0,023 10	6711	6528	6345	6162	5979	5796	5613	5430	5247	5064	2 | 36,6
0,023 11	4881	4698	4515	4332	4149	3967	3784	3601	3418	3235	3 | 54,9 4 | 73,2
0,023 12	3052	2869	2686	2503	2321	2138	1955	1772	1589	1406	5 | 91,5
0,023 13	1224	1041	0858	0675	0492	0310	0127	·9944	·9761	·9579	6 | 109,8
0,023 14	1,284 9396	9213	9030	8848	8665	8482	8300	8117	7934	7752	7 | 128,1
0,023 15	7569	7386	7204	7021	6838	6656	6473	6291	6108	5926	8 | 146,4
0,023 16	5743	5560	5378	5195	5013	4830	4648	4465	4283	4100	9 | 164,7
0,023 17	3918	3735	3553	3370	3188	3005	2823	2641	2458	2276	**182**
0,023 18	2093	1911	1729	1546	1364	1181	0999	0817	0634	0452	1 | 18,2
0,023 19	0270	0087	·9905	·9723	·9540	·9358	·9176	·8994	·8811	·8629	2 | 36,4
0,023 20	1,283 8447	8265	8082	7900	7718	7536	7354	7171	6989	6807	3 | 54,6 4 | 72,8
0,023 21	6625	6443	6261	6078	5896	5714	5532	5350	5168	4986	5 | 91,0
0,023 22	4804	4622	4440	4257	4075	3893	3711	3529	3347	3165	6 | 109,2
0,023 23	2983	2801	2619	2437	2255	2073	1891	1710	1528	1346	7 | 127,4
0,023 24	1164	0982	0800	0618	0436	0254	0072	·9890	·9709	·9527	8 | 145,6
0,023 25	1,282 9345	9163	8981	8799	8618	8436	8254	8072	7890	7709	9 | 163,8
0,023 26	7527	7345	7163	6982	6800	6618	6437	6255	6073	5891	**181**
0,023 27	5710	5528	5346	5165	4983	4801	4620	4438	4257	4075	1 | 18,1
0,023 28	3893	3712	3530	3349	3167	2986	2804	2622	2441	2259	2 | 36,2
0,023 29	2078	1896	1715	1533	1352	1170	0989	0807	0626	0445 182	3 | 54,3 4 | 72,4 5 | 90,5 6 | 108,6 7 | 126,7 8 | 144,8 9 | 162,9
	0	1	2	3	4	5	6	7	8	9	P. P.

7 Decim.				SUBTRACTION.					1,282 0,0233	
	0	1	2	3	4	5	6	7	8	9
0,023 30	1,282 0263	00S2	'9900	'9719	'9537	'9356	'9175	'S993	'SS12	'S630
0,023 31	1,281 8449	S268	S0S6	7905	7724	7542	7361	7180	6998	6817
0,023 32	6636	6455	6273	6092	5911	5730	5548	5367	5186	5005
0,023 33	4824	4642	4461	4280	4099	3918	3736	3555	3374	3193
0,023 34	3012	2831	2650	2469	22S8	2106	1925	1744	1563	1382
0,023 35	1201	1020	0839	0658	0477	0296	0115	'9934	'9753	'9572
0,023 36	1,280 9391	9210	9029	SS48	S667	S4S7	S306	S125	7944	7763
0,023 37	7582	7401	7220	7039	6859	6678	6497	6316	6135	5954
0,023 38	5774	5593	5412	5231	5050	4870	4689	4508	4327	4147
0,023 39	3966	37S5	3605	3424	3243	3063	2SS2	2701	2521	2340
0,023 40	2150	1979	179S	1617	1437	1256	1076	0S95	0714	0534
0,023 41	0353	0173	'9992	'9S12	'9631	'9450	'9270	'90S9	'S909	'S72S
0,023 42	1,279 S548	S36S	S1S7	S007	7S26	7646	7465	72S5	7104	6924
0,023 43	6744	6563	63S3	6202	6022	5S42	5661	5481	5301	5120
0,023 44	4940	4760	4579	4399	4219	403S	3S5S	367S	349S	3317
0,023 45	3137	2957	2777	2596	2416	2236	2056	1876	1695	1515
0,023 46	1335	1155	0975	0795	0614	0434	0254	0074	'9S94	'9714
0,023 47	1,278 9534	9354	9174	S994	SS13	S633	S453	S273	S093	7913
0,023 48	7733	7553	7373	7193	7013	6S33	6653	6473	6293	6114
0,023 49	5934	5754	5574	5394	5214	5034	4S54	4674	4494	4315
0,023 50	4135	3955	3775	3595	3415	3236	3056	2S76	2696	2516
0,023 51	2337	2157	1977	1797	161S	143S	125S	107S	0S99	0719
0,023 52	0539	0360	01S0	0000	'9S21	'9641	'9461	'92S2	'9102	'S922
0,023 53	1,277 S743	S563	S3S3	S204	S024	7S45	7665	74S6	7306	7126
0,023 54	6947	6767	65SS	640S	6229	6049	5S70	5690	5511	5331
0,023 55	5152	4972	4793	4614	4434	4255	4075	3S96	3716	3537
0,023 56	335S	317S	2999	2S20	2640	2461	22S2	2102	1923	1741
0,023 57	1564	13S5	1206	1026	0S47	066S	0489	0309	0130	'9951
0,023 58	1,276 9772	9592	9413	9234	9055	SS76	S696	S517	S33S	S159
0,023 59	79S0	7S01	7622	7442	7263	70S4	6905	6726	6547	636S
0,023 60	61S9	6010	5S31	5652	5473	5293	5114	4935	4756	4577
0,023 61	439S	4219	4040	3S62	36S3	3504	3325	3146	2967	27SS
0,023 62	2609	2430	2251	2072	1S93	1714	1536	1357	117S	0999
0,023 63	0S20	0641	0463	02S4	0105	'9926	'9747	'9569	'9390	'9211
0,023 64	1,275 9032	SS53	S675	S496	S317	S139	7960	77S1	7602	7424
0,023 65	7245	7066	6SSS	6709	6530	6352	6173	5994	5S16	5637
0,023 66	5459	52S0	5101	4923	4744	4566	4387	4030	4030	3S52
0,023 67	3673	3494	3316	3137	2959	2780	2602	2424	2245	2067
0,023 68	1SSS	1710	1531	1353	1174	0996	0S18	0639	0461	02S2
0,023 69	0104	'9926	'9747	'9569	'9391	'9212	'9034	'SS56	'S677	'S499
0,023 70	1,274 S321	S142	7964	77S6	760S	7429	7251	7073	6S95	6716
0,023 71	653S	6360	61S2	6004	5S25	5647	5469	5291	5113	4935
0,023 72	4756	457S	4400	4222	4044	3S66	36SS	3510	3332	3154
0,023 73	2975	2797	2619	2441	2263	20S5	1907	1729	1551	1373
0,023 74	1195	1017	0839	0661	0483	0305	012S	'9950	'9772	'9594
0,023 75	1,273 9416	923S	9060	SSS2	S704	S526	S349	S171	7993	7S15
0,023 76	7637	7459	72S1	7104	6926	674S	6570	6393	6215	6037
0,023 77	5S59	56S1	5504	5326	514S	4971	4793	4615	4437	4260
0,023 78	40S2	3904	3727	3549	3371	3194	3016	2S39	2661	24S3
0,023 79	2306	212S	1951	1773	1595	1418	1240	1063	0SS5	070S
	0	1	2	3	4	5	6	7	8	9

P. P.

182
1| 18,2
2| 36,4
3| 54,6
4| 72,8
5| 91,0
6| 109,2
7| 127,4
8| 145,6
9| 163,8

181
1| 18,1
2| 36,2
3| 54,3
4| 72,4
5| 90,5
6| 108,6
7| 126,7
8| 144,8
9| 162,9

180
1| 18,0
2| 36,0
3| 54,0
4| 72,0
5| 90,0
6| 108,0
7| 126,0
8| 144,0
9| 162,0

179
1| 17,9
2| 35,8
3| 53,7
4| 71,6
5| 89,5
6| 107,4
7| 125,3
8| 143,2
9| 161,1

178
1| 17,8
2| 35,6
3| 53,4
4| 71,2
5| 89,0
6| 106,8
7| 124,6
8| 142,4
9| 160,2

177
1| 17,7
2| 35,4
3| 53,1
4| 70,8
5| 88,5
6| 106,2
7| 123,9
8| 141,6
9| 159,3

178

	0	1	2	3	4	5	6	7	8	9	P. P.
0,023 80	1,273 0530	0353	0175	·9998	·9820	·9643	·9465	·9288	·9110	·8933	
0,023 81	1,272 8755	8578	8400	8223	8046	7868	7691	7513	7336	7159	
0,023 82	6981	6804	6626	6449	6272	6094	5917	5740	5562	5385	
0,023 83	5208	5031	4853	4676	4499	4322	4144	3967	3790	3613	
0,023 84	3435	3258	3081	2904	2727	2549	2372	2195	2018	1841	
0,023 85	1664	1486	1309	1132	0955	0778	0601	0424	0247	0070	
0,023 86	1,271 9893	9715	9538	9361	9184	9007	8830	8653	8476	8299	
0,023 87	8122	7945	7768	7591	7414	7237	7060	6884	6707	6530	
0,023 88	6353	6176	5999	5822	5645	5468	5291	5115	4938	4761	
0,023 89	4584	4407	4230	4054	3877	3700	3523	3346	3170	2993	
0,023 90	2816	2639	2463	2286	2109	1932	1756	1579	1402	1226	
0,023 91	1049	0872	0696	0519	0342	0166	·9989	·9812	·9636	·9459	
0,023 92	1,270 9282	9106	8929	8753	8576	8399	8223	8046	7870	7693	
0,023 93	7517	7340	7164	6987	6811	6634	6458	6281	6105	5928	
0,023 94	5752	5575	5399	5222	5046	4870	4693	4517	4340	4164	
0,023 95	3988	3811	3635	3459	3282	3106	2929	2753	2577	2401	
0,023 96	2224	2048	1872	1695	1519	1343	1167	0990	0814	0638	
0,023 97	0462	0285	0109	·9933	·9757	·9580	·9404	·9228	·9052	·8876	
0,023 98	1,269 8700	8523	8347	8171	7995	7819	7643	7467	7291	7115	
0,023 99	6938	6762	6586	6410	6234	6058	5882	5706	5530	5354	
0,024 00	5178	5002	4826	4650	4474	4298	4122	3946	3770	3594	
0,024 01	3418	3243	3067	2891	2715	2539	2363	2187	2011	1835	
0,024 02	1660	1484	1308	1132	0956	0780	0605	0429	0253	0077	
0,024 03	1,268 9901	9726	9550	9374	9198	9023	8847	8671	8495	8320	
0,024 04	8144	7968	7793	7617	7441	7266	7090	6914	6739	6563	
0,024 05	6387	6212	6036	5861	5685	5509	5334	5158	4983	4807	
0,024 06	4632	4456	4280	4105	3929	3754	3578	3403	3227	3052	
0,024 07	2876	2701	2525	2350	2175	1999	1824	1648	1473	1297	
0,024 08	1122	0947	0771	0596	0420	0245	0070	·9894	·9719	·9544	
0,024 09	1,267 9368	9193	9018	8842	8667	8492	8317	8141	7966	7791	
0,024 10	7615	7440	7265	7090	6915	6739	6564	6389	6214	6039	
0,024 11	5863	5688	5513	5338	5163	4988	4812	4637	4462	4287	
0,024 12	4112	3937	3762	3587	3412	3237	3061	2886	2711	2536	
0,024 13	2361	2186	2011	1836	1661	1486	1311	1136	0961	0786	
0,024 14	0611	0436	0261	0087	·9912	·9737	·9562	·9387	·9212	·9037	
0,024 15	1,266 8862	8687	8512	8338	8163	7988	7813	7638	7463	7289	
0,024 16	7114	6939	6764	6589	6415	6240	6065	5890	5716	5541	
0,024 17	5366	5191	5017	4842	4667	4493	4318	4143	3969	3794	
0,024 18	3619	3445	3270	3095	2921	2746	2571	2397	2222	2048	
0,024 19	1873	1698	1524	1349	1175	1000	0826	0651	0477	0302	
0,024 20	0128	·9953	·9779	·9604	·9430	·9255	·9081	·8906	·8732	·8557	
0,024 21	1,265 8383	8208	8034	7860	7685	7511	7336	7162	6988	6813	
0,024 22	6639	6465	6290	6116	5942	5767	5593	5419	5244	5070	
0,024 23	4896	4721	4547	4373	4199	4024	3850	3676	3502	3327	
0,024 24	3153	2979	2805	2631	2456	2282	2108	1934	1760	1586	
0,024 25	1412	1237	1063	0889	0715	0541	0367	0193	0019	·9845	
0,024 26	1,264 9671	9496	9322	9148	8974	8800	8626	8452	8278	8104	
0,024 27	7930	7756	7582	7408	7234	7060	6886	6712	6539	6365	
0,024 28	6191	6017	5843	5669	5495	5321	5147	4973	4800	4626	
0,024 29	4452	4278	4104	3930	3757	3583	3409	3235	3061	2888	174

| 0 | 1 | 2 | 3 | 4 | 5 | 6 | 7 | 8 | 9 | P. P. |

P. P.

	178	177	176	175	174	173
1	17,8	17,7	17,6	17,5	17,4	17,3
2	35,6	35,4	35,2	35,0	34,8	34,6
3	53,4	53,1	52,8	52,5	52,2	51,9
4	71,2	70,8	70,4	70,0	69,6	69,2
5	89,0	88,5	88,0	87,5	87,0	86,5
6	106,8	106,2	105,6	105,0	104,4	103,8
7	124,6	123,9	123,2	122,5	121,8	121,1
8	142,4	141,6	140,8	140,0	139,2	138,4
9	160,2	159,3	158,4	157,5	156,6	155,7

| 7 Decim. | SUBTRACTION. | | | | | | | | | 1,264 0,0243 |

	0	1	2	3	4	5	6	7	8	9	P. P.
0,024 30	1,264 2714	2540	2366	2193	2019	1845	1671	1498	1324	1150	
0,024 31	0977	0803	0629	0455	0282	0108	·9935	·9761	·9587	·9414	174
0,024 32	1,263 9240	9066	8893	8719	8546	8372	8198	8025	7851	7678	
0,024 33	7504	7331	7157	6984	6810	6636	6463	6289	6116	5942	1	17,4
0,024 34	5769	5596	5422	5249	5075	4902	4728	4555	4381	4208	2	34,8 / 3	52,2 / 4	69,6 / 5	87,0
0,024 35	4035	3861	3688	3514	3341	3168	2994	2821	2648	2474	6	104,4
0,024 36	2301	2128	1954	1781	1608	1434	1261	1088	0915	0741	7	121,8
0,024 37	0568	0395	0222	0048	·9875	·9702	·9529	·9355	·9182	·9009	8	139,2 / 9	156,6
0,024 38	1,262 8836	8663	8490	8316	8143	7970	7797	7624	7451	7278	
0,024 39	7104	6931	6758	6585	6412	6239	6066	5893	5720	5547	
0,024 40	5374	5201	5028	4855	4682	4509	4336	4163	3990	3817	
0,024 41	3644	3471	3298	3125	2952	2779	2606	2433	2260	2087	173
0,024 42	1914	1742	1569	1396	1223	1050	0877	0704	0532	0359	
0,024 43	0186	0013	·9840	·9667	·9495	·9322	·9149	·8976	·8804	·8631	1	17,3
0,024 44	1,261 8458	8285	8113	7940	7767	7594	7422	7249	7076	6904	2	34,6 / 3	51,9 / 4	69,2 / 5	86,5
0,024 45	6731	6558	6386	6213	6040	5868	5695	5522	5350	5177	6	103,8
0,024 46	5005	4832	4659	4487	4314	4142	3969	3797	3624	3451	7	121,1
0,024 47	3279	3106	2934	2761	2589	2416	2244	2071	1899	1727	8	138,4 / 9	155,7
0,024 48	1554	1382	1209	1037	0864	0692	0519	0347	0175	0002	
0,024 49	1,260 9830	9657	9485	9313	9140	8968	8796	8623	8451	8279	
0,024 50	8106	7934	7762	7590	7417	7245	7073	6900	6728	6556	
0,024 51	6384	6211	6039	5867	5695	5523	5350	5178	5006	4834	172
0,024 52	4662	4489	4317	4145	3973	3801	3629	3457	3285	3112	
0,024 53	2940	2768	2596	2424	2252	2080	1908	1736	1564	1392	1	17,2
0,024 54	1220	1048	0876	0704	0532	0360	0188	0016	·9844	·9672	2	34,4 / 3	51,6 / 4	68,8 / 5	86,0
0,024 55	1,259 9500	9328	9156	8984	8812	8640	8468	8296	8125	7953	6	103,2
0,024 56	7781	7609	7437	7265	7093	6921	6750	6578	6406	6234	7	120,4
0,024 57	6062	5891	5719	5547	5375	5203	5032	4860	4688	4516	8	137,6 / 9	154,8
0,024 58	4345	4173	4001	3830	3658	3486	3314	3143	2971	2799	
0,024 59	2628	2456	2284	2113	1941	1769	1598	1426	1255	1083	
0,024 60	0911	0740	0568	0397	0225	0054	·9882	·9711	·9539	·9367	
0,024 61	1,258 9196	9024	8853	8681	8510	8338	8167	7995	7824	7653	171
0,024 62	7481	7310	7138	6967	6795	6624	6453	6281	6110	5938	
0,024 63	5767	5596	5424	5253	5082	4910	4739	4568	4396	4225	1	17,1
0,024 64	4054	3882	3711	3540	3368	3197	3026	2855	2683	2512	2	34,2 / 3	51,3 / 4	68,4 / 5	85,5
0,024 65	2341	2170	1998	1827	1656	1485	1314	1142	0971	0800	6	102,6
0,024 66	0629	0458	0287	0116	·9944	·9773	·9602	·9431	·9260	·9089	7	119,7
0,024 67	1,257 8918	8747	8576	8404	8233	8062	7891	7720	7549	7378	8	136,8 / 9	153,9
0,024 68	7207	7036	6865	6694	6523	6352	6181	6010	5839	5668	
0,024 69	5497	5326	5155	4985	4814	4643	4472	4301	4130	3959	
0,024 70	3788	3617	3447	3276	3105	2934	2763	2592	2421	2251	
0,024 71	2080	1909	1738	1567	1397	1226	1055	0884	0714	0543	170
0,024 72	0372	0201	0031	·9860	·9689	·9519	·9348	·9177	·9007	·8836	
0,024 73	1,256 8665	8495	8324	8153	7983	7812	7641	7471	7300	7130	1	17,0
0,024 74	6959	6788	6618	6447	6277	6106	5936	5765	5594	5424	2	34,0 / 3	51,0 / 4	68,0 / 5	85,0
0,024 75	5253	5083	4912	4742	4571	4401	4230	4060	3889	3719	6	102,0
0,024 76	3549	3378	3208	3037	2867	2696	2526	2356	2185	2015	7	119,0
0,024 77	1844	1674	1504	1333	1163	0993	0822	0652	0482	0311	8	136,0 / 9	153,0
0,024 78	0141	·9971	·9800	·9630	·9460	·9290	·9119	·8949	·8779	·8609	
0,024 79	1,255 8438	8268	8098	7928	7757	7587	7417	7247	7077	6906	170

| | 0 | 1 | 2 | 3 | 4 | 5 | 6 | 7 | 8 | 9 | P. P. |

0,0248 1,255				SUBTRACTION.						7 Decim.
	0	1	2	3	4	5	6	7	8	9	P. P.

	0	1	2	3	4	5	6	7	8	9	P. P.
0,024 80	1,255 6736	6566	6396	6226	6056	5886	5715	5545	5375	5205	
0,024 81	5035	4865	4695	4525	4355	4185	4014	3844	3674	3504	171
0,024 82	3334	3164	2994	2824	2654	2484	2314	2144	1974	1804	1 17.1
0,024 83	1634	1464	1295	1125	0955	0785	0615	0445	0275	0105	2 34,2 3 51,3
0,024 84	1,254 9935	9765	9595	9426	9256	9086	8916	8746	8576	8407	4 68.4 5 85,5
0,024 85	8237	8067	7897	7727	7558	7388	7218	7048	6878	6709	6 102.6
0,024 86	6539	6369	6199	6030	5860	5690	5521	5351	5181	5012	7 119.7 8 136.8
0,024 87	4842	4672	4503	4333	4163	3994	3824	3654	3485	3315	9 153.9
0,024 88	3145	2976	2806	2637	2467	2298	2128	1958	1789	1619	
0,024 89	1450	1280	1111	0941	0772	0602	0433	0263	0094	·9924	
0,024 90	1,253 9755	9585	9416	9246	9077	8908	8738	8569	8399	8230	170
0,024 91	8061	7891	7722	7552	7383	7214	7044	6875	6706	6536	1 17,0 2 34,0
0,024 92	6367	6198	6028	5859	5690	5520	5351	5182	5013	4843	3 51.0 4 68.0
0,024 93	4674	4505	4336	4166	3997	3828	3659	3489	3320	3151	5 85,0 6 102.0
0,024 94	2982	2813	2644	2474	2305	2136	1967	1798	1629	1460	7 119.0 8 136.0
0,024 95	1290	1121	0952	0783	0614	0445	0276	0107	·9938	·9769	9 153.0
0,024 96	1,252 9600	9431	9262	9093	8923	8754	8585	8416	8247	8078	
0,024 97	7910	7741	7572	7403	7234	7065	6896	6727	6558	6389	169
0,024 98	6220	6051	5882	5713	5545	5376	5207	5038	4869	4700	1 16.9 2 33.8
0,024 99	4531	4363	4194	4025	3856	3687	3519	3350	3181	3012	3 50.7 4 67.6
0,025 00	2843	2675	2506	2337	2168	2000	1831	1662	1494	1325	5 84,5 6 101.4
0,025 01	1156	0987	0819	0650	0481	0313	0144	·9975	·9807	·9638	7 118.3 8 135.2
0,025 02	1,251 9469	9301	9132	8964	8795	8626	8458	8289	8121	7952	9 152.1
0,025 03	7784	7615	7446	7278	7109	6941	6772	6604	6435	6267	
0,025 04	6098	5930	5761	5593	5424	5256	5088	4919	4751	4582	
0,025 05	4414	4245	4077	3909	3740	3572	3403	3235	3067	2898	168
0,025 06	2730	2562	2393	2225	2057	1888	1720	1552	1383	1215	1 16,8 2 33,6
0,025 07	1047	0879	0710	0542	0374	0205	0037	·9869	·9701	·9533	3 50.4 4 67.2
0,025 08	1,250 9364	9196	9028	8860	8692	8523	8355	8187	8019	7851	5 84,0 6 100.8
0,025 09	7683	7514	7346	7178	7010	6842	6674	6506	6338	6170	7 117,6 8 134.4
0,025 10	6001	5833	5665	5497	5329	5161	4993	4825	4657	4489	9 151.2
0,025 11	4321	4153	3985	3817	3649	3481	3313	3145	2977	2809	
0,025 12	2641	2473	2306	2138	1970	1802	1634	1466	1298	1130	
0,025 13	0962	0794	0627	0459	0291	0123	·9955	·9787	·9620	·9452	167
0,025 14	1,249 9284	9116	8948	8781	8613	8445	8277	8110	7942	7774	1 16,7 2 33,4
0,025 15	7606	7439	7271	7103	6936	6768	6600	6432	6265	6097	3 50,1 4 66,8
0,025 16	5929	5762	5594	5426	5259	5091	4924	4756	4588	4421	5 83,5 6 100,2
0,025 17	4253	4086	3918	3750	3583	3415	3248	3080	2913	2745	7 116.9 8 133.6
0,025 18	2578	2410	2243	2075	1908	1740	1573	1405	1238	1070	9 150,3
0,025 19	0903	0735	0568	0400	0233	0065	·9898	·9731	·9563	·9396	
0,025 20	1,248 9228	9061	8894	8726	8559	8392	8224	8057	7890	7722	166
0,025 21	7555	7388	7220	7053	6886	6718	6551	6384	6217	6049	1 16,6 2 33,2
0,025 22	5882	5715	5548	5380	5213	5046	4879	4711	4544	4377	3 49,8 4 66,4
0,025 23	4210	4043	3876	3708	3541	3374	3207	3040	2873	2706	5 83,0 6 99.6
0,025 24	2538	2371	2204	2037	1870	1703	1536	1369	1202	1035	7 116.2 8 132.8
0,025 25	0868	0701	0534	0367	0199	0032	·9865	·9698	·9531	·9364	9 149.4
0,025 26	1,247 9197	9031	8864	8697	8530	8363	8196	8029	7862	7695	
0,025 27	7528	7361	7194	7027	6860	6694	6527	6360	6193	6026	
0,025 28	5859	5692	5526	5359	5192	5025	4858	4692	4525	4358	
0,025 29	4191	4024	3858	3691	3524	3357	3191	3024	2857	2691	167

	0	1	2	3	4	5	6	7	8	9	P. P.

7 Decim.	SUBTRACTION.									1,247 0,0253
	0	1	2	3	4	5	6	7	8	9	P. P.
0,025 30	1,247 2524	2357	2190	2024	1857	1690	1524	1357	1190	1024	
0,025 31	0857	0690	0524	0357	0191	0024	˙9857	˙9691	˙9524	˙9358	167
0,025 32	1,246 9191	9024	8858	8691	8525	8358	8192	8025	7859	7692	1 16,7
0,025 33	7526	7359	7193	7026	6860	6693	6527	6360	6194	6027	2 33,4
0,025 34	5861	5695	5528	5362	5195	5029	4862	4696	4530	4363	3 50,1 / 4 66,8 / 5 83,5
0,025 35	4197	4031	3864	3698	3532	3365	3199	3033	2866	2700	6 100,2
0,025 36	2534	2367	2201	2035	1868	1702	1536	1370	1203	1037	7 116,9
0,025 37	0871	0705	0538	0372	0206	0040	˙9874	˙9707	˙9541	˙9375	8 133,6 / 9 150,3
0,025 38	1,245 9209	9043	8877	8710	8544	8378	8212	8046	7880	7714	
0,025 39	7548	7382	7215	7049	6883	6717	6551	6385	6219	6053	
0,025 40	5887	5721	5555	5389	5223	5057	4891	4725	4559	4393	
0,025 41	4227	4061	3895	3729	3563	3397	3231	3065	2900	2734	166
0,025 42	2568	2402	2236	2070	1904	1738	1572	1407	1241	1075	1 16,6
0,025 43	0909	0743	0577	0412	0246	0080	˙9914	˙9748	˙9583	˙9417	2 33,2
0,025 44	1,244 9251	9085	8920	8754	8588	8422	8257	8091	7925	7760	3 49,8 / 4 66,4 / 5 83,0
0,025 45	7594	7428	7262	7097	6931	6765	6600	6434	6269	6103	6 99,6
0,025 46	5937	5772	5606	5440	5275	5109	4944	4778	4612	4447	7 116,2
0,025 47	4281	4116	3950	3785	3619	3454	3288	3123	2957	2792	8 132,8 / 9 149,4
0,025 48	2626	2461	2295	2130	1964	1799	1633	1468	1302	1137	
0,025 49	0971	0806	0641	0475	0310	0144	˙9979	˙9814	˙9648	˙9483	
0,025 50	1,243 9317	9152	8987	8821	8656	8491	8325	8160	7995	7829	
0,025 51	7664	7499	7334	7168	7003	6838	6673	6507	6342	6177	165
0,025 52	6012	5846	5681	5516	5351	5186	5020	4855	4690	4525	1 16,5
0,025 53	4360	4195	4029	3864	3699	3534	3369	3204	3039	2873	2 33,0
0,025 54	2708	2543	2378	2213	2048	1883	1718	1553	1388	1223	3 49,5 / 4 66,0 / 5 82,5
0,025 55	1058	0893	0728	0563	0398	0233	0068	˙9903	˙9738	˙9573	6 99,0
0,025 56	1,242 9408	9243	9078	8913	8748	8583	8418	8253	8088	7923	7 115,5
0,025 57	7759	7594	7429	7264	7099	6934	6769	6604	6440	6275	8 132,0 / 9 148,5
0,025 58	6110	5945	5780	5615	5451	5286	5121	4956	4792	4627	
0,025 59	4462	4297	4132	3968	3803	3638	3474	3309	3144	2979	
0,025 60	2815	2650	2485	2321	2156	1991	1827	1662	1497	1333	
0,025 61	1168	1003	0839	0674	0510	0345	0180	0016	˙9851	˙9687	164
0,025 62	1,241 9522	9358	9193	9028	8864	8699	8535	8370	8206	8041	1 16,4
0,025 63	7877	7712	7548	7383	7219	7054	6890	6726	6561	6397	2 32,8
0,025 64	6232	6068	5903	5739	5575	5410	5246	5081	4917	4753	3 49,2 / 4 65,6 / 5 82,0
0,025 65	4588	4424	4260	4095	3931	3766	3602	3438	3274	3109	6 98,4
0,025 66	2945	2781	2616	2452	2288	2123	1959	1795	1631	1466	7 114,8
0,025 67	1302	1138	0974	0810	0645	0481	0317	0153	˙9989	˙9824	8 131,2 / 9 147,6
0,025 68	1,240 9660	9496	9332	9168	9004	8839	8675	8511	8347	8183	
0,025 69	8019	7855	7691	7527	7363	7198	7034	6870	6706	6542	
0,025 70	6378	6214	6050	5886	5722	5558	5394	5230	5066	4902	
0,025 71	4738	4574	4410	4246	4082	3918	3754	3591	3427	3263	163
0,025 72	3099	2935	2771	2607	2443	2279	2116	1952	1788	1624	1 16,3
0,025 73	1460	1296	1132	0969	0805	0641	0477	0313	0150	˙9986	2 32,6
0,025 74	1,239 9822	9658	9495	9331	9167	9003	8840	8676	8512	8348	3 48,9 / 4 65,2 / 5 81,5
0,025 75	8185	8021	7857	7694	7530	7366	7203	7039	6875	6712	6 97,8
0,025 76	6548	6384	6221	6057	5893	5730	5566	5403	5239	5075	7 114,1
0,025 77	4912	4748	4585	4421	4258	4094	3930	3767	3603	3440	8 130,4 / 9 146,7
0,025 78	3276	3113	2949	2786	2622	2459	2295	2132	1968	1805	
0,025 79	1642	1478	1315	1151	0988	0824	0661	0498	0334	0171	161
	0	1	2	3	4	5	6	7	8	9	P. P.

0,0258 1,239					SUBTRACTION.					7 Decim.

	0	1	2	3	4	5	6	7	8	9	P. P.
0,025 80	1,239 0007	·9844	·9681	·9517	·9354	·9191	·9027	·8864	·8701	·8537	
0,025 81	1,238 8374	8211	8047	7884	7721	7557	7394	7231	7068	6904	164
0,025 82	6741	6578	6415	6251	6088	5925	5762	5599	5435	5272	
0,025 83	5109	4946	4783	4619	4456	4293	4130	3967	3804	3641	1 16,4
0,025 84	3477	3314	3151	2988	2825	2662	2499	2336	2173	2010	2 32,8 / 3 49,2 / 4 65,6 / 5 82,0
0,025 85	1847	1684	1520	1357	1194	1031	0868	0705	0542	0379	6 98,4
0,025 86	0216	0053	·9890	·9727	·9564	·9401	·9239	·9076	·8913	·8750	7 114,8 / 8 131,2
0,025 87	1,237 8587	8424	8261	8098	7935	7772	7609	7446	7284	7121	9 147,6
0,025 88	6958	6795	6632	6469	6306	6144	5981	5818	5655	5492	
0,025 89	5330	5167	5004	4841	4678	4516	4353	4190	4027	3865	
0,025 90	3702	3539	3376	3214	3051	2888	2726	2563	2400	2238	
0,025 91	2075	1912	1750	1587	1424	1262	1099	0936	0774	0611	163
0,025 92	0449	0286	0123	·9961	·9798	·9636	·9473	·9311	·9148	·8985	
0,025 93	1,236 8823	8660	8498	8335	8173	8010	7848	7685	7523	7360	1 16,3
0,025 94	7198	7035	6873	6710	6548	6386	6223	6061	5898	5736	2 32,6 / 3 48,9 / 4 65,2 / 5 81,5
0,025 95	5573	5411	5249	5086	4924	4761	4599	4437	4274	4112	6 97,8
0,025 96	3950	3787	3625	3463	3300	3138	2976	2813	2651	2489	7 114,1 / 8 130,4
0,025 97	2327	2164	2002	1840	1678	1515	1353	1191	1029	0866	9 146,7
0,025 98	0704	0542	0380	0217	0055	·9893	·9731	·9569	·9407	·9244	
0,025 99	1,235 9082	8920	8758	8596	8434	8272	8109	7947	7785	7623	
0,026 00	7461	7299	7137	6975	6813	6651	6489	6327	6165	6003	
0,026 01	5841	5679	5517	5355	5193	5031	4869	4707	4545	4383	162
0,026 02	4221	4059	3897	3735	3573	3411	3249	3087	2925	2763	
0,026 03	2601	2440	2278	2116	1954	1792	1630	1468	1306	1145	1 16,2 / 2 32,4 / 3 48,6 / 4 64,8
0,026 04	0983	0821	0659	0497	0336	0174	0012	·9850	·9688	·9527	5 81,0
0,026 05	1,234 9365	9203	9041	8880	8718	8556	8394	8233	8071	7909	6 97,2 / 7 113,4
0,026 06	7747	7586	7424	7262	7101	6939	6777	6616	6454	6292	8 129,6 / 9 145,8
0,026 07	6131	5969	5807	5646	5484	5323	5161	4999	4838	4676	
0,026 08	4515	4353	4192	4030	3868	3707	3545	3384	3222	3061	
0,026 09	2899	2738	2576	2415	2253	2092	1930	1769	1607	1446	
0,026 10	1284	1123	0962	0800	0639	0477	0316	0155	·9993	·9832	
0,026 11	1,233 9670	9509	9348	9186	9025	8864	8702	8541	8379	8218	161
0,026 12	8057	7896	7734	7573	7412	7250	7089	6928	6766	6605	
0,026 13	6444	6283	6121	5960	5799	5638	5477	5315	5154	4993	1 16,1 / 2 32,2 / 3 48,3 / 4 64,4
0,026 14	4832	4671	4509	4348	4187	4026	3865	3704	3542	3381	5 80,5
0,026 15	3220	3059	2898	2737	2576	2415	2253	2092	1931	1770	6 96,6 / 7 112,7
0,026 16	1609	1448	1287	1126	0965	0804	0643	0482	0321	0160	8 128,8 / 9 144,9
0,026 17	1,232 9999	9838	9677	9516	9355	9194	9033	8872	8711	8550	
0,026 18	8389	8228	8067	7906	7745	7585	7424	7263	7102	6941	
0,026 19	6780	6619	6458	6297	6137	5976	5815	5654	5493	5332	
0,026 20	5172	5011	4850	4689	4528	4368	4207	4046	3885	3725	
0,026 21	3564	3403	3242	3082	2921	2760	2599	2439	2278	2117	160
0,026 22	1957	1796	1635	1475	1314	1153	0993	0832	0671	0511	
0,026 23	0350	0190	0029	·9868	·9708	·9547	·9387	·9226	·9065	·8905	1 16,0 / 2 32,0 / 3 48,0 / 4 64,0
0,026 24	1,231 8744	8584	8423	8263	8102	7942	7781	7620	7460	7299	5 80,0
0,026 25	7139	6978	6818	6658	6497	6337	6176	6016	5855	5695	6 96,0 / 7 112,0
0,026 26	5534	5374	5213	5053	4893	4732	4572	4411	4251	4091	8 128,0 / 9 144,0
0,026 27	3930	3770	3610	3449	3289	3129	2968	2808	2648	2487	
0,026 28	2327	2167	2006	1846	1686	1525	1365	1205	1045	0884	
0,026 29	0724	0564	0404	0243	0083	·9923	·9763	·9603	·9442	·9282	160
	0	1	2	3	4	5	6	7	8	9	P. P.

7 Decim.				SUBTRACTION.				1,230 0,0263		
	0	1	2	3	4	5	6	7	8	9
0,026 30	1,230 9122	8962	8802	8642	8481	8321	8161	8001	7841	7681
0,026 31	7521	7360	7200	7040	6880	6720	6560	6400	6240	6080
0,026 32	5920	5760	5600	5440	5279	5119	4959	4799	4639	4479
0,026 33	4319	4159	3999	3839	3679	3520	3360	3200	3040	2880
0,026 34	2720	2560	2400	2240	2080	1920	1760	1600	1441	1281
0,026 35	1121	0961	0801	0641	0481	0322	0162	0002	·9842	·9682
0,026 36	1,229 9522	9363	9203	9043	8883	8723	8564	8404	8244	8084
0,026 37	7925	7765	7605	7445	7286	7126	6966	6807	6647	6487
0,026 38	6328	6168	6008	5849	5689	5529	5370	5210	5050	4891
0,026 39	4731	4571	4412	4252	4093	3933	3773	3614	3454	3295
0,026 40	3135	2976	2816	2657	2497	2337	2178	2018	1859	1699
0,026 41	1540	1380	1221	1061	0902	0743	0583	0424	0264	0105
0,026 42	1,228 9945	9786	9626	9467	9308	9148	8989	8829	8670	8511
0,026 43	8351	8192	8033	7873	7714	7555	7395	7236	7077	6917
0,026 44	6758	6599	6439	6280	6121	5961	5802	5643	5484	5324
0,026 45	5165	5006	4847	4687	4528	4369	4210	4051	3891	3732
0,026 46	3573	3414	3255	3095	2936	2777	2618	2459	2300	2141
0,026 47	1981	1822	1663	1504	1345	1186	1027	0868	0709	0550
0,026 48	0391	0232	0072	·9913	·9754	·9595	·9436	·9277	·9118	·8959
0,026 49	1,227 8800	8641	8482	8323	8164	8005	7846	7687	7529	7370
0,026 50	7211	7052	6893	6734	6575	6416	6257	6098	5939	5780
0,026 51	5622	5463	5304	5145	4986	4827	4668	4510	4351	4192
0,026 52	4033	3874	3716	3557	3398	3239	3080	2922	2763	2604
0,026 53	2445	2287	2128	1969	1810	1652	1493	1334	1176	1017
0,026 54	0858	0699	0541	0382	0223	0065	·9906	·9747	·9589	·9430
0,026 55	1,226 9272	9113	8954	8796	8637	8479	8320	8161	8003	7844
0,026 56	7686	7527	7369	7210	7051	6893	6734	6576	6417	6259
0,026 57	6100	5942	5783	5625	5466	5308	5149	4991	4832	4674
0,026 58	4516	4357	4199	4040	3882	3723	3565	3407	3248	3090
0,026 59	2931	2773	2615	2456	2298	2140	1981	1823	1665	1506
0,026 60	1348	1190	1031	0873	0715	0556	0398	0240	0082	·9923
0,026 61	1,225 9765	9607	9449	9290	9132	8974	8816	8657	8499	8341
0,026 62	8183	8025	7866	7708	7550	7392	7234	7076	6917	6759
0,026 63	6601	6443	6285	6127	5969	5810	5652	5494	5336	5178
0,026 64	5020	4862	4704	4546	4388	4230	4072	3914	3756	3598
0,026 65	3440	3282	3124	2966	2808	2650	2492	2334	2176	2018
0,026 66	1860	1702	1544	1386	1228	1070	0912	0754	0596	0438
0,026 67	0281	0123	·9965	·9807	·9649	·9491	·9333	·9175	·9018	·8860
0,026 68	1,224 8702	8544	8386	8228	8071	7913	7755	7597	7440	7282
0,026 69	7124	6966	6808	6651	6493	6335	6177	6020	5862	5704
0,026 70	5547	5389	5231	5073	4916	4758	4600	4443	4285	4127
0,026 71	3970	3812	3655	3497	3339	3182	3024	2866	2709	2551
0,026 72	2394	2236	2078	1921	1763	1606	1448	1291	1133	0976
0,026 73	0818	0661	0503	0346	0188	0031	·9873	·9716	·9558	·9401
0,026 74	1,223 9243	9086	8928	8771	8613	8456	8298	8141	7984	7826
0,026 75	7669	7511	7354	7197	7039	6882	6724	6567	6410	6252
0,026 76	6095	5938	5780	5623	5466	5308	5151	4994	4836	4679
0,026 77	4522	4365	4207	4050	3893	3736	3578	3421	3264	3107
0,026 78	2949	2792	2635	2478	2321	2163	2006	1849	1692	1535
0,026 79	1377	1220	1063	0906	0749	0592	0435	0277	0120	·9963
	0	1	2	3	4	5	6	7	8	9

P. P.

161
1	16,1
2	32,2
3	48,3
4	64,4
5	80,5
6	96,6
7	112,7
8	128,8
9	144,9

160
1	16,0
2	32,0
3	48,0
4	64,0
5	80,0
6	96,0
7	112,0
8	128,0
9	144,0

159
1	15,9
2	31,8
3	47,7
4	63,6
5	79,5
6	95,4
7	111,3
8	127,2
9	143,1

158
1	15,8
2	31,6
3	47,4
4	63,2
5	79,0
6	94,8
7	110,6
8	126,4
9	142,2

157
1	15,7
2	31,4
3	47,1
4	62,8
5	78,5
6	94,2
7	109,9
8	125,6
9	141,3

157

P. P.

0,0268 1,222					SUBTRACTION.					7 Decim.
	0	1	2	3	4	5	6	7	8	9	P. P.
0,026 80	1,222 9806	9649	9492	9335	9178	9021	8864	8707	8549	8392
0,026 81	8235	8078	7921	7764	7607	7450	7293	7136	6979	6822
0,026 82	6665	6508	6351	6194	6037	5880	5724	5567	5410	5253
0,026 83	5096	4939	4782	4625	4468	4311	4154	3997	3841	3684
0,026 84	3527	3370	3213	3056	2899	2743	2586	2429	2272	2115
0,026 85	1959	1802	1645	1488	1331	1175	1018	0861	0704	0548
0,026 86	0391	0234	0077	'9921	'9764	'9607	'9451	'9294	'9137	'8980
0,026 87	1,221 8824	8667	8510	8354	8197	8040	7884	7727	7571	7414
0,026 88	7257	7101	6944	6787	6631	6474	6318	6161	6005	5848
0,026 89	5691	5535	5378	5222	5065	4909	4752	4596	4439	4283
0,026 90	4126	3970	3813	3657	3500	3344	3187	3031	2874	2718
0,026 91	2561	2405	2249	2092	1936	1779	1623	1466	1310	1154
0,026 92	0997	0841	0685	0528	0372	0215	0059	'9903	'9746	'9590
0,026 93	1,220 9434	9277	9121	8965	8809	8652	8496	8340	8183	8027
0,026 94	7871	7715	7558	7402	7246	7090	6933	6777	6621	6465
0,026 95	6309	6152	5996	5840	5684	5528	5372	5215	5059	4903
0,026 96	4747	4591	4435	4279	4122	3966	3810	3654	3498	3342
0,026 97	3186	3030	2874	2718	2562	2405	2249	2093	1937	1781
0,026 98	1625	1469	1313	1157	1001	0845	0689	0533	0377	0221
0,026 99	0065	'9909	'9753	'9598	'9442	'9286	'9130	'8974	'8818	'8662
0,027 00	1,219 8506	8350	8194	8038	7883	7727	7571	7415	7259	7103
0,027 01	6947	6792	6636	6480	6324	6168	6012	5857	5701	5545
0,027 02	5389	5233	5078	4922	4766	4610	4455	4299	4143	3987
0,027 03	3832	3676	3520	3365	3209	3053	2897	2742	2586	2430
0,027 04	2275	2119	1963	1808	1652	1497	1341	1185	1030	0874
0,027 05	0718	0563	0407	0252	0096	'9940	'9785	'9629	'9474	'9318
0,027 06	1,218 9163	9007	8852	8696	8541	8385	8230	8074	7919	7763
0,027 07	7608	7452	7297	7141	6986	6830	6675	6519	6364	6208
0,027 08	6053	5898	5742	5587	5431	5276	5121	4965	4810	4654
0,027 09	4499	4344	4188	4033	3878	3722	3567	3412	3256	3101
0,027 10	2946	2790	2635	2480	2324	2169	2014	1859	1703	1548
0,027 11	1393	1238	1082	0927	0772	0617	0461	0306	0151	'9996
0,027 12	1,217 9841	9685	9530	9375	9220	9065	8910	8754	8599	8444
0,027 13	8289	8134	7979	7824	7669	7513	7358	7203	7048	6893
0,027 14	6738	6583	6428	6273	6118	5963	5808	5653	5498	5343
0,027 15	5188	5033	4878	4723	4568	4413	4258	4103	3948	3793
0,027 16	3638	3483	3328	3173	3018	2863	2708	2553	2398	2243
0,027 17	2089	1934	1779	1624	1469	1314	1159	1004	0850	0695
0,027 18	0540	0385	0230	0075	'9921	'9766	'9611	'9456	'9301	'9147
0,027 19	1,216 8992	8837	8682	8527	8373	8218	8063	7908	7754	7599
0,027 20	7444	7290	7135	6980	6825	6671	6516	6361	6207	6052
0,027 21	5897	5743	5588	5433	5279	5124	4970	4815	4660	4506
0,027 22	4351	4196	4042	3887	3733	3578	3424	3269	3114	2960
0,027 23	2805	2651	2496	2342	2187	2033	1878	1724	1569	1415
0,027 24	1260	1106	0951	0797	0642	0488	0333	0179	0025	'9870
0,027 25	1,215 9716	9561	9407	9252	9098	8944	8789	8635	8480	8326
0,027 26	8172	8017	7863	7709	7554	7400	7246	7091	6937	6783
0,027 27	6628	6474	6320	6165	6011	5857	5703	5548	5394	5240
0,027 28	5085	4931	4777	4623	4469	4314	4160	4006	3852	3697
0,027 29	3543	3389	3235	3081	2927	2772	2618	2464	2310	2156	154
	0	1	2	3	4	5	6	7	8	9	P. P.

P. P.

158		157		156		155		154	
1	15,8	1	15,7	1	15,6	1	15,5	1	15,4
2	31,6	2	31,4	2	31,2	2	31,0	2	30,8
3	47,4	3	47,1	3	46,8	3	46,5	3	46,2
4	63,2	4	62,8	4	62,4	4	62,0	4	61,6
5	79,0	5	78,5	5	78,0	5	77,5	5	77,0
6	94,8	6	94,2	6	93,6	6	93,0	6	92,4
7	110,6	7	109,9	7	109,2	7	108,5	7	107,8
8	126,4	8	125,6	8	124,8	8	124,0	8	123,2
9	142,2	9	141,3	9	140,4	9	139,5	9	138,6

7 Decim.				SUBTRACTION.					1.215 0,0273	
	0	1	2	3	4	5	6	7	8	9	P. P.

	0	1	2	3	4	5	6	7	8	9	P. P.
0,027 30	1,215 2002	1847	1693	1539	1385	1231	1077	0923	0769	0615	
0,027 31	0461	0306	0152	'9998	'9844	'9690	'9536	'9382	'9228	'9074	155
0,027 32	1,214 8920	8766	8612	8458	8304	8150	7996	7842	7688	7534	1 15,5
0,027 33	7380	7226	7072	6918	6764	6610	6457	6303	6149	5995	2 31,0
0,027 34	5841	5687	5533	5379	5225	5071	4918	4764	4610	4456	3 46,5
											4 62,0
											5 77,5
0,027 35	4302	4148	3994	3841	3687	3533	3379	3225	3072	2918	6 93,0
0,027 36	2764	2610	2456	2303	2149	1995	1841	1688	1534	1380	7 108,5
0,027 37	1226	1073	0919	0765	0612	0458	0304	0150	'9997	'9843	8 124,0
0,027 38	1,213 9689	9536	9382	9228	9075	8921	8768	8614	8460	8307	9 139,5
0,027 39	8153	7999	7846	7692	7539	7385	7231	7078	6924	6771	
0,027 40	6617	6464	6310	6157	6003	5850	5696	5542	5389	5235	
0,027 41	5082	4928	4775	4622	4468	4315	4161	4008	3854	3701	154
0,027 42	3547	3394	3240	3087	2934	2780	2627	2473	2320	2167	1 15,4
0,027 43	2013	1860	1706	1553	1400	1246	1093	0940	0786	0633	2 30,8
0,027 44	0480	0326	0173	0020	'9866	'9713	'9560	'9407	'9253	'9100	3 46,2
											4 61,6
											5 77,0
0,027 45	1,212 8947	8793	8640	8487	8334	8180	8027	7874	7721	7568	6 92,4
0,027 46	7414	7261	7108	6955	6802	6648	6495	6342	6189	6036	7 107,8
0,027 47	5883	5729	5576	5423	5270	5117	4964	4811	4658	4504	8 123,2
0,027 48	4351	4198	4045	3892	3739	3586	3433	3280	3127	2974	9 138,6
0,027 49	2821	2668	2515	2362	2209	2056	1903	1750	1597	1444	
0,027 50	1291	1138	0985	0832	0679	0526	0373	0220	0067	'9914	
0,027 51	1,211 9761	9608	9455	9302	9150	8997	8844	8691	8538	8385	153
0,027 52	8232	8079	7927	7774	7621	7468	7315	7162	7010	6857	1 15,3
0,027 53	6704	6551	6398	6245	6093	5940	5787	5634	5482	5329	2 30,6
0,027 54	5176	5023	4871	4718	4565	4412	4260	4107	3954	3802	3 45,9
											4 61,2
											5 76,5
0,027 55	3649	3496	3344	3191	3038	2886	2733	2580	2428	2275	6 91,8
0,027 56	2122	1970	1817	1664	1512	1359	1207	1054	0901	0749	7 107,1
0,027 57	0596	0444	0291	0139	'9986	'9833	'9681	'9528	'9376	'9223	8 122,4
0,027 58	1,210 9071	8918	8766	8613	8461	8308	8156	8003	7851	7698	9 137,7
0,027 59	7546	7393	7241	7088	6936	6784	6631	6479	6326	6174	
0,027 60	6021	5869	5717	5564	5412	5260	5107	4955	4802	4650	
0,027 61	4498	4345	4193	4041	3888	3736	3584	3431	3279	3127	152
0,027 62	2974	2822	2670	2518	2365	2213	2061	1909	1756	1604	1 15,2
0,027 63	1452	1300	1147	0995	0843	0691	0539	0386	0234	0082	2 30,4
0,027 64	1,209 9930	9778	9625	9473	9321	9169	9017	8865	8713	8560	3 45,6
											4 60,8
											5 76,0
0,027 65	8408	8256	8104	7952	7800	7648	7496	7344	7191	7039	6 91,2
0,027 66	6887	6735	6583	6431	6279	6127	5975	5823	5671	5519	7 106,4
0,027 67	5367	5215	5063	4911	4759	4607	4455	4303	4151	3999	8 121,6
0,027 68	3847	3695	3543	3391	3239	3088	2936	2784	2632	2480	9 136,8
0,027 69	2328	2176	2024	1872	1720	1569	1417	1265	1113	0961	
0,027 70	0809	0657	0506	0354	0202	0050	'9898	'9747	'9595	'9443	
0,027 71	1,208 9291	9139	8988	8836	8684	8532	8381	8229	8077	7925	151
0,027 72	7774	7622	7470	7319	7167	7015	6863	6712	6560	6408	1 15,1
0,027 73	6257	6105	5953	5802	5650	5498	5347	5195	5044	4892	2 30,2
0,027 74	4740	4589	4437	4285	4134	3982	3831	3679	3528	3376	3 45,3
											4 60,4
											5 75,5
0,027 75	3224	3073	2921	2770	2618	2467	2315	2164	2012	1861	6 90,6
0,027 76	1709	1558	1406	1255	1103	0952	0800	0649	0497	0346	7 105,7
0,027 77	0194	0043	'9892	'9740	'9589	'9437	'9286	'9135	'8983	'8832	8 120,8
0,027 78	1,207 8680	8529	8378	8226	8075	7923	7772	7621	7469	7318	9 135,9
0,027 79	7167	7015	6864	6713	6561	6410	6259	6108	5956	5805	151

	0	1	2	3	4	5	6	7	8	9	P. P.

0,0278   1,207   SUBTRACTION.   7 Decim.

	0	1	2	3	4	5	6	7	8	9
0,027 80	1,207 5654	5502	5351	5200	5049	4897	4746	4595	4444	4292
0,027 81	4141	3990	3839	3688	3536	3385	3234	3083	2932	2791
0,027 82	2629	2478	2327	2176	2025	1874	1722	1571	1420	1269
0,027 83	1118	0967	0816	0665	0514	0363	0211	0060	9909	·9758
0,027 84	1,206 9607	9456	9305	9154	9003	8952	8701	8550	8399	8248
0,027 85	8097	7946	7795	7644	7493	7342	7191	7040	6889	6738
0,027 86	6587	6436	6285	6135	5984	5833	5682	5531	5380	5229
0,027 87	5078	4927	4776	4626	4475	4324	4173	4022	3871	3721
0,027 88	3570	3419	3268	3117	2966	2816	2665	2514	2363	2212
0,027 89	2062	1911	1760	1609	1459	1308	1157	1006	0856	0705
0,027 90	0554	0404	0253	0102	·9951	·9801	·9650	·9499	·9349	·9198
0,027 91	1,205 9047	8897	8746	8595	8445	8294	8144	7993	7842	7692
0,027 92	7541	7391	7240	7089	6939	6788	6638	6487	6336	6186
0,027 93	6035	5885	5734	5584	5433	5283	5132	4982	4831	4681
0,027 94	4530	4380	4229	4079	3928	3778	3627	3477	3326	3176
0,027 95	3026	2875	2725	2574	2424	2273	2123	1973	1822	1672
0,027 96	1521	1371	1221	1070	0920	0770	0619	0469	0319	0168
0,027 97	0018	·9868	·9717	·9567	·9417	·9266	·9116	·8966	·8815	·8665
0,027 98	1,204 8515	8365	8214	8064	7914	7764	7613	7463	7313	7163
0,027 99	7013	6862	6712	6562	6412	6262	6111	5961	5811	5661
0,028 00	5511	5360	5210	5060	4910	4760	4610	4460	4310	4159
0,028 01	4009	3859	3709	3559	3409	3259	3109	2959	2809	2659
0,028 02	2509	2359	2208	2058	1908	1758	1608	1458	1308	1158
0,028 03	1008	0858	0708	0558	0408	0258	0109	·9959	·9809	·9659
0,028 04	1,203 9509	9359	9209	9059	8909	8759	8609	8459	8309	8160
0,028 05	8010	7860	7710	7560	7410	7260	7110	6961	6811	6661
0,028 06	6511	6361	6211	6062	5912	5762	5612	5462	5313	5163
0,028 07	5013	4863	4714	4564	4414	4264	4115	3965	3815	3665
0,028 08	3516	3366	3216	3066	2917	2767	2617	2468	2318	2168
0,028 09	2019	1869	1719	1570	1420	1270	1121	0971	0822	0672
0,028 10	0522	0373	0223	0074	·9924	·9774	·9625	·9475	·9326	·9176
0,028 11	1,202 9027	8877	8727	8578	8428	8279	8129	7980	7830	7681
0,028 12	7531	7382	7232	7083	6933	6784	6634	6485	6336	6186
0,028 13	6037	5887	5738	5588	5439	5289	5140	4991	4841	4692
0,028 14	4542	4393	4244	4094	3945	3796	3646	3497	3348	3198
0,028 15	3049	2900	2750	2601	2452	2302	2153	2004	1854	1705
0,028 16	1556	1407	1257	1108	0959	0810	0660	0511	0362	0213
0,028 17	0063	·9914	·9765	·9616	·9466	·9317	·9168	·9019	·8870	·8721
0,028 18	1,201 8571	8422	8273	8124	7975	7826	7676	7527	7378	7229
0,028 19	7080	6931	6782	6633	6484	6334	6185	6036	5887	5738
0,028 20	5589	5440	5291	5142	4993	4844	4695	4546	4397	4248
0,028 21	4099	3950	3801	3652	3503	3354	3205	3056	2907	2758
0,028 22	2609	2460	2311	2162	2013	1864	1715	1566	1418	1269
0,028 23	1120	0971	0822	0673	0524	0375	0226	0078	·9929	·9780
0,028 24	1,200 9631	9482	9333	9185	9036	8887	8738	8589	8441	8292
0,028 25	8143	7994	7845	7697	7548	7399	7250	7102	6953	6804
0,028 26	6655	6507	6358	6209	6060	5912	5763	5614	5466	5317
0,028 27	5168	5020	4871	4722	4574	4425	4276	4128	3979	3830
0,028 28	3682	3533	3385	3236	3087	2939	2790	2642	2493	2344
0,028 29	2196	2047	1899	1750	1602	1453	1305	1156	1007	0859
	0	1	2	3	4	5	6	7	8	9

P. P.

152

1	15,2
2	30,4
3	45,6
4	60,8
5	76,0
6	91,2
7	106,4
8	121,6
9	136,8

151

1	15,1
2	30,2
3	45,3
4	60,4
5	75,5
6	90,6
7	105,7
8	120,8
9	135,9

150

1	15,0
2	30,0
3	45,0
4	60,0
5	75,0
6	90,0
7	105,0
8	120,0
9	135,0

149

1	14,9
2	29,8
3	44,7
4	59,6
5	74,5
6	89,4
7	104,3
8	119,2
9	134,1

148

1	14,8
2	29,6
3	44,4
4	59,2
5	74,0
6	88,8
7	103,6
8	118,4
9	133,2

149 (at 0,028 29)

7 Decim.				SUBTRACTION.					1,200 0,0283	
	0	1	2	3	4	5	6	7	8	9	P. P.
0,028 30	1,200 0710	0562	0413	0265	0116	˙9968	˙9819	˙9671	˙9522	˙9374	
0,028 31	1,199 9226	9077	8929	8780	8632	8483	8335	8186	8038	7890	149
0,028 32	7741	7593	7444	7296	7148	6999	6851	6702	6554	6406	1 14.9
0,028 33	6257	6109	5961	5812	5664	5516	5367	5219	5071	4922	2 29.8
0,028 34	4774	4626	4478	4329	4181	4033	3884	3736	3588	3440	3 44.7 / 4 59.6 / 5 74.5
0,028 35	3291	3143	2995	2847	2698	2550	2402	2254	2106	1957	6 89.4
0,028 36	1809	1661	1513	1365	1217	1068	0920	0772	0624	0476	7 104.3 / 8 119.2
0,028 37	0328	0179	0031	˙9883	˙9735	˙9587	˙9439	˙9291	˙9143	˙8995	9 134.1
0,028 38	1,198 8846	8698	8550	8402	8254	8106	7958	7810	7662	7514	
0,028 39	7366	7218	7070	6922	6774	6626	6478	6330	6182	6034	
0,028 40	5886	5738	5590	5442	5294	5146	4998	4850	4702	4554	
0,028 41	4406	4259	4111	3963	3815	3667	3519	3371	3223	3075	148
0,028 42	2927	2780	2632	2484	2336	2188	2040	1893	1745	1597	1 14.8
0,028 43	1449	1301	1153	1006	0858	0710	0562	0415	0267	0119	2 29.6 / 3 44.4
0,028 44	1,197 9971	9823	9676	9528	9380	9232	9085	8937	8789	8642	4 59.2 / 5 74.0
0,028 45	8494	8346	8198	8051	7903	7755	7608	7460	7312	7165	6 88.8
0,028 46	7017	6869	6722	6574	6427	6279	6131	5984	5836	5688	7 103.6 / 8 118.4
0,028 47	5541	5393	5246	5098	4950	4803	4655	4508	4360	4213	9 133.2
0,028 48	4065	3918	3770	3622	3475	3327	3180	3032	2885	2737	
0,028 49	2590	2442	2295	2147	2000	1853	1705	1558	1410	1263	
0,028 50	1115	0968	0820	0673	0526	0378	0231	0083	˙9936	˙9789	
0,028 51	1,196 9641	9494	9346	9199	9052	8904	8757	8610	8462	8315	147
0,028 52	8168	8020	7873	7726	7578	7431	7284	7136	6989	6842	1 14.7
0,028 53	6695	6547	6400	6253	6105	5958	5811	5664	5516	5369	2 29.4 / 3 44.1
0,028 54	5222	5075	4928	4780	4633	4486	4339	4192	4044	3897	4 58.8 / 5 73.5
0,028 55	3750	3603	3456	3309	3161	3014	2867	2720	2573	2426	6 88.2
0,028 56	2279	1131	1984	1837	1690	1543	1396	1249	1102	0955	7 102.9 / 8 117.6
0,028 57	0808	0661	0514	0366	0219	0072	˙9925	˙9778	˙9631	˙9484	9 132.3
0,028 58	1,195 9337	9190	9043	8896	8749	8602	8455	8308	8161	8014	
0,028 59	7867	7720	7573	7427	7280	7133	6986	6839	6692	6545	
0,028 60	6398	6251	6104	5957	5810	5664	5517	5370	5223	5076	
0,028 61	4929	4782	4636	4489	4342	4195	4048	3901	3755	3608	146
0,028 62	3461	3314	3167	3021	2974	2727	2580	2434	2287	2140	1 14.6
0,028 63	1993	1847	1700	1553	1406	1260	1113	0966	0819	0673	2 29.2 / 3 43.8
0,028 64	0526	0379	0233	0086	˙9939	˙9793	˙9646	˙9499	˙9353	˙9206	4 58.4 / 5 73.0
0,028 65	1,194 9059	8913	8766	8619	8473	8326	8180	8033	7886	7740	6 87.6
0,028 66	7593	7447	7300	7153	7007	6860	6714	6567	6421	6274	7 102.2 / 8 116.8
0,028 67	6128	5981	5835	5688	5542	5395	5248	5102	4955	4809	9 131.4
0,028 68	4663	4516	4370	4223	4077	3930	3784	3637	3491	3344	
0,028 69	3198	3052	2905	2759	2612	2466	2319	2173	2027	1880	
0,028 70	1734	1588	1441	1295	1148	1002	0856	0709	0563	0417	
0,028 71	0270	0124	˙9978	˙9831	˙9685	˙9539	˙9393	˙9246	˙9100	˙8954	145
0,028 72	1,193 8807	8661	8515	8369	8222	8076	7930	7784	7637	7491	1 14.5
0,028 73	7345	7199	7053	6906	6760	6614	6468	6322	6175	6029	2 29.0 / 3 43.5
0,028 74	5883	5737	5591	5445	5298	5152	5006	4860	4714	4568	4 58.0 / 5 72.5
0,028 75	4422	4276	4129	3983	3837	3691	3545	3399	3253	3107	6 87.0
0,028 76	2961	2815	2669	2523	2377	2231	2084	1938	1792	1646	7 101.5 / 8 116.0
0,028 77	1500	1354	1208	1062	0916	0770	0624	0478	0332	0187	9 130.5
0,028 78	0041	˙9895	˙9749	˙9603	˙9457	˙9311	˙9165	˙9019	˙8873	˙8727	144
0,028 79	1,192 8581	8435	8289	8144	7998	7852	7706	7560	7414	7268	
	0	1	2	3	4	5	6	7	8	9	P. P.

0,0288 1,192				SUBTRACTION.					7 Decim.

	0	1	2	3	4	5	6	7	8	9
0,028 80	1,192 7122	6977	6831	6685	6539	6393	6247	6102	5956	5810
0,028 81	5664	5518	5373	5227	5081	4935	4790	4644	4498	4352
0,028 82	4206	4061	3915	3769	3624	3478	3332	3186	3041	2895
0,028 83	2749	2604	2458	2312	2167	2021	1875	1730	1584	1438
0,028 84	1293	1147	1001	0856	0710	0564	0419	0273	0128	'9982
0,028 85	1,191 9836	9691	9545	9400	9254	9109	8963	8817	8672	8526
0,028 86	8381	8235	8090	7944	7799	7653	7508	7362	7217	7071
0,028 87	6926	6780	6635	6489	6344	6198	6053	5907	5762	5616
0,028 88	5471	5326	5180	5035	4889	4744	4599	4453	4308	4162
0,028 89	4017	3872	3726	3581	3435	3290	3145	2999	2854	2709
0,028 90	2563	2418	2273	2127	1982	1837	1692	1546	1401	1256
0,028 91	1110	0965	0820	0675	0529	0384	0239	0094	'9948	'9803
0,028 92	1,190 9658	9513	9367	9222	9077	8932	8787	8641	8496	8351
0,028 93	8206	8061	7915	7770	7625	7480	7335	7190	7045	6899
0,028 94	6754	6609	6464	6319	6174	6029	5884	5739	5594	5448
0,028 95	5303	5158	5013	4868	4723	4578	4433	4288	4143	3998
0,028 96	3853	3708	3563	3418	3273	3128	2983	2838	2693	2548
0,028 97	2403	2258	2113	1968	1823	1678	1533	1388	1243	1098
0,028 98	0954	0809	0664	0519	0374	0229	0084	'9939	'9794	'9650
0,028 99	1,189 9505	9360	9215	9070	8925	8780	8636	8491	8346	8201
0,029 00	8056	7911	7767	7622	7477	7332	7188	7043	6898	6753
0,029 01	6608	6464	6319	6174	6029	5885	5740	5595	5451	5306
0,029 02	5161	5016	4872	4727	4582	4438	4293	4148	4004	3859
0,029 03	3714	3570	3425	3280	3136	2991	2846	2702	2557	2413
0,029 04	2268	2123	1979	1834	1690	1545	1400	1256	1111	0967
0,029 05	0822	0678	0533	0388	0244	0099	'9955	'9810	'9666	'9521
0,029 06	1,188 9377	9232	9088	8943	8799	8654	8510	8365	8221	8077
0,029 07	7932	7788	7643	7499	7354	7210	7065	6921	6777	6632
0,029 08	6488	6343	6199	6055	5910	5766	5621	5477	5333	5188
0,029 09	5044	4900	4755	4611	4467	4322	4178	4034	3889	3745
0,029 10	3601	3457	3312	3168	3024	2879	2735	2591	2447	2302
0,029 11	2158	2014	1870	1725	1581	1437	1293	1148	1004	0860
0,029 12	0716	0572	0428	0283	0139	'9995	'9851	'9707	'9562	'9418
0,029 13	1,187 9274	9130	8986	8842	8698	8554	8409	8265	8121	7977
0,0 2914	7833	7689	7545	7401	7257	7113	6969	6824	6680	6536
0,029 15	6392	6248	6104	5960	5816	5672	5528	5384	5240	5096
0,029 16	4952	4808	4664	4520	4376	4232	4088	3944	3800	3656
0,029 17	3513	3369	3225	3081	2937	2793	2649	2505	2361	2217
0,029 18	2073	1929	1786	1642	1498	1354	1210	1066	0922	0779
0,029 19	0635	0491	0347	0203	0059	'9916	'9772	'9628	'9484	'9340
0,029 20	1,186 9197	9053	8909	8765	8621	8478	8334	8190	8046	7903
0,029 21	7759	7615	7472	7328	7184	7040	6897	6753	6609	6466
0,029 22	6322	6178	6035	5891	5747	5604	5460	5316	5173	5029
0,029 23	4885	4742	4598	4454	4311	4167	4024	3880	3736	3593
0,029 24	3449	3306	3162	3018	2875	2731	2588	2444	2301	2157
0,029 25	2014	1870	1727	1583	1440	1296	1152	1009	0866	0722
0,029 26	0579	0435	0292	0148	0005	'9861	'9718	'9574	'9431	'9287
0,029 27	1,185 9144	9001	8857	8714	8570	8427	8283	8140	7997	7853
0,029 28	7710	7567	7423	7280	7136	6993	6850	6706	6563	6420
0,029 29	6276	6133	5990	5846	5703	5560	5416	5273	5130	4987

	0	1	2	3	4	5	6	7	8	9

P. P.

146
1 14,6
2 29,2
3 43,8
4 58,4
5 73,0
6 87,6
7 102,2
8 116,8
9 131,4

145
1 14,5
2 29,0
3 43,5
4 58,0
5 72,5
6 87,0
7 101,5
8 116,0
9 130,5

144
1 14,4
2 28,8
3 43,2
4 57,6
5 72,0
6 86,4
7 100,8
8 115,2
9 129,6

143
1 14,3
2 28,6
3 42,9
4 57,2
5 71,5
6 85,8
7 100,1
8 114,4
9 128,7

144

7 Decim.				SUBTRACTION.					1,185 0,0293		P. P.
	0	1	2	3	4	5	6	7	8	9	
0,029 30	1,185 4843	4700	4557	4413	4270	4127	3984	3840	3697	3554	
0,029 31	3411	3268	3124	2981	2838	2695	2551	2408	2265	2122	144
0,029 32	1979	1836	1692	1549	1406	1263	1120	0977	0833	0690	1 14,4
0,029 33	0547	0404	0261	0118	·9975	·9832	·9689	·9545	·9402	·9259	2 28,8
0,029 34	1,184 9116	8973	8830	8697	8544	8401	8258	8115	7972	7829	3 43,2 4 57,6 5 72,0
0,029 35	7886	7543	7400	7257	7114	6971	6828	6685	6542	6399	6 86,4
0,029 36	6256	6113	5970	5827	5684	5541	5398	5255	5112	4969	7 100,8
0,029 37	4826	4683	4540	4397	4254	4112	3969	3826	3683	3540	8 115,2
0,029 38	3397	3254	3111	2968	2826	2683	2540	2397	2254	2111	9 129,6
0,029 39	1969	1826	1683	1540	1397	1255	1112	0969	0826	0683	
0,029 40	0541	0398	0255	0112	·9970	·9827	·9684	·9541	·9399	·9256	
0,029 41	1,183 9113	8970	8828	8685	8542	8399	8257	8114	7971	7829	143
0,029 42	7686	7543	7401	7258	7115	6973	6830	6687	6545	6402	1 14,3
0,029 43	6260	6117	5974	5832	5689	5546	5404	5261	5119	4976	2 28,6
0,029 44	4834	4691	4548	4406	4263	4121	3978	3836	3693	3551	3 42,9 4 57,2 5 71,5
0,029 45	3408	3266	3123	2981	2838	2695	2553	2411	2268	2126	6 85,8
0,029 46	1983	1841	1698	1556	1413	1271	1128	0986	0843	0701	7 100,4
0,029 47	0559	0416	0274	0131	·9989	·9846	·9704	·9562	·9419	·9277	8 114,4
0,029 48	1,182 9135	8992	8850	8707	8565	8423	8280	8138	7996	7853	9 128,7
0,029 49	7711	7569	7426	7284	7142	6999	6857	6715	6573	6430	
0,029 50	6288	6146	6004	5861	5719	5577	5434	5292	5150	5008	
0,029 51	4866	4723	4581	4439	4297	4154	4012	3870	3728	3586	142
0,029 52	3444	3301	3159	3017	2875	2733	2591	2448	2306	2164	1 14,2
0,029 53	2022	1880	1738	1596	1454	1311	1169	1027	0885	0743	2 28,4
0,029 54	0601	0459	0317	0175	0033	·9891	·9749	·9607	·9465	·9323	3 42,6 4 56,8 5 71,0
0,029 55	1,181 9181	9039	8896	8754	8612	8470	8328	8186	8044	7903	6 85,2
0,029 56	7761	7619	7477	7335	7193	7051	6909	6767	6625	6483	7 99,4
0,029 57	6341	6199	6057	5915	5773	5631	5490	5348	5206	5064	8 113,6
0,029 58	4922	4780	4638	4496	4355	4213	4071	3929	3787	3645	9 127,8
0,029 59	3503	3362	3220	3078	2936	2794	2653	2511	2369	2227	
0,029 60	2085	1944	1802	1660	1518	1377	1235	1093	0951	0810	
0,029 61	0668	0526	0384	0243	0101	·9959	·9818	·9676	·9534	·9393	141
0,029 62	1,180 9251	9109	8968	8826	8684	8543	8401	8259	8118	7976	1 14,1
0,029 63	7834	7693	7551	7409	7268	7126	6985	6843	6701	6560	2 28,2 3 42,3
0,029 64	6418	6277	6135	5994	5852	5710	5569	5427	5286	5144	4 56,4 5 70,5
0,029 65	5003	4861	4720	4578	4437	4295	4154	4012	3871	3729	6 84,6
0,029 66	3588	3446	3305	3163	3022	2880	2739	2597	2456	2315	7 98,7
0,029 67	2173	2032	1890	1749	1607	1466	1325	1183	1042	0900	8 112,8
0,029 68	0759	0618	0476	0335	0194	0052	·9911	·9769	·9628	·9487	9 126,9
0,029 69	1,179 9345	9204	9063	8921	8780	8639	8498	8356	8215	8074	
0,029 70	7932	7791	7650	7509	7367	7226	7085	6943	6802	6661	
0,029 71	6520	6379	6237	6096	5955	5814	5672	5531	5390	5249	140
0,029 72	5108	4966	4825	4684	4543	4402	4261	4119	3978	3837	1 14,0
0,029 73	3696	3555	3414	3273	3132	2990	2849	2708	2567	2426	2 28,0 3 42,0
0,029 74	2285	2144	2003	1862	1721	1580	1439	1297	1156	1015	4 56,0 5 70,0
0,029 75	0874	0733	0592	0451	0310	0169	0028	·9887	·9746	·9605	6 84,0
0,029 76	1,178 9464	9323	9182	9041	8900	8759	8618	8477	8336	8195	7 98,0
0,029 77	8055	7914	7773	7632	7491	7350	7209	7068	6927	6786	8 112,0
0,029 78	6645	6504	6364	6223	6082	5941	5800	5659	5518	5378	9 126,0
0,029 79	5237	5096	4955	4814	4673	4533	4392	4251	4110	3969	140
	0	1	2	3	4	5	6	7	8	9	P. P.

0,0298 1,178	SUBTRACTION.										7 Decim.
	0	1	2	3	4	5	6	7	8	9	P. P.
0,029 80	1,178 3829	3688	3547	3406	3265	3125	2984	2843	2702	2562	
0,029 81	2421	2280	2139	1999	1858	1717	1576	1436	1295	1154	141
0,029 82	1014	0873	0732	0592	0451	0310	0170	0029	·9888	·9748	1 | 14.1
0,029 83	1,177 9607	9466	9326	9185	9044	8904	8763	8622	8482	8341	2 | 28.2 / 3 | 42.3
0,029 84	8201	8060	7919	7779	7638	7498	7357	7217	7076	6935	4 | 56.4 / 5 | 70.5
0,029 85	6795	6654	6514	6373	6233	6092	5952	5811	5671	5530	6 | 84.6
0,029 86	5390	5249	5109	4968	4828	4687	4547	4406	4266	4125	7 | 98.7
0,029 87	3985	3844	3704	3564	3423	3283	3142	3002	2861	2721	8 | 112.8
0,029 88	2581	2440	2300	2159	2019	1879	1738	1598	1459	1317	9 | 126.9
0,029 89	1177	1036	0896	0756	0615	0475	0335	0194	0054	·9914	
0,029 90	1,176 9774	9633	9493	9353	9212	9072	8932	8792	8651	8511	
0,029 91	8371	8230	8090	7950	7810	7669	7529	7389	7249	7109	
0,029 92	6968	6828	6688	6548	6408	6267	6127	5987	5847	5707	
0,029 93	5567	5426	5286	5146	5006	4866	4726	4586	4445	4305	
0,029 94	4165	4025	3885	3745	3605	3465	3325	3184	3044	2904	140
0,029 95	2764	2624	2484	2344	2204	2064	1924	1784	1644	1504	1 | 14.0
0,029 96	1364	1224	1084	0944	0804	0664	0524	0384	0244	0104	2 | 28.0 / 3 | 42.0
0,029 97	1,175 9964	9824	9684	9544	9404	9264	9124	8984	8844	8704	4 | 56.0 / 5 | 70.0
0,029 98	8565	8425	8285	8145	8005	7865	7725	7585	7445	7305	6 | 84.0
0,029 99	7166	7026	6886	6746	6606	6466	6326	6187	6047	5907	7 | 98.0
0,030 00	5767	5627	5487	5348	5208	5068	4928	4788	4649	4509	8 | 112.0
0,030 01	4369	4229	4090	3950	3810	3670	3531	3391	3251	3111	9 | 126.0
0,030 02	2972	2832	2692	2552	2413	2273	2133	1994	1854	1714	
0,030 03	1575	1435	1295	1156	1016	0876	0737	0597	0457	0318	
0,030 04	0178	0038	·9899	·9759	·9620	·9480	·9340	·9201	·9061	·8922	
0,030 05	1,174 8782	8642	8503	8363	8224	8084	7945	7805	7666	7526	
0,030 06	7386	7247	7107	6968	6828	6689	6549	6410	6270	6131	
0,030 07	5991	5852	5712	5573	5433	5294	5155	5015	4876	4736	139
0,030 08	4597	4457	4318	4178	4039	3900	3760	3621	3481	3342	1 | 13.9
0,030 09	3203	3063	2924	2784	2645	2506	2366	2227	2088	1948	2 | 27.8 / 3 | 41.7
0,030 10	1809	1670	1530	1391	1252	1112	0973	0834	0694	0555	4 | 55.6 / 5 | 69.5
0,030 11	0416	0276	0137	·9998	·9859	·9719	·9580	·9441	·9302	·9162	6 | 83.4
0,030 12	1,173 9023	8884	8745	8605	8466	8327	8188	8048	7909	7770	7 | 97.3
0,030 13	7631	7492	7352	7213	7074	6935	6796	6657	6517	6378	8 | 111.2
0,030 14	6239	6100	5961	5822	5683	5543	5404	5265	5126	4987	9 | 125.1
0,030 15	4848	4709	4570	4431	4291	4152	4013	3874	3735	3596	
0,030 16	3457	3318	3179	3040	2901	2762	2623	2484	2345	2206	
0,030 17	2067	1928	1789	1650	1511	1372	1233	1094	0955	0816	
0,030 18	0677	0538	0399	0260	0121	·9982	·9843	·9704	·9565	·9426	
0,030 19	1,172 9288	9149	9010	8871	8732	8593	8454	8315	8176	8038	
0,030 20	7899	7760	7621	7482	7343	7204	7066	6927	6788	6649	138
0,030 21	6510	6371	6233	6094	5955	5816	5677	5539	5400	5261	1 | 13.8
0,030 22	5122	4984	4845	4706	4567	4429	4290	4151	4012	3874	2 | 27.6 / 3 | 41.4
0,030 23	3735	3596	3457	3319	3180	3041	2903	2764	2625	2487	4 | 55.2 / 5 | 69.0
0,030 24	2348	2209	2071	1932	1793	1655	1516	1377	1239	1100	6 | 82.8
0,030 25	0961	0823	0684	0546	0407	0268	0130	·9991	·9853	·9714	7 | 96.6
0,030 26	1,171 9575	9437	9298	9160	9021	8883	8744	8605	8467	8328	8 | 110.4
0,030 27	8190	8051	7913	7774	7636	7497	7359	7220	7082	6943	9 | 124.2
0,030 28	6805	6666	6528	6389	6251	6112	5974	5836	5697	5559	
0,030 29	5420	5282	5143	5005	4866	4728	4590	4451	4313	4174	138
	0	1	2	3	4	5	6	7	8	9	P. P.

7 Decim.	SUBTRACTION.									1,171 0,0303
	0	1	2	3	4	5	6	7	8	9	P. P.

	0	1	2	3	4	5	6	7	8	9	P. P.
0,030 30	1,171 4036	3898	3759	3621	3483	3344	3206	3067	2929	2791	
0,030 31	2652	2514	2376	2237	2099	1961	1822	1684	1546	1407	139
0,030 32	1269	1131	0993	0854	0716	0578	0440	0301	0163	0025	1 13.9
0,030 33	1,170 9886	9748	9610	9472	9334	9195	9057	8919	8781	8642	2 27,8
0,030 34	8504	8366	8228	8090	7951	7813	7675	7537	7399	7261	3 41.7
											4 55.6
0,030 35	7122	6984	6846	6708	6570	6432	6294	6156	6017	5879	5 69.5
0,030 36	5741	5603	5465	5327	5189	5051	4913	4775	4636	4498	6 83.4
0,030 37	4360	4222	4084	3946	3808	3670	3532	3394	3256	3118	7 97.3
0,030 38	2980	2842	2704	2566	2428	2290	2152	2014	1876	1738	8 111.2
0,030 39	1600	1462	1324	1186	1048	0910	0772	0634	0497	0359	9 125.1
0,030 40	0221	0083	˙9945	˙9807	˙9669	˙9531	˙9393	˙9255	˙9117	˙8980	
0,030 41	1,169 8842	8704	8566	8428	8290	8152	8015	7877	7739	7601	
0,030 42	7463	7325	7188	7050	6912	6774	6636	6499	6361	6223	
0,030 43	6085	5947	5810	5672	5534	5396	5259	5121	4983	4845	
0,030 44	4708	4570	4432	4295	4157	4019	3881	3744	3606	3468	138
											1 13,8
0,030 45	3331	3193	3055	2918	2780	2642	2505	2367	2229	2092	2 27,6
0,030 46	1954	1816	1679	1541	1403	1266	1128	0991	0853	0715	3 41,4
0,030 47	0578	0440	0303	0165	0028	˙9890	˙9752	˙9615	˙9477	˙9340	4 55,2
0,030 48	1,168 9202	9065	8927	8790	8652	8515	8377	8240	8102	7964	5 69.0
0,030 49	7827	7690	7552	7415	7277	7140	7002	6865	6727	6590	6 82.8
											7 96.6
0,030 50	6452	6315	6177	6040	5903	5765	5628	5490	5353	5215	8 110,4
0,030 51	5078	4941	4803	4666	4528	4391	4254	4116	3979	3842	9 124.2
0,030 52	3704	3567	3429	3292	3155	3017	2880	2743	2605	2468	
0,030 53	2331	2194	2056	1919	1782	1644	1507	1370	1233	1095	
0,030 54	0958	0821	0683	0546	0409	0272	0134	˙9997	˙9860	˙9723	
0,030 55	1,167 9586	9448	9311	9174	9037	8900	8762	8625	8488	8351	
0,030 56	8214	8076	7939	7802	7665	7528	7391	7254	7116	6979	
0,030 57	6842	6705	6568	6431	6294	6157	6020	5882	5745	5608	137
0,030 58	5471	5334	5197	5060	4923	4786	4649	4512	4375	4238	1 13.7
0,030 59	4101	3964	3827	3690	3553	3416	3279	3142	3005	2868	2 27,4
											3 41.1
0,030 60	2731	2594	2457	2320	2183	2046	1909	1772	1635	1498	4 54.8
0,030 61	1361	1224	1087	0950	0813	0676	0539	0402	0266	0129	5 68.5
0,030 62	1,166 9992	9855	9718	9581	9444	9307	9170	9034	8897	8760	6 82.2
0,030 63	8623	8486	8349	8213	8076	7939	7802	7665	7528	7392	7 95.9
0,030 64	7255	7118	6981	6844	6708	6571	6434	6297	6161	6024	8 109.6
											9 123.3
0,030 65	5887	5750	5614	5477	5340	5203	5067	4930	4793	4656	
0,030 66	4520	4383	4246	4110	3973	3836	3700	3563	3426	3290	
0,030 67	3153	3016	2880	2743	2606	2470	2333	2196	2060	1923	
0,030 68	1787	1650	1513	1377	1240	1104	0967	0830	0694	0557	
0,030 69	0421	0284	0147	0011	˙9874	˙9738	˙9601	˙9465	˙9328	˙9192	
0,030 70	1,165 9055	8919	8782	8646	8509	8373	8236	8100	7963	7827	136
0,030 71	7690	7554	7417	7281	7144	7008	6871	6735	6598	6462	1 13.6
0,030 72	6326	6189	6053	5916	5780	5644	5507	5371	5234	5098	2 27,2
0,030 73	4962	4825	4689	4552	4416	4280	4143	4007	3871	3734	3 40.8
0,030 74	3598	3462	3325	3189	3053	2916	2780	2644	2507	2371	4 54.4
											5 68.0
0,030 75	2235	2098	1962	1826	1690	1553	1417	1281	1145	1008	6 81.6
0,030 76	0872	0736	0600	0463	0327	0191	0055	˙9918	˙9782	˙9646	7 95.2
0,030 77	1,164 9510	9374	9237	9101	8965	8829	8693	8557	8420	8284	8 108.8
0,030 78	8148	8012	7876	7740	7603	7467	7331	7195	7059	6923	9 122.4
0,030 79	6787	6651	6515	6378	6242	6106	5970	5834	5698	5562	136

	0	1	2	3	4	5	6	7	8	9	P. P.

0,0308　1,164	0*	1	2	3	4	5	6	7	8	9	P. P.
				SUBTRACTION.							7 Decim.
0,030 80	1,164 5426	5290	5154	5018	4882	4746	4610	4474	4337	4201	
0,030 81	4065	3929	3793	3657	3521	3385	3249	3113	2977	2841	137
0,030 82	2705	2570	2434	2298	2162	2026	1890	1754	1618	1482	1 13,7
0,030 83	1346	1210	1074	0938	0802	0666	0531	0395	0259	0123	2 27,4
0,030 84	1,163 9987	9851	9715	9579	9443	9308	9172	9036	8900	8764	3 41,1
											4 54,8
											5 68,5
0,030 85	8628	8493	8357	8221	8085	7949	7813	7678	7542	7406	6 82,2
0,030 86	7270	7134	6999	6863	6727	6591	6456	6320	6184	6048	7 95,9
0,030 87	5913	5777	5641	5505	5370	5234	5098	4962	4827	4691	8 109,6
0,030 88	4555	4420	4284	4148	4013	3877	3741	3606	3470	3334	9 123,3
0,030 89	3199	3063	2927	2792	2656	2520	2385	2249	2114	1978	
0,030 90	1842	1707	1571	1436	1300	1164	1029	0893	0758	0622	
0,030 91	0486	0351	0215	0080	˙9944	˙9809	˙9673	˙9538	˙9402	˙9267	136
0,030 92	1,162 9131	8996	8860	8725	8589	8454	8318	8183	8047	7912	1 13,6
0,030 93	7776	7641	7505	7370	7234	7099	6963	6828	6692	6557	2 27,2
0,030 94	6422	6286	6151	6015	5880	5745	5609	5474	5338	5203	3 40,8
											4 54,4
											5 68,0
0,030 95	5068	4932	4797	4661	4526	4391	4255	4120	3985	3849	6 81,6
0,030 96	3714	3579	3443	3308	3173	3037	2902	2767	2631	2496	7 95,2
0,030 97	2361	2226	2090	1955	1820	1684	1549	1414	1279	1143	8 108,8
0,030 98	1008	0873	0738	0602	0467	0332	0197	0062	˙9926	˙9791	9 122,4
0,030 99	1,161 9656	9521	9386	9250	9115	8980	8845	8710	8575	8439	
0,031 00	8304	8169	8034	7899	7764	7629	7493	7358	7223	7088	
0,031 01	6953	6818	6683	6548	6413	6277	6142	6007	5872	5737	135
0,031 02	5602	5467	5332	5197	5062	4927	4792	4657	4522	4387	1 13,5
0,031 03	4252	4117	3982	3847	3712	3577	3442	3307	3172	3037	2 27,0
0,031 04	2902	2767	2632	2497	2362	2227	2092	1957	1822	1687	3 40,5
											4 54,0
											5 67,5
0,031 05	1552	1417	1282	1147	1012	0878	0743	0608	0473	0338	6 81,0
0,031 06	0203	0068	˙9933	˙9798	˙9664	˙9529	˙9394	˙9259	˙9124	˙8989	7 94,5
0,031 07	1,160 8854	8720	8585	8450	8315	8180	8046	7911	7776	7641	8 108,0
0,031 08	7506	7372	7237	7102	6967	6832	6698	6563	6428	6293	9 121,5
0,031 09	6159	6024	5889	5754	5620	5485	5350	5215	5081	4946	
0,031 10	4811	4677	4542	4407	4273	4138	4003	3868	3734	3599	
0,031 11	3464	3330	3195	3061	2926	2791	2657	2522	2387	2253	134
0,031 12	2118	1984	1849	1714	1580	1445	1311	1176	1041	0907	1 13,4
0,031 13	0772	0638	0503	0369	0234	0099	˙9965	˙9830	˙9696	˙9561	2 26,8
0,031 14	1,159 9427	9292	9158	9023	8889	8754	8620	8485	8351	8216	3 40,2
											4 53,6
											5 67,0
0,031 15	8082	7947	7813	7678	7544	7409	7275	7140	7006	6872	6 80,4
0,031 16	6737	6603	6468	6334	6199	6065	5931	5796	5662	5527	7 93,8
0,031 17	5393	5259	5124	4990	4855	4721	4587	4452	4318	4184	8 107,2
0,031 18	4049	3915	3781	3646	3512	3378	3243	3109	2975	2840	9 120,6
0,031 19	2706	2572	2437	2303	2169	2035	1900	1766	1632	1498	
0,031 20	1363	1229	1095	0961	0826	0692	0558	0424	0289	0155	
0,031 21	0021	˙9887	˙9753	˙9618	˙9484	˙9350	˙9216	˙9082	˙8947	˙8813	133
0,031 22	1,158 8679	8545	8411	8277	8142	8008	7874	7740	7606	7472	1 13,3
0,031 23	7338	7203	7069	6935	6801	6667	6533	6399	6265	6131	2 26,6
0,031 24	5997	5863	5728	5594	5460	5326	5192	5058	4924	4790	3 39,9
											4 53,2
											5 66,5
0,031 25	4656	4522	4388	4254	4120	3986	3852	3718	3584	3450	6 79,8
0,031 26	3316	3182	3048	2914	2780	2646	2512	2378	2244	2110	7 93,1
0,031 27	1976	1842	1708	1574	1440	1307	1173	1039	0905	0771	8 106,4
0,031 28	0637	0503	0369	0235	0101	˙9968	˙9834	˙9700	˙9566	˙9432	9 119,7
0,031 29	1,157 9298	9164	9030	8897	8763	8629	8495	8361	8227	8094	134
	0	1	2	3	4	5	6	7	8	9	P. P.

| 7 Decim. | SUBTRACTION. | | | | | | | | 1,157 0,0313 | | P. P. |

	0	1	2	3	4	5	6	7	8	9	P. P.
0,031 30	1,157 7960	7826	7692	7558	7425	7291	7157	7023	6889	6756	
0,031 31	6622	6488	6354	6221	6087	5953	5819	5686	5552	5418	134
0,031 32	5284	5151	5017	4883	4750	4616	4482	4349	4215	4081	1 13,4
0,031 33	3947	3814	3680	3546	3413	3279	3145	3012	2878	2745	2 26,8 / 3 40,2
0,031 34	2611	2477	2344	2210	2076	1943	1809	1676	1542	1408	4 53,6 / 5 67,0
0,031 35	1275	1141	1008	0874	0740	0607	0473	0340	0206	0073	6 80,4
0,031 36	1,156 9939	9806	9672	9538	9405	9271	9138	9004	8871	8737	7 93,8 / 8 107,2
0,031 37	8604	8470	8337	8203	8070	7936	7803	7669	7536	7402	9 120,6
0,031 38	7269	7136	7002	6869	6735	6602	6468	6335	6201	6068	
0,031 39	5935	5801	5668	5534	5401	5268	5134	5001	4867	4734	
0,031 40	4601	4467	4334	4201	4067	3934	3801	3667	3534	3401	
0,031 41	3267	3134	3001	2867	2734	2601	2467	2334	2201	2067	
0,031 42	1934	1801	1668	1534	1401	1268	1135	1001	0868	0735	
0,031 43	0602	0468	0335	0202	0069	'9935	'9802	'9669	'9536	'9403	
0,031 44	1,155 9269	9136	9003	8870	8737	8604	8470	8337	8204	8071	133
0,031 45	7938	7805	7671	7538	7405	7272	7139	7006	6873	6740	1 13,3
0,031 46	6606	6473	6340	6207	6074	5941	5808	5675	5542	5409	2 26,6 / 3 39,9
0,031 47	5276	5143	5009	4876	4743	4610	4477	4344	4211	4078	4 53,2
0,031 48	3945	3812	3679	3546	3413	3280	3147	3014	2881	2748	5 66,5 / 6 79,8
0,031 49	2615	2482	2349	2216	2083	1950	1817	1684	1552	1419	7 93,1 / 8 106,4
0,031 50	1286	1153	1020	0887	0754	0621	0488	0355	0222	0089	9 119,7
0,031 51	1,154 9957	9824	9691	9558	9425	9292	9159	9026	8894	8761	
0,031 52	8628	8495	8362	8229	8097	7964	7831	7698	7565	7432	
0,031 53	7300	7167	7034	6901	6768	6636	6503	6370	6237	6105	
0,031 54	5972	5839	5706	5574	5441	5308	5175	5043	4910	4777	
0,031 55	4645	4512	4379	4246	4114	3981	3848	3716	3583	3450	
0,031 56	3318	3185	3052	2920	2787	2654	2522	2389	2256	2124	
0,031 57	1991	1859	1726	1593	1461	1328	1195	1063	0930	0798	132
0,031 58	0665	0533	0400	0267	0135	0002	'9870	'9737	'9605	'9472	1 13,2
0,031 59	1,153 9339	9207	9074	8942	8809	8677	8544	8412	8279	8147	2 26,4 / 3 39,6
0,031 60	8014	7882	7749	7617	7484	7352	7219	7087	6954	6822	4 52,8
0,031 61	6690	6557	6425	6292	6160	6027	5895	5763	5630	5498	5 66,0 / 6 79,2
0,031 62	5365	5233	5100	4968	4836	4703	4571	4439	4306	4174	7 92,4 / 8 105,6
0,031 63	4041	'3909	3777	3644	3512	3380	3247	3115	2983	2850	9 118,8
0,031 64	2718	2586	2453	2321	2189	2056	1924	1792	1660	1527	
0,031 65	1395	1263	1130	0998	0866	0734	0601	0469	0337	0205	
0,031 66	0072	'9940	'9808	'9676	'9543	'9411	'9279	'9147	'9015	'8882	
0,031 67	1,152 8750	8618	8486	8354	8222	8099	7957	7825	7693	7561	
0,031 68	7429	7296	7164	7032	6900	6768	6636	6504	6371	6239	
0,031 69	6107	5975	5843	5711	5579	5447	5315	5183	5051	4918	
0,031 70	4786	4654	4522	4390	4258	4126	3994	3862	3730	3598	131
0,031 71	3466	3334	3202	3070	2938	2806	2674	2542	2410	2278	1 13,1
0,031 72	2146	2014	1882	1750	1618	1486	1354	1222	1090	0958	2 26,2 / 3 39,3
0,031 73	0827	0695	0563	0431	0299	0167	0035	'9903	'9771	'9639	4 52,4
0,031 74	1,151 9507	9376	9244	9112	8980	8848	8716	8584	8452	8321	5 65,5 / 6 78,6
0,031 75	8189	8057	7925	7793	7661	7530	7398	7266	7134	7002	7 91,7 / 8 104,8
0,031 76	6870	6739	6607	6475	6343	6211	6080	5948	5816	5684	9 117,9
0,031 77	5553	5421	5289	5157	5026	4894	4762	4630	4499	4367	
0,031 78	4235	4104	3972	3840	3708	3577	3445	3313	3182	3050	
0,031 79	2918	2787	2655	2523	2392	2260	2128	1997	1865	1733	131
	0	1	2	3	4	5	6	7	8	9	P. P.

0,318 1,151					SUBTRACTION.					7 Decim.
	0	1	2	3	4	5	6	7	8	9	P. P.

	0	1	2	3	4	5	6	7	8	9	P. P.
0,031 80	1,151 1602	1470	1339	1207	1075	0944	0812	0680	0549	0417	
0,031 81	0286	0154	0022	'9891	'9759	'9628	'9496	'9365	'9233	'9102	132
0,031 82	1,150 8970	8838	8707	8575	8444	8312	8181	8049	7918	7786	1 13.2
0,031 83	7655	7523	7392	7260	7129	6997	6866	6734	6603	6471	2 26.4
0,031 84	6340	6208	6077	5946	5814	5683	5551	5420	5288	5157	3 59.6
0,031 85	5026	4894	4763	4631	4500	4369	4237	4106	3974	3843	4 52.8 / 5 66.0
0,031 86	3712	3580	3449	3317	3186	3055	2923	2792	2661	2529	6 92.4
0,031 87	2398	2267	2135	2004	1873	1741	1610	1479	1348	1216	7 92.4
0,031 88	1085	0954	0822	0691	0560	0429	0297	0166	0035	'9904	8 105.6
0,031 89	1,149 9772	9641	9510	9379	9247	9116	8985	8854	8722	8591	9 118.8
0,031 90	8460	8329	8198	8066	7935	7804	7673	7542	7411	7279	
0,031 91	7148	7017	6986	6755	6624	6492	6361	6230	6099	5968	
0,031 92	5837	5706	5575	5443	5312	5181	5050	4919	4788	4657	
0,031 93	4526	4395	4264	4133	4002	3871	3739	3608	3477	3346	
0,031 94	3215	3084	2953	2822	2691	2560	2429	2298	2167	2036	131
0,031 95	1905	1774	1643	1512	1381	1250	1119	0988	0857	0726	1 13.1
0,031 96	0595	0465	0334	0203	0072	'9941	'9810	'9679	'9548	'9417	2 26.2
0,031 97	1,148 9286	9155	9024	8894	8763	8632	8501	8370	8239	8108	3 39.3 / 4 52.4
0,031 98	7977	7846	7716	7585	7454	7323	7192	7061	6931	6800	5 65.5 / 6 78.6
0,031 99	6669	6538	6407	6276	6146	6015	5884	5753	5623	5492	7 91.7 / 8 104.8
0,032 00	5361	5230	5099	4969	4838	4707	4576	4446	4315	4184	9 117.9
0,032 01	4053	3923	3792	3661	3530	3400	3269	3138	3008	2877	
0,032 02	2746	2616	2485	2354	2223	2093	1962	1831	1701	1570	
0,032 03	1439	1309	1178	1048	0917	0786	0656	0525	0394	0264	
0,032 04	0133	0003	'9872	'9741	'9611	'9480	'9350	'9219	'9088	'8958	
0,032 05	1,147 8827	8697	8566	8436	8305	8175	8044	7913	7783	7652	
0,032 06	7522	7391	7261	7130	7000	6869	6739	6608	6478	6347	
0,032 07	6217	6086	5956	5825	5695	5564	5434	5304	5173	5043	130
0,032 08	4912	4782	4651	4521	4390	4260	4130	3999	3869	3738	1 13.0
0,032 09	3608	3478	3347	3217	3086	2956	2826	2695	2565	2435	2 26.0 / 3 39.0
0,032 10	2304	2174	2044	1913	1783	1653	1522	1392	1262	1131	4 52.0 / 5 65.0
0,032 11	1001	0871	0740	0610	0480	0349	0219	0089	'9959	'9828	6 78.0 / 7 91.0
0,032 12	1,146 9698	9568	9437	9307	9177	9047	8916	8786	8656	8526	8 104.0
0,032 13	8395	8265	8135	8005	7875	7744	7614	7484	7354	7224	9 117.0
0,032 14	7093	6963	6833	6703	6573	6442	6312	6182	6052	5922	
0,032 15	5792	5662	5531	5401	5271	5141	5011	4881	4751	4621	
0,032 16	4490	4360	4230	4100	3970	3840	3710	3580	3450	3320	
0,032 17	3190	3060	2930	2799	2669	2539	2409	2279	2149	2019	
0,032 18	1889	1759	1629	1499	1369	1239	1109	0979	0849	0719	
0,032 19	0589	0459	0329	0199	0069	'9939	'9809	'9680	'9550	'9420	
0,032 20	1,145 9290	9160	9030	8900	8770	8640	8510	8380	8250	8120	129
0,032 21	7991	7861	7731	7601	7471	7341	7211	7081	6952	6822	1 12,9
0,032 22	6692	6562	6432	6302	6172	6043	5913	5783	5653	5523	2 25,8
0,032 23	5393	5264	5134	5004	4874	4744	4615	4485	4355	4225	3 58,7
0,032 24	4096	3966	3836	3706	3577	3447	3317	3187	3058	2928	4 51,6 / 5 64,5
0,032 25	2798	2668	2539	2409	2279	2150	2020	1890	1760	1631	6 77,4 / 7 90,3
0,032 26	1501	1371	1242	1112	0982	0853	0723	0593	0464	0334	8 103,2
0,032 27	0204	0075	'9945	'9816	'9686	'9556	'9427	'9297	'9167	'9038	9 116,1
0,032 28	1,144 8908	8779	8649	8519	8390	8260	8131	8001	7872	7742	
0,032 29	7612	7483	7353	7224	7094	6965	6835	6706	6576	6447	130
	0	1	2	3	4	5	6	7	8	9	P. P.

7 Decim.	SUBTRACTION.									1,144 0,0323
	0	1	2	3	4	5	6	7	8	9	P. P.
0,032 30	1,144 6317	6187	6058	5928	5799	5669	5540	5410	5281	5151	
0,032 31	5022	4893	4763	4634	4504	4375	4245	4116	3986	3857	130
0,032 32	3727	3598	3469	3339	3210	3080	2951	2822	2692	2563	1 13,0
0,032 33	2433	2304	2175	2045	1916	1786	1657	1528	1398	1269	2 26,0
0,032 34	1140	1010	0881	0752	0622	0493	0364	0234	0105	·9976	3 39,0
											4 52,0
0,032 35	1,143 9846	9717	9588	9458	9329	9200	9070	8941	8812	8683	5 65,0
0,032 36	8553	8424	8295	8166	8036	7907	7778	7649	7519	7390	6 78,0
0,032 37	7261	7132	7002	6873	6744	6615	6486	6356	6227	6098	7 91,0
0,032 38	5969	5840	5710	5581	5452	5323	5194	5065	4935	4806	8 104,0
0,032 39	4677	4548	4419	4290	4161	4031	3902	3773	3644	3515	9 117,0
0,032 40	3386	3257	3128	2999	2870	2740	2611	2482	2353	2224	
0,032 41	2095	1966	1837	1708	1579	1450	1321	1192	1063	0934	
0,032 42	0805	0676	0547	0418	0289	0160	0031	·9902	·9773	·9644	
0,032 43	1,142 9515	9386	9257	9128	8999	8870	8741	8612	8483	8354	
0,032 44	8225	8096	7967	7838	7709	7580	7452	7323	7194	7065	129
0,032 45	6936	6807	6678	6549	6420	6291	6163	6034	5905	5776	1 12,9
0,032 46	5647	5518	5389	5261	5132	5003	4874	4745	4616	4488	2 25,8
0,032 47	4359	4230	4101	3972	3844	3715	3586	3457	3328	3200	3 38,7
0,032 48	3071	2942	2813	2685	2556	2427	2298	2170	2041	1912	4 51,6
0,032 49	1783	1655	1526	1397	1268	1140	1011	0882	0754	0625	5 64,5
											6 77,4
0,032 50	0496	0367	0239	0110	·9981	·9853	·9724	·9595	·9467	·9338	7 90,3
0,032 51	1,141 9209	9081	8952	8824	8695	8566	8438	8309	8180	8052	8 105,2
0,032 52	7923	7795	7666	7537	7409	7280	7152	7023	6894	6766	9 116,1
0,032 53	6637	6509	6380	6252	6123	5994	5866	5737	5609	5480	
0,032 54	5352	5223	5095	4966	4838	4709	4581	4452	4324	4195	
0,032 55	4067	3938	3810	3681	3553	3424	3296	3167	3039	2911	
0,032 56	2782	2654	2525	2397	2268	2140	2011	1883	1755	1626	
0,032 57	1498	1369	1241	1113	0984	0856	0727	0599	0471	0342	128
0,032 58	0214	0086	·9957	·9829	·9701	·9572	·9444	·9316	·9187	·9059	1 12,8
0,032 59	1,140 8931	8802	8674	8546	8417	8289	8161	8032	7904	7776	2 25,6
0,032 60	7648	7519	7391	7263	7134	7006	6878	6750	6621	6493	3 38,4
0,032 61	6365	6237	6108	5980	5852	5724	5596	5467	5339	5211	4 51,2
0,032 62	5083	4955	4826	4698	4570	4442	4314	4185	4057	3929	5 64,0
0,032 63	3801	3673	3545	3416	3288	3160	3032	2904	2776	2648	6 76,8
0,032 64	2520	2391	2263	2135	2007	1879	1751	1623	1495	1367	7 89,6
											8 102,4
0,032 65	1239	1110	0982	0854	0726	0598	0470	0342	0214	0086	9 115,2
0,032 66	1,139 9958	9830	9702	9574	9446	9318	9190	9062	8934	8806	
0,032 67	8678	8550	8422	8294	8166	8038	7910	7782	7654	7526	
0,032 68	7398	7270	7142	7014	6886	6758	6630	6502	6375	6247	
0,032 69	6119	5991	5863	5735	5607	5479	5351	5223	5096	4968	
0,032 70	4840	4712	4584	4456	4328	4200	4073	3945	3817	3689	127
0,032 71	3561	3433	3306	3178	3050	2922	2794	2666	2539	2411	1 12,7
0,032 72	2283	2155	2027	1900	1772	1644	1516	1389	1261	1133	2 25,4
0,032 73	1005	0878	0750	0622	0494	0367	0239	0111	·9983	·9856	3 38,1
0,032 74	1,138 9728	9600	9473	9345	9217	9090	8962	8834	8706	8579	4 50,8
											5 63,5
0,032 75	8451	8323	8196	8068	7940	7813	7685	7557	7430	7302	6 76,2
0,032 76	7175	7047	6919	6792	6664	6536	6409	6281	6154	6026	7 88,9
0,032 77	5898	5771	5643	5516	5388	5261	5133	5005	4878	4750	8 104,6
0,032 78	4623	4495	4368	4240	4113	3985	3858	3730	3602	3475	9 114,3
0,032 79	3347	3220	3092	2965	2837	2710	2582	2455	2328	2200	127
	0	1	2	3	4	5	6	7	8	9	P. P.

0,0328 1,138 SUBTRACTION. 7 Decim.

	0	1	2	3	4	5	6	7	8	9	P. P.
0,032 80	1,138 2073	1945	1818	1690	1563	1435	1308	1180	1053	0925	
0,032 81	0798	0671	0543	0416	0288	0161	0034	·9906	·9779	·9651	128
0,032 82	1,137 9524	9397	9269	9142	9014	8887	8760	8632	8505	8378	1 12,8 2 25,6
0,032 83	8250	8123	7996	7868	7741	7614	7486	7359	7232	7104	3 38,4
0,032 84	6977	6850	6722	6595	6468	6340	6213	6086	5959	5831	4 51,2 5 64,0
0,032 85	5704	5577	5450	5322	5195	5068	4941	4813	4686	4559	6 76,8
0,032 86	4432	4304	4177	4050	3923	3796	3668	3541	3414	3287	7 89,6 8 102,4
0,032 87	3160	3032	2905	2778	2651	2524	2396	2269	2142	2015	9 115,2
0,032 88	1888	1761	1634	1506	1379	1252	1125	0998	0871	0744	
0,032 89	0617	0489	0362	0235	0108	·9981	·9854	·9727	·9600	·9473	
0,032 90	1,136 9346	9219	9092	8965	8837	8710	8583	8456	8329	8202	
0,032 91	8075	7948	7821	7694	7567	7440	7313	7186	7059	6932	
0,032 92	6805	6678	6551	6424	6297	6170	6043	5916	5789	5662	
0,032 93	5535	5409	5282	5155	5028	4901	4774	4647	4520	4393	
0,032 94	4266	4139	4012	3886	3759	3632	3505	3378	3251	3124	127
0,032 95	2997	2870	2744	2617	2490	2363	2236	2109	1983	1856	1 12,7
0,032 96	1729	1602	1475	1348	1222	1095	0968	0841	0714	0588	2 25,4 3 38,1
0,032 97	0461	0334	0207	0080	·9954	·9827	·9700	·9573	·9447	·9320	4 50,8
0,032 98	1,135 9193	9066	8940	8813	8686	8559	8433	8306	8179	8053	5 63,5 6 76,2
0,032 99	7926	7799	7672	7546	7419	7292	7166	7039	6912	6786	7 88,9 8 101,6
0,033 00	6659	6532	6406	6279	6152	6026	5899	5772	5646	5519	9 114,3
0,033 01	5392	5266	5139	5013	4886	4759	4633	4506	4380	4253	
0,033 02	4126	4000	3873	3747	3620	3494	3367	3240	3114	2987	
0,033 03	2861	2734	2608	2481	2355	2228	2102	1975	1848	1722	
0,033 04	1595	1469	1342	1216	1089	0963	0836	0710	0584	0457	
0,033 05	0331	0204	0078	·9951	·9825	·9698	·9572	·9445	·9319	·9193	
0,033 06	1,134 9066	8940	8813	8687	8560	8434	8308	8181	8055	7928	
0,033 07	7802	7676	7549	7423	7296	7170	7044	6917	6791	6665	126
0,033 08	6538	6412	6286	6159	6033	5907	5780	5654	5528	5401	1 12,6
0,033 09	5275	5149	5022	4896	4770	4643	4517	4391	4265	4138	2 25,2
0,033 10	4012	3886	3760	3633	3507	3381	3255	3128	3002	2876	3 37,8 4 50,4
0,033 11	2750	2623	2497	2371	2245	2118	1992	1866	1740	1614	5 63,0 6 75,6
0,033 12	1487	1361	1235	1109	0983	0857	0730	0604	0478	0352	7 88,2 8 100,8
0,033 13	0226	0100	·9973	·9847	·9721	·9595	·9469	·9343	·9217	·9091	9 113,4
0,033 14	1,133 8964	8838	8712	8586	8460	8334	8208	8082	7956	7830	
0,033 15	7704	7577	7451	7325	7199	7073	6947	6821	6695	6569	
0,033 16	6443	6317	6191	6065	5939	5813	5687	5561	5435	5309	
0,033 17	5183	5057	4931	4805	4679	4553	4427	4301	4175	4049	
0,033 18	3923	3797	3671	3545	3419	3293	3167	3042	2916	2790	
0,033 19	2664	2538	2412	2286	2160	2034	1908	1782	1657	1531	
0,033 20	1405	1279	1153	1027	0901	0775	0650	0524	0398	0272	125
0,033 21	0146	0020	·9895	·9769	·9643	·9517	·9391	·9266	·9140	·9014	1 12,5
0,033 22	1,132 8888	8762	8637	8511	8385	8259	8133	8008	7882	7756	2 25,0
0,033 23	7630	7505	7379	7253	7127	7002	6876	6750	6624	6499	3 37,5 4 50,0
0,033 24	6373	6247	6122	5996	5870	5744	5619	5493	5367	5242	5 62,5 6 75,0
0,033 25	5116	4990	4865	4739	4613	4488	4362	4236	4111	3985	7 87,5
0,033 26	3859	3734	3608	3482	3357	3231	3106	2980	2854	2729	8 100,0 9 112,5
0,033 27	2603	2478	2352	2226	2101	1975	1850	1724	1599	1473	
0,033 28	1347	1222	1096	0971	0845	0720	0594	0469	0343	0217	
0,033 29	0092	·9966	·9841	·9715	·9590	·9464	·9339	·9213	·9088	·8962	125
	0	1	2	3	4	5	6	7	8	9	P. P.

| 7 Decim. | | | | SUBTRACTION. | | | | | 1,131 | 0,0333 |

	0	1	2	3	4	5	6	7	8	9
0,033 30	1,131 8837	8711	8586	8461	8335	8210	8084	7959	7833	7708
0,033 31	7582	7457	7331	7206	7081	6955	6830	6704	6579	6453
0,033 32	6328	6203	6077	5952	5826	5701	5576	5450	5325	5200
0,033 33	5074	4949	4824	4698	4573	4447	4322	4197	4071	3946
0,033 34	3821	3695	3570	3445	3319	3194	3069	2944	2818	2693
0,033 35	2568	2442	2317	2192	2067	1941	1816	1691	1566	1440
0,033 36	1315	1190	1065	0939	0814	0689	0564	0438	0313	0188
0,033 37	0063	˙9938	˙9812	˙9687	˙9562	˙9437	˙9312	˙9186	˙9061	˙8936
0,033 38	1,130 8811	8686	8561	8435	8310	8185	8060	7935	7810	7684
0,033 39	7559	7434	7309	7184	7059	6934	6809	6684	6558	6433
0,033 40	6308	6183	6058	5933	5808	5683	5558	5433	5308	5183
0,033 41	5057	4932	4807	4682	4557	4432	4307	4182	4057	3932
0,033 42	3807	3682	3557	3432	3307	3182	3057	2932	2807	2682
0,033 43	2557	2432	2307	2182	2057	1932	1807	1682	1558	1433
0,033 44	1308	1183	1058	0933	0808	0683	0558	0433	0308	0183
0,033 45	0058	˙9934	˙9809	˙9684	˙9559	˙9434	˙9309	˙9184	˙9059	˙8935
0,033 46	1,129 8810	8685	8560	8435	8310	8185	8061	7936	7811	7686
0,033 47	7561	7436	7312	7187	7062	6937	6812	6688	6563	6438
0,033 48	6313	6188	6064	5939	5814	5689	5565	5440	5315	5190
0,033 49	5066	4941	4816	4691	4567	4442	4317	4193	4068	3943
0,033 50	3818	3694	3569	3444	3320	3195	3070	2946	2821	2696
0,033 51	2572	2447	2322	2198	2073	1948	1824	1699	1574	1450
0,033 52	1325	1200	1076	0951	0827	0702	0577	0453	0328	0204
0,033 53	0079	˙9954	˙9830	˙9705	˙9581	˙9456	˙9332	˙9207	˙9082	˙8958
0,033 54	1,128 8833	8709	8584	8460	8335	8211	8086	7962	7837	7713
0,033 55	7588	7463	7339	7214	7090	6965	6841	6717	6592	6468
0,033 56	6343	6219	6094	5970	5845	5721	5596	5472	5347	5223
0,033 57	5099	4974	4850	4725	4601	4476	4352	4228	4103	3979
0,033 58	3854	3730	3606	3481	3357	3232	3108	2984	2859	2735
0,033 59	2611	2486	2362	2238	2113	1989	1865	1740	1616	1492
0,033 60	1367	1243	1119	0994	0870	0746	0621	0497	0373	0249
0,033 61	0124	0000	˙9876	˙9751	˙9627	˙9503	˙9379	˙9254	˙9130	˙9006
0,033 62	1,127 8882	8757	8633	8509	8385	8260	8136	8012	7888	7764
0,033 63	7639	7515	7391	7267	7143	7018	6894	6770	6646	6522
0,033 64	6398	6273	6149	6025	5901	5777	5653	5529	5404	5280
0,033 65	5156	5032	4908	4784	4660	4536	4411	4287	4163	4039
0,033 66	3915	3791	3667	3543	3419	3295	3171	3047	2922	2798
0,033 67	2674	2550	2426	2302	2178	2054	1930	1806	1682	1558
0,033 68	1434	1310	1186	1062	0938	0814	0690	0566	0442	0318
0,033 69	0194	0070	˙9946	˙9822	˙9698	˙9574	˙9450	˙9326	˙9202	˙9079
0,033 70	1,126 8955	8831	8707	8583	8459	8335	8211	8087	7963	7839
0,033 71	7715	7592	7468	7344	7220	7096	6972	6848	6724	6600
0,033 72	6477	6353	6229	6105	5981	5857	5734	5610	5486	5362
0,033 73	5238	5114	4991	4867	4743	4619	4495	4372	4248	4124
0,033 74	4000	3876	3753	3629	3505	3381	3258	3134	3010	2886
0,033 75	2763	2639	2515	2391	2268	2144	2020	1896	1773	1649
0,033 76	1525	1402	1278	1154	1031	0907	0783	0659	0536	0412
0,033 77	0288	0165	0041	˙9917	˙9794	˙9670	˙9546	˙9423	˙9299	˙9176
0,033 78	1,125 9052	8928	8805	8691	8557	8434	8310	8187	8063	7939
0,033 79	7816	7692	7569	7445	7321	7198	7074	6951	6827	6704

| | 0 | 1 | 2 | 3 | 4 | 5 | 6 | 7 | 8 | 9 | P. P. |

P. P.

126
1	12,6
2	25,2
3	37,8
4	50,4
5	63,0
6	75,6
7	88,2
8	100,8
9	113,4

125
1	12,5
2	25,0
3	37,5
4	50,0
5	62,5
6	75,0
7	87,5
8	100,0
9	112,5

124
1	12,4
2	24,8
3	37,2
4	49,6
5	62,0
6	74,4
7	86,8
8	99,2
9	111,6

123
1	12,3
2	24,6
3	36,9
4	49,2
5	61,5
6	73,8
7	86,1
8	98,4
9	110,7

124

0,033S 1,125				SUBTRACTION.						7 Decim.
	0	1	2	3	4	5	6	7	8	9	P. P.

	0	1	2	3	4	5	6	7	8	9	P. P.
0,033 80	1,125 6580	6457	6333	6209	6086	5962	5839	5715	5592	5468	
0,033 81	5345	5221	5098	4974	4851	4727	4604	4480	4357	4233	**124**
0,033 82	4110	3986	3863	3739	3616	3492	3369	3246	3122	2999	1 12,4
0,033 83	2875	2752	2628	2505	2381	2258	2135	2011	1888	1764	2 24,8
0,033 84	1641	1518	1394	1271	1147	1024	0901	0777	0654	0530	3 37,2
											4 49,6
0,033 85	0407	0284	0160	0037	·9914	·9790	·9667	·9544	·9420	·9297	5 62,0
0,033 86	1,124 9174	9050	8927	8804	8680	8557	8434	8310	8187	8064	6 74,4
0,033 87	7941	7817	7694	7571	7447	7324	7201	7078	6954	6831	7 86,8
0,033 88	6708	6585	6461	6338	6215	6092	5968	5845	5722	5599	8 99,2
0,033 89	5476	5352	5229	5106	4983	4860	4736	4613	4490	4367	9 111,6
0,033 90	4244	4120	3997	3874	3751	3628	3505	3381	3258	3135	
0,033 91	3012	2889	2766	2643	2520	2396	2273	2150	2027	1904	
0,033 92	1781	1658	1535	1412	1288	1165	1042	0919	0796	0673	
0,033 93	0550	0427	0304	0181	0058	·9935	·9812	·9689	·9566	·9443	
0,033 94	1,123 9320	9197	9074	8951	8828	8705	8582	8459	8336	8213	**123**
											1 12,5
0,033 95	8090	7967	7844	7721	7598	7475	7352	7229	7106	6983	2 24,6
0,033 96	6860	6737	6614	6491	6368	6245	6122	5999	5876	5753	3 36,9
0,033 97	5631	5508	5385	5262	5139	5016	4893	4770	4647	4525	4 49,2
0,033 98	4402	4279	4156	4033	3910	3787	3664	3542	3419	3296	5 61,5
0,033 99	3173	3050	2927	2805	2682	2559	2436	2313	2191	2068	6 73,8
											7 86,1
0,034 00	1945	1822	1699	1577	1454	1331	1208	1085	0963	0840	8 98,4
0,034 01	0717	0594	0472	0349	0226	0103	·9981	·9858	·9735	·9612	9 110,7
0,034 02	1,122 9490	9367	9244	9122	8999	8876	8753	8631	8508	8385	
0,034 03	8263	8140	8017	7895	7772	7649	7527	7404	7281	7159	
0,034 04	7036	6913	6791	6668	6545	6423	6300	6178	6055	5932	
0,034 05	5810	5687	5564	5442	5319	5197	5074	4951	4829	4706	
0,034 06	4584	4461	4339	4216	4093	3971	3848	3726	3603	3481	
0,034 07	3358	3236	3113	2991	2868	2746	2623	2501	2378	2256	**122**
0,034 08	2133	2011	1888	1766	1643	1521	1398	1276	1153	1031	1 12,2
0,034 09	0908	0786	0663	0541	0418	0296	0173	0051	·9929	·9806	2 24,4
											3 36,6
0,034 10	1,121 9684	9561	9439	9317	9194	9072	8949	8827	8704	8582	4 48,8
0,034 11	8460	8337	8215	8093	7970	7848	7725	7603	7481	7358	5 61,0
0,034 12	7236	7114	6991	6869	6747	6624	6502	6380	6257	6135	6 73,2
0,034 13	6013	5890	5768	5646	5523	5401	5279	5157	5034	4912	7 85,4
0,034 14	4790	4667	4545	4423	4301	4178	4056	3934	3812	3689	8 97,6
											9 109,8
0,034 15	3567	3445	3323	3201	3078	2956	2834	2712	2589	2467	
0,034 16	2345	2223	2101	1978	1856	1734	1612	1490	1368	1245	
0,034 17	1123	1001	0879	0757	0635	0512	0390	0268	0146	0024	
0,034 18	1,120 9902	9780	9657	9535	9413	9291	9169	9047	8925	8803	
0,034 19	8681	8559	8436	8314	8192	8070	7948	7826	7704	7582	
0,034 20	7460	7338	7216	7094	6972	6850	6728	6606	6484	6362	**121**
0,034 21	6240	6118	5996	5874	5752	5630	5508	5386	5264	5142	1 12,1
0,034 22	5020	4898	4776	4654	4532	4410	4288	4166	4044	3922	2 24,2
0,034 23	3800	3678	3556	3434	3312	3190	3068	2947	2825	2703	3 36,3
0,034 24	2581	2459	2337	2215	2093	1971	1849	1728	1606	1484	4 48,4
											5 60,5
0,034 25	1362	1240	1118	0996	0875	0753	0631	0509	0387	0265	6 72,6
0,034 26	0143	0022	·9900	·9778	·9656	·9534	·9413	·9291	·9169	·9047	7 84,7
0,034 27	1,119 8925	8804	8682	8560	8438	8316	8195	8073	7951	7829	8 96,8
0,034 28	7708	7586	7464	7342	7221	7099	6977	6855	6734	6612	9 108,9
0,034 29	6490	6369	6247	6125	6003	5882	5760	5638	5517	5395	122

	0	1	2	3	4	5	6	7	8	9	P. P.

7 Decim.				SUBTRACTION.					1,119	0,0343	P. P.
	0	1	2	3	4	5	6	7	8	9	
0,034 30	1,119 5273	5152	5030	4908	4787	4665	4543	4422	4300	4178	
0,034 31	4057	3935	3813	3692	3570	3448	3327	3205	3084	2962	122
0,034 32	2840	2719	2597	2476	2354	2232	2111	1989	1868	1746	1 12,2
0,034 33	1624	1503	1381	1260	1138	1017	0895	0774	0652	0530	2 24,4
0,034 34	0409	0287	0166	0044	·9923	·9801	·9680	·9558	·9437	·9315	3 56,6
											4 48,8
											5 61,0
0,034 35	1,118 9194	9072	8951	8829	8708	8586	8465	8343	8222	8100	6 73,2
0,034 36	7979	7857	7736	7615	7493	7372	7250	7129	7007	6886	7 85,4
0,034 37	6765	6643	6522	6400	6279	6157	6036	5915	5793	5672	8 97,6
0,034 38	5550	5429	5308	5186	5065	4944	4822	4701	4579	4458	9 109,8
0,034 39	4337	4215	4094	3973	3851	3730	3609	3487	3366	3245	
0,034 40	3123	3002	2881	2759	2638	2517	2396	2274	2153	2032	
0,034 41	1910	1789	1668	1547	1425	1304	1183	1062	0940	0819	
0,034 42	0698	0577	0455	0334	0213	0092	·9970	·9849	·9728	·9607	
0,034 43	1,117 9486	9364	9243	9122	9001	8880	8758	8637	8516	8395	
0,034 44	8274	8153	8031	7910	7789	7668	7547	7426	7305	7183	121
											1 12,1
0,034 45	7062	6941	6820	6699	6578	6457	6336	6214	6093	5972	2 24,2
0,034 46	5851	5730	5609	5488	5367	5246	5125	5004	4883	4761	3 36,3
0,034 47	4640	4519	4398	4277	4156	4035	3914	3793	3672	3551	4 48,4
0,034 48	3430	3309	3188	3067	2946	2825	2704	2583	2462	2341	5 60,5
0,034 49	2220	2099	1978	1857	1736	1615	1494	1373	1252	1131	6 72,6
											7 84,7
0,034 50	1010	0889	0768	0647	0527	0406	0285	0164	0043	·9922	8 96,8
0,034 51	1,116 9801	9680	9559	9438	9317	9196	9076	8955	8834	8713	9 108,9
0,034 52	8592	8471	8350	8229	8109	7988	7867	7746	7625	7504	
0,034 53	7383	7263	7142	7021	6900	6779	6658	6538	6417	6296	
0,034 54	6175	6054	5934	5813	5692	5571	5451	5330	5209	5088	
0,034 55	4967	4847	4726	4605	4484	4364	4243	4122	4001	3881	
0,034 56	3760	3639	3518	3398	3277	3156	3036	2915	2794	2673	
0,034 57	2553	2432	2311	2191	2070	1949	1829	1708	1587	1467	120
0,034 58	1346	1225	1105	0984	0863	0743	0622	0502	0381	0260	1 12,0
0,034 59	0140	0019	·9898	·9778	·9657	·9537	·9416	·9295	·9175	·9054	2 24,0
											3 36,0
0,034 60	1,115 8934	8813	8692	8572	8451	8331	8210	8090	7969	7848	4 48,0
0,034 61	7728	7607	7487	7366	7246	7125	7005	6884	6764	6643	5 60,0
0,034 62	6523	6402	6282	6161	6041	5920	5800	5679	5559	5438	6 72,0
0,034 63	5318	5197	5077	4956	4836	4715	4595	4474	4354	4234	7 84,0
0,034 64	4113	3993	3872	3752	3631	3511	3391	3270	3150	3029	8 96,0
											9 108,0
0,034 65	2909	2788	2668	2548	2427	2307	2187	2066	1946	1825	
0,034 66	1705	1585	1464	1344	1224	1103	0983	0863	0742	0622	
0,034 67	0502	0381	0261	0141	0020	·9900	·9780	·9659	·9539	·9419	
0,034 68	1,114 9298	9178	9058	8938	8817	8697	8577	8456	8336	8216	
0,034 69	8096	7975	7855	7735	7615	7494	7374	7254	7134	7013	
											119
0,034 70	6893	6773	6653	6533	6412	6292	6172	6052	5932	5811	1 11,9
0,034 71	5691	5571	5451	5331	5210	5090	4970	4850	4730	4610	2 23,8
0,034 72	4489	4369	4249	4129	4009	3889	3769	3648	3528	3408	3 35,7
0,034 73	3288	3168	3048	2928	2808	2688	2567	2447	2327	2207	4 47,6
0,034 74	2087	1967	1847	1727	1607	1487	1367	1247	1127	1007	5 59,5
											6 71,4
0,034 75	0887	0766	0646	0526	0406	0286	0166	0046	·9926	·9806	7 83,3
0,034 76	1,113 9686	9566	9446	9326	9206	9086	8966	8846	8726	8606	8 95,2
0,034 77	8486	8366	8246	8126	8007	7887	7767	7647	7527	7407	9 107,1
0,034 78	7287	7167	7047	6927	6807	6687	6567	6447	6327	6208	
0,034 79	6088	5968	5848	5728	5608	5488	5368	5248	5129	5009	120
	0	1	2	3	4	5	6	7	8	9	P. P.

XII. ZECH'S TAFEL.

0,0348	1,113				SUBTRACTION.					7 Decim.
	0	**1**	**2**	**3**	**4**	**5**	**6**	**7**	**8**	**9**	**P. P.**

0,034 80	1,113 4889	4769	4649	4529	4409	4290	4170	4050	3930	3810	
0,034 81	3690	3571	3451	3331	3211	3091	2971	2852	2732	2612	120
0,034 82	2492	2372	2253	2133	2013	1893	1774	1654	1534	1414	
0,034 83	1295	1175	1055	0935	0816	0696	0576	0456	0337	0217	
0,034 84	0097	·9977	·9858	·9738	·9618	·9499	·9379	·9259	·9140	·9020	
0,034 85	1,112 8900	8780	8661	8541	8421	8302	8182	8062	7943	7823	
0,034 86	7703	7584	7464	7345	7225	7105	6986	6866	6746	6627	
0,034 87	6507	6388	6268	6148	6029	5909	5790	5670	5550	5431	
0,034 88	5311	5192	5072	4952	4833	4713	4594	4474	4355	4235	
0,034 89	4116	3996	3877	3757	3637	3518	3398	3279	3159	3040	
0,034 90	2920	2801	2681	2562	2442	2323	2203	2084	1964	1845	
0,034 91	1725	1606	1487	1367	1248	1128	1009	0889	0770	0650	
0,034 92	0531	0411	0292	0173	0053	·9934	·9814	·9695	·9576	·9456	
0,034 93	1,111 9337	9217	9098	8979	8859	8740	8620	8501	8382	8262	
0,034 94	8143	8024	7904	7785	7665	7546	7427	7307	7188	7069	
0,034 95	6949	6830	6711	6591	6472	6353	6234	6114	5995	5876	
0,034 96	5756	5637	5518	5398	5279	5160	5041	4921	4802	4683	
0,034 97	4564	4444	4325	4206	4087	3967	3848	3729	3610	3490	
0,034 98	3371	3252	3133	3014	2894	2775	2656	2537	2418	2298	
0,034 99	2179	2060	1941	1822	1702	1583	1464	1345	1226	1107	119
0,035 00	0987	0868	0749	0630	0511	0392	0273	0153	0034	·9915	
0,035 01	1,110 9796	9677	9558	9439	9320	9201	9081	8962	8843	8724	
0,035 02	8605	8486	8367	8248	8129	8010	7891	7772	7653	7534	
0,035 03	7415	7295	7176	7057	6938	6819	6700	6581	6462	6343	
0,035 04	6224	6105	5986	5867	5748	5629	5510	5391	5272	5153	
0,035 05	5034	4915	4796	4677	4558	4439	4321	4202	4083	3964	
0,035 06	3845	3726	3607	3488	3369	3250	3131	3012	2893	2774	
0,035 07	2656	2537	2418	2299	2180	2061	1942	1823	1704	1586	
0,035 08	1467	1348	1229	1110	0991	0872	0754	0635	0516	0397	
0,035 09	0278	0159	0041	·9922	·9803	·9684	·9565	·9446	·9328	·9209	
0,035 10	1,109 9090	8971	8852	8734	8615	8496	8377	8259	8140	8021	
0,035 11	7902	7783	7665	7546	7427	7308	7190	7071	6952	6833	
0,035 12	6715	6596	6477	6359	6240	6121	6002	5884	5765	5646	
0,035 13	5528	5409	5290	5172	5053	4934	4816	4697	4578	4460	
0,035 14	4341	4222	4104	3985	3866	3748	3629	3510	3392	3273	
0,035 15	3155	3036	2917	2799	2680	2561	2443	2324	2206	2087	
0,035 16	1968	1850	1731	1613	1494	1376	1257	1138	1020	0901	
0,035 17	0783	0664	0546	0427	0309	0190	0072	·9953	·9834	·9716	118
0,035 18	1,108 9597	9479	9360	9242	9123	9005	8886	8768	8649	8531	
0,035 19	8412	8294	8175	8057	7939	7820	7702	7583	7465	7346	
0,035 20	7228	7109	6991	6872	6754	6636	6517	6399	6280	6162	
0,035 21	6044	5925	5807	5688	5570	5451	5333	5215	5096	4978	
0,035 22	4860	4741	4623	4504	4386	4268	4149	4031	3913	3794	
0,035 23	3676	3558	3439	3321	3203	3084	2966	2848	2729	2611	
0,035 24	2493	2374	2256	2138	2020	1901	1783	1665	1546	1428	
0,035 25	1310	1192	1073	0955	0837	0719	0600	0482	0364	0246	
0,035 26	0127	0009	·9891	·9773	·9654	·9536	·9418	·9300	·9182	·9063	
0,035 27	1,107 8945	8827	8709	8591	8472	8354	8236	8118	8000	7881	
0,035 28	7763	7645	7527	7409	7291	7172	7054	6936	6818	6700	
0,035 29	6582	6464	6346	6227	6109	5991	5873	5755	5637	5519	118

| | **0** | **1** | **2** | **3** | **4** | **5** | **6** | **7** | **8** | **9** | **P. P.** |

120

1	12,0
2	24,0
3	36,0
4	48,0
5	60,0
6	72,0
7	84,0
8	96,0
9	108,0

119

1	11,9
2	23,8
3	35,7
4	47,6
5	59,5
6	71,4
7	83,3
8	95,2
9	107,1

118

1	11,8
2	23,6
3	35,4
4	47,2
5	59,0
6	70,8
7	82,6
8	94,4
9	106,2

7 Decim.					SUBTRACTION.				1,107	0,0353
	0	1	2	3	4	5	6	7	.8	9	P. P.

	0	1	2	3	4	5	6	7	8	9	P. P.
0,035 30	1,107 5401	5283	5164	5046	4928	4810	4692	4574	4456	4338	
0,035 31	4220	4102	3984	3866	3748	3630	3512	3393	3275	3157	119
0,035 32	3039	2921	2803	2685	2567	2449	2331	2213	2095	1977	1| 11.9
0,035 33	1859	1741	1623	1505	1387	1269	1151	1033	0915	0797	2| 23.8 3| 35.7
0,035 34	0680	0562	0444	0326	0208	0090	·9972	·9854	·9736	·9618	4| 47.6 5| 59.5
0,035 35	1,106 9500	9382	9264	9146	9028	8911	8793	8675	8557	8439	6| 71.4
0,035 36	8321	8203	8085	7967	7850	7732	7614	7496	7378	7260	7| 83.3
0,035 37	7142	7024	6907	6789	6671	6553	6435	6317	6200	6082	8| 95.2
0,035 38	5964	5846	5728	5611	5493	5375	5257	5139	5022	4904	9|107.1
0,035 39	4786	4668	4550	4433	4315	4197	4079	3962	3844	3726	
0,035 40	3608	3491	3373	3255	3137	3020	2902	2784	2666	2549	
0,035 41	2431	2313	2196	2078	1960	1842	1725	1607	1489	1372	
0,035 42	1254	1136	1019	0901	0783	0666	0548	0430	0313	0195	
0,035 43	0077	·9960	·9842	·9724	·9607	·9489	·9372	·9254	·9136	·9019	
0,035 44	1,105 8901	8783	8666	8548	8431	8313	8195	8078	7960	7843	118
0,035 45	7725	7608	7490	7372	7255	7137	7020	6902	6785	6667	1| 11.8
0,035 46	6549	6432	6314	6197	6079	5962	5844	5727	5609	5492	2| 23.6 3| 35.4
0,035 47	5374	5257	5139	5022	4904	4787	4669	4552	4434	4317	4| 47.2 5| 59.0
0,035 48	4199	4082	3964	3847	3729	3612	3495	3377	3260	3142	6| 70.8 7| 82.6
0,035 49	3025	2907	2790	2672	2555	2438	2320	2203	2085	1968	8| 94.4 9|106.2
0,035 50	1851	1733	1616	1498	1381	1264	1146	1029	0911	0794	
0,035 51	0677	0559	0442	0325	0207	0090	·9973	·9855	·9738	·9620	
0,035 52	1,104 9503	9386	9268	9151	9034	8917	8799	8682	8565	8447	
0,035 53	8330	8213	8095	7978	7861	7744	7626	7509	7392	7274	
0,035 54	7157	7040	6923	6805	6688	6571	6454	6336	6219	6102	
0,035 55	5985	5867	5750	5633	5516	5399	5281	5164	5047	4930	
0,035 56	4812	4695	4578	4461	4344	4227	4109	3992	3875	3758	
0,035 57	3641	3523	3406	3289	3172	3055	2938	2821	2703	2586	117
0,035 58	2469	2352	2235	2118	2001	1884	1766	1649	1532	1415	1| 11.7
0,035 59	1298	1181	1064	0947	0830	0713	0596	0478	0361	0244	2| 23.4 3| 35.1
0,035 60	0127	0010	·9893	·9776	·9659	·9542	·9425	·9308	·9191	·9074	4| 46.8 5| 58.5
0,035 61	1,103 8957	8840	8723	8606	8489	8372	8255	8138	8021	7904	6| 70.2 7| 81.9
0,035 62	7787	7670	7553	7436	7319	7202	7085	6968	6851	6734	8| 93.6 9|105.3
0,035 63	6617	6500	6383	6266	6149	6032	5915	5798	5681	5565	
0,035 64	5448	5331	5214	5097	4980	4863	4746	4629	4512	4395	
0,035 65	4279	4162	4045	3928	3811	3694	3577	3460	3343	3227	
0,035 66	3110	2993	2876	2759	2642	2526	2409	2292	2175	2058	
0,035 67	1941	1825	1708	1591	1474	1357	1241	1124	1007	0890	
0,035 68	0773	0657	0540	0423	0306	0189	0073	·9956	·9839	·9722	
0,035 69	1,102 9606	9489	9372	9255	9139	9022	8905	8788	8672	8555	
0,035 70	8438	8322	8205	8088	7971	7855	7738	7621	7505	7388	116
0,035 71	7271	7155	7038	6921	6805	6688	6571	6455	6338	6221	1| 11.6
0,035 72	6105	5988	5871	5755	5638	5521	5405	5288	5171	5055	2| 23.2 3| 34.8
0,035 73	4938	4822	4705	4588	4472	4355	4239	4122	4005	3889	4| 46.4 5| 58.0
0,035 74	3772	3656	3539	3422	3306	3189	3073	2956	2840	2723	6| 69.6 7| 81.2
0,035 75	2607	2490	2373	2257	2140	2024	1907	1791	1674	1558	8| 92.8 9|104.4
0,035 76	1441	1325	1208	1092	0975	0859	0742	0626	0509	0393	
0,035 77	0276	0160	0043	·9927	·9810	·9694	·9577	·9461	·9344	·9228	
0,035 78	1,101 9112	8995	8879	8762	8646	8529	8413	8297	8180	8064	
0,035 79	7947	7831	7714	7598	7482	7365	7249	7132	7016	6900	117

	0	1	2	3	4	5	6	7	8	9	P. P.

0,0358 1,101					SUBTRACTION.					7 Decim.
	0	1	2	3	4	5	6	7	8	9
0,035 80	1,101 6783	6667	6551	6434	6318	6201	6085	5969	5852	5736
0,035 81	5620	5503	5387	5271	5154	5038	4922	4805	4689	4573
0,035 82	4456	4340	4224	4107	3991	3875	3759	3642	3526	3410
0,035 83	3293	3177	3061	2945	2828	2712	2596	2480	2363	2247
0,035 84	2131	2015	1898	1782	1666	1550	1433	1317	1201	1085
0,035 85	0969	0852	0736	0620	0504	0388	0271	0155	0039	·9923
0,035 86	1,100 9807	9690	9574	9458	9342	9226	9110	8993	8877	8761
0,035 87	8645	8529	8413	8297	8180	8064	7948	7832	7716	7600
0,035 88	7484	7368	7252	7135	7019	6903	6787	6671	6555	6439
0,035 89	6323	6207	6091	5975	5859	5742	5626	5510	5394	5278
0,035 90	5162	5046	4930	4814	4698	4582	4466	4350	4234	4118
0,035 91	4002	3886	3770	3654	3538	3422	3306	3190	3074	2958
0,035 92	2842	2726	2610	2494	2378	2262	2146	2030	1914	1798
0,035 93	1682	1567	1451	1335	1219	1103	0987	0871	0755	0639
0,035 94	0523	0407	0291	0175	0060	·9944	·9828	·9712	·9596	·9480
0,035 95	1,099 9364	9248	9133	9017	8901	8785	8669	8553	8437	8322
0,035 96	8206	8090	7974	7858	7742	7627	7511	7395	7279	7163
0,035 97	7047	6932	6816	6700	6584	6468	6353	6237	6121	6005
0,035 98	5890	5774	5658	5542	5427	5311	5195	5079	4963	4848
0,035 99	4732	4616	4501	4385	4269	4153	4038	3922	3806	3690
0,036 00	3575	3459	3343	3228	3112	2996	2881	2765	2649	2534
0,036 01	2418	2302	2187	2071	1955	1840	1724	1608	1493	1377
0,036 02	1261	1146	1030	0914	0799	0683	0568	0452	0336	0221
0,036 03	0105	·9989	·9874	·9758	·9643	·9527	·9412	·9296	·9180	·9065
0,036 04	1,098 8949	8834	8718	8602	8487	8371	8256	8140	8025	7909
0,036 05	7794	7678	7563	7447	7332	7216	7100	6985	6869	6754
0,036 06	6638	6523	6407	6292	6176	6061	5945	5830	5714	5599
0,036 07	5484	5368	5253	5137	5022	4906	4791	4675	4560	4444
0,036 08	4329	4214	4098	3983	3867	3752	3636	3521	3406	3290
0,036 09	3175	3059	2944	2829	2713	2598	2482	2367	2252	2136
0,036 10	2021	1905	1790	1675	1559	1444	1329	1213	1098	0983
0,036 11	0867	0752	0637	0521	0406	0291	0175	0060	·9945	·9829
0,036 12	1,097 9714	9599	9483	9368	9253	9138	9022	8907	8792	8676
0,036 13	8561	8446	8331	8215	8100	7985	7870	7754	7639	7524
0,036 14	7409	7293	7178	7063	6948	6832	6717	6602	6487	6372
0,036 15	6256	6141	6026	5911	5796	5680	5565	5450	5335	5220
0,036 16	5104	4989	4874	4759	4644	4529	4414	4298	4183	4068
0,036 17	3953	3838	3723	3608	3492	3377	3262	3147	3032	2917
0,036 18	2802	2687	2571	2456	2341	2226	2111	1996	1881	1766
0,036 19	1651	1536	1421	1306	1191	1075	0960	0845	0730	0615
0,036 20	0500	0385	0270	0155	0040	·9925	·9810	·9695	·9580	·9465
0,036 21	1,096 9350	9235	9120	9005	8890	8775	8660	8545	8430	8315
0,036 22	8200	8085	7970	7855	7740	7625	7510	7395	7280	7165
0,036 23	7051	6936	6821	6706	6591	6476	6361	6246	6131	6016
0,036 24	5901	5786	5671	5557	5442	5327	5212	5097	4982	4867
0,036 25	4752	4637	4523	4408	4293	4178	4063	3948	3833	3719
0,036 26	3604	3489	3374	3259	3144	3030	2915	2800	2685	2570
0,036 27	2456	2341	2226	2111	1996	1892	1767	1652	1537	1422
0,036 28	1308	1193	1078	0963	0849	0734	0619	0504	0389	0275
0,036 29	0160	0045	·9931	·9816	·9701	·9586	·9472	·9357	·9242	·9127
	0	1	2	3	4	5	6	7	8	9

P. P.

117
1	11.7
2	25.4
3	35.1
4	46.8
5	58.5
6	70.2
7	81.9
8	95.6
9	105.3

116
1	11.6
2	23.2
3	31.8
4	46.4
5	58.0
6	69.6
7	81.2
8	92.8
9	104.4

115
1	11.5
2	23.0
3	34.5
4	46.0
5	57.5
6	69.0
7	80.5
8	92.0
9	103.5

114
1	11.4
2	22.8
3	34.2
4	45.6
5	57.0
6	68.4
7	79.8
8	91.2
9	102.6

P. P.

7 Decim.	SUBTRACTION.									1,095 0,0363
	0	1	2	3	4	5	6	7	8	9	P. P.

	0	1	2	3	4	5	6	7	8	9	P. P.
0,036 30	1,095 9013	8898	8783	8669	8554	8439	8325	8210	8095	7980	
0,036 31	7866	7751	7636	7522	7407	7292	7178	7063	6948	6834	**115**
0,036 32	6719	6605	6490	6375	6261	6146	6031	5917	5802	5688	1 11,5
0,036 33	5573	5458	5344	5229	5114	5000	4885	4771	4656	4542	2 23,0
0,036 34	4427	4312	4198	4083	3969	3854	3740	3625	3510	3396	3 34,5
0,036 35	3281	3167	3052	2938	2823	2709	2594	2480	2365	2251	4 46,0 / 5 57,5
0,036 36	2136	2022	1907	1793	1678	1564	1449	1335	1220	1106	6 69,0 / 7 80,5
0,036 37	0991	0877	0762	0648	0533	0419	0304	0190	0075	·9961	8 92,0 / 9 103,5
0,036 38	1,094 9846	9732	9618	9503	9389	9274	9160	9045	8931	8817	
0,036 39	8702	8588	8473	8359	8245	8130	8016	7901	7787	7673	
0,036 40	7558	7444	7329	7215	7101	6986	6872	6758	6643	6529	
0,036 41	6415	6300	6186	6071	5957	5843	5728	5614	5500	5386	
0,036 42	5271	5157	5043	4928	4814	4700	4585	4471	4357	4242	
0,036 43	4128	4014	3900	3785	3671	3557	3443	3328	3214	3100	
0,036 44	2986	2871	2757	2643	2529	2414	2300	2186	2072	1957	
0,036 45	1843	1729	1615	1501	1386	1272	1158	1044	0930	0815	
0,036 46	0701	0587	0473	0359	0244	0130	0016	·9902	·9788	·9674	
0,036 47	1,093 9559	9445	9331	9217	9103	8989	8875	8760	8646	8532	
0,036 48	8418	8304	8190	8076	7962	7848	7733	7619	7505	7391	**114**
0,036 49	7277	7163	7049	6935	6821	6707	6593	6479	6364	6250	1 11,4
0,036 50	6136	6022	5908	5794	5680	5566	5452	5338	5224	5110	2 22,8
0,036 51	4996	4882	4768	4654	4540	4426	4312	4198	4084	3970	3 34,2
0,036 52	3856	3742	3628	3514	3400	3286	3172	3058	2944	2830	4 45,6 / 5 57,0
0,036 53	2716	2602	2488	2374	2260	2146	2033	1919	1805	1691	6 68,4 / 7 79,8
0,036 54	1577	1463	1349	1235	1121	1007	0893	0779	0665	0552	8 91,2 / 9 102,6
0,036 55	0438	0324	0210	0096	·9982	·9868	·9754	·9641	·9527	·9413	
0,036 56	1,092 9299	9185	9071	8957	8844	8730	8616	8502	8388	8274	
0,036 57	8161	8047	7933	7819	7705	7591	7478	7364	7250	7136	
0,036 58	7022	6909	6795	6681	6567	6453	6340	6226	6112	5998	
0,036 59	5885	5771	5657	5543	5430	5316	5202	5088	4975	4861	
0,036 60	4747	4633	4520	4406	4292	4179	4065	3951	3837	3724	
0,036 61	3610	3496	3383	3269	3155	3042	2928	2814	2701	2587	
0,036 62	2473	2360	2246	2132	2019	1905	1791	1678	1564	1450	
0,036 63	1337	1223	1109	0996	0882	0769	0655	0541	0428	0314	
0,036 64	0201	0087	·9973	·9860	·9746	·9633	·9519	·9405	·9292	·9178	
0,036 65	1,091 9065	8951	8838	8724	8610	8497	8383	8270	8156	8043	**113**
0,036 66	7929	7816	7702	7589	7475	7362	7248	7135	7021	6907	1 11,3
0,036 67	6794	6680	6567	6453	6340	6227	6113	6000	5886	5773	2 22,6
0,036 68	5659	5546	5432	5319	5205	5092	4978	4865	4751	4638	3 33,9
0,036 69	4525	4411	4298	4184	4071	3957	3844	3731	3617	3504	4 45,2 / 5 56,5
0,036 70	3390	3277	3164	3050	2937	2823	2710	2597	2483	2370	6 67,8 / 7 79,1
0,036 71	2256	2143	2030	1916	1803	1690	1576	1463	1350	1236	8 90,4 / 9 101,7
0,036 72	1123	1009	0896	0783	0669	0556	0443	0330	0216	0103	
0,036 73	1,090 9990	9876	9763	9650	9536	9423	9310	9196	9083	8970	
0,036 74	8857	8743	8630	8517	8404	8290	8177	8064	7951	7837	
0,036 75	7724	7611	7498	7384	7271	7158	7045	6931	6818	6705	
0,036 76	6592	6479	6365	6252	6139	6026	5912	5799	5686	5573	
0,036 77	5460	5347	5233	5120	5007	4894	4781	4668	4554	4441	
0,036 78	4328	4215	4102	3989	3876	3762	3649	3536	3423	3310	
0,036 79	3197	3084	2971	2857	2744	2631	2518	2405	2292	2179	113
	0	1	2	3	4	5	6	7	8	9	**P. P.**

0,0368 1,090	SUBTRACTION.									7 Decim.
	0	1	2	3	4	5	6	7	8	9
0,036 80	1,090 2066	1953	1840	1726	1613	1500	1387	1274	1161	1048
0,036 81	0935	0822	0709	0596	0483	0370	0257	0144	0031	·9918
0,036 82	1,089 9805	9692	9579	9466	9353	9240	9127	9014	8901	8788
0,036 83	8675	8562	8449	8336	8223	8110	7997	7884	7771	7658
0,036 84	7545	7432	7319	7206	7093	6980	6867	6754	6641	6528
0,036 85	6415	6303	6190	6077	5964	5851	5738	5625	5512	5399
0,036 86	5286	5173	5061	4948	4835	4722	4609	4496	4383	4270
0,036 87	4158	4045	3932	3819	3706	3593	3480	3368	3255	3142
0,036 88	3029	2916	2803	2691	2578	2465	2352	2239	2127	2014
0,036 89	1901	1788	1675	1563	1450	1337	1224	1111	0999	0886
0,036 90	0773	0660	0548	0435	0322	0209	0097	·9984	·9871	·9758
0,036 91	1,088 9646	9533	9420	9308	9195	9082	8969	8857	8744	8631
0,036 92	8519	8406	8293	8180	8068	7955	7842	7730	7617	7504
0,036 93	7392	7279	7166	7054	6941	6828	6716	6603	6490	6378
0,036 94	6265	6152	6040	5927	5815	5702	5589	5477	5364	5251
0,036 95	5139	5026	4914	4801	4688	4576	4463	4351	4238	4126
0,036 96	4013	3900	3788	3675	3563	3450	3338	3225	3112	3000
0,036 97	2887	2775	2662	2550	2437	2325	2212	2100	1987	1875
0,036 98	1762	1650	1537	1425	1312	1200	1087	0975	0862	0750
0,036 99	0637	0525	0412	0300	0187	0075	·9962	·9850	·9737	·9625
0,037 00	1,087 9513	9400	9288	9175	9063	8950	8838	8725	8613	8501
0,037 01	8388	8276	8163	8051	7939	7826	7714	7601	7489	7377
0,037 02	7264	7152	7039	6927	6815	6702	6590	6478	6365	6253
0,037 03	6141	6028	5916	5803	5691	5579	5466	5354	5242	5129
0,037 04	5017	4905	4793	4680	4568	4456	4343	4231	4119	4006
0,037 05	3894	3782	3670	3557	3445	3333	3220	3108	2996	2884
0,037 06	2771	2659	2547	2435	2322	2210	2098	1986	1873	1761
0,037 07	1649	1537	1424	1312	1200	1088	0976	0863	0751	0639
0,037 08	0527	0415	0302	0190	0078	·9966	·9854	·9742	·9629	·9517
0,037 09	1,086 9405	9293	9181	9069	8956	8844	8732	8620	8508	8396
0,037 10	8284	8171	8059	7947	7835	7723	7611	7499	7387	7274
0,037 11	7162	7050	6938	6826	6714	6602	6490	6378	6266	6154
0,037 12	6042	5929	5817	5705	5593	5481	5369	5257	5145	5033
0,037 13	4921	4809	4697	4585	4473	4361	4249	4137	4025	3913
0,037 14	3801	3689	3577	3465	3353	3241	3129	3017	2905	2793
0,037 15	2681	2569	2457	2345	2233	2121	2009	1897	1785	1673
0,037 16	1561	1449	1337	1226	1114	1002	0890	0778	0666	0554
0,037 17	0442	0330	0218	0106	·9994	·9883	·9771	·9659	·9547	9435
0,037 18	1,085 9323	9211	9099	8987	8876	8764	8652	8540	8428	8316
0,037 19	8204	8093	7981	7869	7757	7645	7533	7422	7310	7198
0,037 20	7086	6974	6862	6751	6639	6527	6415	6303	6192	6080
0,037 21	5968	5856	5745	5633	5521	5409	5297	5186	5074	4962
0,037 22	4850	4739	4627	4515	4403	4292	4180	4068	3956	3845
0,037 23	3733	3621	3510	3398	3286	3174	3063	2951	2839	2728
0,037 24	2616	2504	2393	2281	2169	2058	1946	1834	1723	1611
0,037 25	1499	1388	1276	1164	1053	0941	0829	0718	0606	0494
0,037 26	0383	0271	0159	0048	·9936	·9825	·9713	·9601	·9490	·9378
0,037 27	1,084 9267	9155	9043	8932	8820	8709	8597	8485	8374	8262
0,037 28	8151	8039	7928	7816	7705	7593	7481	7370	7258	7147
0,037 29	7035	6924	6812	6701	6589	6478	6366	6255	6143	6032
	0	1	2	3	4	5	6	7	8	9

P. P.

114
1 | 11.4
2 | 22.8
3 | 34.2
4 | 45.6
5 | 57.0
6 | 68.4
7 | 79.8
8 | 91.2
9 | 102.6

113
1 | 11.3
2 | 22.6
3 | 33.9
4 | 45.2
5 | 56.5
6 | 67.8
7 | 79.1
8 | 90.4
9 | 101.7

112
1 | 11.2
2 | 22.4
3 | 33.6
4 | 44.8
5 | 56.0
6 | 67.2
7 | 78.4
8 | 89.6
9 | 100.8

111
1 | 11.1
2 | 22.2
3 | 33.3
4 | 44.4
5 | 55.5
6 | 66.6
7 | 77.7
8 | 88.8
9 | 99.9

112

7 Decim.		SUBTRACTION.								1,084 0,0373
	0	1	2	3	4	5	6	7	8	9	P. P.

	0	1	2	3	4	5	6	7	8	9	P. P.
0,037 30	1,084 5920	5809	5697	5586	5474	5363	5251	5140	5028	4917	
0,037 31	4805	4694	4582	4471	4359	4248	4136	4025	3913	3802	112
0,037 32	3691	3579	3468	3356	3245	3133	3022	2911	2799	2688	1 11,2
0,037 33	2576	2465	2354	2242	2131	2019	1908	1797	1685	1574	2 22,4
0,037 34	1462	1351	1240	1128	1017	0906	0794	0683	0571	0460	3 33,6
											4 44,8
											5 56,0
0,037 35	0349	0237	0126	0015	·9903	·9792	·9681	·9569	·9458	·9347	6 67,2
0,037 36	1,083 9235	9124	9013	8901	8790	8679	8568	8456	8345	8234	7 78,4
0,037 37	8122	8011	7900	7789	7677	7566	7455	7343	7232	7121	8 89,6
0,037 38	7010	6898	6787	6676	6565	6453	6342	6231	6120	6009	9 100,8
0,037 39	5897	5786	5675	5564	5452	5341	5230	5119	5008	4896	
0,037 40	4785	4674	4563	4452	4340	4229	4118	4007	3893	3785	
0,037 41	3673	3562	3451	3340	3229	3118	3006	2895	2784	2673	
0,037 42	2562	2451	2340	2229	2117	2006	1895	1784	1673	1562	
0,037 43	1451	1340	1229	1117	1006	0895	0784	0673	0562	0451	
0,037 44	0340	0229	0118	0007	·9896	·9785	·9674	·9563	·9451	·9340	
0,037 45	1,082 9229	9118	9007	8896	8785	8674	8563	8452	8341	8230	
0,037 46	8119	8008	7897	7786	7675	7564	7453	7342	7231	7120	
0,037 47	7009	6898	6787	6676	6565	6454	6343	6232	6122	6011	
0,037 48	5900	5789	5678	5567	5456	5345	5234	5123	5012	4901	111
0,037 49	4790	4679	4569	4458	4347	4236	4125	4014	3903	3792	1 11,1
											2 22,2
0,037 50	3681	3570	3460	3349	3238	3127	3016	2905	2794	2684	3 33,3
0,037 51	2573	2462	2351	2240	2129	2018	1908	1797	1686	1575	4 44,4
0,037 52	1464	1353	1243	1132	1021	0910	0799	0689	0578	0467	5 55,5
0,037 53	0356	0245	0135	0024	·9913	·9802	·9692	·9581	·9470	·9359	6 66,6
0,037 54	1,081 9248	9138	9027	8916	8805	8695	8584	8473	8362	8252	7 77,7
											8 88,8
0,037 55	8141	8030	7920	7809	7698	7587	7477	7366	7255	7145	9 99,9
0,037 56	7034	6923	6812	6702	6591	6480	6370	6259	6148	6038	
0,037 57	5927	5816	5706	5595	5484	5374	5263	5152	5042	4931	
0,037 58	4821	4710	4599	4489	4378	4267	4157	4046	3936	3825	
0,037 59	3714	3604	3493	3382	3272	3161	3051	2940	2830	2719	
0,037 60	2608	2498	2387	2277	2166	2056	1945	1834	1724	1613	
0,037 61	1503	1392	1282	1171	1061	0950	0840	0729	0619	0508	
0,037 62	0397	0287	0176	0066	·9955	·9845	·9734	·9624	·9513	·9403	
0,037 63	1,080 9292	9182	9072	8961	8851	8740	8630	8519	8409	8298	
0,037 64	8188	8077	7967	7856	7746	7636	7525	7415	7304	7194	
0,037 65	7083	6973	6863	6752	6642	6531	6421	6311	6200	6090	110
0,037 66	5979	5869	5759	5648	5538	5427	5317	5207	5096	4986	1 11,0
0,037 67	4876	4765	4655	4544	4434	4324	4213	4103	3993	3882	2 22,0
0,037 68	3772	3662	3551	3441	3331	3220	3110	3000	2890	2779	3 33,0
0,037 69	2669	2559	2448	2338	2228	2117	2007	1897	1787	1676	4 44,0
											5 55,0
0,037 70	1566	1456	1346	1235	1125	1015	0905	0794	0684	0574	6 66,0
0,037 71	0464	0353	0243	0133	0023	·9912	·9802	·9692	·9582	·9472	7 77,0
0,037 72	1,079 9361	9251	9141	9031	8920	8810	8700	8590	8480	8370	8 88,0
0,037 73	8259	8149	8039	7929	7819	7709	7598	7488	7378	7268	9 99,0
0,037 74	7158	7048	6937	6827	6717	6607	6497	6387	6277	6167	
0,037 75	6056	5946	5836	5726	5616	5506	5396	5286	5176	5065	
0,037 76	4955	4845	4735	4625	4515	4405	4295	4185	4075	3965	
0,037 77	3855	3745	3635	3525	3414	3304	3194	3084	2974	2864	
0,037 78	2754	2644	2534	2424	2314	2204	2094	1984	1874	1764	
0,037 79	1654	1544	1434	1324	1214	1104	0994	0884	0774	0664	110
	0	1	2	3	4	5	6	7	8	9	P. P.

0,0378 1,079				SUBTRACTION.						7 Decim.
	0	1	2	3	4	5	6	7	8	9	P. P.

	0	1	2	3	4	5	6	7	8	9	P. P.
0,037 80	1,079 0554	0444	0334	0224	0115	0005	·9895	·9785	·9675	·9565	
0,037 81	1,078 9455	9345	9235	9125	9015	8905	8795	8685	8575	8466	110
0,037 82	8356	8246	8136	8026	7916	7806	7696	7586	7477	7367	1 11,0
0,037 83	7257	7147	7037	6927	6817	6707	6598	6488	6378	6268	2 22,0
0,037 84	6158	6048	5938	5829	5719	5609	5499	5389	5280	5170	3 33,0
											4 44,0
0,037 85	5060	4950	4840	4730	4621	4511	4401	4291	4181	4072	5 55,0
0,037 86	3962	3852	3742	3633	3523	3413	3303	3193	3084	2974	6 66,0
0,037 87	2864	2754	2645	2535	2425	2315	2206	2096	1986	1877	7 77,0
0,037 88	1767	1657	1547	1438	1328	1218	1109	0999	0889	0779	8 88,0
0,037 89	0670	0560	0450	0341	0231	0121	0012	·9902	·9792	·9683	9 99,0
0,037 90	1,077 9573	9463	9354	9244	9134	9025	8915	8805	8696	8586	
0,037 91	8477	8367	8257	8148	8038	7928	7819	7709	7600	7490	
0,037 92	7380	7271	7161	7052	6942	6832	6723	6613	6504	6394	
0,037 93	6284	6175	6065	5956	5846	5737	5627	5518	5408	5298	
0,037 94	5189	5079	4970	4860	4751	4641	4532	4422	4313	4203	
0,037 95	4094	3984	3875	3765	3656	3546	3437	3327	3218	3108	
0,037 96	2999	2889	2780	2670	2561	2451	2342	2232	2123	2013	
0,037 97	1904	1795	1685	1576	1466	1357	1247	1138	1029	0919	
0,037 98	0810	0700	0591	0481	0372	0263	0153	0044	·9934	·9825	109
0,037 99	1,076 9716	9606	9497	9387	9278	9169	9059	8950	8841	8731	1 10,9
0,038 00	8622	8512	8403	8294	8184	8075	7966	7856	7747	7638	2 21,8
0,038 01	7528	7419	7310	7200	7091	6982	6872	6763	6654	6545	3 32,7
0,038 02	6435	6326	6217	6107	5998	5889	5779	5670	5561	5452	4 43,6
0,038 03	5342	5233	5124	5015	4905	4796	4687	4578	4468	4359	5 54,5
0,038 04	4250	4141	4031	3922	3813	3704	3594	3485	3376	3267	6 65,4
											7 76,3
0,038 05	3158	3048	2939	2830	2721	2612	2502	2393	2284	2175	8 87,2
0,038 06	2066	1956	1847	1738	1629	1520	1411	1301	1192	1083	9 98,1
0,038 07	0974	0865	0756	0646	0537	0428	0319	0210	0101	·9992	
0,038 08	1,075 9883	9773	9664	9555	9446	9337	9228	9119	9010	8901	
0,038 09	8792	8682	8573	8464	8355	8246	8137	8028	7919	7810	
0,038 10	7701	7592	7483	7374	7265	7155	7046	6937	6828	6719	
0,038 11	6610	6501	6392	6283	6174	6065	5956	5847	5738	5629	
0,038 12	5520	5411	5302	5193	5084	4975	4866	4757	4648	4539	
0,038 13	4430	4321	4212	4103	3994	3885	3776	3668	3559	3450	
0,038 14	3341	3232	3123	3014	2905	2796	2687	2578	2469	2360	
0,038 15	2251	2143	2034	1925	1816	1707	1598	1489	1380	1271	108
0,038 16	1162	1054	0945	0836	0727	0618	0509	0400	0292	0183	1 10,8
0,038 17	0074	·9965	·9856	·9747	·9638	·9530	·9421	·9312	·9203	·9094	2 21,6
0,038 18	1,074 8985	8877	8768	8659	8550	8441	8333	8224	8115	8006	3 32,4
0,038 19	7897	7789	7680	7571	7462	7353	7245	7136	7027	6918	4 43,2
											5 54,0
0,038 20	6810	6701	6592	6483	6375	6266	6157	6048	5940	5831	6 64,8
0,038 21	5722	5613	5505	5396	5287	5178	5070	4961	4852	4744	7 75,6
0,038 22	4635	4526	4417	4309	4200	4091	3983	3874	3765	3657	8 86,4
0,038 23	3548	3439	3331	3222	3113	3005	2896	2787	2679	2570	9 97,2
0,038 24	2461	2353	2244	2136	2027	1918	1810	1701	1592	1484	
0,038 25	1375	1267	1158	1049	0941	0832	0723	0615	0506	0398	
0,038 26	0289	0181	0072	·9963	·9855	·9746	·9638	·9529	·9421	·9312	
0,038 27	1,073 9203	9095	8986	8878	8769	8661	8552	8444	8335	8227	
0,038 28	8118	8010	7901	7792	7684	7575	7467	7358	7250	7141	
0,038 29	7033	6924	6816	6707	6599	6490	6382	6274	6165	6057	109

	0	1	2	3	4	5	6	7	8	9	P. P.

7 Decim.	SUBTRACTION.									1,073 0,038		
	0	1	2	3	4	5	6	7	8	9	P. P.
0,038 30	1,073 5948	5840	5731	5623	5514	5406	5297	5189	5080	4972	
0,038 31	4864	4755	4647	4538	4430	4321	4213	4105	3996	3888	109
0,038 32	3779	3671	3563	3454	3346	3237	3129	3021	2912	2804	1 10.9
0,038 33	2695	2587	2479	2370	2262	2154	2045	1937	1829	1720	2 21.8
0,038 34	1612	1503	1395	1287	1178	1070	0962	0853	0745	0637	3 32.7
											4 43.6
											5 54.5
0,038 35	0528	0420	0312	0204	0095	˙9987	˙9879	˙9770	˙9662	˙9554	6 65.4
0,038 36	1,072 9445	9337	9229	9121	9012	8904	8796	8688	8579	8471	7 76.3
0,038 37	8363	8254	8146	8038	7930	7821	7713	7605	7497	7388	8 87.2
0,038 38	7280	7172	7064	6956	6847	6739	6631	6523	6415	6306	9 98.1
0,038 39	6198	6090	5982	5874	5765	5657	5549	5441	5333	5224	
0,038 40	5116	5008	4900	4792	4684	4575	4467	4359	4251	4143	
0,038 41	4035	3927	3818	3710	3602	3494	3386	3278	3170	3062	
0,038 42	2953	2845	2737	2629	2521	2413	2305	2197	2089	1981	
0,038 43	1872	1764	1656	1548	1440	1332	1224	1116	1008	0900	
0,038 44	0792	0684	0576	0468	0360	0252	0143	0035	˙9927	˙9819	
0,038 45	1,071 9711	9603	9495	9387	9279	9171	9063	8955	8847	8739	
0,038 46	8631	8523	8415	8307	8199	8091	7983	7875	7767	7659	
0,038 47	7551	7444	7336	7228	7120	7012	6904	6796	6688	6580	
0,038 48	6472	6364	6256	6148	6040	5932	5824	5716	5609	5501	108
0,038 49	5393	5285	5177	5069	4961	4853	4745	4637	4530	4422	1 10.8
											2 21.6
0,038 50	4314	4206	4098	3990	3882	3774	3667	3559	3451	3343	3 32.4
0,038 51	3235	3127	3020	2912	2804	2696	2588	2480	2373	2265	4 43.2
0,038 52	2157	2049	1941	1833	1726	1618	1510	1402	1294	1187	5 54.0
0,038 53	1079	0971	0863	0755	0648	0540	0432	0324	0217	0109	6 64.8
0,038 54	0001	˙9893	˙9786	˙9678	˙9570	˙9462	˙9355	˙9247	˙9139	˙9031	7 75.6
											8 86.4
0,038 55	1,070 8924	8816	8708	8600	8493	8385	8277	8170	8062	7954	9 97.2
0,038 56	7846	7739	7631	7523	7416	7308	7200	7093	6985	6877	
0,038 57	6770	6662	6554	6447	6339	6231	6124	6016	5908	5801	
0,038 58	5693	5585	5478	5370	5262	5155	5047	4940	4832	4724	
0,038 59	4617	4509	4401	4294	4186	4079	3971	3863	3756	3648	
0,038 60	3541	3433	3326	3218	3110	3003	2895	2788	2680	2573	
0,038 61	2465	2357	2250	2142	2035	1927	1820	1712	1605	1497	
0,038 62	1390	1282	1174	1067	0959	0852	0744	0637	0529	0422	
0,038 63	0314	0207	0099	˙9992	˙9884	˙9777	˙9669	˙9562	˙9455	˙9347	
0,038 64	1,069 9240	9132	9025	8917	8810	8702	8595	8487	8380	8272	
0,038 65	8165	8058	7950	7843	7735	7628	7520	7413	7306	7198	107
0,038 66	7091	6983	6876	6769	6661	6554	6446	6339	6232	6124	1 10.7
0,038 67	6017	5909	5802	5695	5587	5480	5373	5265	5158	5050	2 21.4
0,038 68	4943	4836	4728	4621	4514	4406	4299	4192	4084	3977	3 32.1
0,038 69	3870	3762	3655	3548	3440	3333	3226	3119	3011	2904	4 42.8
											5 53.5
0,038 70	2797	2689	2582	2475	2368	2260	2153	2046	1938	1831	6 64.2
0,038 71	1724	1617	1509	1402	1295	1188	1080	0973	0866	0759	7 74.9
0,038 72	0651	0544	0437	0330	0222	0115	0008	˙9901	˙9794	˙9686	8 85.6
0,038 73	1,068 9579	9472	9365	9257	9150	9043	8936	8829	8722	8614	9 96.3
0,038 74	8507	8400	8293	8186	8078	7971	7864	7757	7650	7543	
0,038 75	7436	7328	7221	7114	7007	6900	6793	6686	6578	6471	
0,038 76	6364	6257	6150	6043	5936	5829	5721	5614	5507	5400	
0,038 77	5293	5186	5079	4972	4865	4758	4651	4544	4436	4329	
0,038 78	4222	4115	4008	3901	3794	3687	3580	3473	3366	3259	
0,038 79	3152	3045	2938	2831	2724	2617	2510	2403	2296	2189	107
	0	1	2	3	4	5	6	7	8	9	P. P.

0,0388 1,068   SUBTRACTION.   7 Decim.

	0	1	2	3	4	5	6	7	8	9
0,038 80	1,068 2082	1975	1868	1761	1654	1547	1440	1333	1226	1119
0,038 81	1012	0905	0798	0691	0584	0477	0370	0263	0156	0049
0,038 82	1,067 9942	9835	9728	9621	9514	9407	9300	9194	9087	8980
0,038 83	8873	8766	8659	8552	8445	8338	8231	8124	8017	7911
0,038 84	7804	7697	7590	7483	7376	7269	7162	7056	6949	6842
0,038 85	6735	6628	6521	6414	6307	6201	6094	5987	5880	5773
0,038 86	5666	5560	5453	5346	5239	5132	5025	4919	4812	4705
0,038 87	4598	4491	4385	4278	4171	4064	3957	3851	3744	3637
0,038 88	3530	3424	3317	3210	3103	2997	2890	2783	2676	2569
0,038 89	2463	2356	2249	2143	2036	1929	1822	1716	1609	1502
0,038 90	1395	1289	1182	1075	0969	0862	0755	0648	0542	0435
0,038 91	0328	0222	0115	0008	'9902	'9795	'9688	'9582	'9475	'9368
0,038 92	1,066 9262	9155	9048	8942	8835	8728	8622	8515	8408	8302
0,038 93	8195	8089	7982	7875	7769	7662	7555	7449	7342	7236
0,038 94	7129	7022	6916	6809	6703	6596	6489	6383	6276	6170
0,038 95	6063	5956	5850	5743	5637	5530	5424	5317	5211	5104
0,038 96	4997	4891	4784	4678	4571	4465	4358	4252	4145	4039
0,038 97	3932	3826	3719	3613	3506	3400	3293	3187	3080	2974
0,038 98	2867	2761	2654	2548	2441	2335	2228	2122	2015	1909
0,038 99	1802	1696	1589	1483	1377	1270	1164	1057	0951	0844
0,039 00	0738	0631	0525	0419	0312	0206	0099	'9993	'9887	'9780
0,039 01	1,065 9674	9567	9461	9354	9248	9142	9035	8929	8823	8716
0,039 02	8610	8503	8397	8291	8184	8078	7972	7865	7759	7653
0,039 03	7546	7440	7334	7227	7121	7014	6908	6802	6696	6589
0,039 04	6483	6377	6270	6164	6058	5951	5845	5739	5632	5526
0,039 05	5420	5314	5207	5101	4995	4888	4782	4676	4570	4463
0,039 06	4357	4251	4145	4038	3932	3826	3720	3613	3507	3401
0,039 07	3295	3188	3082	2976	2870	2763	2657	2551	2445	2339
0,039 08	2232	2126	2020	1914	1808	1701	1595	1489	1383	1277
0,039 09	1171	1064	0958	0852	0746	0640	0533	0427	0321	0215
0,039 10	0109	0003	'9897	'9790	'9684	'9578	'9472	'9366	'9260	'9154
0,039 11	1,064 9048	8941	8835	8729	8623	8517	8411	8305	8199	8093
0,039 12	7986	7880	7774	7668	7562	7456	7350	7244	7138	7032
0,039 13	6926	6820	6714	6608	6501	6395	6289	6183	6077	5971
0,039 14	5865	5759	5653	5547	5441	5335	5229	5123	5017	4911
0,039 15	4805	4699	4593	4487	4381	4275	4169	4063	3957	3851
0,039 16	3745	3639	3533	3427	3321	3215	3109	3003	2897	2791
0,039 17	2685	2580	2474	2368	2262	2156	2050	1944	1838	1732
0,039 18	1626	1520	1414	1308	1202	1097	0991	0885	0779	0673
0,039 19	0567	0461	0355	0249	0144	0038	'9932	'9826	'9720	'9614
0,039 20	1,063 9508	9402	9297	9191	9085	8979	8873	8767	8661	8556
0,039 21	8450	8344	8238	8132	8026	7921	7815	7709	7603	7497
0,039 22	7392	7286	7180	7074	6968	6863	6757	6651	6545	6439
0,039 23	6334	6228	6122	6016	5911	5805	5699	5593	5487	5382
0,039 24	5276	5170	5064	4959	4853	4747	4641	4536	4430	4324
0,039 25	4219	4113	4007	3901	3796	3690	3584	3479	3373	3267
0,039 26	3161	3056	2950	2844	2739	2633	2527	2422	2316	2210
0,039 27	2105	1999	1893	1788	1682	1576	1471	1365	1259	1154
0,039 28	1048	0942	0837	0731	0626	0520	0414	0309	0203	0097
0,039 29	1,062 9992	9886	9781	9675	9569	9464	9358	9253	9147	9041

(0,039 29 → 105)

P. P.

107		106		105	
1	10,7	1	10,6	1	10,5
2	21,4	2	21,2	2	21,0
3	32,1	3	31,8	3	31,5
4	42,8	4	42,4	4	42,0
5	53,5	5	53,0	5	52,5
6	64,2	6	63,6	6	63,0
7	74,9	7	74,2	7	73,5
8	85,6	8	84,8	8	84,0
9	96,3	9	95,4	9	94,5

| 7 Decim. | SUBTRACTION. | | | | | | | | | 1,062 0,0393 |

	0	1	2	3	4	5	6	7	8	9	P. P.
0,039 30	1,062 8936	8830	8725	8619	8514	8408	8302	8197	8091	7986	
0,039 31	7880	7775	7669	7564	7458	7352	7247	7141	7036	6930	106
0,039 32	6825	6719	6614	6508	6403	6297	6192	6086	5981	5875	1 10.6
0,039 33	5770	5664	5559	5453	5348	5242	5137	5031	4926	4820	2 21.2 / 3 31.8
0,039 34	4715	4609	4504	4398	4293	4188	4082	3977	3871	3766	4 42.4 / 5 53,0
0,039 35	3660	3555	3449	3344	3239	3133	3028	2922	2817	2711	6 63.6
0,039 36	2606	2501	2395	2290	2184	2079	1974	1868	1763	1657	7 74.2
0,039 37	1552	1447	1341	1236	1130	1025	0920	0814	0709	0604	8 84,8
0,039 38	0498	0393	0288	0182	0077	˙9972	˙9866	˙9761	˙9655	˙9550	9 95,4
0,039 39	1,061 9445	9339	9234	9129	9024	8918	8813	8708	8602	8497	
0,039 40	8392	8286	8181	8076	7970	7865	7760	7655	7549	7444	
0,039 41	7339	7233	7128	7023	6918	6812	6707	6602	6497	6391	
0,039 42	6286	6181	6076	5970	5865	5760	5655	5549	5444	5339	
0,039 43	5234	5129	5023	4918	4813	4708	4603	4497	4392	4287	
0,039 44	4182	4077	3971	3866	3761	3656	3551	3446	3340	3235	
0,039 45	3130	3025	2920	2815	2709	2604	2499	2394	2289	2184	
0,039 46	2079	1973	1868	1763	1658	1553	1448	1343	1238	1132	
0,039 47	1027	0922	0817	0712	0607	0502	0397	0292	0187	0081	105
0,039 48	1,060 9976	9871	9766	9661	9556	9451	9346	9241	9136	9031	1 10.5
0,039 49	8926	8821	8716	8611	8506	8400	8295	8190	8085	7980	2 21.0 / 3 31,5
0,039 50	7875	7770	7665	7560	7455	7350	7245	7140	7035	6930	4 42,0 / 5 52,5
0,039 51	6825	6720	6615	6510	6405	6300	6195	6090	5985	5880	6 63,0 / 7 73,5
0,039 52	5775	5670	5565	5461	5356	5251	5146	5041	4936	4831	8 84,0
0,039 53	4726	4621	4516	4411	4306	4201	4096	3991	3886	3782	9 94,5
0,039 54	3677	3572	3467	3362	3257	3152	3047	2942	2837	2733	
0,039 55	2628	2523	2418	2313	2208	2103	1998	1894	1789	1684	
0,039 56	1579	1474	1369	1264	1160	1055	0950	0845	0740	0635	
0,039 57	0530	0426	0321	0216	0111	0006	˙9902	˙9797	˙9692	˙9587	
0,039 58	1,059 9482	9378	9273	9168	9063	8958	8854	8749	8644	8539	
0,039 59	8434	8330	8225	8120	8015	7911	7806	7701	7596	7492	
0,039 60	7387	7282	7177	7073	6968	6863	6758	6654	6549	6444	
0,039 61	6340	6235	6130	6025	5921	5816	5711	5607	5502	5397	
0,039 62	5292	5188	5083	4978	4874	4769	4664	4560	4455	4350	
0,039 63	4246	4141	4036	3932	3827	3722	3618	3513	3408	3304	
0,039 64	3199	3095	2990	2885	2781	2676	2571	2467	2362	2258	104
0,039 65	2153	2048	1944	1839	1735	1630	1525	1421	1316	1212	1 10,4
0,039 66	1107	1002	0898	0793	0689	0584	0480	0375	0270	0166	2 20,8 / 3 31,2
0,039 67	0061	˙9957	˙9852	˙9748	˙9643	˙9539	˙9434	˙9330	˙9225	˙9121	4 41,6 / 5 52,0
0,039 68	1,058 9016	8911	8807	8702	8598	8493	8389	8284	8180	8075	6 62,4 / 7 72,8
0,039 69	7971	7866	7762	7657	7553	7448	7344	7239	7135	7031	8 83,2 / 9 93,6
0,039 70	6926	6822	6717	6613	6508	6404	6299	6195	6090	5986	
0,039 71	5881	5777	5673	5568	5464	5359	5255	5150	5046	4942	
0,039 72	4837	4733	4628	4524	4420	4315	4211	4106	4002	3898	
0,039 73	3793	3689	3584	3480	3376	3271	3167	3063	2958	2854	
0,039 74	2749	2645	2541	2436	2332	2228	2123	2019	1915	1810	
0,039 75	1706	1602	1497	1393	1289	1184	1080	0976	0871	0767	
0,039 76	0663	0558	0454	0350	0246	0141	0037	˙9933	˙9828	˙9724	
0,039 77	1,057 9620	9516	9411	9307	9203	9098	8994	8890	8786	8681	
0,039 78	8577	8473	8369	8264	8160	8056	7952	7848	7743	7639	
0,039 79	7535	7431	7326	7222	7118	7014	6910	6805	6701	6597	104

| | 0 | 1 | 2 | 3 | 4 | 5 | 6 | 7 | 8 | 9 | P. P. |

0,0398 1,057				SUBTRACTION.						7 Decim.
	0	1	2	3	4	5	6	7	8	9	P. P.

	0	1	2	3	4	5	6	7	8	9
0,039 80	1,057 6493	6389	6284	6180	6076	5972	5868	5763	5659	5555
0,039 81	5451	5347	5243	5138	5034	4930	4826	4722	4618	4514
0,039 82	4409	4305	4201	4097	3993	3889	3785	3680	3576	3472
0,039 83	3368	3264	3160	3056	2952	2848	2743	2639	2535	2431
0,039 84	2327	2223	2119	2015	1911	1807	1703	1599	1495	1390
0,039 85	1286	1182	1078	0974	0870	0766	0662	0558	0454	0350
0,039 86	0246	0142	0038	˙9934	˙9830	˙9726	˙9622	˙9518	˙9414	˙9310
0,039 87	1,056 9206	9102	8998	8894	8790	8686	8582	8478	8374	8270
0,039 88	8166	8062	7958	7854	7750	7646	7542	7438	7334	7230
0,039 89	7126	7022	6918	6814	6710	6607	6503	6399	6295	6191
0,039 90	6087	5983	5879	5775	5671	5567	5463	5359	5256	5152
0,039 91	5048	4944	4840	4736	4632	4528	4424	4321	4217	4113
0,039 92	4009	3905	3801	3697	3594	3490	3386	3282	3178	3074
0,039 93	2970	2867	2763	2659	2555	2451	2347	2244	2140	2036
0,039 94	1932	1828	1725	1621	1517	1413	1309	1206	1102	0998
0,039 95	0894	0790	0687	0583	0479	0375	0271	0168	0064	˙9960
0,039 96	1,055 9856	9753	9649	9545	9441	9338	9234	9130	9026	8923
0,039 97	8819	8715	8612	8508	8404	8300	8197	8093	7989	7886
0,039 98	7782	7678	7574	7471	7367	7263	7160	7056	6952	6849
0,039 99	6745	6641	6538	6434	6330	6227	6123	6019	5916	5812
0,040 00	5708	5605	5501	5397	5294	5190	5086	4983	4879	4776
0,040 01	4672	4568	4465	4361	4257	4154	4050	3947	3843	3739
0,040 02	3636	3532	3429	3325	3221	3118	3014	2911	2807	2704
0,040 03	2600	2496	2393	2289	2186	2082	1979	1875	1771	1668
0,040 04	1564	1461	1357	1254	1150	1047	0943	0840	0736	0633
0,040 05	0529	0426	0322	0219	0115	0012	˙9908	˙9805	˙9701	˙9598
0,040 06	1,054 9494	9391	9287	9184	9080	8977	8873	8770	8666	8563
0,040 07	8459	8356	8252	8149	8046	7942	7839	7735	7632	7528
0,040 08	7425	7321	7218	7115	7011	6908	6804	6701	6598	6494
0,040 09	6391	6287	6184	6080	5977	5874	5770	5667	5564	5460
0,040 10	5357	5253	5150	5047	4943	4840	4737	4633	4530	4426
0,040 11	4323	4220	4116	4013	3910	3806	3703	3600	3496	3393
0,040 12	3290	3186	3083	2980	2876	2773	2670	2566	2463	2360
0,040 13	2257	2153	2050	1947	1843	1740	1637	1534	1430	1327
0,040 14	1224	1120	1017	0914	0811	0707	0604	0501	0398	0294
0,040 15	0191	0088	˙9985	˙9881	˙9778	˙9675	˙9572	˙9468	˙9365	˙9262
0,040 16	1,053 9159	9056	8952	8849	8746	8643	8540	8436	8333	8230
0,040 17	8127	8024	7920	7817	7714	7611	7508	7405	7301	7198
0,040 18	7095	6992	6889	6786	6682	6579	6476	6373	6270	6167
0,040 19	6063	5960	5857	5754	5651	5548	5445	5342	5238	5135
0,040 20	5032	4929	4826	4723	4620	4517	4414	4311	4207	4104
0,040 21	4001	3898	3795	3692	3589	3486	3383	3280	3177	3074
0,040 22	2971	2868	2764	2661	2558	2455	2352	2249	2146	2043
0,040 23	1940	1837	1734	1631	1528	1425	1322	1219	1116	1013
0,040 24	0910	0807	0704	0601	0498	0395	0292	0189	0086	˙9983
0,040 25	1,052 9880	9777	9674	9571	9468	9365	9262	9159	9056	8953
0,040 26	8850	8747	8645	8542	8439	8336	8233	8130	8027	7924
0,040 27	7821	7718	7615	7512	7409	7306	7204	7101	6998	6895
0,040 28	6792	6689	6586	6483	6380	6278	6175	6072	5969	5866
0,040 29	5763	5660	5557	5455	5352	5249	5146	5043	4940	4837	102

	0	1	2	3	4	5	6	7	8	9	P. P.

P. P.

105
1 | 10,5
2 | 21,0
3 | 31,5
4 | 42,0
5 | 52,5
6 | 63,0
7 | 73,5
8 | 84,0
9 | 94,5

104
1 | 10,4
2 | 20,8
3 | 31,2
4 | 41,6
5 | 52,0
6 | 62,4
7 | 72,8
8 | 83,2
9 | 93,6

103
1 | 10,3
2 | 20,6
3 | 30,9
4 | 41,2
5 | 51,5
6 | 61,8
7 | 72,1
8 | 82,4
9 | 92,7

102
1 | 10,2
2 | 20,4
3 | 30,6
4 | 40,8
5 | 51,0
6 | 61,2
7 | 71,4
8 | 81,6
9 | 91,8

102

7 Decim.				SUBTRACTION.					1,052 0,0403	
	0	1	2	3	4	5	6	7	8	9	P. P.
0,040 30	1,052 4735	4632	4529	4426	4323	4220	4118	4015	3912	3809	
0,040 31	3706	3603	3501	3398	3295	3192	3089	2987	2884	2781	103
0,040 32	2678	2575	2473	2370	2267	2164	2062	1959	1856	1753	1 10,3
0,040 33	1651	1548	1445	1342	1239	1137	1034	0931	0829	0726	2 20,6 / 3 30,9
0,040 34	0623	0520	0418	0315	0212	0109	0007	·9904	·9801	·9699	4 41,2 / 5 51,5
0,040 35	1,051 9596	9493	9390	9288	9185	9082	8980	8877	8774	8672	6 61,8
0,040 36	8569	8466	8363	8261	8158	8055	7953	7850	7747	7645	7 72,1
0,040 37	7542	7439	7337	7234	7132	7029	6926	6824	6721	6618	8 82,4
0,040 38	6516	6413	6310	6208	6105	6003	5900	5797	5695	5592	9 92,7
0,040 39	5490	5387	5284	5182	5079	4977	4874	4771	4669	4566	
0,040 40	4464	4361	4259	4156	4053	3951	3848	3746	3643	3541	
0,040 41	3438	3335	3233	3130	3028	2925	2823	2720	2618	2515	
0,040 42	2413	2310	2208	2105	2003	1900	1798	1695	1593	1490	
0,040 43	1388	1285	1183	1080	0978	0875	0773	0670	0568	0465	
0,040 44	0363	0260	0158	0055	·9953	·9850	·9748	·9646	·9543	·9441	
0,040 45	1,050 9338	9236	9133	9031	9928	8826	8724	8621	8519	8416	
0,040 46	8314	8211	8109	8007	7904	7802	7699	7597	7495	7392	
0,040 47	7290	7187	7085	6983	6880	6778	6676	6573	6471	6368	102
0,040 48	6266	6164	6061	5959	5857	5754	5652	5550	5447	5345	1 10,2
0,040 49	5243	5140	5038	4936	4833	4731	4629	4526	4424	4322	2 20,4 / 3 30,6
0,040 50	4219	4117	4015	3912	3810	3708	3606	3503	3401	3299	4 40,8 / 5 51,0
0,040 51	3196	3094	2992	2890	2787	2685	2583	2480	2378	2276	6 61,2
0,040 52	2174	2071	1969	1867	1765	1662	1560	1458	1356	1253	7 71,4
0,040 53	1151	1049	0947	0845	0742	0640	0538	0436	0333	0231	8 81,6
0,040 54	0129	0027	·9925	·9822	·9720	·9618	·9516	·9414	·9311	·9209	9 91,8
0,040 55	1,049 9107	9005	8903	8801	8698	8596	8494	8392	8290	8188	
0,040 56	8085	7983	7881	7779	7677	7575	7473	7370	7268	7166	
0,040 57	7064	6962	6860	6758	6656	6553	6451	6349	6247	6145	
0,040 58	6043	5941	5839	5737	5635	5532	5430	5328	5226	5124	
0,040 59	5022	4920	4818	4716	4614	4512	4410	4308	4206	4103	
0,040 60	4001	3899	3797	3695	3593	3491	3389	3287	3185	3083	
0,040 61	2981	2879	2777	2675	2573	2471	2369	2267	2165	2063	
0,040 62	1961	1859	1757	1655	1553	1451	1349	1247	1145	1043	
0,040 63	0941	0839	0737	0635	0533	0431	0329	0228	0126	0024	
0,040 64	1,048 9922	9820	9718	9616	9514	9412	9310	9208	9106	9004	
0,040 65	8902	8800	8699	8597	8495	8393	8291	8189	8087	7985	101
0,040 66	7883	7781	7680	7578	7476	7374	7272	7170	7068	6966	1 10,1
0,040 67	6865	6763	6661	6559	6457	6355	6253	6152	6050	5948	2 20,2 / 3 30,3
0,040 68	5846	5744	5642	5541	5439	5337	5235	5133	5031	4930	4 40,4 / 5 50,5
0,040 69	4828	4726	4624	4522	4421	4319	4217	4115	4013	3912	6 60,6
0,040 70	3810	3708	3606	3505	3403	3301	3199	3097	2996	2894	7 70,7
0,040 71	2792	2690	2589	2487	2385	2283	2182	2080	1978	1876	8 80,8
0,040 72	1775	1673	1571	1470	1368	1266	1164	1063	0961	0859	9 90,9
0,040 73	0758	0656	0554	0452	0351	0249	0147	0046	·9944	·9842	
0,040 74	1,047 9741	9639	9537	9436	9334	9232	9131	9029	8927	8826	
0,040 75	8724	8622	8521	8419	8317	8216	8114	8012	7911	7809	
0,040 76	7708	7606	7504	7403	7301	7199	7098	6996	6895	6793	
0,040 77	6691	6590	6488	6387	6285	6183	6082	5980	5879	5777	
0,040 78	5676	5574	5472	5371	5269	5168	5066	4965	4863	4761	
0,040 79	4660	4558	4457	4355	4254	4152	4051	3949	3848	3746	101
	0	1	2	3	4	5	6	7	8	9	P. P.

0,0408 1,047				SUBTRACTION.						7 Decim.
	0	1	2	3	4	5	6	7	8	9	P. P.
0,040 80	1,047 3645	3543	3441	3340	3238	3137	3035	2934	2832	2731
0,040 81	2629	2528	2426	2325	2223	2122	2020	1919	1818	1716
0,040 82	1615	1513	1412	1310	1209	1107	1006	0904	0803	0701
0,040 83	0600	0499	0397	0296	0194	0093	˙9991	˙9890	˙9789	˙9687
0,040 84	1,046 9586	9484	9383	9281	9180	9079	8977	8876	8774	8673
0,040 85	8572	8470	8369	8267	8166	8065	7963	7862	7761	7659
0,040 86	7558	7456	7355	7254	7152	7051	6950	6848	6747	6646
0,040 87	6544	6443	6342	6240	6139	6038	5936	5835	5734	5632
0,040 88	5531	5430	5328	5227	5126	5024	4923	4822	4721	4619
0,040 89	4518	4417	4315	4214	4113	4012	3910	3809	3708	3607
0,040 90	3505	3404	3303	3201	3100	2999	2898	2796	2695	2594
0,040 91	2493	2392	2290	2189	2088	1987	1885	1784	1683	1582
0,040 92	1481	1379	1278	1177	1076	0974	0873	0772	0671	0570
0,040 93	0469	0367	0266	0165	0064	˙9963	˙9861	˙9760	˙9659	˙9558
0,040 94	1,045 9457	9356	9254	9153	9052	8951	8850	8749	8648	8546
0,040 95	8445	8344	8243	8142	8041	7940	7839	7737	7636	7535
0,040 96	7434	7333	7232	7131	7030	6929	6828	6726	6625	6524
0,040 97	6423	6322	6221	6120	6019	5918	5817	5716	5615	5514
0,040 98	5412	5311	5210	5109	5008	4907	4806	4705	4604	4503
0,040 99	4402	4301	4200	4099	3998	3897	3796	3695	3594	3493
0,041 00	3392	3291	3190	3089	2988	2887	2786	2685	2584	2483
0,041 01	2382	2281	2180	2079	1978	1877	1776	1675	1574	1473
0,041 02	1372	1271	1170	1069	0969	0868	0767	0666	0565	0464
0,041 03	0363	0262	0161	0060	˙9959	˙9858	˙9757	˙9657	˙9556	˙9455
0,041 04	1,044 9354	9253	9152	9051	8950	8849	8748	8648	8547	8446
0,041 05	8345	8244	8143	8042	7941	7841	7740	7639	7538	7437
0,041 06	7336	7235	7135	7034	6933	6832	6731	6630	6530	6429
0,041 07	6328	6227	6126	6025	5925	5824	5723	5622	5521	5421
0,041 08	5320	5219	5118	5017	4917	4816	4715	4614	4514	4413
0,041 09	4312	4211	4110	4010	3909	3808	3707	3607	3506	3405
0,041 10	3304	3204	3103	3002	2901	2801	2700	2599	2498	2398
0,041 11	2297	2196	2096	1995	1894	1793	1693	1592	1491	1391
0,041 12	1290	1189	1089	0988	0887	0787	0686	0585	0484	0384
0,041 13	0283	0182	0082	˙9981	˙9880	˙9780	˙9679	˙9579	˙9478	˙9377
0,041 14	1,043 9277	9176	9075	8975	8874	8773	8673	8572	8471	8371
0,041 15	8270	8170	8069	7968	7868	7767	7667	7566	7465	7365
0,041 16	7264	7164	7063	6962	6862	6761	6661	6560	6460	6359
0,041 17	6258	6158	6057	5957	5856	5756	5655	5554	5454	5353
0,041 18	5253	5152	5052	4951	4851	4750	4650	4549	4449	4348
0,041 19	4248	4147	4047	3946	3846	3745	3645	3544	3444	3343
0,041 20	3243	3142	3042	2941	2841	2740	2640	2539	2439	2338
0,041 21	2238	2137	2037	1936	1836	1735	1635	1535	1434	1334
0,041 22	1233	1133	1032	0932	0832	0731	0631	0530	0430	0329
0,041 23	0229	0129	0028	˙9928	˙9827	˙9727	˙9627	˙9526	˙9426	˙9325
0,041 24	1,042 9225	9125	9024	8924	8823	8723	8623	8522	8422	8322
0,041 25	8221	8121	8020	7920	7820	7719	7619	7519	7418	7318
0,041 26	7218	7117	7017	6917	6816	6716	6616	6515	6415	6315
0,041 27	6214	6114	6014	5914	5813	5713	5613	5512	5412	5312
0,041 28	5211	5111	5011	4911	4810	4710	4610	4510	4409	4309
0,041 29	4209	4108	4008	3908	3808	3707	3607	3507	3407	3306	100
	0	1	2	3	4	5	6	7	8	9	P. P.

P. P.

102
1 | 10,2
2 | 20,4
3 | 30,6
4 | 40,8
5 | 51,0
6 | 61,2
7 | 71,4
8 | 81,6
9 | 91,8

101
1 | 10,1
2 | 20,2
3 | 30,3
4 | 40,4
5 | 50,5
6 | 60,6
7 | 70,7
8 | 80,8
9 | 90,9

100
1 | 10,0
2 | 20,0
3 | 30,0
4 | 40,0
5 | 50,0
6 | 60,0
7 | 70,0
8 | 80,0
9 | 90,0

| 7 Decim. | | | | SUBTRACTION. | | | | | 1,042 | 0,0413 |

0,041	0	1	2	3	4	5	6	7	8	9	P. P.
0,041 30	1,042 3206	3106	3006	2906	2805	2705	2605	2505	2404	2304	
0,041 31	2204	2104	2004	1903	1803	1703	1603	1503	1402	1302	101
0,041 32	1202	1102	1002	0902	0801	0701	0601	0501	0401	0301	1 10,1
0,041 33	0200	0100	0000	'9900	'9800	'9700	'9599	'9499	'9399	'9299	2 20,2
0,041 34	1,041 9199	9099	8999	8898	8798	8698	8598	8498	8398	8298	3 30,3 / 4 40,4 / 5 50,5
0,041 35	8198	8098	7997	7897	7797	7697	7597	7497	7397	7297	6 60,6
0,041 36	7197	7097	6997	6896	6796	6696	6596	6496	6396	6296	7 70,7
0,041 37	6196	6096	5996	5896	5796	5696	5596	5496	5396	5296	8 80,8
0,041 38	5196	5096	4996	4895	4795	4695	4595	4495	4395	4295	9 90,9
0,041 39	4195	4095	3995	3895	3795	3695	3595	3495	3395	3295	
0,041 40	3195	3095	2995	2896	2796	2696	2596	2496	2396	2296	
0,041 41	2196	2096	1996	1896	1796	1696	1596	1496	1396	1296	
0,041 42	1196	1096	0996	0897	0797	0697	0597	0497	0397	0297	
0,041 43	0197	0097	'9997	'9897	'9798	'9698	'9598	'9498	'9398	'9298	
0,041 44	1,040 9198	9098	8998	8899	8799	8699	8599	8499	8399	8299	
0,041 45	8200	8100	8000	7900	7800	7700	7600	7501	7401	7301	
0,041 46	7201	7101	7001	6902	6802	6702	6602	6502	6403	6303	
0,041 47	6203	6103	6003	5904	5804	5704	5604	5504	5405	5305	
0,041 48	5205	5105	5005	4906	4806	4706	4606	4507	4407	4307	100
0,041 49	4207	4108	4008	3908	3808	3709	3609	3509	3409	3310	1 10,0
0,041 50	3210	3110	3010	2911	2811	2711	2612	2512	2412	2312	2 20,0 / 3 30,0
0,041 51	2213	2113	2013	1914	1814	1714	1615	1515	1415	1316	4 40,0 / 5 50,0
0,041 52	1216	1116	1017	0917	0817	0717	0618	0518	0419	0319	6 60,0
0,041 53	0219	0120	0020	'9920	'9821	'9721	'9621	'9522	'9422	'9322	7 70,0 / 8 80,0
0,041 54	1,039 9223	9123	9024	8924	8824	8725	8625	8525	8426	8326	9 90,0
0,041 55	8227	8127	8027	7928	7828	7729	7629	7529	7430	7330	
0,041 56	7231	7131	7032	6932	6832	6733	6633	6534	6434	6335	
0,041 57	6235	6136	6036	5936	5837	5737	5638	5538	5439	5339	
0,041 58	5240	5140	5041	4941	4842	4742	4643	4543	4444	4344	
0,041 59	4245	4145	4046	3946	3847	3747	3648	3548	3449	3349	
0,041 60	3250	3150	3051	2951	2852	2752	2653	2553	2454	2354	
0,041 61	2255	2156	2056	1957	1857	1758	1658	1559	1459	1360	
0,041 62	1261	1161	1062	0962	0863	0763	0664	0565	0465	0366	
0,041 63	0266	0167	0068	'9968	'9869	'9769	'9670	'9571	'9471	'9372	
0,041 64	1,038 9273	9173	9074	8974	8875	8776	8676	8577	8478	8378	
0,041 65	8279	8180	8080	7981	7881	7782	7683	7583	7484	7385	99
0,041 66	7285	7186	7087	6988	6888	6789	6690	6590	6491	6392	1 9,9
0,041 67	6292	6193	6094	5994	5895	5796	5697	5597	5498	5399	2 19,8
0,041 68	5299	5200	5101	5002	4902	4803	4704	4605	4505	4406	3 29,7
0,041 69	4307	4208	4108	4009	3910	3811	3711	3612	3513	3414	4 39,6 / 5 49,5 / 6 59,4
0,041 70	3314	3215	3116	3017	2917	2818	2719	2620	2521	2421	7 69,3
0,041 71	2322	2223	2124	2025	1925	1826	1727	1628	1529	1430	8 79,2
0,041 72	1330	1231	1132	1033	0934	0834	0735	0636	0537	0438	9 89,1
0,041 73	0339	0240	0140	0041	'9942	'9843	'9744	'9645	'9546	'9446	
0,041 74	1,037 9347	9248	9149	9050	8951	8852	8753	8653	8554	8455	
0,041 75	8356	8257	8158	8059	7960	7861	7762	7662	7563	7464	
0,041 76	7365	7266	7167	7068	6969	6870	6771	6672	6573	6474	
0,041 77	6375	6276	6176	6077	5978	5879	5780	5681	5582	5483	
0,041 78	5384	5285	5186	5087	4988	4889	4790	4691	4592	4493	
0,041 79	4394	4295	4196	4097	3998	3899	3800	3701	3602	3503	99

| | 0 | 1 | 2 | 3 | 4 | 5 | 6 | 7 | 8 | 9 | P. P. |

0,0418 1,037				SUBTRACTION.					7 Decim.		P. P.
	0	1	2	3	4	5	6	7	8	9	
0,041 80	1,037 3404	3305	3206	3107	3008	2909	2810	2711	2612	2513	**99**
0,041 81	2414	2315	2217	2118	2019	1920	1821	1722	1623	1524	1 9,9
0,041 82	1425	1326	1227	1128	1029	0930	0832	0733	0634	0535	2 19,8
0,041 83	0436	0337	0238	0139	0040	'9941	'9842	'9744	'9645	'9546	3 29,7
0,041 84	1,036 9447	9348	9249	9150	9051	8953	8854	8755	8656	8557	4 39,6 / 5 49,5
0,041 85	8458	8359	8261	8162	8063	7964	7865	7766	7668	7569	6 59,4
0,041 86	7470	7371	7272	7173	7075	6976	6877	6778	6679	6581	7 69,3
0,041 87	6482	6383	6284	6185	6086	5988	5889	5790	5691	5593	8 79,2
0,041 88	5494	5395	5296	5197	5099	5000	4901	4802	4704	4605	9 89,1
0,041 89	4506	4407	4309	4210	4111	4012	3914	3815	3716	3617	
0,041 90	3519	3420	3321	3222	3124	3025	2926	2828	2729	2630	
0,041 91	2531	2433	2334	2235	2137	2038	1939	1841	1742	1643	
0,041 92	1545	1446	1347	1249	1150	1051	0953	0854	0755	0657	
0,041 93	0558	0459	0361	0262	0163	0065	'9966	'9867	'9769	'9670	
0,041 94	1,035 9571	9473	9374	9276	9177	9078	8980	8881	8782	8684	
0,041 95	8585	8487	8388	8289	8191	8092	7994	7895	7796	7698	
0,041 96	7599	7501	7402	7304	7205	7106	7008	6909	6811	6712	
0,041 97	6614	6515	6416	6318	6219	6121	6022	5924	5825	5727	
0,041 98	5628	5530	5431	5333	5234	5135	5037	4938	4840	4741	**98**
0,041 99	4643	4544	4446	4347	4249	4150	4052	3953	3855	3756	1 9,8
0,042 00	3658	3559	3461	3363	3264	3166	3067	2969	2870	2772	2 19,6
0,042 01	2673	2575	2476	2378	2279	2181	2083	1984	1886	1787	3 29,4
0,042 02	1689	1590	1492	1393	1295	1197	1098	1000	0901	0803	4 39,2
0,042 03	0705	0606	0508	0409	0311	0213	0114	0016	'9917	'9819	5 49,0 / 6 58,8
0,042 04	1,034 9721	9622	9524	9425	9327	9229	9130	9032	8934	8835	7 68,6
0,042 05	8737	8638	8540	8442	8343	8245	8147	8048	7950	7852	8 78,4
0,042 06	7753	7655	7557	7458	7360	7262	7163	7065	6967	6868	9 88,2
0,042 07	6770	6672	6573	6475	6377	6279	6180	6082	5984	5885	
0,042 08	5787	5689	5591	5492	5394	5296	5197	5099	5001	4903	
0,042 09	4804	4706	4608	4510	4411	4313	4215	4117	4018	3920	
0,042 10	3822	3724	3625	3527	3429	3331	3232	3134	3036	2938	
0,042 11	2840	2741	2643	2545	2447	2349	2250	2152	2054	1956	
0,042 12	1858	1759	1661	1563	1465	1367	1268	1170	1072	0974	
0,042 13	0876	0778	0679	0581	0483	0385	0287	0189	0091	'9992	
0,042 14	1,033 9894	9796	9698	9600	9502	9404	9305	9207	9109	9011	
0,042 15	8913	8815	8717	8619	8521	8422	8324	8226	8128	8030	**97**
0,042 16	7932	7834	7736	7638	7540	7441	7343	7245	7147	7049	1 9,7
0,042 17	6951	6853	6755	6657	6559	6461	6363	6265	6167	6069	2 19,4
0,042 18	5971	5873	5774	5676	5578	5480	5382	5284	5186	5088	3 29,1
0,042 19	4990	4892	4794	4696	4598	4500	4402	4304	4206	4108	4 38,8 / 5 48,5
0,042 20	4010	3912	3814	3716	3618	3520	3422	3324	3226	3128	6 58,2
0,042 21	3030	2932	2834	2736	2638	2541	2443	2345	2247	2149	7 67,9
0,042 22	2051	1953	1855	1757	1659	1561	1463	1365	1267	1169	8 77,6
0,042 23	1071	0974	0876	0778	0680	0582	0484	0386	0288	0190	9 87,3
0,042 24	0092	'9994	'9997	'9799	'9701	'9603	'9505	'9407	'9309	'9211	
0,042 25	1,032 9114	9016	8918	8820	8722	8624	8526	8428	8331	8233	
0,042 26	8135	8037	7939	7841	7744	7646	7548	7450	7352	7254	
0,042 27	7157	7059	6961	6863	6765	6667	6570	6472	6374	6276	
0,042 28	6178	6081	5983	5885	5787	5689	5592	5494	5396	5298	
0,042 29	5201	5103	5005	4907	4809	4712	4614	4516	4418	4321	98
	0	1	2	3	4	5	6	7	8	9	P. P.

| 7 Decim. | SUBTRACTION. | | | | | | | | | | 1,032 0,0423 |

	0	1	2	3	4	5	6	7	8	9	P. P.
0,042 30	1,032 4223	4125	4027	3930	3832	3734	3636	3539	3441	3343	
0,042 31	3246	3148	3050	2952	2855	2757	2659	2561	2464	2366	98
0,042 32	2268	2171	2073	1975	1878	1780	1682	1585	1487	1389	1 9,8
0,042 33	1291	1194	1096	0998	0901	0803	0705	0608	0510	0412	2 19,6
0,042 34	0315	0217	0119	0022	‘9924	‘9827	‘9729	‘9631	‘9534	‘9436	3 29,4 · 4 39,2
0,042 35	1,031 9338	9241	9143	9045	8948	8850	8753	8655	8557	8460	5 49,0 · 6 58,8
0,042 36	8362	8265	8167	8069	7972	7874	7777	7679	7581	7484	7 68,6
0,042 37	7386	7289	7191	7094	6996	6898	6801	6703	6606	6508	8 78,4
0,042 38	6411	6313	6215	6118	6020	5923	5825	5728	5630	5533	9 88,2
0,042 39	5435	5338	5240	5143	5045	4947	4850	4752	4655	4557	
0,042 40	4460	4362	4265	4167	4070	3972	3875	3777	3680	3582	
0,042 41	3485	3387	3290	3192	3095	2998	2900	2803	2705	2608	
0,042 42	2510	2413	2315	2218	2120	2023	1925	1828	1731	1633	
0,042 43	1536	1438	1341	1243	1146	1049	0951	0854	0756	0659	
0,042 44	0561	0464	0367	0269	0172	0074	‘9977	‘9880	‘9782	‘9685	
0,042 45	1,030 9587	9490	9393	9295	9198	9101	9003	8906	8808	8711	
0,042 46	8614	8516	8419	8322	8224	8127	8030	7932	7835	7737	
0,042 47	7640	7543	7445	7348	7251	7153	7056	6959	6862	6764	97
0,042 48	6667	6570	6472	6375	6278	6180	6083	5986	5888	5791	1 9,7
0,042 49	5694	5597	5499	5402	5305	5207	5110	5013	4916	4818	2 19,4
0,042 50	4721	4624	4526	4429	4332	4235	4137	4040	3943	3846	3 29,1 · 4 38,8
0,042 51	3748	3651	3554	3457	3359	3262	3165	3068	2971	2873	5 48,5
0,042 52	2776	2679	2582	2484	2387	2290	2193	2096	1998	1901	6 58,2
0,042 53	1804	1707	1610	1512	1415	1318	1221	1124	1027	0929	7 67,9
0,042 54	0832	0735	0638	0541	0444	0346	0249	0152	0055	‘9958	8 77,6 · 9 87,3
0,042 55	1,029 9861	9763	9666	9569	9472	9375	9278	9181	9083	8986	
0,042 56	8889	8792	8695	8598	8501	8404	8307	8209	8112	8015	
0,042 57	7918	7821	7724	7627	7530	7433	7336	7238	7141	7044	
0,042 58	6947	6850	6753	6656	6559	6462	6365	6268	6171	6074	
0,042 59	5977	5880	5782	5685	5588	5491	5394	5297	5200	5103	
0,042 60	5006	4909	4812	4715	4618	4521	4424	4327	4230	4133	
0,042 61	4036	3939	3842	3745	3648	3551	3454	3357	3260	3163	
0,042 62	3066	2969	2872	2775	2678	2581	2484	2387	2290	2193	
0,042 63	2096	1999	1902	1806	1709	1612	1515	1418	1321	1224	
0,042 64	1127	1030	0933	0836	0739	0642	0545	0448	0352	0255	
0,042 65	0158	0061	‘9964	‘9867	‘9770	‘9673	‘9576	‘9479	‘9383	‘9286	96
0,042 66	1,028 9189	9092	8995	8898	8801	8704	8607	8511	8414	8317	1 9,6
0,042 67	8220	8123	8026	7929	7833	7736	7639	7542	7445	7348	2 19,2
0,042 68	7252	7155	7058	6961	6864	6767	6671	6574	6477	6380	3 28,8 · 4 38,4
0,042 69	6283	6186	6090	5993	5896	5799	5702	5606	5509	5412	5 48,0 · 6 57,6
0,042 70	5315	5218	5122	5025	4928	4831	4735	4638	4541	4444	7 67,2
0,042 71	4347	4251	4154	4057	3960	3864	3767	3670	3573	3477	8 76,8
0,042 72	3380	3283	3186	3090	2993	2896	2799	2703	2606	2509	9 86,4
0,042 73	2413	2316	2219	2122	2026	1929	1832	1736	1639	1542	
0,042 74	1446	1349	1252	1155	1059	0962	0865	0769	0672	0575	
0,042 75	0479	0382	0285	0189	0092	‘9995	‘9899	‘9802	‘9705	‘9609	
0,042 76	1,027 9512	9415	9319	9222	9126	9029	8932	8836	8739	8642	
0,042 77	8546	8449	8352	8256	8159	8063	7966	7869	7773	7676	
0,042 78	7580	7483	7386	7290	7193	7097	7000	6903	6807	6710	
0,042 79	6614	6517	6421	6324	6227	6131	6034	5938	5841	5745	97
	0	1	2	3	4	5	6	7	8	9	P. P.

0,0428 1,027				SUBTRACTION.						7 Decim.
	0	1	2	3	4	5	6	7	8	9
0,042 80	1,027 5648	5552	5455	5358	5262	5165	5069	4972	4876	4779
0,042 81	4683	4586	4490	4393	4297	4200	4104	4007	3911	3814
0,042 82	3717	3621	3524	3428	3331	3235	3139	3042	2946	2849
0,042 83	2753	2656	2560	2463	2367	2270	2174	2077	1981	1884
0,042 84	1788	1691	1595	1498	1402	1306	1209	1113	1016	0920
0,042 85	0823	0727	0631	0534	0438	0341	0245	0148	0052	˙9956
0,042 86	1,026 9859	9763	9666	9570	9474	9377	9281	9184	9088	8992
0,042 87	8895	8799	8702	8606	8510	8413	8317	8221	8124	8028
0,042 88	7931	7835	7739	7642	7546	7450	7353	7257	7161	7064
0,042 89	6968	6872	6775	6679	6583	6486	6390	6294	6197	6101
0,042 90	6005	5908	5812	5716	5619	5523	5427	5330	5234	5138
0,042 91	5042	4945	4849	4753	4656	4560	4464	4368	4271	4175
0,042 92	4079	3983	3886	3790	3694	3597	3501	3405	3309	3212
0,042 93	3116	3020	2924	2827	2731	2635	2539	2443	2346	2250
0,042 94	2154	2058	1961	1865	1769	1673	1577	1480	1384	1288
0,042 95	1192	1096	0999	0903	0807	0711	0615	0518	0422	0326
0,042 96	0230	0134	0038	˙9941	˙9845	˙9749	˙9653	˙9557	˙9461	˙9364
0,042 97	1,025 9268	9172	9076	8980	8884	8788	8691	8595	8499	8403
0,042 98	8307	8211	8115	8018	7922	7826	7730	7634	7538	7442
0,042 99	7346	7250	7153	7057	6961	6865	6769	6673	6577	6481
0,043 00	6385	6289	6193	6097	6000	5904	5808	5712	5616	5520
0,043 01	5424	5328	5232	5136	5040	4944	4848	4752	4656	4560
0,043 02	4464	4368	4272	4176	4079	3983	3887	3791	3695	3599
0,043 03	3503	3407	3311	3215	3119	3023	2927	2831	2735	2639
0,043 04	2543	2447	2351	2255	2159	2063	1967	1872	1776	1680
0,043 05	1584	1488	1392	1296	1200	1104	1008	0912	0816	0720
0,043 06	0624	0528	0432	0336	0240	0144	0048	˙9953	˙9857	˙9761
0,043 07	1,024 9665	9569	9473	9377	9281	9185	9089	8993	8898	8802
0,043 08	8706	8610	8514	8418	8322	8226	8130	8035	7939	7843
0,043 09	7747	7651	7555	7459	7363	7268	7172	7076	6980	6884
0,043 10	6788	6693	6597	6501	6405	6309	6213	6117	6022	5926
0,043 11	5830	5734	5638	5543	5447	5351	5255	5159	5063	4968
0,043 12	4872	4776	4680	4584	4489	4393	4297	4201	4106	4010
0,043 13	3914	3818	3722	3627	3531	3435	3339	3244	3148	3052
0,043 14	2956	2861	2765	2669	2573	2478	2382	2286	2190	2095
0,043 15	1999	1903	1807	1712	1616	1520	1425	1329	1233	1137
0,043 16	1042	0946	0850	0755	0659	0563	0468	0372	0276	0180
0,043 17	0085	˙9989	˙9893	˙9798	˙9702	˙9606	˙9511	˙9415	˙9319	˙9224
0,043 18	1,023 9128	9032	8937	8841	8745	8650	8554	8458	8363	8267
0,043 19	8172	8076	7980	7885	7789	7693	7598	7502	7407	7311
0,043 20	7215	7120	7024	6928	6833	6737	6642	6546	6450	6355
0,043 21	6259	6164	6068	5973	5877	5781	5686	5590	5495	5399
0,043 22	5303	5208	5112	5017	4921	4826	4730	4635	4539	4443
0,043 23	4348	4252	4157	4061	3966	3870	3775	3679	3584	3488
0,043 24	3393	3297	3202	3106	3011	2915	2820	2724	2629	2533
0,043 25	2438	2342	2247	2151	2056	1960	1865	1769	1674	1578
0,043 26	1483	1387	1292	1196	1101	1005	0910	0814	0719	0623
0,043 27	0528	0433	0337	0242	0146	0051	˙9955	˙9860	˙9764	˙9669
0,043 28	1,022 9574	9478	9383	9287	9192	9097	9001	8906	8810	8715
0,043 29	8619	8524	8429	8333	8238	8142	8047	7952	7856	7761
	0	1	2	3	4	5	6	7	8	9

P. P.

97

1	9,7
2	19,4
3	29,1
4	38,8
5	48,5
6	58,2
7	67,9
8	77,6
9	87,3

96

1	9,6
2	19,2
3	28,8
4	38,4
5	48,0
6	57,6
7	67,2
8	76,8
9	86,4

95

1	9,5
2	19,0
3	28,5
4	38,0
5	47,5
6	57,0
7	66,5
8	76,0
9	85,5

P. P.

7 Decim.				SUBTRACTION.				1,022	0,0433	
	0	**1**	**2**	**3**	**4**	**5**	**6**	**7**	**8**	**9**
0,043 30	1,022 7666	7570	7475	7379	7284	7189	7093	6998	6903	6807
0,043 31	6712	6616	6521	6426	6330	6235	6140	6044	5949	5854
0,043 32	5758	5663	5568	5472	5377	5282	5186	5091	4996	4900
0,043 33	4805	4710	4614	4519	4424	4329	4233	4138	4043	3947
0,043 34	3852	3757	3662	3566	3471	3376	3280	3185	3090	2995
0,043 35	2899	2804	2709	2614	2518	2423	2328	2232	2137	2042
0,043 36	1947	1852	1756	1661	1566	1471	1375	1280	1185	1090
0,043 37	0994	0899	0804	0709	0614	0518	0423	0328	0233	0138
0,043 38	0042	¯9947	¯9852	¯9757	¯9662	¯9566	¯9471	¯9376	¯9281	¯9186
0,043 39	1,021 9090	8995	8900	8805	8710	8615	8519	8424	8329	8234
0,043 40	8139	8044	7949	7853	7758	7663	7568	7473	7378	7283
0,043 41	7187	7092	6997	6902	6807	6712	6617	6522	6427	6331
0,043 42	6236	6141	6046	5951	5856	5761	5666	5571	5476	5380
0,043 43	5285	5190	5095	5000	4905	4810	4715	4620	4525	4430
0,043 44	4335	4240	4145	4049	3954	3859	3764	3669	3574	3479
0,043 45	3384	3289	3194	3099	3004	2909	2814	2719	2624	2529
0,043 46	2434	2339	2244	2149	2054	1959	1864	1769	1674	1579
0,043 47	1484	1389	1294	1199	1104	1009	0914	0819	0724	0629
0,043 48	0534	0439	0344	0249	0154	0059	¯9964	¯9869	¯9774	¯9680
0,043 49	1,020 9585	9490	9395	9300	9205	9110	9015	8920	8825	8730
0,043 50	8635	8540	8445	8350	8256	8161	8066	7971	7876	7781
0,043 51	7686	7591	7496	7401	7307	7212	7117	7022	6927	6832
0,043 52	6737	6642	6548	6453	6358	6263	6168	6073	5978	5883
0,043 53	5789	5694	5599	5504	5409	5314	5220	5125	5030	4935
0,043 54	4840	4745	4651	4556	4461	4366	4271	4176	4082	3987
0,043 55	3892	3797	3702	3608	3513	3418	3323	3229	3134	3039
0,043 56	2944	2849	2755	2660	2565	2470	2375	2281	2186	2091
0,043 57	1996	1902	1807	1712	1617	1523	1428	1333	1238	1144
0,043 58	1049	0954	0859	0765	0670	0575	0480	0386	0291	0196
0,043 59	0102	0007	¯9912	¯9817	¯9723	¯9628	¯9533	¯9439	¯9344	¯9249
0,043 60	1,019 9155	9060	8965	8871	8776	8681	8586	8492	8397	8302
0,043 61	8208	8113	8018	7924	7829	7734	7640	7545	7450	7356
0,043 62	7261	7167	7072	6977	6883	6788	6693	6599	6504	6409
0,043 63	6315	6220	6126	6031	5936	5842	5747	5653	5558	5463
0,043 64	5369	5274	5180	5085	4990	4896	4801	4707	4612	4517
0,043 65	4423	4328	4234	4139	4045	3950	3855	3761	3666	3572
0,043 66	3477	3383	3288	3193	3099	3004	2910	2815	2721	2626
0,043 67	2532	2437	2343	2248	2154	2059	1965	1870	1775	1681
0,043 68	1586	1492	1397	1303	1208	1114	1019	0925	0830	0736
0,043 69	0641	0547	0453	0358	0264	0169	0075	¯9980	¯9886	¯9791
0,043 70	1,018 9697	9602	9508	9413	9319	9224	9130	9036	8941	8847
0,043 71	8752	8658	8563	8469	8374	8280	8186	8091	7997	7902
0,043 72	7808	7713	7619	7525	7430	7336	7241	7147	7053	6958
0,043 73	6864	6769	6675	6581	6486	6392	6297	6203	6109	6014
0,043 74	5920	5826	5731	5637	5542	5448	5354	5259	5165	5071
0,043 75	4976	4882	4788	4693	4599	4505	4410	4316	4222	4127
0,043 76	4033	3939	3844	3750	3656	3561	3467	3373	3278	3184
0,043 77	3090	2995	2901	2807	2713	2618	2524	2430	2335	2241
0,043 78	2147	2053	1958	1864	1770	1675	1581	1487	1393	1298
0,043 79	1204	1110	1016	0921	0827	0733	0639	0544	0450	0356
	0	**1**	**2**	**3**	**4**	**5**	**6**	**7**	**8**	**9**

P. P.

96		95		94	
1	9.6	1	9.5	1	9.4
2	19.2	2	19.0	2	18.8
3	28.8	3	28.5	3	28.2
4	38.4	4	38.0	4	37.6
5	48.0	5	47.5	5	47.0
6	57.6	6	57.0	6	56.4
7	67.2	7	66.5	7	65.8
8	76.8	8	76.0	8	75.2
9	86.4	9	85.5	9	84.6

0,0438 1,018				SUBTRACTION.						7 Decim.
	0	1	2	3	4	5	6	7	8	9	P. P.

	0	1	2	3	4	5	6	7	8	9
0,043 80	1,018 0262	0167	0073	˙9979	˙9885	˙9790	˙9696	˙9602	˙9508	˙9414
0,043 81	1,017 9319	9225	9131	9037	8942	8848	8754	8660	8566	8471
0,043 82	8377	8283	8189	8095	8001	7906	7812	7718	7624	7530
0,043 83	7435	7341	7247	7153	7059	6965	6870	6776	6682	6588
0,043 84	6494	6400	6306	6211	6117	6023	5929	5835	5741	5647
0,043 85	5553	5458	5364	5270	5176	5082	4988	4894	4800	4705
0,043 86	4611	4517	4423	4329	4235	4141	4047	3953	3859	3765
0,043 87	3670	3576	3482	3388	3294	3200	3106	3012	2918	2824
0,043 88	2730	2636	2542	2448	2354	2260	2165	2071	1977	1883
0,043 89	1789	1695	1601	1507	1413	1319	1225	1131	1037	0943
0,043 90	0849	0755	0661	0567	0473	0379	0285	0191	0097	0003
0,043 91	1,016 9909	9815	9721	9627	9533	9439	9345	9251	9157	9063
0,043 92	8969	8875	8781	8687	8593	8499	8406	8312	8218	8124
0,043 93	8030	7936	7842	7748	7654	7560	7466	7372	7278	7184
0,043 94	7090	6996	6903	6809	6715	6621	6527	6433	6339	6245
0,043 95	6151	6057	5963	5870	5776	5682	5588	5494	5400	5306
0,043 96	5212	5119	5025	4931	4837	4743	4649	4555	4461	4368
0,043 97	4274	4180	4086	3992	3898	3804	3711	3617	3523	3429
0,043 98	3335	3241	3148	3054	2960	2866	2772	2679	2585	2491
0,043 99	2397	2303	2209	2116	2022	1928	1834	1740	1647	1553
0,044 00	1459	1365	1272	1178	1084	0990	0896	0803	0709	0615
0,044 01	0521	0428	0334	0240	0146	0053	˙9959	˙9865	˙9771	˙9678
0,044 02	1,015 9584	9490	9396	9303	9209	9115	9021	8928	8834	8740
0,044 03	8646	8553	8459	8365	8272	8178	8084	7990	7897	7803
0,044 04	7709	7616	7522	7428	7335	7241	7147	7054	6960	6866
0,044 05	6773	6679	6585	6491	6398	6304	6210	6117	6023	5930
0,044 06	5836	5742	5649	5555	5461	5368	5274	5180	5087	4993
0,044 07	4899	4806	4712	4619	4525	4431	4338	4244	4150	4057
0,044 08	3963	3870	3776	3682	3589	3495	3402	3308	3214	3121
0,044 09	3027	2934	2840	2747	2653	2559	2466	2372	2279	2185
0,044 10	2092	1998	1904	1811	1717	1624	1530	1437	1343	1250
0,044 11	1156	1062	0969	0875	0782	0688	0595	0501	0408	0314
0,044 12	0221	0127	0034	˙9940	˙9847	˙9753	˙9660	˙9566	˙9473	˙9379
0,044 13	1,014 9286	9192	9099	9005	8912	8818	8725	8631	8538	8444
0,044 14	8351	8257	8164	8070	7977	7883	7790	7696	7603	7510
0,044 15	7416	7323	7229	7136	7042	6949	6855	6762	6669	6575
0,044 16	6482	6388	6295	6201	6108	6015	5921	5828	5734	5641
0,044 17	5547	5454	5361	5267	5174	5080	4987	4894	4800	4707
0,044 18	4614	4520	4427	4333	4240	4147	4053	3960	3866	3773
0,044 19	3680	3586	3493	3400	3306	3213	3120	3026	2933	2840
0,044 20	2746	2653	2560	2466	2373	2280	2186	2093	2000	1906
0,044 21	1813	1720	1626	1533	1440	1346	1253	1160	1066	0973
0,044 22	0880	0787	0693	0600	0507	0413	0320	0227	0134	0040
0,044 23	1,013 9947	9854	9760	9667	9574	9481	9387	9294	9201	9108
0,044 24	9014	8921	8828	8735	8641	8548	8455	8362	8268	8175
0,044 25	8082	7989	7895	7802	7709	7616	7523	7429	7336	7243
0,044 26	7150	7057	6963	6870	6777	6684	6591	6497	6404	6311
0,044 27	6218	6125	6031	5938	5845	5752	5659	5566	5472	5379
0,044 28	5286	5193	5100	5007	4913	4820	4727	4634	4541	4448
0,044 29	4354	4261	4168	4075	3982	3889	3796	3703	3609	3516

	0	1	2	3	4	5	6	7	8	9	P. P.

P. P.

95
1 9,5
2 19,0
3 28,5
4 38,0
5 47,5
6 57,0
7 66,5
8 76,0
9 85,5

94
1 9,4
2 18,8
3 28,2
4 37,6
5 47,0
6 56,4
7 65,8
8 75,2
9 84,6

93
1 9,3
2 18,6
3 27,9
4 37,2
5 46,5
6 55,8
7 65,1
8 74,4
9 83,7

93

7 Decim.					SUBTRACTION.					1,013 0,0443
	0	1	2	3	4	5	6	7	8	9
0,044 30	1,013 3423	3330	3237	3144	3051	2958	2865	2771	2678	2585
0,044 31	2492	2399	2306	2213	2120	2027	1934	1840	1747	1654
0,044 32	1561	1468	1375	1282	1189	1096	1003	0910	0817	0724
0,044 33	0631	0538	0444	0351	0258	0165	0072	·9979	·9886	·9793
0,044 34	1,012 9700	9607	9514	9421	9328	9235	9142	9049	8956	8863
0,044 35	8770	8677	8584	8491	8398	8305	8212	8119	8026	7933
0,044 36	7840	7747	7654	7561	7468	7375	7282	7189	7096	7003
0,044 37	6910	6817	6724	6631	6538	6445	6352	6259	6167	6074
0,044 38	5981	5888	5795	5702	5609	5516	5423	5330	5237	5144
0,044 39	5051	4958	4865	4773	4680	4587	4494	4401	4308	4215
0,044 40	4122	4029	3936	3844	3751	3658	3565	3472	3379	3286
0,044 41	3193	3100	3008	2915	2822	2729	2636	2543	2450	2358
0,044 42	2265	2172	2079	1986	1893	1800	1708	1615	1522	1429
0,044 43	1336	1243	1151	1058	0965	0872	0779	0686	0594	0501
0,044 44	0408	0315	0222	0130	0037	·9944	·9851	·9758	·9666	·9573
0,044 45	1,011 9480	9387	9294	9202	9109	9016	8923	8831	8738	8645
0,044 46	8552	8459	8367	8274	8181	8088	7996	7903	7810	7717
0,044 47	7625	7532	7439	7346	7254	7161	7068	6976	6883	6790
0,044 48	6697	6605	6512	6419	6326	6234	6141	6048	5956	5863
0,044 49	5770	5678	5585	5492	5399	5307	5214	5121	5029	4936
0,044 50	4843	4751	4658	4565	4473	4380	4287	4195	4102	4009
0,044 51	3917	3824	3731	3639	3546	3453	3361	3268	3175	3083
0,044 52	2990	2898	2805	2712	2620	2527	2434	2342	2249	2157
0,044 53	2064	1971	1879	1786	1693	1601	1508	1416	1323	1230
0,044 54	1138	1045	0953	0860	0768	0675	0582	0490	0397	0305
0,044 55	0212	0119	0027	·9934	·9842	·9749	·9657	·9564	·9472	·9379
0,044 56	1,010 9286	9194	9101	9009	8916	8824	8731	8639	8546	8454
0,044 57	8361	8269	8176	8084	7991	7898	7806	7713	7621	7528
0,044 58	7436	7343	7251	7158	7066	6973	6881	6788	6696	6603
0,044 59	6511	6419	6326	6234	6141	6049	5956	5864	5771	5679
0,044 60	5586	5494	5401	5309	5216	5124	5032	4939	4847	4754
0,044 61	4662	4569	4477	4384	4292	4200	4107	4015	3922	3830
0,044 62	3737	3645	3553	3460	3368	3275	3183	3091	2998	2906
0,044 63	2813	2721	2629	2536	2444	2351	2259	2167	2074	1982
0,044 64	1890	1797	1705	1612	1520	1428	1335	1243	1151	1058
0,044 65	0966	0874	0781	0689	0597	0504	0412	0320	0227	0135
0,044 66	0043	·9950	·9858	·9766	·9673	·9581	·9489	·9396	·9304	·9212
0,044 67	1,009 9119	9027	8935	8842	8750	8658	8566	8473	8381	8289
0,044 68	8196	8104	8012	7920	7827	7735	7643	7550	7458	7366
0,044 69	7274	7181	7089	6997	6905	6812	6720	6628	6536	6443
0,044 70	6351	6259	6167	6074	5982	5890	5798	5705	5613	5521
0,044 71	5429	5337	5244	5152	5060	4968	4875	4783	4691	4599
0,044 72	4507	4414	4322	4230	4138	4046	3953	3861	3769	3677
0,044 73	3585	3493	3400	3308	3216	3124	3032	2940	2847	2755
0,044 74	2663	2571	2479	2387	2294	2202	2110	2018	1926	1834
0,044 75	1742	1649	1557	1465	1373	1281	1189	1097	1005	0912
0,044 76	0820	0728	0636	0544	0452	0360	0268	0176	0084	·9991
0,044 77	1,008 9899	9807	9715	9623	9531	9439	9347	9255	9163	9071
0,044 78	8979	8886	8794	8702	8610	8518	8426	8334	8242	8150
0,044 79	8058	7966	7874	7782	7690	7598	7506	7414	7322	7230
	0	1	2	3	4	5	6	7	8	9

P. P.

94
1	9,4
2	18,8
3	28,2
4	37,6
5	47,0
6	56,4
7	65,8
8	75,2
9	84,6

93
1	9,3
2	18,6
3	27,9
4	37,2
5	46,5
6	55,8
7	65,1
8	74,4
9	83,7

92
1	9,2
2	18,4
3	27,6
4	36,8
5	46,0
6	55,2
7	64,4
8	73,6
9	82,8

P. P.

0,0448 1,008			SUBTRACTION.							7 Decim.
	0	1	2	3	4	5	6	7	8	9	P. P.

	0	1	2	3	4	5	6	7	8	9	P. P.
0,044 80	1,008 7138	7046	6954	6861	6769	6677	6585	6493	6401	6309	
0,044 81	6217	6125	6033	5941	5849	5757	5665	5573	5481	5389	93
0,044 82	5297	5205	5114	5022	4930	4838	4746	4654	4562	4470	1 9,3
0,044 83	4378	4286	4194	4102	4010	3918	3826	3734	3642	3550	2 18,6
0,044 84	3458	3366	3274	3182	3090	2999	2907	2815	2723	2631	3 27,9
											4 37,2
											5 46,5
0,044 85	2539	2447	2355	2263	2171	2079	1987	1896	1804	1712	6 55,8
0,044 86	1620	1528	1436	1344	1252	1160	1069	0977	0885	0793	7 65,1
0,044 87	0701	0609	0517	0425	0334	0242	0150	0058	·9966	·9874	8 74,4
0,044 88	1,007 9782	9690	9599	9507	9415	9323	9231	9139	9048	8956	9 83,7
0,044 89	8864	8772	8680	8588	8497	8405	8313	8221	8129	8038	
0,044 90	7946	7854	7762	7670	7578	7487	7395	7303	7211	7119	
0,044 91	7028	6936	6844	6752	6661	6569	6477	6385	6293	6202	
0,044 92	6110	6018	5926	5835	5743	5651	5559	5468	5376	5284	
0,044 93	5192	5101	5009	4917	4825	4734	4642	4550	4458	4367	
0,044 94	4275	4183	4092	4000	3908	3816	3725	3633	3541	3450	
0,044 95	3358	3266	3174	3083	2991	2899	2808	2716	2624	2533	
0,044 96	2441	2349	2258	2166	2074	1983	1891	1799	1708	1616	
0,044 97	1524	1433	1341	1249	1158	1066	0974	0883	0791	0699	
0,044 98	0608	0516	0424	0333	0241	0150	0058	·9966	·9875	·9783	92
0,044 99	1,006 9691	9600	9508	9417	9325	9233	9142	9050	8959	8867	1 9,2
											2 18,4
0,045 00	8775	8684	8592	8501	8409	8317	8226	8134	8043	7951	3 27,6
0,045 01	7859	7768	7676	7585	7493	7402	7310	7219	7127	7035	4 36,8
0,045 02	6944	6852	6761	6669	6578	6486	6395	6303	6211	6120	5 46,0
0,045 03	6028	5937	5845	5754	5662	5571	5479	5388	5296	5205	6 55,2
0,045 04	5113	5022	4930	4839	4747	4656	4564	4473	4381	4290	7 64,4
											8 73,6
0,045 05	4198	4107	4015	3924	3832	3741	3649	3558	3466	3375	9 82,8
0,045 06	3283	3192	3100	3009	2918	2826	2735	2643	2552	2460	
0,045 07	2369	2277	2186	2095	2003	1912	1820	1729	1637	1546	
0,045 08	1454	1363	1272	1180	1089	0997	0906	0815	0723	0632	
0,045 09	0540	0449	0358	0266	0175	0083	·9992	·9901	·9809	·9718	
0,045 10	1,005 9626	9535	9444	9352	9261	9170	9078	8987	8895	8804	
0,045 11	8713	8621	8530	8439	8347	8256	8165	8073	7982	7891	
0,045 12	7799	7708	7617	7525	7434	7343	7251	7160	7069	6977	
0,045 13	6886	6795	6703	6612	6521	6429	6338	6247	6155	6064	
0,045 14	5973	5882	5790	5699	5608	5516	5425	5334	5243	5151	
											91
0,045 15	5060	4969	4877	4786	4695	4604	4512	4421	4330	4239	1 9,1
0,045 16	4147	4056	3965	3874	3782	3691	3600	3509	3417	3326	2 18,2
0,045 17	3235	3144	3052	2961	2870	2779	2688	2596	2505	2414	3 27,3
0,045 18	2323	2231	2140	2049	1958	1867	1775	1684	1593	1502	4 36,4
0,045 19	1411	1319	1228	1137	1046	0955	0864	0772	0681	0590	5 45,5
											6 54,6
											7 63,7
											8 72,8
0,045 20	0499	0408	0316	0225	0134	0043	·9952	·9861	·9770	·9678	9 81,9
0,045 21	1,004 9587	9496	9405	9314	9223	9132	9040	8949	8858	8767	
0,045 22	8676	8585	8494	8402	8311	8220	8129	8038	7947	7856	
0,045 23	7765	7674	7582	7491	7400	7309	7218	7127	7036	6945	
0,045 24	6854	6763	6672	6580	6489	6398	6307	6216	6125	6034	
0,045 25	5943	5852	5761	5670	5579	5488	5397	5306	5215	5124	
0,045 26	5032	4941	4850	4759	4668	4577	4486	4395	4304	4213	
0,045 27	4122	4031	3940	3849	3758	3667	3576	3485	3394	3303	
0,045 28	3212	3121	3030	2939	2848	2757	2666	2575	2484	2393	
0,045 29	2302	2211	2120	2029	1938	1847	1756	1665	1574	1483	91
	0	1	2	3	4	5	6	7	8	9	P. P.

7 Decim.					SUBTRACTION.					1,004 0,0453
	0	1	2	3	4	5	6	7	8	9	P. P.

	0	1	2	3	4	5	6	7	8	9	P. P.
0,045 30	1,004 1392	1302	1211	1120	1029	0938	0847	0756	0665	0574	
0,045 31	0483	0392	0301	0210	0119	0028	'9937	'9847	'9756	'9665	91
0,045 32	1,003 9574	9483	9392	9301	9210	9119	9028	8937	8846	8756	1 9,1
0,045 33	8665	8574	8483	8392	8301	8210	8119	8028	7938	7847	2 18,2
0,045 34	7756	7665	7574	7483	7392	7302	7211	7120	7029	6938	3 27,3
0,045 35	6847	6756	6666	6575	6484	6393	6302	6211	6120	6030	4 36,4
0,045 36	5939	5849	5757	5666	5576	5485	5394	5303	5212	5121	5 45,5
0,045 37	5031	4940	4849	4758	4667	4577	4486	4395	4304	4213	6 54,6
0,045 38	4123	4032	3941	3850	3759	3669	3578	3487	3396	3306	7 63,7
0,045 39	3215	3124	3033	2943	2852	2761	2670	2580	2489	2398	8 72,8
											9 81,9
0,045 40	2307	2217	2126	2035	1944	1854	1763	1672	1581	1491	
0,045 41	1400	1309	1218	1128	1037	0946	0856	0765	0674	0583	
0,045 42	0493	0402	0311	0221	0130	0039	'9949	'9858	'9767	'9676	
0,045 43	1,002 9586	9495	9404	9314	9223	9132	9042	8951	8860	8770	
0,045 44	8679	8588	8498	8407	8316	8226	8135	8044	7954	7863	
0,045 45	7773	7682	7591	7501	7410	7319	7229	7138	7047	6957	
0,045 46	6866	6776	6685	6594	6504	6413	6323	6232	6141	6051	
0,045 47	5960	5870	5779	5688	5598	5507	5417	5326	5235	5145	
0,045 48	5054	4964	4873	4783	4692	4601	4511	4420	4330	4239	90
0,045 49	4149	4058	3967	3877	3786	3696	3605	3515	3424	3334	1 9,0
0,045 50	3243	3153	3062	2972	2881	2790	2700	2609	2519	2428	2 18,0
0,045 51	2338	2247	2157	2066	1976	1885	1795	1704	1614	1523	3 27,0
0,045 52	1433	1342	1252	1161	1071	0980	0890	0799	0709	0618	4 36,0
0,045 53	0528	0437	0347	0257	0166	0076	'9985	'9895	'9804	'9714	5 45,0
0,045 54	1,001 9623	9533	9442	9352	9262	9171	9081	8990	8900	8809	6 54,0
0,045 55	8719	8628	8538	8448	8357	8267	8176	8086	7996	7905	7 63,0
0,045 56	7815	7724	7634	7543	7453	7363	7272	7182	7091	7001	8 72,0
0,045 57	6911	6820	6730	6640	6549	6459	6368	6278	6188	6097	9 81,0
0,045 58	6007	5917	5826	5736	5645	5555	5465	5374	5284	5194	
0,045 59	5103	5013	4923	4832	4742	4652	4561	4471	4381	4290	
0,045 60	4200	4110	4019	3929	3839	3748	3658	3568	3477	3387	
0,045 61	3297	3206	3116	3026	2936	2845	2755	2665	2574	2484	
0,045 62	2394	2303	2213	2123	2033	1942	1852	1762	1672	1581	
0,045 63	1491	1401	1310	1220	1130	1040	0949	0859	0769	0679	
0,045 64	0588	0498	0408	0318	0228	0137	0047	'9957	'9867	'9776	
0,045 65	1,000 9686	9596	9506	9415	9325	9235	9145	9055	8964	8874	89
0,045 66	8784	8694	8604	8513	8423	8333	8243	8153	8062	7972	1 8,9
0,045 67	7882	7792	7702	7612	7521	7431	7341	7251	7161	7071	2 17,8
0,045 68	6980	6890	6800	6710	6620	6530	6439	6349	6259	6169	3 26,7
0,045 69	6079	5989	5899	5808	5718	5628	5538	5448	5358	5268	4 35,6
0,045 70	5178	5087	4997	4907	4817	4727	4637	4547	4457	4367	5 44,5
0,045 71	4276	4186	4096	4006	3916	3826	3736	3646	3556	3466	6 53,4
0,045 72	3376	3286	3195	3105	3015	2925	2835	2745	2655	2565	7 62,3
0,045 73	2475	2385	2295	2205	2115	2025	1935	1845	1755	1665	8 71,2
0,045 74	1574	1484	1394	1304	1214	1124	1034	0944	0854	0764	9 80,1
0,045 75	0674	0584	0494	0404	0314	0224	0134	0044	'9954	'9864	
0,045 76	0,999 9774	9684	9594	9504	9414	9324	9234	9144	9054	8964	
0,045 77	8874	8784	8694	8604	8514	8424	8335	8245	8155	8065	
0,045 78	7975	7885	7795	7705	7615	7525	7435	7345	7255	7165	
0,045 79	7075	6985	6895	6805	6716	6626	6536	6446	6356	6266	90
	0	1	2	3	4	5	6	7	8	9	P, P.

| 0,0458 0,999 | | | | SUBTRACTION. | | | | | | 7 Decim. |

	0	1	2	3	4	5	6	7	8	9
0,045 80	0,999 6176	6086	5996	5906	5816	5726	5637	5547	5457	5367
0,045 81	5277	5187	5097	5007	4917	4828	4738	4648	4558	4468
0,045 82	4378	4288	4198	4109	4019	3929	3839	3749	3659	3569
0,045 83	3480	3390	3300	3210	3120	3030	2941	2851	2761	2671
0,045 84	2581	2491	2402	2312	2222	2132	2042	1952	1863	1773
0,045 85	1683	1593	1503	1414	1324	1234	1144	1054	0965	0875
0,045 86	0785	0695	0605	0516	0426	0336	0246	0157	0067	·9977
0,045 87	0,998 9887	9797	9708	9618	9528	9438	9349	9259	9169	9079
0,045 88	8990	8900	8810	8720	8631	8541	8451	8361	8272	8182
0,045 89	8092	8003	7913	7823	7733	7644	7554	7464	7375	7285
0,045 90	7195	7105	7016	6926	6836	6747	6657	6567	6478	6388
0,045 91	6298	6209	6119	6029	5939	5850	5760	5670	5581	5491
0,045 92	5401	5312	5222	5132	5043	4953	4864	4774	4684	4595
0,045 93	4505	4415	4326	4236	4146	4057	3967	3877	3788	3698
0,045 94	3609	3519	3429	3340	3250	3160	3071	2981	2892	2802
0,045 95	2712	2623	2533	2444	2354	2264	2175	2085	1996	1906
0,045 96	1817	1727	1637	1548	1458	1369	1279	1189	1100	1010
0,045 97	0921	0831	0742	0652	0563	0473	0383	0294	0204	0115
0,045 98	0025	·9936	·9846	·9757	·9667	·9578	·9488	·9399	·9309	·9219
0,045 99	0,997 9130	9040	8951	8861	8772	8682	8593	8503	8414	8324
0,046 00	8235	8145	8056	7966	7877	7787	7698	7608	7519	7429
0,046 01	7340	7250	7161	7072	6982	6893	6803	6714	6624	6535
0,046 02	6445	6356	6266	6177	6087	5998	5909	5819	5730	5640
0,046 03	5551	5461	5372	5292	5193	5104	5014	4925	4835	4746
0,046 04	4657	4567	4478	4388	4299	4209	4120	4031	3941	3852
0,046 05	3762	3673	3584	3494	3405	3315	3226	3137	3047	2958
0,046 06	2869	2779	2690	2600	2511	2422	2332	2243	2154	2064
0,046 07	1975	1886	1796	1707	1617	1528	1439	1349	1260	1171
0,046 08	1081	0992	0903	0813	0724	0635	0545	0456	0367	0277
0,046 09	0188	0099	0010	·9920	·9831	·9742	·9652	·9563	·9474	·9384
0,046 10	0,996 9295	9206	9117	9027	8938	8849	8759	8670	8581	8492
0,046 11	8402	8313	8224	8134	8045	7956	7867	7777	7688	7599
0,046 12	7510	7420	7331	7242	7153	7063	6974	6885	6796	6706
0,046 13	6617	6528	6439	6349	6260	6171	6082	5993	5903	5814
0,046 14	5725	5636	5546	5457	5368	5279	5190	5100	5011	4922
0,046 15	4833	4744	4654	4565	4476	4387	4298	4209	4119	4030
0,046 16	3941	3852	3763	3674	3584	3495	3406	3317	3228	3139
0,046 17	3049	2960	2871	2782	2693	2604	2515	2425	2336	2247
0,046 18	2158	2069	1980	1891	1801	1712	1623	1534	1445	1356
0,046 19	1267	1178	1089	0999	0910	0821	0732	0643	0554	0465
0,046 20	0376	0287	0198	0108	0019	·9930	·9841	·9752	·9663	·9574
0,046 21	0,995 9485	9396	9307	9218	9129	9040	8951	8861	8772	8683
0,046 22	8594	8505	8416	8327	8238	8149	8060	7971	7882	7793
0,046 23	7704	7615	7526	7437	7348	7259	7170	7081	6992	6903
0,046 24	6814	6725	6636	6547	6458	6369	6280	6191	6102	6013
0,046 25	5924	5835	5746	5657	5568	5479	5390	5301	5212	5123
0,046 26	5034	4945	4856	4767	4678	4589	4500	4411	4322	4233
0,046 27	4144	4055	3966	3877	3789	3700	3611	3522	3433	3344
0,046 28	3255	3166	3077	2988	2899	2810	2721	2632	2544	2455
0,046 29	2366	2277	2188	2099	2010	1921	1832	1743	1655	1566

| | 0 | 1 | 2 | 3 | 4 | 5 | 6 | 7 | 8 | 9 | P. P. |

P. P.

90
1 9,0
2 18,0
3 27,0
4 36,0
5 45,0
6 54,0
7 63,0
8 72,0
9 81,0

89
1 8,9
2 17,8
3 26,7
4 35,6
5 44,5
6 53,4
7 62,3
8 71,2
9 80,1

88
1 8,8
2 17,6
3 26,4
4 35,2
5 44,0
6 52,8
7 61,6
8 70,4
9 79,2

(89 marked at row 0,046 29)

| 7 Decim. | SUBTRACTION. | | | | | | | | | 0,995 0,0463 |

	0	1	2	3	4	5	6	7	8	9	P. P.
0,046 30	0,995 1477	1388	1299	1210	1121	1032	0943	0855	0766	0677	
0,046 31	0588	0499	0410	0321	0232	0144	0055	'9966	'9877	'9788	
0,046 32	0,994 9699	9610	9522	9433	9344	9255	9166	9077	8989	8900	
0,046 33	8811	8722	8633	8544	8456	8367	8278	8189	8100	8012	
0,046 34	7923	7834	7745	7656	7568	7479	7390	7301	7212	7124	
0,046 35	7035	6946	6857	6768	6680	6591	6502	6413	6325	6236	
0,046 36	6147	6058	5969	5881	5792	5703	5614	5526	5437	5348	
0,046 37	5259	5171	5082	4993	4904	4816	4727	4638	4550	4461	
0,046 38	4372	4283	4195	4106	4017	3928	3840	3751	3662	3574	
0,046 39	3485	3396	3307	3219	3130	3041	2953	2864	2775	2687	
0,046 40	2598	2509	2421	2332	2243	2155	2066	1977	1889	1800	
0,046 41	1711	1622	1534	1445	1357	1268	1179	1091	1002	0913	
0,046 42	0825	0736	0647	0559	0470	0381	0293	0204	0115	0027	
0,046 43	0,993 9938	9850	9761	9672	9584	9495	9407	9318	9229	9141	
0,046 44	9052	8963	8875	8786	8698	8609	8520	8432	8343	8255	
0,046 45	8166	8078	7989	7900	7812	7723	7635	7546	7457	7369	
0,046 46	7280	7192	7103	7015	6926	6838	6749	6660	6572	6483	
0,046 47	6395	6306	6218	6129	6041	5952	5864	5775	5686	5598	
0,046 48	5509	5421	5332	5244	5155	5067	4978	4890	4801	4713	
0,046 49	4624	4536	4417	4359	4270	4182	4093	4005	3916	3828	
0,046 50	3739	3651	3562	3474	3385	3297	3208	3120	3031	2943	
0,046 51	2855	2766	2678	2589	2501	2412	2324	2235	2147	2058	
0,046 52	1970	1882	1793	1705	1616	1528	1439	1351	1262	1174	
0,046 53	1086	0997	0909	0820	0732	0644	0555	0467	0378	0290	
0,046 54	0201	0113	0025	'9936	'9848	'9759	'9671	'9583	'9494	'9406	
0,046 55	0,992 9318	9229	9141	9052	8964	8876	8787	8699	8610	8522	
0,046 56	8434	8345	8257	8169	8080	7992	7904	7815	7727	7639	
0,046 57	7550	7462	7374	7285	7197	7108	7020	6932	6843	6755	
0,046 58	6667	6579	6490	6402	6314	6225	6137	6049	5960	5872	
0,046 59	5784	5695	5607	5519	5430	5342	5254	5166	5077	4989	
0,046 60	4901	4812	4724	4636	4548	4459	4371	4283	4195	4106	
0,046 61	4018	3930	3841	3753	3665	3577	3488	3400	3312	3224	
0,046 62	3135	3047	2959	2871	2782	2694	2606	2518	2430	2341	
0,046 63	2253	2165	2077	1988	1900	1812	1724	1636	1547	1459	
0,046 64	1371	1283	1194	1106	1018	0930	0842	0754	0665	0577	
0,046 65	0489	0401	0313	0224	0136	0048	'9960	'9872	'9784	'9695	
0,046 66	0,991 9607	9519	9431	9343	9255	9166	9078	8990	8902	8814	
0,046 67	8726	8637	8549	8461	8373	8285	8197	8109	8021	7932	
0,046 68	7844	7756	7668	7580	7492	7404	7316	7227	7139	7051	
0,046 69	6963	6875	6787	6699	6611	6523	6435	6346	6258	6170	
0,046 70	6082	5994	5906	5818	5730	5642	5554	5466	5378	5289	
0,046 71	5201	5113	5025	4937	4849	4761	4673	4585	4497	4409	
0,046 72	4321	4233	4145	4057	3969	3881	3793	3705	3617	3528	
0,046 73	3440	3352	3264	3176	3088	3000	2912	2824	2736	2648	
0,046 74	2560	2472	2384	2296	2208	2120	2032	1944	1856	1768	
0,046 75	1680	1592	1504	1416	1328	1240	1152	1064	0976	0889	
0,046 76	0801	0713	0625	0537	0449	0361	0273	0185	0097	0009	
0,046 77	0,990 9921	9833	9745	9657	9569	9481	9393	9305	9217	9130	
0,046 78	9012	8954	8866	8778	8690	8602	8514	8426	8338	8250	
0,046 79	8162	8075	7987	7899	7811	7723	7635	7547	7459	7371	

| | 0 | 1 | 2 | 3 | 4 | 5 | 6 | 7 | 8 | 9 | P. P. |

P. P.

89

1	8,9
2	17,8
3	26,7
4	35,6
5	44,5
6	53,4
7	62,3
8	71,2
9	80,1

88

1	8,8
2	17,6
3	26,4
4	35,2
5	44,0
6	52,8
7	61,6
8	70,4
9	79,2

87

1	8,7
2	17,4
3	26,1
4	34,8
5	43,5
6	52,2
7	60,9
8	69,6
9	78,3

0,0468	0,990			SUBTRACTION.						7 Decim.
	0	**1**	**2**	**3**	**4**	**5**	**6**	**7**	**8**	**9**

	0	1	2	3	4	5	6	7	8	9	P. P.
0,046 80	0,990 7283	7196	7108	7020	6932	6844	6756	6668	6580	6493	
0,046 81	6405	6317	6229	6141	6053	5965	5877	5790	5702	5614	**88**
0,046 82	5526	5438	5350	5263	5175	5087	4999	4911	4823	4736	1 8,8
0,046 83	4648	4560	4472	4384	4296	4209	4121	4033	3945	3857	2 17,6
0,046 84	3770	3682	3594	3506	3418	3331	3243	3155	3067	2979	3 26,4
											4 35,2
0,046 85	2892	2804	2716	2628	2540	2453	2365	2277	2189	2102	5 52,8
0,046 86	2014	1926	1838	1750	1663	1575	1487	1399	1312	1224	6 61,6
0,046 87	1136	1048	0961	0873	0785	0697	0610	0522	0434	0346	7 70,4
0,046 88	0259	0171	0083	‘9996	‘9908	‘9820	‘9732	‘9645	‘9557	‘9469	8 73,2
0,046 89	0,989 9382	9294	9206	9118	9031	8943	8855	8768	8680	8592	
0,046 90	8505	8417	8329	8242	8154	8066	7978	7891	7803	7715	
0,046 91	7628	7540	7452	7365	7277	7189	7102	7014	6926	6839	
0,046 92	6751	6664	6576	6488	6401	6313	6225	6138	6050	5962	
0,046 93	5875	5787	5699	5612	5524	5437	5349	5261	5174	5086	
0,046 94	4999	4911	4823	4736	4648	4561	4473	4385	4298	4210	
0,046 95	4123	4035	3947	3860	3772	3685	3597	3509	3422	3334	
0,046 96	3247	3159	3072	2984	2896	2809	2721	2634	2546	2459	**87**
0,046 97	2371	2284	2196	2108	2021	1933	1846	1758	1671	1583	1 8,7
0,046 98	1496	1408	1321	1233	1146	1058	0971	0883	0795	0708	2 17,4
0,046 99	0620	0533	0445	0358	0270	0183	0095	0008	‘9920	‘9833	3 26,1
											4 34,8
0,047 00	0,988 9745	9658	9570	9483	9395	9308	9220	9133	9046	8958	5 43,5
0,047 01	8871	8783	8696	8608	8521	8433	8346	8258	8171	8083	6 52,2
0,047 02	7996	7908	7821	7734	7646	7559	7471	7384	7296	7209	7 60,9
0,047 03	7121	7034	6947	6859	6772	6684	6597	6509	6422	6335	8 69,6
0,047 04	6247	6160	6072	5985	5898	5810	5723	5635	5548	5461	9 78,3
0,047 05	5373	5286	5198	5111	5024	4936	4849	4761	4674	4587	
0,047 06	4499	4412	4325	4237	4150	4062	3975	3888	3800	3713	
0,047 07	3626	3538	3451	3364	3276	3189	3102	3014	2927	2840	
0,047 08	2752	2665	2578	2490	2403	2316	2228	2141	2054	1966	
0,047 09	1879	1792	1704	1617	1530	1442	1355	1268	1180	1093	
0,047 10	1006	0919	0831	0744	0657	0569	0482	0395	0308	0220	
0,047 11	0133	0046	‘9958	‘9871	‘9784	‘9697	‘9609	‘9522	‘9435	‘9348	
0,047 12	0,987 9260	9173	9086	8999	8911	8824	8737	8650	8562	8475	
0,047 13	8388	8301	8213	8126	8039	7952	7864	7777	7690	7603	
0,047 14	7516	7428	7341	7254	7167	7079	6992	6905	6818	6731	
0,047 15	6643	6556	6469	6382	6295	6207	6120	6033	5946	5859	**86**
0,047 16	5772	5684	5597	5510	5423	5336	5249	5161	5074	4987	1 8,6
0,047 17	4900	4813	4726	4638	4551	4464	4377	4290	4203	4115	2 17,2
0,047 18	4028	3941	3854	3767	3680	3593	3506	3418	3331	3244	3 25,8
0,047 19	3157	3070	2983	2896	2809	2721	2634	2547	2460	2373	4 34,4
											5 43,0
0,047 20	2286	2199	2112	2025	1938	1850	1763	1676	1589	1502	6 51,6
0,047 21	1415	1328	1241	1154	1067	0980	0893	0805	0718	0631	7 60,2
0,047 22	0544	0457	0370	0283	0196	0109	0022	‘9935	‘9848	‘9761	8 68,8
0,047 23	0,986 9674	9587	9500	9413	9326	9239	9152	9064	8977	8890	9 77,4
0,047 24	8803	8716	8629	8542	8455	8368	8281	8194	8107	8020	
0,047 25	7933	7846	7759	7672	7585	7498	7411	7324	7237	7150	
0,047 26	7063	6976	6889	6802	6715	6628	6541	6454	6367	6281	
0,047 27	6194	6107	6020	5933	5846	5759	5672	5585	5498	5411	
0,047 28	5324	5237	5150	5063	4976	4889	4802	4715	4628	4542	
0,047 29	4455	4368	4281	4194	4107	4020	3933	3846	3759	3672	87

	0	1	2	3	4	5	6	7	8	9	P. P.

| 7 Decim. | SUBTRACTION. | | | | | | | | | 0,986 0,0473 |

	0	1	2	3	4	5	6	7	8	9	P. P.
0,047 30	0,986 3585	3499	3412	3325	3238	3151	3064	2977	2890	2803	
0,047 31	2716	2630	2543	2456	2369	2282	2195	2108	2021	1935	87
0,047 32	1848	1761	1674	1587	1500	1413	1326	1240	1153	1066	
0,047 33	0979	0892	0805	0719	0632	0545	0458	0371	0284	0198	1 8,7
0,047 34	0111	0024	·9937	·9850	·9763	·9677	·9590	·9503	·9416	·9329	2 17,4
											3 26,1
0,047 35	0,985 9242	9156	9069	8982	8895	8808	8722	8635	8548	8461	4 34,8
0,047 36	8374	8288	8201	8114	8027	7941	7854	7767	7680	7593	5 43,5
0,047 37	7507	7420	7333	7246	7160	7073	6986	6899	6813	6726	6 52,2
0,047 38	6639	6552	6466	6379	6292	6205	6119	6032	5945	5858	7 60,9
0,047 39	5772	5685	5598	5511	5425	5338	5251	5164	5078	4991	8 69,6
											9 78,3
0,047 40	4904	4818	4731	4644	4558	4471	4384	4297	4211	4124	
0,047 41	4037	3951	3864	3777	3691	3604	3517	3430	3344	3257	
0,047 42	3170	3084	2997	2910	2824	2737	2650	2564	2477	2390	
0,047 43	2304	2217	2130	2044	1957	1871	1784	1697	1611	1524	
0,047 44	1437	1351	1264	1177	1091	1004	0918	0831	0744	0658	
0,047 45	0571	0484	0398	0311	0225	0138	0051	·9965	·9878	·9792	
0,047 46	0,984 9705	9618	9532	9445	9359	9272	9185	9099	9012	8926	
0,047 47	8839	8752	8666	8579	8493	8406	8320	8233	8147	8060	
0,047 48	7973	7887	7800	7714	7627	7541	7454	7368	7281	7194	
0,047 49	7108	7021	6935	6848	6762	6675	6589	6502	6416	6329	
0,047 50	6243	6156	6070	5983	5896	5810	5723	5637	5550	5464	
0,047 51	5377	5291	5204	5118	5031	4945	4858	4772	4685	4599	
0,047 52	4513	4426	4340	4253	4167	4080	3994	3907	3821	3734	
0,047 53	3648	3561	3475	3388	3302	3215	3129	3043	2956	2870	
0,047 54	2783	2697	2610	2524	2437	2351	2265	2178	2092	2005	
0,047 55	1919	1832	1746	1660	1573	1487	1400	1314	1228	1141	
0,047 56	1055	0968	0882	0796	0709	0623	0536	0450	0364	0277	86
0,047 57	0191	0104	0018	·9932	·9845	·9759	·9672	·9586	·9500	·9413	1 8,6
0,047 58	0,983 9327	9241	9154	9068	8982	8895	8809	8722	8636	8550	2 17,2
0,047 59	8463	8377	8291	8204	8118	8032	7945	7859	7773	7686	3 25,8
											4 34,4
0,047 60	7600	7514	7427	7341	7255	7168	7082	6996	6909	6823	5 43,0
0,047 61	6737	6650	6564	6478	6392	6305	6219	6133	6046	5960	6 51,6
0,047 62	5874	5788	5701	5615	5529	5442	5356	5270	5184	5097	7 60,2
0,047 63	5011	4925	4838	4752	4666	4580	4493	4407	4321	4235	8 68,8
0,047 64	4148	4062	3976	3890	3803	3717	3631	3545	3458	3372	9 77,4
0,047 65	3286	3200	3113	3027	2941	2855	2769	2682	2596	2510	
0,047 66	2424	2337	2251	2165	2079	1993	1906	1820	1734	1648	
0,047 67	1562	1475	1389	1303	1217	1131	1044	0958	0872	0786	
0,047 68	0700	0614	0527	0441	0355	0269	0183	0097	0010	·9924	
0,047 69	0,982 9838	9752	9666	9580	9493	9407	9321	9235	9149	9063	
0,047 70	8977	8890	8804	8718	8632	8546	8460	8374	8288	8201	
0,047 71	8115	8029	7943	7857	7771	7685	7599	7513	7426	7340	
0,047 72	7254	7168	7082	6996	6910	6824	6738	6652	6565	6479	
0,047 73	6393	6307	6221	6135	6049	5963	5877	5791	5705	5619	
0,047 74	5533	5447	5360	5274	5188	5102	5016	4930	4844	4758	
0,047 75	4672	4586	4500	4414	4328	4242	4156	4070	3984	3898	
0,047 76	3812	3726	3640	3554	3468	3382	3296	3210	3124	3039	
0,047 77	2952	2866	2780	2694	2608	2522	2436	2350	2264	2178	
0,047 78	2092	2006	1920	1834	1748	1662	1576	1490	1404	1318	
0,047 79	1232	1146	1060	0974	0888	0802	0716	0630	0544	0458	86

| | 0 | 1 | 2 | 3 | 4 | 5 | 6 | 7 | 8 | 9 | P. P. |

0,0478 0,982				SUBTRACTION.					7 Decim.
	0	1	2	3	4	5	6	7	8	9	P. P.

	0	1	2	3	4	5	6	7	8	9	P. P.
0,047 80	0,982 0372	0286	0200	0114	0028	˙9943	˙9857	˙9771	˙9685	˙9599	
0,047 81	0,981 9513	9427	9341	9255	9169	9083	8997	8911	8826	8740	86
0,047 82	8654	8568	8482	8396	8310	8224	8138	8052	7966	7881	1 8.6
0,947 83	7795	7709	7623	7537	7451	7365	7279	7193	7108	7022	2 17,2
0,047 84	6936	6850	6764	6678	6592	6507	6421	6335	6249	6163	3 25,8
											4 34.4
											5 43.0
0,047 85	6077	5991	5906	5820	5734	5648	5562	5476	5390	5305	6 51.6
0,047 86	5219	5133	5047	4961	4875	4790	4704	4618	4532	4446	7 60.2
0,047 87	4361	4275	4189	4103	4017	3931	3846	3760	3674	3588	8 68.8
0,047 88	3502	3417	3331	3245	3159	3074	2988	2902	2816	2730	9 77.4
0,047 89	2645	2559	2473	2387	2302	2216	2130	2044	1958	1873	
0,047 90	1787	1701	1615	1530	1444	1358	1272	1187	1101	1015	
0,047 91	0929	0844	0758	0672	0586	0501	0415	0329	0244	0158	
0,047 92	0072	˙9986	˙9901	˙9815	˙9729	˙9644	˙9558	˙9472	˙9386	˙9301	
0,047 93	0,980 9215	9129	9044	8958	8872	8787	8701	8615	8529	8444	
0,047 94	8358	8272	8187	8101	8015	7930	7844	7758	7673	7587	
0,047 95	7501	7416	7330	7244	7159	7073	6987	6902	6816	6730	
0,047 96	6645	6559	6474	6388	6302	6217	6131	6045	5960	5874	
0,047 97	5788	5703	5617	5532	5446	5360	5275	5189	5103	5018	
0,047 98	4932	4847	4761	4675	4590	4504	4419	4333	4247	4162	
0,047 99	4076	3991	3905	3820	3734	3648	3563	3477	3392	3306	
0,048 00	3220	3135	3049	2964	2878	2793	2707	2622	2536	2450	
0,048 01	2365	2279	2194	2108	2023	1937	1852	1766	1681	1595	
0,048 02	1509	1424	1338	1253	1167	1082	0996	0911	0825	0740	
0,048 03	0654	0569	0483	0398	0312	0227	0141	0056	˙9970	˙9885	
0,048 04	0,979 9799	9714	9628	9543	9457	9372	9286	9201	9115	9030	
0,048 05	8944	8859	8773	8688	8602	8517	8432	8346	8261	8175	
0,048 06	8090	8004	7919	7833	7748	7662	7577	7492	7406	7321	85
0,048 07	7235	7150	7064	6979	6893	6808	6723	6637	6552	6466	1 8.5
0,048 08	6381	6295	6210	6125	6039	5954	5868	5783	5698	5612	2 17.0
0,048 09	5527	5441	5356	5271	5185	5100	5014	4929	4844	4758	3 25,5
											4 34.0
0,048 10	4673	4587	4502	4417	4331	4246	4161	4075	3990	3905	5 42,5
0,048 11	3819	3734	3648	3563	3478	3392	3307	3222	3136	3051	6 51.0
0,048 12	2966	2880	2795	2710	2624	2539	2454	2368	2283	2198	7 59,5
0,048 13	2112	2027	1942	1856	1771	1686	1600	1515	1430	1344	8 68,0
0,048 14	1259	1174	1088	1003	0918	0833	0747	0662	0577	0491	9 76,5
0,048 15	0406	0321	0236	0150	0065	˙9980	˙9894	˙9809	˙9724	˙9639	
0,048 16	0,978 9553	9468	9383	9298	9212	9127	9042	8956	8871	8786	
0,048 17	8701	8615	8530	8445	8360	8274	8189	8104	8019	7934	
0,048 18	7848	7763	7678	7593	7507	7422	7337	7252	7166	7081	
0,048 19	6992	6911	6826	6740	6655	6570	6485	6400	6314	6229	
0,048 20	6144	6059	5974	5888	5803	5718	5633	5548	5463	5377	
0,048 21	5292	5207	5122	5037	4951	4866	4781	4696	4611	4526	
0,048 22	4440	4355	4270	4185	4100	4015	3930	3844	3759	3674	
0,048 23	3589	3504	3419	3334	3248	3163	3078	2993	2908	2823	
0,048 24	2738	2653	2567	2482	2397	2312	2227	2142	2057	1972	
0,048 25	1887	1801	1716	1631	1546	1461	1376	1291	1206	1121	
0,048 26	1036	0951	0866	0780	0695	0610	0525	0440	0355	0270	
0,048 27	0185	0100	0015	˙9930	˙9845	˙9760	˙9675	˙9590	˙9504	˙9419	
0,048 28	0,977 9334	9249	9164	9079	8994	8909	8824	8739	8654	8569	
0,048 29	8484	8399	8314	8229	8144	8059	7974	7889	7804	7719	85

| | 0 | 1 | 2 | 3 | 4 | 5 | 6 | 7 | 8 | 9 | P. P. |

7 Decim.	SUBTRACTION.									0,977 0,0483

	0	1	2	3	4	5	6	7	8	9	P. P.
0,048 30	0,977 7634	7549	7464	7379	7294	7209	7124	7039	6954	6869	
0,048 31	6784	6699	6614	6529	6444	6359	6274	6189	6104	6019	
0,048 32	5934	5849	5764	5679	5594	5509	5424	5339	5254	5169	
0,048 33	5084	4999	4915	4830	4745	4660	4575	4490	4405	4320	
0,048 34	4235	4150	4065	3980	3895	3810	3725	3640	3556	3471	
0,048 35	3386	3301	3216	3131	3046	2961	2876	2791	2706	2622	
0,048 36	2537	2452	2367	2282	2197	2112	2027	1942	1858	1773	
0,048 37	1688	1603	1518	1433	1348	1263	1179	1094	1009	0924	
0,048 38	0839	0754	0669	0585	0500	0415	0330	0245	0160	0075	
0,048 39	0,976 9991	9906	9821	9736	9651	9566	9482	9397	9312	9227	
0,048 40	9142	9057	8973	8888	8803	8718	8633	8549	8464	8379	
0,048 41	8294	8209	8125	8040	7955	7870	7785	7701	7616	7531	
0,048 42	7446	7361	7277	7192	7107	7022	6937	6853	6768	6683	
0,048 43	6598	6514	6429	6344	6259	6175	6090	6005	5920	5836	
0,048 44	5751	5666	5581	5497	5412	5327	5242	5158	5073	4988	
0,048 45	4903	4819	4734	4649	4565	4480	4395	4310	4226	4141	
0,048 46	4056	3971	3887	3802	3717	3633	3548	3463	3379	3294	
0,048 47	3209	3124	3040	2955	2870	2786	2701	2616	2532	2447	
0,048 48	2362	2278	2193	2108	2024	1939	1854	1770	1685	1600	
0,048 49	1516	1431	1346	1262	1177	1092	1008	0923	0838	0754	
0,048 50	0669	0585	0500	0415	0331	0246	0161	0077	·9992	·9908	
0,048 51	0,975 9823	9738	9654	9569	9484	9400	9315	9231	9146	9061	
0,048 52	8977	8892	8808	8723	8638	8554	8469	8385	8300	8215	
0,048 53	8131	8046	7962	7877	7793	7708	7623	7539	7454	7370	
0,048 54	7285	7201	7116	7031	6947	6862	6778	6693	6609	6524	
0,048 55	6440	6355	6270	6186	6101	6017	5932	5848	5763	5679	
0,048 56	5594	5510	5425	5341	5256	5172	5087	5003	4918	4834	
0,048 57	4749	4665	4580	4496	4411	4326	4242	4158	4073	3989	
0,048 58	3904	3820	3735	3651	3566	3482	3397	3313	3228	3144	
0,048 59	3059	2975	2890	2806	2721	2637	2552	2468	2383	2299	
0,048 60	2215	2130	2046	1961	1877	1792	1708	1623	1539	1455	
0,048 61	1370	1286	1201	1117	1032	0948	0864	0779	0695	0610	
0,048 62	0526	0441	0357	0273	0188	0104	0019	·9935	·9851	·9766	
0,048 63	0,974 9682	9597	9513	9429	9344	9260	9175	9091	9007	8922	
0,048 64	8838	8753	8669	8585	8500	8416	8332	8247	8163	8079	
0,048 65	7994	7910	7825	7741	7657	7572	7488	7404	7319	7235	
0,048 66	7151	7066	6982	6898	6813	6729	6645	6560	6476	6392	
0,048 67	6307	6223	6139	6054	5970	5886	5801	5717	5633	5548	
0,048 68	5464	5380	5295	5211	5127	5043	4958	4874	4790	4705	
0,048 69	4621	4537	4453	4368	4284	4200	4115	4031	3947	3863	
0,048 70	3778	3694	3610	3526	3441	3357	3273	3188	3104	3020	
0,048 71	2936	2851	2767	2683	2599	2514	2430	2346	2262	2177	
0,048 72	2093	2009	1925	1841	1756	1672	1588	1504	1419	1335	
0,048 73	1251	1167	1083	0998	0914	0830	0746	0662	0577	0493	
0,048 74	0409	0325	0241	0156	0072	·9988	·9904	·9820	·9735	·9651	
0,048 75	0,973 9567	9483	9399	9315	9230	9146	9062	8978	8894	8810	
0,048 76	8725	8641	8557	8473	8389	8305	8220	8136	8052	7968	
0,048 77	7884	7800	7716	7631	7547	7463	7379	7295	7211	7127	
0,048 78	7042	6958	6874	6790	6706	6622	6538	6454	6370	6285	
0,048 79	6201	6117	6033	5949	5865	5781	5697	5613	5529	5444	84

| | 0 | 1 | 2 | 3 | 4 | 5 | 6 | 7 | 8 | 9 | P. P. |

P. P.

85
1	8.5
2	17.0
3	25.5
4	34.0
5	42.5
6	51.0
7	59.5
8	68.0
9	76.5

84
1	8.4
2	16.8
3	25.2
4	33.6
5	42.0
6	50.4
7	58.8
8	67.2
9	75.6

0,0488 0,973			SUBTRACTION.							7 Decim.
	0	1	2	3	4	5	6	7	8	9
0,048 80	0,973 5360	5276	5192	5108	5024	4940	4856	4772	4688	4604
0,048 81	4520	4435	4351	4267	4183	4099	4015	3931	3847	3763
0,048 82	3679	3595	3511	3427	3343	3259	3175	3091	3007	2923
0,048 83	2839	2754	2670	2586	2502	2418	2334	2250	2166	2082
0,048 84	1998	1914	1830	1746	1662	1578	1494	1410	1326	1242
0,048 85	1158	1074	0990	0906	0822	0738	0654	0570	0486	0402
0,048 86	0318	0234	0150	0066	·9982	·9898	·9814	·9731	·9647	·9563
0,048 87	0,972 9479	9395	9311	9227	9143	9059	8975	8891	8807	8723
0,048 88	8639	8555	8471	8387	8303	8219	8135	8052	7968	7884
0,048 89	7800	7716	7632	7548	7464	7380	7296	7212	7128	7045
0,048 90	6961	6877	6793	6709	6625	6541	6457	6373	6289	6206
0,048 91	6122	6038	5954	5870	5786	5702	5618	5534	5451	5367
0,048 92	5283	5199	5115	5031	4947	4864	4780	4696	4612	4528
0,048 93	4444	4360	4277	4193	4109	4025	3941	3857	3773	3690
0,048 94	3606	3522	3438	3354	3270	3187	3103	3019	2935	2851
0,048 95	2768	2684	2600	2516	2432	2348	2265	2181	2097	2013
0,048 96	1929	1846	1762	1678	1594	1511	1427	1343	1259	1175
0,048 97	1092	1008	0924	0840	0756	0673	0589	0505	0421	0338
0,048 98	0254	0170	0086	0003	·9919	·9835	·9751	·9668	·9584	·9500
0,048 99	0,971 9416	9333	9249	9165	9081	8998	8914	8830	8746	8663
0,049 00	8579	8495	8412	8328	8244	8160	8077	7993	7909	7826
0,049 01	7742	7658	7574	7491	7407	7323	7240	7156	7072	6989
0,049 02	6905	6821	6737	6654	6570	6486	6403	6319	6235	6152
0,049 03	6068	5984	5901	5817	5733	5650	5566	5482	5399	5315
0,049 04	5231	5148	5064	4980	4897	4813	4730	4646	4562	4479
0,049 05	4395	4311	4228	4144	4060	3977	3893	3810	3726	3642
0,049 06	3559	3475	3391	3308	3224	3141	3057	2973	2890	2806
0,049 07	2723	2639	2555	2472	2388	2305	2221	2137	2054	1970
0,049 08	1887	1803	1720	1636	1552	1469	1385	1302	1218	1135
0,049 09	1051	0967	0884	0800	0717	0633	0550	0466	0383	0299
0,049 10	0215	0132	0048	·9965	·9881	·9798	·9714	·9631	·9547	·9464
0,049 11	0,970 9380	9297	9213	9130	9046	8963	8879	8795	8712	8628
0,049 12	8545	8461	8378	8294	8211	8127	8044	7960	7877	7793
0,049 13	7710	7626	7543	7459	7376	7293	7209	7126	7042	6959
0,049 14	6875	6792	6708	6625	6541	6458	6374	6291	6207	6124
0,049 15	6040	5957	5874	5790	5707	5623	5540	5456	5373	5289
0,049 16	5206	5123	5039	4956	4872	4789	4705	4622	4539	4455
0,049 17	4372	4288	4205	4121	4038	3955	3871	3788	3704	3621
0,049 18	3538	3454	3371	3287	3204	3121	3037	2954	2870	2787
0,049 19	2704	2620	2537	2454	2370	2287	2203	2120	2037	1953
0,049 20	1870	1787	1703	1620	1536	1453	1370	1286	1203	1120
0,049 21	1036	0953	0870	0786	0703	0620	0536	0453	0370	0286
0,049 22	0203	0120	0036	·9953	·9870	·9786	·9703	·9620	·9536	·9453
0,049 23	0,969 9370	9286	9203	9120	9037	8953	8870	8787	8703	8620
0,049 24	8537	8453	8370	8287	8204	8120	8037	7954	7870	7787
0,049 25	7704	7621	7537	7454	7371	7288	7204	7121	7038	6954
0,049 26	6871	6788	6705	6621	6538	6455	6372	6288	6205	6122
0,049 27	6039	5956	5872	5789	5706	5623	5539	5456	5373	5290
0,049 28	5206	5123	5040	4957	4874	4790	4707	4624	4541	4457
0,049 29	4374	4291	4208	4125	4041	3958	3875	3792	3709	3626
	0	1	2	3	4	5	6	7	8	9

P. P.

85
1 | 8,5
2 | 17,0
3 | 25,5
4 | 34,0
5 | 42,5
6 | 51,0
7 | 59,5
8 | 68,0
9 | 76,5

84
1 | 8,4
2 | 16,8
3 | 25,2
4 | 33,6
5 | 42,0
6 | 50,4
7 | 58,8
8 | 67,2
9 | 75,6

83
1 | 8,3
2 | 16,6
3 | 24,9
4 | 33,2
5 | 41,5
6 | 49,8
7 | 58,1
8 | 66,4
9 | 74,7

84 (at row 0,049 29)

P. P.

7 Decim.					SUBTRACTION.					0,969 0,0493
	0	1	2	3	4	5	6	7	8	9
0,049 30	0,969 3542	3459	3376	3293	3210	3126	3043	2960	2877	2794
0,049 31	2711	2627	2544	2461	2378	2295	2212	2128	2045	1962
0,049 32	1879	1796	1713	1630	1546	1463	1380	1297	1214	1131
0,049 33	1048	0964	0881	0798	0715	0632	0549	0466	0383	0299
0,049 34	0216	0133	0050	˙9967	˙9884	˙9801	˙9718	˙9635	˙9551	˙9468
0,049 35	0,968 9385	9302	9219	9136	9053	8970	8887	8804	8721	8637
0,049 36	8554	8471	8388	8305	8222	8139	8056	7973	7890	7807
0,049 37	7724	7641	7558	7474	7391	7308	7225	7142	7059	6976
0,049 38	6893	6810	6727	6644	6561	6478	6395	6312	6229	6146
0,049 39	6063	5980	5897	5814	5731	5648	5565	5482	5399	5316
0,049 40	5233	5150	5067	4984	4901	4818	4735	4652	4569	4486
0,049 41	4403	4320	4237	4154	4071	3988	3905	3822	3739	3656
0,049 42	3573	3490	3407	3324	3241	3158	3075	2992	2909	2826
0,049 43	2743	2660	2577	2494	2411	2328	2245	2162	2080	1997
0,049 44	1914	1831	1748	1665	1582	1499	1416	1333	1250	1167
0,049 45	1084	1001	0919	0836	0753	0670	0587	0504	0421	0338
0,049 46	0255	0172	0089	0007	˙9924	˙9841	˙9758	˙9675	˙9592	˙9509
0,049 47	0,967 9426	9343	9261	9178	9095	9012	8929	8846	8763	8680
0,049 48	8598	8515	8432	8349	8266	8183	8100	8018	7935	7852
0,049 49	7769	7686	7603	7520	7438	7355	7272	7189	7106	7023
0,049 50	6941	6858	6775	6692	6609	6526	6444	6361	6278	6195
0,049 51	6112	6030	5947	5864	5781	5698	5616	5533	5450	5367
0,049 52	5284	5202	5119	5036	4953	4870	4788	4705	4622	4539
0,049 53	4456	4374	4291	4208	4125	4043	3960	3877	3794	3712
0,049 54	3629	3546	3463	3380	3298	3215	3132	3049	2967	2884
0,049 55	2801	2718	2636	2553	2470	2388	2305	2222	2139	2057
0,049 56	1974	1891	1808	1726	1643	1560	1478	1395	1312	1229
0,049 57	1147	1064	0981	0899	0816	0733	0651	0568	0485	0402
0,049 58	0320	0237	0154	0072	˙9989	˙9906	˙9824	˙9741	˙9658	˙9576
0,049 59	0,966 9493	9410	9328	9245	9162	9080	8997	8914	8832	8749
0,049 6"	8666	8584	8501	8418	8336	8253	8170	8088	8005	7922
0,049 61	7840	7757	7675	7592	7509	7427	7344	7261	7179	7096
0,049 62	7014	6931	6848	6766	6683	6600	6518	6435	6353	6270
0,049 63	6187	6105	6022	5940	5857	5774	5692	5609	5527	5444
0,049 64	5362	5279	5196	5114	5031	4949	4866	4783	4701	4618
0,049 65	4536	4453	4371	4288	4206	4123	4040	3958	3875	3793
0,049 66	3710	3628	3545	3463	3380	3297	3215	3132	3050	2967
0,049 67	2885	2802	2720	2637	2555	2472	2390	2307	2225	2142
0,049 68	2060	1977	1895	1812	1730	1647	1565	1482	1400	1317
0,049 69	1235	1152	1070	0987	0905	0822	0740	0657	0575	0492
0,049 70	0410	0327	0245	0162	0080	˙9997	˙9915	˙9832	˙9750	˙9667
0,049 71	0,965 9585	9502	9420	9338	9255	9173	9090	9008	8925	8843
0,049 72	8760	8678	8596	8513	8431	8348	8266	8183	8101	8019
0,049 73	7936	7854	7771	7689	7606	7524	7442	7359	7277	7194
0,049 74	7112	7030	6947	6865	6782	6700	6617	6535	6453	6370
0,049 75	6288	6206	6123	6041	5958	5876	5794	5711	5629	5546
0,049 76	5464	5382	5299	5217	5135	5052	4970	4888	4805	4723
0,049 77	4640	4558	4476	4393	4311	4229	4146	4064	3982	3899
0,049 78	3817	3735	3652	3570	3488	3405	3323	3241	3158	3076
0,049 79	2994	2911	2829	2747	2664	2582	2500	2417	2335	2253
	0	1	2	3	4	5	6	7	8	9

P. P.

84
1	8,4
2	16,8
3	25,2
4	33,6
5	42,0
6	50,4
7	58,8
8	67,2
9	75,6

83
1	8,3
2	16,6
3	24,9
4	33,2
5	41,5
6	49,8
7	58,1
8	66,4
9	74,7

82
1	8,2
2	16,4
3	24,6
4	32,8
5	41,0
6	49,2
7	57,4
8	65,6
9	73,8

82

| 0,0498 0,965 | | | | SUBTRACTION. | | | | | 7 Decim. |

	0	1	2	3	4	5	6	7	8	9
0,049 80	0,965 2171	2088	2006	1924	1841	1759	1677	1594	1512	1430
0,049 81	1348	1265	1183	1101	1018	0936	0854	0772	0689	0607
0,049 82	0525	0443	0360	0278	0196	0114	0031	'9949	'9867	'9785
0,049 83	0,964 9702	9620	9538	9456	9373	9291	9209	9127	9044	8962
0,049 84	8880	8798	8715	8633	8551	8469	8386	8304	8222	8140
0,049 85	8058	7975	7893	7811	7729	7647	7564	7482	7400	7318
0,049 86	7236	7153	7071	6989	6907	6825	6742	6660	6578	6496
0,049 87	6414	6331	6249	6167	6085	6003	5921	5838	5756	5674
0,049 88	5592	5510	5428	5345	5263	5181	5099	5017	4935	4852
0,049 89	4770	4688	4606	4524	4442	4360	4278	4195	4113	4031
0,049 90	3949	3867	3785	3703	3620	3538	3456	3374	3292	3210
0,049 91	3128	3046	2964	2881	2799	2717	2635	2553	2471	2389
0,049 92	2307	2225	2143	2060	1978	1896	1814	1732	1650	1568
0,049 93	1486	1404	1322	1240	1158	1076	0993	0911	0829	0747
0,049 94	0665	0583	0501	0419	0337	0255	0173	0091	0009	'9927
0,049 95	0,963 9845	9763	9681	9599	9517	9435	9353	9270	9188	9106
0,049 96	9024	8942	8860	8778	8696	8614	8532	8450	8368	8286
0,049 97	8204	8122	8040	7958	7876	7794	7712	7630	7548	7466
0,049 98	7384	7302	7220	7138	7056	6974	6892	6810	6728	6646
0,049 99	6564	6482	6401	6319	6237	6155	6073	5991	5909	5827
0,050 0	5745	4925	4106	3287	2468	1649	0831	0012	'9194	'8376
0,050 1	0,962 7558	6740	5923	5105	4288	3471	2654	1838	1021	0205
0,050 2	0,961 9388	8572	7757	6941	6125	5310	4495	3680	2865	2051
0,050 3	1236	0422	'9608	'8794	'7980	'7166	'6353	'5540	'4727	'3914
0,050 4	0,960 3101	2288	1476	0664	'9852	'9040	'8228	'7417	'6605	'5794
0,050 5	0,959 4983	4172	3361	2551	1740	0930	0120	'9310	'8501	'7691
0,050 6	0,958 6882	6073	5264	4455	3646	2838	2029	1221	0413	'9605
0,050 7	0,957 8798	7990	7183	6376	5569	4762	3955	3149	2342	1536
0,050 8	0730	'9925	'9119	'8313	'7508	'6703	'5898	'5093	'4289	'3484
0,050 9	0,956 2680	1876	1072	0268	'9464	'8661	'7858	'7055	'6252	'5449
0,051 0	0,955 4646	3844	3041	2239	1437	0636	'9834	'9033	'8231	'7430
0,051 1	0,954 6629	5828	5028	4227	3427	2627	1827	1027	0228	'9428
0,051 2	0,953 8629	7830	7031	6232	5433	4635	3836	3038	2240	1443
0,051 3	0645	'9847	'9050	'8253	'7456	'6659	'5862	'5066	'4270	'3473
0,051 4	0,952 2677	1882	1086	0290	'9495	'8700	'7905	'7110	'6315	'5521
0,051 5	0,951 4727	3932	3138	2344	1551	0757	'9964	'9171	'8378	'7585
0,051 6	0,950 6792	5999	5207	4415	3623	2831	2039	1247	0456	'9665
0,051 7	0,949 8874	8083	7292	6501	5711	4921	4130	3340	2551	1761
0,051 8	0971	0182	'9393	'8604	'7815	'7027	'6238	'5450	'4661	'3873
0,051 9	0,948 3086	2298	1510	0723	'9936	'9149	'8362	'7575	'6788	'6002
0,052 0	0,947 5216	4430	3644	2858	2072	1287	0502	'9716	'8931	'8147
0,052 1	0,946 7362	6577	5793	5009	4225	3441	2657	1874	1090	0307
0,052 2	0,945 9524	8741	7959	7176	6393	5611	4829	4047	3265	2484
0,052 3	1702	0921	0140	'9359	'8578	'7797	'7017	'6236	'5456	'4676
0,052 4	0,944 3896	3117	2337	1558	0778	'9999	'9220	'8441	'7663	'6884
0,052 5	0,943 6106	5328	4550	3772	2994	2217	1439	0662	'9885	'9108
0,052 6	0,942 8332	7555	6779	6002	5226	4450	3674	2899	2123	1348
0,052 7	0573	'9798	'9023	'8248	'7474	'6699	'5925	'5151	'4377	'3603
0,052 8	0,941 2830	2056	1283	0510	'9737	'8964	'8191	'7419	'6646	'5874
0,052 9	0,940 5102	4330	3558	2787	2015	1244	0473	'9702	'8931	'8160
	0	1	2	3	4	5	6	7	8	9

P. P.

	83	82	81
1	8,5	8,2	8,1
2	16,6	16,4	16,2
3	24,9	24,6	24,3
4	33,2	32,8	32,4
5	41,5	41,0	40,5
6	49,8	49,2	58,6
7	58,1	57,4	56,7
8	66,4	65,6	64,8
9	74,7	73,8	72,9

	818	816	814	812
1	81,8	81,6	81,4	81,2
2	163,6	163,2	162,8	162,4
3	245,4	244,8	244,2	243,6
4	327,2	326,4	325,6	324,8
5	409,0	408,0	407,0	406,0
6	490,8	489,6	588,4	587,2
7	572,6	571,2	569,8	568,4
8	654,4	652,8	651,2	649,6
9	736,2	734,4	732,6	730,8

	810	808	806	804
1	81,0	80,8	80,6	80,4
2	162,0	161,6	161,2	160,8
3	243,0	242,4	241,8	241,2
4	324,0	323,2	322,4	321,6
5	405,0	404,0	403,0	402,0
6	486,0	484,8	483,6	482,4
7	567,0	565,6	564,2	562,8
8	648,0	646,4	644,8	643,2
9	729,0	727,2	725,4	723,6

	802	800	798	796
1	80,2	80,0	79,8	79,6
2	160,4	160,0	159,6	159,2
3	240,6	240,0	239,4	238,8
4	320,8	320,0	319,2	348,1
5	401,0	400,0	399,0	398,0
6	481,2	480,0	478,8	477,6
7	561,4	560,0	558,6	557,2
8	641,6	640,0	638,4	636,8
9	721,8	720,0	718,2	716,4

	794	792	790	788
1	79,4	79,2	79,0	78,8
2	158,8	158,4	158,0	157,6
3	238,2	237,6	237,0	236,4
4	317,6	316,8	346,0	345,2
5	397,0	396,0	395,0	394,0
6	476,4	475,2	474,0	472,8
7	555,8	554,4	553,0	551,6
8	635,2	633,6	632,0	630,4
9	714,6	712,8	711,0	709,2

	786	784	782	780
1	78,6	78,4	78,2	78,0
2	157,2	156,8	156,4	156,0
3	235,8	235,2	234,6	234,0
4	314,4	343,6	342,8	342,0
5	393,0	392,0	391,0	390,0
6	471,6	470,4	469,2	468,0
7	550,2	548,8	547,4	546,0
8	628,8	627,2	625,6	624,0
9	707,4	705,6	703,8	702,0

	778	776	774	772
1	77,8	77,6	77,4	77,2
2	155,6	155,2	154,8	154,4
3	233,4	232,8	232,2	231,6
4	311,2	310,4	309,6	308,8
5	389,0	38*,0	387,0	386,0
6	466,8	465,6	464,4	463,2
7	544,6	543,2	541,8	540,4
8	622,4	620,8	619,2	647,6
9	700,2	698,4	696,6	694,8

770

| 7 Decim. | SUBTRACTION. | | | | | | | | | 0,939 0,053 |

	0	1	2	3	4	5	6	7	8	9	P. P.
0,0530	0,939 7390	6619	5849	5079	4309	3539	2770	2000	1231	0462	771 768 765 762
0,0531	0,938 9693	8924	8156	7387	6619	5851	5082	4315	3547	2779	_77.1_ 76.8 76.5 76.2
0,0532	2012	1244	0477	·9710	·8944	·8177	·7410	·6644	·5878	·5112	_155.2_ 153.6 155.0 152.3 / 257.5 250.1 299.5 325.6
0,0533	0,937 4346	3580	2814	2049	1284	0519	·9754	·8989	·8224	·7459	_308.4_ 507.4 506.0 504.8 / 385.5 384.0 382.5 381.0
0,0534	0,936 6695	5931	5167	4403	3639	2875	2112	1349	0585	·9822	_162.6_ 160.8 459.0 457.2
0,0535	0,935 9060	8297	7534	6772	6010	5248	4486	3724	2962	2201	_559.7_ 557.6 535.5 555.4 / 616.8 614.4 612.0 609.6 / 695.9 691.2 688.5 685.8
0,0536	1439	0678	·9917	·9156	·8395	·7635	·6874	·6114	·5354	·4594	
0,0537	0,934 3834	3074	2315	1555	0796	0037	·9278	·8519	·7761	·7002	759 756 753 750
0,0538	0,933 6244	5486	4728	3970	3212	2454	1697	0940	0182	·9425	_73.9_ 75.6 75.3 75.0 / 151.8 151.2 150.6 150.0
0,0539	0,932 8669	7912	7155	6399	5643	4887	4131	3375	2619	1864	_227.7_ 226.8 225.9 225.0
0,0540	1108	0353	·9598	·8843	·8088	·7334	·6579	·5825	·5071	·4317	_305.6_ 302.4 301.2 300.0 / 379.5 378.0 376.5 375.0
0,0541	0,931 3563	2809	2056	1302	0549	·9796	·9043	·8290	·7537	·6785	_455.4_ 453.6 451.8 450.0
0,0542	0,930 6032	5280	4528	3776	3024	2272	1521	0770	0018	·9267	_531.5_ 529.2 527.1 525.0 / 607.2 604.8 602.4 600.0
0,0543	0,929 8516	7766	7015	6264	5514	4764	4014	3264	2514	1765	_685.4_ 680.4 677.7 675.0
0,0544	1015	0266	·9517	·8768	·8019	·7270	·6522	·5773	·5025	·4277	747 744 741 738
0,0545	0,928 3529	2781	2033	1286	0538	·9791	·9044	·8297	·7550	·6803	_74.7_ 74.4 74.1 73.8 / 149.4 148.8 148.2 147.6
0,0546	0,927 6057	5311	4564	3818	3072	2326	1581	0835	0090	·9345	_224.1_ 223.2 222.3 221.4
0,0547	0,926 8600	7855	7110	6365	5621	4876	4132	3388	2644	1900	_398.8_ 297.6 296.4 295.2 / 373.5 372.0 370.5 369.0
0,0548	1157	0413	·9670	·8927	·8184	·7441	·6698	·5955	·5213	·4471	_448.2_ 446.4 444.6 442.8
0,0549	0,925 3728	2986	2244	1503	0761	0020	·9278	·8537	·7796	·7055	_522.9_ 520.8 518.7 516.6 / 597.6 595.2 592.8 590.4 / 672.3 669.6 666.9 664.2
0,0550	0,924 6314	5574	4833	4093	3353	2613	1873	1133	0394	·9654	735 732 729 726
0,0551	0,923 8915	8176	7437	6698	5959	5220	4482	3743	3005	2267	_73.5_ 73.2 72.9 72.6 / 147.0 146.4 145.8 145.2
0,0552	1529	0792	0054	·9317	·8579	·7842	·7105	·6368	·5631	·4895	_220.5_ 219.6 218.7 217.8
0,0553	0,922 4158	3422	2686	1950	1214	0478	·9742	·9007	·8272	·7536	_294.0_ 292.8 291.6 290.4 / 367.5 366.0 364.5 363.0
0,0554	0,921 6801	6066	5332	4597	3862	3128	2394	1660	0926	0192	_441.0_ 439.2 437.4 435.6
0,0555	0,920 9458	8725	7992	7258	6525	5792	5060	4327	3594	2862	_514.5_ 512.4 510.3 508.2 / 588.0 585.6 583.2 580.8 / 661.5 658.8 656.1 653.4
0,0556	2130	1398	0666	·9934	·9202	·8471	·7739	·7008	·6277	·5546	
0,0557	0,919 4815	4084	3354	2623	1893	1163	0433	·9703	·8973	·8244	
0,0558	0,918 7514	6785	6056	5327	4598	3869	3141	2412	1684	0956	724 722 720 718
0,0559	0227	·9500	·8772	·8044	·7317	·6589	·5862	·5135	·4408	·3681	_72.4_ 72.2 72.0 71.8 / 144.8 144.4 144.0 143.6
0,0560	0,917 2955	2228	1502	0775	0049	·9323	·8597	·7872	·7146	·6421	_217.2_ 216.6 216.0 215.4
0,0561	0,916 5695	4970	4245	3520	2796	2071	1347	0622	·9898	·9174	_289.6_ 288.8 288.0 287.2 / 362.0 361.0 360.0 359.0
0,0562	0,915 8450	7726	7003	6279	5556	4833	4110	3387	2664	1941	_434.4_ 433.2 432.0 430.8
0,0563	1219	0496	·9774	·9052	·8330	·7608	·6886	·6165	·5443	·4722	_506.8_ 505.4 504.0 502.6 / 579.2 577.6 576.6 574.4
0,0564	0,914 4001	3280	2559	1838	1117	0397	·9676	·8956	·8236	·7516	_651.6_ 649.8 648.0 646.2
0,0565	0,913 6796	6077	5357	4638	3918	3199	2480	1761	1043	0324	716 714 712 710
0,0566	0,912 9606	8887	8169	7451	6733	6015	5298	4580	3863	3146	_71.6_ 71.4 71.2 71.0 / 143.2 142.8 142.4 142.0
0,0567	2429	1712	0995	0278	·9561	·8845	·8129	·7413	·6697	·5981	_214.8_ 214.2 213.6 213.0
0,0568	0,911 5265	4549	3834	3118	2403	1688	0973	0258	·9544	·8829	_286.4_ 285.6 284.8 284.0 / 358.0 357.0 356.0 355.0
0,0569	0,910 8115	7400	6686	5972	5258	4545	3831	3118	2404	1691	_429.6_ 428.4 427.2 426.0
0,0570	0978	0265	·9552	·8839	·8127	·7414	·6702	·5990	·5278	·4566	_501.2_ 499.8 498.4 497.0 / 572.8 571.2 569.6 568.0
0,0571	0,909 3854	3143	2431	1720	1009	0298	·9587	·8876	·8165	·7455	_644.4_ 642.6 640.8 639.0
0,0572	0,908 6744	6034	5324	4614	3904	3194	2485	1775	1066	0356	708 706 704 702
0,0573	0,907 9647	8938	8230	7521	6812	6104	5396	4687	3979	3271	_70.8_ 70.6 70.4 70.2 / 141.6 141.2 140.8 140.4
0,0574	2564	1856	1148	0441	·9734	·9027	·8320	·7613	·6906	·6200	_212.4_ 211.8 211.2 210.6
0,0575	0,906 5493	4787	4081	3374	2669	1963	1257	0552	·9846	·9141	_283.2_ 282.4 281.6 280.8 / 354.0 353.0 352.0 351.0
0,0576	0,905 8436	7731	7026	6321	5616	4912	4207	3503	2799	2095	_424.8_ 423.6 422.4 421.2
0,0577	1391	0688	·9984	·9281	·8577	·7874	·7171	·6468	·5765	·5063	_495.6_ 494.2 492.8 491.4 / 566.4 564.8 563.2 561.6
0,0578	0,904 4360	3658	2955	2253	1551	0849	0147	·9446	·8744	·8043	_637.2_ 635.4 633.6 651.8
0,0579	0,903 7342	6640	5939	5239	4538	3837	3137	2436	1736	1036	700

| | 0 | 1 | 2 | 3 | 4 | 5 | 6 | 7 | 8 | 9 | P. P. |

| 0,058 | 0,903 | | | | SUBTRACTION. | | | | | 7 Decim. |

	0	1	2	3	4	5	6	7	8	9
0,0580	0,903 0336	˙9636	˙8937	˙8237	˙7538	˙6838	˙6139	˙5440	˙4741	˙4042
0,0581	0,902 3344	2645	1947	1248	0550	˙9852	˙9154	˙8457	7759	˙7061
0,0582	0,901 6364	5667	4970	4273	3576	2879	2182	1486	0789	0093
0,0583	0,900 9397	8701	8005	7310	6614	5918	5223	4528	3833	3138
0,0584	2443	1748	1054	0359	˙9665	˙8971	˙8277	˙7583	˙6889	˙6195
0,0585	0,899 5502	4808	4115	3422	2729	2036	1343	0650	˙9958	˙9265
0,0586	0,898 8573	7881	7189	6497	5805	5113	4422	3730	3039	2348
0,0587	1657	0966	0275	˙9584	˙8894	˙8203	˙7513	˙6823	˙6133	˙5443
0,0588	0,897 4753	4064	3374	2685	1995	1306	0617	˙9928	˙9239	˙8551
0,0589	0,896 7862	7174	6486	5797	5109	4421	3734	3046	2358	1671
0,0590	0984	0297	˙9610	˙8923	˙8236	˙7549	˙6863	˙6176	˙5490	˙4804
0,0591	0,895 4118	3432	2746	2060	1375	0689	0004	˙9319	˙8634	˙7949
0,0592	0,894 7264	6579	5895	5211	4526	3842	3158	2474	1790	1107
0,0593	0423	˙9740	˙9056	˙8373	˙7690	˙7007	˙6324	˙5641	˙4959	˙4276
0,0594	0,893 3594	2912	2230	1548	0866	0184	˙9503	˙8821	˙8140	˙7459
0,0595	0,892 6777	6096	5416	4735	4054	3374	2693	2013	1333	0653
0,0596	0,891 9973	9293	8614	7934	7255	6575	5896	5217	4538	3860
0,0597	3181	2502	1824	1146	0467	˙9789	˙9111	˙8434	˙7756	˙7078
0,0598	0,890 6401	5724	5046	4369	3692	3015	2339	1662	0986	0309
0,0599	0,889 9633	8957	8281	7605	6929	6254	5578	4903	4227	3552
0,0600	2877	2202	1528	0853	0178	˙9504	˙8830	˙8155	˙7481	˙6807
0,0601	0,888 6134	5460	4786	4113	3439	2766	2093	1420	0747	0074
0,0602	0,887 9402	8729	8057	7385	6712	6040	5369	4697	4025	3353
0,0603	2682	2011	1340	0668	˙9997	˙9327	˙8656	˙7985	˙7315	˙6644
0,0604	0,886 5974	5304	4634	3964	3294	2625	1955	1286	0616	˙9947
0,0605	0,885 9278	8609	7940	7272	6603	5935	5266	4598	3930	3262
0,0606	2594	1926	1259	0591	˙9924	˙9257	˙8589	˙7922	˙7255	˙6589
0,0607	0,884 5922	5255	4589	3922	3256	2590	1924	1258	0592	˙9927
0,0608	0,883 9261	8596	7931	7265	6600	5935	5271	4606	3941	3277
0,0609	2612	1948	1284	0620	˙9956	˙9292	˙8629	˙7965	˙7302	˙6639
0,0610	0,882 5975	5312	4649	3987	3324	2661	1999	1336	0674	0012
0,0611	0,881 9350	8688	8026	7365	6703	6042	5380	4719	4058	3397
0,0612	2736	2075	1415	0754	0094	˙9433	˙8773	˙8113	˙7453	˙6794
0,0613	0,880 6134	5474	4815	4155	3496	2837	2178	1519	0860	0202
0,0614	0,879 9543	8885	8226	7568	6910	6252	5594	4936	4279	3021
0,0615	2964	2307	1649	0992	0335	˙9679	˙9022	˙8365	˙7709	˙7052
0,0616	0,878 6396	5740	5084	4428	3772	3116	2461	1805	1150	0495
0,0617	0,877 9840	9185	8530	7875	7220	6566	5911	5257	4603	3949
0,0618	3295	2641	1987	1333	0680	0027	˙9373	˙8720	˙8067	˙7414
0,0619	0,876 6761	6108	5456	4803	4151	3499	2846	2194	1542	0891
0,0620	0239	˙9587	˙8936	˙8284	˙7633	˙6982	˙6331	˙5680	˙5029	˙4378
0,0621	0,875 3728	3077	2427	1777	1127	0477	˙9827	˙9177	˙8527	˙7878
0,0622	0,874 7228	6579	5929	5280	4631	3982	3334	2685	2036	1388
0,0623	0740	0091	˙9443	˙8795	˙8147	˙7499	˙6852	˙6204	˙5557	˙4909
0,0624	0,873 4262	3615	2968	2321	1674	1028	0381	˙9735	˙9088	˙8442
0,0625	0,872 7796	7150	6504	5858	5212	4567	3921	3276	2631	1986
0,0626	1341	0696	0051	˙9406	˙8762	˙8117	˙7473	˙6829	˙6185	˙5541
0,0627	0,871 4897	4253	3609	2966	2322	1679	1035	0392	˙9749	˙9106
0,0628	0,870 9464	7821	7178	6536	5893	5251	4609	3967	3325	2683
0,0629	2042	1400	0758	0117	˙9476	˙8835	˙8194	˙7553	˙6912	˙6271

| | 0 | 1 | 2 | 3 | 4 | 5 | 6 | 7 | 8 | 9 |

P. P.

	699	696	693	690
1	69,9	69,6	69,3	69,0
2	139,8	139,2	138,6	138,0
3	209,7	208,8	207,9	207,0
4	279,6	278,4	277,2	276,0
5	349,5	348,0	346,5	345,0
6	419,4	417,6	415,8	414,0
7	489,3	487,2	485,1	483,0
8	559,2	556,8	554,4	552,0
9	629,1	626,4	623,7	621,0

	688	686	684	682
1	68,8	68,6	68,4	68,2
2	137,6	137,2	136,8	136,4
3	206,4	205,8	205,2	204,6
4	275,2	274,4	273,6	272,8
5	344,0	343,0	342,0	341,0
6	412,8	411,6	410,4	409,2
7	481,6	480,2	478,8	477,4
8	550,4	548,8	547,2	546,6
9	619,2	617,4	615,6	613,8

	680	678	676	674
1	68,0	67,8	67,6	67,4
2	156,0	135,6	135,2	134,8
3	204,0	203,4	202,8	202,2
4	272,0	271,2	270,4	269,6
5	340,0	339,0	338,0	337,0
6	408,0	406,8	405,6	404,4
7	476,0	474,6	473,2	471,8
8	544,0	542,4	540,8	539,2
9	612,0	610,2	608,4	606,6

	672	670	668	666
1	67,2	67,0	66,8	66,6
2	134,4	134,0	133,6	133,2
3	201,6	201,0	200,4	199,8
4	268,8	268,0	267,2	266,4
5	336,0	335,0	334,0	333,0
6	403,2	402,0	400,8	399,6
7	470,4	469,0	467,6	466,2
8	537,6	536,0	534,4	532,8
9	604,8	603,0	601,2	599,4

	664	662	660	658
1	66,4	66,2	66,0	65,8
2	132,8	132,4	132,0	131,6
3	199,2	198,6	198,0	197,4
4	265,6	264,8	264,0	263,2
5	332,0	331,0	330,0	329,0
6	398,4	397,2	396,0	394,8
7	464,8	463,4	462,0	460,6
8	531,2	529,6	528,0	526,4
9	597,6	595,8	594,0	592,2

	656	654	652	650
1	65,6	65,4	65,2	65,0
2	131,2	130,8	130,4	130,0
3	196,8	196,2	195,6	195,0
4	262,4	261,6	260,8	260,0
5	328,0	327,0	326,0	325,0
6	393,6	392,4	391,2	390,0
7	459,2	457,8	456,4	455,0
8	524,8	523,2	521,6	520,0
9	590,4	588,6	586,8	585,0

	648	646	644	642
1	64,8	64,6	64,4	64,2
2	129,6	129,2	128,8	128,4
3	194,4	193,8	193,2	192,6
4	259,2	258,4	257,6	256,8
5	324,0	323,0	322,0	321,0
6	388,8	387,6	386,4	385,2
7	453,6	452,2	450,8	449,4
8	518,4	516,8	515,2	513,6
9	583,2	581,4	579,6	577,8

641

P. P.

| 7 Decim. | | | | SUBTRACTION. | | | | | 0,869 0,063 | |

0,0630	0	1	2	3	4	5	6	7	8	9
0,0630	0,869 5630	4990	4349	3709	3069	2429	1789	1149	0509	·9870
0,0631	0,868 9230	8591	7951	7312	6673	6034	5395	4757	4118	3479
0,0632	2841	2203	1564	0926	0288	·9650	·9013	·8375	·7737	·7100
0,0633	0,867 6462	5825	5188	4551	3914	3277	2641	2004	1367	0731
0,0634	0095	·9459	·8823	·8187	·7551	·6915	·6279	·5644	·5008	·4373
0,0635	0,866 3738	3103	2468	1833	1198	0564	·9929	·9295	·8660	·8026
0,0636	0,865 7392	6758	6124	5490	4856	4223	3589	2956	2323	1690
0,0637	1056	0424	·9791	·9158	·8525	·7893	·7260	·6628	·5996	·5364
0,0638	0,864 4732	4100	3468	2836	2205	1573	0942	0311	·9680	·9049
0,0639	0,863 8418	7787	7156	6526	5895	5265	4634	4004	3374	2744
0,0640	2114	1485	0855	0225	·9596	·8967	·8337	·7708	·7079	·6450
0,0641	0,862 5821	5193	4564	3936	3307	2679	2051	1423	0795	0167
0,0642	0,861 9539	8912	8284	7657	7029	6402	5775	5148	4521	3894
0,0643	3267	2641	2014	1388	0762	0135	·9509	·8883	·8258	·7632
0,0644	0,860 7006	6381	5755	5130	4505	3879	3254	2629	2005	1380
0,0645	0755	0131	·9506	·8882	·8258	·7634	·7010	·6386	·5762	·5138
0,0646	0,859 4515	3891	3268	2645	2022	1399	0776	0153	·9530	·8907
0,0647	0,858 8285	7662	7040	6418	5796	5174	4552	3930	3308	2687
0,0648	2065	1444	0823	0201	·9580	·8959	·8338	·7718	·7097	·6476
0,0649	0,857 5856	5235	4615	3995	3375	2755	2135	1515	0896	0276
0,0650	0,856 9657	9037	8418	7799	7180	6561	5942	5324	4705	4086
0,0651	3468	2850	2231	1613	0995	0377	·9760	·9142	·8524	·7907
0,0652	0,855 7289	6672	6055	5438	4821	4204	3587	2971	2354	1737
0,0653	1121	0505	·9889	·9273	·8657	·8041	·7425	·6809	·6194	·5578
0,0654	0,854 4963	4348	3732	3117	2502	1888	1273	0658	0044	·9429
0,0655	0,853 8815	8201	7586	6972	6358	5745	5131	4517	3904	3290
0,0656	2677	2064	1450	0837	0224	·9612	·8999	·8386	·7774	·7161
0,0657	0,852 6549	5937	5325	4713	4101	3489	2877	2265	1654	1042
0,0658	0431	·9820	·9209	·8598	·7987	·7376	·6765	·6155	·5544	·4934
0,0659	0,851 4323	3713	3103	2493	1883	1273	0663	0054	·9444	·8835
0,0660	0,850 8225	7616	7007	6398	5789	5180	4571	3963	3354	2746
0,0661	2137	1529	0921	0313	·9705	·9097	·8489	·7882	·7274	·6667
0,0662	0,849 6059	5452	4845	4238	3631	3024	2417	1811	1204	0598
0,0663	0,848 9991	9385	8779	8173	7567	6961	6355	5750	5144	4539
0,0664	3933	3328	2723	2118	1513	0908	0303	·9698	·9094	·8489
0,0665	0,847 7885	7280	6676	6072	5468	4864	4260	3657	3053	2450
0,0666	1846	1243	0640	0036	·9433	·8830	·8228	·7625	·7022	·6420
0,0667	0,846 5817	5215	4613	4011	3408	2807	2205	1603	1001	0400
0,0668	0,845 9798	9197	8596	7994	7393	6792	6191	5591	4990	4389
0,0669	3789	3188	2588	1988	1388	0788	0188	·9588	·8988	·8389
0,0670	0,844 7789	7190	6590	5991	5392	4793	4194	3595	2996	2398
0,0671	1799	1201	0602	0004	·9406	·8808	·8210	·7612	·7014	·6416
0,0672	0,843 5819	5221	4624	4026	3429	2832	2235	1638	1041	0445
0,0673	0,842 9848	9251	8655	8059	7462	6866	6270	5674	5079	4482
0,0674	3887	3291	2696	2100	1505	0910	0314	·9719	·9125	·8530
0,0675	0,841 7935	7340	6746	6151	5557	4963	4368	3774	3180	2587
0,0676	1993	1399	0805	0212	·9619	·9025	·8432	·7839	·7246	·6653
0,0677	0,840 6060	5467	4875	4282	3690	3097	2505	1913	1321	0729
0,0678	0137	·9545	·8953	·8362	·7770	·7179	·6587	·5996	·5405	·4814
0,0679	0,839 4223	3632	3041	2451	1860	1270	0679	0089	·9499	·8909
	0	1	2	3	4	5	6	7	8	9

P. P.

	640	638	636	634
1	64,0	63,8	63,6	63,4
2	128,0	127,6	127,2	126,8
3	192,0	191,4	190,8	190,2
4	256,0	255,2	254,4	253,6
5	320,0	319,0	318,0	317,0
6	384,0	382,8	381,6	380,4
7	448,0	446,6	445,2	443,8
8	512,0	510,4	508,8	507,2
9	576,0	574,2	572,4	570,6

	632	630	628	626
1	63,2	63,0	62,8	62,6
2	126,4	126,0	125,6	125,2
3	189,6	189,0	188,4	187,8
4	252,8	252,0	251,2	250,4
5	316,0	315,0	314,0	313,0
6	379,2	378,6	376,8	375,6
7	442,4	441,0	439,6	438,2
8	505,6	504,0	502,4	500,8
9	568,8	567,0	565,2	563,4

	624	622	620	618
1	62,4	62,2	62,0	61,8
2	124,8	124,4	124,0	123,6
3	187,2	186,6	186,0	185,4
4	249,6	248,8	248,0	247,2
5	312,0	311,0	310,0	309,0
6	374,4	373,2	372,0	370,8
7	436,8	435,4	434,0	432,6
8	499,2	497,6	496,0	494,4
9	561,6	559,8	558,0	556,2

	616	614	612	610
1	61,6	61,4	61,2	61,0
2	123,2	122,8	122,4	122,0
3	184,8	184,2	183,6	183,0
4	246,4	245,6	244,8	244,0
5	308,0	307,0	306,0	305,0
6	369,6	368,4	367,2	366,0
7	431,2	429,8	428,4	427,0
8	492,8	491,2	489,6	488,0
9	554,4	552,6	550,8	549,0

	608	606	604	602
1	60,8	60,6	60,4	60,2
2	121,6	121,2	120,8	120,4
3	182,4	181,8	181,2	180,6
4	243,2	242,4	241,6	240,8
5	304,0	303,0	302,0	301,0
6	364,8	363,6	362,4	361,2
7	425,6	424,2	422,8	421,4
8	486,4	484,8	483,2	481,6
9	547,2	545,4	543,6	541,8

	600	598	596	594
1	60,0	59,8	59,6	59,4
2	120,0	119,6	119,2	118,8
3	180,0	179,4	178,8	178,2
4	240,0	239,2	238,4	237,6
5	300,0	299,0	298,0	297,0
6	360,0	358,8	357,6	356,4
7	420,0	418,6	417,2	415,8
8	480,0	478,4	476,8	475,2
9	540,0	538,2	536,4	534,6

	593	592	591	590
1	59,3	59,2	59,1	59,0
2	118,6	118,4	118,2	118,0
3	177,9	177,6	177,3	177,0
4	237,2	236,8	236,4	236,0
5	296,5	296,0	295,5	295,0
6	355,8	355,2	354,6	354,0
7	415,1	414,4	413,7	413,0
8	474,4	473,6	472,8	472,0
9	533,7	532,8	531,9	531,0

590

P. P.

0,068 0,838					SUBTRACTION.					7 Decim.
0	1	2	3	4	5	6	7	8	9	P. P.

	0	1	2	3	4	5	6	7	8	9
0,0680	0,838 8319	7729	7139	6549	5959	5370	4780	4191	3602	3013
0,0681	2424	1835	1246	0657	0068	·9480	·8891	·8303	·7714	·7126
0,0682	0,837 6538	5950	5362	4774	4186	3598	3011	2423	1836	1249
0,0683	0661	0074	·9487	·8900	·8314	·7727	·7140	·6554	·5967	·5381
0,0684	0,836 4794	4208	3622	3036	2450	1864	1279	0693	0107	·9522
0,0685	0,835 8937	8351	7766	7181	6596	6011	5426	4842	4257	3672
0,0686	3088	2504	1919	1335	0751	0167	·9583	·8999	·8416	·7832
0,0687	0,834 7249	6665	6082	5499	4915	4332	3749	3166	2584	2001
0,0688	1418	0836	0253	·9671	·9089	·8507	·7925	·7343	·6761	·6179
0,0689	0,833 5597	5016	4434	3853	3271	2690	2109	1528	0947	0366
0,0690	0,832 9785	9205	8624	8044	7463	6883	6303	5722	5142	4562
0,0691	3983	3403	2823	2244	1664	1085	0505	·9926	·9347	·8768
0,0692	0,831 8189	7610	7031	6453	5874	5295	4717	4139	3560	2982
0,0693	2404	1826	1248	0671	0093	·9515	·8938	·8360	·7783	·7206
0,0694	0,830 6629	6051	5474	4898	4321	3714	3167	2591	2014	1438
0,0695	0862	0286	·9710	·9134	·8558	·7982	·7406	·6831	·6255	·5680
0,0696	0,829 5104	4529	3954	3379	2804	2229	1654	1079	0504	·9930
0,0697	0,828 9355	8781	8207	7633	7058	6484	5910	5337	4763	4189
0,0698	3616	3042	2469	1895	1322	0749	0176	·9603	·9030	·8457
0,0699	0,827 7885	7312	6740	6167	5595	5023	4450	3878	3306	2734
0,0700	2163	1591	1019	0448	·9876	·9305	·8734	·8162	·7591	·7020
0,0701	0,826 6449	5879	5308	4737	4167	3596	3026	2455	1885	1315
0,0702	0745	0175	·9605	·9035	·8466	·7896	·7327	·6757	·6188	·5619
0,0703	0,825 5049	4480	3911	3342	2774	2205	1636	1068	0499	·9931
0,0704	0,824 9363	8794	8226	7658	7090	6522	5955	5387	4819	4252
0,0705	3684	3117	2550	1983	1416	0849	0282	·9715	·9148	·8582
0,0706	0,823 8015	7449	6882	6316	5750	5184	4618	4052	3486	2920
0,0707	2354	1789	1223	0658	0093	·9527	·8962	·8397	·7832	·7267
0,0708	0,822 6702	6138	5573	5009	4444	3880	3315	2751	2187	1623
0,0709	1059	0495	·9931	·9368	·8804	·8241	·7677	·7114	·6551	·5987
0,0710	0,821 5424	4861	4298	3736	3173	2610	2048	1485	0923	0360
0,0711	0,820 9798	9236	8674	8112	7550	6988	6427	5865	5303	4742
0,0712	4181	3619	3058	2497	1936	1375	0814	0253	·9693	·9132
0,0713	0,819 8572	8011	7451	6891	6330	5770	5210	4650	4090	3531
0,0714	2971	2411	1852	1293	0733	0174	·9615	·9056	·8497	·7938
0,0715	0,818 7379	6820	6262	5703	5145	4586	4028	3470	2912	2354
0,0716	1796	1238	0680	0122	·9564	·9007	·8449	·7892	·7335	·6778
0,0717	0,817 6220	5663	5106	4550	3993	3436	2879	2323	1766	1210
0,0718	0654	0098	·9541	·8985	·8430	·7874	·7318	·6762	·6207	·5651
0,0719	0,816 5096	4540	3985	3430	2875	2320	1765	1210	0655	0100
0,0720	0,815 9546	8991	8437	7882	7328	6774	6220	5666	5112	4558
0,0721	4004	3451	2897	2343	1790	1237	0683	0130	·9577	·9024
0,0722	0,814 8471	7918	7365	6813	6260	5708	5155	4603	4050	3498
0,0723	2946	2394	1842	1290	0739	0187	·9635	·9084	·8532	·7981
0,0724	0,813 7430	6878	6327	5776	5225	4674	4124	3573	3022	2472
0,0725	1921	1371	0821	0270	·9720	·9170	·8620	·8070	·7521	·6971
0,0726	0,812 6421	5872	5322	4773	4224	3674	3125	2576	2027	1478
0,0727	0929	0381	·9832	·9283	·8735	·8187	·7638	·7090	·6542	·5994
0,0728	0,811 5446	4898	4350	3802	3255	2707	2160	1612	1065	0518
0,0729	0,810 9970	9423	8876	8329	7782	7236	6689	6142	5596	5049

	0	1	2	3	4	5	6	7	8	9	P. P.

P. P.

	590	588	586	584
1	59,0	58,8	58,6	58,4
2	118,0	117,6	117,2	116,8
3	177,0	176,4	175,8	175,2
4	236,0	235,2	234,4	233,6
5	295,0	294,0	293,0	292,0
6	354,0	352,8	351,6	350,4
7	413,0	411,6	410,2	408,8
8	472,0	470,4	468,8	467,2
9	531,0	529,2	527,4	525,6

	582	580	578	576
1	58,2	58,0	57,8	57,6
2	116,4	116,0	115,6	115,2
3	174,6	174,0	173,4	172,8
4	232,8	232,0	231,2	230,4
5	291,0	290,0	289,0	288,0
6	349,2	348,0	346,8	345,6
7	407,4	406,0	404,6	403,2
8	465,6	464,0	462,4	460,8
9	523,8	522,0	520,2	518,4

	574	572	570	568
1	57,4	57,2	57,0	56,8
2	114,8	114,4	114,0	113,6
3	172,2	171,6	171,0	170,4
4	229,6	228,8	228,0	227,2
5	287,0	286,0	285,0	284,0
6	344,4	343,2	342,0	340,8
7	401,8	400,4	399,0	397,6
8	459,2	457,6	456,0	454,4
9	516,6	514,8	513,0	511,2

	566	564	562	560
1	56,6	56,4	56,2	56,0
2	113,2	112,8	112,4	112,0
3	169,8	169,2	168,6	168,0
4	226,4	225,6	224,8	224,0
5	283,0	282,0	281,0	280,0
6	339,6	338,4	337,2	336,0
7	396,2	394,8	393,4	392,0
8	452,8	451,2	449,6	448,0
9	509,4	507,6	505,8	504,0

	558	556	555	554
1	55,8	55,6	55,5	55,4
2	111,6	111,2	111,0	110,8
3	167,4	166,8	166,5	166,2
4	223,2	222,4	222,0	221,6
5	279,0	278,0	277,5	277,0
6	334,8	333,6	333,0	332,4
7	390,6	389,2	388,5	387,8
8	446,4	444,8	444,0	443,2
9	502,2	500,4	499,5	498,6

	553	552	551	550
1	55,3	55,2	55,1	55,0
2	110,6	110,4	110,2	110,0
3	165,9	165,6	165,3	165,0
4	221,2	220,8	220,4	220,0
5	276,5	276,0	275,5	275,0
6	331,8	331,2	330,6	330,0
7	387,1	386,4	385,7	385,0
8	442,4	441,6	440,8	440,0
9	497,7	496,8	495,9	495,0

	549	548	547	546
1	54,9	54,8	54,7	54,6
2	109,8	109,6	109,4	109,2
3	164,7	164,4	164,1	163,8
4	219,6	219,2	218,8	218,4
5	274,5	274,0	273,5	273,0
6	329,4	328,8	328,2	327,6
7	384,3	383,6	382,9	382,2
8	439,2	438,4	437,6	436,8
9	494,1	493,2	492,3	491,4

546

7 Decim.				SUBTRACTION.					0,810 0,073		

	0	1	2	3	4	5	6	7	8	9	P. P.

0,0730	0,810 4503	3957	3411	2864	2318	1772	1227	0681	0135	˙9589	546 544 512 540
0,0731	0,809 9044	8498	7953	7408	6862	6317	5772	5227	4682	4138	1 54,6 54,4 51,2 54,0
0,0732	3593	3048	2504	1959	1415	0870	0326	˙9782	˙9238	˙8694	2 109,2 108,8 108,1 108,0
0,0733	0,808 8150	7606	7062	6518	5975	5431	4888	4344	3801	3258	3 163,8 163,2 162,6 162,0
0,0734	2715	2172	1629	1086	0543	0000	˙9458	˙8915	˙8373	˙7830	4 218,4 217,6 216,8 216,0
											5 273,0 272,0 271,0 270,0
0,0735	0,807 7288	6746	6204	5661	5119	4578	4036	3494	2952	2411	6 327,6 326,4 325,2 324,0
0,0736	1869	1328	0786	0245	˙9704	˙9163	˙8622	˙8081	˙7540	˙6999	7 382,2 380,8 379,4 378,0
0,0737	0,806 6458	5918	5377	4837	4296	3756	3216	2675	2135	1595	8 436,8 435,2 433,6 432,0
0,0738	1055	0516	˙9976	˙9436	˙8896	˙8357	˙7817	˙7278	˙6739	˙6200	9 491,4 489,6 487,8 486,0
0,0739	0,805 5660	5121	4582	4044	3505	2966	2427	1889	1350	0812	
											538 536 534 532
0,0740	0273	˙9735	˙9197	˙8659	˙8121	˙7583	˙7045	˙6507	˙5970	˙5432	1 53,8 53,6 53,4 53,2
0,0741	0,804 4894	4357	3820	3282	2745	2208	1671	1134	0597	0060	2 107,6 107,2 106,8 106,4
0,0742	0,803 9523	8986	8450	7913	7377	6841	6304	5768	5232	4696	3 161,4 160,8 160,2 159,6
0,0743	4160	3624	3088	2552	2017	1481	0946	0410	˙9875	˙9340	4 215,2 214,4 213,6 212,8
0,0744	0,802 8804	8269	7734	7199	6664	6130	5595	5060	4526	3991	5 269,0 268,0 267,0 266,0
											6 322,8 321,6 320,4 319,2
0,0745	3457	2922	2388	1854	1320	0786	0252	˙9718	˙9184	˙8651	7 376,6 375,2 373,8 372,4
0,0746	0,801 8117	7583	7050	6516	5983	5450	4917	4384	3851	3318	8 430,4 428,8 427,2 425,6
0,0747	2785	2252	1719	1187	0654	0122	˙9589	˙9057	˙8525	˙7993	9 484,2 482,4 480,6 478,8
0,0748	0,800 7461	6929	6397	5865	5333	4801	4270	3738	3207	2675	
0,0749	2144	1613	1082	0551	0020	˙9489	˙8958	˙8427	˙7896	˙7366	530 528 526 524
											1 53,0 52,8 52,6 52,4
0,0750	0,799 6835	6305	5774	5244	4714	4184	3654	3124	2594	2064	2 106,0 105,6 105,2 104,8
0,0751	1534	1004	0475	˙9945	˙9416	˙8886	˙8357	˙7828	˙7299	˙6770	3 159,0 158,4 157,6 157,2
0,0752	0,798 6241	5712	5183	4654	4125	3597	3068	2540	2011	1483	4 212,0 211,2 210,4 209,6
0,0753	0955	0427	˙9899	˙9371	˙8843	˙8315	˙7787	˙7259	˙6732	˙6204	5 265,0 264,0 263,0 262,0
0,0754	0,797 5677	5149	4622	4095	3567	3040	2513	1986	1460	0933	6 318,0 316,8 315,6 314,4
											7 371,0 369,6 368,2 366,8
0,0755	0406	˙9879	˙9353	˙8826	˙8300	˙7774	˙7247	˙6721	˙6195	˙5669	8 424,0 422,4 420,8 419,2
0,0756	0,796 5143	4617	4091	3566	3040	2515	1989	1464	0938	0413	9 477,0 475,2 473,4 471,6
0,0757	0,795 9888	9363	8838	8313	7788	7263	6738	6214	5689	5164	
0,0758	4640	4116	3591	3067	2543	2019	1495	0971	0447	˙9923	523 522 521 520
0,0759	0,794 9400	8876	8353	7829	7306	6782	6259	5736	5213	4690	1 52,3 52,2 52,1 52,0
											2 104,6 104,4 104,2 104,0
0,0760	4167	3644	3121	2599	2076	1553	1031	0509	˙9986	˙9464	3 156,9 156,6 156,3 156,0
0,0761	0,793 8942	8420	7898	7376	6854	6332	5810	5289	4767	4246	4 209,2 208,8 208,4 208,0
0,0762	3724	3203	2681	2160	1639	1118	0597	0076	˙9555	˙9034	5 261,5 261,0 260,5 260,0
0,0763	0,792 8514	7993	7473	6952	6432	5911	5391	4871	4351	3831	6 313,8 313,2 312,6 312,0
0,0764	3311	2791	2271	1752	1232	0712	0193	˙9673	˙9154	˙8635	7 366,1 365,4 364,7 364,0
											8 418,4 417,6 416,8 416,0
0,0765	0,791 8116	7596	7077	6558	6039	5521	5002	4483	3964	3446	9 470,7 469,8 468,9 468,0
0,0766	2927	2409	1891	1373	0854	0336	˙9818	˙9300	˙8782	˙8265	
0,0767	0,790 7747	7229	6712	6194	5677	5159	4642	4125	3608	3091	519 518 517 516
0,0768	2574	2057	1540	1023	0506	˙9990	˙9473	˙8957	˙8440	˙7924	1 51,9 51,8 51,7 51,6
0,0769	0,789 7408	6891	6375	5859	5343	4827	4312	3796	3280	2765	2 103,8 103,6 103,4 103,2
											3 155,7 155,4 155,1 154,8
0,0770	2249	1734	1218	0703	0188	˙9672	˙9157	˙8642	˙8127	˙7613	4 207,6 207,2 206,8 206,4
0,0771	0,788 7098	6583	6068	5554	5039	4525	4010	3496	2982	2468	5 259,5 259,0 258,5 258,0
0,0772	1954	1440	0926	0412	˙9898	˙9384	˙8871	˙8357	˙7844	˙7330	6 311,4 310,8 310,2 309,6
0,0773	0,787 6817	6304	5790	5277	4764	4251	3738	3226	2713	2200	7 363,3 362,6 361,9 361,2
0,0774	1687	1175	0662	0150	˙9638	˙9125	˙8613	˙8101	˙7589	˙7077	8 415,2 414,4 413,6 412,8
											9 467,1 466,2 465,3 464,4
0,0775	0,786 6565	6053	5542	5030	4518	4007	3495	2984	2473	1961	
0,0776	1450	0939	0428	˙9917	˙9406	˙8895	˙8385	˙7874	˙7363	˙6853	515 514 513 512
0,0777	0,785 6342	5832	5322	4811	4301	3791	3281	2771	2261	1751	1 51,5 51,4 51,3 51,2
0,0778	1242	0732	0222	˙9713	˙9203	˙8694	˙8185	˙7675	˙7166	˙6657	2 103,0 102,8 102,6 102,4
0,0779	0,784 6148	5639	5130	4621	4113	3604	3095	2587	2078	1570	3 154,5 154,2 153,9 153,6
											4 206,0 205,6 205,2 204,8
											5 257,5 257,0 256,5 256,0
											6 309,0 308,4 307,8 307,2
											7 360,5 359,8 359,1 358,4
											8 412,0 411,2 410,4 409,6
											9 463,5 462,6 461,7 460,8
											511 510 509 508
											1 51,1 51,0 50,9 50,8
											2 102,2 102,0 101,8 101,6
											3 153,3 153,0 152,7 152,4
											4 204,4 204,0 203,6 203,2
											5 255,5 255,0 254,5 254,0
											6 306,6 306,0 305,4 304,8
											7 357,7 357,0 356,3 355,6
											8 408,8 408,0 407,2 406,4
											9 459,9 459,0 458,1 457,2
											508

	0	1	2	3	4	5	6	7	8	9	P. P.

| 0,078 0,784 | | | | | SUBTRACTION. | | | | | 7 Decim. |

	0	1	2	3	4	5	6	7	8	9
0,0780	0,784 1062	0553	0045	·9537	·9029	·8521	·8013	·7505	·6998	·6490
0,0781	0,783 5982	5475	4967	4460	3953	3445	2938	2431	1924	1417
0,0782	0910	0403	·9897	·9390	·8883	·8377	·7870	·7364	·6857	·6351
0,0783	0,782 5845	5339	4833	4327	3821	3315	2809	2304	1795	1292
0,0784	0787	0282	·9776	·9271	·8766	·8261	·7756	·7251	·6746	·6241
0,0785	0,781 5736	5231	4727	4222	3718	3213	2709	2205	1700	1196
0,0786	0692	0188	·9684	·9180	·8676	·8173	·7669	·7165	·6662	·6158
0,0787	0,780 5655	5152	4649	4145	3642	3139	2636	2133	1631	1128
0,0788	0625	0123	·9620	·9118	·8615	·8113	·7611	·7108	·6606	·6104
0,0789	0,779 5602	5100	4598	4097	3595	3093	2592	2090	1589	1087
0,0790	0586	0085	·9584	·9083	·8582	·8081	·7580	·7079	·6578	·6078
0,0791	0,778 5577	5077	4576	4076	3575	3075	2575	2075	1575	1075
0,0792	0575	0075	·9575	·9076	·8576	·8076	·7577	·7078	·6578	·6079
0,0793	0,777 5580	5081	4581	4082	3583	3085	2586	2087	1588	1090
0,0794	0591	0093	·9594	·9096	·8598	·8100	·7602	·7104	·6606	·6108
0,0795	0,776 5610	5112	4614	4117	3619	3122	2624	2127	1630	1132
0,0796	0635	0138	·9641	·9144	·8647	·8150	·7654	·7157	·6660	·6164
0,0797	0,775 5667	5171	4675	4178	3682	3186	2690	2194	1698	1202
0,0798	0706	0211	·9715	·9219	·8724	·8228	·7733	·7238	·6742	·6247
0,0799	0,774 5752	5257	4762	4267	3772	3278	2783	2288	1794	1299
0,0800	0805	0310	·9816	·9322	·8828	·8334	·7840	·7346	·6852	·6358
0,0801	0,773 5864	5370	4877	4383	3890	3396	2903	2410	1916	1423
0,0802	0930	0437	·9944	·9451	·8959	·8466	·7973	·7480	·6988	·6495
0,0803	0,772 6003	5511	5018	4526	4034	3542	3050	2558	2066	1574
0,0804	1083	0591	0099	·9608	·9116	·8625	·8134	·7642	·7151	·6660
0,0805	0,771 6169	5678	5187	4696	4205	3715	3224	2733	2243	1752
0,0806	1262	0771	0281	·9791	·9301	·8811	·8321	·7831	·7341	·6851
0,0807	0,770 6361	5872	5382	4893	4403	3914	3424	2935	2446	1957
0,0808	1468	0979	0490	0001	·9512	·9023	·8535	·8046	·7557	·7069
0,0809	0,769 6581	6092	5604	5116	4628	4139	3651	3164	2676	2188
0,0810	1700	1212	0725	0237	·9750	·9262	·8775	·8288	·7800	·7313
0,0811	0,768 6826	6339	5852	5365	4878	4392	3905	3418	2932	2445
0,0812	1959	1472	0986	0500	0014	·9528	·9042	·8556	·8070	·7584
0,0813	0,767 7098	6612	6127	5641	5156	4670	4185	3699	3214	2729
0,0814	2244	1759	1274	0789	0304	·9819	·9335	·8850	·8365	·7881
0,0815	0,766 7396	6912	6428	5943	5459	4975	4491	4007	3523	3039
0,0816	2555	2071	1588	1104	0620	0137	·9654	·9170	·8687	·8204
0,0817	0,765 7720	7237	6754	6271	5788	5306	4823	4340	3857	3375
0,0818	2892	2410	1927	1445	0963	0481	·9999	·9516	·9034	·8553
0,0819	0,764 8071	7589	7107	6625	6144	5662	5181	4699	4218	3737
0,0820	3255	2774	2293	1812	1331	0850	0369	·9888	·9408	·8927
0,0821	0,763 8447	7966	7486	7005	6525	6045	5564	5084	4604	4124
0,0822	3644	3164	2685	2205	1725	1246	0766	0286	·9807	·9328
0,0823	0,762 8848	8369	7890	7411	6932	6453	5974	5495	5016	4537
0,0824	4059	3580	3102	2623	2145	1666	1188	0710	0232	·9754
0,0825	0,761 9276	8798	8320	7842	7364	6886	6409	5931	5454	4976
0,0826	4499	4021	3544	3067	2590	2113	1636	1159	0682	0205
0,0827	0,760 9728	9252	8775	8298	7822	7345	6869	6393	5916	5440
0,0828	4964	4488	4012	3536	3060	2584	2109	1633	1157	0682
0,0829	0206	·9731	·9256	·8780	·8305	·7830	·7355	·6880	·6405	·5930

| | 0 | 1 | 2 | 3 | 4 | 5 | 6 | 7 | 8 | 9 |

P. P.

	508	506	504	502
1	50.8	50.6	50.4	50.2
2	101.6	101.2	100.8	100.4
3	152.4	151.8	151.2	150.6
4	203.2	202.4	201.6	200.8
5	254.0	253.0	252.0	251.0
6	304.8	303.6	302.4	301.2
7	355.6	354.2	352.8	351.4
8	406.4	404.8	403.2	401.6
9	457.2	455.4	453.6	451.8

	500	498	496	495
1	50.0	49.8	49.6	49.5
2	100.0	99.6	99.2	99.0
3	150.0	149.4	148.8	148.5
4	200.0	199.2	198.4	198.0
5	250.0	249.0	248.0	247.5
6	300.0	298.8	297.6	297.0
7	350.0	348.6	347.2	346.5
8	400.0	398.4	396.8	396.0
9	450.0	448.2	446.4	445.5

	494	493	492	491
1	49.4	49.3	49.2	49.1
2	98.8	98.6	98.4	98.2
3	148.2	147.9	147.6	147.3
4	197.6	197.2	196.8	196.4
5	247.0	246.5	246.0	245.5
6	296.4	295.8	295.2	294.6
7	345.8	345.1	344.4	343.7
8	395.2	394.4	393.6	392.8
9	444.6	443.7	442.8	441.9

	490	489	488	487
1	49.0	48.9	48.8	48.7
2	98.0	97.8	97.6	97.4
3	147.0	146.7	146.4	146.1
4	196.0	195.6	195.2	194.8
5	245.0	244.5	244.0	243.5
6	294.0	293.4	292.8	292.2
7	343.0	342.3	341.6	340.9
8	392.0	391.2	390.4	389.6
9	441.0	440.1	439.2	438.3

	486	485	484	483
1	48.6	48.5	48.4	48.3
2	97.2	97.0	96.8	96.6
3	145.8	145.5	145.2	144.9
4	194.4	194.0	193.6	193.2
5	243.0	242.5	242.0	241.5
6	291.6	291.0	290.4	289.8
7	340.2	339.5	338.8	338.1
8	388.8	388.0	387.2	386.4
9	437.4	436.5	435.6	434.7

	482	481	480	479
1	48.2	48.1	48.0	47.9
2	96.4	96.2	96.0	95.8
3	144.6	144.3	144.0	143.7
4	192.8	192.4	192.0	191.6
5	241.0	240.5	240.0	239.5
6	289.2	288.6	288.0	287.4
7	337.4	336.7	336.0	335.3
8	385.6	384.8	384.0	383.2
9	433.8	432.9	432.0	431.1

	478	477	476	475
1	47.8	47.7	47.6	47.5
2	95.6	95.4	95.2	95.0
3	143.4	143.1	142.8	142.5
4	191.2	190.8	190.4	190.0
5	239.0	238.5	238.0	237.5
6	286.8	286.2	285.6	285.0
7	334.6	333.9	333.2	332.5
8	382.4	381.6	380.8	380.0
9	430.2	429.3	428.4	427.5

475

7 Decim.				SUBTRACTION.					0,759 0,083

	0	1	2	3	4	5	6	7	8	9
0,0830	0,759 5455	4980	4505	4031	3556	3081	2607	2132	1658	1184
0,0831	0710	0235	·9761	·9287	·8813	·8339	·7865	·7392	·6918	·6444
0,0832	0,758 5971	5497	5024	4550	4077	3603	3130	2657	2184	1711
0,0833	1238	0765	0292	·9819	·9347	·8874	·8401	·7929	·7456	·6984
0,0834	0,757 6511	6039	5567	5095	4623	4151	3679	3207	2735	2263
0,0835	1791	1319	0848	0376	·9905	·9433	·8962	·8491	·8019	·7548
0,0836	0,756 7077	6606	6135	5664	5193	4722	4252	3781	3310	2840
0,0837	2369	1899	1428	0958	0488	0018	·9548	·9077	·8607	·8138
0,0838	0,755 7668	7198	6728	6258	5789	5319	4850	4380	3911	3441
0,0839	2972	2503	2034	1565	1096	0627	0158	·9689	·9220	·8751
0,0840	0,754 8283	7814	7346	6877	6409	5940	5472	5004	4536	4068
0,0841	3600	3132	2664	2196	1728	1260	0793	0325	·9857	·9390
0,0842	0,753 8922	8455	7988	7521	7053	6586	6119	5652	5185	4718
0,0843	4251	3785	3318	2851	2385	1918	1452	0985	0519	0053
0,0844	0,752 9587	9120	8654	8188	7722	7256	6791	6325	5859	5393
0,0845	4928	4462	3997	3531	3066	2601	2135	1670	1205	0740
0,0846	0275	·9810	·9345	·8880	·8416	·7951	·7486	·7022	·6557	·6093
0,0847	0,751 5628	5164	4700	4235	3771	3307	2843	2379	1915	1451
0,0848	0988	0524	0060	·9597	·9133	·8670	·8206	·7743	·7279	·6816
0,0849	0,750 6353	5890	5427	4964	4501	4038	3575	3112	2650	2187
0,0850	1724	1262	0799	0337	·9875	·9412	·8950	·8488	·8026	·7564
0,0851	0,749 7102	6640	6178	5716	5254	4793	4331	3869	3408	2946
0,0852	2485	2024	1562	1101	0640	0179	·9718	·9257	·8796	·8335
0,0853	0,748 7874	7414	6953	6492	6032	5571	5111	4650	4190	3730
0,0854	3270	2809	2349	1889	1429	0969	0510	0050	·9590	·9130
0,0855	0,747 8671	8211	7752	7292	6833	6374	5914	5455	4996	4537
0,0856	4078	3619	3160	2701	2242	1784	1325	0866	0408	·9949
0,0857	0,746 9491	9032	8574	8116	7658	7200	6741	6283	5825	5368
0,0858	4910	4452	3994	3537	3079	2621	2164	1706	1249	0792
0,0859	0334	·9877	·9420	·8963	·8506	·8049	·7592	·7135	·6679	·6222
0,0860	0,745 5765	5309	4852	4395	3939	3483	3026	2570	2114	1658
0,0861	1202	0746	0290	·9834	·9378	·8922	·8466	·8011	·7555	·7099
0,0862	0,744 6644	6189	5733	5278	4823	4367	3912	3457	3002	2547
0,0863	2092	1637	1182	0728	0273	·9818	·9364	·8909	·8455	·8000
0,0864	0,743 7546	7092	6638	6183	5729	5275	4821	4367	3913	3460
0,0865	3006	2552	2099	1645	1191	0738	0285	·9831	·9378	·8925
0,0866	0,742 8471	8018	7565	7112	6659	6206	5754	5301	4848	4395
0,0867	3943	3490	3038	2585	2133	1681	1228	0776	0324	·9872
0,0868	0,741 9420	8968	8516	8064	7612	7161	6709	6257	5806	5354
0,0869	4903	4451	4000	3549	3097	2646	2195	1744	1293	0842
0,0870	0391	·9940	·9490	·9039	·8588	·8138	·7687	·7237	·6786	·6336
0,0871	0,740 5886	5435	4985	4535	4085	3635	3185	2735	2285	1835
0,0872	1386	0936	0486	0037	·9587	·9138	·8688	·8239	·7790	·7340
0,0873	0,739 6891	6442	5993	5544	5095	4646	4197	3749	3300	2851
0,0874	2403	1954	1506	1057	0609	0160	·9712	·9264	·8816	·8368
0,0875	0,738 7929	7472	7024	6576	6128	5680	5233	4785	4337	3890
0,0876	3442	2995	2547	2100	1653	1206	0759	0311	·9864	·9417
0,0877	0,737 8971	8524	8077	7630	7183	6737	6290	5844	5397	4951
0,0878	4505	4058	3612	3166	2720	2274	1828	1382	0936	0490
0,0879	0044	·9598	·9153	·8707	·8261	·7816	·7371	·6925	·6480	·6034

	0	1	2	3	4	5	6	7	8	9

P. P.

	474	472	470	469
1	47.4	47.2	47.0	46.9
2	94.8	94.4	94.0	93.8
3	142.2	141.6	141.0	140.7
4	189.6	188.8	188.0	187.6
5	237.0	236.0	235.0	234.5
6	284.4	283.2	282.0	281.4
7	331.8	330.4	329.0	328.3
8	379.2	377.6	376.0	375.2
9	426.6	424.8	423.0	422.1

	468	467	466	465
1	46.8	46.7	46.6	46.5
2	93.6	93.4	93.2	93.0
3	140.4	140.1	139.8	139.5
4	187.2	186.8	186.4	186.0
5	234.0	233.5	233.0	232.5
6	280.8	280.2	279.6	279.0
7	327.6	326.9	326.2	325.5
8	374.4	373.6	372.8	372.0
9	421.2	420.3	419.4	418.5

	464	463	462	461
1	46.4	46.3	46.2	46.1
2	92.8	92.6	92.4	92.2
3	139.2	138.9	138.6	138.3
4	185.6	185.2	184.8	184.4
5	232.0	231.5	231.0	230.5
6	278.4	277.8	277.2	276.6
7	324.8	324.1	323.4	322.7
8	371.2	370.4	369.6	368.8
9	417.6	416.7	415.8	414.9

	460	459	458	457
1	46.0	45.9	45.8	45.7
2	92.0	91.8	91.6	91.4
3	138.0	137.7	137.4	137.1
4	184.0	183.6	183.2	182.8
5	230.0	229.5	229.0	228.5
6	276.0	275.4	274.8	274.2
7	322.0	321.3	320.6	319.9
8	368.0	367.2	366.4	365.6
9	414.0	413.1	412.2	411.3

	456	455	454	453
1	45.6	45.5	45.4	45.3
2	91.2	91.0	90.8	90.6
3	136.8	136.5	136.2	135.9
4	182.4	182.0	181.6	181.2
5	228.0	227.5	227.0	226.5
6	273.6	273.0	272.4	271.8
7	319.2	318.5	317.8	317.1
8	364.8	364.0	363.2	362.4
9	410.4	409.5	408.6	407.7

	452	451	450	449
1	45.2	45.1	45.0	44.9
2	90.4	90.2	90.0	89.8
3	135.6	135.3	135.0	134.7
4	180.8	180.4	180.0	179.6
5	226.0	225.5	225.0	224.5
6	271.2	270.6	270.0	269.4
7	316.4	315.7	315.0	314.3
8	361.6	360.8	360.0	359.2
9	406.8	405.9	405.0	404.1

	448	447	446	445
1	44.8	44.7	44.6	44.5
2	89.6	89.4	89.2	89.0
3	134.4	134.1	133.8	133.5
4	179.2	178.8	178.4	178.0
5	224.0	223.5	223.0	222.5
6	268.8	268.2	267.6	267.0
7	313.6	312.9	312.2	311.5
8	358.4	357.6	356.8	356.0
9	403.2	402.3	401.4	400.5

445

| 0,088 0,736 | | | | SUBTRACTION. | | | | | | 7 Decim. |

	0	1	2	3	4	5	6	7	8	9
0,0880	0,736 5589	5144	4699	4254	3809	3364	2919	2474	2029	1585
0,0881	1140	0695	0251	·9806	·9362	·8917	·8473	·8029	·7585	·7140
0,0882	0,735 6696	6252	5808	5364	4920	4477	4033	3589	3145	2702
0,0883	2258	1815	1371	0928	0485	0041	·9598	·9155	·8712	·8269
0,0884	0,734 7826	7383	6940	6497	6054	5611	5169	4726	4284	3841
0,0885	3399	2956	2514	2072	1629	1187	0745	0303	·9861	·9419
0,0886	0,733 8977	8535	8094	7652	7210	6768	6327	5885	5444	5003
0,0887	4561	4120	3679	3237	2796	2355	1914	1473	1032	0592
0,0888	0151	·9710	·9269	·8829	·8388	·7948	·7507	·7067	·6626	·6186
0,0889	0,732 5746	5306	4865	4425	3985	3545	3105	2665	2226	1786
0,0890	1346	0907	0467	0027	·9588	·9149	·8709	·8270	·7831	·7391
0,0891	0,731 6952	6513	6074	5635	5196	4757	4318	3880	3441	3002
0,0892	2564	2125	1687	1248	0810	0371	·9933	·9495	·9057	·8618
0,0893	0,730 8180	7742	7304	6867	6429	5991	5553	5115	4678	4240
0,0894	3803	3365	2928	2490	2053	1616	1179	0741	0304	·9867
0,0895	0,729 9430	8993	8557	8120	7683	7246	6810	6373	5936	5500
0,0896	5063	4627	4191	3754	3318	2882	2446	2010	1574	1138
0,0897	0702	0266	·9830	·9395	·8959	·8523	·8088	·7652	·7217	·6781
0,0898	0,728 6346	5910	5475	5040	4605	4170	3735	3300	2865	2430
0,0899	1995	1560	1125	0691	0256	·9822	·9387	·8953	·8518	·8084
0,0900	0,727 7650	7215	6781	6347	5913	5479	5045	4611	4177	3743
0,0901	3309	2876	2442	2009	1575	1141	0708	0275	·9841	·9408
0,0902	0,726 8975	8542	8108	7675	7242	6809	6376	5944	5511	5078
0,0903	4645	4213	3780	3348	2915	2483	2050	1618	1186	0753
0,0904	0321	·9889	·9457	·9025	·8593	·8161	·7729	·7297	·6866	·6434
0,0905	0,725 6002	5571	5139	4708	4276	3845	3414	2982	2551	2120
0,0906	1689	1258	0827	0396	·9965	·9534	·9103	·8672	·8242	·7811
0,0907	0,724 7381	6950	6520	6089	5659	5228	4798	4368	3938	3508
0,0908	3078	2648	2218	1788	1358	0928	0498	0069	·9639	·9209
0,0909	0,723 8780	8350	7921	7491	7062	6633	6204	5774	5345	4916
0,0910	4487	4058	3629	3200	2772	2343	1914	1486	1057	0628
0,0911	0200	·9771	·9343	·8915	·8486	·8058	·7630	·7202	·6774	·6346
0,0912	0,722 5918	5490	5062	4634	4206	3779	3351	2923	2496	2068
0,0913	1641	1214	0786	0359	·9932	·9504	·9077	·8650	·8223	·7796
0,0914	0,721 7369	6942	6516	6089	5662	5235	4809	4382	3956	3529
0,0915	3103	2676	2250	1824	1398	0971	0545	0119	·9693	·9267
0,0916	0,720 8841	8416	7990	7564	7138	6713	6287	5861	5436	5011
0,0917	4585	4160	3735	3309	2884	2459	2034	1609	1184	0759
0,0918	0334	·9909	·9485	·9060	·8635	·8211	·7786	·7361	·6937	·6513
0,0919	0,719 6088	5664	5240	4815	4391	3967	3543	3119	2695	2271
0,0920	1847	1424	1000	0576	0153	·9729	·9305	·8882	·8458	·8035
0,0921	0,718 7612	7188	6765	6342	5919	5496	5073	4650	4227	3804
0,0922	3381	2958	2536	2113	1690	1268	0845	0423	0000	·9578
0,0923	0,717 9156	8733	8311	7889	7467	7045	6623	6201	5779	5357
0,0924	4935	4514	4092	3670	3249	2827	2405	1984	1563	1141
0,0925	0720	0299	·9877	·9456	·9035	·8614	·8193	·7772	·7351	·6930
0,0926	0,716 6510	6089	5668	5248	4827	4406	3986	3565	3145	2725
0,0927	2304	1884	1464	1044	0624	0204	·9784	·9364	·8944	·8524
0,0928	0,715 8104	7684	7265	6845	6426	6006	5586	5167	4748	4328
0,0929	3909	3490	3071	2651	2232	1813	1394	0975	0556	0138
	0	1	2	3	4	5	6	7	8	9

P. P.

	445	444	443	442
1	44,5	44,4	44,3	44,2
2	89,0	88,8	88,6	88,4
3	133,5	133,2	132,9	132,6
4	178,0	177,6	177,2	176,8
5	222,5	222,0	221,5	221,0
6	267,0	266,1	265,8	265,2
7	311,5	310,8	310,1	309,4
8	356,0	355,2	354,4	353,6
9	400,5	399,6	398,7	397,8

	441	440	439	438
1	44,1	44,0	43,9	43,8
2	88,2	88,0	87,8	87,6
3	132,3	132,0	131,7	131,4
4	176,4	176,0	175,6	175,2
5	220,5	220,0	219,5	219,0
6	264,6	264,0	263,4	262,8
7	308,7	308,0	307,3	306,6
8	352,8	352,0	351,2	350,4
9	396,9	396,0	395,1	394,2

	437	436	435	434
1	43,7	43,6	43,5	43,4
2	87,4	87,2	87,0	86,8
3	131,1	130,8	130,5	130,2
4	174,8	174,4	174,0	173,6
5	218,5	218,0	217,5	217,0
6	262,2	261,6	261,0	260,4
7	305,9	305,2	304,5	303,8
8	349,6	348,8	348,0	347,2
9	393,3	392,4	391,5	390,6

	433	432	431	430
1	43,3	43,2	43,1	43,0
2	86,6	86,4	86,2	86,0
3	129,9	129,6	129,3	129,0
4	173,2	172,8	172,4	172,0
5	216,5	216,0	215,5	215,0
6	259,8	259,2	258,6	258,0
7	303,1	302,3	301,7	301,0
8	346,4	345,6	344,8	344,0
9	389,7	388,8	387,9	387,0

	429	428	427	426
1	42,9	42,8	42,7	42,6
2	85,8	85,6	85,4	85,2
3	128,7	128,4	128,1	127,8
4	171,6	171,2	170,8	170,4
5	214,5	214,0	213,5	213,0
6	257,4	256,8	256,2	255,6
7	300,3	299,6	298,9	298,2
8	343,2	342,4	341,6	340,8
9	386,1	385,2	384,3	383,4

	425	424	423	422
1	42,5	42,4	42,3	42,2
2	85,0	84,8	84,6	84,4
3	127,5	127,2	126,9	126,6
4	170,0	169,6	169,2	168,8
5	212,5	212,0	211,5	211,0
6	255,0	254,4	253,8	253,2
7	297,5	296,8	296,1	295,4
8	340,0	339,2	338,4	337,6
9	382,5	381,6	380,7	379,8

	421	420	419	418
1	42,1	42,0	41,9	41,8
2	84,2	84,0	83,8	83,6
3	126,3	126,0	125,7	125,4
4	168,4	168,0	167,6	167,2
5	210,5	210,0	209,5	209,0
6	252,6	252,0	251,4	250,8
7	294,7	294,0	293,3	292,6
8	336,8	336,0	335,2	334,4
9	378,9	378,0	377,1	376,2

419

P. P.

| 7 Decim. | | | | SUBTRACTION. | | | | | | 0,714 0,093 |

	0	1	2	3	4	5	6	7	8	9
0,0930	0,714 9719	9300	8881	8463	8044	7626	7207	6789	6370	5952
0,0931	5534	5115	4697	4279	3861	3443	3025	2607	2189	1771
0,0932	1354	0936	0518	0100	·9683	·9265	·8848	·8430	·8013	·7596
0,0933	0,713 7178	6761	6344	5927	5510	5093	4676	4259	3842	3425
0,0934	3008	2591	2175	1758	1341	0925	0508	0092	·9675	·9259
0,0935	0,712 8843	8427	8010	7594	7178	6762	6346	5930	5514	5098
0,0936	4683	4267	3851	3435	3020	2604	2189	1773	1358	0942
0,0937	0527	0112	·9697	·9281	·8866	·8451	·8036	·7621	·7206	·6792
0,0938	0,711 6377	5962	5547	5133	4718	4303	3889	3474	3060	2645
0,0939	2231	1817	1403	0988	0574	0160	·9746	·9332	·8918	·8504
0,0940	0,710 8091	7677	7263	6849	6436	6022	5609	5195	4782	4368
0,0941	3955	3541	3128	2715	2302	1889	1476	1063	0650	0237
0,0942	0,709 9824	9411	8998	8586	8173	7760	7348	6935	6523	6110
0,0943	5698	5286	4873	4461	4049	3637	3225	2813	2401	1989
0,0944	1577	1165	0753	0341	·9930	·9518	·9107	·8695	·8283	·7872
0,0945	0,708 7461	7049	6638	6227	5815	5404	4993	4582	4171	3760
0,0946	3349	2938	2528	2117	1706	1295	0885	0474	0064	·9653
0,0947	0,707 9243	8832	8422	8012	7601	7191	6781	6371	5961	5551
0,0948	5141	4731	4321	3911	3502	3092	2682	2273	1863	1453
0,0949	1044	0635	0225	·9816	·9407	·8997	·8588	·8179	·7770	·7361
0,0950	0,706 6952	6543	6134	5725	5316	4908	4499	4090	3682	3273
0,0951	2864	2456	2048	1639	1231	0823	0414	0006	·9598	·9190
0,0952	0,705 8782	8374	7966	7558	7150	6742	6335	5927	5519	5112
0,0953	4704	4297	3889	3482	307.	·2667	2260	1853	1445	1038
0,0954	0631	0224	·9817	·9410	·9003	·8596	·8190	·7783	·7376	·6969
0,0955	0,704 6563	6156	5750	5343	4937	4531	4124	3718	3312	2905
0,0956	2499	2093	1687	1281	0875	0469	0063	·9658	·9252	·8846
0,0957	0,703 8441	8035	7629	7224	6818	6413	6008	5602	5197	4792
0,0958	4386	3981	3576	3171	2766	2361	1956	1551	1147	0742
0,0959	0337	·9932	·9528	·9123	·8719	·8314	·7910	·7505	·7101	·6697
0,0960	0,702 6292	5888	5484	5080	4676	4272	3868	3464	3060	2656
0,0961	2252	1819	1445	1041	0638	0234	·9831	·9427	·9024	·8621
0,0962	0,701 8217	7814	7411	7008	6604	6201	5798	5395	4992	4589
0,0963	4187	3784	3381	2978	2576	2173	1770	1368	0965	0563
0,0964	0161	·9758	·9356	·8954	·8552	·8149	·7747	·7345	·6943	·6541
0,0965	0,700 6139	5738	5336	4934	4532	4130	3729	3327	2926	2524
0,0966	2123	1721	1320	0919	0517	0116	·9715	·9314	·8913	·8512
0,0967	0,699 8111	7710	7309	6908	6507	6106	5706	5305	4904	4504
0,0968	4103	3703	3302	2902	2502	2101	1701	1301	0901	0501
0,0969	0101	·9701	·9301	·8901	·8501	·8101	·7701	·7301	·6902	·6502
0,0970	0,698 6102	5703	5303	4904	4504	4105	3706	3306	2907	2508
0,0971	2109	1710	1311	0912	0513	0114	·9715	·9316	·8917	·8519
0,0972	0,697 8120	7721	7323	6924	6526	6127	5729	5330	4932	4534
0,0973	4135	3737	3339	2941	2543	2145	1747	1349	0951	0553
0,0974	0156	·9758	·9360	·8963	·8565	·8167	·7770	·7372	·6975	·6578
0,0975	0,696 6180	5783	5386	4989	4592	4194	3797	3400	3003	2607
0,0976	2210	1813	1416	1019	0623	0226	·9829	·9433	·9036	·8640
0,0977	0,695 8243	7847	7451	7055	6658	6262	5866	5470	5074	4678
0,0978	4282	3886	3490	3094	2698	2303	1907	1511	1116	0720
0,0979	0325	·9929	·9534	·9138	·8743	·8348	·7953	·7557	·7162	·6767

P. P.

	419	418	417	416
1	41,9	41,8	41,7	41,6
2	83,8	83,6	83,4	83,2
3	125,7	125,4	125,1	124,8
4	167,6	167,2	166,8	166,4
5	209,5	209,0	208,5	208,0
6	251,4	250,8	250,2	249,6
7	293,3	292,6	291,9	291,2
8	335,2	334,4	333,6	332,8
9	377,1	376,2	375,3	374,4

	415	414	413	412
1	41,5	41,4	41,3	41,2
2	83,0	82,8	82,6	82,4
3	124,5	124,2	123,9	123,6
4	166,0	165,6	165,2	164,8
5	207,5	207,0	206,5	206,0
6	249,0	248,4	247,8	247,2
7	290,5	289,8	289,1	288,4
8	332,0	331,2	330,4	329,6
9	373,5	372,6	371,7	370,8

	411	410	409	408
1	41,1	41,0	40,9	40,8
2	82,2	82,0	81,8	81,6
3	123,3	123,0	122,7	122,4
4	164,4	164,0	163,6	163,2
5	205,5	205,0	204,5	204,0
6	246,6	246,0	245,4	244,8
7	287,7	287,0	286,3	285,6
8	328,8	328,0	327,2	326,4
9	369,9	369,0	368,1	367,2

	407	406	405	404
1	40,7	40,6	40,5	40,4
2	81,4	81,2	81,0	80,8
3	122,1	121,8	121,5	121,2
4	162,8	162,4	162,0	161,6
5	203,5	203,0	202,5	202,0
6	244,2	243,6	243,0	242,4
7	284,9	284,2	283,5	282,8
8	325,6	324,8	324,0	323,2
9	366,3	365,4	364,5	363,6

	403	402	401
1	40,3	40,2	40,1
2	80,6	80,4	80,2
3	120,9	120,6	120,3
4	161,2	160,8	160,4
5	201,5	201,0	200,5
6	241,8	241,2	240,6
7	282,1	281,4	280,7
8	322,4	321,6	320,8
9	362,7	361,8	360,9

	400	399	398
1	40,0	39,9	39,8
2	80,0	79,8	79,6
3	120,0	119,7	119,4
4	160,0	159,6	159,2
5	200,0	199,5	199,0
6	240,0	239,4	238,8
7	280,0	279,3	278,6
8	320,0	319,2	318,4
9	360,0	359,1	358,2

	397	396	395
1	39,7	39,6	39,5
2	79,4	79,2	79,0
3	119,1	118,8	118,5
4	158,8	158,4	158,0
5	198,5	198,0	197,5
6	238,2	237,6	237,0
7	277,9	277,2	276,5
8	317,6	316,8	316,0
9	357,3	356,4	355,5

395

| | 0 | 1 | 2 | 3 | 4 | 5 | 6 | 7 | 8 | 9 | P. P. |

0,098 0,694				SUBTRACTION.						7 Decim.

	0	1	2	3	4	5	6	7	8	9
0,0980	0,694 6372	5977	5582	5187	4792	4397	4003	·3608	3213	2819
0,0981	2424	2029	1635	1240	0846	0452	0057	·9663	·9269	·8875
0,0982	0,693 8480	8086	7692	7298	6904	6510	6116	5722	5329	4935
0,0983	4541	4148	3754	3360	2967	2573	2180	1786	1393	1000
0,0984	0607	0213	·9820	·9427	·9034	·8641	·8248	·7855	·7462	·7069
0,0985	0,692 6676	6284	5891	5498	5106	4713	4320	3928	3535	3143
0,0986	2751	2358	1966	1574	1182	0789	0397	0005	·9613	·9221
0,0987	0,691 8829	8437	8046	7654	7262	6870	6479	6087	5695	5304
0,0988	4912	4521	4130	3738	3347	2956	2564	2173	1782	1391
0,0989	1000	0609	0218	·9827	·9436	·9046	·8655	·8264	·7873	·7483
0,0990	0,690 7092	6701	6311	5921	5530	5140	4749	4359	3969	3579
0,0991	3188	2798	2408	2018	1628	1238	0848	0459	0069	·9679
0,0992	0,689 9289	8900	8510	8120	7731	7341	6952	6562	6173	5784
0,0993	5394	5005	4616	4227	3838	3449	3060	2671	2282	1893
0,0994	1504	1115	0727	0338	·9949	·9561	·9172	·8783	·8395	·8006
0,0995	0,688 7618	7230	6841	6453	6005	5677	5289	4900	4512	4124
0,0996	3736	3348	2961	2573	2185	1797	1409	1022	0634	0247
0,0997	0,687 9859	9472	9084	8697	8309	7922	7535	7148	6760	6373
0,0998	5986	5599	5212	4825	4438	4051	3664	3277	2891	2504
0,0999	2118	1731	1344	0958	0571	0185	·9798	·9412	·9026	·8639
0,1000	0,686 8253	7867	7481	7095	6709	6323	5937	5551	5165	4779
0,1001	4393	4008	3622	3236	2851	2465	2079	1694	1308	0923
0,1002	0538	0152	·9767	·9382	·8997	·8611	·8226	·7841	·7456	·7071
0,1003	0,685 6686	6301	5917	5532	5147	4762	4378	3993	3608	3224
0,1004	2839	2455	2070	1686	1302	0917	0533	0149	·9765	·9381
0,1005	0,684 8997	8612	8228	7845	7461	7077	6693	6309	5925	5542
0,1006	5158	4774	4391	4007	3624	3240	2857	2474	2090	1707
0,1007	1324	0941	0558	0174	·9791	·9408	·9025	·8642	·8260	·7877
0,1008	0,683 7494	7111	6728	6346	5963	5581	5198	4816	4433	4051
0,1009	3668	3286	2904	2521	2139	1757	1375	0993	0611	0229
0,1010	0,682 9847	9465	9083	8701	8319	7938	7556	7174	6793	6411
0,1011	6030	5648	5267	4885	4504	4123	3741	3360	2979	2598
0,1012	2217	1836	1455	1074	0693	0312	·9931	·9550	·9169	·8789
0,1013	0,681 8408	8027	7647	7266	6886	6505	6125	5744	5364	4984
0,1014	4603	4223	3843	3463	3083	2703	2323	1943	1563	1183
0,1015	0803	0423	0044	·9664	·9284	·8905	·8525	·8145	·7766	·7386
0,1016	0,680 7007	6628	6248	5869	5490	5110	4731	4352	3973	3594
0,1017	3215	2836	2457	2078	1699	1321	0942	0563	0184	·9806
0,1018	0,679 9427	9049	8670	8292	7913	7535	7157	6778	6400	6022
0,1019	5644	5266	4887	4509	4131	3753	3376	2998	2620	2242
0,1020	1864	1487	1109	0731	0354	·9976	·9599	·9221	·8844	·8466
0,1021	0,678 8089	7712	7334	6957	6580	6203	5826	5449	5072	4695
0,1022	4318	3941	3564	3187	2811	2434	2057	1681	1304	0927
0,1023	0551	0174	·9798	·9422	·9045	·8669	·8293	·7916	·7540	·7164
0,1024	0,677 6788	6412	6036	5660	5284	4908	4532	4157	3781	3405
0,1025	3029	2654	2278	1903	1527	1152	0776	0401	0025	·9650
0,1026	0,676 9275	8899	8524	8149	7774	7399	7024	6649	6274	5899
0,1027	5524	5149	4775	4400	4025	3650	3276	2901	2527	2152
0,1028	1778	1403	1029	0655	0280	·9906	·9532	·9158	·8784	·8410
0,1029	0,675 8035	7661	7288	6914	6540	6166	5792	5418	5045	4671

| | 0 | 1 | 2 | 3 | 4 | 5 | 6 | 7 | 8 | 9 |

P. P.

	395	394	393	392
1	39,5	39,4	39,3	39,2
2	79,0	78,8	78,6	78,4
3	118,5	118,2	117,9	117,6
4	158,0	157,6	157,2	156,8
5	197,5	197,0	196,5	196,0
6	237,0	236,4	235,8	235,2
7	276,5	275,8	275,1	274,4
8	316,0	315,2	314,4	313,6
9	355,5	354,6	353,7	352,8

	391	390	389	388
1	39,1	39,0	38,9	38,8
2	78,2	78,0	77,8	77,6
3	117,3	117,0	116,7	116,4
4	156,4	156,0	155,6	155,2
5	195,5	195,0	194,5	194,0
6	234,6	234,0	233,4	232,8
7	273,7	273,0	272,3	271,6
8	312,8	312,0	311,2	310,4
9	351,9	351,0	350,1	349,2

	387	386	385	384
1	38,7	38,6	38,5	38,4
2	77,4	77,2	77,0	76,8
3	116,1	115,8	115,5	115,2
4	154,8	154,4	154,0	153,6
5	193,5	193,0	192,5	192,0
6	232,2	231,6	231,0	230,4
7	270,9	270,2	269,5	268,8
8	309,6	308,8	308,0	307,2
9	348,3	347,4	346,5	345,6

	383	382	381	380
1	38,3	38,2	38,1	38,0
2	76,6	76,4	76,2	76,0
3	114,9	114,6	114,3	114,0
4	153,2	152,8	152,4	152,0
5	191,5	191,0	190,5	190,0
6	229,8	229,2	228,6	228,0
7	268,1	267,4	266,7	266,0
8	306,4	305,6	304,8	304,0
9	344,7	343,8	342,9	342,0

	379	378	377	376
1	37,9	37,8	37,7	37,6
2	75,8	75,6	75,4	75,2
3	113,7	113,4	113,1	112,8
4	151,6	151,2	150,8	150,4
5	189,5	189,0	188,5	188,0
6	227,4	226,8	226,2	225,6
7	265,3	264,6	263,9	263,2
8	303,2	302,4	301,6	300,8
9	341,1	340,2	339,3	338,4

	375	374	373
1	37,5	37,4	37,3
2	75,0	74,8	74,6
3	112,5	112,2	111,9
4	150,0	149,6	149,2
5	187,5	187,0	186,5
6	225,0	224,4	223,8
7	262,5	261,8	261,1
8	300,0	299,2	298,4
9	337,5	336,6	335,7

374

P. P.

| 7 Decim. | | | | SUBTRACTION. | | | | | | 0,675 0,103 |

	0	1	2	3	4	5	6	7	8	9
0,1030	0,675 4297	3924	3550	3177	2803	2430	2056	1683	1310	0936
0,1031	0563	0190	·9817	·9444	·9071	·8698	·8325	·7952	·7579	·7206
0,1032	0,674 6833	6460	6087	5715	5342	4969	4597	4224	3852	3479
0,1033	3107	2735	2362	1990	1618	1245	0873	0501	0129	·9757
0,1034	0,673 9385	9013	8641	8269	7897	7525	7154	6782	6410	6039
0,1035	5667	5295	4924	4552	4181	3810	3438	3067	2696	2324
0,1036	1953	1582	1211	0840	0469	0098	·9727	·9356	·8985	·8614
0,1037	0,672 8243	7872	7502	7131	6760	6390	6019	5649	5278	4908
0,1038	4537	4167	3797	3426	3056	2686	2316	1946	1576	1206
0,1039	0836	0466	0096	·9726	·9356	·8986	·8616	·8247	·7877	·7507
0,1040	0,671 7138	6768	6399	6029	5660	5290	4921	4552	4182	3813
0,1041	3444	3075	2706	2336	1967	1598	1229	0861	0492	0123
0,1042	0,670 9754	9385	9016	8648	8279	7911	7542	7173	6805	6437
0,1043	6068	5700	5331	4963	4595	4227	3858	3490	3122	2754
0,1044	2386	2018	1650	1282	0915	0547	0179	·9811	·9444	·9076
0,1045	0,669 8708	8341	7973	7606	7238	6871	6503	6136	5769	5401
0,1046	5034	4667	4300	3933	3566	3199	2832	2465	2098	1731
0,1047	1364	0997	0631	0264	·9897	·9531	·9164	·8798	·8431	·8065
0,1048	0,668 7698	7332	6965	6599	6233	5867	5500	5134	4768	4402
0,1049	4036	3670	3304	2938	2572	2206	1841	1475	1109	0743
0,1050	0378	0012	·9647	·9281	·8916	·8550	·8185	·7819	·7454	·7089
0,1051	0,667 6723	6358	5993	5628	5263	4898	4533	4168	3803	3438
0,1052	3073	2708	2343	1979	1614	1249	0885	0520	0156	·9791
0,1053	0,666 9427	9062	8698	8333	7969	7605	7241	6876	6512	6148
0,1054	5784	5420	5056	4692	4328	3964	3600	3236	2873	2509
0,1055	2145	1782	1418	1054	0691	0327	·9964	·9601	·9237	·8874
0,1056	0,665 8510	8147	7784	7421	7058	6695	6331	5968	5605	5242
0,1057	4880	4517	4154	3791	3428	3066	2703	2340	1978	1615
0,1058	1252	0890	0527	0165	·9803	·9440	·9078	·8716	·8354	·7991
0,1059	0,664 7629	7267	6905	6543	6181	5819	5457	5095	4733	4372
0,1060	4010	3648	3286	2925	2563	2202	1840	1479	1117	0756
0,1061	0394	0033	·9672	·9310	·8949	·8588	·8227	·7866	·7505	·7144
0,1062	0,663 6783	6422	6061	5700	5339	4978	4618	4257	3896	3535
0,1063	3175	2814	2454	2093	1733	1372	1012	0652	0291	·9931
0,1064	0,662 9571	9211	8850	8490	8130	7770	7410	7050	6690	6330
0,1065	5971	5611	5251	4891	4532	4172	3812	3453	3093	2734
0,1066	2374	2015	1655	1296	0937	0577	0218	·9859	·9500	·9141
0,1067	0,661 8782	8423	8064	7705	7346	6987	6628	6269	5910	5552
0,1068	5193	4834	4476	4117	3758	3400	3041	2683	2325	1966
0,1069	1608	1250	0891	0533	0175	·9817	·9459	·9101	·8743	·8385
0,1070	0,660 8027	7669	7311	6953	6595	6237	5880	5522	5164	4807
0,1071	4449	4092	3734	3377	3019	2662	2304	1947	1590	1233
0,1072	0875	0518	0161	·9804	·9447	·9090	·8733	·8376	·8019	·7662
0,1073	0,659 7306	6949	6592	6235	5879	5522	5165	4809	4452	4096
0,1074	3739	3383	3027	2670	2314	1958	1601	1245	0889	0533
0,1075	0177	·9821	·9465	·9109	·8753	·8397	·8041	·7685	·7330	·6974
0,1076	0,658 6618	6263	5907	5551	5196	4840	4485	4129	3774	3419
0,1077	3063	2708	2353	1998	1642	1287	0932	0577	0222	·9867
0,1078	0,657 9512	9157	8802	8447	8093	7738	7383	7028	6674	6319
0,1079	5965	5610	5255	4901	4547	4192	3838	3484	3129	2775
	0	1	2	3	4	5	6	7	8	9

P. P.

	374	373	372	371
1	37,4	37,3	37,2	37,1
2	74,8	74,6	74,4	74,2
3	112,2	111,9	111,6	111,3
4	149,6	149,2	148,8	148,4
5	187,0	186,5	186,0	185,5
6	224,4	223,8	223,2	222,6
7	261,8	261,1	260,4	259,7
8	299,2	298,4	297,6	296,8
9	336,6	335,7	334,8	333,9

	370	369	368	367
1	37,0	36,9	36,8	36,7
2	74,0	73,8	73,6	73,4
3	111,0	110,7	110,4	110,1
4	148,0	147,6	147,2	146,8
5	185,0	184,5	184,0	183,5
6	222,0	221,4	220,8	220,2
7	259,0	258,3	257,6	256,9
8	296,0	295,2	294,4	295,6
9	333,0	332,1	331,2	330,3

	366	365	364	363
1	36,6	36,5	36,4	36,3
2	73,2	73,0	72,8	72,6
3	109,8	109,5	109,2	108,9
4	146,4	146,0	145,6	145,2
5	183,0	182,5	182,0	181,5
6	219,6	219,0	218,4	217,8
7	256,2	255,5	254,8	254,1
8	292,8	292,0	291,2	290,4
9	329,4	328,5	327,6	326,7

	362	361	360
1	36,2	36,1	36,0
2	72,4	72,2	72,0
3	108,6	108,3	108,0
4	144,8	144,4	144,0
5	181,0	180,5	180,0
6	217,2	216,6	216,0
7	253,4	252,7	252,0
8	289,6	288,8	288,0
9	325,8	324,9	324,0

	359	358	357
1	35,9	35,8	35,7
2	71,8	71,6	71,4
3	107,7	107,4	107,1
4	143,6	143,2	142,8
5	179,5	179,0	178,5
6	215,4	214,8	214,2
7	251,3	250,6	249,9
8	287,2	286,4	285,6
9	323,1	322,2	321,3

	356	355	354
1	35,6	35,5	35,4
2	71,2	71,0	70,8
3	106,8	106,5	106,2
4	142,4	142,0	141,6
5	178,0	177,5	177,0
6	213,6	213,0	212,4
7	249,2	248,5	247,8
8	284,8	284,0	283,2
9	320,4	319,5	318,6

354

P. P.

0,108 0,657					SUBTRACTION.					7 Decim.
	0	1	2	3	4	5	6	7	8	9	P. P.

	0	1	2	3	4	5	6	7	8	9
0,1080	0,657 2421	2067	1712	1358	1004	0650	0296	˙9942	˙9588	˙9235
0,1081	0,656 8881	8527	8173	7819	7466	7112	6758	6405	6051	5698
0,1082	5344	4991	4637	4284	3931	3577	3224	2871	2518	2165
0,1083	1812	1458	1105	0752	0400	0047	˙9694	˙9341	˙5988	˙8635
0,1084	0,655 8283	7930	7577	7225	6872	6519	6167	5814	5462	5110
0,1085	4757	4405	4053	3700	3348	2996	2644	2292	1940	1588
0,1086	1236	0884	0532	0180	˙9828	˙9476	˙9124	˙8773	˙8421	˙8069
0,1087	0,654 7717	7366	7014	6663	6311	5960	5608	5257	4906	4554
0,1088	4203	3852	3501	3150	2798	2447	2096	1745	1394	1043
0,1089	0692	0342	˙9991	˙9640	˙9289	˙8938	˙8588	˙8237	˙7886	˙7536
0,1090	0,653 7185	6835	6484	6134	5784	5433	5083	4733	4382	4032
0,1091	3682	3332	2982	2632	2282	1932	1582	1232	0882	0532
0,1092	0182	˙9832	˙9483	˙9133	˙8783	˙8434	˙8084	˙7734	˙7385	˙7035
0,1093	0,652 6686	6337	5987	5638	5288	4939	4590	4241	3892	3542
0,1094	3193	2844	2495	2146	1797	1448	1100	0751	0402	0053
0,1095	0,651 9704	9356	9007	8658	8310	7961	7613	7264	6916	6567
0,1096	6219	5871	5522	5174	4826	4478	4130	3781	3433	3085
0,1097	2737	2389	2041	1694	1346	0998	0650	0302	˙9955	˙9607
0,1098	0,650 9259	8912	8564	8216	7869	7521	7174	6827	6479	6132
0,1099	5785	5437	5090	4743	4396	4049	3702	3355	3008	2661
0,1100	2314	1967	1620	1273	0926	0579	0233	˙9886	˙9539	˙9193
0,1101	0,649 8846	8500	8153	7807	7460	7114	6767	6421	6075	5729
0,1102	5382	5036	4690	4344	3998	3652	3306	2960	2614	2268
0,1103	1922	1576	1230	0885	0539	0193	˙9848	˙9502	˙9156	˙8811
0,1104	0,648 8465	8120	7774	7429	7084	6738	6393	6048	5702	5357
0,1105	5012	4667	4322	3977	3632	3287	2942	2597	2252	1907
0,1106	1562	1218	0873	0528	0183	˙9839	˙9494	˙9150	˙8805	˙8461
0,1107	0,647 8116	7772	7427	7083	6739	6394	6050	5706	5362	5018
0,1108	4674	4329	3985	3641	3297	2954	2610	2266	1922	1578
0,1109	1234	0891	0547	0203	˙9860	˙9516	˙9173	˙8829	˙8486	˙8142
0,1110	0,646 7799	7455	7112	6769	6426	6082	5739	5396	5053	4710
0,1111	4367	4024	3681	3338	2995	2652	2309	1966	1624	1281
0,1112	0938	0596	0253	˙9910	˙9568	˙9225	˙8883	˙8540	˙8198	˙7855
0,1113	0,645 7513	7171	6828	6486	6144	5802	5460	5118	4776	4433
0,1114	4091	3750	3408	3066	2724	2382	2040	1698	1357	1015
0,1115	0673	0332	˙9990	˙9649	˙9307	˙8966	˙8624	˙8283	˙7941	˙7600
0,1116	0,644 7259	6917	6576	6235	5894	5553	5212	4871	4529	4188
0,1117	3848	3507	3166	2825	2484	2143	1802	1462	1121	0780
0,1118	0440	0099	˙9759	˙9418	˙9078	˙8737	˙8397	˙8056	˙7716	˙7376
0,1119	0,643 7036	6695	6355	6015	5675	5335	4995	4655	4315	3975
0,1120	3635	3295	2955	2615	2275	1936	1596	1256	0917	0577
0,1121	0237	˙9898	˙9558	˙9219	˙8879	˙8540	˙8201	˙7861	˙7522	˙7183
0,1122	0,642 6843	6504	6165	5826	5487	5148	4809	4470	4131	3792
0,1123	3453	3114	2775	2436	2098	1759	1420	1082	0743	0404
0,1124	0066	˙9727	˙9389	˙9050	˙8712	˙8374	˙8035	˙7697	˙7359	˙7020
0,1125	0,641 6682	6344	6006	5668	5330	4992	4654	4316	3978	3640
0,1126	3302	2964	2626	2288	1951	1613	1275	0938	0600	0263
0,1127	0,640 9925	9588	9250	8913	8575	8238	7901	7563	7226	6889
0,1128	6552	6214	5877	5540	5203	4866	4529	4192	3855	3518
0,1129	3182	2845	2508	2171	1834	1498	1161	0825	0488	0151

	0	1	2	3	4	5	6	7	8	9	P. P.

P. P. columns:

	355	354	353	352
1	35,5	35,4	35,3	35,2
2	71,0	70,8	70,6	70,4
3	106,5	106,2	105,9	105,6
4	142,0	141,6	141,2	140,8
5	177,5	177,0	176,5	176,0
6	213,0	212,4	211,8	211,2
7	248,5	247,8	247,1	246,4
8	284,0	283,2	282,4	281,6
9	319,5	318,6	317,7	316,8

	351	350	349	348
1	35,1	35,0	34,9	34,8
2	70,2	70,0	69,8	69,6
3	105,3	105,0	104,7	104,4
4	140,4	140,0	139,6	139,2
5	175,5	175,0	174,5	174,0
6	210,6	210,0	209,4	208,8
7	245,7	245,0	244,3	243,6
8	280,8	280,0	279,2	278,4
9	315,9	315,0	314,1	313,2

	347	346	345	344
1	34,7	34,6	34,5	34,4
2	69,4	69,2	69,0	68,8
3	104,1	103,8	103,5	103,2
4	138,8	138,4	138,0	137,6
5	173,5	173,0	172,5	172,0
6	208,2	207,6	207,0	206,4
7	242,9	242,2	241,5	240,8
8	277,6	276,8	276,0	275,2
9	312,3	311,4	310,5	309,6

	343	342	341	340
1	34,3	34,2	34,1	34,0
2	68,6	68,4	68,2	68,0
3	102,9	102,6	102,3	102,0
4	137,2	136,8	136,4	136,0
5	171,5	171,0	170,5	170,0
6	205,8	205,2	204,6	204,0
7	240,1	239,4	238,7	238,0
8	274,4	273,6	272,8	272,0
9	308,7	307,8	306,9	306,0

	339	338	337	336
1	33,9	33,8	33,7	33,6
2	67,8	67,6	67,4	67,2
3	101,7	101,4	101,1	100,8
4	135,6	135,2	134,8	134,4
5	169,5	169,0	168,5	168,0
6	203,4	202,8	202,2	201,6
7	237,3	236,6	235,9	235,2
8	271,2	270,4	269,6	268,8
9	305,1	304,2	303,3	302,4

336

7 Decim.				SUBTRACTION.						0,639 0,113

	0	1	2	3	4	5	6	7	8	9
0,1130	0,639 9815	9478	9142	8806	8469	8133	7796	7460	7124	6788
0,1131	6452	6115	5779	5443	5107	4771	4435	4099	3763	3428
0,1132	3092	2756	2420	2084	1749	1413	1077	0742	0406	0071
0,1133	0,638 9735	9400	9064	8729	8393	8058	7723	7388	7052	6717
0,1134	6382	6047	5712	5377	5042	4707	4372	4037	3702	3367
0,1135	3032	2697	2363	2028	1693	1359	1024	0689	0355	0020
0,1136	0,637 9686	9351	9017	8682	8348	8014	7679	7345	7011	6677
0,1137	6343	6008	5674	5340	5006	4672	4338	4004	3670	3337
0,1138	3003	2669	2335	2002	1668	1334	1001	0667	0333	0000
0,1139	0,636 9666	9333	8999	8666	8333	7999	7666	7333	7000	6666
0,1140	6333	6000	5667	5334	5001	4668	4335	4002	3669	3336
0,1141	3003	2671	2338	2005	1672	1340	1007	0675	0342	0009
0,1142	0,635 9677	9345	9012	8680	8347	8015	7683	7350	7018	6686
0,1143	6354	6022	5690	5358	5025	4693	4362	4030	3698	3366
0,1144	3034	2702	2370	2039	1707	1375	1044	0712	0380	0049
0,1145	0,634 9717	9386	9054	8723	8392	8060	7729	7398	7067	6735
0,1146	6404	6073	5742	5411	5080	4749	4418	4087	3756	3425
0,1147	3094	2763	2433	2102	1771	1440	1110	0779	0449	0118
0,1148	0,633 9787	9457	9127	8796	8466	8135	7805	7475	7144	6814
0,1149	6484	6154	5824	5494	5164	4834	4504	4174	3844	3514
0,1150	3184	2854	2524	2195	1865	1535	1205	0876	0546	0217
0,1151	0,632 9887	9558	9228	8899	8569	8240	7910	7581	7252	6923
0,1152	6593	6264	5935	5606	5277	4948	4619	4290	3961	3632
0,1153	3303	2974	2645	2317	1988	1659	1330	1002	0673	0344
0,1154	0016	·9687	·9359	·9030	·8702	·8374	·8045	·7717	·7389	·7060
0,1155	0,631 6732	6404	6076	5747	5419	5091	4763	4435	4107	3779
0,1156	3451	3123	2796	2468	2140	1812	1485	1157	0829	0502
0,1157	0174	·9846	·9519	·9191	·8864	·8536	·8209	·7882	·7554	·7227
0,1158	0,630 6900	6573	6245	5918	5591	5264	4937	4610	4283	3956
0,1159	3629	3302	2975	2648	2321	1995	1668	1341	1014	0688
0,1160	0361	0034	·9708	·9381	·9055	·8728	·8402	·8076	·7749	·7423
0,1161	0,629 7097	6770	6444	6118	5792	5465	5139	4813	4487	4161
0,1162	3835	3509	3183	2857	2532	2206	1880	1554	1228	0903
0,1163	0577	0251	·9926	·9600	·9275	·8949	·8624	·8298	·7973	·7647
0,1164	0,628 7322	6997	6671	6346	6021	5696	5371	5045	4720	4395
0,1165	4070	3745	3420	3095	2770	2446	2121	1796	1471	1146
0,1166	0822	0497	0172	·9848	·9523	·9199	·8874	·8550	·8225	·7901
0,1167	0,627 7576	7252	6928	6603	6279	5955	5631	5306	4982	4658
0,1168	4334	4010	3686	3362	3038	2714	2390	2066	1743	1419
0,1169	1095	0771	0448	0124	·9800	·9477	·9153	·8830	·8506	·8183
0,1170	0,626 7859	7536	7212	6889	6566	6242	5919	5596	5273	4949
0,1171	4626	4303	3980	3657	3334	3011	2688	2365	2042	1719
0,1172	1397	1074	0751	0428	0106	·9783	·9460	·9138	·8815	·8493
0,1173	0,625 8170	7848	7525	7203	6880	6558	6236	5914	5591	5269
0,1174	4947	4625	4303	3980	3658	3336	3014	2692	2370	2049
0,1175	1727	1405	1083	0761	0439	0118	·9796	·9474	·9153	·8831
0,1176	0,624 8510	8188	7867	7545	7224	6902	6581	6259	5938	5617
0,1177	5296	4974	4653	4332	4011	3690	3369	3048	2727	2406
0,1178	2085	1764	1443	1122	0801	0481	0160	·9839	·9518	·9198
0,1179	0,623 8877	8556	8236	7915	7595	7274	6954	6633	6313	5993

	0	1	2	3	4	5	6	7	8	9

P. P.

	337	336	335
1	33,7	33,6	33,5
2	67,4	67,2	67,0
3	101,1	100,8	100,5
4	134,8	134,4	134,0
5	168,5	168,0	167,5
6	202,2	201,6	201,0
7	235,9	235,2	234,5
8	269,6	268,8	268,0
9	303,3	302,4	301,5

	334	333	332
1	33,4	33,3	33,2
2	66,8	66,6	66,4
3	100,2	99,9	99,6
4	133,6	133,2	132,8
5	167,0	166,5	166,0
6	200,4	199,8	199,2
7	233,8	233,1	232,4
8	267,2	266,4	265,6
9	300,6	299,7	298,8

	331	330	329
1	33,1	33,0	32,9
2	66,2	66,0	65,8
3	99,3	99,0	98,7
4	132,4	132,0	131,6
5	165,5	165,0	164,5
6	198,6	198,0	197,4
7	231,7	231,0	230,3
8	264,8	264,0	263,2
9	297,9	297,0	296,1

	328	327	326
1	32,8	32,7	32,6
2	65,6	65,4	65,2
3	98,4	98,1	97,8
4	131,2	130,8	130,4
5	164,0	163,5	163,0
6	196,8	196,2	195,6
7	229,6	228,9	228,2
8	262,4	261,6	260,8
9	295,2	294,3	293,4

	325	324	323
1	32,5	32,4	32,3
2	65,0	64,8	64,6
3	97,5	97,2	96,9
4	130,0	129,6	129,2
5	162,5	162,0	161,5
6	195,0	194,4	193,8
7	227,5	226,8	226,1
8	260,0	259,2	258,4
9	292,5	291,6	290,7

	322	321	320
1	32,2	32,1	32,0
2	64,4	64,2	64,0
3	96,6	96,3	96,0
4	128,8	128,4	128,0
5	161,0	160,5	160,0
6	193,2	192,6	192,0
7	225,4	224,7	224,0
8	257,6	256,8	256,0
9	289,8	288,9	288,0

321

0,118	0,623					SUBTRACTION.					7 Decim.
	0	**1**	**2**	**3**	**4**	**5**	**6**	**7**	**8**	**9**	**P. P.**
0,1180	0,623 5672	5352	5032	4712	4391	4071	3751	3431	3111	2791	
0,1181	2471	2151	1831	1511	1191	0871	0551	0232	˙9912	˙9592	
0,1182	0,622 9272	8953	8633	8314	7994	7674	7355	7035	6716	6397	321 320 319
0,1183	6077	5758	5438	5119	4800	4481	4161	3842	3523	3204	1 32,1 32,0 31,9
0,1184	2885	2566	2247	1928	1609	1290	0971	0652	0333	0014	2 64,2 64,0 63,8 3 96,3 96,0 95,7 4 128,4 128,0 127,6
0,1185	0,621 9696	9377	9058	8740	8421	8102	7784	7465	7147	6828	5 160,5 160,0 159,5
0,1186	6510	6191	5873	5554	5236	4918	4599	4281	3963	3645	6 192,6 192,0 191,4 7 224,7 224,0 223,3
0,1187	3327	3008	2690	2372	2054	1736	1418	1100	0782	0464	8 256,8 256,0 255,2
0,1188	0147	˙9829	9511	9193	˙8875	˙8558	˙8240	˙7922	˙7605	˙7287	9 288,9 288,0 287,1
0,1189	0,620 6970	6652	6335	6017	5700	5382	5065	4748	4430	4113	
0,1190	3796	3479	3161	2844	2527	2210	1893	1576	1259	0942	318 317 316
0,1191	0625	0308	˙9991	˙9674	˙9357	˙9041	˙8724	˙8407	˙8091	˙7774	1 31,8 31,7 31,6
0,1192	0,619 7457	7141	6824	6507	6191	5874	5558	5242	4925	4609	2 63,6 63,4 63,2 3 95,4 95,1 94,8
0,1193	4292	3976	3660	3344	3027	2711	2395	2079	1763	1447	4 127,2 126,8 126,4 5 159,0 158,5 158,0
0,1194	1131	0815	0499	0183	˙9867	˙9551	˙9235	˙8919	˙8604	˙8288	6 190,8 190,2 189,6 7 222,6 221,9 221,2
0,1195	0,618 7972	7656	7341	7025	6709	6394	6078	5763	5447	5132	8 254,4 253,6 252,8 9 286,2 285,3 284,4
0,1196	4816	4501	4186	3870	3555	3240	2924	2609	2294	1979	
0,1197	1664	1349	1034	0719	0404	0089	˙9774	˙9459	˙9144	˙8829	
0,1198	0,617 8514	8199	7885	7570	7255	6940	6626	6311	5997	5682	315 314 313
0,1199	5368	5053	4739	4424	4110	3795	3481	3167	2852	2538	1 31,5 31,4 31,3
0,1200	2224	1910	1596	1281	0967	0653	0339	0025	˙9711	˙9397	2 63,0 62,8 62,6 3 94,5 94,2 93,9
0,1201	0,616 9083	8769	8456	8142	7828	7514	7200	6887	6573	6259	4 126,0 125,6 125,2 5 157,5 157,0 156,5
0,1202	5946	5632	5319	5005	4691	4378	4065	3751	3438	3124	6 189,0 188,4 187,8 7 220,5 219,8 219,1
0,1203	2811	2498	2184	1871	1558	1245	0932	0619	0305	˙9992	8 252,0 251,2 250,4 9 283,5 282,6 281,7
0,1204	0,615 9679	9366	9053	8740	8428	8115	7802	7489	7176	6863	
0,1205	6551	6238	5925	5613	5300	4987	4675	4362	4050	3737	312 311 310
0,1206	3425	3113	2800	2488	2176	1863	1551	1239	0927	0614	1 31,2 31,1 31,0
0,1207	0302	˙9990	˙9678	˙9366	˙9054	˙8742	˙8430	˙8118	˙7806	˙7494	2 62,4 62,2 62,0 3 93,6 93,3 93,0
0,1208	0,614 7182	6871	6559	6247	5935	5624	5312	5000	4689	4377	4 124,8 124,4 124,0 5 156,0 155,5 155,0
0,1209	4066	3754	3443	3131	2820	2508	2197	1886	1574	1263	6 187,2 186,6 186,0 7 218,4 217,7 217,0
0,1210	0952	0641	0329	0018	˙9707	˙9396	˙9085	˙8774	˙8463	˙8152	8 249,6 248,8 248,0 9 280,8 279,9 279,0
0,1211	0,613 7841	7530	7219	6908	6597	6286	5976	5665	5354	5044	
0,1212	4733	4422	4112	3801	3490	3180	2869	2559	2249	1938	
0,1213	1628	1317	1007	0697	0387	0076	˙9766	˙9456	˙9146	˙8836	
0,1214	0,612 8526	8216	7906	7596	7286	6976	6666	6356	6046	5736	309 308 307
0,1215	5427	5117	4807	4497	4188	3878	3568	3259	2949	2640	1 30,9 30,8 30,7
0,1216	2330	2021	1711	1402	1093	0783	0474	0165	˙9855	˙9546	2 61,8 61,6 61,4 3 92,7 92,4 92,1
0,1217	0,611 9237	8928	8619	8309	8000	7691	7382	7073	6764	6455	4 123,6 123,2 122,8 5 154,5 154,0 153,5
0,1218	6146	5838	5529	5220	4911	4602	4294	3985	3676	3368	6 185,4 184,8 184,2 7 216,3 215,6 214,9
0,1219	3059	2750	2442	2133	1825	1516	1208	0899	0591	0283	8 247,2 246,4 245,6 9 278,1 277,2 276,3
0,1220	0,610 9974	9666	9358	9049	8741	8433	8125	7817	7509	7201	
0,1221	6893	6585	6277	5969	5661	5353	5045	4737	4429	4122	306 305
0,1222	3814	3506	3198	2891	2583	2275	1968	1660	1353	1045	1 30,6 30,5
0,1223	0738	0430	0123	˙9816	˙9508	˙9201	˙8894	˙8586	˙8279	˙7972	2 61,2 61,0 3 91,8 91,5
0,1224	0,609 7665	7358	7051	6743	6436	6129	5822	5515	5208	4901	4 122,4 122,0 5 153,0 152,5
0,1225	4595	4288	3981	3674	3367	3061	2754	2447	2141	1834	6 183,6 183,0 7 214,2 213,5
0,1226	1527	1221	0914	0608	0301	˙9995	˙9688	˙9382	˙9076	˙8769	8 244,8 244,0 9 275,4 274,5
0,1227	0,608 8463	8157	7850	7544	7238	6932	6626	6319	6013	5707	
0,1228	5401	5095	4789	4483	4177	3872	3566	3260	2954	2648	
0,1229	2343	2037	1731	1426	1120	0814	0509	0203	˙9898	˙9592	305
	0	**1**	**2**	**3**	**4**	**5**	**6**	**7**	**8**	**9**	**P. P.**

7 Decim.				SUBTRACTION.					0,607 0,123	
	0	1	2	3	4	5	6	7	8	9
0,1230	0,607 9287	8981	8676	8371	8065	7760	7455	7149	6844	6539
0,1231	6234	5929	5624	5318	5013	4708	4403	4098	3793	3489
0,1232	3184	2879	2574	2269	1964	1660	1355	1050	0746	0441
0,1233	0136	·9832	·9527	·9223	·8918	·8614	·8309	·8005	·7701	·7396
0,1234	0,606 7092	6788	6483	6179	5875	5571	5267	4962	4658	4354
0,1235	4050	3746	3442	3138	2834	2530	2227	1923	1619	1315
0,1236	1011	0708	0404	0100	·9797	·9493	·9189	·8886	·8582	·8279
0,1237	0,605 7975	7672	7369	7065	6762	6458	6155	5852	5549	5245
0,1238	4942	4639	4336	4033	3730	3427	3124	2821	2518	2215
0,1239	1912	1609	1306	1003	0701	0398	0095	·9792	·9490	·9187
0,1240	0,604 8884	8582	8279	7977	7674	7372	7069	6767	6464	6162
0,1241	5860	5557	5255	4953	4651	4348	4046	3744	3442	3140
0,1242	2838	2536	2234	1932	1630	1328	1026	0724	0422	0120
0,1243	0,603 9819	9517	9215	8913	8612	8310	8008	7707	7405	7104
0,1244	6802	6501	6199	5898	5596	5295	4994	4692	4391	4090
0,1245	3789	3487	3186	2885	2584	2283	1982	1681	1380	1079
0,1246	0778	0477	0176	·9875	·9574	·9274	·8973	·8672	·8371	·8071
0,1247	0,602 7770	7469	7169	6868	6567	6267	5966	5666	5365	5065
0,1248	4765	4464	4164	3864	3563	3263	2963	2663	2362	2062
0,1249	1762	1462	1162	0862	0562	0262	·9962	·9662	·9362	·9062
0,1250	0,601 8763	8463	8163	7863	7563	7264	6964	6664	6365	6065
0,1251	5766	5466	5167	4867	4568	4268	3969	3669	3370	3071
0,1252	2771	2472	2173	1874	1575	1275	0976	0677	0378	0079
0,1253	0,600 9780	9481	9182	8883	8584	8285	7986	7688	7389	7090
0,1254	6791	6493	6194	5895	5597	5298	4999	4701	4402	4104
0,1255	3805	3507	3209	2910	2612	2313	2015	1717	1419	1120
0,1256	0822	0524	0226	·9928	·9630	·9332	·9034	·8736	·8438	·8140
0,1257	0,599 7842	7544	7246	6948	6650	6353	6055	5757	5459	5162
0,1258	4864	4566	4269	3971	3674	3376	3079	2781	2484	2186
0,1259	1889	1592	1294	0997	0700	0403	0105	·9808	·9511	·9214
0,1260	0,598 8917	8620	8323	8026	7729	7432	7135	6838	6541	6244
0,1261	5947	5650	5354	5057	4760	4463	4167	3870	3573	3277
0,1262	2980	2684	2387	2091	1794	1498	1201	0905	0609	0312
0,1263	0016	·9720	·9424	·9127	·8831	·8535	·8239	·7943	·7647	·7351
0,1264	0,597 7055	6759	6463	6167	5871	5575	5279	4983	4688	4392
0,1265	4096	3800	3505	3209	2913	2618	2322	2026	1731	1435
0,1266	1140	0844	0549	0254	·9958	·9663	·9368	·9072	·8777	·8482
0,1267	0,596 8187	7891	7596	7301	7006	6711	6416	6121	5826	5531
0,1268	5236	4941	4646	4351	4056	3762	3467	3172	2877	2583
0,1269	2288	1993	1699	1404	1109	0815	0520	0226	·9931	·9637
0,1270	0,595 9343	9048	8754	8460	8165	7871	7577	7282	6988	6694
0,1271	6400	6106	5812	5518	5224	4930	4636	4342	4048	3754
0,1272	3460	3166	2872	2579	2285	1991	1697	1404	1110	0816
0,1273	0523	0229	·9936	·9642	·9348	·9055	·8762	·8468	·8175	·7881
0,1274	0,594 7588	7295	7001	6708	6415	6122	5829	5535	5242	4949
0,1275	4656	4363	4070	3777	3484	3191	2898	2605	2312	2020
0,1276	1727	1434	1141	0848	0556	0263	·9970	·9678	·9385	·9093
0,1277	0,593 8800	8507	8215	7923	7630	7338	7045	6753	6461	6168
0,1278	5876	5584	5291	4999	4707	4415	4123	3831	3539	3247
0,1279	2955	2663	2371	2079	1787	1495	1203	0911	0619	0328
	0	1	2	3	4	5	6	7	8	9

P. P.

	306	305	304
1	30,6	30,5	30,4
2	61,2	61,0	60,8
3	91,8	91,5	91,2
4	122,4	122,0	121,6
5	153,0	152,5	152,0
6	183,6	183,0	182,4
7	214,2	213,5	212,8
8	244,8	244,0	243,2
9	275,4	274,5	273,6

	303	302	301
1	30,3	30,2	30,1
2	60,6	60,4	60,2
3	90,9	90,6	90,3
4	121,2	120,8	120,4
5	151,5	151,0	150,5
6	181,8	181,2	180,6
7	212,1	211,4	210,7
8	242,4	241,6	240,8
9	272,7	271,8	270,9

	300	299	298
1	30,0	29,9	29,8
2	60,0	59,8	59,6
3	90,0	89,7	89,4
4	120,0	119,6	119,2
5	150,0	149,5	149,0
6	180,0	179,4	178,8
7	210,0	209,3	208,6
8	240,0	239,2	238,4
9	270,0	269,1	268,2

	297	296	295
1	29,7	29,6	29,5
2	59,4	59,2	59,0
3	89,1	88,8	88,5
4	118,8	118,4	118,0
5	148,5	148,0	147,5
6	178,2	177,6	177,0
7	207,9	207,2	206,5
8	237,6	236,8	236,0
9	267,3	266,4	265,5

	294	293
1	29,4	29,3
2	58,8	58,6
3	88,2	87,9
4	117,6	117,2
5	147,0	146,5
6	176,4	175,8
7	205,8	205,1
8	235,2	234,4
9	264,6	263,7

	292	291
1	29,2	29,1
2	58,4	58,2
3	87,6	87,3
4	116,8	116,4
5	146,0	145,5
6	175,2	174,6
7	204,4	203,7
8	233,6	232,8
9	262,8	261,9

292

0,128　0,593		SUBTRACTION.								7 Decim.
	0	1	2	3	4	5	6	7	8	9

		0	1	2	3	4	5	6	7	8	9
0,1280	0,593	0036	·0744	·9452	·9161	·8869	·8577	·8286	·7994	·7703	·7411
0,1281	0,592	7120	6828	6537	6245	5954	5663	5371	5080	4789	4497
0,1282		4206	3915	3624	3333	3041	2750	2459	2168	1877	1586
0,1283		1295	1004	0713	0423	0132	·9841	·9550	·9259	·8968	·8678
0,1284	0,591	8387	8096	7806	7515	7224	6934	6643	6353	6062	5772
0,1285		5481	5191	4901	4610	4320	4030	3739	3449	3159	2868
0,1286		2578	2288	1998	1708	1418	1128	0838	0548	0258	·9968
0,1287	0,590	9678	9388	9098	8808	8518	8229	7939	7649	7359	7070
0,1288		6780	6490	6201	5911	5622	5332	5043	4753	4464	4174
0,1289		3885	3595	3306	3017	2727	2438	2149	1860	1571	1281
0,1290		0992	0703	0414	0125	·9836	·9547	·9258	·8969	·8680	·8391
0,1291	0,589	8102	7813	7524	7236	6947	6658	6369	6081	5792	5503
0,1292		5215	4926	4637	4349	4060	3772	3483	3195	2907	2618
0,1293		2330	2041	1753	1465	1177	0888	0600	0312	0024	·9736
0,1294	0,588	9448	9159	8871	8583	8295	8007	7719	7431	7144	6856
0,1295		6568	6280	5992	5704	5417	5129	4841	4554	4266	3978
0,1296		3691	3403	3116	2828	2540	2253	1966	1678	1391	1103
0,1297		0816	0529	0241	·9954	·9667	·9380	·9093	·8805	·8518	·8231
0,1298	0,587	7944	7657	7370	7083	6796	6509	6222	5935	5648	5361
0,1299		5075	4788	4501	4214	3927	3641	3354	3067	2781	2494
0,1300		2208	1921	1635	1348	1062	0775	0489	0202	·9916	·9630
0,1301	0,586	9343	9057	8771	8484	8198	7912	7626	7340	7054	6768
0,1302		6481	6195	5909	5623	5337	5052	4766	4480	4194	3908
0,1303		3622	3336	3051	2765	2479	2194	1908	1622	1337	1051
0,1304		0765	0480	0194	·9909	·9623	·9338	·9053	·8767	·8482	·8197
0,1305	0,585	7911	7626	7341	7056	6770	6485	6200	5915	5630	5345
0,1306		5060	4775	4490	4205	3920	3635	3350	3065	2780	2495
0,1307		2210	1926	1641	1356	1072	0787	0502	0218	·9933	·9648
0,1308	0,584	9364	9079	8795	8510	8226	7941	7657	7373	7088	6804
0,1309		6520	6235	5951	5667	5383	5099	4815	4530	4246	3962
0,1310		3678	3394	3110	2826	2542	2258	1974	1691	1407	1123
0,1311		0839	0555	0272	·9988	·9704	·9421	·9137	·8853	·8570	·8286
0,1312	0,583	8003	7719	7436	7152	6869	6585	6302	6018	5735	5452
0,1313		5168	4885	4602	4319	4036	3752	3469	3186	2903	2620
0,1314		2337	2054	1771	1488	1205	0922	0639	0356	0073	·9791
0,1315	0,582	9508	9225	8942	8660	8377	8094	7812	7529	7246	6964
0,1316		6681	6399	6116	5834	5551	5269	4987	4704	4422	4140
0,1317		3857	3575	3293	3010	2728	2446	2164	1882	1600	1318
0,1318		1036	0754	0472	0190	·9908	·9626	·9344	·9062	·8780	·8498
0,1319	0,581	8217	7935	7653	7371	7090	6808	6526	6245	5963	5681
0,1320		5400	5118	4837	4555	4274	3992	3711	3430	3148	2867
0,1321		2586	2304	2023	1742	1461	1180	0898	0617	0336	0055
0,1322	0,580	9774	9493	9212	8931	8650	8369	8088	7807	7526	7246
0,1323		6965	6684	6403	6123	5842	5561	5280	5000	4719	4439
0,1324		4158	3877	3597	3316	3036	2756	2475	2195	1914	1634
0,1325		1354	1073	0793	0513	0233	·9952	·9672	·9392	·9112	·8832
0,1326	0,579	8552	8272	7992	7712	7432	7152	6872	6592	6312	6032
0,1327		5752	5473	5193	4913	4633	4354	4074	3794	3515	3235
0,1328		2956	2676	2396	2117	1837	1558	1279	0999	0720	0440
0,1329		0161	·9882	·9602	·9323	·9044	·8765	·8485	·8206	·7927	·7648
		0	1	2	3	4	5	6	7	8	9

P. P.

	292	291	290
1	29,2	29,1	29,0
2	58,4	58,2	58,0
3	87,6	87,3	87,0
4	116,8	116,4	116,0
5	116,0	145,5	145,0
6	175,2	174,6	174,0
7	204,4	203,7	203,0
8	233,6	232,8	232,0
9	262,8	261,9	261,0

	289	288	287
1	28,9	28,8	28,7
2	57,8	57,6	57,4
3	86,7	86,4	86,1
4	115,6	115,2	114,8
5	144,5	144,0	143,5
6	173,4	172,8	172,2
7	202,3	201,6	200,9
8	231,2	230,4	229,6
9	260,1	259,2	258,3

	286	285	284
1	28,6	28,5	28,4
2	57,2	57,0	56,8
3	85,8	85,5	85,2
4	114,4	114,0	113,6
5	143,0	142,5	142,0
6	171,6	171,0	170,4
7	200,2	199,5	198,8
8	228,8	228,0	227,2
9	257,4	256,5	255,6

	283	282	281
1	28,3	28,2	28,1
2	56,6	56,4	56,2
3	84,9	84,6	84,3
4	113,2	112,8	112,4
5	141,5	141,0	140,5
6	169,8	169,2	168,6
7	198,1	197,4	196,7
8	226,4	225,6	224,8
9	254,7	253,8	252,9

	280	279
1	28,0	27,9
2	56,0	55,8
3	84,0	83,7
4	112,0	111,6
5	140,0	139,5
6	168,0	167,4
7	196,0	195,3
8	224,0	223,2
9	252,0	251,1

279

P. P.

| 7 Decim. | SUBTRACTION. | | | | | | | | | 0,578 0,133 |

	0	1	2	3	4	5	6	7	8	9	P. P.
0,1330	0,578 7369	7090	6811	6532	6253	5974	5695	5416	5137	4858	
0,1331	4579	4300	4022	3743	3464	3185	2907	2628	2349	2071	**279 278 277**
0,1332	1792	1514	1235	0956	0678	0399	0121	·9843	·9564	·9286	1 27,9 27,8 27,7
0,1333	0,577 9007	8729	8451	8172	7894	7616	7338	7059	6781	6503	2 55,8 55,6 55,4
0,1334	6225	5947	5669	5391	5113	4835	4557	4279	4001	3723	3 83,7 83,4 83,1
0,1335	3445	3167	2889	2612	2334	2056	1778	1501	1223	0945	4 111,6 111,2 110,8
0,1336	0668	0390	0112	·9835	·9557	·9280	·9002	·8725	·8447	·8170	5 139,5 139,0 138,5
0,1337	0,576 7892	7615	7338	7060	6783	6506	6229	5951	5674	5397	6 167,4 166,8 166,2
0,1338	5120	4843	4566	4288	4011	3734	3457	3180	2903	2626	7 195,3 194,6 193,9
0,1339	2349	2073	1796	1519	1242	0965	0688	0412	0135	·9858	8 223,2 222,4 221,6
											9 251,1 250,2 249,3
0,1340	0,575 9582	9305	9028	8752	8475	8199	7922	7646	7369	7093	
0,1341	6816	6540	6263	5987	5711	5434	5158	4882	4605	4329	**276 275 274**
0,1342	4053	3777	3501	3225	2948	2672	2396	2120	1844	1568	1 27,6 27,5 27,4
0,1343	1292	1016	0741	0465	0189	·9913	·9637	·9361	·9086	·8810	2 55,2 55,0 54,8
0,1344	0,574 8534	8258	7983	7707	7431	7156	6880	6605	6329	6054	3 82,8 82,5 82,2
0,1345	5778	5503	5227	4952	4676	4401	4126	3850	3575	3300	4 110,4 110,0 109,6
0,1346	3025	2749	2474	2199	1924	1649	1374	1099	0824	0548	5 138,0 137,5 137,0
0,1347	0273	·9998	·9724	·9449	·9174	·8899	·8624	·8349	·8074	·7799	6 165,6 165,0 164,4
0,1348	0,573 7525	7250	6975	6701	6426	6151	5877	5602	5327	5053	7 193,2 192,5 191,8
0,1349	4778	4504	4229	3955	3680	3406	3132	2857	2583	2309	8 220,8 220,0 219 2
											9 248,5 247,5 246,6
0,1350	2034	1760	1486	1211	0937	0663	0389	0115	·9841	·9567	
0,1351	0,572 9293	9019	8745	8471	8197	7923	7649	7375	7101	6827	**273 272 271**
0,1352	6553	6279	6006	5732	5458	5184	4911	4637	4363	4090	1 27,3 27,2 27,1
0,1353	3816	3543	3269	2996	2722	2449	2175	1902	1628	1355	2 54,6 54,4 54 2
0,1354	1082	0808	0535	0262	·9988	·9715	·9442	·9169	·8896	·8623	3 81,9 81,6 81,3
0,1355	0,571 8349	8076	7803	7530	7257	6984	6711	6438	6165	5892	4 109,2 108,8 108,4
0,1356	5620	5347	5074	4801	4528	4255	3983	3710	3437	3165	5 136,5 136,0 135,5
0,1357	2892	2619	2347	2074	1802	1529	1257	0984	0712	0439	6 163,8 163,2 162,6
0,1358	0167	·9894	·9622	·9350	·9077	·8805	·8533	·8260	·7988	·7716	7 191,4 190,4 189,7
0,1359	0,570 7444	7172	6900	6627	6355	6083	5811	5539	5267	4995	8 218,4 217,6 216,8
											9 245,7 244,8 243,9
0,1360	4723	4451	4179	3908	3636	3364	3092	2820	2548	2277	
0,1361	2005	1733	1462	1190	0918	0647	0375	0104	·9832	·9561	**270 269**
0,1362	0,569 9289	9018	8746	8475	8203	7932	7661	7389	7118	6847	1 27,0 26,9
0,1363	6576	6304	6033	5762	5491	5220	4948	4677	4406	4135	2 54,0 53,8
0,1364	3864	3593	3322	3051	2780	2510	2239	1968	1697	1426	3 81,0 80,7
0,1365	1155	0885	0614	0343	0072	·9802	·9531	·9260	·8990	·8719	4 108,0 107,6
0,1366	0,568 8449	8178	7908	7637	7367	7096	6826	6555	6285	6015	5 135,0 134,5
0,1367	5744	5474	5204	4933	4663	4393	4123	3853	3583	3312	6 162,0 161,4
0,1368	3042	2772	2502	2232	1962	1692	1422	1152	0882	0612	7 189,0 188,3
0,1369	0343	0073	·9803	·9533	·9263	·8994	·8724	·8454	·8184	·7915	8 216,0 215,2
											9 243,0 242,1
0,1370	0,567 7645	7376	7106	6836	6567	6297	6028	5758	5489	5219	
0,1371	4950	4681	4411	4142	3873	3603	3334	3065	2796	2526	**268 267**
0,1372	2257	1988	1719	1450	1181	0912	0643	0374	0105	·9836	1 26,8 26,7
0,1373	0,566 9567	9298	9029	8760	8491	8222	7953	7685	7416	7147	2 53,6 53,4
0,1374	6878	6610	6341	6072	5804	5535	5267	4998	4729	4461	3 80,5 80,1
0,1375	4192	3924	3655	3387	3119	2850	2582	2314	2045	1777	4 107,2 106,8
0,1376	1509	1240	0972	0704	0436	0168	·9900	·9631	·9363	·9095	5 134,0 133,5
0,1377	0,565 8827	8559	8291	8023	7755	7487	7219	6952	6684	6416	6 160,8 160,2
0,1378	6148	5880	5613	5345	5077	4809	4542	4274	4006	3739	7 187,6 186,9
0,1379	3471	3204	2936	2669	2401	2134	1866	1599	1331	1064	8 214,4 213,6
											9 241,2 240,3
											267

| | 0 | 1 | 2 | 3 | 4 | 5 | 6 | 7 | 8 | 9 | P. P. |

0,138　0,565				SUBTRACTION.					7 Decim.

	0	1	2	3	4	5	6	7	8	9
0,1380	0,565 0797	0529	0262	·9995	·9727	·9460	·9193	·8926	·8659	·8391
0,1381	0,564 8124	7857	7590	7323	7056	6789	6522	6255	5998	5721
0,1382	5454	5187	4920	4654	4357	4120	3853	3586	3320	3053
0,1383	2786	2520	2253	1986	1720	1453	1187	0920	0654	0387
0,1384	0121	·9854	·9588	·9321	·9055	·8789	·8522	·8256	·7990	·7724
0,1385	0,563 7457	7191	6925	6659	6393	6126	5860	5594	5328	5062
0,1386	4796	4530	4264	3998	3732	3466	3201	2935	2669	2403
0,1387	2137	1872	1606	1340	1074	0809	0543	0277	0012	·9746
0,1388	0,562 9481	9215	8950	8684	8419	8153	7888	7622	7357	7092
0,1389	6826	6561	6296	6030	5765	5500	5235	4970	4704	4439
0,1390	4174	3909	3644	3379	3114	2849	2584	2319	2054	1789
0,1391	1524	1259	0994	0730	0465	0200	·9935	·9671	·9406	·9141
0,1392	0,561 8876	8612	8347	8083	7818	7553	7289	7024	6760	6495
0,1393	6231	5967	5702	5438	5173	4909	4645	4380	4116	3852
0,1394	3588	3324	3059	2795	2531	2267	2003	1739	1475	1211
0,1395	0947	0683	0419	0155	·9891	·9627	·9363	·9099	·8835	·8572
0,1396	0,560 8308	8044	7780	7517	7253	6989	6726	6462	6198	5935
0,1397	5671	5408	5144	4881	4617	4354	4090	3827	3564	3300
0,1398	3037	2773	2510	2247	1984	1720	1457	1194	0931	0668
0,1399	0405	0141	·9878	·9615	·9352	·9089	·8826	·8563	·8300	·8037
0,1400	0,559 7775	7512	7249	6986	6723	6460	6198	5935	5672	5409
0,1401	5147	4884	4621	4359	4096	3834	3571	3309	3046	2784
0,1402	2521	2259	1996	1734	1471	1209	0947	0684	0422	0160
0,1403	0,558 9898	9635	9373	9111	8849	8587	8325	8063	7801	7538
0,1404	7276	7014	6752	6490	6229	5967	5705	5443	5181	4919
0,1405	4657	4396	4134	3872	3610	3349	3087	2825	2564	2302
0,1406	2040	1779	1517	1256	0994	0733	0471	0210	·9949	·9687
0,1407	0,557 9426	9164	8903	8642	8380	8119	7858	7597	7336	7074
0,1408	6813	6552	6291	6030	5769	5508	5247	4986	4725	4464
0,1409	4203	3942	3681	3420	3159	2898	2638	2377	2116	1855
0,1410	1595	1334	1073	0813	0552	0291	0031	·9770	·9510	·9249
0,1411	0,556 8989	8728	8468	8207	7947	7686	7426	7166	6905	6645
0,1412	6385	6125	5864	5604	5344	5084	4823	4563	4303	4043
0,1413	3783	3523	3263	3003	2743	2483	2223	1963	1703	1443
0,1414	1184	0924	0664	0404	0144	·9885	·9625	·9365	·9105	·8846
0,1415	0,555 8586	8327	8067	7807	7548	7288	7029	6769	6510	6250
0,1416	5991	5731	5472	5213	4953	4694	4435	4175	3916	3657
0,1417	3398	3139	2879	2620	2361	2102	1843	1584	1325	1066
0,1418	0807	0548	0289	0030	·9771	·9512	·9253	·8994	·8736	·8477
0,1419	0,554 8218	7959	7700	7442	7183	6924	6666	6407	6148	5890
0,1420	5631	5373	5114	4856	4597	4339	4090	3822	3564	3305
0,1421	3047	2788	2530	2272	2014	1755	1497	1239	0981	0723
0,1422	0464	0206	·9948	·9690	·9432	·9174	·8916	·8658	·8400	·8142
0,1423	0,553 7884	7626	7368	7110	6853	6595	6337	6079	5821	5564
0,1424	5306	5048	4791	4533	4275	4018	3760	3502	3245	2987
0,1425	2730	2472	2215	1957	1700	1443	1185	0928	0671	0413
0,1426	0156	·9899	·9641	·9384	·9127	·8870	·8613	·8355	·8098	·7841
0,1427	0,552 7584	7327	7070	6813	6556	6299	6042	5785	5528	5271
0,1428	5014	4758	4501	4244	3987	3730	3474	3217	2960	2704
0,1429	2447	2190	1934	1677	1420	1164	0907	0651	0394	0138

	0	1	2	3	4	5	6	7	8	9	P. P.

P. P.

	268	267	266
1	26,8	26,7	26,6
2	53,6	53,4	53,2
3	80,4	80,1	79,8
4	107,2	106,8	106,4
5	134,0	133,5	133,0
6	160,8	160,2	159,6
7	187,6	186,9	186,2
8	214,4	213,6	212,8
9	241,2	240,3	239,4

	265	264	263
1	26,5	26,4	26,3
2	53,0	52,8	52,6
3	79,5	79,2	78,9
4	106,0	105,6	105,2
5	132,5	132,0	131,5
6	159,0	158,4	157,8
7	185,5	184,8	184,1
8	212,0	211,2	210,4
9	238,5	237,6	236,7

	262	261	260
1	26,2	26,1	26,0
2	52,4	52,2	52,0
3	78,6	78,3	78,0
4	104,8	104,4	104,0
5	131,0	130,5	130,0
6	157,2	156,6	156,0
7	183,4	182,7	182,0
8	209,6	208,8	208,0
9	235,8	234,9	234,0

	259	258
1	25,9	25,8
2	51,8	51,6
3	77,7	77,4
4	103,6	103,2
5	129,5	129,0
6	155,4	154,8
7	181,3	180,6
8	207,2	206,4
9	233,1	232,2

	257	256
1	25,7	25,6
2	51,4	51,2
3	77,1	76,8
4	102,8	102,4
5	128,5	128,0
6	154,2	153,6
7	179,9	179,2
8	205,6	204,8
9	231,3	230,4

257

| 7 Decim. | SUBTRACTION. | | | | | | | | | 0,551 0,143 |

	0	1	2	3	4	5	6	7	8	9
0,1430	0,551 9881	9625	9369	9112	8856	8600	8343	8087	7831	7574
0,1431	7318	7062	6806	6549	6293	6037	5781	5525	5269	5013
0,1432	4757	4501	4245	3989	3733	3477	3221	2965	2709	2453
0,1433	2198	1942	1686	1430	1175	0919	0663	0407	0152	·9896
0,1434	0,550 9641	9385	9129	8874	8618	8363	8107	7852	7596	7341
0,1435	7086	6830	6575	6320	6064	5809	5554	5298	5043	4788
0,1436	4533	4278	4022	3767	3512	3257	3002	2747	2492	2237
0,1437	1982	1727	1472	1217	0962	0707	0452	0198	·9943	·9688
0,1438	0,549 9433	9178	8924	8669	8414	8160	7905	7650	7396	7141
0,1439	6887	6632	6378	6123	5869	5614	5360	5105	4851	4596
0,1440	4342	4088	3833	3579	3325	3071	2816	2562	2308	2054
0,1441	1800	1545	1291	1037	0783	0529	0275	0021	·9767	·9513
0,1442	0,548 9259	9005	8751	8497	8244	7990	7736	7482	7228	6975
0,1443	6721	6467	6213	5960	5706	5452	5199	4945	4692	4438
0,1444	4185	3931	3678	3424	3171	2917	2664	2410	2157	1904
0,1445	1650	1397	1144	0891	0637	0384	0131	·9878	·9624	·9371
0,1446	0,547 9118	8865	8612	8359	8106	7853	7600	7347	7094	6841
0,1447	6588	6335	6082	5830	5577	5324	5071	4818	4566	4313
0,1448	4060	3807	3555	3302	3049	2797	2544	2292	2039	1787
0,1449	1534	1282	1029	0777	0524	0272	0020	·9767	·9515	·9262
0,1450	0,546 9010	8758	8506	8253	8001	7749	7497	7245	6993	6740
0,1451	6488	6236	5984	5732	5480	5228	4976	4724	4472	4220
0,1452	3968	3717	3465	3213	2961	2709	2458	2206	1954	1702
0,1453	1451	1199	0947	0696	0444	0193	·9941	·9689	·9438	·9186
0,1454	0,545 8935	8683	8432	8181	7929	7678	7426	7175	6924	6672
0,1455	6421	6170	5919	5667	5416	5165	4914	4663	4412	4161
0,1456	3909	3658	3407	3156	2905	2654	2403	2153	1902	1651
0,1457	1400	1149	0898	0647	0397	0146	·9895	·9644	·9394	·9143
0,1458	0,544 8892	8642	8391	8140	7890	7639	7389	7138	6888	6637
0,1459	6387	6136	5886	5635	5385	5135	4884	4634	4384	4133
0,1460	3883	3633	3383	3132	2882	2632	2382	2132	1882	1631
0,1461	1381	1131	0881	0631	0381	0131	·9881	·9632	·9382	·9132
0,1462	0,543 8882	8632	8382	8132	7883	7633	7383	7133	6884	6634
0,1463	6384	6135	5885	5635	5386	5136	4887	4637	4388	4138
0,1464	3889	3639	3390	3141	2891	2642	2392	2143	1894	1645
0,1465	1395	1146	0897	0648	0398	0149	·9900	·9651	·9402	·9153
0,1466	0,542 8904	8655	8406	8157	7908	7659	7410	7161	6912	6663
0,1467	6414	6165	5917	5668	5419	5170	4921	4673	4424	4175
0,1468	3927	3678	3429	3181	2932	2684	2435	2187	1938	1690
0,1469	1441	1193	0944	0696	0448	0199	·9951	·9702	·9454	·9206
0,1470	0,541 8958	8709	8461	8213	7965	7717	7468	7220	6972	6724
0,1471	6476	6228	5980	5732	5484	5236	4988	4740	4492	4244
0,1472	3997	3749	3501	3253	3005	2757	2510	2262	2014	1767
0,1473	1519	1271	1024	0776	0528	0281	0033	·9786	·9538	·9291
0,1474	0,540 9043	8796	8548	8301	8054	7806	7559	7312	7064	6817
0,1475	6570	6323	6075	5828	5581	5334	5087	4839	4592	4345
0,1476	4098	3851	3604	3357	3110	2863	2616	2369	2122	1875
0,1477	1628	1382	1135	0888	0641	0394	0148	·9901	·9654	·9407
0,1478	0,539 9161	8914	8667	8421	8174	7928	7681	7435	7188	6942
0,1479	6695	6449	6202	5956	5709	5463	5217	4970	4724	4478

| | 0 | 1 | 2 | 3 | 4 | 5 | 6 | 7 | 8 | 9 |

P. P.

	257	256
1	25.7	25.6
2	51.4	51.2
3	77.1	76.8
4	102.8	102.4
5	128.5	128.0
6	154.2	153.6
7	179.9	179.2
8	205.6	204.8
9	231.3	230.4

	255	254
1	25.5	25.4
2	51.0	50.8
3	76.5	76.2
4	102.0	101.6
5	127.5	127.0
6	153.0	152.4
7	178.5	177.8
8	204.0	203.2
9	229.5	228.6

	253	252
1	25.3	25.2
2	50.6	50.4
3	75.9	75.6
4	101.2	100.8
5	126.5	126.0
6	151.8	151.2
7	177.1	176.4
8	202.4	201.6
9	227.7	226.8

	251	250
1	25.1	25.0
2	50.2	50.0
3	75.3	75.0
4	100.4	100.0
5	125.5	125.0
6	150.6	150.0
7	175.7	175.0
8	200.8	200.0
9	225.9	225.0

	249	248
1	24.9	24.8
2	49.8	49.6
3	74.7	74.4
4	99.6	99.2
5	124.5	124.0
6	149.4	148.8
7	174.3	173.6
8	199.2	198.4
9	224.1	223.2

	247	246
1	24.7	24.6
2	49.4	49.2
3	74.1	73.8
4	98.8	98.4
5	123.5	123.0
6	148.2	147.6
7	172.9	172.2
8	197.6	196.8
9	222.3	221.4

247

0,148　0,539				SUBTRACTION.					7 Decim.
0	**1**	**2**	**3**	**4**	**5**	**6**	**7**	**8**	**9**
0,1480 0,539 4231	3985	3739	3493	3246	3000	2754	2508	2262	2016
0,1481　　1770	1523	1277	1031	0785	0539	0293	0047	'9802	'9556
0,1482 0,538 9310	9064	8818	8572	8326	8081	7835	7589	7343	7098
0,1483　　6852	6606	6361	6115	5869	5624	5378	5133	4887	4641
0,1484　　4396	4150	3905	3660	3414	3169	2923	2678	2433	2187
0,1485　　1942	1697	1451	1206	0961	0716	0471	0225	'9980	'9735
0,1486 0,537 9490	9245	9000	8755	8510	8265	8020	7775	7530	7285
0,1487　　7040	6795	6550	6305	6060	5816	5571	5326	5081	4837
0,1488　　4592	4347	4102	3858	3613	3368	3124	2879	2635	2390
0,1489　　2146	1901	1657	1412	1168	0923	0679	0434	0190	'9946
0,1490 0,536 9701	9457	9213	8969	8724	8480	8236	7992	7747	7503
0,1491　　7259	7015	6771	6527	6283	6039	5795	5551	5307	5063
0,1492　　4819	4575	4331	4087	3843	3599	3355	3112	2868	2624
0,1493　　2380	2137	1893	1649	1405	1162	0918	0675	0431	0187
0,1494 0,535 9944	9700	9457	9213	8970	8726	8483	8239	7996	7753
0,1495　　7509	7266	7023	6779	6536	6293	6049	5806	5563	5320
0,1496　　5077	4833	4590	4347	4104	3861	3618	3375	3132	2889
0,1497　　2646	2403	2160	1917	1674	1431	1188	0946	0703	0460
0,1498　　0217	'9974	'9732	'9489	'9246	'9003	'8761	'8518	'8275	'8033
0,1499 0,534 7790	7548	7305	7062	6820	6577	6335	6092	5850	5608
0,1500　　5365	5123	4880	4638	4396	4153	3911	3669	3427	3184
0,1501　　2942	2700	2458	2216	1973	1731	1489	1247	1005	0763
0,1502　　0521	0279	0037	'9795	'9553	'9311	'9069	'8827	'8585	'8344
0,1503 0,533 8102	7860	7618	7376	7135	6893	6651	6409	6168	5926
0,1504　　5684	5443	5201	4960	4718	4476	4235	3993	3752	3510
0,1505　　3269	3027	2786	2545	2303	2062	1821	1579	1338	1097
0,1506　　0855	0614	0373	0132	'9890	'9649	'9408	'9167	'8926	'8685
0,1507 0,532 8444	8203	7962	7721	7480	7239	6998	6757	6516	6275
0,1508　　6034	5793	5552	5311	5071	4830	4589	4348	4108	3867
0,1509　　3626	3385	3145	2904	2663	2423	2182	1942	1701	1461
0,1510　　1220	0980	0739	0499	0258	0018	'9777	'9537	'9297	'9056
0,1511 0,531 8816	8576	8335	8095	7855	7615	7374	7134	6894	6654
0,1512　　6414	6174	5934	5694	5453	5213	4973	4733	4493	4253
0,1513　　4013	3774	3534	3294	3054	2814	2574	2334	2095	1855
0,1514　　1615	1375	1136	0896	0656	0416	0177	'9937	'9698	'9458
0,1515 0,530 9218	8979	8739	8500	8260	8021	7781	7542	7303	7063
0,1516　　6824	6584	6345	6106	5866	5627	5388	5147	4909	4670
0,1517　　4431	4192	3953	3713	3474	3235	2996	2757	2518	2279
0,1518　　2040	1801	1562	1323	1084	0845	0606	0367	0129	'9890
0,1519 0,529 9651	9412	9173	8934	8696	8457	8218	7980	7741	7502
0,1520　　7264	7025	6796	6548	6309	6071	5832	5594	5355	5117
0,1521　　4878	4640	4401	4163	3925	3686	3448	3210	2971	2733
0,1522　　2495	2256	2018	1780	1542	1304	1065	0827	0589	0351
0,1523　　0113	'9875	'9637	'9399	'9161	'8923	'8685	'8447	'8209	'7971
0,1524 0,528 7733	7495	7257	7020	6782	6544	6306	6068	5831	5593
0,1525　　5355	5118	4880	4642	4405	4167	3929	3692	3454	3217
0,1526　　2979	2742	2504	2267	2029	1792	1554	1317	1080	0842
0,1527　　0605	0368	0130	'9893	'9656	'9418	'9181	'8944	'8707	'8470
0,1528 0,527 8232	7995	7758	7521	7284	7047	6810	6573	6336	6099
0,1529　　5862	5625	5388	5151	4914	4677	4440	4204	3967	3730
0	**1**	**2**	**3**	**4**	**5**	**6**	**7**	**8**	**9**

P. P.

247	246
1　24,7	24,6
2　49,4	49,2
3　74,1	73,8
4　98,8	98,4
5　123,5	123,0
6　148,2	147,6
7　172,9	172,2
8　197,6	196,8
9　222,3	221,4

245	244
1　24,5	24,4
2　49,0	48,8
3　73,5	73,2
4　98,0	97,6
5　122,5	122,0
6　147,0	146,4
7　171,5	170,8
8　196,0	195,2
9　220,5	219,6

243	242
1　24,3	24,2
2　48,6	48,4
3　72,9	72,6
4　97,2	96,8
5　121,5	121,0
6　145,8	145,2
7　170,1	169,4
8　194,4	193,6
9　218,7	217,8

241	240
1　24,1	24,0
2　48,2	48,0
3　72,3	72,0
4　96,4	96,0
5　120,5	120,0
6　144,6	144,0
7　168,7	168,0
8　192,8	192,0
9　216,9	216,0

239	238
1　23,9	23,8
2　47,8	47,6
3　71,7	71,4
4　95,6	95,2
5　119,5	119,0
6　143,4	142,8
7　167,3	166,6
8　191,2	190,4
9　215,1	214,2

237	236
1　23,7	23,6
2　47,4	47,2
3　71,1	70,8
4　94,8	94,4
5　118,5	118,0
6　142,2	141,6
7　165,9	165,2
8　189,6	188,8
9　213,3	212,4

237

P. P.

7 Decim.	SUBTRACTION.										0,527 0,153
	0	1	2	3	4	5	6	7	8	9	P. P.
0,1530	0,527 3493	3256	3020	2783	2546	2309	2073	1836	1599	1363	
0,1531	1126	0890	0653	0417	0180	'9943	'9707	'9470	'9234	'8998	237 236
0,1532	0,526 8761	8525	8288	8052	7816	7579	7343	7107	6870	6634	1| 23,7 23,6
0,1533	6398	6162	5926	5689	5453	5217	4981	4745	4509	4273	2| 47,4 47,2
0,1534	4037	3800	3564	3328	3092	2856	2621	2385	2149	1913	3| 71,1 70,8
											4| 94,8 94,4
											5| 118,5 118,0
0,1535	1677	1441	1205	0969	0734	0498	0262	0026	'9791	'9555	6| 142,2 141,6
0,1536	0,525 9319	9083	8848	8612	8377	8141	7905	7670	7434	7199	7| 165,9 165,2
0,1537	6963	6728	6492	6257	6021	5786	5551	5315	5080	4844	8| 189,6 188,8
0,1538	4609	4374	4139	3903	3668	3433	3198	2962	2727	2492	9| 213,3 212,4
0,1539	2257	2022	1787	1551	1316	1081	0846	0611	0376	0141	
0,1540	0,524 9906	9671	9436	9202	8967	8732	8497	8262	8027	7792	
0,1541	7558	7323	7088	6853	6619	6384	6149	5915	5680	5445	235 234
0,1542	5211	4976	4742	4507	4273	4038	3804	3569	3335	3100	1| 23,5 23,4
0,1543	2866	2631	2397	2163	1928	1694	1460	1225	0991	0757	2| 47,0 46,8
0,1544	0522	0288	0054	'9820	'9586	'9352	'9117	'8883	'8649	'8415	3| 70,5 70,2
											4| 94,0 93,6
0,1545	0,523 8181	7947	7713	7479	7245	7011	6777	6543	6309	6075	5| 117,5 117,0
0,1546	5841	5607	5374	5140	4906	4672	4438	4205	3971	3737	6| 141,0 140,4
0,1547	3504	3270	3036	2803	2569	2335	2102	1868	1635	1401	7| 164,5 163,8
0,1548	1167	0934	0700	0467	0234	0000	'9767	'9533	'9300	'9067	8| 188,0 187,2
0,1549	0,522 8833	8600	8367	8133	7900	7667	7433	7200	6967	6734	9| 211,5 210,6
0,1550	6501	6268	6034	5801	5568	5335	5102	4869	4636	4403	
0,1551	4170	3937	3704	3471	3238	3005	2772	2540	2307	2074	233 232
0,1552	1841	1608	1376	1143	0910	0677	0445	0212	'9979	'9747	1| 23,3 23,2
0,1553	0,521 9514	9281	9049	8816	8584	8351	8119	7886	7654	7421	2| 46,6 46,4
0,1554	7189	6956	6724	6491	6259	6027	5794	5562	5330	5097	3| 69,9 69,6
											4| 93,2 92,8
											5| 116,5 116,0
0,1555	4865	4633	4401	4168	3936	3704	3472	3240	3008	2775	6| 139,8 139,2
0,1556	2543	2311	2079	1847	1615	1383	1151	0919	0687	0455	7| 163,1 162,4
0,1557	0223	'9991	'9760	'9528	'9296	'9064	'8832	'8600	'8369	'8137	8| 186,4 185,6
0,1558	0,520 7905	7673	7442	7210	6978	6747	6515	6283	6052	5820	9| 209,7 208,8
0,1559	5589	5357	5126	4894	4663	4431	4200	3968	3737	3505	
0,1560	3274	3043	2811	2580	2349	2117	1886	1655	1423	1192	
0,1561	0961	0730	0499	0268	0036	'9805	'9574	'9343	'9112	'8881	231 230
0,1562	0,519 8650	8419	8188	7957	7726	7495	7264	7033	6802	6571	1| 23,1 23,0
0,1563	6340	6110	5879	5648	5417	5186	4956	4725	4494	4264	2| 46,2 46,0
0,1564	4033	3802	3572	3341	3110	2880	2649	2419	2188	1957	3| 69,3 69,0
											4| 92,4 92,0
0,1565	1727	1496	1266	1036	0805	0575	0344	0114	'9884	'9653	5| 115,5 115,0
0,1566	0,518 9423	9192	8962	8732	8502	8271	8041	7811	7581	7351	6| 138,6 138,0
0,1567	7120	6890	6660	6430	6200	5970	5740	5510	5280	5050	7| 161,7 161,0
0,1568	4820	4590	4360	4130	3900	3670	3440	3210	2981	2751	8| 184,8 184,0
0,1569	2521	2291	2061	1832	1602	1372	1142	0913	0683	0453	9| 207,9 207,0
0,1570	0224	'9994	'9765	'9535	'9305	'9076	'8846	'8617	'8387	'8158	
0,1571	0,517 7928	7699	7470	7240	7011	6781	6552	6323	6093	5864	229 228
0,1572	5635	5405	5176	4947	4718	4489	4259	4030	3801	3572	1| 22,9 22,8
0,1573	3343	3114	2885	2656	2427	2198	1968	1740	1511	1282	2| 45,8 45,6
0,1574	1053	0824	0595	0366	0137	'9908	'9679	'9451	'9222	'8993	3| 68,7 68,4
											4| 91,6 91,2
0,1575	0,516 8764	8535	8307	8078	7849	7621	7392	7163	6935	6706	5| 114,5 114,0
0,1576	6477	6249	6020	5792	5563	5335	5106	4878	4649	4421	6| 137,4 136,8
0,1577	4192	3964	3736	3507	3279	3051	2822	2594	2366	2137	7| 160,3 159,6
0,1578	1909	1681	1453	1225	0996	0768	0540	0312	0084	'9856	8| 183,2 182,4
0,1579	0,515 9628	9400	9172	8944	8716	8488	8260	8032	7804	7576	9| 206,1 205,2
											228
	0	1	2	3	4	5	6	7	8	9	P. P.

0,158 0,515				SUBTRACTION.								7 Decim.
	0	1	2	3	4	5	6	7	8	9		P. P.
0,1580	0,515 7348	7120	6892	6664	6436	6209	5981	5753	5525	5298		
0,1581	5070	4842	4614	4387	4159	3931	3704	3476	3249	3021		
0,1582	2793	2566	2338	2111	1883	1656	1428	1201	0974	0746		
0,1583	0519	0291	0064	'9837	'9609	'9382	'9155	'8928	'8700	'8473		
0,1584	0,514 8246	8019	7791	7564	7337	7110	6883	6656	6429	6202		
0,1585	5975	5748	5521	5294	5067	4840	4613	4386	4159	3932		
0,1586	3705	3478	3251	3025	2798	2571	2344	2117	1891	1664		
0,1587	1437	1211	0984	0757	0531	0304	0077	'9851	'9624	'9398		
0,1588	0,513 9171	8945	8718	8492	8265	8039	7812	7586	7359	7133		
0,1589	6907	6680	6454	6228	6001	5775	5549	5323	5096	4870		
0,1590	4644	4418	4192	3966	3739	3513	3287	3061	2835	2609		
0,1591	2383	2157	1931	1705	1479	1253	1027	0801	0575	0350		
0,1592	0124	'9898	'9672	'9446	'9220	'8995	'8769	'8543	'8318	'8092		
0,1593	0,512 7866	7640	7415	7189	6964	6738	6512	6287	6061	5836		
0,1594	5610	5385	5159	4934	4708	4483	4257	4032	3807	3581		
0,1595	3356	3131	2905	2680	2455	2229	2004	1779	1554	1329		
0,1596	1103	0878	0653	0428	0203	'9978	'9753	'9528	'9303	'9078		
0,1597	0,511 8853	8628	8403	8178	7953	7728	7503	7278	7053	6828		
0,1598	6603	6379	6154	5929	5704	5479	5255	5030	4805	4581		
0,1599	4356	4131	3907	3682	3457	3233	3008	2784	2559	2335		
0,1600	2110	1886	1661	1437	1212	0988	0763	0539	0315	0090		
0,1601	0,510 9866	9642	9417	9193	8969	8745	8520	8296	8072	7848		
0,1602	7624	7399	7175	6951	6727	6503	6279	6055	5831	5607		
0,1603	5383	5159	4935	4711	4487	4263	4039	3815	3591	3367		
0,1604	3144	2920	2696	2472	2248	2025	1801	1577	1354	1130		
0,1605	0906	0683	0459	0235	0012	'9788	'9564	'9341	'9117	'8894		
0,1606	0,509 8670	8447	8223	8000	7777	7553	7330	7106	6883	6660		
0,1607	6436	6213	5990	5766	5543	5320	5097	4873	4650	4427		
0,1608	4204	3981	3758	3534	3311	3088	2865	2642	2419	2196		
0,1609	1973	1750	1527	1304	1081	0858	0635	0412	0190	'9967		
0,1610	0,508 9744	9521	9298	9075	8853	8630	8407	8184	7962	7739		
0,1611	7516	7294	7071	6848	6626	6403	6181	5958	5736	5513		
0,1612	5291	5068	4846	4623	4401	4178	3956	3734	3511	3289		
0,1613	3066	2844	2622	2399	2177	1955	1733	1510	1288	1066		
0,1614	0844	0622	0400	0177	'9955	'9733	'9511	'9289	'9067	'8845		
0,1615	0,507 8623	8401	8179	7957	7735	7513	7291	7069	6848	6626		
0,1616	6404	6182	5960	5738	5517	5295	5073	4851	4630	4408		
0,1617	4186	3965	3743	3521	3300	3078	2856	2635	2413	2192		
0,1618	1970	1749	1527	1306	1084	0863	0642	0420	0199	'9977		
0,1619	0,506 9756	9535	9313	9092	8871	8649	8428	8207	7986	7765		
0,1620	7543	7322	7101	6880	6659	6438	6217	5995	5774	5553		
0,1621	5332	5111	4890	4669	4448	4227	4006	3786	3565	3344		
0,1622	3123	2902	2681	2460	2240	2019	1798	1577	1357	1136		
0,1623	0915	0694	0474	0253	0033	'9812	'9591	'9371	'9150	'8930		
0,1624	0,505 8709	8488	8268	8048	7827	7607	7386	7166	6945	6725		
0,1625	6505	6284	6064	5843	5623	5403	5183	4962	4742	4522		
0,1626	4302	4081	3861	3641	3421	3201	2981	2761	2541	2320		
0,1627	2100	1880	1660	1440	1220	1000	0780	0560	0341	0121		
0,1628	0,504 9901	9681	9461	9241	9021	8802	8582	8362	8142	7922		
0,1629	7703	7483	7263	7044	6824	6604	6385	6165	5945	5726		
	0	1	2	3	4	5	6	7	8	9		P. P.

P. P.

	228	227
1	22,8	22,7
2	45,6	45,4
3	68,4	68,1
4	91,2	90,8
5	114,0	113,5
6	136,8	136,2
7	159,6	158,9
8	182,4	181,6
9	205,2	204,3

	226	225
1	22,6	22,5
2	45,2	45,0
3	67,8	67,5
4	90,4	90,0
5	113,0	112,5
6	135,6	135,0
7	158,2	157,5
8	180,8	180,0
9	203,4	202,5

	224	223
1	22,4	22,3
2	44,8	44,6
3	67,2	66,9
4	89,6	89,2
5	112,0	111,5
6	134,4	133,8
7	156,8	156,1
8	179,2	178,4
9	201,6	200,7

	222	221
1	22,2	22,1
2	44,4	44,2
3	66,6	66,3
4	88,8	88,4
5	111,0	110,5
6	133,2	132,6
7	155,4	154,7
8	177,6	176,8
9	199,8	198,9

	220	219
1	22,0	21,9
2	44,0	43,8
3	66,0	65,7
4	88,0	87,6
5	110,0	109,5
6	132,0	131,4
7	154,0	153,3
8	176,0	175,2
9	198,0	197,1

220

7 Decim.					SUBTRACTION.					0,504 0,163
	0	1	2	3	4	5	6	7	8	9	P. P.
0,1630	0,504 5506	5287	5067	4848	4628	4409	4189	3970	3750	3531	
0,1631	3312	3092	2873	2653	2434	2215	1995	1776	1557	1338	220 219
0,1632	1118	0899	0680	0461	0242	0022	˙9803	˙9584	˙9365	˙9146	1 22,0 21,9
0,1633	0,503 8927	8708	8489	8270	8051	7832	7613	7394	7175	6956	2 44,0 43,8
0,1634	6737	6518	6299	6080	5861	5643	5424	5205	4986	4767	3 66,0 65,7
0,1635	4549	4330	4111	3892	3674	3455	3236	3018	2799	2580	4 88,0 87,6
0,1636	2362	2143	1925	1706	1488	1269	1051	0832	0614	0395	5 110,0 109,5
0,1637	0177	˙9958	˙9740	˙9521	˙9303	˙9085	˙8866	˙8648	˙8430	˙8211	6 132,0 131,4
0,1638	0,502 7993	7775	7557	7338	7120	6902	6684	6466	6248	6029	7 154,0 153,3
0,1639	5811	5593	5375	5157	4939	4721	4503	4285	4067	3849	8 176,0 175,2
											9 198,0 197,1
0,1640	3631	3413	3195	2977	2759	2541	2323	2106	1888	1670	
0,1641	1452	1234	1017	0799	0581	0363	0146	˙9928	˙9710	˙9493	218 217
0,1642	0,501 9275	9057	8840	8622	8405	8187	7970	7752	7534	7317	1 21,8 21,7
0,1643	7100	6882	6665	6447	6230	6012	5795	5578	5360	5143	2 43,6 43,4
0,1644	4926	4708	4491	4274	4056	3839	3622	3405	3188	2970	3 65,4 65,1
0,1645	2753	2536	2319	2102	1885	1668	1451	1233	1016	0799	4 87,2 86,8
0,1646	0582	0365	0148	˙9931	˙9715	˙9498	˙9281	˙9064	˙8847	˙8630	5 109,0 108,5
0,1647	0,500 8413	8196	7980	7763	7546	7329	7112	6896	6679	6462	6 130,8 130,2
0,1648	6246	6029	5812	5596	5379	5162	4946	4729	4513	4296	7 152,6 151,9
0,1649	4080	3863	3647	3430	3214	2997	2781	2564	2348	2131	8 174,4 173,6
											9 196,2 195,3
0,1650	1915	1699	1482	1266	1050	0833	0617	0401	0185	˙9968	
0,1651	0,499 9752	9536	9320	9104	8887	8671	8455	8239	8023	7807	216 215
0,1652	7591	7375	7159	6943	6727	6511	6295	6079	5863	5647	1 21,6 21,5
0,1653	5431	5215	4999	4784	4568	4352	4136	3920	3704	3489	2 43,2 43,0
0,1654	3273	3057	2842	2626	2410	2194	1979	1763	1548	1332	3 64,8 64,5
0,1655	1116	0901	0685	0470	0254	0039	˙9823	˙9608	˙9392	˙9177	4 86,4 86,0
0,1656	0,498 8961	8746	8531	8315	8100	7884	7669	7454	7238	7023	5 108,0 107,5
0,1657	6808	6593	6377	6162	5947	5732	5517	5301	5086	4871	6 129,6 129,0
0,1658	4656	4441	4226	4011	3796	3581	3366	3151	2936	2721	7 151,2 150,5
0,1659	2506	2291	2076	1861	1646	1431	1216	1001	0786	0572	8 172,8 172,0
											9 194,4 193,5
0,1660	0357	0142	˙9927	˙9712	˙9498	˙9283	˙9068	˙8854	˙8639	˙8424	
0,1661	0,497 8210	7995	7780	7566	7351	7137	6922	6707	6493	6278	214 213
0,1662	6064	5849	5635	5421	5206	4992	4777	4563	4349	4134	1 21,4 21,3
0,1663	3920	3705	3491	3277	3063	2848	2634	2420	2206	1991	2 42,8 42,6
0,1664	1777	1563	1349	1135	0921	0707	0492	0278	0064	˙9850	3 64,2 63,9
0,1665	0,496 9636	9422	9208	8994	8780	8566	8352	8138	7925	7711	4 85,6 85,2
0,1666	7497	7283	7069	6855	6641	6428	6214	6000	5786	5573	5 107,0 106,5
0,1667	5359	5145	4931	4718	4504	4290	4077	3863	3650	3436	6 128,4 127,8
0,1668	3222	3009	2795	2582	2368	2155	1941	1728	1514	1301	7 149,8 149,1
0,1669	1088	0874	0661	0447	0234	0021	˙9807	˙9594	˙9381	˙9168	8 171,2 170,4
											9 192,6 191,7
0,1670	0,495 8954	8741	8528	8315	8101	7888	7675	7462	7249	7036	
0,1671	6823	6609	6396	6183	5970	5757	5544	5331	5118	4905	212 211
0,1672	4692	4479	4266	4054	3841	3628	3415	3202	2989	2776	1 21,2 21,1
0,1673	2564	2351	2138	1925	1713	1500	1287	1074	0862	0649	2 42,4 42,2
0,1674	0436	0224	0011	˙9799	˙9586	˙9373	˙9161	˙8948	˙8736	˙8523	3 63,6 63,3
0,1675	0,494 8311	8098	7886	7673	7461	7249	7036	6824	6611	6399	4 84,8 84,4
0,1676	6187	5974	5762	5550	5338	5125	4913	4701	4489	4276	5 106,0 105,5
0,1677	4064	3852	3640	3428	3216	3003	2791	2579	2367	2155	6 127,2 126,6
0,1678	1943	1731	1519	1307	1095	0883	0671	0459	0247	0035	7 148,4 147,7
0,1679	0,493 9824	9612	9400	9188	8976	8764	8553	8341	8129	7917	8 169,6 168,8
											9 190,8 189,9
											211
	0	1	2	3	4	5	6	7	8	9	P. P.

0,168 0,493				SUBTRACTION.						7 Decim.
	0	1	2	3	4	5	6	7	8	9

	0	1	2	3	4	5	6	7	8	9
0,1680	0,493 7706	7494	7282	7070	6859	6647	6436	6224	6012	5801
0,1681	5589	5378	5166	4954	4743	4531	4320	4108	3897	3686
0,1682	3474	3263	3051	2840	2629	2417	2206	1995	1783	1572
0,1683	1361	1149	0938	0727	0516	0305	0093	'9882	'9671	'9460
0,1684	0,492 9249	9038	8827	8615	8404	8193	7982	7771	7560	7349
0,1685	7138	6927	6716	6505	6295	6084	5873	5662	5451	5240
0,1686	5029	4819	4608	4397	4186	3976	3765	3554	3343	3133
0,1687	2922	2711	2501	2290	2079	1869	1658	1448	1237	1027
0,1688	0816	0606	0395	0185	'9974	'9764	'9553	'9343	'9132	'8922
0,1689	0,491 8712	8501	8291	8081	7870	7660	7450	7240	7029	6819
0,1690	6609	6399	6188	5978	5768	5558	5348	5138	4928	4718
0,1691	4507	4297	4087	3877	3667	3457	3247	3037	2827	2617
0,1692	2408	2198	1988	1778	1568	1358	1148	0939	0729	0519
0,1693	0309	0099	'9890	'9680	'9470	'9261	'9051	'8841	'8632	'8422
0,1694	0,490 8212	8003	7793	7584	7374	7164	6955	6745	6536	6326
0,1695	6117	5907	5698	5489	5279	5070	4860	4651	4442	4232
0,1696	4023	3814	3604	3395	3186	2977	2767	2558	2349	2140
0,1697	1931	1721	1512	1303	1094	0885	0676	0467	0258	0049
0,1698	0,489 9840	9631	9422	9213	9004	8795	8586	8377	8168	7959
0,1699	7750	7541	7332	7124	6915	6706	6497	6288	6080	5871
0,1700	5662	5454	5245	5036	4827	4619	4410	4202	3993	3784
0,1701	3576	3367	3159	2950	2742	2533	2325	2116	1908	1699
0,1702	1491	1282	1074	0866	0657	0449	0241	0032	'9824	'9616
0,1703	0,488 9407	9199	8991	8783	8574	8366	8158	7950	7742	7533
0,1704	7325	7117	6909	6701	6493	6285	6077	5869	5661	5453
0,1705	5245	5037	4829	4621	4413	4205	3997	3789	3581	3373
0,1706	3166	2958	2750	2542	2334	2127	1919	1711	1503	1296
0,1707	1088	0880	0673	0465	0257	0050	'9842	'9635	'9427	'9219
0,1708	0,487 9012	8804	8597	8389	8182	7974	7767	7559	7352	7145
0,1709	6937	6730	6522	6315	6108	5900	5693	5486	5279	5071
0,1710	4864	4657	4450	4242	4035	3828	3621	3414	3207	2999
0,1711	2792	2585	2378	2171	1964	1757	1550	1343	1136	0929
0,1712	0722	0515	0308	0101	'9894	'9687	'9481	'9274	'9067	'8860
0,1713	0,486 8653	8446	8240	8033	7826	7619	7413	7206	6999	6793
0,1714	6586	6379	6173	5966	5759	5553	5346	5140	4933	4727
0,1715	4520	4314	4107	3901	3694	3488	3281	3075	2868	2662
0,1716	2456	2249	2043	1837	1630	1424	1218	1011	0805	0599
0,1717	0393	0186	'9980	'9774	'9568	'9362	'9156	'8949	'8743	'8537
0,1718	0,485 8331	8125	7919	7713	7507	7301	7095	6889	6683	6477
0,1719	6271	6065	5859	5653	5447	5242	5036	4830	4624	4418
0,1720	4212	4007	3801	3595	3389	3184	2978	2772	2567	2361
0,1721	2155	1950	1744	1538	1333	1127	0922	0716	0511	0305
0,1722	0100	'9894	'9689	'9483	'9278	'9072	'8867	'8661	'8456	'8251
0,1723	0,484 8045	7840	7635	7429	7224	7019	6813	6608	6403	6198
0,1724	5992	5787	5582	5377	5172	4967	4761	4556	4351	4146
0,1725	3941	3736	3531	3326	3121	2916	2711	2506	2301	2096
0,1726	1891	1686	1481	1276	1072	0867	0662	0457	0252	0047
0,1727	0,483 9843	9638	9433	9228	9024	8819	8614	8410	8205	8000
0,1728	7796	7591	7386	7182	6977	6773	6568	6363	6159	5954
0,1729	5750	5545	5341	5137	4932	4728	4523	4319	4114	3910

	0	1	2	3	4	5	6	7	8	9

P. P.

	212	211
1	21,2	21,1
2	42,4	42,2
3	63,6	63,3
4	84,8	84,4
5	106,0	105,5
6	127,2	126,6
7	148,4	147,7
8	169,6	168,8
9	190,8	189,9

	210	209
1	21,0	20,9
2	42,0	41,8
3	63,0	62,7
4	84,0	83,6
5	105,0	104,5
6	126,0	125,4
7	147,0	146,3
8	168,0	167,2
9	189,0	188,1

	208	207
1	20,8	20,7
2	41,6	41,4
3	62,4	62,1
4	83,2	82,8
5	104,0	103,5
6	124,8	124,2
7	145,6	144,9
8	166,4	165,6
9	187,2	186,3

	206	205
1	20,6	20,5
2	41,2	41,0
3	61,8	61,5
4	82,4	82,0
5	103,0	102,5
6	123,6	123,0
7	144,2	143,5
8	164,8	164,0
9	185,4	184,5

	204
1	20,4
2	40,8
3	61,2
4	81,6
5	102,0
6	122,4
7	142,8
8	163,2
9	183,6

204

7 Decim.				SUBTRACTION.						0,483 0,173
	0	1	2	3	4	5	6	7	8	9
0,1730	0,483 3706	3501	3297	3093	2888	2684	2480	2276	2071	1867
0,1731	1663	1459	1255	1050	0846	0642	0438	0234	0030	·9826
0,1732	0,482 9622	9418	9214	9010	8806	8602	8398	8194	7990	7786
0,1733	7582	7378	7174	6970	6766	6562	6358	6155	5951	5747
0,1734	5543	5340	5136	4932	4728	4525	4321	4117	3914	3710
0,1735	3506	3303	3099	2895	2692	2488	2285	2081	1878	1674
0,1736	1471	1267	1064	0860	0657	0453	0250	0046	·9843	·9640
0,1737	0,481 9436	9233	9030	8826	8623	8420	8217	8013	7810	7607
0,1738	7404	7200	6997	6794	6591	6388	6185	5981	5778	5575
0,1739	5372	5169	4966	4763	4560	4357	4154	3951	3748	3545
0,1740	3342	3139	2936	2734	2531	2328	2125	1922	1719	1517
0,1741	1314	1111	0908	0705	0503	0300	0097	·9895	·9692	·9489
0,1742	0,480 9287	9084	8881	8679	8476	8274	8071	7868	7666	7463
0,1743	7261	7058	6856	6653	6451	6249	6046	5844	5641	5439
0,1744	5237	5034	4832	4630	4427	4225	4023	3820	3618	3416
0,1745	3214	3012	2809	2607	2405	2203	2001	1799	1596	1394
0,1746	1192	0990	0788	0586	0384	0182	·9980	·9778	·9576	·9374
0,1747	0,479 9172	8970	8768	8566	8365	8163	7961	7759	7557	7355
0,1748	7153	6952	6750	6548	6346	6145	5943	5741	5540	5338
0,1749	5136	4935	4733	4531	4330	4128	3927	3725	3523	3322
0,1750	3120	2919	2717	2516	2314	2113	1911	1710	1509	1307
0,1751	1106	0904	0703	0502	0300	0099	·9898	·9697	·9495	·9294
0,1752	0,478 9093	8892	8690	8489	8288	8087	7886	7684	7483	7282
0,1753	7081	6880	6679	6478	6277	6076	5875	5674	5473	5272
0,1754	5071	4870	4669	4468	4267	4066	3865	3664	3464	3263
0,1755	3062	2861	2660	2460	2259	2058	1857	1657	1456	1255
0,1756	1054	0854	0653	0452	0252	0051	·9851	·9650	·9449	·9249
0,1757	0,477 9048	8848	8647	8447	8246	8046	7845	7645	7444	7244
0,1758	7044	6843	6643	6442	6242	6042	5841	5641	5441	5241
0,1759	5040	4840	4640	4440	4239	4039	3839	3639	3439	3238
0,1760	3038	2838	2638	2438	2238	2038	1838	1638	1438	1238
0,1761	1038	0909	0711	0512	0313	0115	·9916	·9718	·9519	·9321
0,1762	0,476 9039	8839	8639	8439	8239	8039	7840	7640	7440	7240
0,1763	7041	6841	6641	6442	6242	6042	5843	5643	5443	5244
0,1764	5044	4845	4645	4446	4246	4047	3847	3648	3448	3249
0,1765	3049	2850	2650	2451	2252	2052	1853	1654	1454	1255
0,1766	1056	0856	0657	0458	0258	0059	·9860	·9661	·9462	·9262
0,1767	0,475 9063	8864	8665	8466	8267	8068	7869	7669	7470	7271
0,1768	7072	6873	6674	6475	6276	6077	5878	5679	5481	5282
0,1769	5083	4884	4685	4486	4287	4089	3890	3691	3492	3293
0,1770	3095	2896	2697	2498	2300	2101	1902	1704	1505	1306
0,1771	1108	0909	0711	0512	0313	0115	·9916	·9718	·9519	·9321
0,1772	0,474 9122	8924	8725	8527	8328	8130	7932	7733	7535	7337
0,1773	7138	6940	6742	6543	6345	6147	5948	5750	5552	5354
0,1774	5155	4957	4759	4561	4363	4165	3966	3768	3570	3372
0,1775	3174	2976	2778	2580	2382	2184	1986	1788	1590	1392
0,1776	1194	0996	0798	0600	0402	0205	0007	·9809	·9611	·9413
0,1777	0,473 9215	9018	8820	8622	8424	8227	8029	7831	7633	7436
0,1778	7238	7040	6843	6645	6448	6250	6052	5855	5657	5460
0,1779	5262	5065	4867	4670	4472	4275	4077	3880	3682	3485
	0	1	2	3	4	5	6	7	8	9

P. P.

	205	204
1	20.5	20.4
2	41.0	40.8
3	61.5	61.2
4	82.0	81.6
5	102.5	102.0
6	123.0	122.4
7	143.5	142.8
8	164.0	163.2
9	184.5	183.6

	203	202
1	20.3	20.2
2	40.6	40.4
3	60.9	60.6
4	81.2	80.8
5	101.5	101.0
6	121.8	121.2
7	142.1	141.4
8	162.4	161.6
9	182.7	181.8

	201	200
1	20.1	20.0
2	40.2	40.0
3	60.5	60.0
4	80.4	80.0
5	100.5	100.0
6	120.6	120.0
7	140.7	140.0
8	160.8	160.0
9	180.9	180.0

	199	198
1	19.9	19.8
2	39.8	39.6
3	59.7	59.4
4	79.6	79.2
5	99.5	99.0
6	119.4	118.8
7	139.3	138.6
8	159.2	158.4
9	179.1	178.2

	197
1	19.7
2	39.4
3	59.1
4	78.8
5	98.5
6	118.2
7	137.9
8	157.6
9	177.5

197

| 0,178 0,473 | | | | | SUBTRACTION. | | | | | 7 Decim. |

	0	1	2	3	4	5	6	7	8	9	P. P.
0,1780	0,473 3288	3090	2893	2695	2498	2301	2103	1906	1709	1512	
0,1781	1314	1117	0920	0723	0525	0328	0131	·9934	·9737	·9540	
0,1782	0,472 9342	9145	8948	8751	8554	8357	8160	7963	7766	7569	198 197
0,1783	7372	7175	6978	6781	6584	6387	6190	5993	5796	5600	*1* 19,8 19,7 / *2* 39,6 39,4
0,1784	5403	5206	5009	4812	4615	4419	4222	4025	3828	3632	*3* 59,4 59,1 / *4* 79,2 78,8
0,1785	3435	3238	3041	2845	2648	2451	2255	2058	1862	1665	*5* 99,0 98,5
0,1786	1468	1272	1075	0879	0682	0486	0289	0093	·9896	·9700	*6* 118,8 118,2
0,1787	0,471 9503	9307	9110	8914	8717	8521	8325	8128	7932	7736	*7* 138,6 137,9
0,1788	7539	7343	7147	6950	6754	6558	6362	6165	5969	5773	*8* 158,4 157,6
0,1789	5577	5381	5185	4988	4792	4596	4400	4204	4008	3812	*9* 178,2 177,3
0,1790	3616	3420	3224	3028	2832	2636	2440	2244	2048	1852	
0,1791	1656	1460	1264	1068	0872	0677	0481	0285	0089	·9893	
0,1792	0,470 9697	9502	9306	9110	8914	8719	8523	8327	8132	7936	196 195
0,1793	7740	7545	7349	7153	6958	6762	6567	6371	6176	5980	*1* 19,6 19,5 / *2* 39,2 39,0
0,1794	5785	5589	5394	5198	5003	4807	4612	4416	4221	4025	*3* 58,8 58,5 / *4* 78,4 78,0
0,1795	3830	3635	3439	3244	3049	2853	2658	2463	2267	2072	*5* 98,0 97,5
0,1796	1877	1682	1486	1291	1096	0901	0706	0510	0315	0120	*6* 117,6 117,0
0,1797	0,469 9925	9730	9535	9340	9145	8950	8755	8560	8365	8170	*7* 137,2 136,5
0,1798	7975	7780	7585	7390	7195	7000	6805	6610	6415	6220	*8* 156,8 156,0
0,1799	6025	5831	5636	5441	5246	5051	4857	4662	4467	4272	*9* 176,4 175,5
0,1800	4078	3883	3688	3493	3299	3104	2909	2715	2520	2326	
0,1801	2131	1936	1742	1547	1353	1158	0964	0769	0575	0380	
0,1802	0186	·9991	·9797	·9603	·9408	·9214	·9019	·8825	·8631	·8436	194 193
0,1803	0,468 8242	8048	7853	7659	7465	7270	7076	6882	6688	6494	*1* 19,4 19,3 / *2* 38,8 38,6
0,1804	6299	6105	5911	5717	5523	5329	5134	4940	4746	4552	*3* 58,2 57,9 / *4* 77,6 77,2
0,1805	4358	4164	3970	3776	3582	3388	3194	3000	2806	2612	*5* 97,0 96,5
0,1806	2418	2224	2030	1836	1643	1449	1255	1061	0867	0673	*6* 116,4 115,8
0,1807	0480	0286	0092	·9898	·9704	·9511	·9317	·9123	·8930	·8736	*7* 135,8 135,1
0,1808	0,467 8542	8349	8155	7961	7768	7574	7380	7187	6993	6800	*8* 155,2 154,4
0,1809	6606	6413	6219	6026	5832	5639	5445	5252	5058	4865	*9* 174,6 173,7
0,1810	4671	4478	4285	4091	3898	3705	3511	3318	3125	2931	
0,1811	2738	2545	2352	2158	1965	1772	1579	1385	1192	0999	
0,1812	0806	0613	0420	0227	0034	·9840	·9647	·9454	·9261	·9068	192 191
0,1813	0,466 8875	8682	8489	8296	8103	7910	7717	7524	7332	7139	*1* 19,2 19,1 / *2* 38,4 38,2
0,1814	6946	6753	6560	6367	6174	5981	5789	5596	5403	5210	*3* 57,6 57,3 / *4* 76,8 76,4
0,1815	5018	4825	4632	4439	4247	4054	3861	3669	3476	3283	*5* 96,0 95,5
0,1816	3091	2898	2705	2513	2320	2128	1935	1743	1550	1358	*6* 115,2 114,6
0,1817	1165	0973	0780	0588	0395	0203	0010	·9818	·9626	·9433	*7* 134,4 133,7
0,1818	0,465 9241	9048	8856	8664	8471	8279	8087	7895	7702	7510	*8* 153,6 152,8
0,1819	7318	7126	6933	6741	6549	6357	6165	5972	5780	5588	*9* 172,8 171,9
0,1820	5396	5204	5012	4820	4628	4436	4244	4052	3860	3668	
0,1821	3476	3284	3092	2900	2708	2516	2324	2132	1940	1748	190
0,1822	1557	1365	1173	0981	0789	0597	0406	0214	0022	·9830	*1* 19,0 / *2* 38,0
0,1823	0,464 9639	9447	9255	9064	8872	8680	8489	8297	8105	7914	*3* 57,0 / *4* 76,0
0,1824	7722	7531	7339	7147	6956	6764	6573	6381	6190	5998	*5* 95,0
0,1825	5807	5615	5424	5233	5041	4850	4658	4467	4276	4084	*6* 114,0
0,1826	3893	3702	3510	3319	3128	2936	2745	2554	2363	2172	*7* 133,0
0,1827	1980	1789	1598	1407	1216	1024	0833	0642	0451	0260	*8* 152,0
0,1828	0069	·9878	·9687	·9496	·9305	·9114	·8923	·8732	·8541	·8350	*9* 171,0
0,1829	0,463 8159	7968	7777	7586	7395	7204	7013	6822	6632	6441	191

| | 0 | 1 | 2 | 3 | 4 | 5 | 6 | 7 | 8 | 9 | P. P. |

7 Decim.				SUBTRACTION.						0,463 0,183
	0	1	2	3	4	5	6	7	8	9	P. P.

	0	1	2	3	4	5	6	7	8	9	P. P.
0,1830	0,463 6250	6059	5868	5678	5487	5296	5105	4914	4724	4533	
0,1831	4342	4152	3961	3770	3580	3389	3198	3008	2817	2627	191 190
0,1832	2436	2246	2055	1864	1674	1483	1293	1102	0912	0721	1 19.1 19.0
0,1833	0531	0341	0150	˙9960	˙9769	˙9579	˙9389	˙9198	˙9008	˙8818	2 38.2 38.0
0,1834	0,462 8627	8437	8247	8056	7866	7676	7486	7295	7105	6915	3 57.3 57.0
											4 76.4 76.0
0,1835	6725	6535	6345	6154	5964	5774	5584	5394	5204	5014	5 95.5 95.0
0,1836	4824	4634	4444	4254	4064	3874	3684	3494	3304	3114	6 114.6 114.0
0,1837	2924	2734	2544	2354	2164	1974	1784	1595	1405	1215	7 133.7 133.0
0,1838	1025	0835	0645	0456	0266	0076	˙9886	˙9697	˙9507	˙9317	8 152.8 152.0
0,1839	0,461 9128	8938	8748	8559	8369	8179	7990	7800	7611	7421	9 171.9 171.0
0,1840	7232	7042	6852	6663	6473	6284	6094	5905	5716	5526	
0,1841	5337	5147	4958	4768	4579	4390	4200	4011	3822	3632	
0,1842	3443	3254	3064	2875	2686	2497	2308	2118	1929	1740	
0,1843	1551	1362	1172	0983	0794	0605	0416	0227	0038	˙9849	189 188
0,1844	0,460 9660	9471	9282	9093	8904	8715	8526	8337	8148	7959	1 18.9 18.8
											2 37.8 37.6
0,1845	7770	7581	7392	7203	7014	6825	6637	6448	6259	6070	3 56.7 56.4
0,1846	5881	5692	5504	5315	5126	4937	4749	4560	4371	4183	4 75.6 75.2
0,1847	3994	3805	3617	3428	3239	3051	2862	2674	2485	2296	5 94.5 94.0
0,1848	2108	1919	1731	1542	1354	1165	0977	0788	0600	0411	6 113.4 112.8
0,1849	0223	0035	˙9846	˙9658	˙9469	˙9281	˙9093	˙8904	˙8716	˙8528	7 132.3 131.6
											8 151.2 150.4
0,1850	0,459 8340	8151	7963	7775	7586	7398	7210	7022	6834	6645	9 170.1 169.2
0,1851	6457	6269	6081	5893	5705	5517	5329	5140	4952	4764	
0,1852	4576	4388	4200	4012	3824	3636	3448	3260	3072	2884	
0,1853	2696	2508	2321	2133	1945	1757	1569	1381	1193	1006	
0,1854	0818	0630	0442	0254	0067	˙9879	˙9691	˙9504	˙9316	˙9128	
0,1855	0,458 8940	8753	8565	8378	8190	8002	7815	7627	7440	7252	187 186
0,1856	7064	6877	6689	6502	6314	6127	5939	5752	5564	5377	1 18.7 18.6
0,1857	5190	5002	4815	4627	4440	4253	4065	3878	3691	3503	2 37.4 37.2
0,1858	3316	3129	2941	2754	2567	2380	2192	2005	1818	1631	3 56.1 55.8
0,1859	1444	1256	1069	0882	0695	0508	0321	0134	˙9947	˙9760	4 74.8 74.4
											5 93.5 93.0
0,1860	0,457 9572	9385	9198	9011	8824	8637	8450	8263	8076	7890	6 112.2 111.6
0,1861	7703	7516	7329	7142	6955	6768	6581	6394	6208	6021	7 130.9 130.2
0,1862	5834	5647	5460	5274	5087	4900	4713	4527	4340	4153	8 149.6 148.8
0,1863	3967	3780	3593	3407	3220	3033	2847	2660	2474	2287	9 168.3 167.4
0,1864	2100	1914	1727	1541	1354	1168	0981	0795	0608	0422	
0,1865	0235	0049	˙9863	˙9676	˙9490	˙9303	˙9117	˙8931	˙8744	˙8558	
0,1866	0,456 8372	8185	7999	7813	7627	7440	7254	7068	6882	6695	
0,1867	6509	6323	6137	5951	5765	5578	5392	5206	5020	4834	185 184
0,1868	4648	4462	4276	4090	3904	3718	3532	3346	3160	2974	1 18.5 18.4
0,1869	2788	2602	2416	2230	2044	1858	1672	1487	1301	1115	2 37.0 36.8
											3 55.5 55.2
0,1870	0929	0743	0557	0372	0186	0000	˙9814	˙9629	˙9443	˙9257	4 74.0 73.6
0,1871	0,455 9072	8886	8700	8514	8329	8143	7958	7772	7586	7401	5 92.5 92.0
0,1872	7215	7030	6844	6658	6473	6287	6102	5916	5731	5545	6 111.0 110.4
0,1873	5360	5175	4989	4804	4618	4433	4247	4062	3877	3691	7 129.5 128.8
0,1874	3506	3321	3135	2950	2765	2580	2394	2209	2024	1839	8 148.0 147.2
											9 166.5 165.6
0,1875	1653	1468	1283	1098	0913	0727	0542	0357	0172	˙9987	
0,1876	0,454 9802	9617	9432	9247	9062	8877	8692	8507	8322	8137	
0,1877	7952	7767	7582	7397	7212	7027	6842	6657	6472	6287	
0,1878	6103	5918	5733	5548	5363	5178	4994	4809	4624	4439	
0,1879	4255	4070	3885	3701	3516	3331	3147	2962	2777	2593	185

	0	1	2	3	4	5	6	7	8	9	P. P.

0,188 0,454				SUBTRACTION.						7 Decim.
	0	1	2	3	4	5	6	7	8	9

	0	1	2	3	4	5	6	7	8	9	P. P.
0,1880 0,454	2408	2223	2039	1854	1670	1485	1301	1116	0932	0747	
0,1881	0563	0378	0194	0009	'9825	'9640	'9456	'9271	'9087	'S903	185 184
0,1882 0,453	8718	8534	8350	8165	7981	7797	7612	7428	7244	7060	1 18,5 18,4
0,1883	6875	6691	6507	6323	6138	5954	5770	5586	5402	5218	2 37,0 36,8
0,1884	5034	4849	4665	4481	4297	4113	3929	3745	3561	3377	3 55,5 55,2 4 74,0 73,6
0,1885	3193	3009	2825	2641	2457	2273	2089	1905	1721	1537	5 92,5 92,0
0,1886	1354	1170	0986	0802	0618	0434	0250	0067	'9883	'9699	6 111,0 110,4
0,1887 0,452	9515	9332	9148	8964	8780	8597	8413	8229	8046	7862	7 129,5 128,8
0,1888	7678	7495	7311	7127	6944	6760	6577	6393	6210	6026	8 148,0 147,2
0,1889	5843	5659	5475	5292	5109	4925	4742	4558	4375	4191	9 166,5 165,6
0,1890	4008	3825	3641	3458	3274	3091	2908	2724	2541	2358	
0,1891	2174	1991	1808	1625	1441	1258	1075	0892	0709	0525	
0,1892	0342	0159	'9976	'9793	'9610	'9427	'9244	'9060	'S877	'S694	
0,1893 0,451	8511	8328	8145	7962	7779	7596	7413	7230	7047	6864	183 182
0,1894	6681	6499	6316	6133	5950	5767	5584	5401	5218	5036	1 18,3 18,2
0,1895	4853	4670	4487	4304	4122	3939	3756	3573	3391	3208	2 36,6 36,4
0,1896	3025	2843	2660	2477	2295	2112	1929	1747	1564	1382	3 54,9 54,6
0,1897	1199	1017	0834	0651	0469	0286	0104	'9921	'9739	'9556	4 73,2 72,8 5 91,5 91,0
0,1898 0,450	9374	9192	9009	8827	8644	8462	8280	8097	7915	7732	6 109,8 109,2
0,1899	7550	7368	7186	7003	6821	6639	6456	6274	6092	5910	7 128,1 127,4
0,1900	5727	5545	5363	5181	4999	4817	4634	4452	4270	4088	8 146,4 145,6
0,1901	3906	3724	3542	3360	3178	2996	2814	2632	2450	2268	9 164,7 163,8
0,1902	2086	1904	1722	1540	1358	1176	0994	0812	0630	0448	
0,1903	0266	0085	'9903	'9721	'9539	'9357	'9176	'S994	'S812	'S630	
0,1904 0,449	8449	8267	8085	7903	7722	7540	7358	7177	6995	6813	
0,1905	6632	6450	6269	6087	5905	5724	5542	5361	5179	4998	181 180
0,1906	4816	4635	4453	4272	4090	3909	3727	3546	3364	3183	1 18,1 18,0
0,1907	3002	2820	2639	2458	2276	2095	1914	1732	1551	1370	2 36,2 36,0
0,1908	1188	1007	0826	0645	0463	0282	0101	'9920	'9739	'9557	3 54,3 54,0
0,1909 0,448	9376	9195	9014	8833	8652	8471	8290	8109	7928	7746	4 72,4 72,0 5 90,5 90,0
0,1910	7565	7384	7203	7022	6841	6660	6479	6298	6118	5937	6 108,6 108,0
0,1911	5756	5575	5394	5213	5032	4851	4670	4490	4309	4128	7 126,7 126.0
0,1912	3947	3766	3586	3405	3224	3043	2863	2682	2501	2320	8 144,8 144,0
0,1913	2140	1959	1778	1598	1417	1236	1056	0875	0695	0514	9 162,9 162,0
0,1914	0333	0153	'9972	'9792	'9611	'9431	'9250	'9070	'S889	'S709	
0,1915 0,447	8528	8348	8168	7987	7807	7626	7446	7266	7085	6905	
0,1916	6725	6544	6364	6184	6003	5823	5643	5462	5282	5102	
0,1917	4922	4742	4561	4381	4201	4021	3841	3661	3480	3300	179 178
0,1918	3120	2940	2760	2580	2400	2220	2040	1860	1680	1500	1 17,9 17,8
0,1919	1320	1140	0960	0780	0600	0420	0240	0060	'9880	'9700	2 35,8 35,6
0,1920 0,446	9521	9341	9161	8981	8801	8621	8442	8262	8082	7902	3 53,7 53,4 4 71,6 71,2
0,1921	7722	7543	7363	7183	7004	6824	6644	6464	6285	6105	5 89,5 89,0
0,1922	5926	5746	5566	5387	5207	5027	4848	4668	4489	4309	6 107,4 106,8
0,1923	4130	3950	3771	3591	3412	3232	3053	2873	2694	2515	7 125,3 124,6
0,1924	2335	2156	1976	1797	1618	1438	1259	1080	0900	0721	8 143,2 142,4
0,1925	0542	0362	0183	0004	'9825	'9645	'9466	'9287	'9108	'S929	9 161,1 160,2
0,1926 0,445	8749	8570	8391	8212	8033	7854	7674	7495	7316	7137	
0,1927	6958	6779	6600	6421	6242	6063	5884	5705	5526	5347	
0,1928	5168	4989	4810	4631	4452	4274	4095	3916	3737	3558	
0,1929	3379	3200	3022	2843	2664	2485	2307	2128	1949	1770	178
	0	1	2	3	4	5	6	7	8	9	P. P.

| 7 Decim. | SUBTRACTION. | | | | | | | | | 0,445 0,193 |

	0	1	2	3	4	5	6	7	8	9
0,1930	0,445 1592	1413	1234	1055	0877	0698	0519	0341	0162	˙9984
0,1931	0,444 9805	9626	9448	9269	9091	8912	8734	8555	8377	8198
0,1932	8020	7841	7663	7484	7306	7127	6949	6770	6592	6414
0,1933	6235	6057	5879	5700	5522	5344	5165	4987	4809	4630
0,1934	4452	4274	4096	3917	3739	3561	3383	3205	3026	2848
0,1935	2670	2492	2314	2136	1958	1780	1602	1423	1245	1067
0,1936	0889	0711	0533	0355	0177	˙9999	˙9821	˙9643	˙9465	˙9288
0,1937	0,443 9110	8932	8754	8576	8398	8220	8042	7864	7687	7509
0,1938	7331	7153	6975	6798	6620	6442	6264	6087	5909	5731
0,1939	5554	5376	5198	5021	4843	4665	4488	4310	4132	3955
0,1940	3777	3600	3422	3245	3067	2890	2712	2535	2357	2180
0,1941	2002	1825	1647	1470	1292	1115	0938	0760	0583	0405
0,1942	0228	0051	˙9873	˙9696	˙9519	˙9342	˙9164	˙8987	˙8810	˙8632
0,1943	0,442 8455	8278	8101	7924	7746	7569	7392	7215	7038	6861
0,1944	6683	6506	6329	6152	5975	5798	5621	5444	5267	5090
0,1945	4913	4736	4559	4382	4205	4028	3851	3674	3497	3320
0,1946	3143	2966	2790	2613	2436	2259	2082	1905	1728	1552
0,1947	1375	1198	1021	0845	0668	0491	0314	0138	˙9961	˙9784
0,1948	0,441 9608	9431	9254	9078	8901	8724	8548	8371	8195	8018
0,1949	7842	7665	7488	7312	7135	6959	6782	6606	6429	6253
0,1950	6077	5900	5724	5547	5371	5194	5018	4842	4665	4489
0,1951	4313	4136	3960	3784	3607	3431	3255	3079	2902	2726
0,1952	2550	2374	2197	2021	1845	1669	1493	1317	1140	0964
0,1953	0788	0612	0436	0260	0084	˙9908	˙9732	˙9556	˙9380	˙9204
0,1954	0,440 9028	8852	8676	8500	8324	8148	7972	7796	7620	7444
0,1955	7268	7092	6917	6741	6565	6389	6213	6037	5862	5686
0,1956	5510	5334	5159	4983	4807	4631	4456	4280	4104	3929
0,1957	3753	3577	3402	3226	3050	2875	2699	2524	2348	2172
0,1958	1997	1821	1646	1470	1295	1119	0944	0768	0593	0417
0,1959	0242	0066	˙9891	˙9716	˙9540	˙9365	˙9189	˙9014	˙8839	˙8663
0,1960	0,439 8488	8313	8137	7962	7787	7612	7436	7261	7086	6911
0,1961	6735	6560	6385	6210	6035	5859	5684	5509	5334	5159
0,1962	4984	4809	4634	4458	4283	4108	3933	3758	3583	3408
0,1963	3233	3058	2883	2708	2533	2358	2183	2009	1834	1659
0,1964	1484	1309	1134	0959	0784	0610	0435	0260	0085	˙9910
0,1965	0,438 9736	9561	9386	9211	9037	8862	8687	8512	8338	8163
0,1966	7988	7814	7639	7464	7290	7115	6941	6766	6591	6417
0,1967	6242	6068	5893	5719	5544	5370	5195	5021	4846	4672
0,1968	4497	4323	4148	3974	3800	3625	3451	3277	3102	2928
0,1969	2753	2579	2405	2231	2056	1882	1708	1533	1359	1185
0,1970	1011	0837	0662	0488	0314	0140	˙9966	˙9791	˙9617	˙9443
0,1971	0,437 9269	9095	8921	8747	8573	8399	8225	8051	7877	7703
0,1972	7529	7355	7191	7007	6833	6659	6485	6311	6137	5963
0,1973	5789	5615	5441	5267	5094	4920	4746	4572	4398	4224
0,1974	4051	3877	3703	3529	3356	3182	3008	2834	2661	2487
0,1975	2313	2140	1966	1792	1619	1445	1272	1098	0924	0751
0,1976	0577	0404	0230	0057	˙9883	˙9710	˙9536	˙9363	˙9189	˙9016
0,1977	0,436 8842	8669	8495	8322	8148	7975	7802	7628	7455	7281
0,1978	7108	6935	6761	6588	6415	6242	6068	5895	5722	5548
0,1979	5375	5202	5029	4856	4682	4509	4336	4163	3990	3817

| | 0 | 1 | 2 | 3 | 4 | 5 | 6 | 7 | 8 | 9 |

P. P.

	179	178
1	17,9	17,8
2	35,8	35,6
3	53,7	53,4
4	71,6	71,2
5	89,5	89,0
6	107,4	106,8
7	125,5	124,6
8	143,2	142,4
9	161,1	160,2

	177	176
1	17,7	17,6
2	35,4	35,2
3	53,1	52,8
4	70,8	70,4
5	88,5	88,0
6	106,2	105,6
7	123,9	123,2
8	141,6	140,8
9	159,3	158,4

	175	174
1	17,5	17,4
2	35,0	34,8
3	52,5	52,2
4	70,0	69,6
5	87,5	87,0
6	105,0	104,4
7	122,5	121,8
8	140,0	139,2
9	157,5	156,6

	173
1	17,3
2	34,6
3	51,9
4	69,2
5	86,5
6	103,8
7	121,1
8	138,4
9	155,7

171

0,198 0,436					SUBTRACTION.					7 Decim.
	0	1	2	3	4	5	6	7	8	9

	0	1	2	3	4	5	6	7	8	9	P. P.
0,1980 0,436	3643	3470	3297	3124	2951	2̅7̅7̅8	2605	2432	2259	2086	
0,1981	1913	1740	1567	1394	1221	1048	0875	0702	0529	0356	**174 173**
0,1982	0183	0010	·9837	·9664	·9492	·9319	·9146	·8973	·8800	·8627	1 17,4 17,3
0,1983 0,435	8455	8282	8109	7936	7763	7591	7418	7245	7072	6900	2 34,8 34,6
0,1984	6727	6554	6382	6209	6036	5864	5691	5518	5346	5173	3 52,2 51,9 4 69,6 69,2 5 87,0 86,5
0,1985	5001	4828	4656	4483	4310	4138	3965	3793	3620	3448	6 101,4 103,8
0,1986	3275	3103	2930	2758	2586	2413	2241	2068	1896	1724	7 121,8 121,1
0,1987	1551	1379	1206	1034	0862	0689	0517	0345	0173	0000	8 139,2 138,4 9 156,5 155,7
0,1988 0,434	9828	9656	9484	9311	9139	8967	8795	8622	8450	8278	
0,1989	8106	7934	7762	7590	7417	7245	7073	6901	6729	6557	
0,1990	6385	6213	6041	5869	5697	5525	5353	5181	5009	4837	
0,1991	4665	4493	4321	4149	3977	3806	3634	3462	3290	3118	
0,1992	2946	2774	2603	2431	2259	2087	1915	1744	1572	1400	
0,1993	1229	1057	0885	0713	0542	0370	0198	0027	·9855	·9683	**172 171**
0,1994 0,433	9512	9340	9169	8997	8825	8654	8482	8311	8139	7968	1 17,2 17,1
0,1995		7796	7625	7453	7282	7110	6939	6767	6596	6425 6253	2 34,4 34,2
0,1996		6082	5910	5739	5568	5396	5225	5054	4882	4711 4540	3 51,6 51,3 4 68,8 68,4
0,1997	.	4368	4197	4026	3854	3683	3512	3341	3169	2998 2827	5 86,0 85,5
0,1998		2656	2485	2314	2142	1971	1800	1629	1458	1287 1116	6 103,2 102,6 7 120,4 119,7
0,1999		0945	0774	0602	0431	0260	0089	·9918	·9747	·9576 ·9405	8 137,6 136,8 9 154,8 153,9
0,2000 0,432	9234	9063	8892	8721	8551	8380	8209	8038	7867	7696	
0,2001	7525	7354	7183	7013	6842	6671	6500	6329	6159	5988	
0,2002	5817	5646	5476	5305	5134	4963	4793	4622	4451	4281	
0,2003	4110	3939	3769	3598	3427	3257	3086	2916	2745	2575	
0,2004	2404	2233	2063	1892	1722	1551	1381	1210	1040	0870	
0,2005	0699	0529	0358	0188	0017	·9847	·9677	·9506	·9336	·9166	**170 169**
0,2006 0,431	8995	8825	8655	8484	8314	8144	7973	7803	7633	7463	1 17,0 16,9
0,2007	7292	7122	6952	6782	6612	6441	6271	6101	5931	5761	2 34,0 33,8
0,2008	5591	5421	5250	5080	4910	4740	4570	4400	4230	4060	3 51,0 50,7 4 68,0 67,6
0,2009	3890	3720	3550	3380	3210	3040	2870	2700	2530	2360	5 85,0 84,5
0,2010	2190	2020	1851	1681	1511	1341	1171	1001	0831	0662	6 102,0 101,4 7 119,0 118,3
0,2011	0492	0322	0152	·9982	·9813	·9643	·9473	·9303	·9134	·8964	8 136,0 135,2 9 153,0 152,1
0,2012 0,430	8794	8625	8455	8285	8116	7946	7776	7607	7437	7267	
0,2013	7098	6928	6759	6589	6420	6250	6080	5911	5741	5572	
0,2014	5402	5233	5063	4894	4725	4555	4386	4216	4047	3877	
0,2015	3708	3539	3369	3200	3031	2861	2692	2523	2353	2184	
0,2016	2015	1845	1676	1507	1338	1168	0999	0830	0661	0492	
0,2017	0322	0153	·9984	·9815	·9646	·9477	·9308	·9139	·8969	·8800	**168 167**
0,2018 0,429	8631	8462	8293	8124	7955	7786	7617	7448	7279	7110	1 16,8 16,7
0,2019	6941	6772	6603	6434	6265	6096	5927	5759	5590	5421	2 33,6 33,4
0,2020	5252	5083	4914	4745	4577	4408	4239	4070	3901	3733	3 50,4 50,1 4 67,2 66,8
0,2021	3564	3395	3226	3058	2889	2720	2552	2383	2214	2046	5 84,0 83,5
0,2022	1877	1708	1540	1371	1202	1034	0865	0697	0528	0359	6 100,8 100,2 7 117,6 116,9
0,2023	0191	0022	·9854	·9685	·9517	·9348	·9180	·9011	·8843	·8674	8 134,4 133,6 9 151,2 150,3
0,2024 0,428	8506	8338	8169	8001	7832	7664	7495	7327	7159	6990	
0,2025	6822	6654	6485	6317	6149	5980	5812	5644	5476	5307	
0,2026	5139	4971	4803	4635	4466	4298	4130	3962	3794	3625	
0,2027	3457	3289	3121	2953	2785	2617	2449	2281	2113	1945	
0,2028	1777	1609	1441	1273	1105	0937	0769	0601	0433	0265	
0,2029	0097	·9929	·9761	·9593	·9425	·9257	·9089	·8922	·8754	·8586	168

	0	1	2	3	4	5	6	7	8	9	P. P.

7 Decim.	SUBTRACTION.										0,427 0,203

	0	1	2	3	4	5	6	7	8	9	P. P.
0,2030	0,427 8418	8250	80S3	7915	7747	7579	7411	7244	7076	6908	
0,2031	6740	6573	6405	6237	6070	5902	5734	5567	5399	5231	168 167
0,2032	5064	4896	4729	4561	4393	4226	4058	3891	3723	3556	
0,2033	3388	3221	3053	2886	2718	2551	2383	2216	2048	1881	
0,2034	1714	1546	1379	1211	1044	0877	0709	0542	0375	0207	
0,2035	0040	'9873	'9705	'9538	'9371	'9204	'9036	'8869	'8702	'8535	
0,2036	0,426 8368	8200	8033	7866	7699	7532	7365	7197	7030	6863	
0,2037	6696	6529	6362	6195	6028	5861	5694	5527	5360	5193	
0,2038	5026	4859	4692	4525	4358	4191	4024	3857	3690	3523	
0,2039	3356	3189	3022	2856	2689	2522	2355	2188	2021	1855	
0,2040	1688	1521	1354	1187	1021	0854	0687	0520	0354	0187	
0,2041	0020	'9854	'9687	'9520	'9354	'9187	'9020	'8854	'8687	'8521	
0,2042	0,425 8354	8187	8021	7854	7688	7521	7355	7188	7022	6855	
0,2043	6689	6522	6356	6189	6023	5856	5690	5524	5357	5191	166 165
0,2044	5024	4858	4692	4525	4359	4193	4026	3860	3694	3527	
0,2045	3361	3195	3029	2862	2696	2530	2364	2197	2031	1865	
0,2046	1699	1533	1366	1200	1034	0868	0702	0536	0370	0204	
0,2047	0038	'9871	'9705	'9539	'9373	'9207	'9041	'8875	'8709	'8543	
0,2048	0,424 8377	8211	8045	7879	7713	7548	7382	7216	7050	6884	
0,2049	6718	6552	6386	6221	6055	5889	5723	5557	5391	5226	
0,2050	5060	4894	4728	4563	4397	4231	4065	3900	3734	3568	
0,2051	3403	3237	3071	2906	2740	2574	2409	2243	2078	1912	
0,2052	1747	1581	1415	1250	1084	0919	0753	0588	0422	0257	
0,2053	0091	'9926	'9760	'9595	'9430	'9264	'9099	'8933	'8768	'8603	
0,2054	0,423 8437	8272	8106	7941	7776	7610	7445	7280	7115	6949	
0,2055	6784	6619	6454	6288	6123	5958	5793	5627	5462	5297	164 163
0,2056	5132	4967	4802	4636	4471	4306	4141	3976	3811	3646	
0,2057	3481	3316	3151	2986	2821	2656	2491	2326	2161	1996	
0,2058	1831	1666	1501	1336	1171	1006	0841	0676	0511	0346	
0,2059	0182	0017	'9852	'9687	'9522	'9357	'9193	'9028	'8863	'8698	
0,2060	0,422 8533	8369	8204	8039	7874	7710	7545	7380	7216	7051	
0,2061	6886	6722	6557	6392	6228	6063	5899	5734	5569	5405	
0,2062	5240	5076	4911	4747	4582	4418	4253	4089	3924	3760	
0,2063	3595	3431	3266	3102	2937	2773	2609	2444	2280	2115	
0,2064	1951	1787	1622	1458	1294	1129	0965	0801	0636	0472	
0,2065	0308	0144	'9979	'9815	'9651	'9487	'9323	'9158	'8994	'8830	
0,2066	0,421 8666	8502	8338	8173	8009	7845	7681	7517	7353	7189	
0,2067	7025	6861	6697	6533	6369	6205	6041	5877	5713	5549	162
0,2068	5385	5221	5057	4893	4729	4565	4401	4237	4073	3909	
0,2069	3746	3582	3418	3254	3090	2926	2763	2599	2435	2271	
0,2070	2107	1944	1780	1616	1452	1289	1125	0961	0798	0634	
0,2071	0470	0307	0143	'9979	'9816	'9652	'9489	'9325	'9161	'8998	
0,2072	0,420 8834	8671	8507	8344	8180	8017	7853	7690	7526	7363	
0,2073	7199	7036	6872	6709	6545	6382	6218	6055	5892	5728	
0,2074	5565	5402	5238	5075	4912	4748	4585	4422	4258	4095	
0,2075	3932	3769	3605	3442	3279	3116	2952	2789	2626	2463	
0,2076	2300	2136	1973	1810	1647	1484	1321	1158	0995	0832	
0,2077	0668	0505	0342	0179	0016	'9853	'9690	'9527	'9364	'9201	
0,2078	0,419 9038	8875	8712	8549	8386	8224	8061	7898	7735	7572	163
0,2079	7409	7246	7083	6921	6758	6595	6432	6269	6106	5944	
	0	1	2	3	4	5	6	7	8	9	P. P.

P. P.

	168	167		166	165		164	163		162
1	16,8	16,7		16,6	16,5		16,4	16,3		16,2
2	33,6	33,4		33,2	33,0		32,8	32,6		32,4
3	50,4	50,1		49,8	49,5		49,2	48,9		48,6
4	67,2	66,8		66,4	66,0		65,6	65,2		64,8
5	84,0	83,5		83,0	82,5		82,0	81,5		81,0
6	100,8	100,2		99,6	99,0		98,4	97,8		97,2
7	117,6	116,9		116,2	115,5		114,8	114,1		113,4
8	134,4	133,6		132,8	132,0		131,2	130,4		129,6
9	151,2	150,3		149,4	148,5		147,6	146,7		145,8

| 0,208 0,419 | | | | SUBTRACTION. | | | | | 7 Decim. |

	0	1	2	3	4	5	6	7	8	9
0,2080	0,419 5781	5618	5455	5293	5130	4967	4804	4642	4479	4316
0,2081	4154	3991	3828	3666	3503	3340	3178	3015	2853	2690
0,2082	2527	2365	2202	2040	1877	1715	1552	1390	1227	1065
0,2083	0902	0740	0577	0415	0252	0090	·9927	·9765	·9603	·9440
0,2084	0,418 9278	9116	8953	8791	8628	8466	8304	8141	7979	7817
0,2085	7655	7492	7330	7168	7006	6843	6681	6519	6357	6194
0,2086	6032	5870	5708	5546	5384	5222	5059	4897	4735	4573
0,2087	4411	4249	4087	3925	3763	3601	3439	3277	3115	2953
0,2088	2791	2629	2467	2305	2143	1981	1819	1657	1495	1333
0,2089	1171	1009	0847	0686	0524	0362	0200	0038	·9876	·9715
0,2090	0,417 9553	9391	9229	9067	8906	8744	8582	8421	8259	8097
0,2091	7935	7774	7612	7450	7289	7127	6965	6804	6642	6481
0,2092	6319	6157	5996	5834	5673	5511	5350	5188	5026	4865
0,2093	4703	4542	4380	4219	4058	3896	3735	3573	3412	3250
0,2094	3089	2928	2766	2605	2443	2282	2121	1959	1798	1637
0,2095	1475	1314	1153	0992	0830	0669	0508	0347	0185	0024
0,2096	0,416 9863	9702	9540	9379	9218	9057	8896	8735	8574	8412
0,2097	8251	8090	7929	7768	7607	7446	7285	7124	6963	6802
0,2098	6641	6480	6319	6158	5997	5836	5675	5514	5353	5192
0,2099	5031	4870	4709	4548	4387	4227	4066	3905	3744	3583
0,2100	3422	3261	3101	2940	2779	2618	2458	2297	2136	1975
0,2101	1815	1654	1493	1332	1172	1011	0850	0690	0529	0368
0,2102	0208	0047	·9887	·9726	·9565	·9405	·9244	·9084	·8923	·8763
0,2103	0,415 8602	8441	8281	8120	7960	7799	7639	7479	7318	7158
0,2104	6997	6837	6676	6516	6356	6195	6035	5874	5714	5554
0,2105	5393	5233	5073	4912	4752	4592	4431	4271	4111	3951
0,2106	3790	3630	3470	3310	3150	2989	2829	2669	2509	2349
0,2107	2188	2028	1868	1708	1548	1388	1228	1068	0908	0748
0,2108	0587	0427	0267	0107	·9947	·9787	·9627	·9467	·9307	·9147
0,2109	0,414 8987	8827	8668	8508	8348	8188	8028	7868	7708	7548
0,2110	7388	7228	7069	6909	6749	6589	6429	6270	6110	5950
0,2111	5790	5630	5471	5311	5151	4992	4832	4672	4512	4353
0,2112	4193	4033	3874	3714	3554	3395	3235	3076	2916	2756
0,2113	2597	2437	2278	2118	1959	1799	1640	1480	1321	1161
0,2114	1002	0842	0683	0523	0364	0204	0045	·9885	·9726	·9567
0,2115	0,413 9407	9248	9089	8929	8770	8611	8451	8292	8133	7973
0,2116	7814	7655	7495	7336	7177	7018	6858	6699	6540	6381
0,2117	6222	6062	5903	5744	5585	5426	5267	5107	4948	4789
0,2118	4630	4471	4312	4153	3994	3835	3676	3517	3358	3199
0,2119	3040	2881	2722	2563	2404	2245	2086	1927	1768	1609
0,2120	1450	1291	1132	0973	0815	0656	0497	0338	0179	0020
0,2121	0,412 9861	9703	9544	9385	9226	9068	8909	8750	8591	8433
0,2122	8274	8115	7956	7798	7639	7480	7322	7163	7004	6846
0,2123	6687	6528	6370	6211	6053	5894	5736	5577	5418	5260
0,2124	5101	4943	4784	4626	4467	4309	4150	3992	3833	3675
0,2125	3516	3358	3200	3041	2883	2724	2566	2408	2249	2091
0,2126	1933	1774	1616	1458	1299	1141	0983	0824	0666	0508
0,2127	0350	0191	0033	·9875	·9717	·9559	·9400	·9242	·9084	·8926
0,2128	0,411 8768	8610	8451	8293	8135	7977	7819	7661	7503	7345
0,2129	7187	7029	6871	6712	6554	6396	6238	6080	5922	5764

| | 0 | 1 | 2 | 3 | 4 | 5 | 6 | 7 | 8 | 9 |

P. P.

163
1 16,3
2 32,6
3 48,9
4 65,2
5 81,5
6 97,8
7 114,1
8 130,4
9 146,7

162
1 16,2
2 32,4
3 48,6
4 64,8
5 81,0
6 97,2
7 113,4
8 129,6
9 145,8

161
1 16,1
2 32,2
3 48,3
4 64,4
5 80,5
6 96,6
7 112,7
8 128,8
9 144,9

160
1 16,0
2 32,0
3 48,0
4 64,0
5 80,0
6 96,0
7 112,0
8 128,0
9 144,0

159
1 15,9
2 31,8
3 47,7
4 63,6
5 79,5
6 95,4
7 111,3
8 127,2
9 143,1

158
1 15,8
2 31,6
3 47,4
4 63,2
5 79,0
6 94,8
7 110,6
8 126,4
9 142,2

157

7 Decim.				SUBTRACTION.					0,411 0,213	
	0	1	2	3	4	5	6	7	S	9	P. P.
0,2130	0,411 5607	5449	5291	5133	4975	4817	4659	4501	4343	4185	
0,2131	4027	3869	3712	3554	3396	3238	3080	2922	2765	2607	158
0,2132	2449	2291	2134	1976	1818	1660	1503	1345	1187	1029	1 15,8
0,2133	0872	0714	0556	0399	0241	0083	·9926	·9768	·9611	·9453	2 31,6
0,2134	0,410 9295	9138	9980	8823	8665	8508	8350	8193	8035	7877	3 47,4 4 63,2
0,2135	7720	7562	7405	7248	7090	6933	6775	6618	6460	6303	5 79,0 6 94,8
0,2136	6145	5988	5831	5673	5516	5359	5201	5044	4887	4729	7 110,6
0,2137	4572	4415	4257	4100	3943	3785	3628	3471	3314	3156	8 126,4 9 142,2
0,2138	2999	2842	2685	2528	2370	2213	2056	1899	1742	1585	
0,2139	1428	1270	1113	0956	0799	0642	0485	0328	0171	0014	157
0,2140	0,409 9857	9700	9543	9386	9229	9072	8915	8758	8601	8444	1 15,7
0,2141	8287	8130	7973	7816	7659	7502	7345	7189	7032	6875	2 31,4 3 47,1
0,2142	6718	6561	6404	6248	6091	5934	5777	5620	5464	5307	4 62,8
0,2143	5150	4993	4837	4680	4523	4366	4210	4053	3896	3740	5 78,5 6 94,2
0,2144	3583	3426	3270	3113	2956	2800	2643	2487	2330	2173	7 109,9 8 125,6
0,2145	2017	1860	1704	1547	1391	1234	1078	0921	0765	0608	9 141,3
0,2146	0452	0295	0139	·9982	·9826	·9669	·9513	·9357	·9200	·9044	
0,2147	0,408 8887	8731	8575	8418	8262	8106	7949	7793	7637	7480	156
0,2148	7324	7168	7011	6855	6699	6543	6386	6230	6074	5918	1 15,6
0,2149	5762	5605	5449	5293	5137	4981	4824	4668	4512	4356	2 31,2 3 46,8
0,2150	4200	4044	3888	3732	3576	3420	3264	3107	2951	2795	4 62,4
0,2151	2639	2483	2327	2171	2015	1859	1703	1548	1392	1236	5 78,0 6 93,6
0,2152	1080	0924	0768	0612	0456	0300	0144	·9988	·9833	·9677	7 109,2 8 124,8
0,2153	0,407 9521	9365	9209	9053	8898	8742	8586	8430	8275	8119	9 140,4
0,2154	7963	7807	7652	7496	7340	7185	7029	6873	6717	6562	
0,2155	6406	6251	6095	5939	5784	5628	5472	5317	5161	5006	155
0,2156	4850	4695	4539	4384	4228	4072	3917	3761	3606	3451	1 15,5
0,2157	3295	3140	2984	2829	2673	2518	2362	2207	2052	1896	2 31,0 3 46,5
0,2158	1741	1586	1430	1275	1119	0964	0809	0653	0498	0343	4 62,0
0,2159	0188	0032	·9877	·9722	·9567	·9411	·9256	·9101	·8946	·8790	5 77,5 6 93,0
0,2160	0,406 8635	8480	8325	8170	8015	7859	7704	7549	7394	7239	7 108,5 8 124,0
0,2161	7084	6929	6774	6619	6463	6308	6153	5998	5843	5688	9 139,5
0,2162	5533	5378	5223	5068	4913	4758	4603	4448	4294	4139	
0,2163	3984	3829	3674	3519	3364	3209	3054	2899	2745	2590	154
0,2164	2435	2280	2125	1971	1816	1661	1506	1351	1197	1042	1 15,4
0,2165	0887	0732	0578	0423	0268	0114	·9959	·9804	·9650	·9495	2 30,8 3 46,2
0,2166	0,405 9340	9186	9031	8876	8722	8567	8413	8258	8103	7949	4 61,6
0,2167	7794	7640	7485	7331	7176	7022	6867	6713	6558	6404	5 77,0 6 92,4
0,2168	6249	6095	5940	5786	5631	5477	5323	5168	5014	4859	7 107,8 8 123,2
0,2169	4705	4551	4396	4242	4088	3933	3779	3625	3470	3316	9 138,6
0,2170	3162	3007	2853	2699	2545	2390	2236	2082	1928	1774	
0,2171	1619	1465	1311	1157	1003	0848	0694	0540	0386	0232	153
0,2172	0078	·9924	·9770	·9616	·9462	·9307	·9153	·8999	·8845	·8691	1 15,3
0,2173	0,404 8537	8383	8229	8075	7921	7767	7613	7459	7306	7152	2 30,6 3 45,9
0,2174	6998	6844	6690	6536	6382	6228	6074	5920	5767	5613	4 61,2
0,2175	5459	5305	5151	4997	4844	4690	4536	4382	4229	4075	5 76,5 6 91,8
0,2176	3921	3767	3614	3460	3306	3152	2999	2845	2691	2538	7 107,1 8 122,4
0,2177	2384	2230	2077	1923	1770	1616	1462	1309	1155	1002	9 137,7
0,2178	0848	0694	0541	0387	0234	0080	·9927	·9773	·9620	·9466	
0,2179	0,403 9313	9159	9006	8852	8699	8546	8392	8239	8085	7932	153
	0	1	2	3	4	5	6	7	S	9	P. P.

| 0,218　0,403 | | | | SUBTRACTION. | | | | | | 7 Decim. |

	0	1	2	3	4	5	6	7	8	9	P. P.
0,2180	0,403 7779	7625	7472	7318	7165	7012	6858	6705	6552	6398	
0,2181	6245	6092	5939	5785	5632	5479	5326	5172	5019	4866	
0,2182	4713	4559	4406	4253	4100	3947	3794	3640	3487	3334	
0,2183	3181	3028	2875	2722	2569	2416	2263	2109	1956	1803	
0,2184	1650	1497	1344	1191	1038	0885	0732	0579	0426	0273	
0,2185	0121	˙9968	˙9815	˙9662	˙9509	˙9356	˙9203	˙9050	˙8897	˙8744	
0,2186	0,402 8592	8439	8286	8133	7980	7827	7675	7522	7369	7216	
0,2187	7064	6911	6758	6605	6453	6300	6147	5994	5842	5689	
0,2188	5536	5384	5231	5078	4926	4773	4621	4468	4315	4163	
0,2189	4010	3858	3705	3552	3400	3247	3095	2942	2790	2637	
0,2190	2485	2332	2180	2027	1875	1722	1570	1418	1265	1113	
0,2191	0960	0808	0656	0503	0351	0198	0046	˙9894	˙9741	˙9589	
0,2192	0,401 9437	9284	9132	8980	8828	8675	8523	8371	8218	8066	
0,2193	7914	7762	7610	7457	7305	7153	7001	6849	6696	6544	
0,2194	6392	6240	6088	5936	5784	5632	5480	5327	5175	5023	
0,2195	4871	4719	4567	4415	4263	4111	3959	3807	3655	3503	
0,2196	3351	3199	3047	2895	2743	2591	2440	2288	2136	1984	
0,2197	1832	1680	1528	1376	1225	1073	0921	0769	0617	0465	
0,2198	0314	0162	0010	˙9858	˙9707	˙9555	˙9403	˙9251	˙9100	˙8948	
0,2199	0,400 8796	8645	8493	8341	8190	8038	7886	7735	7583	7431	
0,2200	7280	7128	6977	6825	6673	6522	6370	6219	6067	5916	
0,2201	5764	5613	5461	5310	5158	5007	4855	4704	4552	4401	
0,2202	4249	4098	3946	3795	3644	3492	3341	3189	3038	2887	
0,2203	2735	2584	2433	2281	2130	1979	1827	1676	1525	1374	
0,2204	1222	1071	0920	0769	0617	0466	0315	0164	0013	˙9861	
0,2205	0,399 9710	9559	9408	9257	9106	8954	8803	8652	8501	8350	
0,2206	8199	8048	7897	7746	7595	7444	7293	7142	6991	6840	
0,2207	6689	6538	6387	6236	6085	5934	5783	5632	5481	5330	
0,2208	5179	5028	4877	4726	4575	4425	4274	4123	3972	3821	
0,2209	3670	3519	3369	3218	3067	2916	2766	2615	2464	2313	
0,2210	2163	2012	1861	1710	1560	1409	1258	1108	0957	0806	
0,2211	0656	0505	0354	0204	0053	˙9902	˙9752	˙9601	˙9451	˙9300	
0,2212	0,398 9150	8999	8848	8698	8547	8397	8246	8096	7945	7795	
0,2213	7644	7494	7343	7193	7043	6892	6742	6591	6441	6290	
0,2214	6140	5990	5839	5689	5539	5388	5238	5088	4937	4787	
0,2215	4637	4486	4336	4186	4035	3885	3735	3585	3434	3284	
0,2216	3134	2984	2834	2683	2533	2383	2233	2083	1933	1782	
0,2217	1632	1482	1332	1182	1032	0882	0732	0582	0432	0281	
0,2218	0131	˙9981	˙9831	˙9681	˙9531	˙9381	˙9231	˙9081	˙8931	˙8781	
0,2219	0,397 8631	8481	8332	8182	8032	7882	7732	7582	7432	7282	
0,2220	7132	6982	6833	6683	6533	6383	6233	6083	5934	5784	
0,2221	5634	5484	5335	5185	5035	4885	4736	4586	4436	4286	
0,2222	4137	3987	3837	3688	3538	3388	3239	3089	2939	2790	
0,2223	2640	2491	2341	2191	2042	1892	1743	1593	1443	1294	
0,2224	1144	0995	0845	0696	0546	0397	0247	0098	˙9949	˙9799	
0,2225	0,396 9650	9500	9351	9201	9052	8903	8753	8604	8454	8305	
0,2226	8156	8006	7857	7708	7558	7409	7260	7110	6961	6812	
0,2227	6663	6513	6364	6215	6066	5916	5767	5618	5469	5319	
0,2228	5170	5021	4872	4723	4574	4424	4275	4126	3977	3828	
0,2229	3679	3530	3381	3232	3083	2934	2784	2635	2486	2337	149
	0	1	2	3	4	5	6	7	8	9	P. P.

P. P.

154
1 | 15,4
2 | 30,8
3 | 46,2
4 | 61,6
5 | 77,0
6 | 92,4
7 | 107,8
8 | 123,2
9 | 138,6

153
1 | 15,3
2 | 30,6
3 | 45,9
4 | 61,2
5 | 76,5
6 | 91,8
7 | 107,1
8 | 122,4
9 | 137,7

152
1 | 15,2
2 | 30,4
3 | 45,6
4 | 60,8
5 | 76,0
6 | 91,2
7 | 106,4
8 | 121,6
9 | 136,8

151
1 | 15,1
2 | 30,2
3 | 45,3
4 | 60,4
5 | 75,5
6 | 90,6
7 | 105,7
8 | 120,8
9 | 135,9

150
1 | 15,0
2 | 30,0
3 | 45,0
4 | 60,0
5 | 75,0
6 | 90,0
7 | 105,0
8 | 120,0
9 | 135,0

149
1 | 14,9
2 | 29,8
3 | 44,7
4 | 59,6
5 | 74,5
6 | 89,4
7 | 104,3
8 | 119,2
9 | 134,1

7 Decim.					SUBTRACTION.						0,396 0,223
	0	1	2	3	4	5	6	7	8	9	P. P.
0,2230	0,396 2188	2039	1890	1741	1592	1443	1294	1145	0997	0848	
0,2231	0699	0550	0401	0252	0103	˙9954	˙9805	˙9656	˙9508	˙9359	149
0,2232	0,395 9210	9061	8912	8763	8615	8466	8317	8168	8019	7871	1| 14,9
0,2233	7722	7573	7424	7276	7127	6978	6829	6681	6532	6383	2| 29,8
0,2234	6235	6086	5937	5789	5640	5491	5343	5194	5046	4897	3| 44,7
0,2235	4748	4600	4451	4303	4154	4006	3857	3709	3560	3412	4| 59,6 / 5| 74,5
0,2236	3263	3115	2966	2818	2669	2521	2372	2224	2075	1927	6| 89,4 / 7| 104,3
0,2237	1778	1630	1482	1333	1185	1036	0888	0740	0591	0443	8| 119,2
0,2238	0295	0146	˙9998	˙9850	˙9701	˙9553	˙9405	˙9257	˙9108	˙8960	9| 134,1
0,2239	0,394 8812	8664	8515	8367	8219	8071	7923	7774	7626	7478	
0,2240	7330	7182	7034	6885	6737	6589	6441	6293	6145	5997	148
0,2241	5849	5701	5553	5404	5256	5108	4960	4812	4664	4516	1| 14,8
0,2242	4368	4220	4072	3924	3776	3628	3491	3333	3185	3037	2| 29,6 / 3| 44,4
0,2243	2889	2741	2593	2445	2297	2149	2002	1854	1706	1558	4| 59,2 / 5| 74,0
0,2244	1410	1262	1115	0967	0819	0671	0523	0376	0228	0080	6| 88,8 / 7| 103,6
0,2245	0,393 9932	9785	9637	9489	9341	9194	9046	8898	8751	8603	8| 118,4 / 9| 133,2
0,2246	8455	8308	8160	8012	7865	7717	7570	7422	7274	7127	
0,2247	6979	6832	6684	6537	6389	6242	6094	5946	5799	5651	147
0,2248	5504	5357	5209	5062	4914	4767	4619	4472	4324	4177	1| 14,7 / 2| 29,4
0,2249	4030	3882	3735	3587	3440	3293	3145	2998	2851	2703	3| 44,1 / 4| 58,8
0,2250	2556	2409	2261	2114	1967	1819	1672	1525	1378	1230	5| 73,5 / 6| 88,2
0,2251	1083	0936	0789	0642	0494	0347	0200	0053	˙9906	˙9758	7| 102,9 / 8| 117,6
0,2252	0,392 9611	9464	9317	9170	9023	8876	8729	8581	8434	8287	9| 132,3
0,2253	8140	7993	7846	7699	7552	7405	7258	7111	6964	6817	
0,2254	6670	6523	6376	6229	6082	5935	5788	5641	5494	5347	
0,2255	5201	5054	4907	4760	4613	4466	4319	4172	4026	3879	146
0,2256	3732	3585	3438	3292	3145	2998	2851	2704	2558	2411	1| 14,6 / 2| 29,2
0,2257	2264	2117	1971	1824	1677	1531	1384	1237	1091	0944	3| 43,8 / 4| 58,4
0,2258	0797	0651	0504	0357	0211	0064	˙9918	˙9771	˙9624	˙9478	5| 73,0 / 6| 87,6
0,2259	0,391 9331	9185	9038	8892	8745	8599	8452	8305	8159	8012	7| 102,2 / 8| 116,8
0,2260	7866	7720	7573	7427	7280	7134	6987	6841	6694	6548	9| 131,4
0,2261	6402	6255	6109	5962	5816	5670	5523	5377	5231	5084	
0,2262	4938	4792	4645	4499	4353	4207	4060	3914	3768	3621	
0,2263	3475	3329	3183	3037	2890	2744	2598	2452	2306	2159	145
0,2264	2013	1867	1721	1575	1429	1283	1137	0990	0844	0698	1| 14,5 / 2| 29,0
0,2265	0552	0406	0260	0114	˙9968	˙9822	˙9676	˙9530	˙9384	˙9238	3| 43,5 / 4| 58,0
0,2266	0,390 9092	8946	8800	8654	8508	8362	8216	8070	7924	7778	5| 72,5 / 6| 87,0
0,2267	7633	7487	7341	7195	7049	6903	6757	6611	6466	6320	7| 101,5 / 8| 116,0
0,2268	6174	6028	5882	5736	5591	5445	5299	5153	5008	4862	9| 130,5
0,2269	4716	4570	4425	4279	4133	3988	3842	3696	3550	3405	
0,2270	3259	3113	2968	2822	2677	2531	2385	2240	2094	1949	144
0,2271	1803	1657	1512	1366	1221	1075	0930	0784	0639	0493	1| 14,4 / 2| 28,8
0,2272	0348	0202	0057	˙9911	˙9766	˙9620	˙9475	˙9329	˙9184	˙9039	3| 43,2 / 4| 57,6
0,2273	0,389 8893	8748	8602	8457	8312	8166	8021	7876	7730	7585	5| 72,0 / 6| 86,4
0,2274	7440	7294	7149	7004	6858	6713	6568	6422	6277	6132	7| 100,8 / 8| 115,2
0,2275	5987	5841	5696	5551	5406	5261	5115	4970	4825	4680	9| 129,6
0,2276	4535	4389	4244	4099	3954	3809	3664	3519	3374	3229	
0,2277	3083	2938	2793	2648	2503	2358	2213	2068	1923	1778	
0,2278	1633	1488	1343	1198	1053	0908	0763	0618	0473	0328	
0,2279	0183	0039	˙9894	˙9749	˙9604	˙9459	˙9314	˙9169	˙9024	˙8880	145
	0	1	2	3	4	5	6	7	8	9	P. P.

0,228	0,388				SUBTRACTION.					7 Decim.

	0	1	2	3	4	5	6	7	8	9	P. P.
0,2280	0,388 8735	8590	8445	8300	8155	8011	7866	7721	7576	7432	
0,2281	7287	7142	6997	6853	6708	6563	6418	6274	6129	5984	
0,2282	5840	5695	5550	5406	5261	5116	4972	4827	4683	4538	145
0,2283	4393	4249	4104	3960	3815	3670	3526	3381	3237	3092	
0,2284	2948	2803	2659	2514	2370	2225	2081	1936	1792	1648	
0,2285	1503	1359	1214	1070	0925	0781	0637	0492	0348	0204	
0,2286	0059	'9915	'9771	'9626	'9482	'9338	'9193	'9049	'8905	'8760	
0,2287	0,387 8616	8472	8328	8183	8039	7895	7751	7607	7462	7318	
0,2288	7174	7030	6886	6741	6597	6453	6309	6165	6021	5877	
0,2289	5733	5588	5444	5300	5156	5012	4868	4724	4580	4436	
0,2290	4292	4148	4004	3860	3716	3572	3428	3284	3140	2996	144
0,2291	2852	2708	2564	2420	2276	2132	1989	1845	1701	1557	
0,2292	1413	1269	1125	0982	0838	0694	0550	0406	0262	0119	
0,2293	0,386 9975	9831	9687	9541	9400	9256	9112	8969	8825	8681	
0,2294	8537	8394	8250	8106	7963	7819	7675	7532	7388	7245	
0,2295	7101	6957	6814	6670	6526	6383	6239	6096	5952	5809	
0,2296	5665	5522	5378	5235	5091	4948	4804	4661	4517	4374	
0,2297	4230	4087	3943	3800	3656	3513	3370	3226	3083	2939	143
0,2298	2796	2653	2509	2366	2223	2079	1936	1793	1649	1506	
0,2299	1363	1219	1076	0933	0789	0646	0503	0360	0216	0073	
0,2300	0,385 9930	9787	9644	9500	9357	9214	9071	8928	8785	8641	
0,2301	8498	8355	8212	8069	7926	7783	7640	7497	7353	7210	
0,2302	7067	6924	6781	6638	6495	6352	6209	6066	5923	5780	
0,2303	5637	5494	5351	5208	5065	4922	4779	4637	4494	4351	
0,2304	4208	4065	3922	3779	3636	3493	3351	3208	3065	2922	
0,2305	2779	2636	2494	2351	2208	2065	1922	1780	1637	1494	142
0,2306	1351	1209	1066	0923	0781	0638	0495	0352	0210	0067	
0,2307	0,384 9924	9782	9639	9497	9354	9211	9069	8926	8783	8641	
0,2308	8498	8356	8213	8071	7928	7786	7643	7500	7358	7215	
0,2309	7073	6930	6788	6645	6503	6361	6218	6076	5933	5791	
0,2310	5648	5506	5364	5221	5079	4936	4794	4652	4509	4367	
0,2311	4225	4082	3940	3798	3655	3513	3371	3228	3086	2944	
0,2312	2802	2659	2517	2375	2233	2090	1948	1806	1664	1522	
0,2313	1379	1237	1095	0953	0811	0669	0526	0384	0242	0100	141
0,2314	0,383 9958	9816	9674	9532	9390	9248	9106	8963	8821	8679	
0,2315	8537	8395	8253	8111	7969	7827	7685	7543	7401	7260	
0,2316	7118	6976	6834	6692	6550	6408	6266	6124	5982	5840	
0,2317	5699	5557	5415	5273	5131	4989	4848	4706	4564	4422	
0,2318	4280	4139	3997	3855	3713	3571	3430	3288	3146	3005	
0,2319	2863	2721	2579	2438	2296	2154	2013	1871	1729	1588	
0,2320	1446	1305	1163	1021	0880	0738	0597	0455	0313	0172	
0,2321	0030	'9889	'9747	'9606	'9464	'9323	'9181	'9040	'8898	'8757	140
0,2322	0,382 8615	8474	8332	8191	8049	7908	7767	7625	7484	7342	
0,2323	7201	7060	6918	6777	6635	6494	6353	6211	6070	5929	
0,2324	5787	5646	5505	5364	5222	5081	4940	4798	4657	4516	
0,2325	4375	4233	4092	3951	3810	3669	3527	3386	3245	3104	
0,2326	2963	2822	2680	2539	2398	2257	2116	1975	1834	1693	
0,2327	1552	1411	1269	1128	0987	0846	0705	0564	0423	0282	
0,2328	0141	0000	'9859	'9718	'9577	'9436	'9295	'9154	'9014	'8873	
0,2329	0,381 8732	8591	8450	8309	8168	8027	7886	7745	7605	7464	141
	0	1	2	3	4	5	6	7	8	9	P. P.

P. P.

145
1 14,5
2 29,0
3 43,5
4 58,0
5 72,5
6 87,0
7 101,5
8 116,0
9 130,5

144
1 14,4
2 28,8
3 43,2
4 57,6
5 72,0
6 86,4
7 100,8
8 115,2
9 129,6

143
1 14,3
2 28,6
3 42,9
4 57,2
5 71,5
6 85,8
7 100,1
8 114,4
9 128,7

142
1 14,2
2 28,4
3 42,6
4 56,8
5 71,0
6 85,2
7 99,4
8 113,6
9 127,8

141
1 14,1
2 28,2
3 42,3
4 56,4
5 70,5
6 84,6
7 98,7
8 112,8
9 126,9

140
1 14,0
2 28,0
3 42,0
4 56,0
5 70,0
6 84,0
7 98,0
8 112,0
9 126,0

| 7 Decim. | | | | SUBTRACTION. | | | | | | 0,381 0,233 |

	0	1	2	3	4	5	6	7	8	9	P. P.
0,2330	0,381 7323	7182	7041	6900	6760	6619	6478	6337	6196	6056	
0,2331	5915	5774	5633	5493	5352	5211	5070	4930	4789	4648	141
0,2332	4508	4367	4226	4086	3945	3804	3664	3523	3382	3242	1 14.1
0,2333	3101	2960	2820	2679	2539	2398	2258	2117	1976	1836	2 28.2
0,2334	1695	1555	1414	1274	1133	0993	0852	0712	0571	0431	3 42.3 / 4 56.4
0,2335	0290	0150	0010	˙9869	˙9729	˙9588	˙9448	˙9308	˙9167	˙9027	5 70.5 / 6 84.6
0,2336	0,380 8886	8746	8606	8465	8325	8185	8044	7904	7764	7623	7 98.7
0,2337	7483	7343	7202	7062	6922	6782	6641	6501	6361	6221	8 112.8
0,2338	6080	5940	5800	5660	5520	5379	5239	5099	4959	4819	9 126.9
0,2339	4679	4538	4398	4258	4118	3978	3838	3698	3558	3418	
0,2340	3278	3138	2997	2857	2717	2577	2437	2297	2157	2017	
0,2341	1877	1737	1597	1457	1317	1177	1038	0898	0758	0618	140
0,2342	0478	0338	0198	0058	˙9918	˙9778	˙9639	˙9499	˙9359	˙9219	1 14.0
0,2343	0,379 9079	8939	8799	8660	8520	8380	8240	8100	7961	7821	2 28.0
0,2344	7681	7541	7402	7262	7122	6983	6843	6703	6563	6424	3 42.0 / 4 56.0
0,2345	6284	6144	6005	5865	5725	5586	5446	5306	5167	5027	5 70.0 / 6 84.0
0,2346	4888	4748	4608	4469	4329	4190	4050	3911	3771	3632	7 98.0
0,2347	3492	3352	3213	3073	2934	2794	2655	2516	2376	2237	8 112.0
0,2348	2097	1958	1818	1679	1539	1400	1261	1121	0982	0842	9 126.0
0,2349	0703	0564	0424	0285	0146	0006	˙9867	˙9728	˙9588	˙9449	
0,2350	0,378 9310	9170	9031	8892	8753	8613	8474	8335	8196	8056	
0,2351	7917	7778	7639	7500	7360	7221	7082	6943	6804	6665	139
0,2352	6525	6386	6247	6108	5969	5830	5691	5552	5413	5273	1 13.9
0,2353	5134	4995	4856	4717	4578	4439	4300	4161	4022	3883	2 27.8
0,2354	3744	3605	3466	3327	3188	3049	2910	2771	2632	2494	3 41.7 / 4 55.6
0,2355	2355	2216	2077	1938	1799	1660	1521	1382	1244	1105	5 69.5 / 6 83.4
0,2356	0966	0827	0688	0549	0411	0272	0133	˙9994	˙9855	˙9717	7 97.3
0,2357	0,377 9578	9439	9300	9162	9023	8884	8746	8607	8468	8329	8 111.2
0,2358	8191	8052	7913	7775	7636	7497	7359	7220	7082	6943	9 125.1
0,2359	6804	6666	6527	6389	6250	6111	5973	5834	5696	5557	
0,2360	5419	5280	5142	5003	4865	4726	4588	4449	4311	4172	
0,2361	4034	3895	3757	3618	3480	3342	3203	3065	2926	2788	138
0,2362	2650	2511	2373	2234	2096	1958	1819	1681	1543	1404	1 13.8
0,2363	1266	1128	0990	0851	0713	0575	0437	0298	0160	0022	2 27.6
0,2364	0,376 9884	9745	9607	9469	9331	9193	9054	8916	8778	8640	3 41.4 / 4 55.2
0,2365	8502	8364	8225	8087	7949	7811	7673	7535	7397	7259	5 69.0 / 6 82.8
0,2366	7121	6982	6844	6706	6568	6430	6292	6154	6016	5878	7 96.6
0,2367	5740	5602	5464	5326	5188	5050	4912	4774	4636	4499	8 110.4
0,2368	4361	4223	4085	3947	3809	3671	3533	3395	3257	3120	9 124.2
0,2369	2982	2844	2706	2568	2430	2293	2155	2017	1879	1741	
0,2370	1604	1466	1328	1190	1053	0915	0777	0639	0502	0364	
0,2371	0226	0089	˙9951	˙9813	˙9676	˙9538	˙9400	˙9263	˙9125	˙8987	137
0,2372	0,375 8850	8712	8574	8437	8299	8162	8024	7887	7749	7611	1 13.7
0,2373	7474	7336	7199	7061	6924	6786	6649	6511	6374	6236	2 27.4
0,2374	6099	5961	5824	5686	5549	5412	5274	5137	4999	4862	3 41.1 / 4 54.8
0,2375	4724	4587	4450	4312	4175	4038	3900	3763	3626	3488	5 68.5 / 6 82.2
0,2376	3351	3214	3076	2939	2802	2664	2527	2390	2253	2115	7 95.9
0,2377	1978	1841	1704	1566	1429	1292	1155	1018	0880	0743	8 109.6
0,2378	0606	0469	0332	0194	0057	˙9920	˙9783	˙9646	˙9509	˙9372	9 123.3
0,2379	0,374 9235	9098	8960	8823	8686	8549	8412	8275	8138	8001	137

| | 0 | 1 | 2 | 3 | 4 | 5 | 6 | 7 | 8 | 9 | P. P. |

0,238 0,374					SUBTRACTION.					7 Decim.
	0	**1**	**2**	**3**	**4**	**5**	**6**	**7**	**8**	**9**	**P. P.**

	0	1	2	3	4	5	6	7	8	9	P. P.
0,2380	0,374 7864	7727	7590	7453	7316	7179	7042	6905	6768	6631	
0,2381	6494	6357	6220	6083	5947	5810	5673	5536	5399	5262	137
0,2382	5125	4988	4851	4715	4578	4441	4304	4167	4030	3894	1 13,7
0,2383	3757	3620	3483	3346	3210	3073	2936	2799	2663	2526	2 27,4
0,2384	2389	2252	2116	1979	1842	1706	1569	1432	1296	1159	3 41,1
											4 54,8
0,2385	1022	0886	0749	0612	0476	0339	0203	0066	·9929	·9793	5 68,5
0,2386	0,373 9656	9520	9383	9247	9110	8973	8837	8700	8564	8427	6 82,2
0,2387	8291	8154	8018	7881	7745	7608	7472	7336	7199	7063	7 95,9
0,2388	6926	6790	6653	6517	6381	6244	6108	5971	5835	5699	8 109,6
0,2389	5562	5426	5290	5153	5017	4881	4744	4608	4472	4336	9 123,3
0,2390	4199	4063	3927	3790	3654	3518	3382	3246	3109	2973	
0,2391	2837	2701	2564	2428	2292	2156	2020	1884	1747	1611	136
0,2392	1475	1339	1203	1067	0931	0795	0659	0523	0386	0250	1 13,6
0,2393	0114	·9978	·9842	·9706	·9570	·9434	·9298	·9162	·9026	·8890	2 27,2
0,2394	0,372 8754	8618	8482	8346	8210	8074	7938	7802	7667	7531	3 40,8
											4 54,4
0,2395	7395	7259	7123	6987	6851	6715	6579	6444	6308	6172	5 68,0
0,2396	6036	5900	5764	5629	5493	5357	5221	5085	4950	4814	6 81,6
0,2397	4678	4542	4407	4271	4135	3999	3864	3728	3592	3457	7 95,2
0,2398	3321	3185	3049	2914	2778	2643	2507	2371	2236	2100	8 108,8
0,2399	1964	1829	1693	1558	1422	1286	1151	1015	0880	0744	9 122,4
0,2400	0609	0473	0338	0202	0067	·9931	·9796	·9660	·9525	·9389	
0,2401	0,371 9254	9118	8983	8847	8712	8576	8441	8306	8170	8035	135
0,2402	7899	7764	7629	7493	7358	7222	7087	6952	6816	6681	1 13,5
0,2403	6546	6410	6275	6140	6005	5869	5734	5599	5463	5328	2 27,0
0,2404	5193	5058	4922	4787	4652	4517	4382	4246	4111	3976	3 40,5
											4 54,0
0,2405	3841	3706	3571	3435	3300	3165	3030	2895	2760	2625	5 67,5
0,2406	2490	2354	2219	2084	1949	1814	1679	1544	1409	1274	6 81,0
0,2407	1139	1004	0869	0734	0599	0464	0329	0194	0059	·9924	7 94,5
0,2408	0,370 9789	9654	9519	9384	9249	9114	8979	8845	8710	8575	8 108,0
0,2409	8440	8305	8170	8035	7900	7766	7631	7496	7361	7226	9 121,5
0,2410	7091	6957	6822	6687	6552	6418	6283	6148	6013	5879	
0,2411	5744	5609	5474	5340	5205	5070	4936	4801	4666	4531	134
0,2412	4397	4262	4128	3993	3858	3724	3589	3454	3320	3185	1 13,4
0,2413	3051	2916	2781	2647	2512	2378	2243	2109	1974	1840	2 26,8
0,2414	1705	1571	1436	1302	1167	1033	0898	0764	0629	0495	3 40,2
											4 53,6
0,2415	0360	0226	0091	·9957	·9823	·9688	·9554	·9419	·9285	·9151	5 67,0
0,2416	0,369 9016	8882	8747	8613	8479	8341	8210	8076	7941	7807	6 80,4
0,2417	7673	7539	7404	7270	7136	7001	6867	6733	6599	6464	7 93,8
0,2418	6330	6196	6062	5928	5793	5659	5525	5391	5257	5123	8 107,2
0,2419	4988	4854	4720	4586	4452	4318	4184	4049	3915	3781	9 120,6
0,2420	3647	3513	3379	3245	3111	2977	2843	2709	2575	2441	
0,2421	2307	2173	2039	1905	1771	1637	1503	1369	1235	1101	133
0,2422	0967	0833	0699	0565	0431	0297	0164	0030	·9896	·9762	1 13,3
0,2423	0,368 9628	9494	9360	9226	9093	8959	8825	8691	8557	8424	2 26,6
0,2424	8290	8156	8022	7888	7755	7621	7487	7353	7220	7086	3 39,9
											4 53,2
0,2425	6952	6819	6685	6551	6417	6284	6150	6016	5883	5749	5 66,5
0,2426	5615	5482	5348	5214	5081	4947	4814	4680	4546	4413	6 79,8
0,2427	4279	4146	4012	3879	3745	3611	3478	3344	3211	3077	7 93,1
0,2428	2944	2810	2677	2543	2410	2276	2143	2010	1876	1743	8 106,4
0,2429	1609	1476	1342	1209	1076	0942	0809	0675	0542	0409	9 119,7
											131
	0	1	2	3	4	5	6	7	8	9	P. P.

| 7 Decim. | | | | SUBTRACTION. | | | | | | 0,368 0,243 |

	0	1	2	3	4	5	6	7	8	9	P. P.
0,2430	0,368 0275	0142	0009	'9875	'9742	'9609	'9475	'9342	'9209	'9075	
0,2431	0,367 8942	8809	8675	8542	8409	8276	8142	8009	7876	7743	134
0,2432	7609	7476	7343	7210	7077	6943	6810	6677	6544	6411	
0,2433	6278	6144	6011	5878	5745	5612	5479	5346	5213	5080	
0,2434	4947	4813	4680	4547	4414	4281	4148	4015	3882	3749	
0,2435	3616	3483	3350	3217	3084	2951	2818	2685	2552	2419	
0,2436	2286	2154	2021	1888	1755	1622	1489	1356	1223	1090	
0,2437	0958	0825	0692	0559	0426	0293	0160	0028	'9895	'9762	
0,2438	0,366 9629	9496	9364	9231	9098	8965	8833	8700	8567	8434	
0,2439	8302	8169	8036	7904	7771	7638	7506	7373	7240	7108	133
0,2440	6975	6842	6710	6577	6444	6312	6179	6047	5914	5781	
0,2441	5649	5516	5384	5251	5119	4986	4853	4721	4588	4456	
0,2442	4323	4191	4058	3926	3793	3661	3528	3396	3264	3131	
0,2443	2999	2866	2734	2601	2469	2337	2204	2072	1939	1807	
0,2444	1675	1542	1410	1278	1145	1013	0881	0748	0616	0484	
0,2445	0351	0219	0087	'9955	'9822	'9690	'9558	'9426	'9293	'9161	
0,2446	0,365 9029	8897	8764	8632	8500	8368	8236	8103	7971	7839	
0,2447	7707	7575	7443	7311	7178	7046	6914	6782	6650	6518	132
0,2448	6386	6254	6122	5990	5858	5726	5593	5461	5329	5197	
0,2449	5065	4933	4801	4669	4537	4405	4273	4141	4010	3878	
0,2450	3746	3614	3482	3350	3218	3086	2954	2822	2690	2558	
0,2451	2427	2295	2163	2031	1899	1767	1635	1504	1372	1240	
0,2452	1108	0976	0845	0713	0581	0449	0318	0186	0054	'9922	
0,2453	0,364 9791	9659	9527	9395	9264	9132	9000	8869	8737	8605	
0,2454	8474	8342	8210	8079	7947	7815	7684	7552	7421	7289	
0,2455	7157	7026	6894	6763	6631	6500	6368	6236	6105	5973	
0,2456	5842	5710	5579	5447	5316	5184	5053	4921	4790	4659	131
0,2457	4527	4396	4264	4133	4001	3870	3739	3607	3476	3344	
0,2458	3213	3082	2950	2819	2688	2556	2425	2293	2162	2031	
0,2459	1900	1768	1637	1506	1374	1243	1112	0981	0849	0718	
0,2460	0587	0456	0324	0193	0062	'9931	'9800	'9668	'9537	'9406	
0,2461	0,363 9275	9144	9012	8881	8750	8619	8488	8357	8226	8095	
0,2462	7963	7832	7701	7570	7439	7308	7177	7046	6915	6784	
0,2463	6653	6522	6391	6260	6129	5998	5867	5736	5605	5474	130
0,2464	5343	5212	5081	4950	4819	4688	4557	4426	4295	4165	
0,2465	4034	3903	3772	3641	3510	3379	3248	3118	2987	2856	
0,2466	2725	2594	2463	2333	2202	2071	1940	1810	1679	1548	
0,2467	1417	1287	1156	1025	0894	0764	0633	0502	0371	0241	
0,2468	0110	'9979	'9849	'9718	'9587	'9457	'9326	'9196	'9065	'8934	
0,2469	0,362 8804	8673	8542	8412	8281	8151	8020	7890	7759	7628	
0,2470	7498	7367	7237	7106	6976	6845	6715	6584	6454	6323	
0,2471	6193	6062	5932	5801	5671	5541	5410	5280	5149	5019	129
0,2472	4888	4758	4628	4497	4367	4236	4106	3976	3845	3715	
0,2473	3585	3454	3324	3194	3063	2933	2803	2673	2542	2412	
0,2474	2282	2151	2021	1891	1761	1631	1500	1370	1240	1110	
0,2475	0979	0849	0719	0589	0459	0329	0198	0068	'9938	'9808	
0,2476	0,361 9678	9548	9418	9287	9157	9027	8897	8767	8637	8507	
0,2477	8377	8247	8117	7987	7857	7727	7597	7467	7337	7207	
0,2478	7077	6947	6817	6687	6557	6427	6297	6167	6037	5907	
0,2479	5777	5647	5517	5387	5257	5128	4998	4868	4738	4608	130
	0	1	2	3	4	5	6	7	8	9	P. P.

P. P.

134
1 13.4
2 26.8
3 40.2
4 53.6
5 67.0
6 80.4
7 93.8
8 107.2
9 120.6

133
1 13.3
2 26.6
3 39.9
4 53.2
5 66.5
6 79.8
7 93.1
8 106.4
9 119.7

132
1 13.2
2 26.4
3 39.6
4 52.8
5 66.0
6 79.2
7 92.4
8 105.6
9 118.8

131
1 13.1
2 26.2
3 39.3
4 52.4
5 65.5
6 78.6
7 91.7
8 104.8
9 117.9

130
1 13.0
2 26.0
3 39.0
4 52.0
5 65.0
6 78.0
7 91.0
8 104.0
9 117.0

129
1 12.9
2 25.8
3 38.7
4 51.6
5 64.5
6 77.4
7 90.3
8 103.2
9 116.1

0,248	0,361				SUBTRACTION.						7 Decim.
	0	1	2	3	4	5	6	7	8	9	P. P.
0,2480	0,361 4478	4348	4219	4089	3959	3829	3699	3569	3440	3310	
0,2481	3180	3050	2921	2791	2661	2531	2401	2272	2142	2012	130
0,2482	1883	1753	1623	1493	1364	1234	1104	0975	0845	0715	1 13,0
0,2483	0586	0456	0327	0197	0067	˙9938	˙9808	˙9678	˙9549	˙9419	2 26,0 / 3 39,0
0,2484	0,360 9290	9160	9031	8901	8771	8642	8512	8383	8253	8124	4 52,0 / 5 65,0
0,2485	7994	7865	7735	7606	7476	7347	7217	7088	6958	6829	6 78,0
0,2486	6699	6570	6441	6311	6182	6052	5923	5794	5664	5535	7 91,0 / 8 104,0
0,2487	5405	5276	5147	5017	4888	4759	4629	4500	4371	4241	9 117,0
0,2488	4112	3983	3853	3724	3595	3466	3336	3207	3078	2949	
0,2489	2819	2690	2561	2432	2302	2173	2044	1915	1786	1657	
0,2490	1527	1398	1269	1140	1011	0882	0752	0623	0494	0365	
0,2491	0236	0107	˙9978	˙9849	˙9720	˙9591	˙9462	˙9332	˙9203	˙9074	129
0,2492	0,359 8945	8816	8687	8558	8429	8300	8171	8042	7913	7784	1 12,9
0,2493	7655	7526	7397	7269	7140	7011	6882	6753	6624	6495	2 25,8 / 3 38,7
0,2494	6366	6237	6108	5979	5851	5722	5593	5464	5335	5206	4 51,6 / 5 64,5
0,2495	5077	4949	4820	4691	4562	4433	4305	4176	4047	3918	6 77,4
0,2496	3790	3661	3532	3403	3275	3146	3017	2888	2760	2631	7 90,3 / 8 103,2
0,2497	2502	2374	2245	2116	1988	1859	1730	1602	1473	1344	9 116.1
0,2498	1216	1087	0958	0830	0701	0573	0444	0316	0187	0058	
0,2499	0,358 9930	9801	9673	9544	9416	9287	9159	9030	8902	8773	
0,2500	8645	8516	8388	8259	8131	8002	7874	7745	7617	7488	
0,2501	7360	7232	7103	6975	6846	6718	6590	6461	6333	6205	128
0,2502	6076	5948	5819	5691	5563	5434	5306	5178	5050	4921	1 12,8
0,2503	4793	4665	4536	4408	4280	4152	4023	3895	3767	3639	2 25,6 / 3 38,4
0,2504	3510	3382	3254	3126	2998	2869	2741	2613	2485	2357	4 51,2 / 5 64,0
0,2505	2229	2100	1972	1844	1716	1588	1460	1332	1204	1076	6 76,8
0,2506	0947	0819	0691	0563	0435	0307	0179	0051	˙9923	˙9795	7 89,6 / 8 102.4
0,2507	0,357 9667	9539	9411	9283	9155	9027	8899	8771	8643	8515	9 115,2
0,2508	8387	8259	8131	8003	7875	7747	7620	7492	7364	7236	
0,2509	7108	6980	6852	6724	6596	6469	6341	6213	6085	5957	
0,2510	5829	5702	5574	5446	5318	5190	5063	4935	4807	4679	
0,2511	4552	4424	4296	4168	4041	3913	3785	3658	3530	3402	127
0,2512	3274	3147	3019	2891	2764	2636	2509	2381	2253	2126	1 12,7
0,2513	1998	1870	1743	1615	1488	1360	1232	1105	0977	0850	2 25,4 / 3 38,1
0,2514	0722	0595	0467	0340	0212	0085	˙9957	˙9830	˙9702	˙9575	4 50,8 / 5 63,5
0,2515	0,356 9447	9320	9192	9065	8937	8810	8682	8555	8427	8300	6 76,2
0,2516	8173	8045	7918	7790	7663	7536	7408	7281	7153	7026	7 88,9 / 8 101,6
0,2517	6899	6771	6644	6517	6389	6262	6135	6007	5880	5753	9 114.3
0,2518	5626	5498	5371	5244	5117	4989	4862	4735	4608	4480	
0,2519	4353	4226	4099	3972	3844	3717	3590	3463	3336	3208	
0,2520	3081	2954	2827	2700	2573	2446	2319	2191	2064	1937	
0,2521	1810	1683	1556	1429	1302	1175	1048	0921	0794	0667	126
0,2522	0540	0413	0286	0159	0032	˙9905	˙9778	˙9651	˙9524	˙9397	1 12,6
0,2523	0,355 9270	9143	9016	8889	8762	8635	8508	8381	8255	8128	2 25,2 / 3 37,8
0,2524	8001	7874	7747	7620	7493	7366	7240	7113	6986	6859	4 50,4 / 5 63,0
0,2525	6732	6605	6479	6352	6225	6098	5971	5845	5718	5591	6 75,6
0,2526	5464	5338	5211	5084	4957	4831	4704	4577	4451	4324	7 88,2 / 8 100,8
0,2527	4197	4071	3944	3817	3691	3564	3437	3311	3184	3057	9 113.4
0,2528	2931	2804	2678	2551	2424	2298	2171	2045	1918	1791	
0,2529	1665	1538	1412	1285	1159	1032	0906	0779	0653	0526	126
	0	1	2	3	4	5	6	7	8	9	P. P.

7 Decim.					SUBTRACTION.					0,355 · 0,253

	0	1	2	3	4	5	6	7	8	9
0,2530	0,355 0400	0273	0147	0020	·9894	·9767	·9641	·9515	·9388	·9262
0,2531	0,354 9135	9009	8882	8756	8630	8503	8377	8250	8124	7998
0,2532	7871	7745	7619	7492	7366	7240	7113	6987	6861	6734
0,2533	6608	6482	6356	6229	6103	5977	5851	5724	5598	5472
0,2534	5346	5219	5093	4967	4841	4715	4588	4462	4336	4210
0,2535	4084	3958	3831	3705	3579	3453	3327	3201	3075	2949
0,2536	2822	2696	2570	2444	2318	2192	2066	1940	1814	1688
0,2537	1562	1436	1310	1184	1058	0932	0806	0680	0554	0428
0,2538	0302	0176	0050	·9924	·9798	·9672	·9546	·9420	·9295	·9169
0,2539	0,353 9043	8917	8791	8665	8539	8413	8287	8162	8036	7910
0,2540	7784	7658	7532	7407	7281	7155	7029	6903	6778	6652
0,2541	6526	6400	6275	6149	6023	5897	5772	5646	5520	5395
0,2542	5269	5143	5017	4892	4766	4640	4515	4389	4263	4138
0,2543	4012	3887	3761	3635	3510	3384	3259	3133	3007	2882
0,2544	2756	2631	2505	2380	2254	2128	2003	1877	1752	1626
0,2545	1501	1375	1250	1124	0999	0873	0748	0623	0497	0372
0,2546	0246	0121	·9995	·9870	·9744	·9619	·9494	·9368	·9243	·9117
0,2547	0,352 8992	8867	8741	8616	8491	8365	8240	8115	7989	7864
0,2548	7739	7613	7488	7363	7238	7112	6987	6862	6736	6611
0,2549	6486	6361	6236	6110	5985	5860	5735	5609	5484	5359
0,2550	5234	5109	4984	4858	4733	4608	4483	4358	4233	4108
0,2551	3982	3857	3732	3607	3482	3357	3232	3107	2982	2857
0,2552	2732	2607	2482	2357	2232	2107	1981	1856	1731	1607
0,2553	1482	1357	1232	1107	0982	0857	0732	0607	0482	0357
0,2554	0232	0107	·9982	·9857	·9732	·9608	·9483	·9358	·9233	·9108
0,2555	0,351 8983	8858	8733	8609	8484	8359	8234	8109	7985	7860
0,2556	7735	7610	7485	7361	7236	7111	6986	6862	6737	6612
0,2557	6487	6363	6238	6113	5989	5864	5739	5614	5490	5365
0,2558	5240	5116	4991	4867	4742	4617	4493	4368	4243	4119
0,2559	3994	3870	3745	3620	3496	3371	3247	3122	2998	2873
0,2560	2749	2624	2500	2375	2251	2126	2002	1877	1753	1628
0,2561	1504	1379	1255	1130	1006	0881	0757	0633	0508	0384
0,2562	0259	0135	0010	·9886	·9762	·9637	·9513	·9389	·9264	·9140
0,2563	0,350 9016	8891	8767	8643	8518	8394	8270	8145	8021	7897
0,2564	7773	7648	7524	7400	7275	7151	7027	6903	6779	6654
0,2565	6530	6406	6282	6158	6033	5909	5785	5661	5537	5413
0,2566	5288	5164	5040	4916	4792	4668	4544	4419	4295	4171
0,2567	4047	3923	3799	3675	3551	3427	3303	3179	3055	2931
0,2568	2807	2683	2559	2435	2311	2187	2063	1939	1815	1691
0,2569	1567	1443	1319	1195	1071	0947	0823	0699	0575	0452
0,2570	0328	0204	0080	·9956	·9832	·9708	·9584	·9461	·9337	·9213
0,2571	0,349 9089	8965	8841	8718	8594	8470	8346	8222	8099	7975
0,2572	7851	7727	7604	7480	7356	7232	7109	6985	6861	6738
0,2573	6614	6490	6366	6243	6119	5995	5872	5748	5625	5501
0,2574	5377	5254	5130	5006	4883	4759	4636	4512	4388	4265
0,2575	4141	4018	3894	3771	3647	3523	3400	3276	3153	3029
0,2576	2906	2782	2659	2535	2412	2288	2165	2041	1918	1795
0,2577	1671	1548	1424	1301	1177	1054	0931	0807	0684	0560
0,2578	0437	0314	0190	0067	·9943	·9820	·9697	·9573	·9450	·9327
0,2579	0,348 9203	9080	8957	8834	8710	8587	8464	8340	8217	8094

	0	1	2	3	4	5	6	7	8	9

P. P.

127
1	12.7
2	25.4
3	38.1
4	50.8
5	63.5
6	76.2
7	88.9
8	101.6
9	114.3

126
1	12.6
2	25.2
3	37.8
4	50.4
5	63.0
6	75.6
7	88.2
8	100.8
9	113.4

125
1	12.5
2	25.0
3	37.5
4	50.0
5	62.5
6	75.0
7	87.5
8	100.0
9	112.5

124
1	12.4
2	24.8
3	37.2
4	49.6
5	62.0
6	74.4
7	86.8
8	99.2
9	111.6

123
1	12.3
2	24.6
3	36.9
4	49.2
5	61.5
6	73.8
7	86.1
8	98.4
9	110.7

123

0,258 0,348					SUBTRACTION.						7 Decim
	0	1	2	3	4	5	6	7	8	9	P. P.
0,2580 0,348	7971	7847	7724	7601	7478	7354	7231	7108	6985	6862	
0,2581	6738	6615	6492	6369	6246	6123	5999	5876	5753	5630	124
0,2582	5507	5384	5261	5137	5014	4891	4768	4645	4522	4399	
0,2583	4276	4153	4030	3907	3784	3661	3538	3415	3292	3169	
0,2584	3046	2923	2800	2677	2554	2431	2308	2185	2062	1939	
0,2585	1816	1693	1570	1447	1324	1201	1078	0955	0833	0710	
0,2586	0587	0464	0341	0218	0095	·9973	·9850	·9727	·9604	·9481	
0,2587 0,347	9358	9236	9113	8990	8867	8744	8622	8499	8376	8253	
0,2588	8131	8008	7885	7762	7640	7517	7394	7272	7149	7026	
0,2589	6903	6781	6658	6535	6413	6290	6167	6045	5922	5800	
0,2590	5677	5554	5432	5309	5186	5064	4941	4819	4696	4574	
0,2591	4451	4328	4206	4083	3961	3838	3716	3593	3471	3348	123
0,2592	3226	3103	2981	2858	2736	2613	2491	2368	2246	2124	
0,2593	2001	1879	1756	1634	1511	1389	1267	1144	1022	0899	
0,2594	0777	0655	0532	0410	0288	0165	0043	·9921	·9798	·9676	
0,2595 0,346	9554	9431	9309	9187	9065	8942	8820	8698	8575	8453	
0,2596	8331	8209	8086	7964	7842	7720	7598	7475	7353	7231	
0,2597	7109	6987	6864	6742	6620	6498	6376	6254	6132	6009	
0,2598	5887	5765	5643	5521	5399	5277	5155	5033	4910	4788	
0,2599	4666	4544	4422	4300	4178	4056	3934	3812	3690	3568	
0,2600	3446	3324	3202	3080	2958	2836	2714	2592	2470	2348	
0,2601	2226	2105	1983	1861	1739	1617	1495	1373	1251	1129	122
0,2602	1007	0886	0764	0642	0520	0398	0276	0154	0033	·9911	
0,2603 0,345	9789	9667	9545	9424	9302	9180	9058	8937	8815	8693	
0,2604	8571	8450	8328	8206	8084	7963	7841	7719	7597	7476	
0,2605	7354	7232	7111	6989	6867	6746	6624	6502	6381	6259	
0,2606	6138	6016	5894	5773	5651	5530	5408	5286	5165	5043	
0,2607	4922	4800	4679	4557	4435	4314	4192	4071	3949	3828	
0,2608	3706	3585	3463	3342	3220	3099	2977	2856	2735	2613	
0,2609	2492	2370	2249	2127	2006	1885	1763	1642	1520	1399	
0,2610	1278	1156	1035	0914	0792	0671	0549	0428	0307	0186	
0,2611	0064	·9943	·9822	·9700	·9579	·9458	·9336	·9215	·9094	·8973	121
0,2612 0,344	8851	8730	8609	8488	8366	8245	8124	8003	7882	7760	
0,2613	7639	7518	7397	7276	7154	7033	6912	6791	6670	6549	
0,2614	6428	6306	6185	6064	5943	5822	5701	5580	5459	5338	
0,2615	5217	5096	4975	4853	4732	4611	4490	4369	4248	4127	
0,2616	4006	3885	3764	3643	3522	3401	3280	3159	3038	2917	
0,2617	2797	2676	2555	2434	2313	2192	2071	1950	1829	1708	
0,2618	1587	1467	1346	1225	1104	0983	0862	0741	0621	0500	
0,2619	0379	0258	0137	0016	·9896	·9775	·9654	·9533	·9413	·9292	
0,2620 0,343	9171	9050	8930	8809	8688	8567	8447	8326	8205	8084	
0,2621	7964	7843	7722	7602	7481	7360	7240	7119	6998	6878	120
0,2622	6757	6636	6516	6395	6275	6154	6034	5913	5792	5672	
0,2623	5551	5430	5310	5189	5069	4948	4828	4707	4587	4466	
0,2624	4346	4225	4105	3984	3864	3743	3623	3502	3382	3261	
0,2625	3141	3020	2900	2779	2659	2539	2418	2298	2177	2057	
0,2626	1937	1816	1696	1575	1455	1335	1214	1094	0974	0853	
0,2627	0733	0613	0492	0372	0252	0131	0011	·9891	·9771	·9650	
0,2628 0,342	9530	9410	9289	9169	9049	8929	8808	8688	8568	8448	
0,2629	8328	8207	8087	7967	7847	7727	7606	7486	7366	7246	120
	0	1	2	3	4	5	6	7	8	9	P. P.

P. P.

	124	123	122	121	120
1	12,4	12,3	12,2	12,1	12,0
2	24,8	24,6	24,4	24,2	24,0
3	37,2	36,9	36,6	36,3	36,0
4	49,6	49,2	48,8	48,4	48,0
5	62,0	61,5	61,0	60,5	60,0
6	74,4	73,8	73,2	72,6	72,0
7	86,8	86,1	85,4	84,7	84,0
8	99,2	98,4	97,6	96,8	96,0
9	111,6	110,7	109,8	108,9	108,0

7 Decim.	SUBTRACTION.									0,342 0,263

	0	1	2	3	4	5	6	7	8	9	P. P.
0,2630	0,342 7126	7006	6886	6765	6645	6525	6405	6285	6165	6045	
0,2631	5925	5805	5684	5564	5444	5324	5204	5084	4964	4844	121
0,2632	4724	4604	4484	4364	4244	4124	4004	3884	3764	3644	1 12.1
0,2633	3524	3404	3284	3164	3044	2924	2804	2685	2565	2445	2 24.2 3 36.3
0,2634	2325	2205	2085	1965	1845	1725	1605	1486	1366	1246	4 48.4
											5 60.5
0,2635	1126	1006	0886	0767	0647	0527	0407	0287	0168	0048	6 72.6
0,2636	0,341 9928	9808	9688	9569	9449	9329	9209	9090	8970	8850	7 84.7 8 96.8
0,2637	8730	8611	8491	8371	8252	8132	8012	7893	7773	7653	9 108.9
0,2638	7533	7414	7294	7175	7055	6935	6816	6696	6576	6457	
0,2639	6337	6218	6098	5978	5859	5739	5620	5500	5381	5261	
0,2640	5141	5022	4902	4783	4663	4544	4424	4305	4185	4066	
0,2641	3946	3827	3707	3588	3469	3349	3230	3110	2991	2871	120
0,2642	2752	2632	2513	2394	2274	2155	2035	1916	1797	1677	1 12.0
0,2643	1558	1439	1319	1200	1081	0961	0842	0723	0603	0484	2 24.0 3 36.0
0,2644	0365	0245	0126	0007	˙9888	˙9768	˙9649	˙9530	˙9411	˙9291	4 48.0
											5 60.0
0,2645	0,340 9172	9053	8934	8814	8695	8576	8457	8337	8218	8099	6 72.0
0,2646	7980	7861	7742	7622	7503	7384	7265	7146	7027	6908	7 84.0 8 96.0
0,2647	6788	6669	6550	6431	6312	6193	6074	5955	5836	5717	9 108.0
0,2648	5598	5479	5359	5240	5121	5002	4883	4764	4645	4526	
0,2649	4407	4288	4169	4050	3931	3812	3693	3574	3455	3337	
0,2650	3218	3099	2980	2861	2742	2623	2504	2385	2266	2147	
0,2651	2029	1910	1791	1672	1553	1434	1315	1197	1078	0959	119
0,2652	0840	0721	0602	0484	0365	0246	0127	0008	˙9890	˙9771	1 11.9
0,2653	0,339 9652	9533	9415	9296	9177	9058	8940	8821	8702	8584	2 23.8 3 35.7
0,2654	8465	8346	8227	8109	7990	7871	7753	7634	7515	7397	4 47.6 5 59.5
0,2655	7278	7160	7041	6922	6804	6685	6566	6448	6329	6211	6 71.4
0,2656	6092	5973	5855	5736	5618	5499	5381	5262	5144	5025	7 83.3 8 95.2
0,2657	4907	4788	4670	4551	4433	4314	4196	4077	3959	3840	9 107.1
0,2658	3722	3603	3485	3366	3248	3120	3011	2893	2774	2656	
0,2659	2537	2419	2301	2182	2064	1945	1827	1709	1590	1472	
0,2660	1354	1235	1117	0999	0880	0762	0644	0525	0407	0289	
0,2661	0171	0052	˙9934	˙9816	˙9697	˙9579	˙9461	˙9343	˙9224	˙9106	118
0,2662	0,338 8988	8870	8752	8633	8515	8397	8279	8161	8042	7924	1 11.8
0,2663	7806	7688	7570	7452	7334	7215	7097	6979	6861	6743	2 23.6 3 35.4
0,2664	6625	6507	6389	6270	6152	6034	5916	5798	5680	5562	4 47.2 5 59.0
0,2665	5444	5326	5208	5090	4972	4854	4736	4618	4500	4382	6 70.8
0,2666	4264	4146	4028	3910	3792	3674	3556	3438	3320	3202	7 82.6 8 94.4
0,2667	3084	2966	2849	2731	2613	2495	2377	2259	2141	2023	9 106.2
0,2668	1905	1788	1670	1552	1434	1316	1198	1080	0963	0845	
0,2669	0727	0609	0491	0374	0256	0138	0020	˙9903	˙9785	˙9667	
0,2670	0,337 9549	9431	9314	9196	9078	8961	8843	8725	8607	8490	
0,2671	8372	8254	8137	8019	7901	7784	7666	7548	7431	7313	117
0,2672	7195	7078	6960	6843	6725	6607	6490	6372	6255	6137	1 11.7
0,2673	6019	5902	5784	5667	5549	5432	5314	5197	5079	4962	2 23.4 3 35.1
0,2674	4844	4727	4609	4492	4374	4257	4139	4022	3904	3787	4 46.8 5 58.5
0,2675	3669	3552	3434	3317	3199	3082	2965	2847	2730	2612	6 70.2
0,2676	2495	2378	2260	2143	2025	1908	1791	1673	1556	1439	7 81.9 8 93.6
0,2677	1321	1204	1087	0969	0852	0735	0617	0500	0383	0265	9 105.3
0,2678	0148	0031	˙9914	˙9796	˙9679	˙9562	˙9445	˙9327	˙9210	˙9093	117
0,2679	0,336 8976	8859	8741	8624	8507	8390	8273	8155	8038	7921	

	0	1	2	3	4	5	6	7	8	9	P. P.

0,268 0,336					SUBTRACTION.					7 Decim.
	0	1	2	3	4	5	6	7	8	9	P. P.

	0	1	2	3	4	5	6	7	8	9	P. P.
0,2680	0,336 7804	7687	7570	7452	7335	7218	7101	6984	6867	6750	
0,2681	6633	6515	6398	6281	6164	6047	5930	5813	5696	5579	118
0,2682	5462	5345	5228	5111	4994	4877	4760	4643	4526	4409	
0,2683	4292	4175	4058	3941	3824	3707	3590	3473	3356	3239	
0,2684	3122	3005	2888	2771	2654	2538	2421	2304	2187	2070	1 11,8
0,2685	1953	1836	1719	1603	1486	1369	1252	1135	1018	0902	2 23,6
0,2686	0785	0668	0551	0434	0318	0201	0084	˙9967	˙9850	˙9734	3 35,4
0,2687	0,335 9617	9500	9383	9267	9150	9033	8917	8800	8683	8566	4 47,2
0,2688	8450	8333	8216	8100	7983	7866	7750	7633	7516	7400	5 59,0
0,2689	7283	7166	7050	6933	6817	6700	6583	6467	6350	6234	6 70,8
0,2690	6117	6000	5884	5767	5651	5534	5418	5301	5185	5068	7 82,6
0,2691	4952	4835	4719	4602	4486	4369	4253	4136	4020	3903	8 94,4
0,2692	3787	3670	3554	3437	3321	3204	3088	2972	2855	2739	9 106,2
0,2693	2622	2506	2390	2273	2157	2040	1924	1808	1691	1575	117
0,2694	1459	1342	1226	1110	0993	0877	0761	0644	0528	0412	
0,2695	0295	0179	0063	˙9947	˙9830	˙9714	˙9598	˙9482	˙9365	˙9249	1 11,7
0,2696	0,334 9133	9017	8900	8784	8668	8552	8436	8319	8203	8087	2 23,4
0,2697	7971	7855	7739	7622	7506	7390	7274	7158	7042	6926	3 35,1
0,2698	6809	6693	6577	6461	6345	6229	6113	5997	5881	5765	4 46,8
0,2699	5649	5533	5417	5300	5184	5068	4952	4836	4720	4604	5 58,5
0,2700	4488	4372	4256	4140	4024	3908	3792	3677	3561	3445	6 70,2
0,2701	3329	3213	3097	2981	2865	2749	2633	2517	2401	2285	7 81,9
0,2702	2170	2054	1938	1822	1706	1590	1474	1359	1243	1127	8 93,6
0,2703	1011	0895	0779	0664	0548	0432	0316	0200	0085	˙9969	9 105,3
0,2704	0,333 9853	9737	9622	9506	9390	9274	9159	9043	8927	8811	116
0,2705	8696	8580	8464	8349	8233	8117	8002	7886	7770	7655	
0,2706	7539	7423	7308	7192	7076	6961	6845	6729	6614	6498	1 11,6
0,2707	6383	6267	6151	6036	5920	5805	5689	5574	5458	5343	2 23,2
0,2708	5227	5111	4996	4880	4765	4649	4534	4418	4303	4187	3 34,8
0,2709	4072	3956	3841	3725	3610	3495	3379	3264	3148	3033	4 46,4
0,2710	2917	2802	2687	2571	2456	2340	2225	2110	1994	1879	5 58,0
0,2711	1763	1648	1533	1417	1302	1187	1071	0956	0841	0725	6 69,6
0,2712	0610	0495	0379	0264	0149	0034	˙9918	˙9803	˙9688	˙9573	7 81,2
0,2713	0,332 9457	9342	9227	9112	8996	8881	8766	8651	8535	8420	8 92,8
0,2714	8305	8190	8075	7959	7844	7729	7614	7499	7384	7269	9 104,4
0,2715	7153	7038	6923	6808	6693	6578	6463	6348	6232	6117	115
0,2716	6002	5887	5772	5657	5542	5427	5312	5197	5082	4967	
0,2717	4852	4737	4622	4507	4392	4277	4162	4047	3932	3817	1 11,5
0,2718	3702	3587	3472	3357	3242	3127	3012	2897	2782	2667	2 23,0
0,2719	2552	2438	2323	2208	2093	1978	1863	1748	1633	1518	3 34,5
0,2720	1404	1289	1174	1059	0944	0829	0715	0600	0485	0370	4 46,0
0,2721	0255	0141	0026	˙9911	˙9796	˙9681	˙9567	˙9452	˙9337	˙9222	5 57,5
0,2722	0,331 9108	8993	8878	8764	8649	8534	8419	8305	8190	8075	6 69,0
0,2723	7961	7846	7731	7617	7502	7387	7273	7158	7043	6929	7 80,5
0,2724	6814	6699	6585	6470	6356	6241	6126	6012	5897	5793	8 92,0
0,2725	5668	5554	5439	5324	5210	5095	4981	4866	4752	4637	9 103,5
0,2726	4523	4408	4294	4179	4065	3950	3836	3721	3607	3492	114
0,2727	3378	3263	3149	3035	2920	2806	2691	2577	2462	2348	1 11,4
											2 22,8
											3 34,2
											4 45,6
											5 57,0
											6 68,4
											7 79,8
											8 91,2
											9 102,6
0,2728	2234	2119	2005	1890	1776	1662	1547	1433	1319	1204	
0,2729	1090	0976	0861	0747	0633	0518	0404	0290	0175	0061	114

	0	1	2	3	4	5	6	7	8	9	P. P.

7 Decim.					SUBTRACTION.					0,330 0,273
	0	1	2	3	4	5	6	7	8	9	P. P.

	0	1	2	3	4	5	6	7	8	9	P. P.
0,2730	0,330 9947	9832	9718	9604	9490	9375	9261	9147	9033	8918	
0,2731	8804	8690	8576	8461	8347	8233	8119	8005	7890	7776	115
0,2732	7662	7548	7434	7320	7205	7091	6977	6863	6749	6635	
0,2733	6521	6407	6292	6178	6064	5950	5836	5722	5608	5494	*1* 11.5
0,2734	5380	5266	5152	5038	4924	4810	4696	4581	4467	4353	*2* 23.0
											3 34.5
0,2735	4239	4125	4011	3897	3783	3669	3556	3442	3328	3214	*4* 46.0
0,2736	3100	2986	2872	2758	2644	2530	2416	2302	2188	2074	*5* 57.5
0,2737	1960	1847	1733	1619	1505	1391	1277	1163	1050	0936	*6* 69.0
0,2738	0822	0708	0594	0480	0367	0253	0139	0025	·9911	·9798	*7* 80.5
0,2739	0,329 9684	9570	9456	9342	9229	9115	9001	8887	8774	8660	*8* 92,0
											9 103.5
0,2740	8546	8432	8319	8205	8091	7978	7864	7750	7637	7523	
0,2741	7409	7296	7182	7068	6955	6841	6727	6614	6500	6386	114
0,2742	6273	6159	6046	5932	5818	5705	5591	5478	5364	5251	
0,2743	5137	5023	4910	4796	4683	4569	4456	4342	4229	4115	*1* 11.4
0,2744	4002	3888	3775	3661	3548	3434	3321	3207	3094	2980	*2* 22.8
											3 34.2
0,2745	2867	2754	2640	2527	2413	2300	2186	2073	1960	1846	*4* 45.6
0,2746	1733	1619	1506	1393	1279	1166	1053	0939	0826	0713	*5* 57.0
0,2747	0599	0486	0373	0259	0146	0033	·9919	·9806	·9693	·9579	*6* 68.4
0,2748	0,328 9466	9353	9240	9126	9013	8900	8787	8673	8560	8447	*7* 79.8
0,2749	8334	8220	8107	7994	7881	7768	7654	7541	7428	7315	*8* 91.2
											9 102.6
0,2750	7202	7088	6975	6862	6749	6636	6523	6410	6296	6183	
0,2751	6070	5957	5844	5731	5618	5505	5392	5279	5166	5052	113
0,2752	4939	4826	4713	4600	4487	4374	4261	4148	4035	3922	
0,2753	3809	3696	3583	3470	3357	3244	3131	3018	2905	2792	*1* 11.3
0,2754	2679	2566	2454	2341	2228	2115	2002	1889	1776	1663	*2* 22.6
											3 33.9
0,2755	1550	1437	1324	1212	1099	0986	0873	0760	0647	0534	*4* 45.2
0,2756	0422	0309	0196	0083	·9970	·9858	·9745	·9632	·9519	·9406	*5* 56.5
0,2757	0,327 9294	9181	9068	8955	8842	8730	8617	8504	8391	8279	*6* 67.8
0,2758	8166	8053	7941	7828	7715	7602	7490	7377	7264	7152	*7* 79.1
0,2759	7039	6926	6814	6701	6588	6476	6363	6251	6138	6025	*8* 90.4
											9 101.7
0,2760	5913	5800	5687	5575	5462	5350	5237	5124	5012	4899	
0,2761	4787	4674	4562	4449	4337	4224	4112	3999	3886	3774	112
0,2762	3661	3549	3436	3324	3212	3099	2987	2874	2762	2649	
0,2763	2537	2424	2312	2199	2087	1975	1862	1750	1637	1525	*1* 11.2
0,2764	1413	1300	1188	1075	0963	0851	0738	0626	0514	0401	*2* 22.4
											3 33.6
0,2765	0289	0177	0064	·9952	·9840	·9727	·9615	·9503	·9390	·9278	*4* 44.8
0,2766	0,326 9166	9053	8941	8829	8717	8604	8492	8380	8268	8155	*5* 56.0
0,2767	8043	7931	7819	7707	7594	7482	7370	7258	7146	7033	*6* 67.2
0,2768	6921	6809	6697	6585	6473	6360	6248	6136	6024	5912	*7* 78.4
0,2769	5800	5688	5575	5463	5351	5239	5127	5015	4903	4791	*8* 89.6
											9 100,8
0,2770	4679	4567	4455	4343	4231	4119	4006	3894	3782	3670	
0,2771	3558	3446	3334	3222	3110	2998	2886	2774	2663	2551	111
0,2772	2439	2327	2215	2103	1991	1879	1767	1655	1543	1431	
0,2773	1319	1207	1096	0984	0872	0760	0648	0536	0424	0312	*1* 11.1
0,2774	0201	0089	·9977	·9865	·9753	·9641	·9530	·9418	·9306	·9194	*2* 22.2
											3 33.3
0,2775	0,325 9082	8971	8859	8747	8635	8523	8412	8300	8188	8076	*4* 44.4
0,2776	7965	7853	7741	7630	7518	7406	7294	7183	7071	6959	*5* 55.5
0,2777	6848	6736	6624	6513	6401	6289	6178	6066	5954	5843	*6* 66.6
0,2778	5731	5619	5508	5396	5285	5173	5061	4950	4838	4727	*7* 77.7
0,2779	4615	4504	4392	4280	4169	4057	3946	3834	3723	3611	111 *8* 88.8
											9 99.9

	0	1	2	3	4	5	6	7	8	9	P. P.

	0	1	2	3	4	5	6	7	8	9	P. P.
0,2780	0,325 3500	3389	3277	3165	3054	2942	2831	2719	2608	2496	
0,2781	2385	2273	2162	2050	1939	1827	1716	1605	1493	1382	**112**
0,2782	1270	1159	1048	0936	0825	0713	0602	0491	0379	0268	1 11,2
0,2783	0156	0045	'9934	'9822	'9711	'9600	'9488	'9377	'9266	'9154	2 22,4
0,2784	0,324 9043	8932	8821	8709	8598	8487	8375	8264	8153	8042	3 33,6
											4 44,8
											5 56,0
0,2785	7930	7819	7708	7597	7485	7374	7263	7152	7041	6929	6 67,2
0,2786	6818	6707	6596	6485	6373	6262	6151	6040	5929	5818	7 78,4
0,2787	5707	5595	5484	5373	5262	5151	5040	4929	4818	4707	8 89,6
0,2788	4595	4484	4373	4262	4151	4040	3929	3818	3707	3596	9 100,8
0,2789	3485	3374	3263	3152	3041	2930	2819	2708	2597	2486	
0,2790	2375	2264	2153	2042	1931	1820	1709	1598	1487	1376	
0,2791	1265	1154	1043	0933	0822	0711	0600	0489	0378	0267	**111**
0,2792	0156	0045	'9935	'9824	'9713	'9602	'9491	'9380	'9270	'9159	1 11,1
0,2793	0,323 9048	8937	8826	8715	8605	8494	8383	8272	8162	8051	2 22,2
0,2794	7940	7829	7718	7608	7497	7386	7275	7165	7054	6943	3 33,3
											4 44,4
											5 55,5
0,2795	6833	6722	6611	6501	6390	6279	6168	6058	5947	5836	6 66,6
0,2796	5726	5615	5504	5394	5283	5173	5062	4951	4841	4730	7 77,7
0,2797	4620	4509	4398	4288	4177	4067	3956	3845	3735	3624	8 88,8
0,2798	3514	3403	3293	3182	3072	2961	2851	2740	2630	2519	9 99,9
0,2799	2409	2298	2188	2077	1967	1856	1746	1635	1525	1414	
0,2800	1304	1193	1083	0973	0862	0752	0641	0531	0421	0310	
0,2801	0200	0089	'9979	'9869	'9758	'9648	'9537	'9427	'9317	'9206	**110**
0,2802	0,322 9096	8986	8875	8765	8655	8545	8434	8324	8214	8103	1 11,0
0,2803	7993	7883	7772	7662	7552	7442	7331	7221	7111	7001	2 22,0
0,2804	6890	6780	6670	6560	6450	6339	6229	6119	6009	5899	3 33,0
											4 44,0
											5 55,0
0,2805	5788	5678	5568	5458	5348	5238	5128	5017	4907	4797	6 66,0
0,2806	4687	4577	4467	4357	4247	4136	4026	3916	3806	3696	7 77,0
0,2807	3586	3476	3366	3256	3146	3036	2926	2816	2706	2596	8 88,0
0,2808	2486	2376	2266	2156	2046	1936	1826	1716	1606	1496	9 99,0
0,2809	1386	1276	1166	1056	0946	0836	0726	0616	0506	0396	
0,2810	0286	0177	0067	'9957	'9847	'9737	'9627	'9517	'9407	'9297	
0,2811	0,321 9188	9078	8968	8858	8748	8638	8529	8419	8309	8199	**109**
0,2812	8089	7980	7870	7760	7650	7540	7431	7321	7211	7101	1 10,9
0,2813	6992	6892	6772	6662	6553	6443	6333	6223	6114	6004	2 21,8
0,2814	5894	5785	5675	5565	5456	5346	5236	5127	5017	4907	3 32,7
											4 43,6
											5 54,5
0,2815	4798	4688	4578	4469	4359	4250	4140	4030	3921	3811	6 65,4
0,2816	3702	3592	3482	3373	3263	3154	3044	2935	2825	2715	7 76,3
0,2817	2606	2496	2387	2277	2168	2058	1949	1839	1730	1620	8 87,2
0,2818	1511	1401	1292	1182	1073	0963	0854	0745	0635	0526	9 98,1
0,2819	0416	0307	0197	0088	'9979	'9869	'9760	'9650	'9541	'9432	
0,2820	0,320 9322	9213	9103	8994	8885	8775	8666	8557	8447	8338	
0,2821	8229	8119	8010	7901	7791	7682	7573	7463	7354	7245	**108**
0,2822	7136	7026	6917	6808	6699	6589	6480	6371	6262	6152	1 10,8
0,2823	6043	5934	5825	5716	5606	5497	5388	5279	5170	5060	2 21,6
0,2824	4951	4842	4733	4624	4515	4405	4296	4187	4078	3969	3 32,4
											4 43,2
											5 54,0
0,2825	3860	3751	3642	3532	3423	3314	3205	3096	2987	2878	6 64,8
0,2826	2769	2660	2551	2442	2333	2224	2115	2006	1897	1788	7 75,6
0,2827	1679	1570	1461	1352	1243	1134	1025	0916	0807	0698	8 86,4
0,2828	0589	0480	0371	0262	0153	0044	'9935	'9826	'9717	'9608	9 97,2
0,2829	0,319 9499	9391	9282	9173	9064	8955	8846	8737	8628	8519	108
	0	1	2	3	4	5	6	7	8	9	P. P.

7 Decim.				SUBTRACTION.							0,319 0,283
	0	**1**	**2**	**3**	**4**	**5**	**6**	**7**	**8**	**9**	**P. P.**
0,2830	0,319 8411	8302	8193	8084	7975	7866	7758	7649	7540	7431	
0,2831	7322	7214	7105	6996	6887	6778	6670	6561	6452	6343	**109**
0,2832	6235	6126	6017	5908	5800	5691	5582	5473	5365	5256	1 10.9
0,2833	5147	5039	4930	4821	4713	4604	4495	4387	4278	4169	2 21.8 3 32.7
0,2834	4061	3952	3843	3735	3626	3518	3409	3300	3192	3083	4 43.6 5 54.5
0,2835	2974	2866	2757	2649	2540	2432	2323	2214	2106	1997	6 65.4
0,2836	1889	1780	1672	1563	1455	1346	1238	1129	1021	0912	7 76.5
0,2837	0804	0695	0587	0478	0370	0261	0153	0044	·9936	·9828	8 87.2
0,2838	0,318 9719	9611	9502	9394	9285	9177	9069	8960	8852	8743	9 98.1
0,2839	8635	8527	8418	8310	8201	8093	7985	7876	7768	7660	
0,2840	7551	7443	7335	7226	7118	7010	6902	6793	6685	6577	
0,2841	6468	6360	6252	6144	6035	5927	5819	5711	5602	5494	
0,2842	5386	5278	5169	5061	4953	4845	4737	4628	4520	4412	**108**
0,2843	4304	4196	4087	3979	3871	3763	3655	3547	3439	3330	
0,2844	3222	3114	3006	2898	2790	2682	2574	2466	2357	2249	1 10.8 2 21.6
0,2845	2141	2033	1925	1817	1709	1601	1493	1385	1277	1169	3 32.4 4 43.2
0,2846	1061	0953	0845	0737	0629	0521	0413	0305	0197	0089	5 54.0 6 64.8
0,2847	0,317 9981	9873	9765	9657	9549	9441	9333	9225	9117	9009	7 75.6
0,2848	8901	8794	8686	8578	8470	8362	8254	8146	8038	7930	8 86.4
0,2849	7823	7715	7607	7499	7391	7283	7175	7068	6960	6852	9 97.2
0,2850	6744	6636	6529	6421	6313	6205	6097	5990	5882	5774	
0,2851	5666	5559	5451	5343	5235	5128	5020	4912	4804	4697	
0,2852	4589	4481	4374	4266	4158	4050	3943	3835	3727	3620	
0,2853	3512	3404	3297	3189	3081	2974	2866	2759	2651	2543	
0,2854	2436	2328	2221	2113	2005	1898	1790	1683	1575	1467	
0,2855	1360	1252	1145	1037	0930	0822	0715	0607	0500	0392	**107**
0,2856	0285	0177	0070	·9962	·9855	·9747	·9640	·9532	·9425	·9317	1 10.7
0,2857	0,316 9210	9102	8995	8887	8780	8673	8565	8458	8350	8243	2 21.4 3 32.1
0,2858	8136	8028	7921	7813	7706	7599	7491	7384	7276	7169	4 42.8 5 53.5
0,2859	7062	6954	6847	6740	6632	6525	6418	6310	6203	6096	6 64.2 7 74.9
0,2860	5989	5881	5774	5667	5559	5452	5345	5238	5130	5023	8 85.6
0,2861	4916	4809	4701	4594	4487	4380	4272	4165	4058	3951	9 96.3
0,2862	3844	3736	3629	3522	3415	3308	3200	3093	2986	2879	
0,2863	2772	2665	2558	2450	2343	2236	2129	2022	1915	1808	
0,2864	1701	1594	1486	1379	1272	1165	1058	0951	0844	0737	
0,2865	0630	0523	0416	0309	0202	0095	·9988	·9881	·9774	·9667	
0,2866	0,315 9560	9453	9346	9239	9132	9025	8918	8811	8704	8597	**106**
0,2867	8490	8383	8276	8169	8062	7955	7848	7742	7635	7528	
0,2868	7421	7314	7207	7100	6993	6886	6780	6673	6566	6459	1 10.6 2 21.2
0,2869	6352	6245	6139	6032	5925	5818	5711	5604	5498	5391	3 31.8 4 42.4
0,2870	5284	5177	5071	4964	4857	4750	4643	4537	4430	4323	5 53.0 6 63.6
0,2871	4216	4110	4003	3896	3790	3683	3576	3469	3363	3256	7 74.2
0,2872	3149	3043	2936	2829	2723	2616	2509	2403	2296	2189	8 84.8
0,2873	2083	1976	1869	1763	1656	1550	1443	1336	1230	1123	9 95.4
0,2874	1017	0910	0803	0697	0590	0484	0377	0271	0164	0057	
0,2875	0,314 9951	9844	9738	9631	9525	9418	9312	9205	9099	8992	
0,2876	8886	8779	8673	8566	8460	8353	8247	8141	8034	7928	
0,2877	7821	7715	7608	7502	7396	7289	7183	7076	6970	6864	
0,2878	6757	6651	6544	6438	6332	6225	6119	6013	5906	5800	
0,2879	5694	5587	5481	5375	5268	5162	5056	4949	4843	4737	106
	0	**1**	**2**	**3**	**4**	**5**	**6**	**7**	**8**	**9**	**P. P.**

0,288 0,314 SUBTRACTION. 7 Decim.

	0		1	2	3	4	5	6	7	8	9	P. P.
0,2880	0,314	4631	4524	4418	4312	4205	4099	3993	3887	3780	3674	
0,2881		3568	3462	3355	3249	3143	3037	2931	2824	2718	2612	
0,2882		2506	2400	2293	2187	2081	1975	1869	1763	1657	1550	
0,2883		1444	1338	1232	1126	1020	0914	0808	0701	0595	0489	
0,2884		0383	0277	0171	0065	·9959	·9853	·9747	·9641	·9535	·9429	
0,2885	0,313	9323	9217	9111	9005	8899	8793	8687	8581	8475	8369	
0,2886		8263	8157	8051	7945	7839	7733	7627	7521	7415	7309	
0,2887		7203	7097	6991	6885	6779	6673	6568	6462	6356	6250	
0,2888		6144	6038	5932	5826	5721	5615	5509	5403	5297	5191	
0,2889		5085	4980	4874	4768	4662	4556	4451	4345	4239	4133	
0,2890		4027	3922	3816	3710	3604	3499	3393	3287	3181	3076	
0,2891		2970	2864	2758	2653	2547	2441	2336	2230	2124	2018	
0,2892		1913	1807	1701	1596	1490	1384	1279	1173	1068	0962	
0,2893		0856	0751	0645	0539	0434	0328	0223	0117	0011	·9906	
0,2894	0,312	9800	9695	9589	9483	9378	9272	9167	9061	8956	8850	
0,2895		8745	8639	8534	8428	8323	8217	8112	8006	7901	7795	
0,2896		7690	7584	7479	7373	7268	7162	7057	6951	6846	6741	
0,2897		6635	6530	6424	6319	6213	6108	6003	5897	5792	5686	
0,2898		5581	5476	5370	5265	5160	5054	4949	4843	4738	4633	
0,2899		4527	4422	4317	4212	4106	4001	3896	3790	3685	3580	
0,2900		3474	3369	3264	3159	3053	2948	2843	2738	2632	2527	
0,2901		2422	2317	2211	2106	2001	1896	1791	1685	1580	1475	
0,2902		1370	1265	1159	1054	0949	0844	0739	0634	0529	0423	
0,2903		0318	0213	0108	0003	·9898	·9793	·9688	·9582	·9477	·9372	
0,2904	0,311	9267	9162	9057	8952	8847	8742	8637	8532	8427	8322	
0,2905		8217	8112	8007	7902	7797	7692	7587	7482	7377	7272	
0,2906		7167	7062	6957	6852	6747	6642	6537	6432	6327	6222	
0,2907		6117	6012	5907	5802	5697	5592	5487	5383	5278	5173	
0,2908		5068	4963	4858	4753	4648	4544	4439	4334	4229	4124	
0,2909		4019	3914	3810	3705	3600	3495	3390	3286	3181	3076	
0,2910		2971	2866	2762	2657	2552	2447	2343	2238	2133	2028	
0,2911		1924	1819	1714	1609	1505	1400	1295	1191	1086	0981	
0,2912		0877	0772	0667	0562	0458	0353	0248	0144	0039	·9935	
0,2913	0,310	9830	9725	9621	9516	9411	9307	9202	9098	8993	8888	
0,2914		8784	8679	8575	8470	8365	8261	8156	8052	7947	7843	
0,2915		7738	7634	7529	7425	7320	7216	7111	7007	6902	6798	
0,2916		6693	6589	6484	6380	6275	6171	6066	5962	5857	5753	
0,2917		5648	5544	5440	5335	5231	5126	5022	4917	4813	4709	
0,2918		4604	4500	4395	4291	4187	4082	3978	3874	3769	3665	
0,2919		3561	3456	3352	3248	3143	3039	2935	2830	2726	2622	
0,2920		2517	2413	2309	2205	2100	1996	1892	1787	1683	1579	
0,2921		1475	1370	1266	1162	1058	0954	0849	0745	0641	0537	
0,2922		0433	0328	0224	0120	0016	·9912	·9807	·9703	·9599	·9495	
0,2923	0,309	9391	9287	9183	9078	8974	8870	8766	8662	8558	8454	
0,2924		8350	8246	8141	8037	7933	7829	7725	7621	7517	7413	
0,2925		7309	7205	7101	6997	6893	6789	6685	6581	6477	6373	
0,2926		6269	6165	6061	5957	5853	5749	5645	5541	5437	5333	
0,2927		5229	5125	5021	4917	4813	4709	4605	4501	4398	4294	
0,2928		4190	4086	3982	3878	3774	3670	3566	3463	3359	3255	
0,2929		3151	3047	2943	2839	2736	2632	2528	2424	2320	2216	103
	0		1	2	3	4	5	6	7	8	9	P. P.

P. P.

	107	106	105	104	103
1	10,7	10,6	10,5	10,4	10,3
2	21,4	21,2	21,0	20,8	20,6
3	32,1	31,8	31,5	31,2	30,9
4	42,8	42,4	42,0	41,6	41,2
5	53,5	53,0	52,5	52,0	51,5
6	64,2	63,6	63,0	62,4	61,8
7	74,9	74,2	73,5	72,8	72,1
8	85,6	84,8	84,0	83,2	82,4
9	96,3	95,4	94,5	93,6	92,7

7 Decim. | SUBTRACTION. | 0,309 0,293

	0	1	2	3	4	5	6	7	8	9
0,2930	0,309 2113	2009	1905	1801	1697	1594	1490	1386	1282	1179
0,2931	1075	0971	0867	0764	0660	0556	0452	0349	0245	0141
0,2932	0038	˙9934	˙9830	˙9726	˙9623	˙9519	˙9415	˙9312	˙9208	˙9104
0,2933	0,308 9001	8897	8793	8690	8586	8483	8379	8275	8172	8068
0,2934	7964	7861	7757	7654	7550	7446	7343	7239	7136	7032
0,2935	6929	6825	6721	6618	6514	6411	6307	6204	6100	5997
0,2936	5893	5790	5686	5583	5479	5376	5272	5169	5065	4962
0,2937	4858	4755	4651	4548	4445	4341	4238	4134	4031	3927
0,2938	3824	3721	3617	3514	3410	3307	3204	3100	2997	2893
0,2939	2790	2687	2583	2480	2377	2273	2170	2067	1963	1860
0,2940	1757	1653	1550	1447	1343	1240	1137	1034	0930	0827
0,2941	0724	0620	0517	0414	0311	0207	0104	0001	˙9898	˙9794
0,2942	0,307 9691	9588	9485	9382	9278	9175	9072	8969	8866	8762
0,2943	8659	8556	8453	8350	8247	8143	8040	7937	7834	7731
0,2944	7628	7525	7422	7318	7215	7112	7009	6906	6803	6700
0,2945	6597	6494	6391	6288	6184	6081	5978	5875	5772	5669
0,2946	5566	5463	5360	5257	5154	5051	4948	4845	4742	4639
0,2947	4536	4433	4330	4227	4124	4021	3918	3815	3713	3610
0,2948	3507	3404	3301	3198	3095	2992	2889	2786	2683	2580
0,2949	2478	2375	2272	2169	2066	1963	1860	1757	1655	1552
0,2950	1449	1346	1243	1140	1038	0935	0832	0729	0626	0524
0,2951	0421	0318	0215	0112	0010	˙9907	˙9804	˙9701	˙9599	˙9496
0,2952	0,306 9393	9290	9188	9085	8982	8880	8777	8674	8571	8469
0,2953	8366	8263	8161	8058	7955	7853	7750	7647	7545	7442
0,2954	7339	7237	7134	7031	6929	6826	6724	6621	6518	6416
0,2955	6313	6211	6108	6005	5903	5800	5698	5595	5493	5390
0,2956	5287	5185	5082	4980	4877	4775	4672	4570	4467	4365
0,2957	4262	4160	4057	3955	3852	3750	3647	3545	3442	3340
0,2958	3237	3135	3033	2930	2828	2725	2623	2520	2418	2316
0,2959	2213	2111	2008	1906	1804	1701	1599	1496	1394	1292
0,2960	1189	1087	0985	0882	0780	0678	0575	0473	0371	0268
0,2961	0166	0064	˙9961	˙9859	˙9757	˙9654	˙9552	˙9450	˙9348	˙9245
0,2962	0,305 9143	9041	8939	8836	8734	8632	8530	8427	8325	8223
0,2963	8121	8019	7916	7814	7712	7610	7508	7405	7303	7201
0,2964	7099	6997	6895	6792	6690	6588	6486	6384	6282	6180
0,2965	6077	5975	5873	5771	5669	5567	5465	5363	5261	5159
0,2966	5056	4954	4852	4750	4648	4546	4444	4342	4240	4138
0,2967	4036	3934	3832	3730	3628	3526	3424	3322	3220	3118
0,2968	3016	2914	2812	2710	2608	2506	2404	2302	2200	2098
0,2969	1996	1895	1793	1691	1589	1487	1385	1283	1181	1079
0,2970	0977	0875	0774	0672	0570	0468	0366	0264	0162	0061
0,2971	0,304 9959	9857	9755	9653	9551	9450	9348	9246	9144	9042
0,2972	8941	8839	8737	8635	8534	8432	8330	8228	8127	8025
0,2973	7923	7821	7720	7618	7516	7414	7313	7211	7109	7008
0,2974	6906	6804	6703	6601	6499	6397	6296	6194	6092	5991
0,2975	5889	5788	5686	5584	5483	5381	5279	5178	5076	4975
0,2976	4873	4771	4670	4568	4467	4365	4263	4162	4060	3959
0,2977	3857	3756	3654	3553	3451	3350	3248	3146	3045	2943
0,2978	2842	2740	2639	2537	2436	2334	2233	2132	2030	1929
0,2979	1827	1726	1624	1523	1421	1320	1218	1117	1016	0914

| | 0 | 1 | 2 | 3 | 4 | 5 | 6 | 7 | 8 | 9 |

P. P.

104
1	10,4
2	20,8
3	31,2
4	41,6
5	52,0
6	62,4
7	72,8
8	83,2
9	93,6

103
1	10,3
2	20,6
3	30,9
4	41,2
5	51,5
6	61,8
7	72,1
8	82,4
9	92,7

102
1	10,2
2	20,4
3	30,6
4	40,8
5	51,0
6	61,2
7	71,4
8	81,6
9	91,8

101
1	10,1
2	20,2
3	30,3
4	40,4
5	50,5
6	60,6
7	70,7
8	80,8
9	90,9

101

0,298 0,304	0	1	2	3	4	5	6	7	8	9	P. P.
0,2980	0,304 0813	0711	0610	0509	0407	0306	0204	0103	0002	˙9900	
0,2981	0,303 9799	9698	9596	9495	9394	9292	9191	9090	8988	8887	102
0,2982	8786	8684	8583	8482	8380	8279	8178	8076	7975	7874	1 10,2
0,2983	7773	7671	7570	7469	7368	7266	7165	7064	6963	6861	2 20,4
0,2984	6760	6659	6558	6457	6355	6254	6153	6052	5951	5849	3 30,6 4 40,8
0,2985	5748	5647	5546	5445	5343	5242	5141	5040	4939	4838	5 51,0 6 61,2
0,2986	4737	4636	4534	4433	4332	4231	4130	4029	3928	3827	7 71,4
0,2987	3726	3625	3523	3422	3321	3220	3119	3018	2917	2816	8 81,6
0,2988	2715	2614	2513	2412	2311	2210	2109	2008	1907	1806	9 91,8
0,2989	1705	1604	1503	1402	1301	1200	1099	0998	0897	0796	
0,2990	0695	0594	0493	0392	0292	0191	0090	˙9989	˙9888	˙9787	
0,2991	0,302 9686	9585	9484	9383	9283	9182	9081	8980	8879	8778	101
0,2992	8677	8577	8476	8375	8274	8173	8072	7972	7871	7770	1 10,1
0,2993	7669	7568	7468	7367	7266	7165	7064	6964	6863	6762	101
0,2994	6661	6561	6460	6359	6258	6158	6057	5956	5855	5755	1 10,1 2 20,2
0,2995	5654	5553	5453	5352	5251	5151	5050	4949	4848	4748	3 30,3 4 40,4
0,2996	4647	4546	4446	4345	4245	4144	4043	3943	3842	3741	5 50,5 6 60,6
0,2997	3641	3540	3440	3339	3238	3138	3037	2937	2836	2735	7 70,7
0,2998	2635	2534	2434	2333	2233	2132	2032	1931	1830	1730	8 80,8
0,2999	1629	1529	1428	1328	1227	1127	1026	0926	0825	0725	9 90,9
0,3000	0624	0524	0423	0323	0223	0122	0022	˙9921	˙9821	˙9720	
0,3001	0,301 9620	9519	9419	9319	9218	9118	9017	8917	8817	8716	
0,3002	8616	8515	8415	8315	8214	8114	8014	7913	7813	7713	
0,3003	7612	7512	7412	7311	7211	7111	7010	6910	6810	6709	
0,3004	6609	6509	6408	6308	6208	6108	6007	5907	5807	5707	
0,3005	5606	5506	5406	5306	5205	5105	5005	4905	4805	4704	100
0,3006	4604	4504	4404	4304	4203	4103	4003	3903	3803	3703	1 10,0
0,3007	3602	3502	3402	3302	3202	3102	3002	2901	2801	2701	2 20,0 3 30,0
0,3008	2601	2501	2401	2301	2201	2101	2001	1901	1800	1700	4 40,0 5 50,0
0,3009	1600	1500	1400	1300	1200	1100	1000	0900	0800	0700	6 60,0
0,3010	0600	0500	0400	0300	0200	0100	0000	˙9900	˙9800	˙9700	7 70,0
0,3011	0,300 9600	9500	9400	9300	9200	9100	9000	8900	8800	8701	8 80,0
0,3012	8601	8501	8401	8301	8201	8101	8001	7901	7801	7701	9 90,0
0,3013	7602	7502	7402	7302	7202	7102	7002	6903	6803	6703	
0,3014	6603	6503	6403	6303	6204	6104	6004	5904	5805	5705	
0,3015	5605	5505	5405	5306	5206	5106	5006	4907	4807	4707	
0,3016	4607	4508	4408	4308	4208	4109	4009	3909	3810	3710	
0,3017	3610	3511	3411	3311	3212	3112	3012	2913	2813	2713	99
0,3018	2614	2514	2414	2315	2215	2115	2016	1916	1817	1717	1 9,9
0,3019	1617	1518	1418	1319	1219	1119	1020	0920	0821	0721	2 19,8 3 29,7
0,3020	0622	0522	0422	0323	0223	0124	0024	˙9925	˙9825	˙9726	4 39,6 5 49,5
0,3021	0,299 9626	9527	9427	9328	9228	9129	9029	8930	8830	8731	6 59,4
0,3022	8631	8532	8432	8333	8234	8134	8035	7935	7836	7736	7 69,3
0,3023	7637	7538	7438	7339	7239	7140	7041	6941	6842	6742	8 79,2
0,3024	6643	6544	6444	6345	6246	6146	6047	5948	5848	5749	9 89,1
0,3025	5650	5550	5451	5352	5252	5153	5054	4954	4855	4756	
0,3026	4656	4557	4458	4359	4259	4160	4061	3962	3862	3763	
0,3027	3664	3565	3465	3366	3267	3168	3069	2969	2870	2771	
0,3028	2672	2573	2473	2374	2275	2176	2077	1978	1878	1779	
0,3029	1680	1581	1482	1383	1284	1184	1085	0986	0887	0788	99
	0	1	2	3	4	5	6	7	8	9	P. P.